主编简介

徐智华 中南财经政法大学教授、博士研究生导师、劳动法与社会保障法研究中心主任。湖北省社会法学研究会副会长、中国社会法学研究会常务理事、中国劳动法学研究会常务理事、中国劳动关系研究会常务理事等。主要研究方向为劳动法和社会保障法、经济法。代表性著作：《劳动合同法研究》《劳动法学》《社会保障法》《劳动法与社会保障法》等；代表性论文：《劳动争议处理的几个疑难问题研究》《完善劳动合同立法的几个问题》《劳动争议仲裁制度的缺陷与完善》《社会保障立法问题研究》等。

劳动法学

（第二版）

主　编　徐智华
撰稿人　（以撰写章节先后为序）
徐智华　魏　巍　韩桂君
张国文　刘　颖

徐智华 主编

Science of Labor Law

(Second Edition)

北京大学出版社
PEKING UNIVERSITY PRESS

图书在版编目(CIP)数据

劳动法学/徐智华主编. —2版. —北京：北京大学出版社，2016.12
(法学精品课程系列教材)
ISBN 978-7-301-27652-5

Ⅰ. ①劳…　Ⅱ. ①徐…　Ⅲ. ①劳动法—法的理论—中国—高等学校—教材
Ⅳ. ①D922.501

中国版本图书馆CIP数据核字(2016)第243784号

书　　名	劳动法学(第二版) LAODONG FAXUE
著作责任者	徐智华　主编
责任编辑	周　菲
标准书号	ISBN 978-7-301-27652-5
出版发行	北京大学出版社
地　　址	北京市海淀区成府路205号　100871
网　　址	http://www.pup.cn
电子信箱	law@pup.pku.edu.cn
电　　话	邮购部62752015　发行部62750672　编辑部62752027
印 刷 者	北京宏伟双华印刷有限公司
经 销 者	新华书店 730毫米×980毫米　16开本　28.25印张　546千字 2008年9月第1版 2016年12月第2版　2016年12月第1次印刷
定　　价	49.00元

“法学精品课程系列教材”编委会名单

总　序

法学教育的目标和任务在于培养法律人才。提高培养质量，造就社会需要的高素质法律职业人才是法学教育的生命线。根据教育部关于高等学校教学质量与教学改革工程精品课程建设的精神和要求，结合中南财经政法大学精品课程建设的总体规划，在全面总结我国法学教育经验和分析法律人才社会需求的基础上，我校确立了以培养高素质法律人才为目的，以教材建设为核心，强化理论教学与实践教学的融会，稳步推进法学精品课程建设的方案。两年来，我校法学精品课程建设取得了阶段性的成果，已有民法、知识产权法等十余门课程被确定为国家、省、校三级精品课程，并在此基础上推出了"法学精品课程系列教材"。

"法学精品课程系列教材"是一套法学专业本科教材及其配套用书，涵盖了我校法学本科全程培养方案所列全部课程，由教材、案（事）例演习和教学参考资料三个层次的教材和教学用书构成，分为法理学、法律史学、宪法与行政法学、刑法学、民商法学、诉讼法学、经济法学、环境与资源法学、国际法学和法律职业实训等十个系列。

"法学精品课程系列教材"由我校一批具有良好学术素养和丰富教学经验的教授、副教授担纲撰写，同时根据需要邀请法学界和实务部门的知名学者和专家加盟，主要以独著、合著的形式合力完成。《法学精品课程系列教材》遵循理论与实际相结合的原则，以法学理论的前沿性、法律知识的系统性、法律制度的针对性、法律运作的可操作性为编撰宗旨，以先进的教学内容和科学的课程体系的统一为追求，融法学教育的新理论、新方法和新手段于一体，力图打造成一套优秀的法学精品课程系列化教材。

"法学精品课程系列教材"是我校在推进法学教育创新，深化法学教学改革，加强教材建设方面的一次尝试，也是对以"一流教师队伍、一流教学内容、一流教学方法、一流教材、一流教学管理"等为特点的法学精品课程在教材建设方面的探索。

我相信“法学精品课程系列教材”的出版,能为广大读者研习法学理论、提高法学素养、掌握法律技能提供有效的帮助。同时,我衷心希望学界同仁和读者提出宝贵的批评和建议,以便这套教材不断修订完善,使之成为真正的法学精品课程教材!

是为序。

2016 年 9 月

编写说明

随着社会主义经济体制改革的深化及经济全球化进程的加快，我国劳动法制建设方面的需求越来越大。2007 年是我国《劳动合同法》《就业促进法》以及《劳动争议调解仲裁法》等重要劳动法律的颁布之年，作为高等学校的劳动法学教材，理应与劳动法制建设的发展相适应，为此，我们 2008 年编写了本书，为满足教学和研究及实践部门应用之需要，该书在今年修订后再版。

本教材系统论述了劳动法的基本理论和历史发展，全面阐释了劳动法的主要制度和规定，及时反映了劳动立法的新动态和劳动制度改革的新经验，并注意吸收和借鉴国内外相关学科的最新研究成果。本书在归纳和分析当前劳动法学界的各种主要观点和思想的基础上，对学科体系进行了较为合理的调整。全书共十五章，具体撰写分工如下（以撰写章节先后为序）：

徐智华（中南财经政法大学法学院教授，博士研究生导师）：第一章、第二章、第四章、第八章、第十三章

魏　巍（武汉警官职业学院副教授）：第三章、第九章、第十四章、第十五章

韩桂君（中南财经政法大学法学院副教授）：第五章、第六章、第十一章

张国文（中南财经政法大学法学院讲师，德国萨尔大学博士生）：第七章、第十二章

刘　颖（武汉理工大学讲师，法学博士）：第十章

编　者

2016 年 9 月

目　　录

第一章 劳动法的历史

内容提要

人类进入资本主义社会后，世界经济以前所未有的速度向前发展，特别是进入20世纪后，全球化已成为经济发展的潮流，由此也给法律的发展带来了广阔前景，劳动法的立法和研究也因此而更加繁荣。纵观劳动法的发展历程，其实就是解决经济发展与劳动者权益维护矛盾的历史，是劳动者争取自身权益的历史。本章从三个方面来阐释劳动法的历史发展：其一，是详细阐释国际劳动立法的发展概况，从最初的"欧文上书"到20世纪90年代的国际劳工组织的持续性立法斗争，它们在不同层面上推动了世界各国劳动法的积极发展。其二，是阐释资本主义国家劳动立法的发展概况，1802年英国议会通过的《学徒健康与道德法》，开创了现代意义上资本主义国家劳动立法的先河，历经自由竞争阶段、垄断阶段和国家垄断三阶段，使劳动者的工作生活环境得到了很大的改善。其三，是阐释我国劳动立法的发展概况，将历史划分为旧中国劳动立法与新中国劳动立法，尽管保障劳动者权益的劳动立法道路曲折，但取得的成就还是很大的，这与我国的社会主义性质是密不可分的。

关键词

国际劳动组织　国际劳工立法　劳动法　起源　历史　发展

第一节 国际劳工立法的起源与发展

随着我国社会主义市场经济体制的建立与发展，特别是加入WTO后，我国劳动立法与国际劳工标准应具有更加直接的联系，因此我国的劳动立法与国际劳工立法的接轨问题，是目前理论界和实践部门不可回避和必须解决的焦点问题，它关系到国内社会的稳定、经济的发展以及劳动者权益的切实维护问题，同时也对国家间劳动力的交流与合作有着直接的影响。在经济全球化的背景下，我国的劳动关系也具有国际性特点，对照国际劳工组织的基本劳动公约，借鉴其他成员国先进劳动立法经验，不断完善中国劳动立法，无疑是今后相当长阶段应做的工作。

一、国际劳工立法的产生

国际劳工立法经历了近一个世纪漫长的酝酿阶段才得以产生。最早倡导国际劳工立法者,可追溯到19世纪初的两位思想家,即英国空想社会主义者欧文和法国社会活动家李格兰。他们致力于社会改革活动,其中一项重要内容就是提倡国际劳工立法,要求各国共同遵守国际劳工标准,以消除国际竞争给工人带来的消极后果。1818年,欧文上书"神圣同盟会议",建议成立一个专门研究国际劳工立法的组织,但其建议并未得到会议的采纳。1840—1855年间,李格兰曾多次向法国、德国、英国、瑞士等国家政府上书,要求召开国际会议讨论劳工立法问题,并提出系统的国际劳工立法方案,内容涉及工休时间制度、未成年工和女工保护制度以及禁止雇佣童工和劳动安全卫生制度。具体建议:每日12小时工作制,星期日休息;禁止18岁以下的少年工和女工上夜班;禁止雇佣12周岁以下的童工等。但李格兰的建议仍未被各国政府所采用。直到19世纪后半期,随着各国工人运动日益高涨,无产阶级逐渐形成和发展为国际势力,当时各国的许多政治家和思想家终于认识到国际劳工立法的必要性,并对此进行了广泛的理论宣传。特别是在各国工会的全国会议和国际会议上曾多次讨论过国际劳工立法问题,并提出相关国际劳工立法方案和建议。各国政府在上述情形触动下态度有所转变。1880年,瑞士最先同意制定国际劳工立法建议,瑞士政府向各工业国政府正式发出会议邀请,约定讨论签订国际劳工公约问题。但该次会议由于多数国家不愿参加而未能举行。1889年,瑞士政府再次向欧洲各国发出通知,邀请各国于次年5月在伯尔尼开会,讨论劳工立法问题。但在会议即将举行的前三个月,德国皇帝威廉为了缓和国内矛盾,突然命令首相俾斯麦召集国际会议,讨论保护工人的问题。各国迫于德国势力强大只得表示同意。于是正在筹备中的国际大会从伯尔尼转移到柏林。

1890年3月召开的柏林会议有15个国家参加。会议讨论并通过了几项议案,但由于这些决议内容空泛,并且缺乏国际公约的效力,会后没有一个国家将它们付诸实施。柏林会议虽然毫无成果可言,但由于该次会议是首次由各国政府正式派代表讨论劳工立法的会议,因此,它对国际劳工立法运动的发展起到了积极的推进作用,具有重要的历史意义。

自柏林会议以后,一些赞成国际劳工立法的社会活动家、经济学家和工会领袖决定组织一个国际劳工立法协会,1900年,在巴黎正式成立了国际劳工立法协会。1901年,国际劳工立法协会在瑞士巴塞尔召开第一次代表大会,讨论了柏林会议的各项决议,特别强调了禁止妇女做夜工和取缔妨害工人健康的工作两项决议。1902年又在德国科隆召开了第二次代表大会,讨论了禁止使用白磷和白铅的问题。1905年，国际劳工立法协会正式起草了两个公约草案，提交同年由瑞士政府发起召开的伯尔尼国际会议，参加这次会议的国家有德国、匈牙利、意大利、法国、比利时、荷兰、英国、瑞士、瑞典、丹麦、西班牙、卢森堡和保加利亚共13个国家。会议根据协会递交的草案，通过了《关于禁止工厂女工做夜工的公约》和《关于使用白磷的公约》两个公约，标志着国际劳工立法的开端。此后，国际劳工立法协会又于1912年起草了两个公约：《关于禁止未成年工做夜工的公约》和《关于女工和未成年工每日最多工作时间的公约》。1913年由专家会议正式草拟了这两个公约的草案，准备提交1914年国际会议通过。但因第一次世界大战爆发，这次会议未能举行，国际劳工立法协会的活动被迫停止。此时国际劳工立法的进展由于战争而中断，但国际劳工立法协会战前所进行的工作为国际劳工组织的成立奠定了基础。

二、国际劳工立法的发展

1918年第一次世界大战结束后，参战国于1919年在巴黎召开和平会议。和平会议第一次预备会议通过了组织一个专门委员会的决议，并建议组织一个永久性国际劳工机构，承担从国际方面考察工人状况，研究必要的国际方法，以便对劳动问题采取一致行动的任务。根据该决议，由英国、美国、法国、日本、意大利等国推派15人组成委员会，拟订了《国际劳工组织章程草案》和一个包括九项原则的宣言，于1919年4月提交“巴黎和会”讨论通过，编入《凡尔赛和平条约》第13篇，国际劳工组织章程和九项原则的宣言被称为《国际劳动宪章》，成为国际劳工立法的重要依据。1919年6月，国际劳工组织正式宣告成立，中国是国际劳工组织的创始会员国。1919年10月，国际劳工组织在华盛顿召开了第一届国际劳工大会，会议制定了6个国际劳工公约和6个国际劳工建议书。在第二次世界大战期间，国际劳工组织针对战时迫切的劳工问题，也相继制定了一些国际劳工条约。1944年5月，该组织在美国费城召开第26届国际劳工大会，通过了著名的《费城宣言》及其10项活动原则。

国际劳工组织自1919年成立至今，已有九十多年的历史。它经历了三个发展阶段。(1) 1919—1939年。它属于国际联盟的一个带自治性的附设机构。(2) 1940—1945年。因第二次世界大战爆发以后国际联盟已经解体，它便作为一个独立的国际组织而继续工作。(3) 1946年至今，因第二次世界大战后联合国的成立，它便与联合国签订协议，从而成为联合国的重要专门机构之一，专门负责劳动和社会方面的事务工作。其总部设在瑞士的日内瓦，已由初成立时的39个会员国发展到187个会员国。其主要组织机构有：(1) 国际劳工大会(最高权力机构)；(2) 理事会(执行机构)；(3) 国际劳工局(常设秘书处)。此外，还设有许多产业性、专门性和区域性委员会，并在亚太、非洲、加勒比海等地区和主要会员国设有分支机构。另外,国际劳工组织还设有国际劳工研究所、国际社会保障协会和国际先进技术及职业培训中心等三个附属机构。

国际劳工组织的活动包括:制定有关劳动问题的政策和计划;制定国际劳工公约和建议书;实施国际技术合作项目;开展劳动专业的教育培训;从事劳动科学的研究和传播等。其中最主要的活动是制定国际劳工公约和建议书,以供各会员国批准和采纳。公约和建议书是为会员国制定有关法律和采取其他措施提供标准的,国际劳工组织的公约和建议书合称为"国际劳工标准"。故该组织实际上主要从事国际劳工立法活动。从 1919 年至 2015 年,国际劳工组织已经举行了 104 届大会,共制定了 189 个公约、6 个协议书和 204 项建议书。

国际劳工组织不同于其他国际组织的特点之一,是立法组织机构的组成实行三方原则,即在国际劳工组织的各种组织和会议上,各国代表团必须由政府、雇主、工人三方组成,参加讨论和进行表决。

三、国际劳工立法的形式和内容

国际劳工组织依照《国际劳动宪章》的 9 项原则及《费城宣言》的 10 原则,制定国际劳工公约和建议书,国际劳工立法的内容主要来源于国际劳工大会制定的公约和建议书。这些公约和建议书的内容涉及的领域极其广泛。主要内容如下所述。

(一) 关于工人基本权利的公约和建议书

1. 关于结社自由

国际劳工组织制定的第一个有关结社自由的公约是 1921 年国际劳工大会通过的第 11 号《农业工人的集会结社权公约》,规定凡批准本公约的会员国应承允保证使从事农业的工人取得与工业工人同等的集会结社权,并废除限制农业工人集会结社的一切法令或其他规定。1948 年第 87 号《结社自由和保护组织权利公约》规定:工人和雇主应毫无区别地有权不经事先批准建立和参加他们自己选择的组织,其唯一条件是遵守有关组织的规章。此后又陆续制定了许多关于结社自由方面的公约:《组织权利和集体谈判权利原则的实施公约》(1949 年,第 98 号)、《对企业工人代表提供保护和便利公约》(1971 年,第 135 号)、《促进集体谈判公约》(1981 年,第 154 号)等。

2. 关于强迫劳动

国际劳工组织在 1930 年第 29 号《关于强迫劳动公约》中规定:(1) 逐步地废除各种形式的强迫劳动。在完全废除以前,强迫劳动只能适用于公共目的或作为一种例外的措施。《公约》规定:"作为税收征用强迫或强制劳动,以及由行使行政职责的酋长为建设公共工程而征用的强迫或强制劳动应予逐步废除"。(2) 立即废除下列情况的强迫劳动:妇女、18 岁以下和 45 岁以上的男子、残疾人、为私人或私营企业事业的利益而工作、矿山井下工作、为公共目的而工作但非目前迫切需要者或者非预防饥荒及食物供应匮乏者、作为集体惩罚方法的工作。最后公约还提出了有关实施措施。此后,国际劳工组织在1957年第105号《废除强迫劳动公约》中,对强迫劳动问题又作了新的补充性规定,国际劳工组织在2014年第203号《关于有效抑制强迫劳动的补充措施建议书》中,又作出了较为详细的规定来抑制强迫劳动情形的出现。

3. 关于就业歧视

国际劳工组织于1958年通过了第111号《关于就业和职业歧视公约》和第111号建议书。该《公约》对"歧视"一词作了专门界定,即指包括种族、肤色、性别、宗教、政治见解、民族、血统或社会出身等原因,具有取消或损害就业或职业机会均等,或待遇均等作用的任何区别、排斥或优惠。这种歧视既可以是由法律规定的结果,也可以是实际情况或惯例所形成的。同时,该公约规定以下三种情况不应认为是歧视:(1) 对一项特定职业基于其内在需要的任何区别、排斥或优惠;(2) 针对有正当理由被怀疑为或证实参与了有损国家安全活动的个人所采取的任何措施,但有关个人应有权向按照国家规定建立的主管机构提出申诉;(3) 国际劳工大会通过的其他公约和建议书规定的保护或援助的特殊措施,不应视为歧视。国际劳工组织通过的第111号建议书则具体地规定了每个人应在各方面享有平等的机会和待遇。公约和建议书还规定了消灭歧视的行动措施。2010年第99届大会通过了第200号《关于艾滋病与劳动世界的建议书》,要求对确诊或疑似艾滋病感染者不能歧视,劳动者应享有隐私保护权,不得要求劳动者做艾滋病病毒检测或透露其艾滋病病毒感染状况,应为劳动者及其家人提供预防和治疗艾滋病的支持和关爱等服务。国家的政策和计划包括消除歧视和促进机会和待遇平等,预防,治疗和关爱,支持服务,检测、隐私和保密规定,职业安全与卫生,以及对儿童和未成年人的保护。

(二) 关于就业与人力资源开发的公约和建议书

1. 关于劳动就业政策

国际劳工公约于1964年通过的第122号《就业政策公约》,和同年通过的第122号《就业政策建议书》,是劳动就业政策最重要的标准。《公约》明确规定,"应宣布并实行一项积极政策,旨在促进充分的生产性的和自由选择的就业"。这项政策应以保证下列各项就业为目的:为一切有能力工作并寻求工作的人提供工作;此项工作应尽可能是生产性的;有选择职业的自由,每个工人有资格享受最充分可能发挥其技能与才能的机会,获得最适合的工作。公约中规定就业政策应适当考虑经济发展的阶段和水平,以及就业目标同其他经济和社会目标之间的相互关系,并应实行适合国家条件的实际情况的方法。同时,还规定了为达到上述目标所制定的措施,以及实施这些措施应采取的必要步骤。《建议书》

对《公约》的一般原则作了具体明确的补充规定。

2. 关于失业和职业介绍所

国际劳工组织1919年第2号《失业公约》和第1号建议书,主张政府应免费设立职业介绍所帮助失业者,对于失业者应给予失业保险,并建议国家在大量工人失业的情况下,应尽可能地组织公共工程。此后又陆续制定了一些公约和建议书,提出了减少失业的具体措施和建议。国际劳工组织于1919年的第2号公约提出应设置公立免费的职业介绍所。并在1949年通过的第96号《收费职业介绍所公约》中规定,要逐步取缔以谋生为目的的收费职业介绍所,并管理其他职业介绍所,或者管理所有的职业介绍所。

3. 关于人力资源开发的公约和建议书

国际劳工组织制定了许多关于学徒、职业指导和培训方面的一些标准。许多公约和建议书还详细列出了人力资源开发的实施政策和计划办法。人力资源开发是国际劳工组织非常重视的问题,其技术合作资金中的2/3以上用于人力资源开发,如2004年通过的第195号《关于人力资源发展建议书》。

(三)关于工作时间与安全卫生方面的公约和建议书

1. 关于8小时工作制的规定

国际劳工组织1919年制定了第1号公约,即《工业工作时间每日限为8小时及每周限为48小时公约》。《公约》同时规定了例外情况,对特殊劳动者则有特殊规定,如企业中任监督或管理职务者及任机密事务者。要求一周中一天或几天工时少于8小时,则其余各天工时可多于8小时,但所多工时不得超过1小时。此后,国际劳工组织又陆续制定了一些公约,扩大了8小时工作制的适用范围,并将工作时间缩短为每周40小时。

2. 关于每周休息的规定

国际劳工组织1921年通过的第14号《工业中实行每周休息公约》,规定公营或私营的工业或其他任何分部所雇佣的全体职工均应于每7日的期间内享有连续至少25小时的休息时间;此项休息时间如可能时应与本国或当地的风俗或习惯相符合。公约准许有一些例外,但应在尽可能的范围内补偿其休息时间。1957年通过的第106号《商业和办事处所每周休息公约》,又将每周休息的时间规定扩大到办公室工作人员、私营企业在内。

3. 关于休假工资照付的规定

国际劳工组织于1936年通过的第52号《工资照付年假公约》,广泛适用于公私营企业事业的受雇佣者。公约规定,凡适用本公约的人员连续服务满1年后,有享受工资照付的年假权利,假期至少应有6个休息日;未满16周岁的人,包括学徒工在内,连续服务满1年后,此项假期至少有10个休息日。公共及惯例假日以及因疾病缺工之日不应包括在工资照付的年假之内。1954年通过的第98号《工资照付休假建议书》，适用于除海员和农业工人以外的一切受雇佣者。以后又相继制定了一些公约和建议书，扩大了带薪休假适用范围，且提高了带薪休假的标准。

4. 关于职业卫生与安全的规定

国际劳工组织于1919年通过了第4号《保护妇女与儿童免受铅毒建议书》，1919年通过的第6号《禁止在火柴制造中使用白磷建议书》，建议会员国禁止在火柴制造中使用白磷。1921年通过了第13号《油漆中使用白铅公约》，1971年通过了第136号《防苯中毒危害公约》，1977年又通过了第148号《保护工人以防工作环境中因空气污染、噪声和振动引起职业危害公约》，2006年通过187号《促进职业安全卫生框架公约》。

（四）关于劳动管理和工资方面的公约和建议书

1. 关于劳动管理的规定

在劳动管理方面的标准主要包括劳动监察、劳工行政、劳动统计、劳工标准的三方协商等方面的公约和建议书。如1926年的《对海员工作条件一般原则建议书》，1937年第54号《建筑业监察建议书》，1947年第81号《工商业劳工监察公约》等，都在劳动管理方面提出了许多国际劳工标准，旨在为各会员国建立和发展劳动管理体制、改进劳动检查提供依据。

2. 关于劳资关系的规定

国际劳工组织的成立宗旨之一就是加强政府、雇主和工人的三方合作，调节政府、雇主和工人之间的关系。国际劳工组织成立以来，制定了各种劳资关系问题的国际标准。如结社自由方面的公约和建议书；集体协议和集体谈判方面的公约和建议书；调解和仲裁方面的公约和建议书；企业一级的合作的建议书；产业一级和国家一级的协商的建议书；雇主提出终止雇用的公约和建议书；企业内沟通和对冤屈的审查的公约和建议书；等等。

3. 关于工资的规定

国际劳工组织主要是制定确定最低工资方面的公约，并于1928年通过了第26号《确定最低工资办法的制定公约》和第30号《实施最低工资确定办法建议书》。公约规定：凡批准本公约的会员国应承允制定或维持一种办法，以便为那些不能通过集体协议或其他办法得到工资保障的工人确定最低工资率。公约还规定应实行一种监督或制裁的办法，以保证有关的雇主与工人明确现行最低工资率。建议书还补充规定了有关确定最低工资的一般原则。此后，国际劳工组织又制定了一些公约和建议书，将实施最低工资的办法推广到工资水平特别低的发展中国家。

（五）关于社会保障方面的公约和建议书

国际劳工组织于1952年制定的第102号《社会保障最低标准公约》是一个

国际上社会保障的基本标准,它确立了社会保障作为一种普遍制度的原则。其中包括9个方面:医疗保健、疾病补助、失业补助、老年补助、工伤补助、家庭补助、生育补助、残病补助和遗属抚恤金。国际劳工组织定期审查、更新和补充其社会保障标准。2012年国际劳工组织通过了第202号《关于国家社会保护底线的建议书》,对国际劳工组织现行的社会保障标准进行补充,为成员国构建符合本国国情和发展水平的最低社会保障制度提供指导。国际劳工组织还专门为移民工人规定了同等待遇,规定了移民工人和本国工人在社会保障制度的9个方面享有平等的待遇。2011年国际劳工组织为家政工作人员通过了《关于家政工人体面劳动的公约》,要求各成员国在就业条件、工时、休假,社会保障,职业安全与卫生等方面享受与一般工人同等的待遇,以保障家政工人的人权和工作中的基本权利,同时还通过了第201号《关于家政工人体面劳动的建议书》,其主要内容是对《关于家政工人体面劳动的公约》主要条款的补充规定。关于社会保障的专门性公约和建议书有五十多个。由此可见,社会保障方面的立法问题,国际劳工组织是十分重视的。

四、国际劳工立法与中国劳动立法的关系

(一)国际劳工立法与旧中国劳动立法的关系

在1919年“巴黎和会”上,北洋军阀政府在《对奥和约》上签字,成为国际联盟的原始成员国,同时也就成了国际劳工组织的原始会员国。从1919年到1928年的历届国际劳工大会,北洋政府都指派驻外使领馆人员作为政府代表参加。从1929年开始,国民党政府每年都派由政府、雇主和工人三方代表组成的代表团出席国际劳工大会。1930年国际劳工局在上海设立了分局(1952年撤销)。自1944年起,中国成为国际劳工组织的常任理事国之一。

1919年第一届国际劳工大会开会期间,曾设立一个特别委员会,讨论中国及其他几个特殊国家的劳动问题。该委员会曾向北洋政府建议制定工厂法保护工人的政策并要求提出有关问题的报告。北洋政府迫于当时中国国内工人运动的压力,接受了建议,并于1923年颁布了《暂行工厂规则》。1929年国民党政府公布的《工厂法》和随后公布的其他的一些劳动法规,有些内容也参考了国际劳工公约和建议书的规定。由此可见,国际劳工立法对旧中国劳动立法曾有一定影响。

从1930年起,国民党政府先后批准了14个国际劳工公约,但由于未及时制定相应的法律以及制定了一些法律并未正式施行,因此,这些公约对于改善当时工人的劳动状况和生活条件并未产生任何实际效果。例如,1930年国民党政府批准了关于最低工资的公约,直到1934年才颁布《最低工资法》,但一直没有宣布实施。可见旧中国批准的国际劳工公约对工人的权益维护并未起到实际

作用。

（二）国际劳工立法与新中国劳动立法的关系

1949年中华人民共和国成立以后，台湾当局继续占据中国在国际劳工组织中的席位。1971年联合国大会通过决议恢复我国的合法席位，并通知我国政府参加国际劳工大会和其他会议。从1983年召开的第69届国际劳工大会起，中国正式参加国际劳工组织的各项活动，派遣代表团出席每届大会，并派代表出席理事会以及其他会议。1985年在我国设立国际劳工组织北京局，负责与中国政府、用人单位和工人组织以及学术研究团体等联系，广泛开展国际劳工标准、技术合作、研究咨询和出版宣传工作。

我国政府在1983年第一次参加国际劳工大会时表示：对国际劳工组织已制定的劳工公约，将逐一研究其内容，并结合我国实际情况决定批准某些公约；对批准的公约要按规定程序制定相应的国内法付诸实施。此后，我国有关主管部门对旧中国所批准的14个公约进行了审议，认为基本上适合我国的实际情况，1984年5月国务院决定予以承认，同时宣布新中国成立后台湾当局用中国名义批准的23个公约无效。国际劳工组织取消了台湾当局对23个公约的批准效力，撤销了对批准的登记。我国予以承认的14个公约为：(1)《确定准许儿童在海上工作的最低年龄公约》(1920年第7号公约)；(2)《农业工人的集会结社权公约》(1921年第11号公约)；(3)《工业企业中实行每周休息公约》(1921年第14号公约)；(4)《确定准许使用未成年人为扒炭工或司炉工的最低年龄公约》(1921年第15号公约)；(5)《在海上工作的儿童及未成年人的强制体格检查公约》(1921年第16号公约)；(6)《本国工人与外国工人关于事故赔偿的同等待遇公约》(1925年第19号公约)；(7)《海员协议条款公约》(1926年第22号公约)；(8)《海员遣返公约》(1926年第23号公约)；(9)《制订最低工资确定办法公约》(1928年第26号公约)；(10)《航运的重大包裹标明重量公约》(1929年第27号公约)；(11)《船舶装卸工人伤害防护公约》(《防止码头工人事故公约》)(1932年第32号公约)；(12)《各种矿场井下劳动不得使用妇女公约》(1935年第45号公约)；(13)《确定准许使用儿童于工业工作的最低年龄公约》(1937年第59号公约)；(14)《对国际劳工组织全体大会最初28届会议通过的各公约予以局部的修正以使各该公约所赋予国际联盟秘书长的若干登记职责今后的执行事宜有所规定并因国际联盟的解散及国际劳工组织章程的修正而将各该〈公约〉一并酌加修正公约》(《最后条款修正公约》)(1946年第80号公约)。

除上述公约外，我国政府又批准了12个国际劳工公约：(1) 1987年批准的《残废人职业康复与就业公约》(1983年第159号公约)；(2) 1990年批准的《男女工人同工同酬公约》(1951年第100号公约)；(3) 1990年批准的《三方协商促进贯彻国际劳工标准公约》(1976年第144号公约);(4)1994年批准的《关于作业场所安全使用化学品公约》(1990年第170号公约);(5)1997年批准的《就业政策公约》(1964年第122号公约);(6)1998年批准的《最低就业年龄公约》(1973年第138号公约);(7)2001年批准的《劳动行政管理公约》(1978年第150号公约);(8)2001年批准的《建筑业安全卫生公约》(1988年第167号公约);(9)2002年批准的《禁止和立即行动消除最恶劣形式的童工劳动公约》(1999年第182号公约);(10)2005年批准的《消除就业和职业歧视公约》(1999年第111号公约);(11)2007年批准的《职业安全和卫生及工作环境公约》(1981年第155号公约);(12)2015年批准的《海事劳工公约》(2006年第186号公约)。至此,我国已经承认和批准了26个国际劳工公约。目前,我国有关部门正在对国际劳工公约和建议书继续进行研究,并将以积极而又认真负责的态度,根据我国具体情况,继续批准一些公约,以适应我国加入WTO后劳动法制完善之需要。

国际劳工立法与新中国劳动立法的关系还表现在,一些尚未批准的公约和无须批准的许多建议书都不同程度地为我国近年来的劳动立法所借鉴和参考。例如,在起草和制定《劳动法》的过程中,就适当借鉴了国外劳动立法的先进经验,特别是国际劳工公约和建议书的有关规定。在其内容中,有些是对已批准公约的实施,如实行每周两天休息制度、制定最低工资办法、禁止使用妇女从事矿山井下工作、限定最低就业年龄、实行男女工人同工同酬等;而更多的则是对尚未批准的公约和建议书的采用,如促进就业政策和措施、反对就业歧视、禁止强迫劳动、规定工作时间和休息休假制度、实行劳动安全卫生措施、改进社会保险制度、实行劳动监督检查制度等。比如我国《中华人民共和国劳动法》中规定的年休假制度,劳动者连续工作1年以上的享有带薪休假权利,与1936年的第52号《工资照付年假公约》的某些规定,是十分相近的。

第二节 资本主义国家劳动立法的起源与发展

原始社会没有阶级、国家和法律,社会劳动关系不依据法律调整,而由习惯、首领权威等来约束。奴隶社会和封建社会,由于奴隶是被奴隶主完全占有的"会说话的工具",没有人身自由和任何权利,封建社会的农奴虽有部分人身自由权,但仍没有摆脱对封建主的人身依附关系,因此在奴隶社会和封建社会里,都把劳动关系作为一种财产关系来调整,有关劳动关系的法律规范并没有形成一个独立的法律部门。人类进入资本主义社会后,资本家与工人之间建立起脱离人身依附关系的劳动关系,在此基础上,劳动法才得以产生。

一、资本主义萌芽时期的"劳工法规"

资本主义制度最早产生于英国。在资本主义萌芽时期,新兴的资本家为了扩大国内外市场,大量开办作坊和手工业工场,相应的需要大批有人身自由却丧失了一切生产资料的劳动者从事雇佣劳动。新兴资产阶级采用暴力手段,最为典型的是英国的"圈地运动",剥夺农民的土地,让农民一无所有而被迫出卖劳动力,与城市中的破产手工业者和帮工、学徒一起沦为除劳动力以外一无所有的雇工。为适应新兴资产阶级加强对雇佣工人的剥削需求,英国政府制定和颁布了一系列"劳工法规",企图用法律的手段把无产者驱赶到资本主义作坊和手工场,变成雇佣工人,以满足资本家对劳动力的需要,凡不服从法律者,都要受到极其残酷的处罚、鞭打、监禁,甚至处死。同时,英国政府为了帮助资产阶级对雇佣工人的剥削,还制定了许多强制工人接受苛刻劳动条件的法律,如法律规定允许资本家任意延长工时,禁止工人要求增加工资,禁止工人集会结社等,并对不接受这些苛刻条件的工人规定了严厉的处罚办法。从 14 世纪到 18 世纪中叶长达四百多年的时间里,除英国之外,欧洲其他资本主义国家也先后制定了类似法律,以保证资产阶级对雇佣工人的剥削。这即当时的血腥恐怖的"劳工法规"。

"劳工法规"是调整资本主义的劳动关系的法律。其立法宗旨是为了加强资本家对雇佣工人的剥削,而不是保护雇佣工人的利益。由于此类劳工法规,兼有封建压迫和资本主义剥削两方面的作用,因此,"劳工法规"与现代意义上的劳动法存在根本性质的区别,"劳工法规"不能作为劳动法的起源。

二、资本主义国家的"工厂立法"

从 18 世纪 30 年代起,英国首先开始产业革命,实现了从手工业向机器大工业的过渡。产业革命后,资产阶级的势力更为强大,而大多数劳动者由于丧失了生产资料,不得不接受资本家所规定的苛刻劳动条件,雇佣工人的劳动条件陷入了更为恶劣的状态。当时英国工厂的工作时间,已延长到每昼夜 14—18 小时,工人的工资不足以维持最低生活需要,恶劣的劳动条件,直接威胁到工人的健康和生命。

在恶劣的劳动条件下,工人阶级为了保护自身的生存权利,在 18 世纪中叶以后就自发地起来同资产阶级进行斗争,要求颁布法律限制延长工作时间。由于工人阶级的斗争日益高涨,迫于各方面的压力和影响,资本主义国家被迫采取了颁布法律、限制延长工作时间的措施。1802 年英国议会通过了《学徒健康与道德法》,该法规定纺织厂 18 岁以下的学徒工每日工作时间不得超过 12 小时,并禁止学徒在当日晚 9 时至翌晨 5 时从事夜间工作。该法律的适用范围是棉纺织厂和毛纺织厂,适用对象限于学徒,内容为限制工作时间。这是世界上第一个限制工时长度的法律,是资产阶级“工厂立法”的开端,也是现代意义上的劳动法的起源。在此后的30年中,英国议会又直接以《工厂法》名称通过了几个法律,逐步扩大适用范围的对象,增加了法律调整事项。

继英国之后,欧洲其他国家也先后开始出现了“工厂立法”,如瑞士于1815年、德国于1839年、法国于1841年先后颁布了限制童工工作时间和禁止做夜工的法律。

1802年英国议会通过的《学徒健康与道德法》是“工厂立法”的开端,是现代劳动法的起源。但由于工厂立法适用范围小,规定事项少,标准低,加之政府并未为法律的实施提供必要的经费和人员,也没有制定相应的实施办法,因而“工厂立法”在当时并未起到实际作用,但它毕竟在立法上是一个重要转折点,与“劳工法规”最大的区别在于,工厂立法是在维护工人的利益。

综上所述,资本主义原始积累时期(从14世纪中期到17世纪后期),有些国家颁布的所谓“劳工法规”不属劳动法。正如马克思在《资本论》中所指出的:劳工法规“自始就是为了剥削工人,并且在进行中总是直接和工人居于敌对地位的关于工资雇佣劳动的立法”。[①] 劳动法最早是在19世纪初开始出现的,到20世纪初,它已形成一个独立法律部门。1802年英国议会通过的《学徒健康与道德法》,是现代劳动立法的开端。学界一般认为该法是资产阶级“工厂立法”的开端。“工厂立法”最初只适用某类某工种工人工作时间的限制,其后发展到包含劳动者保护的各方面:如劳动合同、劳动报酬、劳动保护、社会保险、职业培训等方面,甚至涉及工会、集体合同等内容。随着适用范围的扩大,“工厂立法”逐步形成为一个独立的劳动法律体系。

三、资本主义国家劳动立法的发展

资本主义国家劳动立法可分为三个时期,即:自由竞争阶段(19世纪后半期)的劳动立法;垄断阶段(20世纪前半期)的劳动立法;国家垄断阶段(20世纪后半期)的劳动立法。

(一)自由竞争阶段的劳动立法

19世纪中叶以后,处于自由竞争阶段的资本主义经济,得到了进一步的发展,社会化大生产程度得到了更大的提高。此时,工人阶级已经形成为独立的政治力量,工人运动日益高涨,此时劳动立法有了新的进展,工厂法也有了更进一步的发展。从制定工厂法的国家来看,由19世纪初的少数几个西欧国家(英国、法国、德国、瑞士),发展到更多的资本主义国家都制定了工厂法,如挪威、瑞典、丹麦、意大利先后于1860年、1864年、1873年、1886年颁布了工厂法;美国也于

① 参见马克思:《资本论》第1卷,人民出版社1975年版,第814页。

1868 年颁布了一项限制工作时间的法律，该法律只适用于联邦雇员，不适用于各州的一般工人。从工厂法的适用范围看是趋向逐步扩大，在适用对象上由童工扩大到少年工和女工，限制工时的法律则扩大到各种工厂的工人。而且此时期工厂立法的内容也逐渐充实，由原来的限制工时扩展到安全卫生、工人教育、工资支付等方面。工会立法在此阶段得到了发展，从绝对禁止工人组织工会，发展到相对禁止，即在一定限度内允许工人组织工会和参加工会活动，最后发展到基本承认阶段，即正式承认工人有组织工会和参加工会的活动的权利。这时期，资本主义国家劳动争议立法开始出现，社会保险立法有了开端。如英国 1896 年议会通过了《调解法》，法国在 1892 年颁布了《调解与仲裁法》，德国于 1890 年制定了《工业裁判所法》，这几个国家当时都是采取自愿的调解和仲裁办法，没有强制执行的效力，因而收效不大。新西兰是第一个实行强制仲裁的国家，在 1890—1893 年间新西兰发生了几次工人大罢工，自愿调解和仲裁难以生效，于是议会于 1894 年通过了一项强制调解和仲裁的法案。美国在 1898 年由国会通过了《厄尔德曼法案》，对劳动争议案件的处理采取了介于自愿与强制之间的一种办法。

此时期，社会保险立法，由德国首开先例，德国议会根据俾斯麦提出的法案，于 1883 年、1884 年和 1889 年分别通过了《劳工疾病保险法》《伤害保险法》和《老年和残废保险法》，均采取强制保险制度。英法等国在 19 世纪末，只对工人伤亡事故制定了赔偿的法律。如英国于 1897 年通过了《工厂赔偿法》，法国于 1898 年颁布了雇主对工人因工负伤，丧失劳动能力和因伤死亡应负赔偿责任的法律。

19 世纪后半期，此阶段“工厂法”得到了进一步的发展，制定工厂法的国家不断增加。“工厂法”的适用范围逐渐扩大，立法内容涉及劳动关系的各个方面。如新西兰 1894 年颁布的《最低工资立法》，开创世界最低工资立法之先河。德国在 1891 年颁布了《德意志帝国工业法》，法国在 1874 年颁布了《劳动保护法》，英国在 1901 年颁布了《工厂及作业场法》和 1908 年制定了《煤矿业限制法》等。该阶段工会法、劳动争议法、社会保险法也相继问世。如英国 1871 年颁布了《工会法》，是世界上第一部现代工会法，德国分别于 1883 年、1884 年和 1889 年颁布了《疾病保险法》《伤害保险法》和《残废和老年保险法》，标志着现代意义上的社会保险法之诞生。

自由竞争阶段的劳动立法逐步脱离工厂立法的范畴，取得了一些进步，但很多法律局限于适用某部分行业和部门，且劳动合同（雇佣合同）仍属民法调整，许多法律条文仍不够完善，给雇主规避法律留下空隙。同时，该阶段的劳动立法还具有不稳定性和不平衡性特点。比如经济较发达的美国、日本颁布劳动方面法规时间较晚。

(二) 垄断阶段(20世纪前半期)的劳动立法概况。

20世纪前半期,人类历史上发生了第二次世界大战和一次经济危机,对劳动立法产生了较大影响,导致立法过程经历了一个曲折多变的阶段。前进的一面表现在此阶段的劳动立法的范围逐步扩大到绝大多数国家,且劳动法立法体系逐渐趋向完善,有些国家甚至出现了最高形式的劳动法典(比如法国就颁布了劳动法典)。曲折的一面表现在有些国家在工会和劳资关系方面的立法出现趋向民主和趋向反动二种势态。第二次世界大战后,资产阶级国家统治集团为维护统治,制定了一批现代的反劳工法规。如美国1947年通过的《塔夫脱—哈特莱法案》(《劳资关系法》),法国议会1947年通过的《保卫共和国劳动自由法》,德国1952年通过的《关于工人在企业中的地位的法律》等,这些法律的颁布都是劳动立法倒退的表现。

(三) 国家垄断阶段(20世纪后半期)的劳动立法概况

第二次世界大战结束后,主要资本主义国家由私人垄断发展成国家垄断。此阶段劳动法在立法体系、立法层次、立法内容、适用范围方面都有明显进步和提高。其中值得一提的是,各国宪法对公民的劳动权利都作出了明确规定,如法国、意大利、西班牙、瑞士、日本等国的宪法均对劳动权作出规定。英国1959年修订《工资委员会法》,提高了最低工资标准;1961年修订《工厂法》,改善了工人的劳动条件;1974年又制定了《劳动安全与卫生法》等。该阶段的立法从社会保障、就业保障、劳动报酬等方面的立法上看,很多国家都取得了明显的进步。如美国1963年通过的《同工同酬法》,1964年制定的《残疾人不受歧视法》;日本在1966年制定的《雇佣对等法》等。进入20世纪60年代以后,劳动立法又有了更进一步的发展。

第三节　我国劳动立法的产生与发展

我国劳动立法的历史,以历史时期为标准可划分为旧中国劳动立法和新中国成立后的劳动立法二个阶段。

一、旧中国劳动立法状况概述

1840年鸦片战争后,中国开始出现近代工业,产生了无产阶级。无产阶级为了争取相关劳动权利,强烈要求制定劳动法。在1879—1891年间,上海、香港和福州等地发生工人大罢工。在1895—1913年间,中国各地工人罢工达七十余次。该时期北洋军阀政府为镇压工人阶级的反抗,进行了一系列反劳工立法,如1912年的《暂行新刑律》及1914年的《治安警察条例》等,把同盟罢工列为犯罪。“五四”运动之后,特别是1921年中国共产党成立以后,工人运动由争取经济权利进步到争取政治权利的斗争，提出争取劳动立法的口号，罢工的规模更大，参加人数更多。迫于工人运动的高涨和社会各界的压力，北洋政府于 1923 年颁布了《暂行工厂规则》，主要内容包括：最低就业年龄、限制最高工时、保护女工和童工、义务教育和工厂检查等。一般认为它是我国产生的第一个劳动立法。此外，北洋政府还颁布了《矿工待遇规则》和《国有铁路职员征缴特别保证金规则》等法令，但实际上这些法令都是徒具虚名的一纸空文。值得关注的是广州、武汉国民政府的劳动立法，它与北洋政府及蒋介石建立的南京国民政府的劳动立法有本质区别。1924 年 11 月，孙中山以大元帅名义颁布了《工会条例》；1926 年 1 月，广州国民党全国二大会议通过了《工人运动决议案》，其中提出实行 8 小时工作制，制定最低工资标准等；同年，国民政府还颁布了《劳工仲裁条例》《国民政府组织解决雇主雇工争执仲裁条例》等法规，对当时的工运开展和工人权益的维护具有积极的作用。

1927 年蒋介石在南京成立了国民政府，该政府是封建主义与官僚资本主义相结合的法西斯专政政权。同年 7 月 9 日南京国民政府成立劳动法起草委员会。并于 1927—1929 年间完成了《劳动法典草案》各篇内容。从 1927 年到 1949 年，国民党统治中国的 22 年间颁布了一些劳动法令，如《工会法》《工厂法》《劳资争议处理法》《团体协约法》《工厂检查法》《矿场法》等。但这些法令往往表里不一致，如一方面规定工人可以享受某些权利，另一方面又设定种种限制。并且由于在立法模式上采用或模仿西方国家劳动立法方式，与中国现实脱节，故大多数法律并未真正施行。

中国共产党于 1921 年成立后，极其重视劳动立法。1922 年 5 月 1 日，中国劳动组合书记部在广州召开了第一次全国劳动大会，大会通过了《八小时工作制》《罢工援助》和《全国总工会组织原则》等决议案。同年 7 月，中国劳动组合书记部（我党领导工运的总机关）又拟定了《劳动立法原则》和《劳动法案大纲》，得到了工人运动的响应和拥护，并以此作为争取劳动立法的斗争纲领。1927 年大革命失败后，我党工作重点转入农村，各苏区根据地建立之初，便开始制定保护劳动者权益的法令。在土地革命时期，中央苏区于 1931 年制定了《中华苏维埃共和国劳动法》，其内容包括：雇佣合同、集体合同、劳动合同、工作时间、童工保护、休假、工资、女职工保护、社会保险、劳资纠纷等。1933 年又对该法进行了部分修改。此外，各根据地还相继制定过劳动法规，如江西革命根据地制定了《赤色工会组织法》。在抗日战争时期，各革命根据地的劳动立法得到了进一步发展，主要有：《晋冀鲁豫地区劳工保护暂行条例》（1941 年 11 月 1 日公布），此条例经过了 1942 年和 1943 年的两次修正；陕甘宁地区 1942 年制定的《陕甘宁地区劳动保护条例（草案）》；等等。其他苏区也制定了相关劳动法规。在解放战争时期，我党先是沿用抗战时期的劳动法规，后来各地也相继颁发过相关劳动法规。如东北行政委员会颁布了《关于私营企业劳动争议调处程序暂行办法》等。1948年8月,中国第六次全国劳动大会在哈尔滨召开,大会通过了《关于中国职工运动当前任务的决议》,其中第三章明确提出劳动立法的系统建议,其内容主要有:(1) 实行企业管理民主化,实行工厂或企业管理委员会制与工厂职工代表会议制;(2) 工作时间一般实行8—10小时工作日制,每日连加班时间在内不超过12小时,加班连续不得超过4天,全月不得超过48小时(除战争紧急需要情况外);(3) 规定职工最低工资连本人在内应能够维持两个人的生活;(4) 男女同工同酬;(5) 不得使用未满14岁的童工;(6) 劳动须有契约并尽可能采用集体契约形式;(7) 伤害、疾病、老残等医疗津贴抚恤,暂由工厂负责办理或由工厂和工会共同负责办理;(8) 劳动争议处理程序为调解、仲裁和法院审理。上述建议既为解放区调整劳动关系提供了指南,也为新中国建立初期制定劳动法奠定了良好基础。

二、新中国的劳动立法及发展状况概述

自1949年新中国成立以来,我国劳动立法经历了曲折发展历程,大致可分为三个时期。

1. 劳动法的建立和形成时期。从1949年到1956年,这一阶段是中国劳动立法的建立和形成时期。国家为保障工会的法律地位,于1950年颁布了《中华人民共和国工会法》。1950年7月颁布了《救济失业工人暂行办法》,1952年8月颁布了《关于劳动就业问题的决定》等以解决失业人员的救济和安置工作。在处理劳资关系方面,劳动部制定了《劳动争议解决程序的规定》和《劳动争议仲裁委员会组织及工作规则》。在劳动安全卫生方面,国家制定了《工业交通及建筑企业职工伤亡报告办法》《工厂卫生暂行条例(草案)》《关于防止沥青中毒办法》,并于1956年5月同时颁布《工厂安全卫生规程》《建筑安装工程安全技术规程》《工人职员伤亡报告规程》。在社会保险方面,1951年由政务院颁布了《中华人民共和国劳动保险条例》。为加强企业劳动管理,政务院于1954年公布了《国营企业内部劳动规则纲要》。此外,国务院1956年公布了《关于工资改革的决定》和《关于工资改革中若干问题的规定》。

2. 劳动立法由复苏到低谷时期(1957—1976年),1956年,我党第八次全国代表大会指出:国家的迫切任务之一是要系统地制定比较完备的法律,健全法制。1957年初,我国开始起草《中华人民共和国劳动法》的准备工作。但随着“反右派”和“大跃进”等运动,迫使该项工作停顿下来。1963年到1965年,劳动立法工作随国民经济的恢复与发展也开始复苏。1963年国务院颁发了《关于加强企业生产中安全工作的几项规定》。1964年劳动部发布《企业计时奖励暂行条例(草案)》。1965年国务院颁发《关于企业、事业单位干部和工人调动问题的

若干规定》等法规。1966—1976 年“文化大革命”时期，我国劳动立法工作进入低谷时期。

3. 劳动立法的恢复和快速发展时期(1976 年至今)。1976 年“文化大革命”结束后，国家进入新的历史发展时期。1978 年 12 月召开的党的十一届三中全会是具有深远意义的历史转折点。这一时期的劳动立法主要有：(1) 1982 年的《中华人民共和国宪法》(以下简称《宪法》)明确规定了劳动者的劳动权、休息权、获得物质帮助权等劳动权利。(2) 1982 年国务院发布《矿山安全条例》《矿山安全监察条例》《锅炉压力容器安全监察条例》等，同年还发布了《企业职工奖惩条例》。(3) 1981 年制定《关于职工探亲待遇规定》。(4) 1985 年国务院发布《关于国营企业工资改革问题规定的通知》《关于国家机关、事业单位工作人员工资制度改革问题的通知》。(5) 1986 年 7 月 12 日同时出台四项规定：《国营企业招用工人暂行规定》《国营企业实行劳动合同制暂行规定》《国营企业辞退违纪职工暂行规定》《国营企业职工待业保险暂行规定》。上述有些法规随历史的发展被新法规所代替，但在当时的情况下，是发挥了重要作用的。

其中特别值得关注的是，党的十一届三中全会以来的劳动立法又可分为三个阶段。

第一阶段从 1978 年到 1985 年，为改革初期，劳动立法工作一方面是恢复“文革”前行之有效的劳动制度，并进行适当改进；另一方面，开展劳动制度改革的试点和探索。主要立法有：1982 年《宪法》就劳动者享有的劳动权、休息权、获得物质帮助权、接受教育权等作了全面规定；为健全职工养老制度，全国人大常委会 1978 年原则批准国务院《关于安置老弱病残干部的暂行办法》《关于工人退休、退职的暂行办法》；为加强劳动保护，国务院 1982 年发布了《矿山安全条例》《矿山安全监察条例》《锅炉压力容器安全监察条例》等；为整顿劳动纪律，恢复正常生产秩序，国务院 1982 年发布了《企业职工奖惩条例》；为加强劳动力管理，劳动人事部 1982 年发布了《关于积极试行劳动合同制的通知》和《工人技术考核暂行条例》，1983 年发布了《关于招工考核、择优录用的暂行规定》；另外，1981 年全国人大常委会批准了国务院《关于职工探亲待遇的规定》。

第二阶段从 1985 年到 1994 年《中华人民共和国劳动法》制定以前，是劳动制度全面改革时期，相应的劳动立法主要是围绕着劳动制度改革来进行的，并逐步走向成熟。1985 年，为了实现工资制度改革，国务院发布了《关于国营企业工资改革问题的通知》《关于国家机关和事业单位工作人员工资制度改革问题的通知》。1986 年 7 月 12 日国务院同时出台四项改革劳动制度的暂行规定：《国营企业招用工人暂行规定》《国营企业实行劳动合同制暂行规定》《国营企业辞退违纪职工暂行规定》《国营企业职工待业保险暂行规定》。1987 年，国务院颁布《国营企业劳动争议处理暂行规定》，正式恢复已中断 30 年的劳动争议处理制度。

上述五个法规现已被《劳动法》《中华人民共和国企业劳动争议处理条例》《失业保险条例》及《社会保险费征缴暂行条例》等代替。[①] 1988 年国务院发布了《女职工劳动保护规定》,1989 年国务院发布了《全民所有制企业临时工管理暂行规定》、劳动部发布了《私营企业劳动管理暂行规定》。1990 年,全国人大常委会制定了《残疾人保障法》,其中就残疾人劳动权益保障作了规定,国务院批转了劳动部《关于加强城镇集体所有制企业职工工资收入管理的通知》,发布了《职业介绍暂行规定》《工人考核条例》和《关于高级技师评聘的实施意见》,国家统计局发布了《关于工资总额组成的规定》。1991 年,国务院发布了《全民所有制企业招用农民合同制工人的规定》《禁止使用童工规定》《企业职工伤亡事故报告和处理规定》《关于企业职工养老保险改革的决定》和《关于大力发展职业技术教育的决定》,劳动部会同有关部门发布了《城镇集体所有制企业工资总额与经济效益挂钩办法》等。1992 年,全国人大制定了《中华人民共和国工会法》和《中华人民共和国矿山安全法》,并在《中华人民共和国妇女权益保护法》中就妇女劳动权益保障作了规定。国务院发布了《关于修改〈国营企业实行劳动合同暂行规定〉第 2 条、第 26 条的决定》,劳动部会同有关部门发布了《关于深化企业劳动人事、工资分配、社会保险制度改革的意见》和《关于股份制试点企业劳动工资管理暂行规定》,劳动部还发布了《关于界定文艺工作者、运动员、艺徒概念的通知》《使用童工罚款标准的规定》《劳动合同鉴证实施办法》和《境外就业服务机构管理规定》等。1993 年,国务院发布了《国有企业富余职工安置规定》《国有企业职工待业保险规定》和《企业劳动争议处理条例》,国务院办公厅转发了《劳动部关于加强企业工资总额宏观调控的意见》,劳动部发布了《企业最低工资规定》《职业技能鉴定规定》《女职工保健工作暂行规定》和《企业职工养老基金管理规定》《劳动争议仲裁委员会办案规则》《劳动争议仲裁委员会组织规则》《企业劳动争议调解委员会组织及工作规则》《劳动监察规定》等。1994 年《劳动法》制定以前,国务院发布了《关于职工工作时间的规定》,劳动部、人事部发布了《关于有毒作业危害分级监察规定》《职业资格证书规定》等。

第三阶段为《中华人民共和国劳动法》颁布以后,劳动立法进入成熟时期。1994 年 7 月 5 日,第八届全国人大常委会第八次会议审议通过了《中华人民共和国劳动法》(以下简称《劳动法》),这是我国劳动立法的一个重要里程碑。此后,劳动部制定了与《劳动法》配套的许多规章。综合性的有《关于贯彻执行〈中华人民共和国劳动法〉若干问题的意见》《外商投资企业劳动管理规定》和《违反〈中华人民共和国劳动法〉行政处罚办法》等。劳动合同和集体合同方面有《违反和解除劳动合同的经济补偿办法》《企业经济性裁减人员规定》《违反〈劳动法〉有

---

① 参见《国务院关于废止 2000 年底以前发布的部分行政法规的决定》。

关劳动合同规定的赔偿办法》《关于实行劳动合同制度若干问题的通知》《关于企业职工流动若干问题的通知》《集体合同的规定》《关于加强集体合同审核管理工作的通知》等。工资方面有《工资支付暂行规定》《对〈工资支付暂行规定〉有关问题的补充规定》《关于实施最低工资保障制度的通知》《国有企业工资内外收入监督检查实施办法》《股份有限公司劳动管理规定》《外商投资企业工资收入管理暂行办法》《工资集体协商试行办法》(2000 年颁布)等。工时和劳动保护方面有《〈国务院关于职工工作时间规定〉的实施办法》《关于企业实行不定时工作制和综合计算工时制的审批办法》《矿山安全法实施细则》《矿山建设工程安全监督实施办法》《建设项目(工程)劳动安全卫生监察规定》《重大事故隐患管理规定》《企业职工劳动安全卫生教育管理规定》《未成年工特殊保护规定》等。就业促进和职业培训方面有《就业登记规定》《职业指导规定》《职业介绍规定》《农村劳动力跨省流动就业管理暂行规定》《就业训练规定》《职业培训实体管理规定》《企业职工培训规定》等。社会保险方面有《企业职工生育保险试行办法》《企业职工患病或非因工负伤医疗期规定》《企业职工工伤保险试行办法》《关于加强企业职工社会保险基金投资管理的暂行规定》《失业保险条例》和《社会保险费用征收暂行条例》(1999 年 1 月 22 日同时出台)等。劳动监察方面有《劳动监察员管理办法》《劳动监察程序规定》《劳动监察准则》等。此外，全国总工会还制定了《工会参加平等协商和签订集体合同试行办法》《工会参与劳动争议处理试行办法》《工会劳动法律监督试行办法》等规章。

特别值得欣慰的是，全国人大及其常委会为了完善我国的劳动法实施体系，于 2008 年 1 月 1 日起实施《中华人民共和国就业促进法》(以下简称《就业促进法》)、2008 年 4 月 24 日修订《中华人民共和国残疾人保障法》(节录)(以下简称《残疾人保障法》)、2008 年 5 月 1 日起实施《中华人民共和国劳动争议调解仲裁法》(以下简称《劳动争议调解仲裁法》)，2009 年 8 月 27 日修正《中华人民共和国工会法》(以下简称《工会法》)和《中华人民共和国矿山安全法》(以下简称《矿山安全法》)以及 2011 年 7 月 1 日起实施《中华人民共和国社会保险法》(以下简称《社会保险法》)、2011 年 12 月 31 日修正《中华人民共和国职业病预防法》(以下简称《职业病防治法》)、2012 年 7 月 1 日起实施《中华人民共和国军人保险法》(以下简称《军人保险法》)、2012 年 10 月 26 日修正《中华人民共和国未成年人保护法》(以下简称《未成年人保护法》)、2012 年 12 月 28 日修正《中华人民共和国劳动合同法》(以下简称《劳动合同法》)、2014 年 1 月 1 日起实施《中华人民共和国特种设备安全法》(以下简称《特种设备安全法》)和 2014 年 8 月 31 日修正《中华人民共和国安全生产法》(以下简称《安全生产法》)。这些重要法律的实施或修正，为当前劳动关系的规范和协调及促进劳动就业，提供了有力的法律依据。总之，现阶段我国劳动立法正向日益完善的方向迈进。

附 录

一、本章重点问题提示

当前我国劳动法治面临的问题有哪些?

改革开放以来,尤其是《劳动法》实施以来,我国的劳动法治建设取得了重要成就,为我国经济的持续繁荣作出了重要贡献。劳动关系作为最基本的社会关系之一,其稳定和谐直接关系到整个和谐社会的构建。建立和谐劳动关系需要由法律进行规制,这就对劳动法律提出了更高的要求。在新的历史时期,对我国劳动法律进行总结和反思,以期更好地实施《劳动法》,保护劳动者的合法权益及协调劳动关系,无疑具有重要的理论与实践意义。

(一)我国劳动法治取得的成就

我国劳动法治建设自改革开放以来取得的成果大体上可以分为两个方面:一方面是立法上的效果,即逐步形成了以《劳动法》为龙头、具有中国特色的、比较完整的劳动法律体系。另一方面是社会应用效果,即社会劳动关系实现了三大转变:从行政分配向劳动契约关系的转变;从形式平等向实质平等的转变;从争议多发向和谐稳定转变。

(二)我国劳动法治面临的问题

自从改革开放以来,我国的劳动法治取得了较大的成就,但面临的现实情况也是比较严峻的,目前亟待解决的主要问题有:就业压力逐年增大、劳动安全卫生保障依然存在较大问题、法律赋予劳动者的权利难以落到实处等。

(三)对我国劳动法治的反思

三十多年的劳动法治建设,无疑为推动我国人力资源的契约化、和谐劳动关系的构建以及社会主义市场经济体制的建立起到了不可或缺的作用。面对新世纪构建和谐社会的新目标,劳动法治建设将在构建和谐劳动关系方面继续发挥其应有的作用。面对新国情、新目标,有必要对我国已经制定的一些制度及采取的措施结合社会现实问题进行反思,以期使我们的劳动法治更加健全、劳动关系更加和谐。

1. 对我国目前严峻的就业压力的反思

就业是民生之本、安国之策。缓解严峻的就业压力一方面就是要变革,具体来说就是要变革传统的城乡分割、区域封闭的多元户籍就业制度,变革国有企业领域人员只进不出和国家承担无限责任的身份就业制度,变革传统的以所有制和行业作为标志的等级就业制度等;另一方面就是要保障,在“大众创业、万众创新”的时代背景下,《劳动法》和《就业促进法》等法律法规应当为劳动者提升劳动技能和提高劳动素质提供更强有力的法律保障,促进劳动者就业,缓解就业压力。

2. 对我国劳动安全卫生保障问题的反思

劳动安全卫生工作直接涉及劳动者的生命安全和身体健康。《劳动法》在第52—56条中，对劳动安全卫生工作规定了“六个必须”，但由于其规定过于原则，不便于执行，再加上执法不严，导致安全事故十分惊人。在我国工伤事故持续高发的情况下，欲彻底扭转安全生产的被动局面，建议首先从立法上完善劳动安全卫生法律制度。同时将劳动安全卫生制度的灵魂也即重要方针“安全第一，预防为主”在《劳动法》中表述出来。其次是要注意吸收《职业病防治法》《安全生产法》及修改后的《工会法》的相关规定的经验，来完善我国的劳动安全卫生立法规定。

3. 对我国劳动者法定权利难以落实的反思

虽然我国已经颁布《劳动法》《就业促进法》《劳动合同法》等保护劳动者基本劳动权利的法律，但是由于这些法律规定存在过于原则化、法律责任规定不具体、操作性不强等不足，以致当前社会上出现就业歧视、过劳死、跳楼讨薪、部分企业为了降低用工成本而不给劳动者办理社会保险等现象，导致劳动者的法定权利难以落实。因此，建议我国立法在现有法律的基础之上，对劳动者法定劳动权利保护进行细化规定，明晰不同职业的就业区别，加强对劳动者权利保护的执法力度，通过惩罚机制督促用人单位主动自觉地维护劳动者的劳动权利。

二、思考题

1. 简述国际劳工立法的历史。
2. 简述自由竞争阶段劳动立法的特点。
3. 简述新中国的劳动立法的发展状况。
4. 简述国际劳工组织的主要组织机构、主要活动及特点。
5. 简述《学徒健康与道德法》的内容及意义。

第二章　劳动法概述

内容提要

劳动法是调整劳动关系以及和劳动关系有密切联系的其他社会关系的法律规范的总称，在劳动法日显重要的今天，学习和研究劳动法的基本理论知识，无疑具有重要意义。本章共五节，分别对劳动法的概念与调整对象、劳动法的立法宗旨和基本原则、劳动法的地位与作用、劳动法的形式和特征及劳动法的体系和适用范围进行了介绍和论述。本章以劳动法的概念为研究基点，对劳动法的调整对象进行了归纳和分析，指出劳动关系是劳动法调整的主要对象，并结合劳动法在市场经济中的作用及维护劳动者权益的功能，分析和论述了劳动法的地位，强调它是重要的独立的法律部门。进而分析和总结了劳动法的基本特征，对劳动法的理论体系和立法体系作了大致归纳。

关键词

劳动法　调整对象　独立地位　重要作用　基本特征　体系

第一节　劳动法的概念与调整对象

一、劳动法的概念

何谓劳动法，不同学者看法各异。英国《牛津法律大辞典》的界定是："与雇佣劳动相关的全部法律原则和规则，大致和工业法相同，它规定的是雇佣合同和劳动或工业关系法律方面的问题。"[①]我国台湾地区学者史尚宽先生在其《劳动法原论》中指出："劳动法为关系劳动之法。详言之，劳动法为规范劳动关系及其附随一切关系之法律制度之全体。"[②]在内容上包括了劳动关系中的受雇人和雇用人、劳动合同、集体合同、劳动组织（工会）、劳动争议、劳动保护、劳动调剂、劳

---

① 参见〔英〕戴维·M. 沃克：《牛津法律大辞典》，北京社会与科技发展研究所组织翻译，光明日报出版社 1988 年版，第 511 页。

② 参见史尚宽：《劳动法原论》，台湾正大印书馆 1934 年版，第 1 页。

动救济和劳动保险。

对劳动法的概念的界定，各国和地区学者更是众说纷纭。如德国的学者和专家认为劳动法是与劳动有关的法律规范的总和；日本学者认为劳动法是调整雇佣劳动关系的法律规范的总称，这种雇佣关系在日本经济学中被称为劳资关系，是指劳动者受雇主雇用，并在其指挥下从事劳动的被动性劳动关系；韩国学者认为劳动法是以劳动者与使用者之间的劳动契约关系为调整对象，以确保劳动者的生存为目的的法律；而美国弗吉尼亚大学法学教授莱斯利在其所著《劳动法》中，实际论述的是调整劳资关系的法律规范。我国台湾地区现行的"劳动基准法"是规定劳动条件最低标准的法律规范，要求雇主与劳工所订劳动条件均不得低于该法所定的最低标准。

上述概念从不同侧面反映了劳动法概念的基本内涵。劳动法是资本主义形成和发展到一定阶段的产物，西方国家对劳动法的研究较早，我国对劳动法的研究起步较晚，早期秉承苏联的劳动法学观点，计划经济色彩浓厚。随着市场经济体制的建立和发展，研究市场经济条件下劳动法的必要性和急迫性也日益明显。

我国劳动法的概念有广义和狭义之分。狭义劳动法一般是指国家最高立法机关制定颁布的全国性、综合性的劳动法，即法典式的劳动法，如人大常委会 1994 年通过、1995 年施行的《中华人民共和国劳动法》。广义劳动法是指调整劳动关系以及与劳动关系有密切联系的其他社会关系的法律规范的总称。它不仅包括劳动法典，而且还包括宪法中的相关规定、国务院颁布的行政法规、劳动和社会保障部颁布的部门规章、地方性劳动法规、各部门联合颁布的规章等，因此被称为法律规范的总称。

二、劳动法的调整对象

从劳动法的概念中，可以明确劳动法的调整对象，包括两部分社会关系：一是劳动关系，二是与劳动关系有密切联系的其他社会关系。其中劳动关系是劳动法调整的最重要、最基本的社会关系。因此，劳动法的调整对象，是指其所调整的劳动关系及与劳动关系有密切联系的其他社会关系。

以劳动法概念的内涵来说明劳动法的调整对象，此观点已在学术界达成共识。但对"劳动关系"和"与劳动关系有密切联系的其他社会关系"的界定，理论和实务界仍有不同看法。因此，对此问题的研究无疑意义重大。

（一）劳动关系

1. 劳动的概念

劳动是人类社会存在和发展的最基本条件。正如恩格斯所揭示的：劳动"是整个人类生活的第一个基本条件，而且达到这样的程度，以致我们在某种意义上不得不说,劳动创造了人本身"[1]。一般意义上的劳动,是指人们通过使用劳动力,运用劳动资料作用于劳动对象,创造使用价值以满足人们需要的有目的有意识的活动。马克思曾经指出:"劳动首先是人和自然之间的关系,是人以自身的活动来引起、调整和控制人和自然之间物质变换的过程。"[2]这说明了劳动首先具有自然属性。同时,劳动又具有社会属性:人们在劳动过程中彼此之间必然要发生一定的联系,这种联系必然要受到社会经济形态的制约,使他们的劳动具有社会性质,这就构成了一定的社会劳动关系。劳动是和劳动力相关联的,何谓劳动力?马克思认为:"我们把劳动力或劳动能力,理解为人的身体即活的人体中存在的、每当人们生产某种使用价值运用的体力和智力的总和。"[3]由此可见,所谓劳动力,是劳动者所具有的并在生产使用价值时运用的体力和脑力的总和。劳动力的存在具有人身性,与劳动者的人身不可分离,劳动力的形成需要相当长的时间,经过人体生理发育过程才可形成一定体力,经过家庭教育、学校教育、社会实践等阶段才能形成一定的脑力。劳动的类型多种多样,如有脑力劳动和体力劳动之分、有偿劳动和无偿劳动之分,还有职业劳动与非职业劳动之分。

从劳动法的角度考察劳动的范畴,是具有其特定含义的。劳动法上的劳动,是指劳动者为谋生而从事的,履行劳动法所规定的义务而进行的具有职业性质的集体劳动。首先,劳动具有权利义务性质,它是劳动者依照劳动法律履行其劳动义务。其次,劳动具有有偿和职业性质,它是劳动者为谋生而从事的有报酬的职业劳动。再次,劳动具有集体性质,它是劳动者以职工的身份参加的集体劳动。

2. 劳动关系的含义与特征

劳动法的主要调整对象是劳动关系。劳动关系是指人们在劳动过程中发生的社会关系。在劳动过程中,人们不仅与自然界发生一定的关系,而且还要处在一定的社会关系之中。但是,不是所有与劳动有关的社会关系都由劳动法调整,劳动法所调整的是狭义上的社会劳动关系。在我国,这种劳动关系具体表现为在运用劳动能力、实现劳动过程中,劳动者与用人单位之间发生的社会劳动关系。

作为劳动法调整对象的劳动关系,具有以下特征:

第一,劳动关系的双方当事人是特定的。即一方是劳动者,另一方是劳动力使用者(或称用人单位)。劳动关系的主体双方,各自具有独立的经济利益,劳动者提供劳动力,并要求获得相应的报酬和工作条件;劳动力使用者为获得经济利

---

① 《马克思、恩格斯全集》(第3卷),人民出版社1972年版,第508页。
② 《马克思、恩格斯全集》(第23卷),人民出版社1972年版,第202页。
③ 同上书,第190页。

益，将要求包括降低人工成本等方面的经济利益。

第二，劳动关系是以劳动为其主要内容并且在劳动过程中结成的关系。劳动关系是在社会劳动过程中发生的关系。劳动者按劳动合同的规定提供劳动和履行劳动义务，劳动力使用者（用工方）组织劳动者进行劳动（生产或经营），提供劳动过程所需要的生产条件和工作条件，劳动是双方主体结成的劳动关系的内容和实质，而双方当事人是在直接的劳动过程中发生的劳动关系。

第三，劳动关系主体双方存在行政隶属关系，即管理和被管理关系。劳动关系建立后，劳动者作为用工单位的职工，要依法服从用人单位的行政管理，遵守劳动规章制度。这种双方之间的从属关系是劳动关系的固有特点。

以上劳动关系的特点，可以将劳动法调整的劳动关系，与其他法律调整的与劳动有关的社会关系相区别，如承揽关系中的制作人和定作人的关系、著作人和出版社的关系等。这些关系虽与劳动有关，但这些关系不是直接在劳动过程中发生的，双方没有构成劳动关系的主体资格，双方也不存在管理与被管理关系。

3．劳动关系的分类

劳动关系可以从不同角度进行分类：

（1）按不同所有制关系进行分类（此种方法在学术界比较普遍[①]），可以分为全民所有制劳动关系、集体所有制劳动关系、个体经营劳动关系、联营企业劳动关系、股份制企业劳动关系、外商投资企业劳动关系等。

（2）按职业分类，可以分为企业的劳动关系、国家机关的劳动关系、事业单位的劳动关系等。

（3）按资本的组织形式，可以分为国有控股公司劳动关系、私营企业劳动关系、外商投资企业劳动关系、有限责任公司劳动关系等。

（4）从工人运动的角度分类，可以分为利益冲突型劳动关系、利益一体型劳动关系、利益协调劳动关系等。

（5）从集体谈判制度的角度上，可以分为个别劳动关系、集体劳动关系。

我国现阶段社会主义市场经济体制下，特别是在经济体制转型时期，劳动关系必然呈现出多元化和复杂性。今后随着市场经济各项基本制度的不断完善，劳动关系的种类及分类方法将会进一步明显和确定。[②]

4．劳动法调整的劳动关系的范围

我国《劳动法》第2条规定："在中华人民共和国境内的企业、个体经济组织（以下统称用人单位）和与之形成劳动关系的劳动者，适用本法。国家机关、事业组织、社会团体和与之建立劳动合同关系的劳动者，依照本法执行。"这表明我国

---

① 如关怀教授、李景森教授等所编《劳动法学》均采用此种分类方法。

② 贾俊玲教授等所编《劳动法学》作了以上分类。

劳动法调整的劳动关系的范围包括:

(1) 企业、个体经济组织的劳动关系。其中的"企业"包括各种法律形态、各种所有制形式、各种行业的企业。

(2) 国家机关、事业单位和社会团体的劳动合同关系,即仅限于劳动合同关系由劳动法调整。就其劳动者范围而言,包括国家机关、事业单位和社会团体的工勤人员,实行企业化管理的事业单位的职员,以及其他通过劳动合同(含聘用合同)与国家机关、事业单位和社会团体确立劳动关系的劳动者。国家机关、事业单位和社会团体的非合同劳动关系,由国家公务员法及相关法律调整,而不由劳动法调整。

(二) 与劳动关系密切联系的其他社会关系

劳动法在以劳动关系作为主要调整对象的同时,还调整与劳动关系密切联系的其他社会关系,我国台湾学者史尚宽先生称之为"附随关系"。与劳动关系密切联系的其他社会关系,其本身并不是劳动关系,但是与劳动关系有着密切的联系,表现在:它们有的是建立劳动关系的必要前提,有的是劳动关系的直接后果,有的是随着劳动关系附带产生的关系。因为这些关系具有与劳动关系密切联系的特点,所以在我国的法律体系中把它们列入劳动法的调整范围。这些关系包括:

(1) 因劳动管理而发生的关系。如劳动行政部门同国家机关、企事业单位和社会团体之间,因劳动管理而发生的关系。

(2) 处理劳动争议而发生的关系。如有关国家机关(如劳动行政部门)、工会组织、仲裁机构和人民法院因调解、仲裁和审理劳动争议而发生的关系。

(3) 执行社会保险方面的关系。如社会保险机构与企事业单位及职工之间因执行社会保险而发生的关系。

(4) 工会组织与企业在执行劳动法、工会法过程中发生的关系。如工会依法对企业执行劳动法、工会法过程有相关的监督权和参与权。

(5) 监督劳动法律、法规执行方面的关系。如有关国家机关(如劳动行政部门、卫生部门等)、工会组织与国家机关、企事业单位和社会团体之间因劳动监督、检查而产生的关系。

第二节 劳动法的立法宗旨和基本原则

一、劳动法的立法宗旨

我国《劳动法》第1条规定:为了保护劳动者的合法权益、调整劳动关系,建立和维护适应社会主义市场经济的劳动制度,促进经济发展和社会进步,根据宪法,制定本法。显然,我国《劳动法》的立法目的,首先考虑的是劳动者合法权益的保护。这是符合现代社会生活要求的,在现代社会生活中,我国法律实际上已形成了以宪法为核心的人权保障体系,而《劳动法》是以保障劳动者的人权为目的的人权保障体系的子系统。它具体落实《宪法》对劳动关系及有关劳动权利和义务的各项规定。由于劳动关系与劳动制度体现了社会经济制度的特点,劳动性质反映了不同社会制度的本质,又因为公民有关劳动权利和劳动义务集中反映不同社会制度下劳动者的社会地位,所以《宪法》对劳动问题的规定比较具体和详细。如我国 1982 年通过的新《宪法》,至少以 13 个条款的篇幅,规定了与劳动问题直接有关的劳动权利和义务,体现在第 6 条、14 条、15 条、24 条、25 条、35 条、42—46 条、48 条和第 53 条等条文,对我国劳动关系、劳动法基本原则、劳动者权利义务等规定了基本准则,因此也是我国劳动立法必须遵循的基本准则。归纳这 13 个条款的内容,我们不难发现,宪法其实对劳动问题规定得十分详细,如公民有劳动的权利和义务;国家应改进劳动组织不断提高劳动生产率;各尽所能,按劳分配,在发展生产的基础上,提高劳动报酬和福利待遇;劳动者享有休息和劳动保护的权利;劳动者有获得物质帮助的权利;劳动者有参加民主管理的权利;劳动者有集会、结社的自由;在劳动方面,男女平等,民族平等;劳动者有遵守劳动纪律的义务。我国宪法对劳动者的基本劳动权利和劳动义务规定了基本准则,而我国《劳动法》则承担规定和落实这些劳动权利和义务的具体内容的任务,落实《宪法》制定的有关基本劳动权利和义务的基本准则,这也成为《劳动法》的重要立法目的。

我国《劳动法》是以保护劳动者合法权益为核心内容的,这与劳动法的本质是吻合的。综观世界各国的劳动法,其实质也是劳动者权益保障法,从 1802 年英国议会通过的《学徒健康与道德法》开始,开创了世界劳动立法的先河,成为现代劳动法诞生的里程碑。此后,各国劳动立法都以保护劳动者合法权益为重要任务,不断改进和完善劳动立法。因此,我国 1994 年的《劳动法》是应运而生的,它是我国经济体制改革逐步深入发展的产物。特别是我国确定实行市场经济体制后,在市场经济下劳动关系的复杂化和多元化更多地表现为企业行为。如何规范各种劳动关系,以及国家劳动行政管理机关如何转换职能,实现对劳动关系的宏观管理,还有劳动力市场中的双向选择,用协议、契约方式建立劳动者与用人单位的劳动关系等问题,以及依法确认在企业中实行集体合同制度,由工会代表全体职工与企业签订有关工资、工休时间、劳动保护、社会保险与福利等事项的协议等问题,都离不开《劳动法》的规范。建立和谐的劳动关系,公平、及时、合理解决劳动争议,维护社会稳定,发挥劳动者积极性,维护劳动者合法权益,建立和维护适应市场经济的劳动制度,促进经济发展和社会进步,国家只有通过不断发展、完善劳动立法来达到上述目的。

二、劳动法的基本原则

劳动法基本原则是指劳动立法所必须遵循的基本准则。它集中反映劳动法的本质和基本精神，是劳动法的核心和灵魂。它是《劳动法》的立法指导思想，主要体现在以下四个方面[①]：(1) 充分体现宪法原则，突出对劳动者权益的保护；(2) 有利于促进生产力的发展；(3) 规定统一的基本标准和规范；(4) 坚持从我国国情出发，尽量与国际惯例接轨。因此，作为劳动法基本原则应具有下列主要特征：(1) 全面覆盖性。这与劳动法的调整对象是一致的，即覆盖劳动法所调整的各种劳动关系以及与其密切联系的其他各种社会关系。对此，法学界劳动法专家关怀教授、王全兴教授也持肯定全面涵盖性观点。[②] (2) 高度权威性。劳动法基本原则和各项具体劳动法律制度的关系，应体现为母法与子法之关系，具体劳动法律制度不得与基本原则相抵触或冲突，制定各项具体劳动法律制度应以劳动法基本原则为依据和准则。(3) 相对稳定性。只要国家经济体制和劳动关系的性质不发生根本变化，则劳动立法的基本原则是相对稳定的。它不会随着劳动法具体内容的个别或局部变动而改变。这也有利于确立我国劳动法基本原则，完成协调劳动关系、保护劳动者合法权益、维护社会安定、促进经济发展的劳动法基本任务。

我国《劳动法》的基本原则内容应如何确定，学界对此研究较少。大多是归纳我国《宪法》有关基本劳动权利和劳动义务的条文，在模式上采用苏联《劳动法》教科书的体系，对《宪法》条文进行归纳。因此，少有深入创新研究。综观劳动法各种有代表性的著述，关于我国劳动法基本原则的各种表述大致可以划分为四类[③]：(1) 以关怀主编《劳动法学》和李景森主编《劳动法学》为代表，认为我国劳动法的基本原则是：公民有劳动的权利和义务，改进劳动组织，不断提高劳动生产率；各尽所能、按劳分配；在发展生产的基础上，提高劳动报酬和福利待遇(劳动者享有按劳分配和社会保险的权利)；劳动者享有休息和劳动保护的权利；劳动者有组织工会和民主参与权利的原则(劳动者有集会、结社的自由和参加民主管理的权利的原则)；在劳动方面男女平等、民族平等；劳动者享有职业培训的权利和义务；劳动者有遵守劳动纪律的义务；劳动者享有物质帮助的权利；提请处理劳动争议的权利。(2) 郭捷主编的《劳动法学》认为，劳动法的基本原则应为以下四项：维护劳动者合法权益与兼顾用人单位利益相结合；贯彻按劳分配与公平救助相结合；坚持劳动者平等竞争与特殊劳动保护相结合；实行劳动行为自

---

① 关怀：《劳动法学》，法律出版社 1996 年版，第 145 页。

② 参见关怀：《劳动法学》(修订本)，群众出版社 1992 年版，第 4 章。

③ 参见冯彦君：《论劳动法的基本原则》，载《法制与社会发展》1999 年第 5 期。

主与劳动标准制约相结合。(3) 董保华主编的《“劳工神圣”的卫士——劳动法》主张，劳动法应确立以下四项原则：劳动关系协调的合同化；劳动条件的基准化；劳动保障的社会化；劳动执法的规范化。(4) 王全兴主编的《劳动法》则认为，劳动法的基本原则包括下列三项：劳动既是公民权利又是公民义务；保护劳动者合法权益；劳动力资源合理配置。此外，学界还有学者主张我国劳动法应确立以下三项基本原则：(1) 劳动自由原则；(2) 劳动协调原则；(3) 劳动保障原则。

上述著述及专论对我国《劳动法》基本原则的内容确定进行了探讨，各持己见。但笔者以为，对此可归纳为二类：一是对劳动法基本原则具体内容的规定，二是模式抽象化归纳，内容抽象为某一方面。万变不应离其宗，我国《宪法》是制定劳动法基本原则的最主要依据，除此之外，我国劳动法基本原则的依据还应结合国情，借鉴国外先进立法经验及注意与国际劳工公约的接轨。至于具体内容，我们以为，劳动法学界权威和前辈关怀教授、李景森教授的归纳是比较科学和全面的。①

因此，我国劳动法基本原则可以列为以下七项：(1) 公民有劳动的权利和义务原则；(2) 劳动者有职业培训的权利和义务原则；(3) 劳动者享有按劳分配和社会保险的权利的原则；(4) 劳动者享有休息和劳动安全卫生保护权利的原则；(5) 劳动者有组织工会和参与民主管理的权利原则；(6) 在劳动方面男女平等、民族平等的原则；(7) 劳动者有提请劳动争议处理权利的原则。②

第三节　劳动法的地位与作用

一、劳动法的地位

劳动法的地位是指劳动法在国家整个法律体系中的地位，即劳动法在法律体系中是否属于一个独立法律部门以及它的重要性如何。

传统的划分法律部门的标准，主要是以调整不同领域的社会关系为划分标准，同时，也不排除以调整手段等其他标准作为划分标准。

国内外法学界对劳动法的地位的认识并不完全一致。有学者主张劳动法是社会法的一个组成部分；也有学者认为劳动法是民商法的一个组成部分；还有部分学者主张劳动法是经济法的一个组成部分；或劳动法是公法与私法交叉部分的新法域；等等。但在劳动法学界基本达成共识，认为劳动法是一个独立的法律部门，应把劳动法学作为一个独立的法学学科进行研究。

---

① 参见徐智华：《劳动者权益维护与法律适用》，武汉理工大学出版社 2003 年版，第 38 页。

② 参见李景森主编：《劳动法学》，北京大学出版社 1995 年版，第 1 章。

(一) 劳动法是一个独立的法律部门

首先,一般来说,划分法律部门的基本标准是法律的调整对象,其辅助性标准是法律调整的方法。劳动法不仅有自己的调整对象,即劳动关系以及与劳动关系密切联系的其他社会关系,而且有自己独特的调整方法,如法律责任、法律制裁方法等。劳动法的调整对象,较之民法、经济法和行政法,其特殊性是很明显的,它只限于发生在劳动领域的社会关系,且以调整劳动关系为主。

其次,劳动法具有其他法律部门不可取代的功能和重要性。这主要表现在:劳动力是创造社会财富的源泉,劳动是人类生存和发展的最基本条件,劳动关系是其他经济关系赖以运行的基础,劳动法通过对劳动关系以及与其密切联系的其他社会关系的调整,直接为劳动者的各项合法权益提供法律保障,为劳动过程的实现确立组织规则和管理规则,为劳动力的再生产设定目标和措施,从而直接促进生产力的发展、社会财富的增加以及社会的稳定和进步。

再次,劳动法具有作为独立法律部门的传统。自 19 世纪以来,尤其是 20 世纪初期法国、苏联编纂劳动法典以来,劳动法陆续在世界各国的法律体系中取得了独立法律部门的地位。我国虽然直到 1994 年才制定《劳动法》,但在长期立法实践中一直把劳动法作为一个独立的法律部门对待。

(二) 劳动法是一个重要的法律部门

劳动法是一个重要的法律部门,它对于协调劳动关系、促进经济发展与社会进步具有重要作用。和谐、协调的劳动关系能够充分调动劳动者的生产积极性,提高劳动生产效率,促进国民经济的发展。劳动法与每个劳动者都有密切的关系,在市场经济条件下,劳动力资源的配置主要是通过市场机制来实现的,劳动合同是确立劳动关系最普遍的形式,劳动法作为调整劳动关系最基本的法律规范,从劳动者参加劳动起一直到其死亡,都是其合法权益的保护者。

二、劳动法与相邻部门法的区别

(一) 劳动法与经济法的区别

此二者的典型区别是调整对象显然不同。经济法调整的经济关系非常广泛,它是调整在国家协调本国经济运行过程中发生的特定的经济关系。这些经济关系的调整是为了实现国家对经济的干预,显然与劳动法调整的劳动关系以及"附随关系"是不同的。

(二) 劳动法与民法的区别

1. 两者的调整对象不同。民法的调整对象主要是平等主体间的财产关系和人身关系。而劳动法则是调整劳动关系以及和劳动关系有密切联系的其他社会关系,虽然有一部分也涉及财产关系(如工资报酬)和人身关系(如职业安全),但这些关系都是基于双方主体的劳动关系而产生的。

2．两者的主体要求不同。民事法律关系主体并不要求是特定的，民事法律关系主体双方可以是公民、法人或一方为公民另一方为法人；而劳动法律关系的双方主体是特定的。即一方是劳动者，另一方必须是用人单位或劳动力使用者。

3．两者调整的原则不同。民法以双方平等主体等价有偿等为原则；劳动法除劳动合同中双方平等原则外，还有其独特的原则，如特殊主体特殊保护、劳动协调、劳动保障等原则，都是民法不具备的。

（三）劳动法与行政法的区别

劳动法和行政法的调整对象和主体显然不同。行政法是调整国家行政机关在执行行政职务时发生的各项社会关系，行政关系必须有一方是行政机关；而劳动法的调整对象是劳动关系和“附随关系”，其中劳动关系必须有一方是劳动者。

三、劳动法的作用

《劳动法》第1条规定：“为了保护劳动者的合法权益，调整劳动关系，建立和维护适应社会主义市场经济的劳动制度，促进经济发展和社会进步，根据宪法，制定本法。”这一规定说明了劳动法的立法目的，也说明了劳动法的作用。具体来说，劳动法的作用有以下几个方面：

（一）保护劳动者的合法权益

劳动法的立法宗旨在于保护劳动者的合法权益。根据劳动法的规定，劳动者享有平等就业和选择职业的权利、取得劳动报酬的权利、休息休假的权利、获得劳动安全卫生保护的权利、接受职业技能培训的权利、享受社会保险和福利的权利、提请处理劳动争议的权利以及法律、法规规定的其他劳动权利。劳动法不仅明文规定了劳动者享有的各项权利，而且建立、健全了保护劳动者合法权益的法律机制，任何侵犯劳动者权利的人都要负相应的法律责任，并且劳动者也可通过提起仲裁和诉讼等程序来维护自己的合法权利。劳动法在维护劳动者合法权益方面，其作用具体表现如下：

1．保护劳动力

劳动法首先是劳动保护法，它担任保护劳动法律关系双方当事人的任务，但从总体上看，它偏重于保护劳动者的合法权益。在市场经济下，劳动力商品化的前提条件是劳动力归劳动者个人所有。劳动力作为一种特殊商品，进入劳动力市场成为买卖客体，其价值在于它能够通过使用其劳动力而创造价值。劳动法中的劳动力可定义为自然人所具有的并在生产使用价值时运用的体力和脑力之总和。[①] 而劳动力所有权则是指劳动力归公民个人所有，公民对其劳动力具有行使占有、使用、处分和收益的权利。这是有其理论依据的，正如洛克指出的，

① 参见王全兴主编：《劳动法学》，法律出版社1997年版，第4章。

“每个人对他自己的人身享有一种所有权,除他之外任何人都没有这种权利。他的身体所从事的劳动和他的双手所进行的工作,我们可以说,是正当的属于他的”[①]。在奴隶社会与封建社会,劳动者没有法律上的独立人格,他们的劳动力由奴隶主、封建主占有,劳动力不能成为商品进入市场交流。直到1804年《法国民法典》的颁布,在该部法典中,将雇佣关系称为“劳动力租赁”,将雇佣关系作为一种自由的契约关系加以规定,带来这一时期劳动关系发生质的变化。劳动力成为个人所有,作为商品形式自由流动,劳动力与生产资源的结合变得容易起来。由于公民的劳动力个人所有权观念与公民财产的个人所有权观念有着不可分割的联系,市场经济作为促使经济发展的制度要素有了运作之基础,极大地促进了生产力的发展。马克思的《资本论》正是从研究劳动力成为商品开始着手对资本主义生产方式进行研究的。在西方国家,劳动力归劳动者个人所有正是劳动者人权的不断解放和发展的结果,也是市场经济真正发挥配置效力的开始。劳动法对生产力的发展具有推动和促进作用,这主要表现在下列几个方面:保障劳动力市场配置的高效率,保护劳动力扩大再生产持续进行;保护劳动者的经济利益和民主参与管理权利;保护劳动者在生产或工作中的安全与健康,调动劳动者的积极性,且劳动法基本原则之一是要求合理组织劳动,巩固劳动纪律,从而为发展生产力创造了组织条件。

我国确立了社会主义市场经济体制,在市场经济下,对劳动力的保护,特别是对劳动力所有权的保护,也应参照《民法通则》中对公民财产所有权保护的规定,在《劳动法》中作出相应规定,这样才能保证劳动力的自由流动,保障劳动力市场配置转向高效率,有利于劳动力资源的合理配置。其实我国《劳动法》及相关法规已在劳动力收益权方面作出相关规定,如最低工资的确定及确认标准。实践中,劳动力收益权随公司制度的建立和发展也在逐渐扩大范围。如美国的一些公司,采取开发和使用所谓“收益分享计划”,打破了只有股东才有权分享企业利润的传统,是对于劳动者增值性收益权的确认。[②] 目前在我国的一些高科技企业公司中,推行的员工持股计划、高级管理人员的股权制度等,都是劳动力收益权范围扩大的表现。劳动力的增值性收益权与劳动力投资权一样,都是人力资本和按生产要素分配的重要内容。在西方国家,这些制度主要由公司法、证券法、税法等相关法律进行规制。我国目前实践中已有的做法,也应借鉴国外立法经验,在相关法律中对劳动力收益权作出相应规定,从而保护劳动力所有权的各种权能之行使。

---

① 参见〔英〕洛克:《政府论》(下),瞿菊英、叶启芳译,商务印书馆1987年版,第18页。

② 〔美〕丹尼尔·奎因·米尔斯:《劳工关系》,李丽林等译,机械工业出版社2000年版,第406页。

2. 保护劳动者人权

人权是一个政治概念，它包括公民的政治权利、经济权利、人身权利、社会权利、文化权利等多方面的内容和生活权、发展权等多层次的权利。早在17世纪至18世纪，资产阶级启蒙思想家就提出了“人权”基本概念，认为“自然状态有一种为人人所应遵守的自然法对它起着支配。而理性，也就是自然法教导着有意遵从理性的全人类，人们既然都是平等和独立的，任何人就不得侵害他人的生命、健康、自由和财产”[①]。而在国际劳工组织1919年制定的《国际劳动宪章》规定的9项原则和1944年通过的《费城宣言》规定的10项原则中，就有对劳动者的政治权利（如结社自由权、言论自由权）、经济权利（如工资、收入、生存权（就业权））、休息权（如限制工时标准）、文化教育权、社会保障权等保护人权的规定。在现代社会中，人权保障问题一直为国际社会和各国政府所普遍关注。劳动法在其产生和发展过程中，与人权保障有着密切联系。人权理论和人权保障运动是影响劳动立法的一种重要力量。例如，西方国家的人权理论中，早就提出了职业自由、反对强迫劳动、国家应保护弱者、男女劳动平等、禁止雇佣童工、保护女工、缩短工作日、实行社会保险、按工作分配报酬等主张，不仅为人权保障运动提供了奋斗目标，而且为劳动立法提供了理论依据。故人权理论和人权保障运动的发展，是劳动立法得以兴起和发展的重要原因之一，劳动立法在一定意义上是对人权理论的落实。

劳动法是人权保障立法的重要组成部分。在各国的劳动法中，确认劳动力为劳动者所有，赋予劳动者在劳动关系中的法律主体地位，规定劳动者有就业、获得劳动报酬、休息、安全健康、取得社会保险、接受职业培训、组织工会、参与企业管理等项权利，从而使人权（尤其是其中的生存权）丰富了具体内容，如劳动就业权和工资报酬权等劳动权利的实施，对公民人权中的基本权——生存权是最好的法律保障。因此，国际劳工立法把劳动者权利的保护作为人权保障的重要内容规定在许多国际公约中，为各国认识劳动者权利保障的某些问题提供了统一的国际标准，从而使人权的部分内容在世界范围内获得普遍性保障。这是现代劳动立法保护劳动者人权的典型范例。

3. 保护劳动者的合法权益，调动劳动积极性

保护劳动者的合法权益是我国劳动立法的主要宗旨，劳动法的各项制度均体现了这一宗旨。特别是我国劳动法的基本原则中规定的劳动者的基本劳动权利，如劳动就业权、休息权、劳动报酬权、劳动保护权、劳动争议提请处理权等，均作出了较详细和全面的规定，这对维护劳动者合法权益提供了法律保障。同时劳动法对用人单位的义务也有十分明确的规定，即用人单位必须承担各种义务

---

① 〔英〕洛克：《政府论》（下），瞿菊英等译，商务印书馆1987年版，第6页。

以保证劳动者基本劳动权利的落实。上述规定,在维护劳动者合法权益的同时,可以调动和提高劳动者的积极性。劳动者享受法律保护,人尽其才,才尽其用,最大效率地发挥其生产积极性。当然,目前由于劳动关系复杂化,劳动立法不尽完善,加之用人单位规避法律、侵犯职工权益的现象屡有发生,如非法用工、克扣或拖欠职工工资、无限制延长工时、强迫劳动等,在非公有制用人单位表现尤为严重。因此,目前加强和完善劳动立法工作显得十分迫切,加强和完善劳动执法的监察机制,公平、及时处理劳动争议案件,对保护劳动者的合法权益有着重要意义。

(二) 协调劳动关系

劳动法是调整劳动关系及与劳动关系密切相关的其他社会关系的法律规范,有关调整劳动关系的内容占劳动法的大部分。在《劳动法》颁布之前的计划经济时期,我国的劳动关系主要依靠行政手段调整。《劳动法》的颁布,使我国劳动关系的调整工作走上了法制轨道。党的第十四次全国代表大会报告中明确指出,"要建立社会主义市场经济,就是要使市场在社会主义国家宏观调控下对资源配置起基础性作用"。十四届三中全会又提出要"逐步形成劳动力市场"。根据十四大和十四届三中全会的决定,劳动体制改革的任务确定为"以培育和发展劳动力市场为中心建立符合社会主义市场经济要求的新型劳动体制"。建立按照市场规律对劳动力资源进行配置和调节机制的劳动力市场,涉及劳动者从求职、就业、失业和转业,直到退休的全过程。劳动法把有关劳动体制改革的任务、方针、政策和改革开放以来业已成熟的改革经验用立法形式固定下来,用以指导和保证劳动制度改革的顺利进行。

过去的计划经济体制下劳动关系是单一的,体现的是劳动者与国家的直接关系。在市场经济体制下,劳动关系不断向复杂化、多元化发展。劳动关系双方各自具有独立的地位和利益,劳动关系的发展过程中,双方利益冲突是不可避免的。我国劳动法关于劳动合同、集体合同的规定在维护双方主体的合法权益、协调劳动关系上起重要作用,特别是关于劳动合同的终止、解除条件有了比较具体的规定,是防止不当解雇、稳定劳动关系的法律保障。劳动法关于解决劳动争议和监管劳动法的执行等方面也有具体程序规范,在及时解决冲突、依法维护双方权益、保障社会稳定方面有着重要作用。

(三) 促进经济发展和社会进步

从劳动者方面看,劳动法规定了劳动者享有的广泛权利,切实保障劳动者的合法权益,可以更好地发挥劳动者的积极性、创造性和主人翁精神,可以创造出更多的物质财富和精神财富。同时劳动法也规定了劳动者应尽的义务。劳动者应当完成劳动任务,提高职业技能;执行劳动安全卫生规程,遵守劳动纪律和职业道德。劳动者只有忠实地履行自己的义务,才能提高劳动生产效率,促进社会繁荣和经济发展。

从市场方面来看，劳动法起到了保障劳动力市场有序发展、促进市场经济不断完善的作用。劳动力资源的合理配置和劳动力的有序流动，是市场经济发展的一个重要组成部分。我国各地区之间经济发展不平衡，众多丰富的劳动力资源在经济发展中跨地区进行流动。市场经济要求灵活的、开放的、有序的劳动就业体制。劳动力市场的竞争机制必将促进我国市场经济的不断完善。我国劳动法有关劳动合同、经济性裁员、职业技能培训、职业证书发放以及对外来劳工等方面的各项规定，对促进市场经济的发展有着重要的作用。

劳动法制的发展与完善，对社会发展起着重要作用。严格执行各项劳动标准，改善劳动条件，将不断提高我国生产力水平；按劳动法规范各项职业技能培训及职业资格认证，可以从整体上提高全体职员的工作能力，高水平的劳动将不断促进社会的发展；通过招聘、工资晋级等对高级管理人员及科技人员的规定，可以推动我国科学技术的发展及管理水平的提高；在国内外劳动力的流动与交流过程中，引进高科技人才，对缩小我国与经济发达国家的差距将起着重要作用。

第四节　劳动法的形式和特征

一、劳动法的形式

劳动法的形式也称法律渊源，一般是指法的具体表现形式。劳动法的渊源是指劳动法律规范的具体表现形式。我国劳动法的渊源主要有以下几种：

（一）宪法中有关条文

宪法是我国的根本大法，它是由最高国家权力机关，即全国人民代表大会制定和修改并监督实施的，具有最高的法律权威和法律效力，所有法律、法规都不得与其相抵触。它是指导国家政治生活、经济生活和社会生活的最高准则，是制定一切法律规范的依据。我国现行宪法在关于国家经济制度和政治制度，特别是关于公民基本权利和义务的规定中，与劳动法有直接联系的条文达 26 条之多。2004 年宪法修正案增加了“国家建立健全同经济发展水平相适应的社会保障制度”“国家尊重和保障人权”等规定。这些规定，都是劳动法律规范的表现形式。

（二）法律

法律是由全国人民代表大会及其常务委员会负责制定和发布的基本法和其他法律，其效力仅次于宪法。

这一层次的劳动法的渊源，最重要的是 1994 年 7 月 5 日由第八届全国人民代表大会常务委员会审议通过的《中华人民共和国劳动法》。它是我国有关劳动问题的基本法律,是我国调整劳动关系的基本准则。目前,在《中华人民共和国工会法》《中华人民共和国妇女权益保障法》《中华人民共和国全民所有制工业企业法》《中华人民共和国中外合资经营企业法》《中华人民共和国合资企业法》等法律中,都包含有调整劳动关系的规范,这些法律规范同样是劳动法的重要渊源。

(三)行政法规

国务院是我国最高国家行政机关,它有权根据宪法和法律制定和发布劳动行政法规,包括条例、规定、办法、实施细则等,其内容不得与宪法和法律相抵触,具有普遍的法律效力。国务院发布的行政法规如《女职工劳动保护规定》《失业保险条例》《企业职工奖惩条例》等。

(四)部门规章

国务院各部委有权在本部门范围内,根据法律法规制定部门规章,其中有关劳动关系的规章,也是劳动法的法律渊源。如劳动部颁布的《女职工禁忌劳动范围的规定》《工人考核条例》等。

(五)地方性法规

依据宪法规定,省、自治区、直辖市人民代表大会及其常务委员会,在不与宪法、法律和行政法规相抵触的前提下,有权制定和发布地方性法规,报全国人民代表大会常务委员会备案。依据地方组织法的规定,省、自治区人民政府所在地的市和经国务院批准的较大的市的人民代表大会及其常务委员会,在不与宪法、法律、行政法规和本省、自治区地方性法规相抵触的前提下,可以制定地方性法规,报省、自治区人大常委会批准后施行,报全国人大常委会和国务院备案。此外,经全国人大和全国人大常委会的特别授权,经济特区的人民代表大会及其常务委员会可根据经济特区的具体情况和实际需要,遵循宪法规定和法律法规的基本原则,制定地方性法规,报全国人大常委会、国务院和省人大常委会备案。地方性法规调整着广泛的劳动关系,是我国劳动法的重要渊源之一。

(六)地方政府规章

地方政府规章是指省、自治区、直辖市人民政府,省、自治区人民政府所在地的市和国务院批准的较大的市以及经济特区的人民政府制定的规范性文件。其中,有许多是关于劳动管理方面的规定。

(七)劳动法的其他渊源

除了上述劳动法的渊源外,下列规范性文件也可以成为劳动法的渊源:

(1)我国政府批准生效的国际劳工组织通过的劳动公约和建议书。国际劳工组织通过的劳动公约和建议书属于国际劳动法的范畴,其中经我国政府批准后的公约和建议书在我国具有法律效力,因此也是我国劳动法的渊源。例如,

1984年5月，我国承认的14个国际劳工公约；1987年9月，我国政府批准的《残疾人职业康复和就业公约》等。

(2) 工会制定的规范性文件。工会组织虽不是国家机关，但它作为一种社会政治团体，在法定范围内制定的各项规范性文件，经政府部门认可，或者与国务院有关部委联合公布的有关劳动问题的规范性文件，具有法律约束力，也应属于劳动法的渊源。

(3) 劳动法律解释。它是指有解释权的国家机关就劳动法在执行中的问题所作出的具有普遍约束力的解释，包括立法解释、司法解释和行政解释等。

二、劳动法的特征

劳动法的特征是指劳动法区别于其他法律部门，为劳动法所独具的特点。劳动法学界对此问题的研究，目的还是在于强调劳动法的独立性。研究劳动法的特征，可以从其内容和形式两方面着手。

从劳动法的内容来看，劳动法具有以下特点：

1. 调整对象的特定性

劳动法调整对象是劳动关系以及和劳动关系有密切联系的其他社会关系。劳动法的调整对象，较之民法、经济法和行政法，其特殊性是很明显的，它只限于发生在劳动领域的社会关系，且以调整劳动关系为主。

2. 规定内容的广泛性

劳动法调整对象是劳动关系以及和劳动关系有密切联系的其他社会关系。它所涉及的范围十分广泛，综观我国《劳动法》的107条规定，从劳动就业、劳动合同、集体合同、工休时间、工资、劳动保护、社会保险、职业培训到劳动争议、劳动监督等，整套法律规定对劳动关系的各个方面都有涉及，劳动关系内容的广泛性决定了劳动法调整对象的广泛性。

3. 调整方法的综合性

劳动法运用了行政法、经济法、民法的各种方法来调整劳动关系以及和劳动关系有密切联系的其他社会关系，比如隶属管理、国家干预、平等协商等，这是劳动法的特点之一。

从劳动法的形式来看，劳动法具有以下特点[①]：

1. 公法与私法的兼容

在我国原来的计划经济体制中，实行的是统分统配的就业制度、统规统调的工资制度和统包统揽的劳动保险制度，劳动关系实际上是劳动行政关系的延伸和附属物，属于纯粹的公法关系，因而，这种条件下的劳动关系实际上是劳动行

① 参见王全兴主编：《劳动法学》，高等教育出版社2004年版，第61—64页。

政法,属于完全意义的公法。实行经济体制市场化改革以后,企业被赋予用工自主权,劳动者被赋予择业自主权;劳动合同的普遍实行,使劳动关系的运行和内容越来越取决于双方当事人的合意;劳动法现在的职能由对劳动关系的决定和支配,逐渐转变为对劳动关系的指导、监督和保障。这样,劳动关系不再是纯粹的公法关系,而兼有私法关系属性,原来只是公法的劳动法也随之兼有了私法特色。因而可以说,我国劳动法是一个公法私法化的法律部门。

2. 劳动者保护法与劳动管理法的统一

劳动法首先是劳动者保护法。毋庸置疑,劳动法要保护劳动关系的双方当事人,但是,在总体上它向劳动者倾斜。劳动法同时也是劳动管理法。强调这一点意在表明,劳动法还负有将劳动管理纳入法制轨道、为提高劳动力资源配置效率提供法律保障的任务。

综上所述,劳动法就其宗旨而言具有双重性,既是劳动者保护法又是劳动管理法。其中,作为劳动者保护法,主要体现公平;作为劳动管理法,主要追求效率。

3. 劳动关系协调法和劳动标准法的结合

劳动法虽然向保护劳动者倾斜,但同时也兼顾对用人单位的保护。之所以能够如此,是因为劳动法以协调方法和标准化方法作为基本的调整方法。在此意义上可以认为,劳动法既是劳动关系协调法,又是劳动标准法。

所以,在劳动法体系中,劳动标准法与劳动关系协调法处于同等重要的地位,并且相辅相成,共同构成劳动法的基本内容。

4. 实体法与程序法的配套

由于劳动法的调整对象是一个由劳动领域中多种社会关系所构成的、以劳动关系为主的系统,其中,为实现劳动关系而发生的各种社会关系中有许多属于程序性关系,他们分别与劳动关系的特定内容或运行环节相对应,是劳动关系正常运行在程序上的必要条件或保障。所以,各国劳动法都由实体法和程序法所组成。

第五节 劳动法的体系和适用范围

一、劳动法的体系

劳动法的体系,是指劳动法的内容体系,即劳动法应当包括哪些内容。劳动法的体系可以分为一般理论体系和立法体系两个层次。所谓劳动法的一般理论体系,也可以称为劳动法的理想模式,是指劳动法从应然的角度应当包括的内容体系。劳动法的一般理论体系建立在对各国劳动立法经验进行概括和总结的基础上，是一种相对完备的体系。所谓劳动法的立法体系，是指现实中的劳动立法的内容体系。实际上的劳动立法体系往往与理论体系不尽吻合。

（一）劳动法的理论体系

劳动法的理论体系主要是劳动法的分类问题。根据不同的标准，劳动法可以划分为不同的种类，从而组成不同的理论体系。

1. 劳动实体法和劳动程序法

从劳动法律规范的性质来看，可以分为这两大部分。[①] 劳动实体法主要是规定协调劳动关系及双方当事人享有的具体的权利义务。以我国《劳动法》为例，包括促进就业、劳动合同、工作时间、工资、劳动安全卫生和社会保险等方面的内容。从立法实践来看，劳动实体法是劳动法的主要组成部分，在立法上所占比例显然大于程序法。劳动程序法主要是规定劳动关系当事人实现和保护其权利所依据的程序，以我国《劳动法》为例，该法第十章劳动争议即典型的程序法，其他劳动法中的集体协商程序、工会组织程序等内容也属劳动程序法。

2. 劳动关系标准法和劳动关系协调法

从劳动法律规范的功能角度，可以作这两类分法。劳动关系标准法包括下列部分：就业促进法、职业培训法、工作和休息时间法、工资法、劳动保护法、社会保险法和福利法六大部分。劳动关系协调法则由下列组成：劳动合同法、集体合同法、劳动规章和纪律法、职工民主管理法、劳动争议处理法和劳动监督法六大部分。另外，劳动法学界还有其他三分法[②]，即劳动关系协调法、劳动基准法、劳动保障法。也有八分法[③]：劳动管理法、劳动就业法、劳动关系协调法、劳动标准法、社会保险法、处理劳动争议程序法、劳动检查监督法和工会法。

（二）劳动法的立法体系

根据我国《劳动法》及有关法律法规的内容，我国现有的劳动立法可以分为以下几类：

1. 综合立法——《劳动法》

《劳动法》全面规定了劳动就业、劳动合同、集体协商与集体合同、工资、工时、劳动争议处理等方面的问题。

2. 劳动关系标准方面的立法

（1）职业培训法。该部分的法律有《中华人民共和国职业教育法》。还有大量的部门规章，主要有《就业训练中心管理规定》《职业技能鉴定规定》《就业资格证书规定》《企业职工培训规定》等。

---

① 这已是共识，一般部门法都如此。关怀、李景森、贾俊玲三位教授在所编《劳动法学》教材中，均采用此分法。

② 王全兴主编：《劳动法学》，高等教育出版社 2004 年版，第 76 页。

③ 贾俊玲主编：《劳动法学》，北京大学出版社 2003 年版，第 30—31 页。

(2) 就业促进法与劳动力市场管理法。这方面的立法主要是2008年1月1日实施的《就业促进法》。劳动部根据国务院的政策,制定了一些部门规章,如2000年12月8日发布的《劳动力市场管理规定》,2000年5月14日发布的《境外就业中介管理规定》等。另外,还有2007年2月14日国务院发布的《残疾人就业条例》《关于全面推进零就业家庭就业援助工作的通知》等。

(3) 工作时间与休息休假法。这方面的专门立法主要是国务院的行政法规,也有少量的部门规章。行政法规包括《国务院关于职工工作时间的规定》《全国年节及纪念日放假办法》(1949年12月原政务院公布,2007年12月14日国务院修订)、《职工带薪年休假条例》等。

(4) 工资法。《劳动法》有相关规定,加上原劳动部制定的规章,如《企业最低工资规定》(1993年11月)、《工资支付暂行规定》(1994年12月)等。

(5) 劳动安全卫生法。其中法律包括《中华人民共和国矿山安全法》《中华人民共和国职业病防治法》《中华人民共和国安全生产法》等。国务院制定的行政法规包括:《工厂安全卫生规程》《企业职工伤亡事故报告和处理规定》《禁止使用童工规定》《劳动部关于女职工禁忌劳动范围的规定》《未成年工特殊保护规定》等。

(6) 社会保险法。主要立法是2011年7月1日起实施的《中华人民共和国社会保险法》等。

3. 协调劳动关系方面的立法

(1) 劳动合同法。2007年6月29日,全国人大常委会第28次会议表决通过了《中华人民共和国劳动合同法》。2008年1月1日,《劳动合同法》开始实施。

(2) 集体协商与集体合同法。除《劳动合同法》有相关条文规定外,还有原劳动部颁布的部门规章,包括《集体合同规定》《工资集体协商办法》等。

(3) 工会与职工民主参与法。现行《中华人民共和国工会法》颁布于1992年4月,在2001年10月根据全国人大常委会的决定进行了修改。此外,《中华人民共和国公司法》对职工民主参与有所涉及,《劳动合同法》也有相关条文规定。

(4) 劳动争议处理法。主要立法是2008年5月1日起实施的《中华人民共和国劳动争议调解仲裁法》等。

(5) 劳动监察法。主要法规是《劳动保障监察条例》,由国务院第68次常务会议于2004年10月26日通过,自2004年12月1日起施行。

二、劳动法的适用范围

劳动法的适用范围是指我国劳动法适用的地域、时间和人的范围,即我国劳动法的效力范围。

（一）劳动法的空间适用范围

劳动法的空间范围即劳动法的地域范围。根据立法权限的不同，地域适用范围也不同。全国人大常委会颁布的法律适用于全国各地，国务院及其各部委颁发的行政法规、规章除有特别规定外，适用于全国各地。地方性法规只适用于各地区管辖范围内。民族自治地区的法规只适用于该民族自治区域内。

（二）劳动法的时间适用范围

劳动法的时间适用范围，即劳动法的时间效力，是指劳动法的生效和失效时间。

法律生效时间有两种情况：(1) 法律自通过或公布之日起生效；(2) 法律通过或公布之日不立即生效，而另行规定生效时间。

法律失效时间也有两种情况：(1) 法律规范本身明文规定终止效力的时间或规定特定条件出现时的失效；(2) 同类法律新法生效，旧法即失效。如《失业保险条例》生效后，《国有企业职工待业保险规定》即失效。

《中华人民共和国劳动法》于 1994 年 7 月 5 日公布，自 1995 年 1 月 1 日起施行。

（三）劳动法对人的适用范围

劳动法对人的适用范围是指劳动法对何种人有法律约束力。

我国《劳动法》第 2 条规定："在中华人民共和国境内的企业、个体经济组织(以下统称用人单位)和与之形成劳动关系的劳动者，适用本法。国家机关、事业单位、社会团体和与之建立劳动合同关系的劳动者，依照本法执行。"

1. 企业、个体经济组织与其职工。其中的"企业"包括在我国境内的各种法律形态、各种所有制形式、各种行业的企业。

2. 国家机关、事业单位和社会团体的劳动合同关系中的当事人，即仅限于有劳动合同关系的当事人适用《劳动法》调整。国家机关、事业单位和社会团体的非合同劳动关系，由国家公务员法及相关法律调整，而不适用《劳动法》调整。

附 录

一、本章重点问题提示

（一）关注劳动法的主要调整对象——劳动关系，在市场经济体制下，劳动关系的基本特征和发展变化趋势。

随着社会主义市场经济体制的建立和完善，社会经济成分、组织形式、就业方式、利益关系和分配方式呈现出多样化格局，劳动关系的发展进入一个新阶段。劳动关系基本特征和发展变化趋势体现如下：(1) 劳动关系主体利益明晰化。即劳动关系的建立通过签订劳动劳动合同来实现,形成主体明晰、利益多元的新型劳动关系。(2)劳动关系多样化、复杂化。劳动关系的建立和实现适应就业形式的变化,而采取不同的调整方式。(3)劳动关系契约化。劳动合同的实现,使劳动关系由过去的行政隶属关系向契约关系转变。(4)劳动关系市场化。劳动就业从统包统配转向劳动就业市场化和失业公开化,劳动关系的变更和终止从行政管理转向市场调节。劳动关系主体的权利义务的行使也受市场规则的影响,市场机制对劳动力基础调节作用开始得到发挥。(5)劳动关系运行机制的法制化与规范化。即劳动关系的运行机制是在充分发挥市场调节作用的前提下,通过强大的国家力量来加强宏观调控,提高宏观和微观层面上的有关制度建设来完善各种法律制度和政策,规范劳动关系双方的权利与义务,提供依法实现利益诉求的手段和渠道,保证劳动关系主体双方能在法律和制度范围内,提出和实现自己的利益要求。(6)劳动关系协调方式的自主性和市场化。协调方式的自主性和市场化主要体现在,劳动关系的建立和调整是在法律和制度的框架范围内,通过充分发挥市场的资源配置作用和劳动关系主体双方的能动作用来实现的,并且主要通过市场调节手段来实现其主体合法权益。在社会主义市场经济条件下,劳动关系主体的双方是法律地位平等的利益主体,劳动关系的建立过程是法律和制度规范下的市场行为。由于劳动力的供求也受市场需求的影响,劳动关系双方在国家有关法律和制度的范围内,顺应市场对劳动力供需的调节,在自主自愿的基础上确立劳动法律关系和劳动利益关系。在国家法律和制度的规范下,通过劳动关系双方的自主选择、平等协商以及社会协商,消除和化解劳动关系中的利益冲突,实现劳动关系的稳定协调。这种利益协调方式的自主性和市场化的劳动关系,有别于传统计划经济体制下的劳动关系,是适应我们社会主义初级阶段基本国情要求的劳动关系。[①]

(二)关注《劳动法》的修改,劳动法修改的必要性何在?

1994年7月5日颁布的《中华人民共和国劳动法》距今已有十余年。这些年来,我国的劳动关系发生了深刻的变化,非公有制企业的劳动关系比重不断加大,劳动者与用人单位相比较更加处于弱势地位,劳动关系双方的利益冲突有时表现得更加激烈。这些新问题的出现,都需要劳动法来调整。因此,劳动法的修改已经迫在眉睫。

劳动和社会保障部有关负责人在谈到贯彻实施劳动法中的问题时说[②],一些单位违反劳动保障法律法规,有法不依现象比较严重。侵害职工合法权益的

---

① 高爱娣:《社会主义和谐劳动关系理论概述》,载中国劳动和社会保障法网,www.cnlsslaw.com,2008年2月22日访问。

② 参见钟鞍钢:《劳动法颁行十年亟待修改完善》,载《法制日报》2004年7月15日。

现象主要集中在三大领域:一是部分进城就业的农民工权益受到侵害。一些用人单位尤其是建筑企业不与农民工签订劳动合同,无故拖欠和克扣农民工工资,强迫农民工超时加班加点,不提供应有的劳动保护条件,危及农民工的人身安全和身体健康。二是部分非公有制、中小型用人单位职工权益受到侵害。一些用人单位不依法为职工参加社会保险和缴纳社会保险费,任意解除劳动合同,侵害职工的休息休假权益。三是部分改制改组和关闭破产的国有企业职工权益受到侵害。一些企业与职工解除劳动关系时,不依法支付经济补偿金;欠缴社会保险费,使职工社会保险关系接续困难;改组改制操作程序不规范、不透明,制定职工安置方案不经职工代表大会讨论或征求职工的意见。

这位负责人表示,劳动法的一些规定已不能适应深刻变化的经济社会形势,亟待修改完善。据了解,劳动法制定颁布时,我国刚刚确立社会主义市场经济体制的改革目标,劳动法对社会保障、促进就业、企业工资宏观调控的规定比较原则、简略,对劳动关系的规范比较单一,对法律责任设定较轻。而如今,我国社会主义市场经济体制已经基本建立;城乡协调发展已经提上日程,农民进城就业规模越来越大。由此影响到经济成分、就业方式、用工形式越来越多样化。因此,劳动法中的一些现行规定在实际工作中出现了无法调整或难以有效调整的尴尬局面。

同时,严峻的就业形势和完善社会保障体系的压力,也给劳动法的贯彻实施带来很大困难。特别是当前,劳动力供求总量矛盾和就业结构性矛盾同时并存,就业和再就业工作任务十分繁重。此外,在完善社会保障体系方面,由于社会保障属于收入再分配范畴,扩大社会保险覆盖范围,建立统一的社会保障体系,涉及企业与职工之间,企业与企业之间,国家、企业、职工之间,机关、事业单位、企业之间,不同地区之间,城乡之间的利益调整,难免会遇到一些阻力。同时,历史上由于缺乏资金积累以及即将到来的人口老龄化对养老保险基金的冲击,医药卫生体制改革与医疗保险制度改革不配套等问题,也影响到社会保障体系的建立完善。为此做好劳动法的修改完善工作是十分必要的。

劳动法是我国劳动领域的基本法律,劳动法有关规定的不完善,势必影响其他劳动保障法律法规的制定工作,影响劳动保障法律体系的和谐、统一。因此,在做好与劳动法配套的法律法规制定工作的同时,劳动和社会保障部将积极做好修改劳动法的调研论证工作,并适时提请全国人大常委会对劳动法进行修改,以适应变化了的经济社会形势发展的需要,适应新时期劳动保障工作的需要。①

① 参见钟鞍钢:《劳动法颁行十年亟待修改完善》,载《法制日报》2004年7月15日。

二、思考题

1. 简述劳动法的概念、特征。
2. 简论我国劳动法的调整对象。
3. 简论劳动法的基本原则。
4. 论述劳动法的地位。
5. 论述我国劳动法的作用。

第三章 劳动法律关系

内容提要

劳动关系以及与其密切联系的其他社会关系经劳动法的调整，就形成法律上的权利义务关系。此即劳动法学中的法律关系。它包括两大类：一是劳动法调整劳动关系所形成的法律关系，一般称之为劳动法律关系。二是劳动法调整与劳动关系密切联系的其他社会关系所形成的法律关系，可称之为附随法律关系，其中主要是劳动行政法律关系和劳动服务法律关系。本章首先介绍了劳动法律关系。劳动法律关系的构成要素包括主体、客体、内容，它们都有显著的劳动法特征。随后介绍了劳动法律关系的客体，视其在劳动法律关系中的地位和作用不同，可分为基本客体（或称为主客体）和辅助客体（或称为从客体）。然后说明劳动法律关系主体，包括用人单位、劳动者。在劳动者资格方面应确定其劳动权利能力、劳动行为能力的区别及受制约的因素，以及公民的劳动权利能力和劳动行为能力与公民的民事权利能力及民事行为能力的区别。最后说明了劳动法律关系和其他社会关系一样，其产生、变更和终止是有一定规律的，应遵循相应的法律规范活动。

关键词

劳动法律关系　劳动法律关系客体　劳动权利能力　劳动行为能力　劳动法律关系的消灭

第一节　劳动法律关系概述

一、劳动法律关系的概念

法律关系是指一定的社会关系经法律规范调整后，在当事人之间产生的法律上的权利义务关系；不同范畴的社会关系成为不同法律部门的调整对象时，由不同的法律规范所调整，从而形成不同的法律关系。劳动关系是劳动法的主要调整对象，是劳动法律关系产生的社会基础，劳动关系由劳动法律规范加以调整后即形成劳动法律关系。[1]

劳动法律关系的概念有广义和狭义之分,广义的劳动法律关系是指劳动法在调整劳动关系和与劳动关系密切联系的其他社会关系的过程中形成的各种社会关系,包括两大类:一是劳动法调整劳动关系所形成的关系,称为狭义的劳动法律关系;二是劳动法调整与劳动关系密切联系的其他社会关系所形成的关系,称为附随的劳动法律关系。附随的劳动法律关系主要包括劳动行政法律关系和劳动服务法律关系。

劳动关系是劳动法律关系的现实基础,劳动法律关系是劳动关系的法律形式,但并非所有的劳动关系都表现为劳动法律关系。劳动法对劳动关系的调整,是以法律规范对客观存在的劳动关系作出抽象的典型的规定,即将其构成要素和运行规则固定下来,作为一定范围内劳动关系的法定模式;并且以国家强制力对符合法定模式的劳动关系的运行给予保障。所以,只有纳入劳动法调整范围,并且符合法定模式的劳动关系,才得以表现为劳动法律关系。它既具有劳动关系的一般属性,也具有法律关系的属性。至于不在劳动法调整范围内的劳动关系,只可能成为其他法律部门的法律关系,或者不具有法律关系性质;而虽然在劳动法的调整范围内但不符合法定模式的劳动关系,则只能作为事实劳动关系而存在。可见,劳动法律规范是劳动关系成为劳动法律关系的依据,按照劳动法律规范缔结劳动关系则是劳动关系成为劳动法律关系的前提。

狭义的劳动法律关系,是指劳动者与用人单位之间,依据劳动法律规范所形成的法律上的劳动权利和劳动义务关系。

本章所论述的劳动法律关系仅指狭义的劳动法律关系。理解这一概念,应当注意以下问题:

(1) 劳动法律关系是一种社会关系,是劳动者与用人单位之间的关系,不是劳动者与劳动工具、劳动对象、劳动产品之间的关系。虽然劳动者在完成法定劳动义务的过程中,需要运用劳动工具、作用于劳动对象并生产出劳动产品,但这些物质资料只是劳动者完成劳动义务的条件或结果,在劳动关系中真正与劳动者形成法律上权利、义务关系的是用人单位。

(2) 劳动法律关系是一种思想的社会关系,属于上层建筑的范畴,它依据国家制定的劳动法律规定而形成,首先体现了国家意志,其次现实的各种劳动关系也在一定程度上体现了用人单位和劳动者的意志。由劳动法调整的劳动关系是一种物质的社会关系,属于经济基础的范畴,它不以任何国家、组织或个人的意志为转移,有其自身存在和发展的客观规律。

---

[1] 参见王权典、陈莉主编:《当代劳动法学概论》,华南理工大学出版社 2005 年版,第 9 页。

（3）劳动法律关系是以国家强制力保证实现的社会关系。劳动法律关系是体现国家意志的劳动法调整的结果，当然应由国家强制力来保障实现。劳动者和用人单位都必须严格遵守劳动法的规定，依法建立劳动关系，履行各自的义务，任何违反法定或约定的义务的行为，都将受到相应的法律制裁。

二、劳动法律关系的特征

1. 它的主体双方具有平等性和隶属性

劳动法律关系主体一方是劳动者，另一方是用人单位。在劳动法律关系建立前，劳动者与用人单位是平等的主体，双方是否建立劳动关系以及建立劳动关系的条件由其按照平等自愿、协商一致的原则依法确定。劳动法律关系建立后，劳动者是用人单位的职工，处于提供劳动力的被领导地位；用人单位则成为劳动力使用者，处于管理劳动者的领导地位，双方形成领导与被领导的隶属关系。劳动法律关系的该特征与民事法律关系主体间具有平等性、行政法律关系主体间具有隶属性相区别。

2. 劳动法律关系具有国家意志为主导、当事人意志为主体的属性

劳动法律关系是按照劳动法律规范规定和劳动合同约定形式形成的，既体现了国家意志，又体现了双方当事人的共同意志。劳动法律关系具有较强的国家干预性质，当事人双方的意志虽为劳动法律关系体现的主体意志，但它必须符合国家意志并以国家意志为指导，国家意志居于主导地位。这与民事法律关系具有平等性，反映双方当事人的意志以及行政法律关系具有隶属性的法律关系，具有国家强制性相区别。

3. 它具有在社会劳动过程中形成和实现的特征

劳动法律关系的基础是劳动关系。只有劳动者同用人单位提供的生产资料相结合、实现社会劳动过程中，才能在劳动者与用人单位之间形成劳动法律关系。实现社会劳动过程，也就是劳动法律关系得以实现的过程。

三、事实劳动关系

事实劳动关系是指用人单位与劳动者没有订立书面合同，但双方实际履行了劳动权利义务而形成的劳动关系。其特征是：劳动者为用人单位提供劳动，接受用人单位的管理，遵守用人单位的劳动纪律，获得用人单位支付的劳动报酬，受到用人单位的劳动保护等。

根据有关规定，劳动合同期满后未签订书面劳动合同但又实际履行的，一般以原劳动合同条件确定双方的权利义务关系。但不能以原合同期限推定为新的劳动关系的期限。劳动合同期满后形成的劳动关系，其履行期限在法律上处于不明确状态，法理上将其定性为不定期合同。鉴于有关规定对此种情况结束劳

动关系是否给予经济补偿金不明确,新颁布的《劳动合同法》第46条给予了明确的答复:劳动者方或用人单位方依据《劳动合同法》规定解除劳动合同、劳动合同终止等法定事由发生时,用人单位须支付经济补偿金。

第二节 劳动法律关系的构成要素

劳动法律关系的构成要素包括三项:即劳动法律关系的主体、劳动法律关系的内容和劳动法律关系的客体。

一、劳动法律关系的主体

(一)劳动法律关系主体概述

劳动法律关系的主体,即依照劳动法律规范参与劳动法律关系,并享有权利和承担义务的当事人,一方是劳动者,另一方是用人单位。在我国,用人单位主要包括:(1)企业,包括各种所有制性质、各种组织形式的企业;(2)个体经济组织;(3)国家机关;(4)事业组织;(5)社会团体。劳动法律关系中,一般只有一个用人单位,但在特殊情况下,如劳动派遣,则存在两个层次的用人单位。[①] 劳动法律关系缔结之前,双方在劳动力市场上是平等型主体。即劳动力供求双方,一方因是劳动力所有者而成为劳动力供给方,另一方因是生产资料占有者而成为劳动力需求方,彼此间处于平等的法律地位,对于是否缔结劳动法律关系以及缔结什么样的劳动法律关系的问题,经双方自愿协商一致方能确定。劳动法律关系一旦缔结,劳动者就成为劳动力提供者,用人单位就成为劳动力使用者,劳动力同生产资料如何具体结合,则由用人单位在劳动法规、集体合同和劳动合同所允许的限度内单方自主决定。于是,在双方当事人之间,劳动者成为用人单位所属的职工,用人单位成为劳动者的管理者。这样,就由平等型主体转化为隶属型主体。

(二)劳动权利能力和劳动行为能力

1. 劳动权利能力

劳动权利能力是指公民依据劳动法规定,能够享有劳动权利和承担劳动义务的资格。

公民的劳动权利能力应当具有平等性,即凡是具有劳动能力的公民,其劳动权利能力不得因种族、民族、信仰、性别、财产状况等因素的不同而受到限制或剥夺。但是,从现实情况看,我国目前还存在着城乡之间和地区之间经济发展的不平衡、劳动力市场不完善、人口数量多而素质低等问题,使得公民的劳动权利能

---

① 参见王全兴、侯玲玲:《劳动法律关系双层运行的法律思考》,载《中国劳动》2004年第4期。

力实际上因为某种因素而有一定的差别。具体来讲，公民的劳动权利能力要受到以下几个因素的制约：

(1) 户籍。户籍因素的制约主要表现在两个方面：一是城乡户籍的差别对待，如用人单位只招用非农业户籍的劳动者；二是不同地区户籍的差别对待，如用人单位优先招用本地劳动者。

(2) 职数。职数是允许公民同时从事职业的数目。我国一般只允许一人一职，对于从事第二职业予以一定的限制。

(3) 制裁。公民因违法或违纪而受到的制裁中，有的包含有限制劳动权利能力的内容。如严重违反会计法律法规和财经纪律的会计人员，被撤职后不得再担任会计工作。

2. 劳动行为能力

劳动行为能力，是指公民依法能够以自己的行为行使劳动权利和履行劳动义务的资格。

劳动法对公民劳动行为能力作出规定的客观依据，是公民的劳动能力水平，以及国家利益和社会利益的要求。公民只有在其劳动能力达到符合国家利益和社会利益要求的水平，并且能由自己自由支配的条件下，才会被劳动法确认为有劳动行为能力。公民的劳动能力受以下几个因素的制约：

(1) 年龄因素。劳动法按公民的年龄对劳动行为能力的影响作了三种规定：第一是无劳动行为能力人。我国法律规定 16 周岁为最低就业年龄，也是劳动行为能力开始的年龄，未满此年龄的公民，除文艺、体育和特种工艺单位经县级以上劳动行政部门批准招收的特殊人才外，都是无劳动行为能力人。第二是限制劳动行为能力人。我国法律规定已满 16 周岁、不满 18 周岁的公民为限制劳动行为能力人；此外，达到退休年龄的公民，并不一定完全丧失劳动行为能力，应推定为限制劳动行为能力人，退休且已享受养老保险待遇，就意味着其已享受了国家提供的相应社会保障和福利，其再次被聘用与用人单位就不能建立劳动法意义上的劳动关系。第三是具有完全劳动行为能力人。按照我国现行劳动法的规定，年满 18 周岁的公民为完全劳动行为能力人。

(2) 健康因素。公民行使劳动权利和承担劳动义务，必须具备自己所从事的职业所需的健康条件。健康因素对劳动行为能力的限制主要表现在三个方面：一是疾病，各种岗位的劳动者都不得患有本岗位所禁忌或不宜的疾病；二是残疾，完全丧失劳动能力的残疾人是无劳动行为能力人，部分丧失劳动能力的残疾人只能从事其身体状况所允许的劳动；三是妇女，法律禁止招用女职工从事危害妇女生理健康的某些特定职业，以及妇女在特定生理时期不得安排其从事某些劳动。

(3) 智力因素。智力对劳动行为能力的限制首先表现在，劳动者必须有健全的精神,精神病人不具有劳动行为能力。其次,公民的文化水平和技术水平也是限制其劳动行为能力的因素。如用人单位招用职工的学历条件、对某些特定岗位的技术资格的要求等。

(4) 行为自由。只有具备支配自己劳动能力所必要的行为自由,才能以自己的行为实现劳动权利和履行劳动义务。如正在服刑期间的公民就无权支配自己的劳动能力,不具备劳动法律关系主体的资格。

3. 公民的劳动权利能力和劳动行为能力与公民的民事权利能力及民事行为能力的区别

公民的劳动权利能力和劳动行为能力,与公民的民事权利能力及民事行为能力有很大的区别,主要表现在:

(1) 公民的劳动权利能力和劳动行为能力同时产生。根据我国劳动法的规定,16 周岁以上的公民具有劳动权利能力和劳动行为能力,禁止用人单位招用未满 16 周岁的未成年人。即只有年满 16 周岁的公民才具有劳动权利能力和劳动行为能力,才有资格与用人单位建立劳动关系,享有劳动权利和承担劳动义务。而公民的民事权利能力和民事行为能力并非同时产生。

(2) 根据我国劳动法的规定,劳动者参与劳动关系、完成劳动义务的行为具有一定的人身性质,一般不得由他人代理。而绝大部分民事法律行为可以由他人代理。

(3) 我国劳动法对某些特殊劳动者的劳动权利能力和劳动行为能力有所限制。为了保护未成年劳动者和妇女劳动者的特殊利益,劳动法禁止未成年工和女工从事某些有害其健康的劳动,如不得从事井下工作、不得从事繁重的体力劳动等。而公民依法享有的民事权利能力和依法具有的民事行为能力一般不受限制。

(4) 我国劳动法对一般劳动者的劳动行为能力也有所限制。一般不允许劳动者与不同的用人单位同时建立两个以上的劳动法律关系。如果在特殊情况下,因为工作需要到其他单位兼职,必须经过有关领导部门批准。

(三) 用人权利能力和用人行为能力

1. 用人权利能力

用人权利能力,是指用人单位依法能够享有用人权利和承担用人义务的资格。

用人权利能力往往因用人单位的不同而存在差异,通常表现为国家允许用人单位使用劳动力的限度和要求用人单位为职工提供劳动条件的限度。依我国现行规定,制约用人权利能力的因素主要有:(1) 职工编制和招工指标。这是从使用多少职工的角度限制用人权利能力的主要因素。如 2014 年 3 月 1 日起施行的《劳务派遣暂行规定》第 4 条第 1 款规定:“用工单位应当严格控制劳务派遣用工数量，使用的被派遣劳动者数量不得超过其用工总量的10%。”(2) 职工基本条件。这是从使用什么职工的角度限制用人权利能力的主要因素。(3) 工资总额和最低工资标准。这是从分配劳动报酬数量的角度限制用人权利能力的主要因素。(4) 法定工作时间和劳动安全卫生标准。这是从如何使用劳动力的角度限制用人单位权利能力的主要因素。(5) 社会责任。这是从实现社会目标的角度限制用人权利能力的主要因素。

2. 用人行为能力

用人行为能力，是指用人单位依法能够行使用人权利并承担用人义务的资格。

用人行为能力通常表现为用人单位具备一定的物质、技术和组织条件，能够按法定要求为劳动者提供一定的劳动条件，从而能够保障劳动者的合法权益。用人行为能力主要受下列因素的制约：(1) 财产因素。用人单位只有具备一定的归自己独立支配的财产，才能使用劳动力并维持劳动力再生产，其中资金最为重要。(2) 技术因素。用人单位占有的生产资料只有与一定的技术因素结合，才可能构成符合法定要求的劳动条件，特别是改造劳动安全卫生方面的义务，更依赖于一定的技术条件。(3) 组织因素。用人单位只有建立一定的组织结构，才能将劳动力在一定分工和协作的条件下与生产资料相结合，因而要求用人单位具有一套合法的劳动组织机构和劳动规则。

3. 用人权利能力和用人行为能力与民事权利能力和民事行为能力的区别

用人单位作为劳动法主体与作为民事主体，其权利能力和行为能力是有区别的，主要表现在以下几个方面：

(1) 法律设定用人单位的用人权利能力和用人行为能力的主要目的，在于确保用人单位有可靠的能力保障劳动者合法权益；而设定民事主体的权利能力和行为能力的主要目的，在于维护市场准入的秩序，保障市场交易的平等、自由和安全。

(2) 用人单位的用人权利能力和用人行为能力受国家控制的程度相对较大；而民事主体的权利能力和行为能力受国家控制的程度相对较小。

(3) 用人单位的用人权利能力和用人行为能力必须经有关国家机关专门确认才能开始存在；而法人和非法人的民事权利能力和行为能力在本组织依法成立时就开始存在。

(4) 用人权利能力和用人行为能力，主要是对用人单位使用劳动力和保障劳动力再生产的必备条件提出的基本要求，如最低工资标准、法定工作时间和劳动安全卫生标准等；而民事主体的权利能力和行为能力，主要是对民事主体实现商品交换的必备条件提出基本要求，如最低注册资本金的规定等。

二、劳动法律关系的内容

（一）劳动法律关系内容的界定

劳动法律关系的内容，是指劳动法律关系主体双方依法享有的权利和承担的义务。劳动法律关系的内容是劳动法律关系的三要素之一，它是劳动法律关系的基础，没有劳动法律关系的内容，劳动法律关系就失去了实际意义。

它具有以下几个方面的特征：

（1）各项权利和义务都与劳动力的使用和再生产紧密联系，或者说，都是实现劳动力的使用和再生产所必要的权利和义务。

（2）各项权利和义务所实际体现的劳动者利益，可以高于法定标准但不得低于法定标准。

（3）劳动者的权利和义务必须由本人亲自实现，而不得由他人代理。这是由劳动力与劳动者人身的不可分性以及用人单位与劳动者的组织隶属性所决定的。

（4）劳动者的权利和义务的实现，受用人单位的劳动管理行为支配。这是与劳动者在劳动过程中所处的被管理者地位相联系的。

（5）劳动者的某些权利和义务存续于劳动法律关系终止之后，并且，有的权利还涉及劳动者供养的亲属。例如，退休人员还有权继续享有用人单位提供的某些福利待遇；劳动者在劳动法律关系终止后，对原用人单位还负有保守商业秘密和技术保密的义务；死亡职工的遗属在一定条件下有权获得用人单位的物质帮助；等等。

（二）劳动者的权利和义务

1. 劳动者的权利

根据《劳动法》第 3 条的规定，劳动者享有以下的基本劳动权利：

（1）平等就业和选择职业的权利。

劳动就业权是指具有劳动权利能力与劳动行为能力的劳动者，依法从事有劳动报酬或经营收入的劳动的权利。

劳动就业权在各项劳动权利中居于首要地位，是各国宪法确认和保护公民的一项重要的基本权利，劳动者的就业权能否实现，直接关系到劳动者的生存状况，也影响着国家经济和社会发展。

平等就业权是指劳动者在就业方面一律平等，不因民族、种族、性别、宗教信仰不同而受歧视。《劳动法》第 12 条明确规定了国家实行平等就业的方针，并在第 13 条规定：“妇女享有与男子平等的就业权利。在录用职工时，除国家规定的不适合妇女的工种或者岗位外，不得以性别为由拒绝录用妇女或者提高对妇女的录用标准。”赋予劳动者平等的就业权，有利于促进劳动者之间的平等竞争和社会公正的实现。

选择职业权是指劳动者在就业时，有权根据自己的意愿、兴趣选择用人单位，不受外在力量的强迫。在劳动制度改革以前，劳动者只有就业权而没有择业权，实行劳动合同制后，用人单位享有用人自主权，劳动者拥有择业自主权，用人单位和劳动者之间通过双向选择，在双方自愿的基础上订立劳动合同、建立劳动关系。劳动者自主择业，有利于充分发挥劳动者的聪明才智和劳动热情，有利于提高劳动效率，有利于建立新型、稳定的劳动关系。

(2) 取得劳动报酬的权利。

劳动者的劳动报酬是基于劳动者劳动的付出而由用人单位支付的合法收入，是劳动者赖以生存的物质条件，应当得到法律的确认和保护。我国宪法明确规定劳动者享有获得劳动报酬的权利，并规定在发展生产的基础上，逐步提高劳动报酬和福利待遇。劳动者的劳动报酬包括工资、奖金、津贴等，其中工资是劳动者劳动报酬的基本形式，奖金是用人单位对劳动者超额劳动的奖励，津贴是用人单位按照规定对劳动者的额外劳动消耗的补偿。

(3) 享有休息休假的权利。

休息休假权是指劳动者在参加一定时间的劳动之后所获得的休息休假的权利。劳动者享有休息休假，是保证劳动者消除疲劳、恢复体力和身体健康的需要，也是劳动力再生产的必要条件。因此，国家通过劳动法律、法规对劳动者的休息休假时间作了明确规定，为了防止用人单位侵犯劳动者的休息休假权利，劳动法还对用人单位延长工作时间(加班加点)作了相应的限制规定。

(4) 获得劳动安全卫生保护的权利。

劳动安全卫生保护权，是劳动者依法要求用人单位提供安全卫生的劳动条件，保护其生命安全和身体健康的一项基本劳动权利。确立劳动保护权，首先，是保障劳动者生存权利的基本要求。只有加强生产过程中的安全技术和生产卫生工作，才能够避免和减少伤亡事故、职业病的发生，使劳动者的安全和健康得到有力的保证。其次，确立劳动安全卫生保护权，也是提高劳动生产率的重要手段。加强劳动保护是和采用先进技术、改进操作方法、实现生产过程的机械化和自动化分不开的，加强劳动保护不仅可以改善劳动条件、减轻劳动强度，而且能够促进劳动生产率的提高。我国制定了一系列劳动保护的法律、法规，建立了各项劳动安全卫生管理制度。

(5) 接受职业技能培训的权利。

职业技能培训是为了培养和提高劳动者从事职业劳动所需要的知识和技能而进行的专门教育和训练活动。把接受职业技能培训列为劳动者的基本权利，其目的在于要从法律上保证劳动者能够获得职业技能培训而得到业务技术的提高。

《劳动法》中规定了劳动者享有接受职业技能培训的权利。国家通过各种途径,采取各种措施,发展职业培训事业,开发劳动者的职业技能,提高劳动者素质,增强劳动者的就业能力和工作能力;要求各级人民政府应当把发展职业培训纳入社会经济发展的规划,鼓励和支持有条件的企业、事业组织、社会团体和个人进行各种形式的职业培训;规定用人单位应当建立职业培训制度,按照国家规定提取和使用职业培训经费,根据本单位实际,有计划地对劳动者进行职业培训。

(6) 享受社会保险和福利的权利。

社会保险是国家为保障劳动者在丧失劳动能力或劳动机会时的基本生活需要而依法强制实行的一项物质帮助制度;社会福利是国家和社会为方便劳动者工作和生活,满足其物质文化需求而举办的各项事业。劳动者享受社会保险和福利的权利是宪法赋予公民物质帮助权的一个方面。

我国《宪法》第 45 条第 1 款规定:“中华人民共和国公民在年老、疾病或者丧失劳动能力的情况下,有从国家和社会获得物质帮助的权利。国家发展为公民享受这些权利所需要的社会保险、社会救济和医疗卫生事业。”第 42 条规定:“……在发展生产的基础上,提高劳动报酬和福利待遇……”

为了劳动者社会保险权利的落实,《劳动法》对社会保险制度的有关方面提出了原则性的要求,规定国家发展社会保险事业,建立社会保险制度,设立社会保险基金,使劳动者在年老、患病、工伤、失业、生育等情况下获得帮助和补偿。此外,还对社会保险水平、社会保险基金来源和监督、社会保险层次等作了相应规定。

劳动者享受的福利包括社会福利和集体福利。《劳动法》第 76 条规定:“国家发展社会福利事业,兴建公共福利设施,为劳动者休息、休养和疗养提供条件。用人单位应当创造条件,改善集体福利,提高劳动者的福利待遇。”发展社会福利和集体福利事业,对于改善劳动者的工作环境和生活环境,方便职工生活,解决职工生活困难,丰富职工文化体育生活,提高劳动者身体和文化素质等都起到了积极作用。

(7) 提请劳动争议处理的权利。

劳动争议是劳动者与用人单位之间因劳动权利和义务发生的纠纷。劳动争议一旦发生,不仅影响到用人单位的生产和工作,而且影响到劳动者的工作和生活,直接关系着劳动者的切身利益。因此,作为争议的一方当事人,劳动者有权将发生的争议提请有关机关解决,以保护自己的合法权益。劳动法规定劳动者有提请处理劳动争议的权利,明确了劳动者在劳动争议处理中的主动地位,有利于保护劳动者的合法权益,培养和提高劳动者的法律意识。《劳动法》《中华人民共和国劳动争议调解仲裁法》和《企业劳动争议协商调解规定》对劳动争议当事人提请争议处理的程序作了具体规定。

（8）法律规定的其他劳动权利。

劳动者除了享有上述各种基本劳动权利以外，还享有法律规定的其他一些劳动权利：

① 民主管理企业的权利。《劳动法》第 8 条前半段规定："劳动者依照法律规定，通过职工大会、职工代表大会或者其他形式，参与民主管理。"国家还颁布了《全民所有制工业企业职工代表大会条例》，以保证劳动者能够通过职工代表大会行使民主管理企业的权力。

② 与用人单位进行平等协商的权利。《劳动法》第 8 条后半段规定，劳动者有权"就保护劳动者合法权益与用人单位进行平等协商"。平等协商的权利可以调动劳动者的生产积极性和对企业的关注，促进企业的发展与繁荣。

③ 签订集体合同的权利。签订集体合同是劳动者一方集体拥有的权利，通过工会组织和职工代表就劳动报酬、工作时间、休息休假、劳动安全卫生、保险福利等事项，与用人单位集体协商签订集体合同。劳动者可以利用集体合同来维护个人的合法权益，防止用人单位在签订劳动合同时任意降低标准，侵犯劳动者的合法权益。

④ 依法参加工会组织的权利。我国《劳动法》第 7 条规定"劳动者有权依法参加和组织工会"。工会是职工自愿结合的群众性组织，法律保障劳动者参加工会和组建工会的权利，可以使劳动者通过组织的集体力量来维护自己的合法权益。

2. 劳动者的义务

根据《劳动法》第 3 条的规定，劳动者应履行以下的基本劳动义务：

（1）积极完成劳动任务。

规定劳动者负有完成劳动任务的义务，是实现劳动过程的客观要求，也是劳动者享受劳动权利的基本前提。我国《宪法》和法律规定每个有劳动能力的公民都必须履行自己的劳动职责，应当以国家主人翁的态度从事劳动，保质保量地完成规定的劳动任务，为国家和社会创造更多的财富，这是劳动者的法定义务。同时，根据按劳分配原则，劳动者提供劳动的数量和质量，也是分配个人消费品的基本依据，劳动者只有完成规定的劳动任务，才能得到相应的报酬。

为了促使劳动者认真履行劳动义务，国家建立了奖惩制度，表彰模范完成劳动任务的先进劳动者，教育和惩戒不负责任的劳动者。如 1982 年国务院颁发的《企业职工奖惩条例》规定，对于完成生产任务或工作任务成绩显著的职工，给予物质和精神鼓励，对于没有完成生产工作任务的职工，分别情况给予批评教育、行政处分或经济制裁。

(2) 不断提高职业技能。

按照法律规定,劳动者一方面享有接受职业技能培训的权利,另一方面又要承担提高职业技能的义务。强调职业技能培训是劳动者享有的权利,目的是为劳动者的技能提高创造一定的外部条件,而劳动者自身则有义务自觉地学习业务知识,努力提高业务能力和操作技能,适应生产或工作岗位的要求。

在现代化大生产的条件下,各种职业和各种岗位都需要具备一定的知识和技能,只有不断提高专业知识和技能,才能适应社会化大生产的要求。我国法律规定从事技术工种的劳动者,上岗前必须经过培训,基本达到上岗熟练操作要求,并通过各种学习和职业培训,掌握新的、现代化的生产技术和管理技术,不断提高操作熟练水平和技术等级水平。

(3) 认真执行劳动安全卫生规程。

劳动安全技术规程是指国家为了防止和消除在生产过程中的伤亡事故,防止生产设备遭到破坏,保障劳动者安全和减轻繁重体力劳动而规定的有关组织和技术措施方面的各种法律规范。劳动卫生规程是国家为了防止、消除生产过程中的职业危害,保障劳动者的健康而制定的各种法律规范。要求劳动者执行劳动安全卫生规程,既是保护劳动者自身生命安全和身体健康的需要,也是保证生产安全、维护生产秩序的基本要求。因此,执行劳动安全卫生规程是劳动者必须履行的一项基本义务。对于违反劳动安全卫生规程违章操作,给国家、社会和用人单位造成生命和财产损失的,应依法追究劳动者的法律责任。

(4) 严格遵守劳动纪律和职业道德。

劳动纪律是组织社会劳动的基础,是社会化大生产的必要条件,它要求劳动者在共同劳动过程中遵守一定的规则和秩序,听从用人单位的指挥和调度。遵守劳动纪律是每个劳动者必须履行的义务,它既是劳动者履行劳动职责、完成劳动任务的基本保证,也是用人单位加强科学管理、维护正常生产秩序、提高劳动生产率的必然要求。

职业道德是指劳动者从事职业劳动必须遵守的规范和原则。劳动者的劳动只有符合职业道德的要求,才能为社会所接受和承认,才能实现职业劳动的社会价值。法律把遵守职业道德作为劳动者的基本义务,有利于提高全体劳动者的道德意识,树立职业道德观念,不断地为社会创造物质财富和精神财富。

劳动纪律和职业道德相互联系、相互补充,劳动纪律中包含着很多职业道德的内容,职业道德则体现了劳动纪律的高层次要求,可以弥补劳动纪律的不足。

(三) 用人单位的用人权利与用人义务

1. 用人单位的用人权利

不同类型的用人单位,其具体的用人权利不尽相同。一般包括:

(1) 录用职工权。主要是用人单位按照国家规定和本单位的需要,有权择优录用职工,用人单位可以自主决定招工的时间、条件、方式、数量和用工形式。

(2) 劳动组织管理权。主要是用人单位按照国家规定和本单位实际需要,有权确定机构、编制和岗位资格条件;有权聘用管理人员和技术人员,对职工进行内部调配和劳动组合;对劳动者分配劳动任务并进行劳动管理,努力提高职业技能的权利。

(3) 劳动报酬分配权。主要是用人单位按照国家规定和本单位实际情况,有权确定工资形式和奖金分配办法;有权通过考核确定职工的工资级别;有权制定职工晋级增薪、降级减薪的办法以及自主决定晋级增薪、降级减薪的条件和时间。

(4) 职工奖惩权。主要是用人单位有权依照国家法律、法规和有关规定,制定和实施劳动纪律,并在认真考核的基础上对职工进行奖惩。

2. 用人单位的用人义务

用人单位作为劳动力市场的需求主体和劳动过程中劳动力的使用者,应该承担对国家、工会和劳动者等多方面的用人义务。

用人单位对国家的义务主要是:必须执行国家劳动法律法规、劳动政策和劳动标准,服从劳动行政部门和其他国家机关的管理和监督等。

用人单位对工会的义务主要是:必须按国家有关规定核拨工会经费,支持工会依法开展各项工作;与工会签订集体合同并认真履行集体合同规定的义务;支持工会参与民主管理、接受工会的监督等。

用人单位对劳动者应承担的义务主要是:(1) 平等地录用职工。不得因民族、种族、性别、信仰等歧视,拒绝录用符合条件的劳动者。(2) 支付劳动报酬。必须按法定或约定的标准向劳动者支付劳动报酬,不得克扣、拖欠劳动者的工资。(3) 提供劳动保护。必须建立符合条件的劳动安全卫生设施,保护劳动者在劳动过程中的安全和健康。(4) 提供物质帮助。必须为劳动者建立各种社会保险,提供福利待遇,为劳动者及其亲属提供物质帮助。(5) 提供职业培训。要建立健全本单位的职业培训制度,有计划、有目标地使全体劳动者接受职业技能培训,提高劳动者的职业技能。(6) 依法管理。要依法建立和完善规章制度,依法实施劳动管理,不得剥夺或侵犯劳动者的正当劳动报酬权、休息休假权等合法权益。

三、劳动法律关系的客体

劳动法律关系的客体,是指劳动法律关系主体双方的权利与义务共同指向的对象。

我国从事劳动法学研究的绝大部分同志,在“三要素”理论的基础上,为劳动法律关系寻找“客体”,并形成了三种观点。

第一种观点认为,劳动法律关系具有多样性的特征,这种观点可称之为"多样说"。在较早的著作中,有的学者将劳动法律关系的客体概括为:(1) 实现劳动过程的劳动行为,如实施劳动的行为;(2) 与劳动行为有关的其他行为,如民主管理行为;(3) 物,在劳动保险待遇和集体福利事业方面,客体是货币、疗养院、托儿所等设施;(4) 人,如在职工调动方面,调入方与调出方权利义务所指向的客体是职工。这种观点将一些不属于劳动法律关系的内容包括进来,错误比较明显。如职工调动中调入方与调出方是两个用人单位之间发生的社会关系,并不是劳动法律关系。随意扩大劳动法律关系的范围,就会使劳动法律关系因丧失特性而难以深入研究。①

第二种观点认为,劳动法律关系具有单一性的特征,这种观点可称之为"单一说"。持这种观点的同志认为,劳动法律关系之所以缔结,是因为劳动者一方需通过劳动法律关系提供自己的劳动,并通过提供劳动在为社会创造财富的同时实现自己一定的物质利益;用人单位一方则通过劳动法律关系获得劳动者提供的劳动,并通过使用众多劳动者提供的总体劳动创造社会财富,实现国家的利益。这是劳动法律关系的基本内容。劳动过程中其他具体的权利义务都由劳动所派生,都不可能离开劳动而独立存在。所以,"劳动法律关系的客体是劳动活动,或劳动行为"。②

第三种观点认为,劳动法律关系客体具有主从性的特征,这种观点可称之为"主从说"。持这种观点的同志认为,劳动法律关系客体在实践中的具体表现形态是复杂多样的,视其在劳动法律关系中的地位和作用不同,可分为基本客体(或称主客体)和辅助客体(或称从客体)。基本客体是劳动行为,即劳动者为完成用人单位安排的任务而支出劳动力的活动。它作为被支出和使用的劳动力的外在形态,在劳动法律关系存续期间连续存在于劳动过程之中,在劳动者和用人单位之间的利益关系中主要承载或体现用人单位的利益。辅助客体是劳动待遇和劳动条件,即劳动者因实施劳动行为而有权获得的、用人单位因支配劳动行为而有义务提供的各种待遇和条件。后一类客体的特征在于:一是从属和受制于劳动行为,二是主要承载体现劳动者的利益。③

本书认为在劳动法律关系中,客体作为权利义务的承载体,实际体现双方当事人的利益;同时,客体作为双方当事人所支配的共同对象,是双方当事人利益关系的连接点。所以,它是劳动法律关系赖以存续的客观基础。

一方面,劳动法律关系的客体表现为劳动者的劳动行为,即劳动者为完成用

---

① 参见史探径:《劳动法》,经济科学出版社 1990 年版,第 78 页。

② 参见吴超民:《劳动法通论》,华中师范大学出版社 1988 年版,第 69 页。

③ 参见王全兴、吴超民、张国文:《中国劳动法新论》,中国经济出版社 1995 年版,第 78—79 页。

人单位安排的任务而支出劳动力的活动。劳动活动作为被支出和被使用的劳动力的外在形态，在劳动法律关系存续期间连续存在于劳动过程之中，主要体现用人单位的利益。

另一方面，劳动法律关系的客体表现为劳动待遇和劳动条件，即劳动者因实施劳动行为而有权获得的、用人单位因支配劳动行为而有义务提供的各种待遇和条件。劳动待遇是用人单位支配劳动行为而对劳动者支出劳动力的物质补偿，包括劳动报酬、社会保险和福利待遇等，劳动条件是劳动者完成劳动任务和保护劳动者安全和健康所必需的物质技术条件，包括劳动工具、劳动保护设施、技术资料等。劳动待遇和劳动条件作为劳动法律关系的客体主要体现劳动者的利益。

我国劳动法律关系的客体与资本主义国家劳动法律关系的客体有本质上的区别。在资本主义国家中，生产资料是私有制，实行雇佣劳动制度，劳动者被剥夺了生产资料，劳动者的劳动力是雇佣劳动法律关系的客体。在社会主义制度下，生产资料的公有制在所有制体系中占主体地位，生产资料归全民所有和劳动者集体所有，劳动者不仅占有生产资料，而且有权使用和管理生产资料，参加企业的民主管理；即使在私营企业和外商独资企业中，劳动者的合法权益也必须受到我国法律的保护。所以，我国劳动法律关系的客体，不是劳动者的劳动力，只能是劳动者的劳动活动。

第三节　劳动法律关系的产生、变更和消灭

劳动法律关系和其他社会关系一样，其产生、变更和终止是有一定规律的，特别是应遵循相应的法律规范进行活动。

一、劳动法律关系的产生

劳动法律关系的产生，是指劳动者与用人单位依法确立劳动法律关系，从而产生相互权利和义务。它是劳动者和用人单位相互行使权利和履行义务的前提。劳动法律关系产生的方式有：

1. 行政方式

即劳动者与用人单位按照有关行政机关的指令性具体行政行为的要求确立劳动法律关系。申言之，劳动者凭有关行政机关的指令性文件到指定的用人单位报到而成为其职工，用人单位亦凭此接受指定的劳动者为职工。双方都有义务服从有关行政机关的分配和安排，无正当理由都不得拒绝确立劳动法律关系。我国在实行计划经济体制的时期，劳动法律关系普遍按照这种方式发生；随着经济体制的进展，这种方式的适用范围受到限制，并且逐步缩小。

2. 合同方式

即劳动者与用人单位通过订立劳动合同以确立劳动法律关系。按照这种方式,劳动者或用人单位对是否与对方确立劳动法律关系都有权自主选择,劳动法律关系是否建立和具体的权利义务,都必须由双方协商一致而定。在市场经济国家,劳动法律关系普遍按照这种方式发生。在我国,计划经济时期仅有临时工劳动法律关系按这种方式发生;实行经济体制改革以来,这种方式的适用范围逐步扩大,已成为劳动法律关系发生的基本方式。

二、劳动法律关系的变更

劳动法律关系的变更,是指劳动法律关系的既定内容和客体依法变更。主要是指双方当事人相互间的权利和义务因客观情况而发生一定的变化,如劳动者的职务、岗位、工资等级或者合同期限等的变动;但是劳动法律关系的变更,不包括劳动法律关系主体的变更。实践中,劳动法律关系变更的情形,既可能是当事人双方协议或单方决定变更,也可能是由行政决定、仲裁裁决或法院判决变更。

三、劳动法律关系的终止

劳动法律关系的终止,是指双方当事人之间已形成的劳动法律关系不复存在,即双方当事人之间权利义务依法消灭。它包括提前终止和期满终止。提前终止,是指有效期尚未届满的劳动法律关系被依法终止;期满终止,是指劳动法律关系在其有效期限届满时终止。出于保护劳动者及其供养亲属或用人单位合法权益的需要,劳动法律关系中特定的某项权利义务在劳动法律关系届满后仍存续一定期限才消灭。实践中,劳动法律关系终止的情形有:因有效期限届满或目的实现而终止;因主体消灭或丧失一定资格而终止;因辞职、退职或协议而终止;因行政决定、仲裁裁决或法院判决而终止等几种情形。

四、劳动法律事实

(一)劳动法律事实的概念及其特点

劳动法律事实是指劳动法所确认的能够引起劳动法律关系产生、变更和终止的客观情况。

劳动法律事实具有的特点是:

1. 劳动法律事实的构成具有复合性

即劳动法律事实一般由两种以上的客观情况所构成,或者是两种以上行为相结合,或者是某种事件与特定行为相结合。也就是说,仅某种行为或事件,一般不足以导致劳动法律关系的发生、续延、变更、暂停或终止。

2. 劳动法律事实中含有特定程序

即劳动法律事实中的某种或某几种行为，一般要按照特定程序实施，只有在履行特定程序之后，才能导致劳动法律发生、续延、变更、暂停或终止。

3. 劳动法律关系运行的各个环节对劳动法律事实的要求不尽相同

引起劳动法律关系发生的，必须是合法行为，并且其中必须有劳动者和用人单位的合意行为。在劳动法律关系按行政方式发生的情况下，这种合意行为表现为按照有关行政机关的分配和安排，劳动者到用人单位报到和用人单位接受劳动者；在劳动法律关系按合同方式发生的情况下，这种合意行为表现为劳动合同的订立。引起劳动法律关系续延和暂停的，既可以是行为也可以是时间和行为的结合，既可以是单方行为也可以是合意行为，但这里的行为一般都必须是合法行为。引起劳动法律关系变更和终止的，既可以是行为也可以是行为和事件的结合，并且，单方行为和双方行为、合法行为和违法行为均可。

（二）劳动法律事实的分类

劳动法律事实，根据它是否包含当事人的意志，分为事件和行为。行为是受人的意志支配的法律事实，可分为合法行为和违法行为，还可分为合同行为、行政行为、调解行为、仲裁行为和司法行为等。事件是不以人的意志为转移的法律事实，包括自然灾害之类的自然现象，疾病、伤残、死亡之类的人身现象，以及战争、动乱之类的社会现象。

附　录

一、本章重点问题提示

问题一：如何对待我国劳动领域中大量存在的事实劳动关系？

随着市场经济体制的建立，劳动关系的调整已逐渐从行政手段转变为法律手段。按照我国现行劳动法的规定，建立劳动关系应当订立劳动合同，而在现实的劳动就业市场中，并非所有的劳动关系都能依照法律规定建立，因而导致事实劳动关系的大量存在。

劳动者的劳动（劳务）一旦付出，就不能收回，即便劳动合同无效，也不可能像一般合同无效那样双方返还、恢复到合同订立前的状态来处理，否则对于劳动者来说是不公平的。因此，只能适用事实劳动关系的理论来处理当前大量存在的事实劳动关系的问题。在涉及劳动合同无效的法律后果时，国外也有关于事实劳动关系的理论，如德国法认为，如果劳动合同被宣告完全无效的话，业已存在的劳动关系将被视为“事实劳动关系”。目前我国理论界对何谓事实劳动关系有不同看法，有认为是劳动合同期满后双方为继续签订劳动合同的情形；有认为是用人单位与劳动者之间既无劳动合同又存在着劳动关系的一种状态；还有认为是一种形式要件不合法而实质要件均合法的劳动关系。

问题二:结合我国劳动领域中的现实思考一下事实劳动关系主要有哪些情形?

事实劳动关系是劳动争议处理和工伤认定工作中经常被用到的概念,劳动部《关于贯彻执行〈中华人民共和国劳动法〉若干问题的意见》第17条第一次在立法中使用了"事实劳动关系"这一概念,但《工伤保险条例》(以下简称《条例》)把事实劳动关系推到了最前沿,使劳动保障部门无法也不容回避这一问题。《条例》第18条、第61条规定:劳动关系包括事实劳动关系。这进一步明确了事实劳动关系作为劳动关系的存在。最高人民法院《关于审理劳动争议案件适用法律若干问题的解释》(法释[2001]14号)第16条规定:"劳动合同期满后,劳动者仍在原用人单位工作,原用人单位未表示异议的,视为双方同意以原条件继续履行劳动合同。"这表明对于用人单位与劳动者以前签订过劳动合同,劳动合同到期后形成的事实劳动关系,用人单位与劳动者均继续享有原劳动合同约定的权利,并应履行原劳动合同约定的义务。

其实,事实劳动关系与劳动关系相比,只是欠缺了书面合同这一形式要件,但并不影响劳动关系的成立。目前,立法认定用人单位故意拖延不订立劳动合同但形成事实劳动关系的,劳动者享有劳动保障法律法规所规定的一切权利,并应履行劳动保障法律法规所规定的一切义务。从立法沿革来看,法律上赋予"事实劳动关系"合法地位,更多的是维护劳动者的合法权益,进而维护整个社会的稳定。存在事实劳动关系的劳动者在劳动权益受到用人单位侵害时,同签订劳动合同的劳动者一样,可以通过劳动保障监察、劳动争议仲裁、向人民法院起诉等途径,依法维护自身的合法权益。

但是,司法实践中对于什么是事实劳动关系、事实劳动关系的特征、事实劳动关系有哪些情形均没有明确的规范,依笔者看来,事实劳动关系主要包括以下几种情形:

(1) 应签而未签订的劳动合同;

(2) 以口头协议代替的书面劳动合同;

(3) 以其他合同形式代替劳动合同,即在其他合同中规定了劳动者的权利、义务条款,比如在承包合同、租赁合同、兼并合同中规定了职工的使用、安置和待遇等问题,这就有了作为事实劳动关系存在的依据;

(4) 劳动合同期满没有终止也没有续签而形成的事实延续的劳动关系;

(5) 劳动合同构成要件或者相关条款缺乏或者违法,事实上成为无效合同,但是双方依照这一合同规定已经建立劳动关系。

问题三:如何改变这种现状?

根据《劳动法》的规定,劳动关系的建立以订立劳动合同为主要标志。在总结实践的基础上,《劳动合同法》调整了《劳动法》的有关规定,规定"用人单位自用工之日起即与劳动者建立劳动关系","建立劳动关系,应当订立书面劳动合同","用人单位与劳动者在用工前订立劳动合同的,劳动关系自用工之日起建立"。也就是说,引起劳动关系产生的基本法律事实是用工,而不是订立劳动合同。订立劳动合同是建立劳动关系的用人单位与劳动者的义务,也是证明劳动关系的重要证据之一。即使用人单位没有与劳动者订立劳动合同,只要存在用工行为,该用人单位与劳动者之间的劳动关系即建立,与用人单位存在事实劳动关系的劳动者即享有劳动法律规定的权利。

《劳动合同法》规定引起劳动关系产生的法律事实是用工,其目的是保护事实劳动关系中劳动者的权益。同时,《劳动合同法》明确规定,"建立劳动关系,应当订立书面劳动合同"。为了既方便用人单位与劳动者订立劳动合同,又督促用人单位必须与劳动者订立劳动合同,《劳动合同法》规定了三项措施:

一是放宽了订立劳动合同的时间要求,规定已建立劳动关系,未同时订立书面劳动合同的,如果自用工之日起 1 个月内订立了书面劳动合同,其行为即不违法。

二是规定用人单位未在自用工之日起 1 个月内订立书面劳动合同,但在自用工之日起 1 年内订立了书面劳动合同的,应当在此期间向劳动者每月支付二倍的工资。

三是规定用人单位自用工之日起满 1 年仍然未与劳动者订立书面劳动合同的,除在不足 1 年的违法期间向劳动者每月支付二倍的工资外,还应当视为用人单位与劳动者已订立无固定期限劳动合同。

二、思考题

1. 简要分析劳动关系和劳动法律关系的关系。
2. 简要分析劳动法律关系的特征。
3. 比较劳动法律关系的运行和民事法律关系的运行的不同之处。
4. 比较劳动法主体资格与民法主体资格的不同之处。
5. 简述劳动者的权利和义务。
6. 简述用人单位的权利和义务。

第四章 劳动合同

内容提要

我国《劳动合同法》从立法起草开始就引起全社会的广泛关注，2008年1月1日，《劳动合同法》正式实施，它密切关系着每一个劳动者的切身权益。《劳动合同法》对劳动合同的订立、履行和变更、解除和终止等作出了专门规定，为统一和完善劳动合同制度奠定了法律基础，为劳动者保护自己的合法权益提供了坚实的依据，使劳动合同立法进入了一个新的发展阶段。本章结合《劳动合同法》的规定，对劳动合同的理论和实践进行了深入的研究。首先，对劳动合同的基本内涵作了论述，其次，对劳动合同的形式和内容进行了阐释，进而重点阐述了劳动合同的订立、履行、变更、终止和解除的基本内容，同时对劳动合同的管理与法律责任也作了阐述和归纳。根据我国《劳动合同法》对劳务派遣和非全日制用工的特别规定，本章综述了劳务派遣和非全日制用工的国内外立法概况，比较和分析了相关理论观点，重点阐释了我国《劳动合同法》对劳务派遣和非全日制用工的具体法律规定。

关键词

劳动合同　劳动合同法　劳务派遣　非全日制用工　法律责任

第一节 劳动合同概述

一、劳动合同的概念和特征

劳动合同亦称劳动协议或劳动契约，国外还称雇佣合同或雇佣契约。在我国劳动合同是劳动者与用人单位在一定条件下建立劳动关系的法律形式。用合同形式明确劳动者与用人单位的劳动关系，是我国劳动法制进步的标志，对实现劳动关系调整从行政手段向法律手段转变具有重大的意义。我国《劳动法》第16条规定："劳动合同是劳动者与用人单位确立劳动关系、明确双方权利和义务的协议。建立劳动关系应当订立劳动合同。"该条规定从法律上明确了劳动合同的概念和特征。

（一）劳动合同的主体特定为劳动者与用人单位

劳动合同是劳动关系的法律形式，而劳动关系则是劳动者与用人单位在实现劳动过程中形成的社会关系，所以作为劳动关系的法律形式，劳动合同必须由劳动者与用人单位以当事人的身份订立。从合同法原理上说，劳动者与用人单位以当事人身份订立劳动合同的，该劳动合同对当事人双方就具有法律约束力。

（二）劳动合同是确立劳动关系的法律形式

通过订立劳动合同，劳动者成为用人单位的一员，并遵守用人单位的内部规则和制度，向用人单位提供劳动并取得劳动报酬，实现劳动力与生产资料的结合。用人单位则分配被录用劳动者的工作，按照劳动的数量与质量支付工资，并提供劳动法规定和双方协商的劳动条件，实现对劳动力的科学管理。我国《劳动法》规定，建立劳动关系应当订立劳动合同。这表明，劳动合同应当成为在劳动力市场上确立劳动关系的普遍性法律形式。

（三）劳动合同的内容是劳动权利和义务

劳动合同的内容包括工作内容、劳动保护、劳动报酬、劳动纪律、违约责任等条款，用以明确劳动者和用人单位双方当事人在劳动过程中的相互权利和义务，这些权利与义务都与劳动过程密切相关，是当事人享受劳动权利和承担劳动义务的依据。

劳动合同作为一种双方法律行为，除具有合同的一般属性外，它还具有以下特定的法律属性：(1) 诺成性。只需双方当事人意思表示一致劳动合同即可成立，法律不要求劳动者提供劳动或用人单位支付劳动报酬作为劳动合同成立的前提条件。(2) 附合性。双方当事人就劳动合同内容意思表示一致的过程，在实践中通常表现为由劳动者对用人单位提出的劳动合同主要条款附合表示同意的过程。只要用人单位提出的合同的条款不违法，这种附合性合意行为就即为法律所允许。(3) 双务性。劳动者和用人单位都负有义务，且各方所负义务既是与各自所享有权利对应的代价，又是实现对方相应权利的保证。(4) 从属性。按照劳动合同的约定，劳动者在身份上和组织上从属于用人单位，遵照用人单位的要求为用人单位劳动、完全纳入用人单位的经济组织和生产结构之内。(5) 有偿性。依据劳动合同，劳动者一方面向用人单位提供劳动，另一方面向用人单位取得劳动报酬等劳动力再生产费用，这是一种等量劳动相交换的关系。(6) 继续性。劳动合同所约定的权利和义务在劳动关系存续期间继续存在，要求由劳动者和用人单位在此期间内继续实现，即劳动者应当日复一日、周复一周、月复一月地履行其提供劳动的义务，用人单位履行其义务的行为则应与此相伴随。

二、劳动合同的立法概况

(一) 外国劳动合同立法简况

西方工业化国家的劳动合同经历了一个由民法到劳动法的过程。20世纪以前,劳动合同被载入民法,完全适用“契约自由”原则。例如,法国1804年制定的《拿破仑法典》中有关于劳动合同的专门条款,将其称为“劳动力租赁契约”。在该法典的影响下,意大利、丹麦、西班牙等欧洲国家,加拿大、智利、阿根廷等美洲国家,日本等亚洲国家,都把劳动合同列为其民法典的内容。

到20世纪初,出于国家干预劳动合同和协调劳动关系的需要,劳动合同才由民法范围转入劳动法范围。比利时于1900年3月制定《劳动契约法》,开创了从劳动法的角度进行劳动合同立法的先河。法国于1910年颁布的《劳动法典》第一卷,把雇佣合同列为第二篇。其后,许多国家相继把劳动合同置于劳动立法的范围。

现代劳动合同的立法有三种模式:(1) 在劳动法典等劳动基本法中将劳动合同单列为一章或一篇,如德国、日本、加拿大等;(2) 制定关于劳动合同的专项法规,如意大利、丹麦、印度等;(3) 少数国家仍然沿用民法的合同法或者按普通法由判例对劳动合同进行规范,如英国、美国等。

(二) 我国劳动合同立法概述

我国的劳动合同立法有较长的发展过程。早在1931年中央苏区颁布的《中华苏维埃劳动法》规定:“劳动合同是一个或几个工人与雇主订立的协定,劳动合同的协定、劳动合同的条件与劳动法和现行的劳动法令及集体合同的条件较恶劣者,皆不能发生效力。”1933年,中央苏区又公布《中华苏维埃共和国劳动法》第87条规定:“劳动合同即两人或两人以上缔结的契约,一方面(被雇人)因受他方面(雇主)的报酬供给他的劳动力。”抗日战争时期《陕甘宁边区劳动保护条例(草案)》中也对劳动合同作了规定,1948年8月中国第六次全国劳动大会关于中国工人运动当前任务的决议指出:“劳动须有契约。”中华人民共和国成立以来,劳动合同立法一直是劳动立法的一个重要组成部分。新中国成立初期,在劳动部制定的《失业技术员工登记介绍办法》(1950年)、《关于各地招聘职工的暂行规定》(1951年)、《关于建筑工程单位往外地招用建筑工人订立劳动合同的办法》(1954年)等法规中,都要求通过订立劳动合同来确立劳动关系。社会主义改造完成以后随着固定工制度的普遍实行,在正式工中订立劳动合同的办法消失,有关法规中仅要求临时工与用人单位订立劳动合同。在始于20世纪80年代的劳动制度改革过程中,劳动合同立法有了突破性的发展。1980年,国务院发布了《中外合资经营企业劳动管理规定》,要求合资企业职工的雇佣、解雇和辞职,以及劳动关系各项内容,都通过订立劳动合同加以规定。1984年,国务院先后颁发和批转了关于矿山、建筑和搬运装卸作业从农村招用合同制工的几个规定，使劳动合同的法定适用范围，从国营企业的临时工扩大到正式工中的农民轮换工。1986年，国务院发布了《国营企业实行劳动合同制暂行规定》，要求全民所有制单位招用常年性工作岗位上的工人，统一实行劳动合同制。此后，在《全民所有制企业招用农民合同制工人的规定》(1991年)、《全民所有制企业临时工管理暂行规定》(1989年)、《私营企业管理规定》(1989年)、《关于股份制试点企业劳动工资管理暂行办法》(1993年)、《城乡个体工商户管理暂行条例》(1987年)等法规中，都要求把劳动合同作为缔结劳动关系的法律形式。

在我国劳动合同立法的发展过程中，1994年《劳动法》具有特别重要的意义。它就劳动合同的定义和适用范围，订立、变更和无效，内容、形式和期限，终止和解除等主要问题作出专门规定，为统一和完善劳动合同制度奠定了法律基础，使劳动合同立法进入了一个新的发展阶段。此后，劳动部制定了若干项与《劳动法》配套的有关劳动合同的规章，如《违反和解除劳动合同的经济补偿办法》(1994年12月)、《违反(劳动法)有关劳动合同的赔偿办法》(1995年5月)等。2007年6月29日，我国颁布了《中华人民共和国劳动合同法》，并于2008年1月1日起正式施行，这是一部重要的劳动法律，同年9月18日颁布实施《中华人民共和国劳动合同法实施条例》，标志着我国劳动和社会保障法律制度进入新的发展阶段。2009年8月27日，第十一届全国人大常委会第十次会议通过了对《劳动法》修订的决定，自公布之日起施行。2012年12月28日，中华人民共和国第十一届全国人民代表大会常务委员会第三十次会议对《劳动合同法》进行了修改，2013年7月1日开始施行。

三、劳动合同的分类

(一) 依据合同主体为标准的分类

此种分类的法律意义在于，不同主体的劳动合同在法律依据和法定内容方面都有所不同。从劳动者的角度分类，主要是按照劳动者在劳动分工结构中所处地位不同或者劳动所属用工形式不同，对劳动合同进行分类。例如，《比利时雇佣合同法》中，将雇佣合同划分为工人雇佣合同、职员雇佣合同、商业推销员雇佣合同、家庭佣人雇佣合同和学生雇佣合同，并对各种雇佣合同分设专章予以规定。

(二) 依据合同期限为标准的分类

劳动合同的期限，是指劳动合同规定的双方当事人权利、义务的有效时间。依据劳动合同的期限不同可分为定期劳动合同、不定期劳动合同和以完成一定工作为期限的劳动合同，这是多数国家劳动合同立法的惯例。

我国《劳动合同法》即是此种分类，其第12条规定："劳动合同分为固定期限劳动合同、无固定期限劳动合同和以完成一定工作任务为期限的劳动合同。"

1. 定期劳动合同

定期劳动合同又称有固定期限劳动合同,我国《劳动合同法》第 13 条第 1 款规定:"固定期限劳动合同,是指用人单位与劳动者约定合同终止时间的劳动合同。"劳动关系只在合同有效期限内存续,期满则劳动关系终止。

2. 无固定期限劳动合同

无固定期限劳动合同又称不定期劳动合同，它没有明确规定合同的有效期限,劳动关系可以在劳动者的法定劳动年龄范围内和企业的存在期限内持续存在,只有在符合法定或约定条件的情况下,劳动关系才可终止。它适用于技术性、专业性较强的职务、工种等情况。我国《劳动合同法》第 14 条明确规定:无固定期限劳动合同,是指用人单位与劳动者约定无确定终止时间的劳动合同。用人单位与劳动者协商一致,可以订立无固定期限劳动合同。有下列情形之一,劳动者提出或者同意续订、订立劳动合同的,除劳动者提出订立固定期限劳动合同外,应当订立无固定期限劳动合同:(1) 劳动者在该用人单位连续工作满 10 年的;(2) 用人单位初次实行劳动合同制度或者国有企业改制重新订立劳动合同时,劳动者在该用人单位连续工作满 10 年且距法定退休年龄不足 10 年的;(3) 连续订立二次固定期限劳动合同,且劳动者没有《劳动合同法》第 39 条和第 40 条第 1 项、第 2 项规定的情形,续订劳动合同的。用人单位自用工之日起满 1 年不与劳动者订立书面劳动合同的,视为用人单位与劳动者已订立无固定期限劳动合同。

3. 以完成一定工作为期限的劳动合同

我国《劳动合同法》第 15 条第 1 款规定:"以完成一定工作任务为期限的劳动合同,是指用人单位与劳动者约定以某项工作的完成为合同期限的劳动合同。"

这实际上是一种特殊的定期劳动合同,但不存在合同延期的问题。

综上所述,定期劳动合同和不定期劳动合同相比较,从就业保障的角度看,无固定期限劳动合同(不定期劳动合同)对劳动者更有利;尤其是就防止用人单位在使用完劳动者"黄金年龄段"后不再使用劳动者而言,不定期劳动合同更有效。所以,许多国家和地区在立法中把不定期劳动合同放在高于定期劳动合同的地位。其具体方法主要有下述几种:(1) 对定期劳动合同只规定在一定条件下才可适用,而对不定期劳动合同则不规定可适用的条件,仅规定应适用的条件。例如,我国台湾地区规定,临时性、短期性、季节性及特定性工作得为定期劳动契约,有继续性工作应为不定期劳动契约。(2) 对定期劳动合同的最长期限和续订作限制性规定,即续订不得超过一定期限或次数,以免劳动者的"黄金年龄段"被某个用人单位定期并连续地过多或全部使用。例如,德国规定,定期劳动合同最长期限不得超过5年，且只能延期一次。（3）规定不定期劳动合同未征得劳动者同意不得改签为定期劳动合同。（4）规定在一定条件下，定期劳动合同自动转化为不定期劳动合同。例如，比利时规定，定期劳动合同期满后当事人继续履行合同时即如此。（5）规定在一定条件下应当订立不定期劳动合同。例如，德国规定，定期劳动合同如第二次续订，就要订立不定期劳动合同。

（三）依据用人方式不同为标准分类

1. 录用合同

录用合同即用人单位与被录用劳动者之间，为确立劳动关系、明确相互权利义务关系的协议。它具有普遍适用性，是劳动合同的基本类型。我国企业、个体经济组织等用人单位招工时与劳动者签订的劳动合同，即属于录用合同。录用合同具有以下特点：（1）适用对象为普通劳动者；（2）由用人单位事先拟定招工简章，面向社会，公开招收录用劳动者；（3）应招者自愿报名，提供招工单位所需各种证件；（4）用人单位实行全面考核，择优录用的方法，合格者才有资格参加签订劳动合同。

2. 聘用合同

聘用合同即用人单位与被聘用劳动者之间，为确立劳动关系、明确双方权利义务的协议。该种合同适用于有特定技术业务专长的劳动者。企业、事业单位、个体经济组织等用人单位聘请某方面专家、技术顾问、法律顾问等都采用聘用合同方式。聘用合同具有以下特点：（1）被聘对象是特殊劳动者，即必须具备较高文化水平和技术业务专长；（2）被聘用者可为专职或兼职的技术专业人员或管理人员或某方面专家；（3）用人单位一般以聘书方式聘请被聘用人员从事某项工作，且在合同有效期限内不得调动其从事其他工作；（4）应聘人员的生活待遇相对于普通劳动者比较优厚。

3. 借调合同

借调合同又称借用合同。是指借调单位、被借调单位、借调职工三方当事人之间，因借调职工从事某项工作，明确相互权利义务关系的协议。借调合同一般适用于借调单位短期且急需使用的劳动者。该类合同有利于合理调剂劳动力，以及用人单位之间相互交流先进生产技术人员。借调合同具有以下特点：（1）借调合同是三方当事人签订的协议；（2）借调合同应明确规定三方当事人之间的相互权利义务，且借调单位、被借调单位对借调人员均应承担相应的义务和责任；（3）借调人员身份较特殊。即在借调期间属于借调单位人员，但与被借调单位应保持劳动关系，借调合同终止时，借调人员仍回原单位工作。

第二节　劳动合同的形式和内容

一、劳动合同的形式

劳动合同的形式,即劳动合同当事人双方意思表示一致的外部表现。它是劳动合同内容赖以确定和存在的方式,各国关于劳动合同的形式均由立法明确规定。

（一）口头合同与书面合同

劳动合同形式有口头形式和书面形式两种。各国劳动立法对此作出的选择,可归纳为三种模式:

(1) 允许一般劳动合同采用口头形式,只要求特定劳动合同采用书面形式。

(2) 一般要求劳动合同采用书面形式,但允许在特殊情况下劳动合同可采用口头形式。

(3) 要求所有劳动合同都采用书面形式。口头劳动合同方便简捷,但不利于双方履行合同,发生争议不易取证和举证;书面劳动合同是双方履行合同的法律依据,发生劳动争议便于当事人举证和有关部门处理。因此,我国《劳动法》规定,凡劳动合同都应当采用书面形式订立。

我国《劳动合同法》第 10 条也规定:“建立劳动关系,应当订立书面劳动合同。已建立劳动关系,未同时订立书面劳动合同的,应当自用工之日起 1 个月内订立书面劳动合同。用人单位与劳动者在用工前订立劳动合同的,劳动关系自用工之日起建立。”

（二）要式与非要式劳动合同

凡是法定应当以书面形式订立的劳动合同,均为要式合同。在要式合同的适用范围内,如果合同形式不符合要式合同的要求,就会给合同当事人带来一定的法律后果。由于立法规定要式劳动合同的目的,在于更有效地保护劳动者合法权益,因而,许多国家从有利劳动者的角度,规定劳动合同不符合要式合同要求的法律后果。其中常见的有:(1) 定期劳动合同因未采用书面形式而转化为不定期劳动合同。例如,《比利时雇佣合同法》规定,如缺乏书面文件表示的合同已按一定期限或明确的任务签订,则应当作为以相同条件签订的没有一定期限的合同。又如,《法国劳动法典》规定,有固定期限的雇佣合同采用书面形式,而非书面合同就意味着是签订了一个没有特别说明时间的合同。(2) 劳动者因劳动合同未采用书面形式而有权单独证实其权利。例如,《利比亚劳工法》规定,雇佣合同应该用阿拉伯文字书写,在没有书面合同的情况下,应允许工人单独以任何有效的证明方式确立其权利。又如《伊拉克共和国劳工法》规定,若书面合同遗失,唯独工人有权用某种可行的证明方式对合同加以证实。法律没有明文规定以书面形式订立的劳动合同称非要式劳动合同,主要表现为口头合同。

二、劳动合同的内容

劳动合同的内容,即劳动合同条款,是指双方当事人达成的关于劳动权利义务的具体规定。各国和地区关于劳动合同内容的立法,一般针对内容构成和重要条款作出规定。

(一)关于合同内容构成的一般规定

根据各国和地区劳动法的规定,劳动合同内容由法定必备条款和约定必备条款所构成。

法定必备条款,即法律规定劳动合同必须具备的条款。只有完全具备这种条款,劳动合同才能依法成立。它包括一般法定必备条款和特殊法定必备条款。

(1)一般法定必备条款,是指法律要求各种劳动合同都必须具备的条款。根据我国《劳动合同法》的规定,劳动合同应当具备以下条款:① 用人单位的名称、住所和法定代表人或者主要负责人。② 劳动者的姓名、住址和居民身份证或者其他有效身份证件号码。③ 劳动合同期限。除依法允许订立不定期合同的情况以外,都应当规定合同有效期限,其中应包括合同的生效日期和终止日期,或者决定合同有效工作期限的工作(工程)项目。④ 工作内容和工作地点。即关于劳动者的劳动岗位、劳动任务、工作地点等条款。⑤ 工作时间和休息休假。工作时间即关于劳动者从事本职工作所花费的时间,休息休假指劳动者合法享有的再生产劳动力所需要的时间。⑥ 劳动报酬。即关于劳动报酬的形式、构成、标准等条款。⑦ 社会保险。即为劳动者提供的分散风险的保障,例如:退休金、工伤保险、失业保险等。⑧ 劳动保护、劳动条件和职业危害防护。即关于用人单位应提供的劳动安全卫生条件、生产资料条件和职业危害的防护条件的条款。⑨ 法律、法规规定应当纳入劳动合同的其他事项。劳动合同除前款规定的必备条款外,用人单位与劳动者可以约定试用期、培训、保守秘密、补充保险和福利待遇等其他事项。

在我国台湾地区的立法中,规定劳动合同一般必须具备以下条款:① 工作场所及有关工作事项;② 工作开始及终止之时间、休息时间、休假、例假、请假及轮班制之换班有关事项;③ 工资之议定、调整、计算及给付之日期与方法有关事项;④ 有关劳动契约之订立、终止及退休有关事项;⑤ 资遣费、退休金及其他津贴、奖金有关事项;⑥ 劳工应负担之膳宿费、工作用具费有关事项;⑦ 安全卫生有关事项;⑧ 劳工教育、训练有关事项;⑨ 福利有关事项;⑩ 灾害补偿及一般伤病补助有关事项;⑪ 应遵守之纪律有关事项;⑫ 奖惩有关事项;⑬ 其他劳资权利义务有关事项。

(2)特殊法定必备条款,是法律要求某种或某几种劳动合同必须具备的条款。有的劳动合同由于自身的特殊性，立法特别要求其除一般法定必备条款外，还必须规定一定的特有条款。例如，《比利时雇佣合同法》规定，商业推销员雇佣合同中应制定计算佣金的条款；学生雇佣合同中应包括履行合同地点、日工时和周工时，学生食宿地点等条款。我国有关劳动法规中也有此类规定，例如，外商投资企业劳动合同和私营企业劳动合同中应包括工时和休假条款；学徒培训合同中应当有培训目标、学习期限、生活待遇等条款。

约定必备条款，即指劳动关系当事人或其代表约定劳动合同必须具备的条款。它是法定必备条款的必要补充，其具备与否，对劳动合同可否依法成立，在一定程度上有决定性意义。按照作出约定的主体不同，它可分为集体合同约定必备条款和劳动合同当事人约定必备条款。前者即集体合同要求在劳动合同中必须载明的条款，既包括集体合同已规定标准而应由劳动合同将其具体化的条款，也包括集体合同仅列出项目而应由劳动合同明确其内容的条款。有的国家(如日本等)对劳动合同必备条款，法规中少作或不作规定，而主要由集体合同约定。后者即签订劳动合同时当事人一方或双方特别约定劳动合同中必须有的条款。我国《劳动法》规定，劳动合同除法定必备条款外，当事人可以协商约定其他内容。①

在约定必备条款中，有的属于法定可备条款，即法律规定劳动合同可以具备的条款。劳动合同的某些内容由于非常重要而不应被忽视，但又不宜作为法定必备条款，于是，在立法中予以特别提示，指明在劳动合同中可以作出专项约定。此类条款通常有试用期条款、保密条款和禁止同业竞争条款等。

(二) 关于若干合同条款的特殊规定

在各国劳动法中，都就若干重要条款应否由劳动合同约定和劳动合同应如何约定，作了特别规定。其中有：

(1) 试用期条款。即约定用人单位对新录用职工实行试用期的合同条款。试用期，是指包括在劳动合同期限内的，劳动关系还处于非正式状态，当事人双方进行相互考察的期限。即用人单位对劳动者是否合格进行考核，劳动者对用人单位是否适合自己要求进行了解的期限。试用期满，被试用者即成为正式职工。根据我国《劳动法》第 21 条的规定，试用期条款属于法定可备条款，赋予当事人自由协商权，也属于选择性和任意性条款。我国有关法规对此规定的基本内容有：① 适用范围。对初次就业或再就业时改变劳动岗位或工种的劳动者，劳动合同可以约定试用期；其工作岗位或工种没有发生变化的劳动者，在同一用人单位只能试用一次。② 最长期限。劳动合同期限在 3 个月以上 1 年以下、1 年以上不满 3 年或者 3 年以上的，其试用期分别不得超过 1 个月、2 个月或者 6

---

① 参见《中华人民共和国劳动法》第 19 条。

个月。[①] ③ 工资待遇。《劳动合同法实施条例》第15条规定劳动者在试用期的工资不得低于本单位相同岗位最低档工资的80%或者不得低于劳动合同约定工资的80%,并不得低于用人单位所在地的最低工资标准。

(2) 保密条款和禁止同业竞争条款。保密条款即约定劳动者对用人单位的商业秘密负保密义务的合同条款,它包括对保密的内容、范围、期限和措施等的约定;禁止同业竞争条款即约定禁止劳动者参与或者从事与用人单位同业竞争以保守用人单位商业秘密的合同条款,它包括对禁止同业竞争的期限、范围和补偿等的约定。二者在我国都属于法定可备条款。关于保密条款,我国《劳动合同法》规定,在劳动合同中可以约定劳动者保守用人单位商业秘密和与知识产权相关的保密事项;对负有保密义务的劳动者,用人单位可以在劳动合同或者保密协议中与劳动者约定竞业限制条款,并约定在解除或者终止劳动合同后,在竞业限制期限内按月给予劳动者经济补偿。劳动者违反竞业限制约定的,应当按照约定向用人单位支付违约金。关于禁止同业竞争条款,我国《劳动合同法》规定,可以在劳动合同中约定或者由用人单位规定掌握用人单位商业秘密的劳动者在终止或解除劳动合同后的一定期限内(不超过2年),不得到与原用人单位生产同类产品或经营同类业务且有竞争关系的其他用人单位任职;也不得自己生产或经营与原用人单位有竞争关系的同类产品或业务,但用人单位应当给予该劳动者一定经济补偿。我国台湾地区的立法也允许约定禁止同业竞争条款。其《劳动契约法》规定,劳动契约得约定劳动者于劳动关系终止后不得与雇方竞争营业,但以劳动者因劳动关系得知雇方技术上秘密而对于雇方有损害时为限;雇方对劳动者如无正当理由而解约时,其禁止竞争营业之约定失其效力。比利时的立法规定,对工资达到一定数额的劳动者,才可以或应当在雇佣合同中约定保密条款和相应的禁止同业竞争条款;如果雇主无正当理由或劳动者有正当理由终止合同,则这种条款无效。

(3) 第二职业条款。即约定劳动者可否从事第二职业以及如何从事第二职业的合同条款。有些国家和地区的立法表明,允许劳动合同当事人双方约定此种条款。德国在立法中规定,如雇主无反对之意思表示,受雇人得为附劳动,但以其附劳动不属于雇用人之营业范围,并不损害其对雇用人之劳动给付为限;受雇人非得雇用人同意,不得参加与雇用人竞争之营业。我国台湾的立法规定,劳动者于劳动契约期满前,未经雇方同意不得与第三人订立劳动契约,但无损于原契约之履行者不在此限。我国有关法规和政策规定,可从事第二职业的,只限于一定范围内的劳动者;凡从事第二职业者,应当事先取得用人单位同意或者在劳动合同中已作许可性约定。所以,除了被法规和政策禁止从事第二职业的劳动者

① 参见《中华人民共和国劳动合同法》第19条。

外,都可以在劳动合同中约定第二职业条款。如果约定允许从事第二职业,就应当对从事第二职业的条件、职业范围,尤其是与第一职业的关系,作出具体约定。

(4)保证金条款。即约定劳动者向用人单位交纳一定数额货币或其他财物而在有特定违约或解约行为时不予退还,并以此作为缔结劳动关系之前提条件的合同条款。关于保证金条款的立法,有两种情形:

① 禁止约定劳动者交纳保证金。例如,我国有关法规规定,用人单位不得以任何形式向职工收取“入厂押金”。[①] 我国《劳动合同法》第 84 条第 2 款规定:“用人单位违反本法规定,以担保或者其他名义向劳动者收取财物的,由劳动行政部门责令限期退还劳动者本人,并以每人 500 元以上 2000 元以下的标准处以罚款;给劳动者造成损害的,应当承担赔偿责任。”

② 允许约定劳动者交纳保证金,并对保证金的储存和保护作特别规定。例如,《法国劳动法典》规定,允许雇主向劳动者收取现金、股票或股份形式的保证金;要求雇主将保证金存入法定金融机构的专门账户;禁止雇主将股票和股份形式的保证金移作企业股本,或者作为扩充资本的手段或债券来发行;无论何种形式的保证金都不能作为扣押的客体,凡是对保证金申请扣押的都将无效。又如,现行瑞士债权法规定,雇主应将其收取的保证金从其营业财产中分别出来,并对受雇人提供担保,如提供一定有价证券存放于银行,或者在银行设封闭账户等。

(5)违约金和赔偿金条款。即约定不履行劳动合同而应支付违约金或赔偿金的合同条款,它包括对违约金或赔偿金的支付条件、项目、范围和数额等内容的约定。在有些国家的立法中,禁止劳动合同约定违约金或赔偿金数额。例如,《日本劳动标准法》规定,禁止雇主签订预先规定不履行劳动合同时的违约金或损坏赔偿金额的合同。[②] 这是因为在签订劳动合同时对违反劳动合同可能造成的损失难以预计,且因劳动者承担赔偿责任的能力极为有限而只宜适用合理赔偿原则。所以,对违反劳动合同所造成的损失,应当实行法定赔偿标准,而不宜由劳动合同约定赔偿金数额。至于违约金的确定,也必然要考虑违反劳动合同可能造成的损失和劳动者的财产承受能力等因素,因而违约金数额也不应当由劳动合同约定,而只宜按法定标准确定。

在我国,现行立法允许劳动合同当事人约定违约金条款,并且严格限制在竞业限制和出资培训两种情况下。① 出资培训。《劳动合同法》第 22 条第 1—2 款规定:“用人单位为劳动者提供专项培训费用,对其进行专业技术培训的,可以与该劳动者订立协议,约定服务期。劳动者违反服务期约定的,应当按照约定向

---

① 劳动部:《关于贯彻执行〈中华人民共和国劳动法〉若干问题的意见》(1995 年 8 月 4 日,劳部发[1995]309 号)。

② 参见《日本劳动标准法》第 16 条(1976 年颁布)。

用人单位支付违约金。违约金的数额不得超过用人单位提供的培训费用。用人单位要求劳动者支付的违约金不得超过服务期尚未履行部分所应分摊的培训费用。"该条严格限制了用人单位与员工约定由员工承担违约金的条件，根据《劳动合同法实施条例》第16条的规定，这里所指的培训费用，包括用人单位为了对劳动者进行专业技术培训而支付的有凭证的培训费用、培训期间的差旅费用以及因培训产生于该劳动者的其他直接费用。② 竞业限制。《劳动合同法》第23条规定："用人单位与劳动者可以在劳动合同中约定保守用人单位的商业秘密和与知识产权相关的保密事项。对负有保密义务的劳动者，用人单位可以在劳动合同或者保密协议中与劳动者约定竞业限制条款，并约定在解除或者终止劳动合同后，在竞业限制期限内按月给予劳动者经济补偿。劳动者违反竞业限制约定的，应当按照约定向用人单位支付违约金。"该条明确规定了在竞业限制期限内(2年)，劳动者违反竞业限制约定的，应当按照约定向用人单位支付违约金。

(三) 我国《劳动合同法》规定的必备条款和可备条款

1. 劳动合同的法定必备条款

我国《劳动合同法》第17条第1款规定："劳动合同应当具备以下条款：(一) 用人单位的名称、住所和法定代表人或者主要负责人；(二) 劳动者的姓名、住址和居民身份证或者其他有效身份证件号码；(三) 劳动合同期限；(四) 工作内容和工作地点；(五) 工作时间和休息休假；(六) 劳动报酬；(七) 社会保险；(八) 劳动保护、劳动条件和职业危害防护；(九) 法律、法规规定应当纳入劳动合同的其他事项。"

2. 劳动合同的法定可备条款

劳动合同除上述的法定必备条款外，当事人可以协商约定其他内容，亦称法定可备条款。我国《劳动合同法》第17条第2款也规定："劳动合同除前款规定的必备条款外，用人单位与劳动者可以约定试用期、培训、保守秘密、补充保险和福利待遇等其他事项。"(1) 试用期条款。我国《劳动法》第21条规定："劳动合同可以约定试用期。试用期最长不得超过6个月。"我国劳动合同的试用期，是指劳动者与用人单位在订立劳动合同时为相互了解、选择而约定的不超过6个月的考察期。[①] 在这个考察期内，劳动者与用人单位可以考虑自己或对方是否适合建立这种劳动关系，如果认为不适合，可以结束劳动关系。《劳动合同法》第19条明确规定："劳动合同期限3个月以上不满1年的，试用期不得超过1个月；劳动合同期限1年以上不满3年的，试用期不得超过2个月；3年以上固定期限和无固定期限的劳动合同，试用期不得超过6个月。同一用人单位与同一

① 参见劳动部《关于贯彻执行〈中华人民共和国劳动法〉若干问题的意见》(1995年8月4日)劳部发[1995]309号。

劳动者只能约定一次试用期。以完成一定工作任务为期限的劳动合同或者劳动合同期限不满 3 个月的,不得约定试用期。试用期包含在劳动合同期限内。劳动合同仅约定试用期的,试用期不成立,该期限为劳动合同期限。”该条对试用期的具体期限、限制及禁止情况作出了详细规定。(2) 保密条款。即保守商业秘密及与知识产权相关的秘密条款。我国《劳动合同法》第 23 条第 1 款规定:“用人单位与劳动者可以在劳动合同中约定保守用人单位的商业秘密和与知识产权相关的保密事项。”所谓商业秘密,是指不为公众所知悉、能为权利人带来经济利益、具有实用性并经权利人采取保密措施的技术信息和经营信息。与知识产权相关的秘密是我国《劳动合同法》新加的保密事项。在我国劳动法律规定中,对保守商业秘密和与知识产权相关的秘密用“可以约定”,由此可见它是法定可备条款。(3) 竞业限制条款。我国《劳动合同法》第 23 条和第 24 条规定,对负有保密义务的劳动者,用人单位可以在劳动合同或者保密协议中与劳动者约定竞业限制条款。竞业限制的人员限于用人单位的高级管理人员、高级技术人员和其他负有保密义务的人员。(4) 培训、补充保险和福利待遇条款。当事人可以协商约定培训、补充保险和福利待遇条款。职业培训是劳动者的权利即用人单位的义务,用人单位还应主动为职工建立补充保险,提供福利待遇。如果劳动者提出合理合法要求,用人单位不得拒绝。

除了我国《劳动合同法》规定的几项约定条款之外,双方当事人也可以另行协商约定与劳动有关的其他条款。

第三节 劳动合同的订立

一、劳动合同的订立原则

劳动合同的订立,是指劳动者和用人单位为确立劳动关系,就劳动合同条款达成协议的法律行为。它一般包括确定合同当事人和确定合同内容两个阶段。综观世界各国立法:东欧某些国家在计划经济时期只着重规定如何确定合同当事人;一些西方国家则仅着重规定如何确定合同内容;日本、苏联等国家则对前述两者都同样重视,我国现阶段立法亦如此。根据我国《劳动法》第 17 条和《劳动合同法》第 3 条的规定,订立劳动合同应遵循下列原则:

1. 公平合法原则

无论合同的当事人、内容和形式还是订立合同的程序,都必须符合法律和行政法规的规定。尤其应当强调的是,凡属与劳动合同有关的强行性法律规范和强制性劳动标准,都必须严格遵守。具体要求如下:(1) 当事人必须具备合法资格。即用人单位应是依法成立且有用人资格的企业和个体经济组织等。劳动者须年满16周岁且具有劳动能力。(2) 劳动合同的内容和形式合法。劳动合同的条款不得违反法律、法规的规定。(3) 订立合同的程序应合法。按我国立法规定，当事人除协商一致外，劳动合同须采用书面形式，并相应履行鉴证、缴纳社会保险基金等手续。因而，在订立合同过程中只能有限制地体现契约自由的精神。此外，双方当事人还应遵守公平的原则，订立劳动合同，公平是基础。

2. 平等自愿原则

订立劳动合同时，双方当事人的法律地位平等，都有权选择对方并就合同内容表达具有同等效力的意志。合同的订立，应完全出于双方当事人的意愿，任何一方都不得强迫对方接受其意志；除合同管理机关依法监督外，任何第三者都不得干涉合同订立。对于双方当事人来说，平等是自愿的前提，自愿是平等的体现，因而二者不可分割。

3. 协商一致原则

协商一致是指劳动者与用人单位双方当事人，对劳动合同的内容、期限等条款进行充分协商，达到对劳动合同的权利和义务意思表示一致，即双方当事人达成协议，签订劳动合同。

4. 诚实信用原则

诚实信用是指劳动者与用人单位双方当事人在订立劳动合同和执行劳动合同的过程中都必须诚实守信，以善意的方式履行其义务，不得滥用权利及规避法律或合同规定的义务。

二、劳动合同的订立范围

劳动合同的订立范围也即《劳动合同法》的适用范围。按照我国《劳动法》的规定，建立劳动关系应当订立劳动合同。这是我国劳动法对劳动合同订立范围普遍性、强制性的规定，适用于我国境内所有企业和个体经济组织以及国家机关、事业单位、社会团体招用合同制工人。我国《劳动合同法》第2条第1款作出了更加具体的规定，即："中华人民共和国境内的企业、个体经济组织、民办非企业单位等组织(以下称用人单位)与劳动者建立劳动关系，订立、履行、变更、解除或者终止劳动合同，适用本法。"另外《劳动合同法实施条例》第3条、第4条分别补充规定："依法成立的会计师事务所、律师事务所等合伙组织和基金会，属于劳动合同法规定的用人单位"，"劳动合同法规定的用人单位设立的分支机构，依法取得营业执照或登记证书的，可以作为用人单位单独订立与劳动者订立劳动合同；未依法取得营业执照或登记证书的，受用人单位的委托可以与劳动者订立劳动合同"。扩大了劳动合同中用人单位的范围。

同时，我国《劳动合同法》第10条作出了更加严格的规定，即建立劳动关系，应当订立书面劳动合同。已建立劳动关系，未同时订立书面劳动合同的，应当自用工之日起1个月内订立书面劳动合同。用人单位与劳动者在用工前订立劳动合同的,劳动关系自用工之日起建立。我国《劳动合同法实施条例》第6条还规定用人单位自用工之日起超过1个月不满1年未与劳动者订立书面劳动合同的,应当依照《劳动合同法》第82条的规定向劳动者每月支付两倍的工资,并与劳动者补订书面劳动合同;劳动者不与用人单位订立书面劳动合同的,用人单位应当书面通知劳动者终止劳动关系,并依照《劳动合同法》第47条的规定支付经济补偿。但需注意的是根据《劳动合同法实施条例》第5条的规定,如果是由于劳动者自身的原因,自用工之日起一个月内,经用人单位书面通知后,劳动者不与用人单位订立书面劳动合同的,用人单位应当书面通知劳动者终止劳动关系,无须向劳动者支付经济补偿,仅依法支付劳动者实际工作时间的劳动报酬即可。

三、劳动合同订立的程序

(一)确定劳动合同当事人的阶段

1. 用人单位的招工(招聘)和劳动者的应招行为

在此阶段,由用人单位与劳动者通过一定方式进行相互选择,以确定劳动合同的双方当事人。它一般由用人单位的招工(招聘)行为和劳动者的应招(应聘)行为相结合而构成。根据我国有关法规[①]的规定,用人单位可以通过下列途径自主招用人员:(1)委托职业介绍机构;(2)参加劳动力交流洽谈活动;(3)通过大众传播媒介刊播招用信息;(4)利用互联网进行网上招聘;(5)法律、法规规定的其他途径。招工阶段的程序包括下述主要环节:(1)公布招工(招聘)简章。用人单位依法获准招工(招聘)以后,就应当以法定方式或有关国家机关指定方式,向不特定劳动者公布招工(招聘)简章。在简章中应载明法定必要内容,其中包括职工录用(聘用)条件、录用(聘用)后职工权利义务、应招(应聘)人员报名办法、录用(聘用)考核方式等事项。(2)自愿报名。劳动者按照招工(招聘)简章的要求,自愿进行应招(应聘)报名,并提交表明本人身份、职业技术、非在职等基本情况的证明文件。(3)公平竞争、全面考核。用人单位或其代理人依法对应招(应聘)人员的德智体状况进行考核,并公布考核结果。(4)择优录用(聘用)。用人单位对于经考核合格的应招(应聘)者,择优确定被录用(聘用)人员,并向其本人发出书面通知;为便于监督,还应公布被录用(聘用)者名单。(5)备案。用人单位招用人员后,应当自录用之日起30日内,到当地劳动保障行政部门办理录用备案手续,并为被录用人员办理就业登记。

① 参见劳动和社会保障部《劳动力市场管理规定》(2000年12月8日发布)劳动和社会保障部部长令第10号。

2. 用人单位选择劳动者的有关限制

为了实现劳动力资源合理配置和保障劳动者就业，我国对用人单位如何选择劳动者，作了一些限制性规定。根据我国《劳动法》《就业促进法》和劳动部颁布的《就业服务与就业管理规定》等规定，归纳为如下几点：(1) 用人单位必须以符合国家规定的职工录用基本条件的公民，作为招工对象。即要求招工对象为年满 16 周岁，有劳动能力且有就业愿望的公民。(2) 除文艺、体育和特种工艺单位经批准可招用未满 16 周岁的文艺工作者、运动员和艺徒外，禁止招用童工。(3) 不得招用在校学生。(4) 按法律规定不适合妇女从事的劳动的岗位不得招收女性劳动者。(5) 招用从事涉及公共安全、人身健康、生命财产安全等特殊工种的劳动者，应当依法招用持相应工种职业资格证书的人员；招用未持相应工种职业资格证书人员的，须组织其在上岗前参加专门培训，使其取得职业资格证书后方可上岗。(6) 招用台港澳人员后，应当按有关规定到当地劳动保障行政部门备案，并为其办理《台港澳人员就业证》。(7) 用人单位招用外国人，应当在外国人入境前，按有关规定到当地劳动保障行政部门为其申请就业许可，经批准并获得《中华人民共和国外国人就业许可证书》后方可招用。用人单位招用外国人的岗位必须是有特殊技能要求、国内暂无适当人选的岗位，并且不违反国家有关规定。

(二) 确定劳动合同内容的阶段

劳动合同双方当事人就合同的具体内容，通过平等协商，实现意思表示一致，以确立劳动关系和明确相互权利义务。此阶段要经过下列程序：

1. 提出劳动合同草案

用人单位向劳动者提出拟订的劳动合同草案，并说明各条款的具体内容和依据。

2. 介绍内部劳动规则

在提出合同草案的同时，用人单位还必须向劳动者详细介绍本单位内部劳动规则。

3. 商定劳动合同内容

根据《劳动合同法实施条例》第 11 条作出的规定，对劳动合同的内容，双方应当按照合法、公正、平等自愿、协商一致、诚实信用的原则协商确定；对于协商不一致的内容，依照《劳动合同法》第 18 条的规定执行：劳动合同对劳动报酬和劳动条件等标准约定不明确，引发争议的，用人单位与劳动者可以重新协商；协商不成的，适用集体合同规定；没有集体合同或者集体合同未规定劳动报酬的，实行同工同酬；没有集体合同或者集体合同未规定劳动条件等标准的，适用国家有关规定。

4. 签名盖章

劳动者和用人单位应当在经协商一致所形成的劳动合同文中签名盖章,以此标志双方意思表示一致的完成。在我国,凡属于不需要鉴证的劳动合同,在双方当事人签名盖章后即告成立。《劳动合同法》第16条规定:“劳动合同由用人单位与劳动者协商一致,并经用人单位与劳动者在劳动合同文本上签字或者盖章生效。劳动合同文本由用人单位和劳动者各执一份。”

四、劳动合同订立后的其他程序

(一)鉴证

在我国,按照国家规定或当事人要求而需要鉴证的劳动合同,应当将其文本送交合同签订地或履行地的合同鉴证机构进行鉴证。凡需要鉴证的劳动合同,经鉴证后才可生效。

(二)建立职工名册备查

用人单位与劳动者订立劳动合同,用人单位还应当建立职工名册备查,根据《劳动合同法实施条例》第8条的规定,职工名册应当包括劳动者姓名、性别、公民身份号码、户籍地址及现住址、联系方式、用工形式、用工起始时间、劳动合同期限等内容。

五、劳动合同的法律效力

(一)劳动合同的有效

劳动合同依法成立,从合同成立之日或者合同约定生效之日起就具有法律效力,即在双方当事人之间形成劳动法律关系,对双方当事人产生法律约束力。其具体表现主要是:(1)当事人双方必须亲自全面履行合同所规定的义务;(2)合同的变更和解除都必须遵循法定的条件和程序,任何一方当事人都不得擅自变更和解除合同;(3)当事人违反合同必须依法承担违约责任;(4)当事人双方在合同履行过程中发生争议,必须以法定方式处理。

劳动合同具有法律效力,必须以完全具备法定有效要件为前提。在各国立法中,劳动合同有效要件通常散见于具体的合同法规范,而无集中性规定。从理论上归纳,立法所表明的劳动合同有效要件,一般包括:(1)合同主体必须合格。双方当事人都必须具备法定的主体资格,即一方必须是具有劳动权利能力和劳动行为能力的公民,另一方必须是具有用人权利能力和用人行为能力的单位。(2)合同内容必须合法。劳动合同必须完全具备法定必备条款,并且所载各项条款的内容,都必须符合劳动法规、劳动政策和集体合同的要求。(3)意思表示必须真实。即双方当事人的意思表示都出于本人自愿,并且与本人内在意志相符。(4)合同形式必须合法。要式劳动合同,必须采用法定的书面合同或标准合同形式；非要式劳动合同应当采用当事人所要求的书面或口头合同形式。(5) 订立程序必须合法。劳动合同的订立，必须完成各项法定必要程序，并且，在订立程序中必须严格遵循法定规则，尤其应当遵循平等自愿和协商一致的原则。

（二）劳动合同的无效

1. 无效劳动合同的概念

无效劳动合同，是指因违反法律、行政法规或违背自愿协商原则，从合同订立时起就不具有法律效力的劳动合同。它包括全部无效和部分无效两种情况。其中，全部无效的劳动合同，它所确立的劳动关系应予以消灭；部分无效的劳动合同，它所确立的劳动关系可依法存续，只是部分合同条款无效，如果不影响其余部分的效力，其余部分仍然有效。

2. 无效劳动合同的种类

根据我国《劳动法》第 18 条和《劳动合同法》第 26 条的规定，下列的劳动合同无效或者部分无效：(1) 违反法律、行政法规强制性规定的劳动合同。劳动合同订立原则之一，是必须遵守法律、行政法规。违反法律、行政法规的劳动合同，是指其订立内容、形式等违法的劳动合同，违背了订立原则，所以没有法律约束力。此种情况可从合同主体、内容、形式和程序上判断是否违法。其中主体不合法和标的不合法将导致合同全部无效。在劳动合同无效的范畴中，还包括内部劳动规则无效的问题。根据内部劳动规则的各项有效要件的法律意义，对于制定主体不合法或制定程序不合法的内部劳动规则，一般应确认为全部无效；对于内容不合法的内部劳动规则，一般只应就其不合法部分确认为无效，其余部分则仍然有效。由于内部劳动规则是劳动合同的附件，因而，内部劳动规则无效一般不影响劳动合同的效力；但是，对于以内部劳动规则的某部分内容为依据的劳动合同条款来说，则可能随着内部劳动规则的该部分内容的无效而无效。(2) 以欺诈、胁迫的手段或者乘人之危，使对方在违背真实意思的情况下订立或者变更劳动合同的。劳动合同订立要求当事人意思表示一致，即当事人必须以真实意思就劳动合同达成一致意见。欺诈，是指当事人以制造假象或掩盖真相的手段使对方产生错误认识，与之订立劳动合同。胁迫，是指以某种压力迫使对方放弃自我主张，与之订立劳动合同。可见，采取欺诈、胁迫手段订立的劳动合同违反意思表示一致的要求，也是违背平等自愿、协商一致的订立原则，所以没有法律约束力。此种情况将导致合同全部无效。(3) 用人单位免除自己的法定责任、排除劳动者权利的。劳动合同订立要求用人单位和劳动者都依法享有自己应有的权利和义务，若用人单位一味强调自己的权利而忽视、排除劳动者的权利是违背平等自愿、协商一致的订立原则的，此种情况将导致合同无效。

3. 无效劳动合同的确认

根据我国《劳动法》第 18 条和《劳动合同法》第 26 条的规定,无效劳动合同由劳动争议仲裁委员会或者人民法院确认。当事人及其他任何单位或个人,都无权确认劳动合同无效。无效劳动合同从订立的时候起,就没有法律约束力。如果确认劳动合同部分无效的,不影响其余部分效力时,其余部分仍然有效。劳动合同无效必然导致一定的法律后果,因而它必须经国家机关确认。在实践中,劳动合同无效与劳动争议紧密联系,于是,各国都把劳动合同无效的确认权,赋予有权处理劳动争议的法定机关。我国《劳动法》有关条文和《劳动合同法》第 26 条规定,劳动合同的无效,由劳动争议仲裁委员会或者人民法院确认。

4. 无效劳动合同的处理

劳动合同经法定机关依法确认为无效,其法律后果一般是,自订立时起就没有法律约束力。对此应理解为自订立时起无效劳动合同就不能作为确定当事人权利和义务的依据,而不应理解为像无效民事合同那样自订立时起就不对当事人产生权利和义务。这是因为,劳动力支出后就不可回收,由此决定了对无效劳动合同已履行的部分,即劳动者实施的劳动行为和所得的物质待遇,不能适用返还财产、恢复原状的处理方式,并且对处于事实劳动关系中的劳动者应当依法予以保护。实践中,劳动合同的订立和被确认无效一般都有一个过程,所以,对无效劳动合同的法律后果有必要按照下述两个阶段认定和处理:(1) 自合同订立时起至合同被确认无效时止,合同全部无效的当事人之间仅存在事实劳动关系,合同部分无效的当事人之间并存着部分劳动法律关系和部分事实劳动关系,事实劳动关系中当事人的权利和义务应当以劳动法规、劳动政策、集体合同和内部劳动规则的有关规定为依据重新确定。其中,劳动者如果未得到或者未全部得到劳动法规、劳动政策、集体合同、内部物质待遇,用人单位应当按照该标准予以补偿。我国《劳动合同法》第 28 条规定,劳动合同被确认无效,劳动者已付出劳动的,用人单位应当向劳动者支付劳动报酬。劳动报酬的数额,参照本单位相同或者相近岗位劳动者的劳动报酬确定。(2) 自合同被确认无效时起,全部无效的合同所引起的事实劳动关系应予终止;部分无效的合同中,无效条款应当由劳动法规、劳动政策、集体合同和内部劳动规则中的有关规定所取代,或者由当事人依法重新商定的合同条款所取代。

劳动合同被依法确认无效,还会导致特殊的法律后果。其中主要有:(1) 用人单位对劳动者收取保证金或扣押证件等物品的,应当返还给劳动者。我国《劳动合同法》第 9 条规定,用人单位招用劳动者,不得扣押劳动者的居民身份证和其他证件,不得要求劳动者提供担保或者以其他名义向劳动者收取财物。(2) 劳动合同全部无效而用人单位对此有过错,如果当事人双方都具备主体资格而劳动者要求订立劳动合同的,在终止事实劳动关系的同时,用人单位应当与劳动者依法订立劳动合同。因为，在这种情况下确认劳动合同无效，并未否定劳动合同订立程序的第一阶段（即确定合同当事人阶段）双方所作出的同意与对方订立劳动合同的意思表示，所以，可重新开始劳动合同订立程序的第二阶段（即确定合同内容阶段）；并且，这样做可避免劳动者因劳动合同无效而失业。(3) 用人单位对劳动合同无效有过错，如果给劳动者造成损害的，应当承担赔偿责任。(4) 用人单位因使用童工，还导致对童工安置、治疗和赔偿的责任，以及承受行政处罚甚至刑事处罚的责任。

六、劳动合同的续订

（一）劳动合同的续订的概念

劳动合同的续订，是指合同当事人双方依法达成协议，使原订的即将期满的劳动合同延长有效期限的法律行为。它与劳动合同订立的区别，主要在于：(1) 它是在合同当事人双方均已确定的前提下进行的，不需要再经过确定当事人阶段；(2) 它是原订劳动合同所确立的劳动关系的续延，而不是在原劳动关系终止后再次确立劳动关系；(3) 它以原订劳动合同为基础，当事人双方继续享有和承担与原有效期限届满前一样或基本相同的权利和义务，因而对劳动者不再实行试用期的试用。

（二）劳动合同续订的程序

立法所要求的劳动合同续订程序，一般包括下述环节：(1) 当事人双方就劳动合同的续订，签订书面协议。(2) 原劳动合同在签订书面协议后经过鉴证、备案或其他程序的，续订合同的协议也应办理同样手续。

第四节　劳动合同的履行和变更

一、劳动合同的履行

（一）劳动合同履行的概念

劳动合同的履行，是指合同双方当事人各自履行劳动合同所规定义务的法律行为。劳动合同依法订立就必须履行，这既是劳动法赋予合同当事人双方的义务，也是劳动合同对合同当事人双方具有法律约束力的主要表现。

（二）劳动合同履行的原则

劳动合同的履行，应遵循以下几项原则：

1. 全面履行原则

我国《劳动合同法》第 29 条规定："用人单位与劳动者应当按照劳动合同的约定，全面履行各自的义务。"这即要求合同当事人双方都必须履行合同的全部条款和各自承担的全部义务，既要按照合同约定的标的及其种类、数量和质量履行，又要按照合同约定的时间、地点和方式履行。同时，我国《劳动合同法》第 33 条规定：“用人单位变更名称、法定代表人、主要负责人或者投资人等事项，不影响劳动合同的履行。”

2. 亲自履行原则

合同当事人双方都必须以自己的行为履行劳动合同所规定的各项的义务，而不得由他人代理。其中，劳动者的义务只能由本人履行，用人单位的义务只能由单位行政中的管理机构和管理人员在其职责范围内履行。

3. 协作履行原则

劳动关系是一种需要双方当事人互助合作才能在既定期限内存续和顺利实现的社会关系，它要求在劳动合同履行过程中始终坚持配合、协作。特别是用人单位应为劳动者提供必要的劳动条件，用人单位劳动管理和劳动者民主参与应当协调一致，以便相互督促和协商；任何一方遇到困难，对方都应当在法律允许的范围内尽力给予帮助；劳动者违纪，用人单位应当以思想教育为主，并帮助其改正；用人单位违约，劳动者应当及时反映问题，尽快协助纠正，并设法防止和减少损失。

（三）劳动合同履行的特殊规则

劳动合同的履行，在一定条件下还应遵循下述特殊规则：

1. 履行条款不明确的规则

对于劳动合同中内容不明确的条款，应当先依法确定其具体内容，然后予以履行。一般认为，用人单位内部劳动规则有明确规定的，就按照该规定履行；用人单位内部劳动规则未作明确规定的，就按照集体合同的规定履行；集体合同未作明确规定的，就按照有关劳动法规和政策的规定履行；劳动法规和政策未作明确规定的，就按照通行的习惯履行；没有可供遵循之习惯的，就由当事人双方协商确定如何履行，其中，劳动给付义务也可按照用人单位的指示履行。如《劳动合同法实施条例》第 14 条规定：“劳动合同履行地与用人单位注册地不一致的，有关劳动者的最低工资标准、劳动保护、劳动条件、职业危害保护和本地区上年度职工月平均工资标准等事项，按照劳动合同履行地的有关规定执行；用人单位注册地的有关标准高于劳动合同履行地的有关标准，且用人单位与劳动者约定按照用人单位注册地的有关规定执行的，从其约定。”

2. 向第三人履行的规则

劳动合同的一方当事人，一般只向对方当事人履行义务，且要求对方当事人履行义务的请求权一般不得转让给第三人。换言之，只有在法律允许的特殊情况下，劳动者或用人单位才应当向第三人履行义务。关于劳动者向第三人履行劳动给付义务的条件，有的国家（如德国）立法规定，在劳动合同已有向第三人提供劳动之约定，或者雇主要求向第三人提供劳动并取得劳动者同意的情况下，劳动者才应当向第三人履行劳动给付义务；但是，在雇主死亡而其营业由其继承人承受，或者雇主的营业转让第三人情况下，若劳动合同无特别约定，劳动者应当向第三人履行劳动给付义务，而不必取得劳动者同意。关于用人单位向第三人履行劳动待遇给付义务的条件，各国都严格实行法定原则，即只有在法律特别规定的场合，用人单位才可以将工资等劳动待遇向法定第三人按法定标准支付一定数额，而不允许合同当事人就此作出约定。

3. 履行约定之外劳动给付的规则

劳动者履行劳动给付义务原则上以劳动合同约定的范围为限，在劳动合同未变更时，用人单位一般不得指示劳动者从事劳动合同约定之外的劳动。但有些国家和地区的立法中特别规定了例外，即遇有紧急情况时，为了避免发生危险事故或者进行事故后抢救和善后工作，用人单位可指示劳动者临时从事劳动合同约定之外的劳动，劳动者应当服从这种指示。例如，我国台湾地区“劳动契约法”规定，劳动者于其约定之劳动给付外，无给付其他附带劳动义务，但有紧急情形或其职业上有特别习惯时，不得拒绝其所能给付之劳动。

二、劳动合同的变更

（一）劳动合同变更的概念

劳动合同变更，是指劳动合同订立生效之后、期限届满之前，双方当事人就劳动合同的内容进行修改、增删的法律行为。它是对合法生效劳动合同的修改或补充，是针对合同内容或条款的变更。

（二）劳动合同变更的对象

劳动合同变更应符合下述要求：

（1）是尚未履行或者尚未完全履行的有效条款。已履行完毕的条款再无变更的必要和可能；而无效的条款应予取消，不应适用变更。

（2）是依法可予变更的条款。换言之，依法不应作为变更对象的条款，如合同当事人条款等，不得进行变更。

（3）是引起合同变更的原因所指向的条款。合同变更由于法定或约定的原因不同，所应变更的条款也就有所差异。凡是与合同变更的原因无关条款，就不必予以变更。即是说，只有在订立劳动合同所依据的主客观条件发生变化，致使劳动合同中一定条款的履行成为不可能或不必要的情况下，劳动合同才可变更。

（三）劳动合同变更的原因

司法实践中，引起劳动合同变更的原因，按照其来源不同可大致归纳为三个方面：

（1）用人单位方面的原因。如合并或分立、转产、调整生产任务或生产经营项目、重新进行劳动组合、修订劳动定额、调整劳动报酬或职工福利分配方案、发生严重亏损、防止泄露商业秘密等。我国《劳动合同法》第 34 条规定,用人单位发生合并或者分立等情况,原劳动合同继续有效,劳动合同由承继其权利和义务的用人单位继续履行。

(2) 劳动者方面的原因。如身体健康状况发生变化、劳动能力部分丧失、所在岗位与其职业技能不相适应、职业技能提高到一定等级等。

(3) 客观方面的原因。如法规和政策发生变化、物价水平大幅度上升、国民经济调整、社会动乱、自然灾害等。

上述各个方面的原因,按照其引起劳动合同变更的依据不同,可分为法定原因和约定原因。前者即劳动法规所规定的引起劳动合同变更的原因,后者即集体合同或劳动合同所规定的引起劳动合同变更的原因。在上述各种原因中,有的是可以变更劳动合同的条件,有的则是应当变更劳动合同的条件,这应依据劳动法规、集体合同和劳动合同中关于劳动合同变更条件的规定来确定。

(四) 劳动合同变更的程序

我国《劳动合同法》第 35 条规定,用人单位与劳动者协商一致,可以变更劳动合同约定的内容。变更劳动合同,应当采用书面形式。变更后的劳动合同文本由用人单位和劳动者各执一份。

我国立法所规定的劳动合同变更,一般为协议变更,其法定的程序包括下述主要环节:

(1) 预告变更要求。需要变更合同的一方当事人,应当按照规定时间提前向对方当事人提出变更合同的要求,说明变更合同的理由、条款、条件,以及请求对方当事人答复的期限。

(2) 按期作出答复。得知对方当事人提出的变更合同的要求后,通常应当在对方当事人要求的期限内作出答复,可以表示同意,也可以提出不同意见而要求另行协商,如果不属于法定应当变更合同的情况,还可以表示不同意。

(3) 签订书面协议。当事人双方均同意变更合同的,应当就合同变更达成书面协议,并签名盖章。协议书中应当指明变更的条款,并约定所变更条款的生效日期。

(4) 鉴证或备案。凡在订立时经过鉴证或备案的合同,变更合同的协议签订后也要办理鉴证或备案手续。

劳动部还规定了用人单位有权单方变更劳动合同的特殊情形。即用人单位对掌握商业秘密并负有约定保密义务的职工,有权按合同约定在合同终止前或该职工提出解除合同后的一定时间内(不超过 6 个月),调整其工作岗位,变更合同的相关内容。[①]

（五）劳动合同变更的法律后果

劳动合同依法变更的法律后果，即合同当事人双方的权利和义务，从变更合同的协议所约定之日起发生变更。如果约定的权利和义务变更日期在合同变更手续完毕日期之前，那么，在前一日期至后一日期之间劳动者因合同变更而应增加的利益，则应当追补，如补发工资等。

第五节 劳动合同的终止和解除

一、劳动合同终止的概念和事由

劳动合同的终止，是指劳动合同的法律效力依法被消灭，亦即劳动合同所确立的劳动关系由于一定法律事实的出现而终结，劳动者与用人单位之间原有的权利和义务不复存在。

根据各国立法关于劳动合同终止的规定，能够引起劳动合同终止的事由，主要有下述几种：

（1）合同期限届满。定期劳动合同在其有效期限届满时，除依法续订合同和其他依法可延期的情况外，即行终止。

（2）约定终止条件成立。劳动合同或集体合同约定的合同终止条件实际成立，劳动合同即行终止。[②]

（3）合同目的实现。以完成一定工作（工程）为期的劳动合同在其约定工作（工程）完成之时，其他劳动合同在其约定的条款全面履行完毕之时，因合同目的已实现而当然终止。

（4）当事人死亡。劳动者死亡，其劳动合同即终止。作为用人单位的业主死亡，劳动合同可以终止；如死者的继承人依法继续从事死者生前之营业，劳动合同一般可继续存在。

（5）劳动者退休。劳动者因达到退休年龄或完全丧失劳动能力而办理退休手续，其劳动合同即告终止。

（6）用人单位消灭。用人单位依法被宣告破产、解散、关闭或撤销，其劳动合同随之终止。

（7）合同解除。劳动合同因依法解除而终止。

我国《劳动合同法》第 44 条规定："有下列情形之一的，劳动合同终止：

---

① 参见劳动部《关于企业职工流动若干问题的通知》（1996 年 10 月 31 日劳部发[1996]355 号）。

② 同上。

(一) 劳动合同期满的;(二) 劳动者开始依法享受基本养老保险待遇的;(三) 劳动者死亡,或者被人民法院宣告死亡或者宣告失踪的;(四) 用人单位被依法宣告破产的;(五) 用人单位被吊销营业执照、责令关闭、撤销或者用人单位决定提前解散的;(六) 法律、行政法规规定的其他情形。"

但是在第一种情况下,《劳动合同法实施条例》第 17 条规定:"劳动合同期满,但是用人单位与劳动者依照劳动合同法第 22 条的规定约定的服务期尚未到期的,劳动合同应当续延至服务期满;双方另有约定的,从其约定。"即在服务期长于劳动合同的情形下,劳动合同期满劳动关系并不当然终止。

同时,《劳动合同法》第 45 条还规定,劳动合同期满有下列情形之一的,劳动合同应当续延至相应的情形消失时终止:

(1) 从事接触职业病危害作业的劳动者未进行离岗前职业健康检查,或者疑似职业病病人在诊断或者医学观察期间的;

(2) 在本单位患职业病或者因工负伤并被确认丧失或者部分丧失劳动能力的;

(3) 患病或者非因工负伤,在规定的医疗期内的;

(4) 女职工在孕期、产期、哺乳期的;

(5) 在本单位连续工作满 15 年,且距法定退休年龄不足 5 年的;

上述情况中,属于丧失或者部分丧失劳动能力劳动者的劳动合同的终止,必须按照国家有关工伤保险的规定执行。

二、劳动合同解除的概念和种类

(一) 劳动合同解除的概念

劳动合同的解除,即合同当事人依法提前终止劳动合同的法律效力。它较之劳动合同终止的其他形式,具有以下特点:(1) 它是劳动合同提前终止。对于定期合同而言,是在合同目的完全实现之前,并且合同当事人双方仍具备法律资格时终止,而不同于因合同目的完全实现或合同当事人丧失法律资格而终止。(2) 它是劳动合同因合同当事人依法作出提前终止合同的意思表示而终止。在具备合同解除的条件而无合同当事人解除合同的意思表示时,劳动合同仍不能解除。因而,不同于劳动合同在一定法律事实出现后无须合同当事人有终止合同之意思表示的当然终止或强制终止。

(二) 劳动合同解除的种类

劳动合同的解除,可分别依不同标准进行分类。其中,有法律意义的分类主要包括下述几种:

1. 以解除方式为标准的分类

按照合同解除的方式不同,可分为:

（1）协议解除，即劳动合同经当事人双方协商一致而解除。立法对这种解除方式一般不规定条件，只要求解除合同的合意在内容、形式、程序上合法即可。实践中它包括：① 在当事人双方均无单方解除权的情况下，经合意解除合同；② 无单方解除权的当事人在征得有单方解除权的当事人同意后，解除合同。

（2）单方解除，即享有单方解除权的当事人以单方意思表示解除劳动合同。所谓单方解除权，是指当事人依法享有的，无须对方当事人同意而单方决定解除合同的权利。立法要求，当事人应当以要式行为行使其单方解除权。按照行使单方解除权是否需要预告，可分为单方预告解除和单方即时解除，前者即经预先通知对方当事人后才可单方解除合同；后者即在通知对方当事人的当时就可单方解除合同。按照行使单方解除权的主体不同，可分为劳动者单方解除（通常称辞职）和用人单位解除（通常称辞退或解雇）。对于不同形式的单方解除，立法所规定的要求有所不同。就辞职而言，一般只对即时辞职规定条件，而对预告辞职则不规定条件。申言之，劳动者可以无条件地预告辞职，但即时辞职则要受一定条件限制。就辞退而言，各国都予以严格限制，即要求用人单位在符合法定或约定条件的情况下方可辞退劳动者。

2. 以解除条件的依据为标准的分类

按照合同解除条件的依据是法规还是合同，可分为：

（1）法定解除，即劳动者或用人单位在符合劳动法规定的合同解除条件的情况下，单方解除劳动合同。立法之所以规定合同解除条件，旨在限制单方解除劳动合同（尤其是辞退）的任意性，以维护劳动关系的稳定。因而，许多国家在劳动立法中，既有许可性条件的规定，也有禁止性条件的规定。许可性条件，即许可劳动者或用人单位解除劳动合同的条件。凡不是具备法定许可性条件的，除有合法的特别约定外，不得单方解除劳动合同，但在具备法定许可性条件时，也可不单方解除劳动合同；不过，有单方解除权的劳动者不解除劳动合同，应是出自其单方选择，而不应是合同约定或被强迫的结果。禁止性条件，即禁止用人单位辞退劳动者的条件。在具备法定禁止条件时，用人单位不得辞退劳动者；即使是用人单位兼备法定许可性条件和法定禁止性条件的场合，在法定禁止性条件的适用范围内，也不得辞退劳动者。

（2）约定解除，即劳动者或用人单位在符合集体合同或劳动合同依法约定的合同解除条件的情况下，单方解除劳动合同。它不同于劳动合同因约定终止条件成立而终止，当约定终止条件成立时，劳动合同当然终止；而在具备约定解除条件时，须作出解除合同的意思表示，劳动合同才得终止。约定解除，必须以关于合同解除条件的约定合法为前提。实践中应注意以下几点：① 这种约定只能限于法定的适用约定解除的范围之内，即是说，仅仅在劳动法规允许约定解除的场合，集体合同和劳动合同才可就合同解除条件作出约定。② 这种约定不得与辞职的法定许可性条件冲突,即是说,如果法律允许劳动者在一定条件下辞职,合同就不得约定在该条件下禁止或限制劳动者辞职。

3. 以当事人有无过错为标准的分类

按照导致合同解除的原因中是否含有对方当事人过错的不同,可分为:

(1) 有过错解除,即由于对方当事人的过错行为而导致劳动合同解除。它包括劳动者因用人单位有过错而辞职和用人单位因劳动者有过错而辞退。这里的过错,只限于已严重到足以导致辞退或辞职之程度为标准,轻微过错不在其内。因而,有过错解除的条件应当由立法规定。在这里,解除合同的主动权在无过错方,由其提出的解除要求对有过错方具有强制性,并可以不预告就行使单方解除权;用人单位如果是有过错方,就应当赔偿劳动者因辞职所受损失;劳动者如果是有过错方,就无权要求用人单位因辞退而给予经济补偿。

(2) 无过错解除,即在对方当事人无过错行为或者其过错行为轻微的情况下单方解除劳动合同。为了避免或减少合同解除可能给对方当事人造成的损失,立法要求劳动者或用人单位在解除合同前向对方当事人预告。尤其是为保障劳动者利益,立法不仅应当对辞退规定严格的条件,而且还应当要求用人单位对辞退或辞职的劳动者给予一定经济补偿。

三、用人单位单方解除劳动合同

(一) 即时辞退的许可性条件

即时辞退,是指用人单位无须向对方预告就可随时通知其解除劳动合同。其法定许可性条件,一般为劳动者经试用不合格,或者劳动者违纪、违法达到一定严重程度。根据我国《劳动合同法》第 39 条的规定,即时辞退的许可性条件限于劳动者下列情形之一:

(1) 在试用期间被证明不符合录用条件(简称试用不合格)。是否合格,应当以法定的最低就业年龄等基本录用条件和招用时规定的文化、技术、身体、品质等条件为准,在具体录用条件不明确时,还应以是否胜任商定的工作为准。不合格,既包括完全不具备录用条件,也包括部分不具备录用条件,但都必须由用人单位对此提出合法有效的证明。是否在试用期间,应当以劳动合同为准;若劳动合同约定的试用期间超出法定最长时间,则以法定最长期限为准;若试用期届满后仍未办理劳动者转正手续,则不能认为还处在试用期间,即不能再以试用不合格为由辞退劳动者。

(2) 严重违反用人单位的规章制度(简称严重违纪)。是否违纪,应当以劳动者本人有义务遵循的劳动纪律及用人单位规章制度为准,其范围既包括全体劳动者都有义务遵循者,也包括劳动者本人依其职务、岗位有义务遵循者。违纪是否严重,一般应当以劳动法规所规定的限度和用人单位内部劳动规则依此限度所规定的具体界限为准。在《企业职工奖惩条例》等法规中，对严重违纪行为作了列举式规定，有的还规定了数量界限（如旷工天数），用人单位内部劳动规则关于严重违纪行为的具体规定，不得降低或扩大劳动法所要求的严重程度。在判定违纪是否严重时，应当以劳动者在本劳动合同存续期间和法定追究期限内的未经处罚和法定可重复处罚的违纪事实为限，而不能将超出此时间范围或法定不可重复处罚的违纪事实累计在内。

（3）严重失职，营私舞弊，给用人单位造成重大损害的。即劳动者在履行劳动合同期间，违反其忠于职守、维护和增进用人单位利益的义务，有未尽职责的严重过失行为或者利用职务之便谋取私利的故意行为，使用人单位的有形财产、无形财产或人员遭受重大损害，但不够受刑罚处罚的程度。例如，因玩忽职守而造成事故；因工作不负责任而经常产生废品、损坏设备工具、浪费原材料或能源；贪污受贿；泄露或出卖商业秘密；等等。

（4）同时建立其他劳动关系的。具体指劳动者同时与其他用人单位建立劳动关系，对完成本单位的工作任务造成严重影响，或者经用人单位提出，拒不改正的。

（5）因《劳动合同法》第 26 条第 1 款第 1 项规定的情形致使劳动合同无效的。即以欺诈、胁迫的手段或者乘人之危，使对方在违背真实意思的情况下订立或者变更劳动合同的。

（6）被依法追究刑事责任的。即劳动者在劳动合同存续期间，因严重违法，构成犯罪，被人民检察院起诉、被人民法院依法判处刑罚或者裁定刑事处分的。但是，对依照刑法处以管制者、宣告缓刑者，以及被免予刑事处罚者，虽然立法规定可予辞退[①]，而在实践中，一般可不予辞退。因为在这些情况下，劳动者仍有履行劳动合同的行为自由，并且，保留其劳动关系更有利于本人的改造。

从国外即时辞退的许可性条件立法来看，比较具体并且涉及面比较宽。例如，《土耳其劳工法》规定为不健康、不道德或不光彩行为和不可抗力三个方面的情形。受雇人不健康方面的情形是，患有疾病或由于自己的蓄意行为、放荡生活或酒醉而受损伤因而连续 3 个工作日或在任何一个月内缺勤 5 个工作日；患有传染性疾病或令人讨厌以致不容他执行其职务的疾病。受雇人不道德或不光彩行为是，订约时通过诡称具备才能或能符合组成契约主要特点的要求，或者通过提供假情报或假说明，欺骗了雇主；用语言或行为冒犯雇主或其家庭成员的荣誉或尊严，或者对雇主在影响其荣誉和尊严的事务方面正提起无根据的控诉；和雇主同住一户而有与该户习惯及原则不一致的行为或者不道德的行为；殴打或威

---

① 参见劳动部《关于贯彻执行〈中华人民共和国劳动法〉若干问题的意见》（1995 年 8 月 4 日）劳部发[1995]309 号。

胁雇主、雇主家庭成员或受雇同伙;酒醉后进入企业或者在企业的建筑物里服用含酒精的饮料;有破坏信誉、偷窃或泄露雇主贸易秘密等不利于雇主的不正直行为;在企业的工作场所范围内犯了可能受 7 天以上监禁处罚没有缓刑的罪过;未经雇主允许或没有充分理由自动缺勤连续 5 天或 1 个月内两次在休息日后的第一个工作日缺勤或在任何 1 个月内缺勤 3 个工作日;经过警告之后拒绝履行其义务;由于蓄意或严重疏忽大意,危害了安全或者损坏了他看管使用的机械设备或其他物品材料,并且通过扣除 10 天工资不足以抵偿损失。不可抗力方面的情形是,由于不可抗力的原因阻碍受雇人履行其义务 1 周以上。

(二) 预告辞退的许可性条件

预告辞退,即用人单位须向对方预告后才可解除劳动合同。其法定许可性条件,一般限于在劳动者无过错的情况下由于主客观情况变化而导致劳动合同无法履行的情形。

根据我国《劳动合同法》第 40 条的规定,预告辞退的许可性条件为有下列情形之一:

(1) 劳动者患病或非因工作负伤,医疗期满后,不能从事原工作也不能从事由用人单位另行安排的工作。这里的医疗期,是指劳动者根据其工龄等条件,依法可以享受的停工医疗并发给病假工资的期间,而不是劳动者病伤治愈所实际需要的医疗期,劳动者在规定的医疗期届满后,其病伤尚未医疗终结或者医疗终结但其劳动能力受损,经劳动鉴定机构证明,缺乏丧失从事原工作或者用人单位在现有条件下为其安排新工作的劳动能力,而无法继续履行劳动合同。

(2) 劳动者不能胜任工作,经过培训或者调整工作岗位,仍不能胜任工作。这里的“不能胜任工作”,是指不能按要求完成劳动合同中约定的任务或者同工种、同岗位人员的工作量。劳动者在试用期满后不能胜任劳动合同所约定的工作,用人单位应对其进行培训或者为其调整工作岗位。如果劳动者经过一定期间的培训仍不能胜任原约定的工作,或者对重新安排的工作也不能胜任,就意味着劳动者缺乏履行劳动合同的劳动能力。

(3) 劳动合同订立时所依据的客观情况发生重大变化,致使原劳动合同无法履行,经当事人协商,未能就变更劳动合同的内容达成协议的。这里的客观情况,是指履行原劳动合同所必需的客观条件,如自然条件、原材料或能源供给条件、生产设备条件、产品销售条件、劳动安全卫生条件等。如果这类客观条件由于发生不可抗力或者出现其他情况,而发生了足以使原劳动合同不能履行或不必要履行的变化,用人单位应当就劳动合同变更问题与劳动者协商;如果劳动者不同意变更劳动合同,原劳动合同所确立的劳动关系就没有存续的必要。

在有些国家和地区的立法中,就预告辞退的许可性条件作了规定。例如《利比亚劳工法》规定,在企业全部或部分永久关闭或连续关闭两个月的时间,或者劳动合同仅涉及暂时性工作情况下，允许预告辞退。又如我国台湾地区将许可雇主预告辞退的情形规定为：歇业或转让；亏损或业务紧缩；不可抗力暂停工作在1个月以上；业务性质变更，有减少劳工之必要，又无适当工作可供安置；劳工对于所担任之工作确实不能胜任。

（三）裁员的许可性条件

裁员，即用人单位一次辞退部分劳动者，以此作为改善生产经营状况的一种手段。它是预告辞退和无过错辞退的一种特殊形式。其原因在于经济方面，即用人单位由于生产经营状况发生变化而出现劳动力过剩现象，因而称为经济性裁员。其表现形式是批量辞退（或称集体辞退），而非单个辞退。在市场经济中，裁员具有不可避免性，但又会给社会和劳动者带来不利后果，即影响社会稳定和增加就业压力。因而立法对裁员既允许又从严限制。根据我国《劳动法》第27条的规定，各种企业在一定条件下均可裁员，这符合企业平等竞争的要求。

在许多立法例中，都把经济不景气、经营发生困难规定为裁员的许可性条件。有的国家还规定，在裁员时应当按职工进入本企业的先后顺序和年资，依后进入企业者先裁减的原则，选择裁减对象。

在我国，《劳动合同法》第41条规定，裁员的法定许可性条件，被限定为下列四种情形之一：

（1）用人单位依照企业破产法规定进行重整的。即在破产程序中，用人单位由于出现破产原因或破产危险，经申请和法院准许开始整顿措施。

（2）用人单位生产经营发生严重困难的。即用人单位生产经营状况恶化，发生诸如严重亏损、开工严重不足、产品严重积压之类困难，并达到当地政府规定的严重困难企业标准，需要通过裁员来克服困难。在这里，对裁员是否为企业整顿或克服困难所“确需”，应当联系企业陷入困境的原因来理解。只有当职工过剩是企业陷入困境的主要原因时，裁员才为企业摆脱困境所“确需”；如果主要是由于职工过剩以外原因使企业陷入困境，即使裁员也不会使企业摆脱困境的，则不能认为“确需”裁员。

（3）企业转产、重大技术革新或者经营方式调整，经变更劳动合同后，仍需裁减人员的；

（4）其他因劳动合同订立时所依据的客观经济情况发生重大变化，致使劳动合同无法履行的。用人单位生产经营过程中，会遇到各种各样的困难，因此，《劳动合同法》第41条规定了可以进行经济性裁员的兜底情形，以适应现实的需要。

（四）禁止预告辞退和裁员的法定条件

在各国和地区劳动立法中，辞退的禁止性条件，大多见诸劳动法典、劳动合同法、劳动标准法、就业保障法、妇女保护法等法律法规。其适用范围，一般只限于劳动者无过错的场合。我国《劳动合同法》第 42 条规定的禁止性条件,仅适用于预告辞退和裁员。即是说,在具备禁止性条件时,不得依据预告辞退和裁员的许可性条件辞退劳动者。

各国和地区劳动法关于辞退的禁止性条件规定,内容大同小异。一般为下列情形之一:

(1) 患职业病或者因工负伤并被确认为丧失或者部分丧失劳动能力。职业病和工伤都是由劳动过程中的职业危害因素所致,因而,用人单位对由此而丧失或部分丧失劳动能力的劳动者,负有保障其生活和劳动权利义务,不得将其辞退。在这里,劳动能力丧失的程度,须由法定机构(我国为劳动鉴定委员会)鉴定和证明。

(2) 患病或负伤并在规定的医疗期内。劳动者患普通疾病或者非因工负伤,用人单位应依法给予一定的医疗期,并在此期限内负有保障其医疗和生活义务。所以,此期限未满,不得将病伤者辞退。在不同立法例中对此期限的规定不尽相同,例如,德国规定为 6 周;我国台湾地区规定为不超过 1 年。根据我国的现行立法规定,应按照劳动者实际工作年限和本单位工作年限的长短确定其医疗期,为 3 个月至 24 个月;患特殊疾病的职工在 24 个月内尚不能痊愈的,经企业和劳动行政部门批准可适当延长医疗期。[①]

(3) 女职工在孕期、产期、哺乳期内。以此作为禁止性条件,旨在保护妇女和儿童的特殊权益。孕期、产期和哺乳期,或者孕期与产期为一个连续的过程,其中,产期长度应当以生育正常、难产或小产的法定产假期为准,哺乳期长度应当与法定界限相符,一般限于婴儿周岁。处在孕期、产期和哺乳期的女职工,用人单位不得将其辞退,除非提供证据证明引起辞退的事由在法定禁止性条件的适用范围之外,并且与怀孕、分娩或哺乳毫无关系。

(4) 在法定年休假、法定节假日和其他合法假期间。劳动者依法享受休假,是实现其休息权的必要条件。假期尚未结束,若辞退劳动者,就是对其休息权的侵犯。即使存在导致辞退的事由,也应在假期结束之后。

(5) 在劳动争议处理期间。当劳动者与用人单位发生劳动争议并由仲裁或审判机关进行处理时,为保护劳动者合法权益和顺利解决劳动争议,有必要禁止劳动者因与用人单位发生争议而遭辞退的现象。我国规定,在劳动争议处理过程中,当事人不得有激化矛盾的行为。其中就包括有禁止用人单位辞退其争议相对人的含义。当然,在劳动争议处理期间如果劳动者由于严重违纪(违章)违

---

① 参见《企业职工患病或非因工负伤医疗期规定》(1994 年 12 月 1 日,劳部发[1994]479 号)和劳动部《关于贯彻〈企业职工患病或非因工负伤医疗期间规定〉的通知》(1995 年 5 月 23 日,劳部发[1995]236 号)。

法而被辞退，则不属于激化矛盾行为。

（6）因实施工会行为或职工代表行为而受特别保护。为保护劳动者整体利益，应当对实施代表和实现劳动者整体利益之行为的劳动者给予特别保护，尤其是保护劳动者不因实施这类行动而被辞退。许多立法例中规定，雇主不得因劳动者组织工会、加入工会、担任工会职务或参加活动而被辞退，有的还特别规定劳动者不因组织或参加合法罢工而被辞退。我国法规规定，集体谈判的职工方代表在劳动合同期间自担任代表之日起5年内除个人有严重过失外企业不得与其解除劳动合同。[①] 在这里，个人严重过失包括严重违纪或违章、严重失职、营私舞弊，对用人单位利益造成重大损害以及被依法追究刑事责任等。

（7）在约定辞退的法定适用范围之外，劳动合同期限未满，又不具备辞退的法定许可性条件。对于法律不允许约定辞退条件的劳动合同来说，凡辞退不以法定许可性条件为依据的，均属违法，当然应予禁止。

（8）法定禁止辞退的其他情形。能够就禁止辞退的其他情形作出规定的，只限于一定形式的法规。在我国，按照《劳动法》的规定，有此立法权限的，只能是法律和行政法规。

我国《劳动合同法》第42条，对禁止预告辞退和裁员的法定条件作出了具体规定：

（1）从事接触职业病危害作业的劳动者未进行离岗前职业健康检查，或者疑似职业病病人在诊断或者医学观察期间的；

（2）在本单位患职业病或者因工负伤并被确认丧失或者部分丧失劳动能力的；

（3）患病或者非因工负伤，在规定的医疗期内的；

（4）女职工在孕期、产期、哺乳期的；

（5）在本单位连续工作满15年，且距法定退休年龄不足5年的；

（6）法律、行政法规规定的其他情形。

综上所述，用人单位单方解除劳动合同的法定情形，《劳动合同法实施条例》第19条对其作出了概括性的规定，即有下列情形之一的，依照劳动合同法规定的条件、程序，用人单位可以与劳动者解除固定期限劳动合同、无固定期限劳动合同或者以完成一定工作任务为期限的劳动合同：

（1）用人单位与劳动者协商一致的；

（2）劳动者在试用期间被证明不符合录用条件的；

（3）劳动者严重违反用人单位的规章制度的；

（4）劳动者严重失职，营私舞弊，给用人单位造成重大损害的；

---

① 参见《集体合同规定》（1994年12月5日，劳部发［1994］485号）。

(5) 劳动者同时与其他用人单位建立劳动关系,对完成本单位的工作任务造成严重影响,或者经用人单位提出,拒不改正的;

(6) 劳动者以欺诈、胁迫的手段或者乘人之危,使用人单位在违背真实意思的情况下订立或者变更劳动合同的;

(7) 劳动者被依法追究刑事责任的;

(8) 劳动者患病或者非因工负伤,在规定的医疗期满后不能从事原工作,也不能从事由用人单位另行安排的工作的;

(9) 劳动者不能胜任工作,经过培训或者调整工作岗位,仍不能胜任工作的;

(10) 劳动合同订立时所依据的客观情况发生重大变化,致使劳动合同无法履行,经用人单位与劳动者协商,未能就变更劳动合同内容达成协议的;

(11) 用人单位依照企业破产法规定进行重整的;

(12) 用人单位生产经营发生严重困难的;

(13) 企业转产、重大技术革新或者经营方式调整,经变更劳动合同后,仍需裁减人员的;

(14) 其他因劳动合同订立时所依据的客观经济情况发生重大变化,致使劳动合同无法履行的。

四、劳动者单方解除劳动合同

(一) 预告辞职的许可性条件

预告辞职即指劳动者需向用人单位预告才可解除劳动合同。我国《劳动合同法》第 37 条规定劳动者提前 30 日以书面形式通知用人单位,可以解除劳动合同。劳动者在试用期内提前 3 日通知用人单位,可以解除劳动合同。

(二) 即时辞职的许可性条件

即时辞职是指劳动者无须向用人单位预告就可随时或立即通知其解除劳动合同。这对于用人单位在暂时无人顶替辞职者岗位的情况下,将对正常营业造成一定影响。因而,立法一般有限制性规定。劳动者可以随时辞职的情形,《劳动合同法》第 38 条第 1 款明确规定:“用人单位有下列情形之一的,劳动者可以解除劳动合同:(1) 未按照劳动合同约定提供劳动保护或者劳动条件的;(2) 未及时足额支付劳动报酬的;(3) 未依法为劳动者缴纳社会保险费的;(4) 用人单位的规章制度违反法律、法规的规定,损害劳动者权益的;(5) 因本法第 26 条第 1 款规定的情形致使劳动合同无效的;(6) 法律、行政法规规定劳动者可以解除劳动合同的其他情形。”

劳动者可以行使立即辞职权情形,根据我国《劳动合同法》第 38 条第 2 款的规定,为:(1) 用人单位以暴力、威胁或者非法限制人身自由的手段强迫劳动者劳动的;(2) 用人单位违章指挥、强令冒险作业危及劳动者人身安全的。在这两种情况下,劳动者可以立即解除劳动合同,不需事先告知用人单位。

综上所述,劳动者单方解除劳动合同的法定情形,《劳动合同法实施条例》第18条作出了概括性的规定。有下列情形之一的,依照劳动合同法规定的条件、程序,劳动者可以与用人单位解除固定期限劳动合同、无固定期限劳动合同或者完成一定工作任务为期限的劳动合同:

(1) 劳动者与用人单位协商一致的;

(2) 劳动者提前30日以书面形式通知用人单位的;

(3) 劳动者在试用期内提前3日通知用人单位的;

(4) 用人单位未按照劳动合同约定提供劳动保护或者劳动条件的;

(5) 用人单位未及时足额支付劳动报酬的;

(6) 用人单位未依法为劳动者缴纳社会保险费的;

(7) 用人单位的规章制度违反法律、法规的规定,损害劳动者权益的;

(8) 用人单位以欺诈、胁迫的手段或者乘人之危,使劳动者在违背真实意思的情况下订立或者变更劳动合同的;

(9) 用人单位在劳动合同中免除自己的法定责任、排除劳动者权利的;

(10) 用人单位违反法律、行政法规强制性规定的;

(11) 用人单位以暴力、威胁或者非法限制人身自由的手段强迫劳动者劳动的;

(12) 用人单位违章指挥、强令冒险作业危及劳动者人身安全的;

(13) 法律、行政法规规定劳动者可以解除劳动合同的其他情形。

五、劳动合同解除的程序

劳动合同因解除的方式不同,其解除程序也各异。我国劳动合同解除有即时解除、预告解除及协商解除三种方式。其中即时解除包括前面所述即时辞职和即时辞退两种情况,根据我国《劳动合同法》第38条中的最后部分规定和第39条的规定,这些情形无须以任何形式提前通知对方,可以直接办理解除劳动合同手续。

(一) 预告解除的程序

1. 用人单位预告解除的程序

(1) 提前一定的时间通知劳动者,即符合《劳动合同法》第40条规定的,用人单位须提前30日书面通知被辞退的劳动者本人;第40条规定列举了若干情形,同时要求"用人单位提前30日以书面形式通知劳动者本人或者额外支付劳动者1个月工资后,可以解除劳动合同"。

(2) 需事先告知工会。我国《劳动合同法》第43条规定:用人单位单方解除劳动合同,应当事先将理由通知工会。用人单位违反法律、行政法规规定或者劳动合同约定的,工会有权要求用人单位纠正。用人单位应当研究工会的意见,并将处理结果书面通知工会。

(3) 以书面的形式通知劳动者。

另外,根据《劳动合同法》第 41 条和劳动部相关规定[①],用人单位实施经济性裁员应按下列程序进行:

其一,提前 30 日向工会或全体职工说明情况,并提供相关生产经营状况资料;

其二,提出裁减人员方案,内容包括:被裁减人员名单、裁减时间及实施步骤,符合法律、法规规定和集体合同约定的被裁减人员经济补偿办法;

其三,将裁减人员方案征求工会或者全体职工的意见,并对方案进行修改和完善;

其四,向当地劳动行政部门报告裁减人员方案以及工会或全体职工的意见,并听取劳动行政部门的意见;

其五,由用人单位正式公布裁减人员方案,与被裁减人员办理解除劳动合同手续,并按照有关规定向被裁减人员支付经济补偿金,并出具裁减人员证明书。

根据我国《劳动合同法》第 41 条的规定,用人单位裁减人员时,应当优先留用下列人员:

其一,与本单位订立较长期限的固定期限劳动合同的;

其二,与本单位订立无固定期限劳动合同的;

其三,家庭无其他就业人员,有需要扶养的老人或者未成年人的。

此外,依照我国《劳动合同法》第 41 条规定第 1 款的规定,用人单位依照企业破产法规定进行重整而裁减人员,在其 6 个月内重新招用人员的,应当通知被裁减的人员,并在同等条件下优先招用被裁减的人员。

2. 劳动者预告解除程序

(1) 依据我国《劳动合同法》第 37 条前半段的规定,劳动者提前 30 日以书面形式通知用人单位,可以解除劳动合同。

(2) 依据我国《劳动合同法》第 37 条后半段的规定,劳动者在试用期内提前 3 日通知用人单位,可以解除劳动合同。

(二) 协商解除的程序

我国《劳动法》第 24 条规定:“经劳动合同当事人协商一致,劳动合同可以解除。”《劳动合同法》第 36 条规定:“用人单位与劳动者协商一致,可以解除劳动合

---

① 参见劳动部《关于贯彻执行〈劳动法〉若干问题的意见》(1995 年 8 月 4 日)劳部发[1995]309 号第 24 条。

同。"根据合同法原理以及相关司法解释，劳动合同当事人协商解除劳动合同须符合下述条件：(1) 当事人双方自愿。由一方主动提出解除合同的建议，另一方若不同意，则属于单方解除劳动合同情况处理。(2) 不得损害对方利益。若因提前解除劳动合同给对方带来重大损失的，则应承担赔偿经济损失的责任。(3) 当事人平等协商。协商解除劳动合同也应按下列程序进行：由一方当事人书面提出解除劳动合同的建议；对方当事人在约定的时期内作出答复；协商一致达成书面协议；办理解除劳动合同手续。

（三）预告辞退和协商解除的后续环节

在劳动合同当事人就劳动合同解除签订协议或发出通知以后，依法必须或可能经过特定环节。其中主要是：(1) 工会干预。《劳动合同法》第 43 条规定：用人单位单方解除劳动合同，应当事先将理由通知工会。用人单位违反法律、行政法规规定或者劳动合同约定的，工会有权要求用人单位纠正。用人单位应当研究工会的意见，并将处理结果书面通知工会。(2) 争议处理。因劳动合同解除发生争议的，应当遵循法定程序处理。(3) 备案。我国《劳动力市场管理规定》第 14 条规定，用人单位与职工终止或解除劳动关系后，应当于 7 日内到当地劳动保障行政部门办理备案手续。

六、劳动合同终止的法律后果

劳动合同终止的法律后果，广义包括劳动合同依法终止所导致的法律后果，以及违法解除劳动合同所导致的法律后果；狭义仅指劳动合同依法终止所导致的法律后果，即在终止劳动关系并消灭当事人双方权利义务的同时，对当事人双方附随产生新的权利义务。这里仅取其狭义。

（一）用人单位的义务

1. 支付经济补偿金

支付经济补偿金即在法定条件下，用人单位应当按照法定的项目和标准，向劳动者一次性支付经济补偿金。在国外的立法例中，这种经济补偿金称为离职费和遣散费。

从理论上而言，用人单位因劳动合同终止所负的经济补偿义务，应当包括劳动贡献积累补偿、失业补偿和其他特殊补偿。劳动贡献的积累补偿，是对劳动者在劳动关系存续期间为用人单位已作贡献的积累所给予的经济补偿，其数额一般应当与本单位工龄挂钩，除了劳动者因有过错行为而被辞退以外，在劳动合同终止时应当支付这种补偿。失业补偿，是对劳动者因劳动合同解除而丧失原劳动合同所约定就业机会的经济补偿，其数额应当与劳动合同解除时所剩余的未履行期限挂钩。合同解除时应当支付这种补偿；其他特殊补偿，是对劳动合同终止时有病伤未愈等特殊困难的劳动者所给予的经济补偿，除了劳动者因有过错行为而被辞退以外,在劳动合同终止时,应当支付这种补偿。我国《劳动合同法》已对劳动合同解除和终止的经济补偿办法作了规定。

(1) 支付经济补偿金的范围。

根据我国《劳动合同法》第 46 条的规定,有下列情形之一的,用人单位应当向劳动者支付经济补偿,此即支付经济补偿金的范围,归纳如下:

① 按《劳动合同法》第 38 条的规定,劳动者单方随时和立即解除劳动合同的。

② 用人单位向劳动者提出解除劳动合同并与劳动者协商一致解除劳动合同的。

③ 用人单位依照《劳动合同法》第 40 条规定解除劳动合同的,即预告辞退的情形。有下列情形:劳动者患病或者非因工负伤,在规定的医疗期满后不能从事原工作,也不能从事由用人单位另行安排的工作的;劳动者不能胜任工作,经过培训或者调整工作岗位,仍不能胜任工作的;劳动合同订立时所依据的客观情况发生重大变化,致使劳动合同无法履行,经用人单位与劳动者协商,未能就变更劳动合同内容达成协议的。

④ 因用人单位依照企业破产法规定进行重整而裁减的人员。

⑤ 除用人单位维持或者提高劳动合同约定条件续订劳动合同,劳动者不同意续订的情形外,因劳动合同期满而终止固定期限劳动合同的。

⑥ 用人单位被依法宣告破产的和用人单位被吊销营业执照、责令关闭、撤销或者用人单位决定提前解散的两种情况。

⑦ 以完成一定工作任务为期限的劳动合同因任务完成而终止的。

⑧ 法律、行政法规规定的其他情形。

(2) 支付经济补偿金的方法。

我国《劳动合同法》第 47 条的规定对支付经济补偿金的方法作出了明确规定:经济补偿按劳动者在本单位工作的年限,每满 1 年支付 1 个月工资的标准向劳动者支付。6 个月以上不满 1 年的,按 1 年计算;不满 6 个月的,向劳动者支付半个月工资的经济补偿。

根据《劳动合同法实施条例》第 10 条的规定,如果劳动者非因本人原因被原用人单位安排到新用人单位工作的,其原用人单位的工作年限应当计算在新用人单位的工作年限之中。但是如果原用人单位已经支付了经济补偿,则新用人单位在与劳动者解除、终止劳动合同计算支付经济补偿的工作年限时,其在原用人单位工作的年限不再计算在内。

劳动者月工资高于用人单位所在直辖市、设区的市级人民政府公布的本地区上年度职工月平均工资 3 倍的,向其支付经济补偿的标准按职工月平均工资 3 倍的数额支付,向其支付经济补偿的年限最高不超过 12 年。月工资是指劳动者在劳动合同解除或者终止前12个月的平均工资。根据《劳动合同法实施条例》第27条的规定，这里经济补偿的月工资按照劳动者应得工资计算，包括计时工资或者计件工资以及奖金、津贴和补贴等货币性收入。如果劳动者在劳动合同解除或者终止前12个月的平均工资低于当地最低工资标准的，按照当地最低工资标准计算。劳动者工作不满12个月的，按照实际工作的月数计算平均工资。

需要注意的是这里计算经济补偿金一般是以用人单位所在地即用人单位注册地的工资标准为标准，但是在合同履行地与用人单位注册地不一致时，《劳动合同法实施条例》第14条的规定，有关劳动者的最低工资标准、劳动保护、劳动条件、职业危害防护和本地区上年度职工月平均工资标准等事项，按照劳动合同履行地的有关规定执行；但若用人单位注册的有关标准高于劳动合同履行地的有关标准，且用人单位与劳动者约定用人单位注册地的有关规定执行的，从其约定。

2. 支付赔偿金

用人单位违反《劳动合同法》的规定解除或者终止劳动合同的，应当依照该法第47条规定的经济补偿标准的2倍向劳动者支付赔偿金。

3. 支付医疗补助费

《劳动合同法实施条例》第23条规定，用人单位依法终止工伤职工的劳动合同的情况下，除依照《劳动合同法》第47条的规定支付经济补偿外，还应当按照国家有关工伤保险的规定支付一次性工伤医疗补助金和伤残就业补助金。

4. 禁止同业竞争补偿费

根据《劳动合同法》第23条和第24条的规定，用人单位与劳动者可以在劳动合同中约定保守用人单位的商业秘密和与知识产权相关的保密事项。对负有保密义务的劳动者，用人单位可以在劳动合同或者保密协议中与劳动者约定竞业限制条款，并约定在解除或者终止劳动合同后，在竞业限制期限内按月给予劳动者经济补偿。劳动者违反竞业限制约定的，应当按照约定向用人单位支付违约金。

竞业限制的人员限于用人单位的高级管理人员、高级技术人员和其他负有保密义务的人员。竞业限制的范围、地域、期限由用人单位与劳动者约定，竞业限制的约定不得违反法律、法规的规定。在解除或者终止劳动合同后，上述人员到与本单位生产或者经营同类产品、从事同类业务的有竞争关系的其他用人单位，或者自己开业生产或者经营同类产品、从事同类业务的竞业限制期限，不得超过2年。用人单位依法应当向劳动者支付经济补偿的，在办理工作交接时支付。

5. 出具证明

用人单位应当在解除或者终止劳动合同时出具解除或者终止劳动合同的证

明。《劳动合同法实施条例》第24条规定:“用人单位出具的解除、终止劳动合同的证明,应当写明劳动合同的期限、解除或者终止劳动合同的日期、工作岗位、在本单位的工作年限。”

6. 办理手续

用人单位应当在解除或者终止劳动合同的15日内为劳动者办理档案和社会保险关系转移手续。用人单位对已经解除或者终止的劳动合同的文本,至少保存2年备查。

7. 为被裁减人员提供一定的就业保障

根据我国《劳动法合同法》第41条的相关规定,在依照企业破产法规定进行重整的情况下,用人单位在6个月内重新招用人员的,应当通知被裁减的人员,并在同等条件下优先招用被裁减的人员。此外,用人单位有条件的,应当为被裁减人员提供培训或就业帮助。

(二)劳动者的义务

(1) 办理工作交接。根据《劳动合同法》第50条第2款的规定,劳动者应当按照双方约定,办理工作交接。劳动合同解除和终止后,劳动者应当依其忠实义务的要求,结束其正在进行中的事务,对紧急事务作应急处理,同时,向用人单位办理事务移交手续,对原归其保管的物品,在交接前负责继续保管。

(2) 保守商业秘密。根据《劳动合同法》第24条的规定,掌握商业秘密的用人单位的高级管理人员、高级技术人员和其他负有保密义务的人员按合同约定,在劳动合同终止后一定期限内(不超过2年),不到与原用人单位生产同类产品或经营同类业务且有竞争关系的其他用人单位任职,也不自己生产与原用人单位有竞争关系的同类产品或经营同类业务。他们依法负有继续保守商业秘密的义务。

(3) 支付违约金和赔偿损失。对解除劳动合同属劳动者有过错的,劳动者应当按照法定或约定的要求,向用人单位赔偿因此所受的损失。《劳动合同法实施条例》第26条第2款规定:“有下列情形之一,用人单位与劳动者解除约定服务期的劳动合同的,劳动者应当按照劳动合同的约定向用人单位支付违约金:(1) 劳动者严重违反用人单位的规章制度的;(2) 劳动者严重失职,营私舞弊,给用人单位造成重大损害的;(3) 劳动者同时与其他用人单位建立劳动关系,对完成本单位的工作任务造成严重影响,或者经用人单位提出,拒不改正的;(4) 劳动者以欺诈、胁迫的手段或者乘人之危,使用人单位在违背真实意思的情况下订立或者变更劳动合同的;(5) 劳动者被追究刑事责任的。”

我国《劳动合同法》第90条规定,劳动者违反本法规定解除劳动合同,或者违反劳动合同中约定的保密义务或者竞业限制,给用人单位造成损失的,应当承担赔偿责任。

在司法实践中，存在大量职工培训费的赔偿问题，因此，我国《劳动合同法》第22条规定：用人单位为劳动者提供专项培训费用，对其进行专业技术培训的，可以与该劳动者订立协议，约定服务期。劳动者违反服务期约定的，应当按照约定向用人单位支付违约金，违约金的数额不得超过用人单位提供的培训费用，用人单位要求劳动者支付的违约金不得超过服务期尚未履行部分所应分摊的培训费用。依据《劳动合同法实施条例》第26条第1款的规定，用人单位与劳动者约定了服务期，劳动者按照《劳动合同法》第38条的规定解除劳动合同的，不属于违反服务期的约定，用人单位不得要求劳动者支付违约金。按照《劳动合同法》第38条第1款的规定，劳动者同用人单位解除劳动合同的情况有下列几种：(1) 未按照劳动合同约定提供劳动保护或者劳动条件的；(2) 未及时足额支付劳动报酬的；(3) 未依法为劳动者缴纳社会保险费的；(4) 用人单位的规章制度违反法律、法规的规定，损害劳动者权益的；(5) 以欺诈、胁迫的手段或者乘人之危，使对方在违背真实意思的情况下订立或者变更劳动合同的，致使劳动合同无效的。(6) 法律、行政法规规定劳动者可以立即解除劳动合同的其他情形。

第六节　劳动合同的管理与法律责任

一、劳动合同的管理

劳动合同管理，是指有关国家机关和其他机构或组织，对劳动合同的订立、续订、履行、变更、终止和解除，依法进行指导、监督、服务、追究责任等一系列活动，以保证劳动合同正常运行。它对于实行劳动制度改革，稳定劳动关系，乃至保障社会安定和促进经济发展，都具有重要意义。

（一）劳动合同管理的体制

我国劳动合同管理体制的基本框架，由行政管理、社会管理和用人单位内部管理构成。

劳动合同的行政管理，主要由劳动行政部门实施，用人单位主管部门也有一定的劳动合同管理职能。劳动行政部门作为劳动合同主管机关，对劳动合同进行综合和统一管理，在劳动合同管理体制中处于最重要地位。其管理职责主要包括：制定关于合同的规章和政策；指导用人单位实行劳动合同制度；实行劳动合同鉴证和备案；确认和处理无效劳动合同；监督劳动合同履行；统一制发劳动合同书；组织实行劳动合同制度的经验交流和理论研究等等。

劳动合同的社会管理，主要是由劳动就业服务机构等社会机构和工会、行业协会、企业协会等社会团体，在各自业务或职责范围内，对劳动合同运行的特定环节或特定方面实行管理。其中特别重要的是职业介绍机构对劳动合同订立的中介和指导,工会对劳动合同履行的监督、对劳动合同解除的干预和对劳动争议处理的参与。

劳动合同的用人单位内部管理,即单位行政(主要是劳资机构)及其参与的劳动争议调解机构对劳动合同运行的管理。它是微观劳动管理的基本组成部分和组织劳动过程的必要手段。其内容主要包括:制定劳动合同制度的实施方案;组织和指导劳动合同的签订;监督劳动者和单位行政中有关机构对劳动合同的履行;结合劳动合同履行情况对劳动者实行奖惩;调解劳动合同协议;调研和总结实行劳动合同制度的经验和问题。

(二)劳动合同管理的主要措施

1. 劳动合同鉴证

劳动合同鉴证,是劳动合同鉴证机关依法审查、证明劳动合同真实性和合法性的一项行政监督和服务措施。鉴证机关为地方劳动行政部门,其鉴证职能一般由劳动保障行政部门中的劳动仲裁办事机构具体实施,其管辖范围以合同签订地或履行地为标志具体界定。劳动合同鉴证的范围,及于我国境内各种用人单位和各种劳动者的劳动合同,包括法定应当鉴证的劳动合同和当事人自愿申请鉴证的劳动合同,包括劳动合同订立、续订、变更等各个环节。

2. 劳动合同备案

劳动合同备案,是劳动合同备案机关依法对劳动合同进行审查和保存,以确认劳动合同的订立、续订、变更和解除的一项监督措施。它由劳动保障行政部门和地方工会组织分别在各自职能范围内具体实施,以订立、续订、变更的劳动合同和解除劳动合同的事实为备案对象,表明对劳动关系存续和解除的确认。各种劳动合同的订立和解除都应当备案,而经劳动保障行政部门鉴证或批准的劳动合同不必再由劳动保障行政部门备案。

3. 劳动合同示范文本

劳动合同示范文本,是由劳动保障行政部门统一制发的,为劳动者和用人单位订立劳动合同提供示范的劳动合同书。它具体表明劳动合同内容的基本结构,记载着劳动合同的一般性条款。合同当事人双方一般应当按照同示范文本的条款进行协商以确定合同具体内容,也可从实际出发增减部分合同条款。使用合同示范文本,有助于保证合同内容的完备性和合法性,以实现合同内容和格式的规范化。劳动保障行政部门对合同示范文本的设计,既要符合劳动法规政策对合同内容的一般要求,又要体现劳动关系的行业特色和职业特色,这样更便于对劳动合同订立的指导。

4. 监督检查劳动合同履行

我国《劳动合同法》第六章以 7 条的篇幅,专章对劳动合同的监督检查作了规定。主要内容如下:

(1) 监督检查机构的规定：国务院劳动行政部门负责全国劳动合同制度实施的监督管理。县级以上地方人民政府劳动行政部门负责本行政区域内劳动合同制度实施的监督管理。县级以上各级人民政府劳动行政部门在劳动合同制度实施的监督管理工作中，应当听取工会、企业方面代表以及有关行业主管部门的意见。

(2) 监督检查内容的规定：县级以上地方人民政府劳动行政部门依法对下列实施劳动合同制度的情况进行监督检查：① 用人单位制定直接涉及劳动者切身利益的规章制度及其执行的情况；② 用人单位与劳动者订立和解除劳动合同的情况；③ 劳务派遣单位和用工单位遵守劳务派遣有关规定的情况；④ 用人单位遵守国家关于劳动者工作时间和休息休假规定的情况；⑤ 用人单位支付劳动合同约定的劳动报酬和执行最低工资标准的情况；⑥ 用人单位参加各项社会保险和缴纳社会保险费的情况；⑦ 法律、法规规定的其他劳动监察事项。

(3) 监督检查权限的规定：县级以上地方人民政府劳动行政部门实施监督检查时，有权查阅与劳动合同、集体合同有关的材料，有权对劳动场所进行实地检查，用人单位和劳动者都应当如实提供有关情况和材料。劳动行政部门的工作人员进行监督检查，应当出示证件，依法行使职权，文明执法。

(4) 其他配套规定：① 县级以上人民政府建设、卫生、安全生产监督管理等有关主管部门在各自职责范围内，对用人单位执行劳动合同制度的情况进行监督管理。② 劳动者合法权益受到侵害的，有权要求有关部门依法处理，或者依法申请仲裁、提起诉讼。③ 工会依法维护劳动者的合法权益，对用人单位履行劳动合同、集体合同的情况进行监督。用人单位违反劳动法律、法规和劳动合同、集体合同的，工会有权提出意见或者要求纠正；劳动者申请仲裁、提起诉讼的，工会依法给予支持和帮助。④ 任何组织或者个人对违反本法的行为都有权举报，县级以上人民政府劳动行政部门应当及时核实、处理，并对举报有功人员给予奖励。

5. 劳动手册

劳动手册是由劳动保障行政部门统一制发的、记载劳动者基本情况及劳动关系运行经历的、在依法填写后有合法证明作用的文书。其内容包括劳动者的姓名、年龄、性别、身体状况、住址、政治面貌、文化程度、学历和职业技能等级等项基本情况，工作经历和劳动合同订立、续订、变更、终止情况，各项保险费缴纳情况以及其他有关事项。除劳动者基本情况由本人填写外，其他事项一般由有关管理机关或用人单位负责填写。劳动手册经依法填写后任何单位和个人都不得随意涂改。劳动者在职期间，劳动手册可由用人单位保管，失业期间可由本人保管或者交就业服务机构保管。

6. 劳动合同档案管理

劳动合同档案管理包括两个层次:(1) 单位内部管理。用人单位内部的劳动合同管理机构,应当对本单位签订的劳动合同专门立案建档,分类管理,妥善保存。我国《劳动合同法》第 50 条特别强调,用人单位对已经解除或者终止的劳动合同的文本,至少保存 2 年备查。(2) 行政部门管理。劳动保障行政部应当建立经鉴证、备案和批准的劳动合同卷宗,为督促检查劳动合同履行和处理劳动争议提供帮助。微观和宏观层次的劳动合同管理,都包括设立台账卡片目录索引、卷宗等内容。

二、违反劳动合同的责任

(一) 违反劳动合同责任的概念

亦称劳动合同的违约责任,是指劳动合同的当事人因过错而违反劳动合同的约定,不履行或者不完全履行劳动合同的义务时应当承担的法律责任。劳动合同的违约责任具有以下特点:(1) 当事人主观上有过错。用人单位或劳动者在主观上有过错,这种过错包括故意和过失两种心理状态。无论当事人出于故意不履行或不适当履行劳动合同的条款,还是出于过失的心理状态不履行或不适当履行劳动合同条款,都应当承担违约责任。(2) 当事人实施了不履行劳动合同或不适当履行劳动合同的行为。当事人一方或双方没有按照合同的约定去履行合同,比如用人单位未按时支付劳动报酬,未提供法定或合同约定的劳动条件。劳动者未在规定的时间完成工作任务,违反劳动纪律和规章制度等违约行为,都会影响劳动合同的履行。(3) 责任承担的偏重性。综观各国的劳动立法,出于对弱势方劳动者的保护,一般对用人单位承担违约责任规定较重较多,而对劳动者一方承担违约责任规定较轻较少。(4) 责任形式的多样化。劳动合同违约责任涉及经济责任、行政责任和刑事责任。

(二) 用人单位违反劳动合同法的法律责任

用人单位必须遵守劳动法及相关法律法规的规定,依法订立、履行、变更、解除和终止劳动合同,禁止招用童工,不得招用尚未解除劳动合同的劳动者,不得违法使用农村劳动力,不得违法或违约解除劳动合同。违反这方面的法定义务的,依照《劳动合同法》的规定,应当承担法律责任。我国《劳动合同法》第七章专章规定了法律责任,其中除第 90 条、第 95 条外,都是针对用人单位的法律责任,其主要内容归纳如下:

1. 用人单位内部规章制度违法的法律责任

《劳动合同法》第 80 条规定,用人单位直接涉及劳动者切身利益的规章制度违反法律、法规规定的,由劳动行政部门责令改正,给予警告;给劳动者造成损害的,应当承担赔偿责任。《劳动合同法》第 4 条规定,用人单位应当依法建立和完善规章制度，保障劳动者享有劳动权利和履行劳动义务。用人单位在制定、修改或者决定有关劳动报酬、工作时间、休息休假、劳动安全卫生、保险福利、职工培训、劳动纪律以及劳动定额管理等直接涉及劳动者切身利益的规章制度或者重大事项时，应当经职工代表大会或者全体职工讨论，提出方案和意见，与工会或者职工代表平等协商确定。在规章制度和重大事项决定实施过程中，工会或者职工认为不适当的，有权向用人单位提出，通过协商予以修改完善。用人单位应当将直接涉及劳动者切身利益的规章制度和重大事项决定公示，或者告知劳动者。

归纳起来，用人单位规章制度发生法律效力的主要要件大致包括两个方面，即制度条款内容合法合理和程序（民主程序和公示程序）合法。其中，民主程序是非常关键的，根据我国《公司法》第 18 条的规定，所谓民主程序是指公司制定重要的规章制度时，应当听取公司工会的意见，并通过职工代表大会或者其他形式听取职工的意见和建议。而《劳动合同法》新规定的主要变化在于，将“听取意见”改为“讨论……平等协商”，明显加大了工会、职工代表大会以及员工在用人单位规章制度制定过程中的权利，强化了用人单位制定规章制度的法律程序。依照上述法律规定，用人单位直接涉及劳动者切身利益的规章制度，在内容和程序上违反法律、法规规定的，应当承担两种责任：其一，行政责任。由劳动行政部门责令改正，给予警告。其二，经济责任。给劳动者造成损害的，应当承担经济赔偿责任。

2. 合同缺少必备条款及文本未交付给劳动者的法律责任

《劳动合同法》第 81 条规定：“用人单位提供的劳动合同文本未载明本法规定的劳动合同必备条款或者用人单位未将劳动合同文本交付劳动者的，由劳动行政部门责令改正；给劳动者造成损害的，应当承担赔偿责任。”

该条规定有利于保护劳动者的知情权，以及督促落实劳动权利和预防劳动争议。实践中，用人单位的合同条款往往以“参照劳动法”字样，而不具体写明法定必备条款，以及不交付给劳动者合同文本，将劳动合同协议变为单方约束的行政行为。因此，在合同缺少必备条款及文本未交付给劳动者的情况下，用人单位必须承担责任，即由劳动行政部门的责令改正，依法补齐合同的必备条款，如给劳动者造成损害的，还应当承担经济赔偿责任。

3. 违法不签合同及约定试用期

《劳动合同法》及《劳动合同法实施条例》规定如下：

(1) 逾期不签约：《劳动合同法实施条例》第 6 条第 1 款规定：“用人单位自用工之日起超过 1 个月不满 1 年未与劳动者订立书面劳动合同的，用人单位应当向劳动者支付每月两倍的工资，并与劳动者补订书面劳动合同。但是如果劳动不与用人单位补订劳动合同的，用人单位应当书面通知劳动者终止劳动关系，此时用人单位应当按照劳动合同法第 47 条规定支付经济补偿。”

同时《劳动合同法实施条例》第 5 条还规定:“自用工之日起 1 个月内,经用人单位书面通知后,劳动者不与用人单位订立书面劳动合同的,用人单位应当书面通知劳动者终止劳动关系,无需向劳动者支付经济补偿,但是应当依法向劳动者支付其实际工作时间的劳动报酬。”即由于劳动者自身的原因使劳动合同无法签订的情况下,用人单位不承担经济补偿义务。

这里用人单位向劳动者每月支付两倍工资的起算时间为用工之日起满 1 个月的次日,截止时间为补订书面劳动合同的前一日。

(2) 不订立不定期合同:用人单位违反劳动合同法规定不与劳动者订立无固定期限劳动合同的,自应当订立无固定期限劳动合同之日起向劳动者每月支付 2 倍的工资。对于用人单位自用工之日起满 1 年未与劳动者订立书面劳动合同的,根据《劳动合同法实施条例》第 7 条的规定,除支付 2 倍的经济补偿之外,并且自用工之日起满 1 年的当日视为已经与劳动者订立无固定期限劳动合同,用人单位应当立即与劳动者补订书面劳动合同。

(3) 违法约定试用期:《劳动合同法》第 83 条规定,用人单位违反劳动合同法规定与劳动者约定试用期的,由劳动行政部门责令改正;违法约定的试用期已经履行的,由用人单位以劳动者试用期满月工资为标准,按已经履行的超过法定试用期的期间向劳动者支付赔偿金。

按照《劳动合同法》第 10 条的规定,建立劳动关系,就应当签订书面劳动合同。形成劳动关系而没有签订书面劳动合同的,法律上称之为“事实劳动关系”。用人单位不愿意与劳动者签订劳动合同的原因有二:一是逃避为职工缴纳社会保险的义务,二是规避支付经济补偿金的法律责任。

《劳动合同法》第 82 条对签订劳动合同的时间作了明确的界定。《劳动合同法》第 14 条第 3 款则规定:“用人单位自用工之日起满 1 年不与劳动者订立书面劳动合同的,视为用人单位与劳动者已订立无固定期限劳动合同。”由此可见,法律规定用人单位自用工之日起 1 个月内必须订立书面劳动合同,超过这个时间仍未订立书面合同的,用人单位须向员工每月支付 2 倍的工资;超过 1 年仍未订立书面劳动合同的,则视为用人单位与员工已订立无固定期限劳动合同。以上处罚规则相对于所有的现行劳动立法来说,显然力度加大且非常严厉。

4. 各种附加的违法行为

《劳动合同法》第 84 条规定的主要内容如下:

(1) 扣押身份证等证件:用人单位违反本法规定,扣押劳动者居民身份证等证件的,由劳动行政部门责令限期退还劳动者本人,并依照有关法律规定给予处罚。

(2) 收取财物:用人单位违反劳动合同法规定,以担保或者其他名义向劳动者收取财物的，由劳动行政部门责令限期退还劳动者本人，并以每人500元以上2000元以下的标准处以罚款；给劳动者造成损害的，应当承担赔偿责任。

(3) 扣押档案或物品：劳动者依法解除或者终止劳动合同，用人单位扣押劳动者档案或者其他物品的，由劳动行政部门责令限期退还劳动者本人，并以每人500元以上2000元以下的标准处以罚款；给劳动者造成损害的，应当承担赔偿责任。

5. 劳动报酬和经济补偿金等支付违法

《劳动合同法》第85条规定："用人单位有下列情形之一的，由劳动行政部门责令限期支付劳动报酬、加班费或者经济补偿；劳动报酬低于当地最低工资标准的，应当支付其差额部分；逾期不支付的，责令用人单位按应付金额百分之五十以上百分之一百以下的标准向劳动者加付赔偿金：(一) 未按照劳动合同的约定或者国家规定及时足额支付劳动者劳动报酬的；(二) 低于当地最低工资标准支付劳动者工资的；(三) 安排加班不支付加班费的；(四) 解除或者终止劳动合同，未依照本法规定向劳动者支付经济补偿的。"

6. 订立无效合同

《劳动合同法》第86条规定："劳动合同依照本法第26条规定被确认无效，给对方造成损害的，有过错的一方应当承担赔偿责任。"第28条规定："劳动合同被确认无效，劳动者已付出劳动的，用人单位应当向劳动者支付劳动报酬……"根据有关法律法规的规定，劳动报酬的数额，参照本单位相同或者相近岗位劳动者的劳动报酬确定。劳动合同不符合法定有效要件，应当由劳动争议仲裁机构或人民法院确认为全部或部分无效，用人单位如果对无效合同的订立有过错，就应当赔偿由此给劳动者造成的损害。但在当事人双方对无效合同有混合过错的场合，用人单位的赔偿责任应当与其过错在混合过错中的地位相适应。

7. 违法解除或终止劳动合同

用人单位违反劳动合同法规定解除或者终止劳动合同的，应当依照《劳动合同法》第47条规定的经济补偿标准的2倍向劳动者支付赔偿金(即经济补偿按劳动者在本单位工作的年限，每满1年支付1个月工资的标准向劳动者支付。6个月以上不满1年的，按1年计算；不满6个月的，向劳动者支付半个月工资的经济补偿)。

《劳动合同法》第48条还规定，用人单位违反该法规定解除或者终止劳动合同，劳动者要求继续履行劳动合同的，用人单位应当继续履行；劳动者不要求继续履行劳动合同或者劳动合同已经不能继续履行的，用人单位应当支付劳动者经济补偿金标准的2倍赔偿金。

8. 劳动过程中的四种严重违法行为的法律责任

我国《劳动合同法》第88条规定："用人单位有下列情形之一的，依法给予行政处罚;构成犯罪的,依法追究刑事责任;给劳动者造成损害的,应当承担赔偿责任:(一)以暴力、威胁或者非法限制人身自由的手段强迫劳动的;(二)违章指挥或者强令冒险作业危及劳动者人身安全的;(三)侮辱、体罚、殴打、非法搜查或者拘禁劳动者的;(四)劳动条件恶劣、环境污染严重,给劳动者身心健康造成严重损害的。"

用人单位违反《劳动法》关于工时的规定,强迫劳动者延长工作时间或每日延长工作时间超过3小时或每月延长工时超过36小时的,由劳动行政部门给予警告、责令改正,并可按每名劳动者每超过工作时间1小时罚款100元以下的标准处罚。

依照《劳动法合同法》第88条的规定,用人单位以暴力、威胁或者非法限制人身自由的手段强迫劳动的,依法给予行政处罚;构成犯罪的,依法追究刑事责任;给劳动者造成损害的,应当承担赔偿责任。履行劳动合同期间,用人单位以暴力、威胁或非法限制劳动者人身自由的手段强迫劳动者劳动和侮辱、体罚、殴打、非法搜查和拘禁劳动者的,由公安机关对责任人员处以15日以下的拘留、罚款和警告;构成强迫职工劳动罪符合《刑法》第224条规定的,对直接责任人员处以3年以下有期徒刑、并处或单处罚金。

同时,用人单位违章指挥或者强令冒险作业危及劳动者人身安全的,依法给予行政处罚;构成犯罪的,依法追究刑事责任;给劳动者造成损害的,应当承担赔偿责任。

9. 违法招工行为

(1) 用人单位非法使用童工的法律责任。

《劳动法》第94条规定:"用人单位非法招用未满16周岁的未成年人的,由劳动行政部门责令改正,处以罚款;情节严重的,由工商行政管理部门吊销营业执照。"《劳动合同法》第86条规定:"劳动合同依照本法第26条规定被确认无效,给对方造成损害的,有过错的一方应当承担赔偿责任。"用人单位应当立即将童工送回原居住地,并承担因此所需全部费用;对被送回原居住地之前患病或伤残的童工应当负责治疗并承担治疗期内全部医疗和生活费用,医疗终结后还应当向伤残童工本人发给致残抚恤费;童工死亡的,应当发给童工父母或其他监护人丧葬补助费,并给予经济赔偿。构成犯罪的,由司法机关依法追究刑事责任。

(2) 用人单位招用在职劳动者的法律责任。

《劳动合同法》第91条规定:"用人单位招用与其他用人单位尚未解除或者终止劳动合同的劳动者,给其他用人单位造成损失的,应当承担连带赔偿责任。"

10. 其他各种违法行为

我国《劳动合同法》第89条、第92—94条及《劳动合同法实施条例》还详细列举了其他各种用人单位的违法行为所应承担的法律责任。主要内容归纳如下：

(1) 未向劳动者出具解除或者终止劳动合同的书面证明的，由劳动行政部门责令改正；给劳动者造成损害的，应当承担赔偿责任。

(2) 违反本法规定，未经许可，擅自经营劳务派遣业务的，由劳动行政部门责令停止违法行为，没收违法所得，并处违法所得一倍以上五倍以下的罚款；没有违法所得的，可以处五万元以下的罚款。劳务派遣单位、用工单位违反本法有关劳务派遣规定的，由劳动行政部门责令限期改正；逾期不改正的，以每人五千元以上一万元以下的标准处以罚款，对劳务派遣单位，吊销其劳务派遣业务经营许可证。用工单位给被派遣劳动者造成损害的，劳务派遣单位与用工单位承担连带赔偿责任。

(3) 对不具备合法经营资格的用人单位的违法犯罪行为，依法追究法律责任；劳动者已经付出劳动的，该单位或者其出资人应当依照《劳动合同法》有关规定向劳动者支付劳动报酬、经济补偿、赔偿金；给劳动者造成损害的，应当承担赔偿责任。

(4) 个人承包经营违反《劳动合同法》规定招用劳动者，给劳动者造成损害的，发包的组织与个人承包经营者承担连带赔偿责任。

(5)《劳动合同法实施条例》第 33 条规定，用人单位违反劳动合同有关建立职工名册规定的，由劳动行政部门责令限期改正；逾期不改正的，由劳动行政部门处 2000 元以上 2 万元以下的罚款。

(6)《劳动合同法实施条例》第 34 条规定，用人单位依照《劳动合同法》的规定应当向劳动者每月支付 2 倍的工资或者应当向劳动者支付赔偿金而未支付的，劳动行政部门应当责令用人单位支付。

（三）劳动者的法律责任

根据我国《劳动合同法》第 90 条的规定，劳动者违反本法规定解除劳动合同，或者违反劳动合同中约定的保密义务或者竞业限制，给用人单位造成损失的，应当承担赔偿责任。同时依据现有相关法律规定，劳动者的法律责任可以归纳如下几个方面：

1. 劳动者违法解除劳动合同的法律责任

劳动者违法解除劳动合同，又称违法辞职，是指劳动者违反法定或约定的劳动合同解除条件或程序，而单方解除劳动合同的行为。《劳动合同法》第 90 条规定："劳动者违反本法规定解除劳动合同，或者违反劳动合同中约定的保密义务或者竞业限制，给用人单位造成损失的，应当承担赔偿责任。"依据《劳动合同法》及相关规定，其法律责任包括：其一，符合劳动合同解除条件但不符合解除程序的，应当补办手续。其二，不符合劳动合同解除条件的，如果用人单位要求继续履行劳动合同，应当继续履行劳动合同。其三，对用人单位造成损失的，应当予以赔偿。

2. 劳动者违反约定保密条款的法律责任

违反劳动合同约定保密条款,又称违反约定保密义务,是指劳动者违反劳动合同关于保守用人单位商业秘密的约定,在保密期内将自己在劳动过程中所掌握的商业秘密,披露给保密范围以外的人,在保密范围以外使用,或者允许保密以外的人使用的行为。根据《反不正当竞争法》的规定,商业秘密是指不为公众所知悉,能为用人单位带来经济效益,具有实用性并经用人单位采取保密措施的技术信息和经营信息。违反约定保密义务者,既可能是与用人单位尚存在劳动关系者,也可能是已与用人单位终止劳动关系但约定保密期限未满者。如果劳动合同为保守商业秘密而约定禁止劳动者从事或参与同业竞争,掌握商业秘密的劳动者在约定的劳动合同终止后一定期限内到与原用人单位生产同类产品或经营同类业务且有竞争关系的其他用人单位任职,或者自己生产或经营与原用人单位有竞争关系的同类产品或业务,也属于违反约定保密义务。《劳动合同法》第23条第1款规定:"用人单位与劳动者可以在劳动合同中约定保守用人单位的商业秘密和与知识产权相关的保密事项。"对违反约定保密义务的行为,应当责令停止。

违反约定保密义务,给用人单位造成经济损失的,按《劳动合同法》第23条第2款的规定予以赔偿,即"对负有保密义务的劳动者,用人单位可以在劳动合同或者保密协议中与劳动者约定竞业限制条款,并约定在解除或者终止劳动合同后,在竞业限制期限内按月给予劳动者经济补偿。劳动者违反竞业限制约定的,应当按照约定向用人单位支付违约金"。违反约定保密义务给用人单位造成重大损失或者特别严重后果的,即构成侵犯商业秘密罪,应当依据《刑法》第218条追究刑事责任。

3. 劳动者违反约定培训后工作期限条款的法律责任

《劳动合同法》第22条第1—2款规定:"用人单位为劳动者提供专项培训费用,对其进行专业技术培训的,可以与该劳动者订立协议,约定服务期。劳动者违反服务期约定的,应当按照约定向用人单位支付违约金。违约金的数额不得超过用人单位提供的培训费用。用人单位要求劳动者支付的违约金不得超过服务期尚未履行部分所应分摊的培训费用。"

4. 劳动者违反劳动纪律的法律责任

劳动者违反劳动合同中规定的劳动纪律条款的,由用人单位给予劳动纪律处分,包括:警告、记过、记大过、降级、撤职、留用察看、开除或除名、辞退。同时,还可予以罚款、降低工资、停发工资、扣发工资等经济处罚,造成经济损失的,还可责令违纪者赔偿损失。劳动者违反劳动纪律,情节严重,触犯刑律的,应依法追究刑事责任。

5. 在职劳动者违法与其他单位签订劳动合同的法律责任

我国《劳动合同法》第91条规定:"用人单位招用与其他用人单位尚未解除或者终止劳动合同的劳动者,给其他用人单位造成损失的,应当承担连带赔偿责任。"

(四) 管理部门的法律责任

我国《劳动合同法》第95条规定:"劳动行政部门和其他有关主管部门及其工作人员玩忽职守、不履行法定职责,或者违法行使职权,给劳动者或者用人单位造成损害的,应当承担赔偿责任;对直接负责的主管人员和其他直接责任人员,依法给予行政处分;构成犯罪的,依法追究刑事责任。"

第七节 劳务派遣

一、劳务派遣概述

(一) 劳务派遣的概念

劳务派遣在不同的国家称谓不同,如在德国称为"员工出让",而在日本、韩国则称"劳动派遣"。我国《劳动合同法》明确其概念为劳务派遣,但未作出具体的定义。结合学界各种说法,我们认为劳务派遣是指:劳务派遣机构与用工单位签订派遣协议,将与之建立劳动合同关系的劳动者派往用工单位,受派劳动者在用工单位提供劳动,派遣机构从用工单位获取派遣费,并向派遣劳动者支付劳动报酬的一种特殊劳动关系。

(二) 劳动派遣的特征

与传统劳动关系相比,劳务派遣关系有以下特征:

(1) 劳务派遣关系是三方主体参与,即派遣机构、要派单位及受派遣的劳动者。派遣机构与派遣劳动者之间存在劳动关系,派遣劳动者通过与派遣机构签订劳动合同,明确双方的权利义务关系。派遣机构只是雇佣劳动者而并非实际使用劳动者,但需要从要派单位那里获取派遣费用并向派遣劳动者支付劳动报酬。

(2) 雇佣与使用的分离。与传统劳动关系相比,在劳务派遣法律关系中,用工单位与派遣劳动者之间并不存在直接的劳动关系,雇佣与使用相分离,派遣单位通常负责受派劳动者的录用、派遣、档案管理、工资支付、社会保险登记和缴费等非生产性事务,受派劳动者与派遣单位签订劳动协议,与派遣单位成立劳动关系,成为派遣单位的员工,但不在派遣单位从事劳动;要派单位则负责安排受派劳动者从事劳动,并承担安全卫生管理、劳动纪律制定和生产性事务管理等义务。要派单位(用工方)虽然是劳动力的实际使用者,但它并不与受派劳动者订立劳动合同,与受派劳动者没有劳动合同意义上的劳动关系。

(3) 劳动关系的复杂性。与传统劳动关系不同,在劳务派遣关系中,派遣机构、劳动者与用工单位之间存在着复杂的合同关系。用工单位享受派遣劳动者提供的劳动或服务的利益,支付使用劳动力的对价给派遣机构,派遣机构则承担提供劳动力的义务并享有从用工单位收取报酬的权利。

(三) 劳务派遣的种类

种类的划分,有利于认识概念的内涵与外延,不同的划分标准,所归纳出来的种类也有所不同。从派遣的期限和过程来分,可将劳动派遣分为全程派遣、接转派遣和试用派遣;从派遣单位所发挥的作用来分,又可分为登记型派遣和雇用型派遣。

1. 全程派遣和接转派遣

全程派遣是指由派遣公司承担一整套员工派遣服务工作,包括人才招募、选拔、培训、绩效评价、报酬和福利、安全和健康等;接转派遣是指由人才派遣需要的企业自行招募、选拔、培训人员,再由派遣公司与员工签订《劳动合同》,并由派遣公司负责员工的报酬、福利、绩效评估、处理劳动纠纷等事务。

2. 登记型派遣和雇用型派遣

登记型派遣是指劳动者虽不是派遣公司的正式员工,但已登记在册,员工和派遣公司的雇佣关系只有在员工被派遣期间才成立。这种类型存在的问题比较多,比如不给员工缴纳社会保险、压低工资等问题,所以对这种方式的派遣公司采取严格的审查许可制;雇用型派遣是指受派遣的员工是派遣员工公司长期雇用的正式员工,享受公司的一切福利待遇。当企业需要用人时,将其派遣到用工单位工作。相对于登记型派遣而言,雇用型派遣方式出现问题的可能性比较小。因为其采取长期雇用方式,相对比较稳定,其派遣的人数比较少。

(四) 劳务派遣与其他形态的区别

劳动派遣与职业介绍、人员借调以及承揽等劳动力调节形态在外观上有诸多类似之处,为了更好地适用劳动派遣的相关法律规定,有必要区别这些用工关系。

1. 劳务派遣与职业介绍的区别

职业介绍是指劳务中介机构对社会所有求职者和用工单位提供中介服务的活动,是待业人员、在职职工实现就业和转换就业以及用工单位寻求合适劳动者的重要渠道,其目的是满足其就业与用工的需求,并从中获取一定报酬,可见职业介绍在本质上是一种居间行为;而派遣劳动的显著特征是将自己所雇佣的劳动者派遣到要派单位并置于要派单位的指挥下工作,派遣单位与要派单位是受派劳动者的共同雇主,承担雇主责任。职业介绍与劳动派遣之间的主要差异在于职业介绍仅是媒介求职者与求才者之间缔结劳动合同,而与求职者间并不成立劳动合同，而劳动派遣系由派遣单位与受派劳动者缔结劳动契约，约定受派劳动者到要派单位，并在要派单位的指挥监督下提供劳动。

2. 劳务派遣与人员借调的区别

人员借调是指借用单位因工作需要，与被借用单位协商后，约定特定的被借用单位的劳动者到借用单位工作的协议。该协议应包括借调时间、期限，双方的权利、义务，被借调人员的劳动权利、义务等。派遣劳动关系与人才借调关系有诸多相同之处：长期派遣劳动人员的协议内容与借调人员协议内容大同小异；劳动纠纷的处理方式，也与被借调人员与借调人员的单位发生纠纷的处理方式类似。但在人才借用关系中，被借用单位不以派遣劳动者为经营目的，是出于协作或者集团内部劳动调节的需要所作出的出借行为，具有经营指导、技术指导、促进相互交流的功能，而在劳务派遣中，派遣机构以劳动力派遣为经营业务，以盈利为目的。

3. 劳务派遣与承揽的区别

承揽合同是承揽人按照定作人的要求完成工作，交付工作成果，定作人给付报酬的合同。[①] 承揽合同的主体是承揽人和定作人，承揽人和定作人可以是法人或者其他组织，也可以是自然人。承揽合同属于完成特定工作类的合同，承揽人应承担取得工作成果的风险，对工作成果的完成负全部责任，同时，定作物发生损坏、灭失，或加工人员出现伤亡的，都要承揽人独立承担责任。[②] 但劳务派遣中，其关系较为复杂，要派单位通过约定的形式将一部分雇主的责任分配给了派遣单位，并向派遣单位支付了对价，另一部分雇主的责任诸如安全卫生等义务依法由自己承担。

二、劳务派遣的立法概况

（一）外国劳动派遣立法简况

劳务派遣源于美国，成长于欧美、日本，是人才市场化的产物，其最显著的特点便是“用人不养人”。作为一种新的人力资源配置模式，劳务派遣起初在各国的争议还是比较大的，受到法律规制也比较严格。比如，国际劳工组织 1933 年制定的第 34 号公约规定，各成员国应当禁止收费性私人就业服务机构的建立，并在 3 年内取消已设立的收费性私人就业服务机构，实现就业服务全面的公共垄断。收费性私人就业服务机构包括“作为中介机构为劳动者寻找工作或向雇主提供劳动者，旨在直接或间接地从工人或雇主处获得任何金钱的或其他物质

① 参见《中华人民共和国合同法》第 251 条。

② 董保华、薛孝东：《论劳动力派遣》，载《人才派遣理论规范与实务》，法律出版社 2006 年版，第 59 页。

的好处的任何个人、公司、机构、中介或其他组织”,涵盖了包括劳务派遣机构在内的所有营利性就业服务主体。日本《就业保障法》第44条规定,工人派遣业务是被禁止的。近年来,由于全球的经济不景气,企业为节省在人才招聘、培训和管理体制等方面的人事成本,在欧美、日本等发达国家普遍把人力资源商品化,劳务派遣这种方式也就逐渐流行起来。相应的,各个国家和国际劳工组织对劳动派遣的态度和政策逐渐放松规制。国际劳工组织1949年制定的第96号公约对第34号公约的内容作了修改,即废除3年取消收费性私人就业服务机构的时间表,不再坚持对收费性私人就业服务机构一律禁止的立场,允许成员国立法以严格限制收费性私人就业服务机构的设立。西方国家相继对劳动派遣解禁,如丹麦、英国、美国等国家以普通法进行对劳动派遣规制,对劳动派遣中诸如雇主责任分配等具体问题通过判例确立相关原则加以解决。德国、法国、瑞典、日本等国家对劳动派遣专门立法,并辅之以集体协议进行约束。如日本在1999年12月将劳动派遣适用范围的规定改成否定式列举的方式,即规定除港湾运送、建设、警备、医疗(医师、护士)、律师、制造工程等业务禁止劳动派遣外,均允许适用劳务派遣。德国2002年将劳动派遣的期限从12个月延长至24个月,从2004年起取消了劳务派遣的期限限制,并在《雇员转让法》中规定了“非真实的劳动合同”,将劳务派遣称为“出借公司将雇员商业性转让给第三者的行为”,是指雇员基于雇主和借入方签订的合同完全归入借入方的企业,被用于增进借入方的企业目的并受其指令约束的一种关系。对于这种转让需要得到官方许可,否则,可能导致转让关系无效。目前,完全禁止临时就业机构从事营利性劳动派遣活动的国家日益减少,欧盟成员国中仅有希腊仍禁止劳动派遣,而这已受到多方异议,被认为是希腊劳动力供应的瓶颈,并且造成了劳动力市场的不正常状态。

(二)我国劳务派遣立法概述

劳动派遣在我国最早出现于20世纪90年代末期,派遣对象仅局限在海外和外商投资企业。1996年,中国建设银行上海分行与中国上海人才市场共同引入了劳务派遣这一新型用人方式,办理了30人的派遣业务,这是国内第一次真正意义上的劳务派遣。1999年,为配合国有企业产权变动、减员增效、主辅分离等改革,我国进行新一轮的劳务派遣,但是社会化程度很低,派遣机构多是国有企业或其改制后公司的分支机构或子公司,只派遣下岗失业人员和职工家属,有的甚至只向其所属的国有企业或其改制后公司派遣;有的派遣机构虽然其地位和业务已社会化,但派遣对象以国有企业的下岗失业人员为主,有的只限于本地劳动者。随着国有企业改革的深入,社会其他行业也逐渐借鉴劳动派遣的用人机制,派遣机构的地位、业务都已社会化,服务对象包括各种所有制形式的雇主和本地、外地劳动者。但国家尚没有专门针对劳务派遣的立法,有关规定散见于行政法规、部门规章或国务院有关部门规范性文件中且内容不多,如《北京市人民政府关于外国企业常驻代表机构聘用中国雇员的管理规定》《北京市劳务派遣组织管理暂行方法》《南昌市劳务派遣管理暂行办法》等零散的规定;在实际操作中,一些派遣机构与要派单位逃避法律责任和社会保障义务,侵害劳动者的合法权益,如派遣机构纵容要派单位不采取必要的安全生产措施,剥夺被派遣劳动者法定的休息、休假权;被派遣劳动者在劳动合同的签订、社会保险的缴纳、工资水平、职业安全卫生及职业技能培训等方面都不能取得与正式员工同等的待遇;派遣机构与要派单位及劳动者签订的劳动合同是两份合同,致使两份合同出现不同的内容,极大损害了被派遣劳动者的合法权益。

2007 年 6 月 29 日,十届全国人大常委会第二十八次会议高票表决通过《劳动合同法》,自 2008 年 1 月 1 日起施行。该法在第五章中用一节共 11 个条款的篇幅来规范劳务派遣①,不仅明确劳务派遣单位(用人单位)②应当承担用工单位③(要派单位)义务,还规定了用工单位应当履行的义务:用工单位应当执行国家劳动标准,提供相应的劳动条件和劳动保护;告知被派遣劳动者的工作要求和劳动报酬;支付加班费、绩效奖金,提供与工作岗位相关的福利待遇;对在岗被派遣劳动者进行工作岗位所必需的培训;连续用工的,实行正常的工资调整机制;用工单位不得将被派遣劳动者再派遣到其他用工单位;被派遣劳动者享有与用工单位的劳动者同工同酬的权利;有权在劳务派遣单位或者用工单位依法参加或者组织工会,维护自身的合法权益。

2012 年 12 月 28 日,第十一届全国人民代表大会常务委员会第三十次会议通过《全国人民代表大会常务委员会关于修改〈中华人民共和国劳动合同法〉的决定》,自 2013 年 7 月 1 日起施行。新《劳动合同法》对于劳务派遣的规定,依然延续了旧《劳动合同法》在结构和条文数量上的规定,设置于第五章第二节,共 11 个条文。仅对第 57 条、第 63 条、第 66 条和第 92 条四个涉及劳务派遣的条文进行了扩充性的修改,对劳务派遣行为进行严格的限制,防止用工单位滥用劳务派遣制度,损害被派遣劳动者的合法权益。

2013 年 6 月 20 日人力资源和社会保障部第十次部务会审议通过了《劳务派遣行政许可实施办法》,自 2013 年 7 月 1 日实施。

2014 年 1 月 24 日,人力资源和社会保障部第二十一次部务会审议通过了《劳务派遣暂行规定》(以下称《暂行规定》),自 2014 年 3 月 1 日起施行。该规章就劳务派遣用工范围、用工比例,劳动合同、劳务派遣协议的订立、履行以及劳动

① 参见旧《劳动合同法》第 57—67 条规定。
② 同上,第 58 条。
③ 同上,第 59 条。

合同的废除和终止等问题予以了明确。

三、劳务派遣的法律关系

(一) 学界对劳务派遣法律关系的界定

与传统的劳动关系相比,劳务派遣关系具有复杂性,学界争议也比较大,主要有以下几种观点:(1) 单一劳动关系。认为劳动力派遣中,只有派遣单位与劳动者之间形成单一的劳动法律关系。持此种观点的主要是德国、日本学者。(2) 一重劳动关系双层运行。这是对单一劳动关系的修正,认为用工单位作为劳动力的实际使用者,只进行劳动过程的组织和管理,并负担工资、福利等费用,对劳动者承担第一性义务;派遣单位就用工单位的信用、劳动安全卫生保障、劳动报酬的支付等,对劳动者承担第二性义务。[①] (3) 双重劳动关系。认为劳动派遣形成的法律关系是一种复合的架构,包括派遣单位与用工单位之间形成的一般的民事合同关系,劳动者与派遣单位、用工单位双方之间形成的特殊劳动关系。在特殊劳动关系中,应该区分不同的方面,在派遣单位与用工单位之间合理地划分劳动基准法中所规定的一般雇主责任。

(二)《劳动合同法》对劳务派遣关系的界定

我国《劳动合同法》首次对劳务派遣关系进行界定,第 58 条规定了劳务派遣单位称用人单位,应当履行用人单位对劳动者的义务。第 59 条规定了劳务派遣单位派遣劳动者应当与用工单位签订劳务派遣协议。同时在第 59 条、第 62 条规定了派遣单位、用工单位、劳动者三者之间的权利义务关系,形成的三者之间的法律关系为:

1. 派遣单位与被派遣劳动者的书面形式劳动关系

《劳动合同法》第 58 条规定:"劳务派遣单位是本法所称用人单位,应当履行用人单位对劳动者的义务。劳务派遣单位与被派遣劳动者订立的劳动合同,除应当载明本法第 17 条规定的事项外,还应当载明被派遣劳动者的用工单位以及派遣期限、工作岗位等情况。劳务派遣单位应当与被派遣劳动者订立 2 年以上的固定期限劳动合同,按月支付劳动报酬;被派遣劳动者在无工作期间,劳务派遣单位应当按照所在地人民政府规定的最低工资标准,向其按月支付报酬。"这一规定,明确了劳动者与派遣单位形成的劳动关系,二者之间必须订立劳动合同。但是,在这种劳动关系中,派遣单位并不是劳动者的劳动实际给付的对象,它只是形式上的用人单位。[②] 这种形式上的劳动关系并不是完整的劳动关系,

---

① 王全兴、侯玲玲:《劳动关系双层运行的法律思考——以我国的劳动派遣实践为例》,载《中国劳动》2004 年第 4 期。

② 孙立如:《浅议规范劳务派遣——对〈劳动合同法〉劳务派遣规定之解读》,载《北京劳动保障职业学院学报》2007 年第 1 卷第 3 期。

劳务派遣单位和劳动者只是履行劳动关系中的部分义务。同时,《劳动合同法》第 64 条、第 65 条又规定了劳务派遣单位与被派遣劳动者所享有的告知、支付劳动者报酬、办理社会保险、参加工会等权利义务。

(1) 劳务派遣单位对被派遣劳动者应承担以下义务:① 签订劳动合同。劳务派遣单位应当与劳动者签订 2 年以上的劳动合同,明确双方的责任、义务和权利。② 告知义务。劳务派遣协议虽然是用人单位与用工单位之间签订的,但其内容涉及被派遣劳动者的切身利益,劳务派遣单位有义务将劳务派遣协议的内容告知劳动者。③ 支付劳动者报酬。派遣单位不得克扣用工单位按照劳务派遣协议支付给劳动者的劳动报酬并应按月支付。在被派遣劳动者的无工作期间,应支付不低于当地最低工资标准的劳动报酬。④ 为劳动者提供福利待遇并办理社会保险,按时定额缴纳社会保险费派遣单位作为用人单位,理应承担对劳动者的社会保险义务。因此,为劳动者提供福利待遇并按时定额为其缴纳社会保险费就成为用人单位的法定义务。⑤ 不得向被派遣的劳动者收取费用。依照法律规定,劳务派遣公司不得扣压被派遣的劳动者各种证件,不得收取押金、保证金、管理费等不合法费用。

除了上述义务外,《暂行规定》还规定了如下义务:① 建立劳动培训制度,对被派遣劳动者进行上岗知识、安全教务培训;② 督促用工单位依法为被派遣劳动者提供劳动保护和劳动安全卫生条件;③ 依法出具解除或者终止劳动合同的证明;④ 协助处理被派遣劳动者与用工单位的纠纷;⑤ 法律、法规和规章规定的其他事项。

(2) 被派遣劳动者对劳务派遣单位享有以下权利:① 参加工会。被派遣劳动者有权在劳务派遣单位或者用工单位依法参加或者组织工会,维护自身的合法权益。② 解除合同。被派遣劳动者可以依照《劳动合同法》第 36 条、第 38 条的规定与劳务派遣单位解除劳动合同,即协商一致解除劳动合同;未按照劳动合同约定提供劳动保护或者劳动条件的、未及时足额支付劳动报酬的、未依法为劳动者缴纳社会保险费的等法定解除合同。

(3) 劳务派遣单位与被派遣劳动者劳务合同的解除、终止情形有:① 依法解除、终止。《劳动合同法实施条例》第 31 条规定劳务派遣单位或者被派遣劳动者依法解除、终止劳动合同的经济补偿,依照劳动合同法第 46 条、第 47 条的规定执行。② 违法解除、终止。《劳动合同法实施条例》第 32 条规定劳务派遣单位违法解除或者终止被派遣劳动者的劳动合同的,依照《劳动合同法》第 48 条的规定执行。《劳动合同法》第 46 条规定:“有下列情形之一的,用人单位应当向劳动者支付经济补偿:(一) 劳动者依照本法第 38 条规定解除劳动合同的;(二) 用人单位依照本法第 36 条规定向劳动者提出解除劳动合同并与劳动者协商一致解除劳动合同的;(三) 用人单位依照本法第 40 条规定解除劳动合同的;(四) 用人单位依照本法第 41 条第 1 款规定解除劳动合同的;(五) 除用人单位维持或者提高劳动合同约定条件续订劳动合同,劳动者不同意续订的情形外,依照本法第 44 条第 1 项规定终止固定期限劳动合同的;(六) 依照本法第 44 条第 4 项、第 5 项规定终止劳动合同的;(七) 法律、行政法规规定的其他情形。"

《劳动合同法》第 47 条规定:"经济补偿按劳动者在本单位工作的年限,每满 1 年支付 1 个月工资的标准向劳动者支付。6 个月以上不满 1 年的,按 1 年计算;不满 6 个月的,向劳动者支付半个月工资的经济补偿。劳动者月工资高于用人单位所在直辖市、设区的市级人民政府公布的本地区上年度职工月平均工资 3 倍的,向其支付经济补偿的标准按职工月平均工资 3 倍的数额支付,向其支付经济补偿的年限最高不超过 12 年。本条所称月工资是指劳动者在劳动合同解除或者终止前 12 个月的平均工资。"

《劳动合同法》第 48 条规定:"用人单位违反本法规定解除或者终止劳动合同,劳动者要求继续履行劳动合同的,用人单位应当继续履行;劳动者不要求继续履行劳动合同或者劳动合同已经不能继续履行的,用人单位应当依照本法第 87 条规定支付赔偿金。"

2. 用工单位与被派遣劳动者形成实际劳动关系

在多年的实践中,理论界一直将派遣劳动者与用工单位的关系视为劳务关系,这在一定程度上损害了劳动者的合法权益。根据《劳动合同法》和《最高人民法院关于审理劳动争议案件若干问题的解释》,用工单位与派遣劳动者之间的关系应认定为实际劳动关系。根据《劳动合同法》第 92 条的规定,劳务派遣单位违反法律规定,使派遣劳动者权益受到损害的,由劳务派遣单位和用工单位承担连带赔偿责任。《最高人民法院关于审理劳动争议案件适用法律若干问题的解释(二)》第 10 条规定:劳动者因履行劳动力派遣合同产生劳动争议而起诉,以派遣单位为被告;争议内容涉及接受单位的,以派遣单位和接受单位为共同被告。此条规定将劳动派遣关系中的派遣单位和用工单位设定为共同被告,也说明了用工单位也是劳动关系的一方当事人。《劳动合同法》中还规定了用工单位对劳动者的义务,这些义务主要是与劳动过程有关的义务。劳动者实际劳动给付的对象是用工单位,劳动者要服从用工单位的指挥和命令,遵守用工单位的规章制度,并实际给付劳动。用工单位作为实际劳动给付的主体,行使和承担着劳动派遣协议中规定的权利和义务,包括为劳动者提供实现劳动过程的工作岗位和其他劳动条件、进行劳动组织和监督管理、劳动安全卫生教育等。因此,用工单位与劳动者的关系是一种实际的劳动关系,但这种关系也不是完整的劳动关系。

由此可见,派遣单位与用工单位对于派遣劳动者的关系都是劳动关系。但是这两种劳动关系却都是不完整的劳动关系。其中,劳动派遣机构与劳动者的关系属于“有关系没劳动”的形式劳动关系，而用工单位与劳动者的关系是“有劳动没关系”的实际劳动关系。因此，必须将二者结合起来观察，它们构成一个完整的劳动关系。这种劳动关系，都要受《劳动法》和《劳动合同法》的调整和规范。

为防止劳动者合法权益遭受损害，我国《劳动合同法》第 62 条、《劳动合同法实施条例》以及《暂行规定》相关条文特别规定了用工单位应当履行的几项义务：(1) 执行国家劳动标准，提供相应的劳动条件和劳动保护。劳动条件和劳动保护是指劳动者在从事生产活动中的安全、卫生和健康条件。用工单位应当提供与国家标准相应的劳动条件和劳动保护措施。(2) 告知被派遣劳动者的工作要求及劳动报酬。劳动者在从事劳动的过程中应有知情权，即知道相关的工作性质和要求及劳动报酬。(3) 支付加班费、绩效奖金，提供与工作岗位相关的福利待遇。用工单位作为劳动者的劳动实际给付主体，应当在劳动者加班时按规定支付加班费，对绩效考核合格、优良者应当支付奖金等。此外，职工福利是企事业单位和机关团体在工资、社会保险之外为全体职工举办的集体福利设施、文化福利设施以及给予职工各项补贴制度的总称，而与工作岗位相关的福利待遇属于职工福利的范畴，每一位员工都有享受的权利。因此，应作为用工单位对所有员工应尽的一项义务。(4) 对在岗被派遣劳动者进行工作岗位所必需的培训。派遣单位应当按照用工单位的要求派遣符合要求的劳动者。但如果用工单位在接受被派遣劳动者后认为按照本单位岗位要求需要进一步对劳动者进行培训的，则由用工单位自己负责对劳动者进行工作岗位所必需的培训，该费用由用工单位承担。(5) 连续用工的，实行正常的工资调整机制。(6) 再派遣禁止，按照劳务派遣协议使用被派遣劳动者，不得将被派遣劳动者再派遣到其他用人单位，再派遣将使劳动法律关系处于不稳定状态，不利于保护劳动者的权益。(7) 自我派遣禁止，根据《劳动合同法实施条例》第 28 条的规定，用人单位不得设立劳务派遣单位向本单位或所属单位派遣劳动者，包括用人单位或者其所属单位出资或者合伙设立的劳务派遣单位，向本单位或所属单位派遣劳动者的情形。

此外，《劳动合同法实施条例》第 30 条还规定，劳务派遣单位不得以非全日制用工形式招用被派遣劳动者。

3. 接受单位与派遣单位的关系属涉及第三人的民事关系

《劳动合同法》第 59 条第 1 款规定，劳务派遣单位派遣劳动者应当与用工单位订立劳务派遣协议。劳务派遣协议应当约定派遣岗位和人员数量、派遣期限、劳动报酬和社会保险费的数额与支付方式以及违反协议的责任。《暂行规定》第 7 条增加了劳务派遣协议的内容，包括：派遣的工作岗位名称和性质，工作地点，派遣人员数量和期限，按照同工同酬原则确立的劳动报酬数额和支付方式，社会保险费的数额和支付方式，工作时间和休息休假事项，被派遣劳动者工伤、生育或者患病期间的相关待遇,劳动安全卫生以及培训事项,经济补偿等费用,劳务派遣协议期限,劳务派遣服务费的支付方式和标准,违反劳务派遣协议的责任,法律、法规、规章规定应当纳入劳务派遣协议的其他事项。这表明,劳务派遣协议是在两个平等的主体之间签订的,是民事关系,但是这种民事关系,由于涉及被派遣劳动者的合法权益,因此,需要对劳务派遣协议的意思自治进行特别限制,《劳动合同法》第29、60、61条就规定了用工单位应当根据工作岗位的实际需要与劳务派遣单位确定派遣期限,不得将连续用工期限分割订立数个短期劳务派遣协议;劳务派遣单位应当将劳务派遣协议的内容告知被派遣劳动者;劳务派遣单位不得克扣用工单位按照劳务派遣协议支付给被派遣劳动者的劳动报酬;劳务派遣单位和用工单位不得向被派遣劳动者收取费用等。

四、劳动力派遣范围

对劳动力派遣的范围,我国旧《劳动合同法》只在第57、59、66条略有规定,新《劳动合同法》对其中的第57条和第66条作了进一步的补充规定,《暂行规定》也对用工范围和用工比例作了相应的规定和限制。虽有法律法规的规定,但依然不够详细和具体,相关法律法规也没有作出详细的限制,这无疑为一明显缺憾。国家应进一步完善《劳动合同法实施条例》,规制劳动力派遣,明确在什么条件下,在哪些岗位、工种,哪些用工单位可以使用劳动力派遣这种用工形式。

(一)派遣机构的资质

劳工问题直接关系社会的稳定。劳务派遣的社会风险很大,而派遣机构的实力和信誉对劳务派遣秩序的稳定影响甚大。为有效控制滥设派遣机构的现象,保障劳动力派遣业健康发展,我国《劳动合同法》第57条规定:“经营劳务派遣业务应当具备下列条件:(一)注册资本不得少于人民币二百万元;(二)有与开展业务相适应的固定的经营场所和设施;(三)有符合法律、行政法规规定的劳务派遣管理制度;(四)法律、行政法规规定的其他条件。经营劳务派遣业务,应当向劳动行政部门依法申请行政许可;经许可的,依法办理相应的公司登记。未经许可,任何单位和个人不得经营劳务派遣业务。”因此,在我国,要设立劳务派遣机构,其条件与公司的设立条件相类似,且最低注册资本为200万元,实行行政许可制。根据《暂行规定》,依法成立的会计师事务所、律师事务所等合伙组织和基金会以及民办非企业单位等组织也可以使用被派遣劳动者。

(二)劳动派遣的期限限制

劳动派遣的灵活性,使现实经济和社会生活对其有一定的需求,例如可以减少企业的用工成本、促进劳动者的就业自由等。但是对劳动派遣的期限如果不加限制,必然会冲击以长期性、稳定性为特征的正规就业制度。日本《工人派遣法》最初规定,劳动派遣期限原则上为1年。经过几次修改,现放宽为3年,但是法律同时规定了一些限制；韩国《派遣工人保护法》规定派遣时间限定为一年，最多可以延长至2年。超过这个时间，工人有权要求成为客户公司的正式雇员。那些临时性派遣，如替代由于怀孕或疾病缺席的常规雇员，时间限制为3个月，特殊情况再可以延伸3个月。考虑到我国《劳动法》对企业用工已规定了固定期限、无固定期限和以完成一定工作为期限等三种不同情形的劳动用工模式，劳动力派遣的范围不应太过宽泛的现状，《劳动合同法》第66条规定，“劳动合同用工是我国的企业基本用工形式。劳务派遣用工是补充形式，只能在临时性、辅助性或者替代性的工作岗位上实施。前款规定的临时性工作岗位是指存续时间不超过6个月的岗位；辅助性工作岗位是指为主营业务岗位提供服务的非主营业务岗位；替代性工作岗位是指用工单位的劳动者因脱产学习、休假等原因无法工作的一定期间内，可以由其他劳动者替代工作的岗位。用工单位应当严格控制劳务派遣用工数量，不得超过其用工总量的一定比例，具体比例由国务院劳动行政部门规定”。根据《暂行规定》，这里的一定比例是指被派遣劳动者数量不得超过其用工总量的10%。《劳动合同法》第59条第2款规定“用工单位应当根据工作岗位的实际需要与劳务派遣单位确定派遣期限，不得将连续用工期限分割订立数个短期劳务派遣协议”，这基本上是符合我国国情的。

第八节　非全日制用工

一、非全日制用工的概念和特征

（一）非全日制用工的概念

非全日制用工是与全日制用工相对的概念，在我国出现的时间不长，但作为灵活就业的一种重要方式，近年来呈现出较快增长趋势，我国《劳动合同法》第一次用法律形式将非全日制用工进行确定。其第68条规定：“非全日制用工，是指以小时计酬为主，劳动者在同一用人单位一般平均每日工作时间不超过4小时，每周工作时间累计不超过24小时的用工形式。”

（二）非全日制用工的特征

（1）是一种特殊劳动合同关系。除了应遵循劳动合同法的一般原则和一般规定，劳动法中有关劳动安全保护、职业危害防护等保护性规定外，基于用工的特殊性，非全日制用工要遵循一些特别的法律规定。

（2）具有灵活性。与全日制用工相比，非全日制用工劳动关系相对宽松，如劳动合同形式不拘书面性，允许达成口头劳动合同；劳动关系存续时间不确定性，合同双方均可随时解除劳动关系，不必提前通知，用人单位无须支付经济补偿；劳动关系双重性甚至多重性，允许同一劳动者同时存在两个或者两个以上的劳动关系。

(3) 工资形式以小时计酬为主。与全日制劳动相比,非全日制的工资分配,既不是计件工资,也不是日工资制、周工资制或月工资制,而是采取以小时计酬,在同一单位平均每日工作不超过4小时,每周工作时间累计不超过24小时。这是缘由于非全日制用工一般适用于服务行业、工作任务不平均的情形。因此,采取以小时计酬,可以更好地保护劳动者的合法权益。

二、非全日制用工的立法概况

(一) 国外立法概况

20世纪70年代以来,世界各地尤其是经合组织(OECD)国家由于经济增长减速、劳动力市场政策和社会保障制度等因素的综合影响,劳动力市场供求失衡,失业率大幅上升。许多国家注意到灵活多样的就业方式,开始因势利导,提倡、鼓励劳动者灵活就业。这些国家不仅修订不利于灵活就业的法律法规,减少对灵活就业的限制,也制定一些政策措施,直接开创灵活就业岗位。例如,1983年英国政府推出了《就业分割制度》,其核心内容是:企业若将一个全日制雇员的工作分配给两个以上非全日劳动者,则可获得政府奖励性补助;法国政府对通过缩短工时来安排失业人员或扩增雇员并达到政府要求的连续三年的企业,将补助其为安置的劳动者承担的社会保险费的30%—40%;西班牙1994年通过一项立法,放开对雇佣临时工的限制,并对临时工地位作了重要的更改。各国政府的积极支持对灵活就业方式的扩展起到了推波助澜的作用。当前,许多国家对非全日制都略有规定,比如挪威规定,每星期工作时间不满37小时,则为非全日制用工;美国、日本、瑞典、澳大利亚等国规定为每星期工作时间不满35小时;芬兰、马来西亚规定每星期工作时间不满30小时;法国规定每星期或者工作时间比法定工作时间少1/5。[①] 上述各种情况视为非全日制用工。

(二) 国内立法概况

近年来,随着我国经济结构的调整,以小时工为主要形式的非全日制用工已经成为灵活就业的一种主要形式。与全日制用工相比,非全日制用工时间长短不同,具体适用规则也有所不同,但是在非全日制用工与全日制用工中,劳动者与用人单位之间形成的都是劳动关系,劳动合同法不能对目前社会中广泛存在的非全日用工现象视而不见。为了规范用人单位非全日制用工行为,保护非全日制从业人员的合法权益,促进非全日制就业健康发展,劳动和社会保障部在2003年5月颁布《关于非全日制用工若干问题的意见》,随后一些省、自治区、直辖市对非全日制劳动关系也制定了规范性文件,起到了较好的社会效果,但也存

① 参见姚林、马勇:《非全日制就业透析》,载《四川教育学院学报》2004年第1期。

在不少问题。因此,2007 年《劳动合同法》对非全日制用工在特别规定一章中作了专节规定,以明确非全日制用工中劳动合同双方的权利和义务,更好的保护非全日制用工中劳动者的合法权益。

三、非全日制用工的特殊法律规定

(一) 非全日制用工的劳动合同订立

我国《劳动合同法》第 69 条规定:"非全日制用工双方当事人可以订立口头协议。从事非全日制用工的劳动者可以与一个或者一个以上用人单位订立劳动合同;但是,后订立的劳动合同不得影响先订立的劳动合同的履行。"关于劳动合同的形式,劳动合同法颁布之前,我国地方立法和部门规章对非全日制劳动合同形式曾采取三种模式:(1) 书面形式;(2) 一般要求采用书面形式,但合同期限在 1 个月以下的,可以采用口头形式;(3) 允许采用书面形式和口头形式。考虑到实践中存在大量非书面合同的劳动关系和国际上通行的做法,为了更好地保持非全日制用工形式的灵活性以促进就业,劳动合同法采用了最为宽松的模式,允许非全日制用工既可以订立书面协议,也可以订立口头协议。同时,本条规定,从事非全日制用工的劳动者可以与一个或者一个以上的用人单位订立劳动合同,即允许从事非全日制用工的劳动者建立双重或多重劳动关系,这就突破了原劳动法禁止建立多重劳动关系的限制。这样一来,劳动者既可以增加收入,得到多方面的锻炼,成为复合型的高素质人才,用人单位也可以降低用人成本,充分利用稀缺人才的特殊才能。但是,订立一个以上劳动合同的,后订立的劳动合同不得影响先订立劳动合同的履行,不得侵害到先订立的劳动合同。

(二) 试用期的规定

非全日制用工是种灵活用工形式,劳动关系的不确定性比全日制用工要强,而且非全日制劳动者的收入也往往低于全日制职工,考虑到很多单位把试用人员当成廉价劳动力,甚至利用试用期解除劳动合同相对容易的特点,走马灯式地更换试用人员,为了更好地维护了非全日制劳动者的权益,我国《劳动合同法》第 70 条规定,"非全日制用工双方当事人不得约定试用期"。本条针对非全日制用工的特殊性,对《劳动合同法》第 17 条规定的用人单位与劳动者可以约定试用期等其他事项,作出了限制性的规定,明确禁止非全日制用工约定试用期,更严格控制试用期来加强对非全日制劳动者的保护。这是继承 2003 年劳动保障部颁发的《关于非全日制用工若干问题的意见》的相关规定。同时,用人单位违反本法规定与非全日制用工的劳动者约定了试用期的,应当承担相应的法律责任。按照《劳动合同法》第 82 条的规定,由劳动行政部门责令改正,违法约定的试用期已经履行的,由用人单位以劳动者试用期满月工资为标准,按已经履行的试用期的期限向劳动者支付赔偿金。

(三) 终止用工的规定

为了更好地利用非全日制用工的灵活性,从而促进就业,促进劳动力资源的优化配置,在权衡保护劳动者权益和保持非全日制用工灵活性以促进就业之间的价值冲突的基础上,我国《劳动合同法》第71条规定:"非全日制用工双方当事人任何一方都可以随时通知对方终止用工。终止用工,用人单位不向劳动者支付经济补偿"。此处的"终止用工"既包括因劳动合同期届满而导致的终止,也包括劳动合同期没有届满而解除劳动合同的情形。显然,我国立法选择了非全日制用工的特点及其促进就业的积极意义。另外,本条规定也是对非全日制用工不得约定试用期的一种救济性规定。对用人单位来说,不得约定试用期就不能以劳动者在试用期间被证明不符合录用条件为由而与劳动者解除劳动合同。有了可以随时通知劳动者终止用工的权利,用人单位就算没有试用期也可以同样解除与不符合录用条件的劳动者的劳动合同。同样,对劳动者而言,在试用期情况下可以随时通知用人单位解除劳动合同的权利也通过这一条规定得到了救济。另外,在建立劳动关系后,劳动者也不再需要按照该法第37条的规定提前30日以书面形式通知用人单位,而可以随时以书面或口头的形式提出终止用工。①

(四) 劳动报酬的规定

我国《劳动合同法》第72条规定:"非全日制用工小时计酬标准不得低于用人单位所在地人民政府规定的最低小时工资标准。非全日制用工劳动报酬结算支付周期最长不得超过15日。"该法规定了非全日制用工的工资不低于用人单位所在地人民政府规定的小时最低工资标准,这样就很好地保护了劳动者的合法权益;同时该条规定缩短了《劳动保障部关于非全日制用工若干问题的意见》关于非全日制用工的工资支付可以按小时、日、周或月为单位结算的期限,规定非全日制用工劳动报酬结算周期最长不得超过15日。

附 录

一、本章重点问题提示

(一)《劳动合同法》对用人单位不签订劳动合同的罚则有哪些?

1. 关联条款

第十条 建立劳动关系,应当订立书面劳动合同。

已建立劳动关系,未同时订立书面劳动合同的,应当自用工之日起1个月内

① 《劳动合同法解读七十一:非全日制用工的终止用工》,劳动合同法网,http://www.ldht.org/Html/jiedu/jiedu/999652.html,2012年3月16日最后访问。

订立书面劳动合同。

用人单位与劳动者在用工前订立劳动合同的,劳动关系自用工之日起建立。

第十四条 无固定期限劳动合同,是指用人单位与劳动者约定无确定终止时间的劳动合同。

用人单位与劳动者协商一致,可以订立无固定期限劳动合同。有下列情形之一,劳动者提出或者同意续订、订立劳动合同的,除劳动者提出订立固定期限劳动合同外,应当订立无固定期限劳动合同:

……用人单位自用工之日起满1年不与劳动者订立书面劳动合同的,视为用人单位与劳动者已订立无固定期限劳动合同。

第八十二条 用人单位自用工之日起超过1个月不满1年未与劳动者订立书面劳动合同的,应当向劳动者每月支付二倍的工资。

用人单位违反本法规定不与劳动者订立无固定期限劳动合同的,自应当订立无固定期限劳动合同之日起向劳动者每月支付二倍的工资。

2. 解读

形成劳动关系,就应当签订书面劳动合同;形成劳动关系而没有签订书面劳动合同的,法律上称之为"事实劳动关系"。本条主要针对签订劳动合同的时间以及事实劳动关系的法律责任作了严格的规定。

用人单位不愿意与劳动者签订劳动合同的原因有二:一是受降低用工成本的利益驱动,不签劳动合同有可能逃避为职工缴纳社会保险的义务,降低解雇职工时支付的经济补偿金等成本;二是原有的法律规定当中,用人单位不签订劳动合同承担的法律责任仅是员工可以随时辞职、单位终止双方关系的须支付员工工龄经济补偿金以及小额的罚款等——较轻的法律责任对用人单位的这种行为没有强有力的震慑力。

新规定中,首先对签订劳动合同的时间作了明确的界定。应当说,该条规定的自用工之日起1个月内订立书面劳动合同的时间还是较为宽泛的,但超过这个时间仍未订立书面合同的,用人单位须向员工每月支付二倍的工资;超过1年仍未订立书面劳动合同的,则视为用人单位与员工已订立无固定期限劳动合同。以上处罚规则非常严厉。

可以预见,《劳动合同法》实施后,用人单位将不敢"玩火",不与员工签订劳动合同。对于用人单位来说,将来考虑的重点应转向如何在管理中采取各种强化措施,建立单位内部严格的劳动合同签订纪律,禁止或防范出现员工不与单位签订劳动合同的现象,避免与员工形成事实劳动关系。随着《劳动合同法》这个新规定的实施,那种认为"劳动合同是保护员工合法权益的文件"的传统观点将发生变化,劳动合同将逐渐成为"保护用人单位和员工合法权益的文件",用人单位必须日益重视起劳动合同在人力资源管理中的重要性。

(二)关注劳务派遣的理论研究焦点问题

现实生活中,我国的劳务派遣现象已经比较广泛地存在:某派遣机构与劳动者签订劳动合同,并与要派企业签订劳动派遣协议,将劳动者派遣到要派企业工作,其劳动过程由要派企业管理,其工资、福利、社会保险费等项待遇由要派企业提供给派遣机构,再由派遣机构支付给劳动者,并为劳动者办理社会保险登记和缴费等项事务;要派企业向派遣机构就其提供的服务支付劳务费。这种新型的劳动关系使得劳动者和用人单位的劳动关系变得更加复杂,劳动者权利的保护问题在本来就很脆弱的情况下更加严重。理论界对受派劳动者权利保护的关注不够,理论研究仍然很落后。总结劳动派遣的理论研究成果,以下问题是研究的核心以及争论的焦点。

1. 要派企业与受派劳动者之间的法律关系的性质认定,有四种学说:

(1) 劳动给付请求让与说。

持此观点的人认为要派企业不只受领派遣劳动者的劳动给付,还通过监督指挥权的行使来指挥派遣劳动者的工作,并将派遣劳动者纳入要派企业自己的经营组织之中。此应与劳动给付请求权之让与较为相近。① 根据劳动给付请求权让与说的观点,派遣机构将自己对派遣劳动者的劳动给付请求权让与要派企业,要派企业基于这种让与又指挥派遣劳动者工作,并接受派遣劳动者的劳动给付。

(2) 真正利他契约说。

有学者认为,在劳动派遣中,派遣机构与派遣劳动者建立劳动关系,而后将派遣劳动者派遣到要派企业,向要派企业履行劳动给付,这一特点符合利他合同的本质特征。所以,有些学者主张劳动派遣是一种利他合同。②

(3) 双层运行说。

主张此观点的学者认为在劳动派遣中由于只出现劳动力与生产资料的一重结合,因而只有一重劳动关系。但是这里的用人单位则存在两个层次,要派企业只进行劳动过程的组织和管理,并负担工资、福利、社会保险费等项费用,其他劳动管理事务则委托给派遣机构代为实施,派遣机构只是要派企业劳动管理事务的代理主体。可见,这里存在的是一重劳动关系的双层运行,而不是双重劳动关系。③

(4) 双重劳动关系说。

根据双重劳动关系说的理论,在劳动派遣中,派遣机构与要派企业是派遣劳

---

① 黄程贯:《德国劳工派遣关系之法律结构》,见董保华、薛孝东:《论劳动力派遣·人才派遣理论规范与实务》,法律出版社2006年版,第59页。

② 黄程贯:《德国劳工派遣关系之法律结构》,载《政大法学评论》1998年第6期。

③ 王全兴、侯玲玲:《劳动关系双层运行的法律思考——以我国劳务派遣实践为例》,载《中国劳动》2004年4月。

动者的共同雇主。不仅派遣机构与派遣劳动者之间形成劳动关系，要派企业与派遣劳动者之间也存在劳动关系。有学者提出了“准双重劳动关系”[①]的概念，以区别双重劳动关系。这种准双重劳动关系虽然有两个用人单位，派遣劳动者却履行一份劳动任务，获得一份工资报酬，缴纳一份社会保险，受两个用人单位分别的管理。而两个用人单位各自承担一部分劳动法及劳动合同法中的义务，共同构成一个完整的劳动关系中的权利和义务。这不同于普通的一个劳动关系，也不同于普通的双重劳动关系，具有一定的相似性，又不完全一致，具有自己的特殊性，因此称之为“准双重劳动关系”。

2. 关于雇主责任如何承担，目前有几种学术观点：

(1) 美国的“共同雇主责任”。即在一定的条件下，要派企业要承担派遣单位的一部分雇主责任。[②]

(2) 德国的用工单位保证人责任。即如果派遣单位迟延支付派遣劳动者的社会保险费用，则用工单位对在派遣期间积欠的社会保险费用部分，负有保证人的责任。[③]

(3) 日本的雇主责任分配。日本对派遣机构和要派企业应承担的责任作了以下区分：派遣单位应承担工资、加班工资的计算，派遣劳动者的职业培训、教育，定期的健康检查等责任；要派企业应承担危险有害的劳动禁止，女工的工作时间、生理假期，定期的检查、维护工作环境等责任；派遣单位与用工单位共同承担责任的事项是：平等待遇、强制劳动的禁止、关于劳动安全卫生管理者的选任；此外，当派遣劳动者所从事的工作内容有变更、需要提供教育训练时，派遣单位与用工单位都要承担该培训责任。

在立法上，德国和日本都已出台了劳动派遣的法律。美国没有专门的劳动派遣法，而是将其规定在暂时性劳务提供的规定中。[④] 德国在 1972 颁布了《派遣劳工法》，该法对劳动派遣的适用范围、当事人之间的法律关系以及雇主责任都作了详细的规定。[⑤] 日本在 1986 年出台了《工人派遣法》，这部法律出于对日本经济恢复的考虑，对劳动派遣制度规定得比较宽松。[⑥] 我国台湾地区对劳动派遣没有颁布专门法律进行规范，我国 2007 年 6 月出台的《劳动合同法》填补了规范劳动派遣现象的立法空白，该法在第五章中整整用了第二节共 11 个条款来规范劳动派遣，针对我国目前劳动派遣在实践中存在的问题作出了规定，明确了

---

① 曹艳春：《劳动派遣关系中的雇主替代责任研究》，载《法律科学》2006 年第 3 期。

② 林基丰：《劳动派遣相关法律问题在台湾地区劳动法制适用的研究》，台湾东海大学法律学系 2002 年硕士论文。

③ 黄程贯：《德国劳工派遣关系之法律结构》，载《政大法学评论》1997 年第 60 期。

④ 郑津津：《美国劳动派遣法制之研究》，载《台湾劳动法学会学报》2000 年第 1 期。

⑤ 黄程贯：《德国劳工派遣关系之法律结构》，载《政大法学评论》1997 年第 60 期。

⑥ 高云：《走近劳务派遣》，载《中国劳动保障报》2004 年第 3170、3175 期。

三方的权利义务,提高了对被派遣劳动者的保护力度,对整顿、规范劳动派遣市场有着重要的意义。但该法有关劳动派遣的规定仍有不足之处,保护被派遣劳动者的立法宗旨是否得以实现尚待观察。

二、思考题

1. 简述用人单位违反《劳动合同法》的法律责任。
2. 简述非全日制用工的特殊法律规定。
3. 简述劳务派遣的概念、特征、适用范围。
4. 简述劳务派遣中用工单位和用人单位对被派遣劳动者的义务。
5. 简述《劳动合同法》对订立长期或无固定期限劳动合同的规定。
6. 简述劳动合同的概念、特征及法定分类。

第五章　集体协商与集体合同

内容提要

集体合同是我国劳动法律规范中协调劳动关系的一项重要法律制度。集体协商是为签订集体合同而由劳动者团体与用人单位及其团体遵循特定协商规则举行的一种劳资谈判活动。它体现着劳动者和用人单位双方的共同意愿，属于劳资自治领域，是达成集体合同的必经程序。集体合同与劳动合同相比，存在着诸多不同之处。主要表现在集体合同的订立主体、订立程序、内容、效力和解除程序等方面。在集体合同的订立过程中，既有当事人之间的协商谈判，又必须经过政府的审核和确认；集体合同的内容则可以涵盖用人单位和劳动者相互关系中劳动条件和劳动待遇、劳动福利等非常多元且全面的权益；而集体合同的效力则主要体现在其准法规效力和债权效力等方面。如果集体合同制度能够有效运行，能够弥补劳动法律规范规定的不足和劳动合同不能完全保护劳动者权益的不足。集体合同制度的运行需要具备相应的前提条件：第一，要具备独立的双方主体，即独立的用人单位及其团体和劳动者团体；第二，劳动者能够良好地组织成团体并具有有效的制衡用人单位力量的方式等劳动基本权利；第三，法院作为独立裁判者具有较高的荣誉感和公信力，受到社会的共同尊重；第四，参与集体协商过程中的人都具有理性的能力。①

通过本章的学习掌握集体合同的概念和特征，明确集体协商的意义和程序。对于集体合同如何发生效力和效力范围应特别加以注意。在此基础上，结合我国集体合同的立法和实践活动，分析集体合同制度在我国的存在状态，以及真正实现集体合同制度立法功能的必要条件。工会是劳动者团体，其法律地位如何，怎样确保其真正维护劳动者的权益；用人单位团体该如何组建，其法律地位如何；劳动者团体与用人单位团体之间如何对抗与合作、政府应如何扮演一个公正的第三方的角色；等等。这些都是我国当前集体合同制度运行中所面

---

① 康德认为人类心灵能力与道德法则有紧密的联系，因此他在讨论法的诸多问题之前在《道德形而上学总导言》中首先分析“人类心灵能力与道德法则的关系”，提出“纯粹理性是原则的能力”“是制定法规的能力”，由此理性是文明社会实现法治的基础（参见康德：《法的形而上学原理——权利的科学》，沈叔平译，商务印书馆1991年版，第1—32页）。简单地说，理性能力就是一个人在争取自己合法权利的同时能够尊重并承认他人的正当权益的能力。

临的理论和实践难题。

关键词

集体合同　集体协商　工会　用人单位团体

第一节　集体协商概述

一、集体协商的概念

集体协商，又称集体谈判，是指工会或者企业职工(雇员)选举的代表与相应的用人单位或其团体，就劳动标准和劳动条件、集体福利进行商谈，并签订集体合同的行为。也就是说，劳动力所有者与劳动力使用者或者劳动力使用者组织，以签订集体合同为目的进行磋商或谈判。劳动者一方通常由职工组成的工会或者经全体职工选举产生的职工代表参加协商，劳动力使用者一方既可以一个用人单位(雇主)单独参加协商，也可以是多个用人单位组织起来建立用人单位团体(雇主协会)与职工(雇员)组织(即工会)进行协商。《劳动合同法》第 51 条第 1 款规定："企业职工一方与用人单位通过平等协商，可以就劳动报酬、工作时间、休息休假、劳动安全卫生、保险福利等事项订立集体合同……"集体协商的目的是通过协商和谈判签订集体合同从而解决雇佣双方的利益冲突。

在国际劳工组织所制定的国际劳工公约及建议书和西方国家劳动立法中往往不是使用"集体协商"这一术语，而是使用"集体谈判"的概念。根据国际劳工组织 1981 年第 154 号《促进集体谈判公约》第 2 条的规定，集体谈判是以一个雇主或多个雇主组织为一方，一个或多个工会组织为另一方就以下目的所进行的所有谈判：包括确定劳动和就业条件，解决雇主和工人间的关系，解决雇主或其组织同一个或多个工会组织之间的关系。①

我国 2004 年 5 月 1 日开始施行的《集体合同规定》第 4 条规定："用人单位与本单位职工签订集体合同或专项集体合同，以及确定相关事宜，应当采取集体协商的方式。集体协商主要采取协商会议的形式。"2008 年 1 月 1 日起生效的《劳动合同法》第 51 条第 1 款规定，企业职工一方与用人单位通过平等协商，可以就劳动报酬、工作时间、休息休假、劳动安全卫生、保险福利等事项订立集体合同。集体合同草案应当提交职工代表大会或者全体职工讨论通过。从这两个条

---

① 《促进集体谈判公约》，http://baike. baidu. com/link? url = hLEB198HI6rebZi9LWu8Wog-qSb3B3g4S-IUyuByGMj2NSkd2ubP76XHWQTXQDj93s9ijLpn-4RdKUjwgjIrsq，2015 年 12 月 16 日最后访问。

款中可以看出，我国立法中使用“集体协商”或者“平等协商”而不使用“集体谈判”的提法，目的在于尽量避免谈判中所含有的对抗或过激行为，努力做到和平协商。协商和谈判的含义有明显的区别，反映了对劳动关系本质的不同认识。协商是以双方存在共同利益的假设为基础，而谈判则是以双方利益存在冲突为基础。[①] 但是，不管是集体协商还是集体谈判，都需要一个基本的前提条件，即协商的主体双方或者谈判的主体双方在力量上基本是平等的，否则都难以达到其制度预期。要理解集体协商需要从协商的主体、协商的义务、集体协商程序等方面入手。

二、集体协商的主体

集体协商的主体是指参加集体协商的双方当事人。根据我国《劳动法》第33条第2款的规定，集体合同由工会代表职工与企业签订；没有建立工会的企业，由职工推举的代表与企业签订。《劳动合同法》第51条第2款规定：“集体合同由工会代表企业职工一方与用人单位订立；尚未建立工会的用人单位，由上级工会指导劳动者推举的代表与用人单位订立。”第53条规定：“在县级以下区域内，建筑业、采矿业、餐饮服务业等行业可以由工会与企业方面代表订立行业性集体合同，或者订立区域性集体合同。”因此，在我国，集体协商有两类：一类是在企业层次上进行的协商，参加集体协商的劳动者一方的代表可以是工会，也可以是职工推举的代表，这一类在我国1995年生效的《劳动法》中有规定；一类是县域内的行业性或区域性集体合同。这是由2008年1月1日起实施的《劳动合同法》规定的。相隔十几年的法律规定有所不同和发展，可以表明我国对劳动关系认识的深化，看到了行业性、区域性集体合同的必要性和重要性。

从国际范围来看，在其他国家，一般只有工会才有权代表劳动者参加集体协商。集体协商往往是在产业的层次上进行的，企业层次的集体协商并不重要。例如在美国，集体协商主要在产业层次、行业层次、地方层次和企业层次举行，有些方面甚至在车间层次举行，在开始集体协商之前，首先是要确定有代表权的工会。如果一家工会被劳工关系委员会授权作为某些雇员的代表，或是雇主私下里承认其代表地位，该工会便享有了代表这些雇员的排他性权利，成为集体的劳动者一方的代表。这种排他性权利意味着雇主不能抛开工会直接与雇员谈判，即使是雇员首先提议进行谈判也不行。我国允许在没有组建工会的企业或者行业由职工选举代表与用人单位进行协商。

---

① 事实上，在劳动关系中既有利益对立的一面，也有利益冲突的一面，当劳动关系运行中双方都相对满意的话，共同利益较为明显；当劳动关系运行出现较大矛盾时，利益冲突就表现出来。从集体合同制度的起源来看，其产生的目的是雇员为免于被过度使用而组织起来与雇主对抗谈判的产物，在此意义上看，以双方利益冲突为基础的假设更合乎其本质。

我国《劳动法》没有明确规定产业工会能否成为集体协商的主体，因此在过去15年里，只有企业层次上的集体协商。企业层次的集体协商往往影响面太小，而且企业工会的谈判力量也较薄弱，不利于发挥我国单一工会体制的优势。在实践中，一些特殊行业如铁路、航空等很难进行企业层次的集体协商，一些劳动标准也无法在企业层次上制定。随着我国《劳动合同法》的生效，我国在行业、产业和地区层次上的集体协商将会不断发展，对劳动者权益维护发挥较大的作用。2011年4月23日武汉市工会与当地餐饮业协会签订的《工资专项集体合同》就属于产业集体协商的结果。[①] 武汉市商贸金融烟草工会联合会和武汉餐饮业协会分别代表武汉市餐饮行业职工方和企业方，因为武汉市餐饮行业职工没有组织工会，因此由上一级工会代表餐饮行业职工签订集体合同。

三、集体协商的义务

劳动力使用者作为劳动者集体协商权的义务主体，负有与合法的工会或劳动者推举的代表进行协商的义务。根据美国1935年7月5日的《瓦格纳法》，雇主不得拒绝与有代表权的工会进行集体协商。而且，该法要求雇主应当以诚信态度与工会进行协商，按照美国全国劳动关系委员会的解释，所谓诚信态度，就是一方当事人提出一项建议后，对方当事人虽然不是必须要提出一项反建议，但是却必须要作出某些响应。这是检验当事人是否具有诚意的基本标准。同时，根据联邦上诉法院的判决，任何一方当事人，都不得采取所谓"敷衍谈判"的态度。而最后是否达成协议，并不是检验诚信态度的标准。这些规定对完善我国集体协商制度有一定的借鉴意义。

在我国，2001年修改后的《工会法》第20条规定，工会代表职工与企业以及实行企业化管理的事业单位进行平等协商，签订集体合同。这说明我国工会有权代表职工与劳动力使用者进行集体协商，但是该条并未明确劳动力使用者是否有义务与工会进行协商。不过，该法同时规定，无正当理由拒绝协商的，由县级以上人民政府责令改正，依法处理。根据法学方法论的文义解释及逻辑推理，这种"责令改正"的后果是由某种义务所导致的，因此，可以推断出我国劳动力使用者同样有义务与工会进行集体协商。只是用人单位拒绝协商的后果是由政府责令改正，依法处理。这一方面强调了政府的监督职责，另一方面当政府监督不到位时，劳动者就缺乏强制用人单位进行集体协商的手段。在此问题上，不妨换一种思路，政府不需要承担过重的监督职责，而是让劳动者以团体斗争的方式迫使用人单位履行集体协商的义务。

---

① 《武汉市餐饮行业签订工资专项集体合同》http://www.chinanews.com/df/2011/04-23/2993441.shtml，2015年10月15日最后访问。

四、集体协商的程序

根据我国《集体合同规定》,集体协商一般要经过以下四个阶段:

(一)集体协商的提出和协商代表资格的确定

1. 集体协商的提出

《集体合同规定》第32条第1款规定:"集体协商任何一方均可就签订集体合同或专项集体合同以及相关事宜,以书面形式向对方提出进行集体协商的要求。"

集体协商可以由劳动者代表或者工会主席向用人单位法定代表人或者用人单位团体主席提出,也可以由用人单位方代表向劳动者方代表提出。劳动关系的任何一方向另一方提出进行集体协商的要求,对方都不能拒绝,而应当以书面形式进行回复。《集体合同规定》第32条第2款规定:"一方提出进行集体协商要求的,另一方应当在收到集体协商要求之日起20日内以书面形式给以回应,无正当理由不得拒绝进行集体协商。"由于《集体合同规定》对拒绝书面回复以及无正当理由拒绝进行集体协商的一方,没有规定任何处罚措施,导致了集体协商制度在实践中并没有发挥预期功能。有鉴于此,今后在修订《集体合同规定》时,应增加针对义务违反行为的处罚措施。例如,韩国《工会法》规定,雇主无正当理由,而拒绝或疏怠集体协议的执行或与工会代表或者由工会授权的人进行任何其他集体谈判的,应被判处一年以下监禁或1500万元以下罚款。①

2. 集体协商代表资格的确定

集体协商代表(以下统称协商代表)是指按照法定程序产生并有权代表本方利益进行集体协商的人员。当双方就进行集体协商达成一致意见后,就需要双方各自确定协商代表,协商代表应具备代表资格,从而参与集体协商和谈判。集体协商双方的代表人数应当对等,每方至少3人,并各确定1名首席代表。集体协商双方首席代表可以书面委托本单位以外的专业人员作为本方协商代表。委托人数不得超过本方代表的1/3。首席代表不得由非本单位人员代理。

集体协商代表确定是一个非常复杂的问题,尤其是劳动者一方的协商代表的确定,究竟谁能够代表企业职工参与谈判,他们能够代表哪些劳动者。因为在一个企业中,除了投资者兼任管理人员外,其他的各级管理人员以及基层工作人员,哪些属于雇员,哪些人属于代表雇主利益的人员,将二者进行区分是进行集体谈判代表确定的前提条件。区分的一般原则是凡是代表雇主(用人单位)利益的人不能担任劳动者一方的协商代表。在我国当下,在国家机关、事业单位及社

① 劳动和社会保障部劳动科学研究所编:《外国劳动和社会保障法选》,中国劳动出版社1999年版,第134—137页。

会团体、国有企业中,所有在编制内的职工都是工会会员,职工方协商代表的确定实属不易。在民营企业中,大多数的工会主席是企业老总确定的,俗称"老板工会",这也就导致了劳动者的协商代表之确定困境。

企业内部的协商代表参加集体协商视为提供了正常劳动,协商代表的工资应照常发放。

(1) 职工方协商代表的确定

职工一方的协商代表由本单位工会选派。未建立工会的,由本单位职工民主推荐,并经本单位半数以上职工同意。职工一方的首席代表由本单位工会主席担任。工会主席可以书面委托其他协商代表代理首席代表。工会主席空缺的,首席代表由工会主要负责人担任。未建立工会的,职工一方的首席代表从协商代表中民主推举产生。

工会可以更换职工一方的协商代表;未建立工会的,经本单位半数以上职工同意可以更换职工一方的协商代表。

(2) 用人单位方协商代表的确定

用人单位一方的协商代表,由用人单位法定代表人指派,首席代表由单位法定代表人担任或由其书面委托的其他管理人员担任。用人单位法定代表人可以更换用人单位一方的协商代表。

用人单位协商代表与职工协商代表不得相互兼任。协商代表因更换、辞任或遇有不可抗力等情形造成空缺的,应在空缺之日起 15 日内按照《集体合同规定》产生新的代表。

(3) 协商代表的职责

协商代表应履行下列职责:参加集体协商;接受本方人员质询,及时向本方人员公布协商情况并征求意见;提供与集体协商有关的情况和资料;代表本方参加集体协商争议的处理;监督集体合同或专项集体合同的履行;法律、法规和规章规定的其他职责。

(4) 协商代表的保护

《集体合同规定》第 28 条第 1 款规定:"职工一方协商代表在其履行协商代表职责期间劳动合同期满的,劳动合同期限自动延长至完成履行协商代表职责之时,除出现下列情形之一的,用人单位不得与其解除劳动合同:(一) 严重违反劳动纪律或用人单位依法制定的规章制度的;(二) 严重失职、营私舞弊,对用人单位利益造成重大损害的;(三) 被依法追究刑事责任的。"

职工一方协商代表履行协商代表职责期间,用人单位无正当理由不得调整其工作岗位。

职工一方协商代表上述权益保障规定与用人单位发生争议的,可以向当地劳动争议仲裁委员会申请仲裁。根据《劳动争议调解仲裁法》,对仲裁裁决不服的,可以向人民法院起诉。

（二）为集体协商进行准备的阶段

在准备阶段,主要包括双方共同议定谈判议题,共同商定集体协商的具体内容、时间和地点;双方各自确定谈判方针,拟定本方谈判要点,以及向对方提供有关情况和数据等事项的准备工作;等等。

根据《集体合同规定》第 33 条的规定,协商代表在协商前应进行下列准备工作:熟悉与集体协商内容有关的法律、法规、规章和制度;了解与集体协商内容有关的情况和资料,收集用人单位和职工对协商意向所持的意见;拟定集体协商议题,集体协商议题可由提出协商一方起草,也可由双方指派代表共同起草;确定集体协商的时间、地点等事项;共同确定一名非协商代表担任集体协商记录员。记录员应保持中立、公正,并为集体协商双方保密。

（三）正式协商阶段

集体协商双方都要依照共同商定的规则和日程,在谈判桌上进行协商谈判。谈判过程中双方都要根据自己的实际情况和对方的正当利益诉求,不断调整谈判策略和方法以及适当改变对谈判结果的期望值,并根据法律的规定采取相应的手段,最终达到协商谈判的目的。

《集体合同规定》要求,集体协商会议由双方首席代表轮流主持,并按下列程序进行:宣布议程和会议纪律;一方首席代表提出协商的具体内容和要求,另一方首席代表就对方的要求作出回应;协商双方就商谈事项发表各自意见,开展充分讨论;双方首席代表归纳意见。达成一致的,应当形成集体合同草案或专项集体合同草案,由双方首席代表签字。

在我国,集体协商中双方未能达成一致意见,或者出现了事先未能预料到的问题时,经双方同意,可以暂时中止协商。但中止协商的期限最长不超过 60 天。具体中止期限及下次协商的具体时间、地点、内容由双方共同商定。我国《劳动法》第 84 条第 1 款规定:“因签订集体合同发生争议,当事人协商解决不成的,当地人民政府劳动行政部门可以组织有关各方协调处理。”据此规定,签订集体合同(即集体协商)过程中发生争议,双方当事人不能自行协商解决的,当事人一方或者双方可向当地劳动行政部门的劳动争议协调处理机构书面提出协调处理申请。由劳动争议协调处理机构组织同级工会代表、企业方面的代表以及其他有关方面的代表共同进行协商处理,并制作《协调处理协议书》。《协调处理协议书》由双方当事人首席代表和协调处理负责人共同签字盖章,下达后对双方均有约束力。

（四）签订集体合同

集体合同是集体协商谈判顺利发展的结果。集体协商的双方代表在谈判过程中讨价还价、必要时互相让步、最后达到双方都能接受的利益平衡点,采用书面形式签订正式协议,从而结束该次集体协商。集体合同一经签订,集体协商结束。

如果在集体协商不顺利的情况下,经政府协调处理仍不能达成协议的,则说明双方的利益诉求之间的差别较大,难以达成共识,表明了双方的根本分歧和矛盾,有可能引发激烈的斗争。例如,劳动者一方可能采取停工、怠工方式以达到诉求的满足,用人单位方可能采取闭厂或者解雇原劳动者、重新招用员工的方式应对劳动者方的强硬行动。如果没有一个合理的程序规制并合理引导这种双方的激烈行动,就会造成两败俱伤、三方利益(劳动者利益、用人单位利益、公共利益)受损的严重后果。发达的市场经济国家经过多年的实践探索,已经探索出一套较为可行的集体劳动关系处理机制,值得我们学习和借鉴。

五、美国劳工联合与集体谈判①

在美国的劳动法视域内,充分尊重劳资双方的意愿,要求双方通过各自独立的联合、斗争、谈判来确立双方都应遵守的劳动待遇、劳动条件和职工福利以及社会保障待遇的落实等。因此,可以说,在美国,没有劳工的充分团结与联合,就没有集体谈判的发展和成熟。

美国在 1935 年以前没有关于劳资领域的系统立法,只是在法院判例和其他领域的立法中涉及对劳工联合的限制与规范的条款。例如根据《谢尔曼法》,工会对制造商的联合抵制被宣布为非法,并对参与雇员处以 3 倍损害赔偿金的判决。面对这一反劳工的司法判决一般趋势,一些法院逐渐显示出对发布和执行禁令的公平程序的需求的敏感以及对劳工利益的立法敏感,结合 19 世纪末的经济衰退和 20 世纪初战时经济所引发的问题,导致了一些有关劳动管理关系的联邦规则的出现。1932 年《诺里斯—拉瓜迪亚法案》宣布,允许雇员们不受雇主胁迫组织起来并进行集体谈判是美国的公共政策,并且试图通过管理禁令的发布,且在绝大多数的案件中完全禁止在"劳动争议"中发布禁令来实现这一目的。此处,"劳动争议"被广泛地定义为包括发生争议的同一行业中的所有人,或者与争议有间接利益的人,而不考虑任何最近的雇佣关系。和平罢工、设置纠察以及联合抵制受到了保护,而不会接到禁令。

在 *Apex Hosiery Co. v. Leader* (U. S. 1940) 一案中,联邦最高法院严厉地限制了《谢尔曼法》适用于工会时的范围。在 *United States v. Hutchesen* (U. S. 1941) 一案中,联邦法院判定《诺里斯—拉瓜迪亚法案》的广泛保护不仅禁止对工会活动发出禁令,而且使它们免于反托拉斯法的三倍损害赔偿金的诉

① 主要参阅〔美〕罗伯特·A. 高尔曼:《劳动法基本教程——劳工联合与集体谈判》,马静等译,中国政法大学出版社 2003 年版,第 1—7 页。

讼以及刑事救济。到20世纪30年代中期，美国国会开始寻求通过下面这种思路保护劳工，其宣布联邦政府应该基本上不控制劳资之间的斗争，而由各方聚集其经济力量——工会通过罢工和设置纠察，雇主则通过解雇——将压力施加给对方，从而使联邦政府从复杂的劳资纠纷中脱身而出，仅仅从外部促使劳资双方的力量维持一种动态的均衡性，利用职工的集体力量来抗衡雇主，保证纠纷双方力量的平衡，避免职工个人直接面对雇主的态势出现。

在美国，集体谈判和集体协议不仅是确定劳资关系的基本方式，也是解决劳资争议的基本手段。美国的劳资争议处理制度建立在集体谈判、集体协议的基础上，法律只是保护谈判程序，确认协议效力。这样有利于建立积极和谐的劳资关系，也有利于减轻普通司法机关的负担和减少国家干预劳资关系的投入。同时，联邦法也注意规范工会活动，例如工会内部的腐败问题、非民主行为等，从而保障工会活动的正当性基础。

在立法方面，主要有《国家劳资关系法》《瓦格纳法》(1935年)、《塔夫脱—哈特莱法》(1947年)、《兰德拉姆—格里芬法》(1959年)。《国家劳资关系法》是管理私人企业劳资关系的主要联邦法律，其基本原则是赋予雇员权利成立劳工组织，通过该类组织集体解决有关雇佣的条款和条件等问题，以及为维护其他权利而采取一致行动。该法为成立工会扫除了障碍，甚至鼓励成立工会，使之成为个体工人得以发表意见的有效途径。从此立法开始，美国国会和联邦法院对待劳资领域的态度基本一致，通过个体工人的联合来对抗雇主方任何有可能对劳动者的不当对待，国会和法院仅仅在程序上和结果上保证集体谈判的进行和集体协议的效力。由此可见，独立工会的独立活动是集体谈判和集体协议发挥作用的前提要件。[①] 由此可以说“法的目的是和平，而实现和平的手段是斗争”[②]。美国劳动关系的发展历史也证明了这一点。

六、德国的团体协议[③]

德国的团体协议是以英国为榜样，在19世纪由工会尝试向雇主争取较好的劳动条件。劳资双方通过谈判确定分层级的报酬规则，将该规则写进工会和单个雇主之间的总体劳动合同(即团体协议，又称集体合同)中。通过团体协议改变了雇主在产业革命初期根据其优势地位单方决定劳动合同内容的状态。1873

---

① 集体合同制度在我国之所以没有能够发挥重要作用，尤其是没有能够较好地协调劳资关系，其根本原因即在于我国工会缺乏独立性，因此其代表力和行动力都不足以对抗强势的用人单位，以维护劳动者的正当权益。

② 〔德〕耶林：《为权利而斗争》，胡宝海译，载梁慧星主编：《民商法论丛》(第2卷)，法律出版社1995年版。

③ 此部分内容主要参考〔德〕雷蒙德·瓦尔特曼：《德国劳动法》，沈建峰译，法律出版社2014年版，第392—460页。

年的印刷业团体协议是第一个在整个帝国境内生效的团体协议。团体协议的内在原理是团体自治,劳动者方团体与雇主团体自主确定劳动条件,体现了自治功能。随着工业经济转向服务经济,劳动者的组织程度大大降低,团体联合与团体自治功能在逐步失灵。

整体上讲,德国的团体自治与团体协议制度较为全面和完善,尽管其面临着新技术时代,互联网下个性化劳动所带来的挑战。其签订团体协议的当事人资格即谈判能力建设较好,团体协议内容较为全面,其宪法保障下的公民权利和政治权利充分,为其职工的团结权提供了坚实的基础。同时,也尊重和保障了雇主的平等结社权。法律法规提供了充分的程序保障机制和促进双方理性谈判的空间。

德国劳资关系较为和谐,工业制造水平较高,在此基础上的互联网技术更能增加其在国际上的竞争力。德国设立专门的劳动法院,快速便捷地处理劳动争议,有利于及时化解劳动纠纷,值得我国借鉴。在程序上保障了工会参与法院处理,例如,《劳动法院法》第 11 条规定,协会可以通过符合章程的或者经授权的代表人(负责人或工会秘书)在劳动法院的程序中代表其成员。

德国劳动法能够直面劳资冲突,甚至劳动斗争,而不是回避劳资斗争。德国《基本法》保障任何人和任何职业建立劳动结社以维持和促进劳动条件和经济条件的权利。因此,团体协议自治得到宪法的根本保障,而团体协议自己反过来又以劳动斗争自由作为发挥功能的条件。没有劳动斗争作为谈判没有结果时的最后手段,则团体协议自治是没有意义的,只是劳动斗争的合法性要受到法律的规范和检验。

德国典型的团体协议条款主要有:(1) 关于超团体协议给付的条款。即给付的内容和标准超出了团体协议的规定,这通常是在劳动合同中约定的给付标准较高,一般来说劳动合同中超团体协议给付是具有效力的。(2) 缩短工时条款。即在团体协议中约定,授权雇主在销售困难、原料供应中断或类似障碍时缩短工厂劳动时间,相应的导致工资缩减。缩短工时条款的意义在于尽可能避免因暂时的困境而解雇员工。(3) 组织和区分条款。该类条款的目的在于给予未加入工会者以加入的动力。(4) 除斥期间条款。团体协议可以规定,周日劳动津贴必须在收到结算单后两个月内主张。这两个月就是除斥期间。除斥期间的目的是强迫劳动关系当事人尽可能快地澄清所有可想象的意见分歧。在期间经过后,该请求权不得再主张(抗辩)。(5) 开放条款。开放条款是指使团体协议对其他劳动法上的规则,主要是对工厂规则等开放的条款,即就团体协议的个别规则来说,允许雇主和工厂委员会在工厂层面作出不一致的安排。

第二节　集体合同制度概述

一、集体合同的概念

集体合同又称团体协约、集体协约，是指具有集体协商或者团体谈判能力的当事人之间所达成的调整双方权利和义务以及规范劳动条件和经济条件的合同。根据合同法原理，集体协商双方或者谈判双方应具有平等的法律地位，参与协商或者谈判的主体具有法律资格并具有真正的谈判能力。否则，其合同效力将会受到影响。集体合同的签订双方需要有法定的资格和实际谈判所需要的谈判能力。否则，集体合同制度无法发挥其立法功能。此处以理论上的推导来界定集体合同内涵是妥当的。

根据国际劳工组织第 91 号建议书《集体合同建议书》第 2 条第 1 款的规定，是指“以一个雇主或一群雇主，或者一个或几个雇主组织为一方，一个或几个有代表性的工人组织为另一方，如果没有这样的工人组织，则根据国家法律和法规由工人正式选举并授权的代表为另一方，上述各方之间缔结的关于劳动条件和就业条件的一切书面协议”。我国《集体合同规定》第 3 条规定：“本规定所称集体合同，是指用人单位与本单位职工根据法律、法规、规章的规定，就劳动报酬、工作时间、休息休假、劳动安全卫生、职业培训、保险福利等事项，通过集体协商签订的书面协议；所称专项集体合同，是指用人单位与本单位职工根据法律、法规、规章的规定，就集体协商的某项内容签订的专项书面协议。”我国《劳动合同法》第 51 条规定：“企业职工一方与用人单位通过平等协商，可以就劳动报酬、工作时间、休息休假、劳动安全卫生、保险福利等事项订立集体合同。”由此可见，我国劳动法律法规中所称的集体合同是指工会与用人单位或其团体为规范劳动关系而订立的，以全体劳动者的共同利益（劳动条件和劳动待遇、职工福利等）为中心内容的书面协议。

作为一种书面协议，集体合同除具有一般协议的主体平等性、意思表示一致性、合法性和法律约束性等共性外，它还具有一些自身的特征：

（1）集体合同是一种劳动协议。它不是工会组织（或职工代表）与企业之间达成的民事协议，它本质上以劳动条件为主要内容，是规定全体职工与企业（或企业联合组织）之间整体性的劳动权利和劳动义务的一种协议，它以劳动关系为存在的基础。

（2）集体合同是特定当事人之间订立的协议。所谓特定当事人，一方是劳动力使用者即企业和事业单位、社会团体、国家机关，另一方是劳动力所有者，即全体劳动者。全体劳动者一方由工会组织作为其代表，若没有建立工会的，由职工推举的代表作为其代表,不能由职工个人或职工中其他团体为集体合同的一方当事人。

(3) 集体合同必须是书面合同。其生效要经过特别程序。法律规定,集体合同双方当事人必须就有关内容达成集体合同文本,并将文本提交劳动行政主管部门审核。经劳动行政主管部门审核通过的集体合同才具有法律效力。

(4) 集体合同必须是有团体协议能力者谈判的结果。也就是说参与谈判的双方在谈判能力上是相当的,如果协商一方在信息掌握、谈判能力上,明显弱于另一方,则集体合同的内容可能有失公平,影响其效力。

集体合同与劳动合同相比较,有下述的主要区别:

(1) 当事人不同。劳动合同当事人为单个劳动者和单个用人单位;集体合同当事人为劳动者团体(即工会或者职工推举的代表)和用人单位或其团体。一个求职者通过与一个用人单位签订劳动合同才能建立劳动关系,而集体合同是已经建立劳动关系的多个劳动者的联合与一个用人单位或者用人单位的联合集体协商或者集体谈判的结果。

(2) 目的不同。订立劳动合同的主要目的是建立劳动关系,合同双方才形成劳动雇佣关系,而订立集体合同的主要目的是为已确立劳动关系设定合理的、具体的劳动标准,即在其效力范围内规范劳动关系。

(3) 内容不同。劳动合同以单个劳动者和单个用人单位的权利和义务为内容,一般包括劳动关系的各个方面;集体合同以集体劳动关系中全体劳动者和所有用人单位的共同权利和义务为内容,可能涉及劳动关系的各个方面,也可能只涉及劳动关系的某个方面(如工资专项集体合同等)。

(4) 形式不同。劳动合同可以是要式合同,也可以是非要式合同;集体合同一般为要式合同。

(5) 效力不同。劳动合同对单个的用人单位和劳动者有法律效力,集体合同对订立合同的单个用人单位或用人单位团体所代表的全体用人单位,以及工会所代表的全体劳动者,都有法律效力。并且,集体合同的效力一般高于劳动合同的效力。

集体合同制度有效发挥作用的前提条件是《宪法》的公民结社权与《工会法》的团结权能够有效落实。从发生学意义上看,只有劳动者能够自主独立地联合,形成较为有力量的状态,才能促使用人单位联合,从而平等地进行集体谈判。集体合同制度的基本原理是劳资双方自治,通过团体讨价还价来均衡单个劳动者在签订劳动合同时呈现出的结构性的力量弱势,其结果是获得一个相对合理的关于工资待遇、劳动福利和劳动条件的协议。因此,在此种意义上对集体劳动关系调整的规范,应属于私法规范。

二、集体合同制度的意义

集体合同制度之所以盛行于现代各国，并且在劳动法体系中处于与劳动合同制度并重甚至比劳动合同制度更为重要的地位，是因为在保护劳动者利益和协调劳动关系方面，集体合同具有劳动法律法规和劳动合同所无法取代的功能。

（一）集体合同可以弥补劳动立法的不足

首先，劳动法所规定的关于劳动者利益的标准往往属于最低标准，按此标准对劳动者进行保护只是法律所要求的最低水平，而立法意图并不是希望对劳动者利益的保护只停留在最低水平上，但对劳动者能否获得高于法定最低标准的利益，劳动立法却力所不能及。通过集体合同，可以对劳动者利益作出高于法定最低标准的约定，从而使劳动者利益保护的水平能够实际高于法定最低标准。其次，劳动法律法规关于劳动者利益和劳动关系协调规则的规定，有许多是粗线条、原则性的规定，相对于现实生活中丰富复杂的劳动关系而言，难免有所疏漏。通过集体合同，可以在一定范围内就劳动利益和劳动关系的协调的共性问题作出约定，从而更具体地规范劳动关系，对劳动立法不完备起补充作用。

例如在现代市场经济体制下，各国基本上都采用保障型工资立法模式，即由国家规定一个最低工资标准，由集体合同规定不同企业的不同岗位的工资或者不同地区不同行业的工资标准；物价发生波动上涨时，则通过集体谈判来保障劳动者的实际工资水平，不影响劳动者的生活质量。

（二）集体合同可以弥补劳动合同的不足

首先，在签订劳动合同时，因单个劳动者是相对弱者，不足以同用人单位抗衡，难免违心地接受用人单位提出的不合理条款；而由工会代表全体劳动者签订集体合同，就可以改善单个劳动者在劳动关系中的相对弱势地位，有利于双方平等协商，避免劳动者被迫接受不合理条款。其次，劳动者之间因各自实力不同而在与用人单位相对时实际地位有差别，仅以劳动合同来确定劳动者的权利义务，就难免有的劳动者受到歧视，即不能平等地享有权利和承担义务；通过集体合同就可以确保在一定范围内全体劳动者的权利和义务大体上实现平等。再次，劳动关系运行条件的内容包括工时、工作定额、工资、社会保险、劳动福利、劳动安全卫生等多个方面，若都由劳动合同具体规定，每个劳动合同的篇幅必将超长，这对于劳动合同的签订和鉴证来说，都是难以承受的巨大负担，也不利于劳动关系的及时确立，会增加确立劳动关系的成本；集体合同对劳动关系的主要内容作了具体规定后，劳动合同只需就单个劳动者的特殊情况作出约定即可。这样，就可以简化劳动合同内容，减少劳动合同签订和鉴证的工作量，降低确立劳动关系的成本。集体合同制度越完善，单个劳动者与单个用人单位签订劳动合同就越简化，合同文本也就越简单。从世界范围来看，凡是集体合同制度较为完善的国家,并不强制在劳动者与用人单位之间签订单个劳动合同,极大地节约了用人单位的录用成本。

三、集体合同的管理

集体合同管理,是指集体合同管理机关对集体合同运行过程中所实施的一系列管理措施,包括运用指导、监督、调解、仲裁方式,促使集体合同当事人依法订立、履行、变更和解除集体合同,并追究其违反集体合同的责任,以实现集体合同运行的正常化和规范化,充分发挥集体合同对劳动关系协调和经济社会发展的积极作用。

集体合同自产生之日起,就一直是国家干预的对象,契约自由原则在集体合同运行过程中的适用为国家法律所限制。在现代市场经济国家,政府不仅制定一系列有关集体合同的法规,确认工会和雇主团体的集体合同签约权,确立集体合同运行的规则,而且设立官方或半官方的机构,对集体合同运行进行宏观调控。因而,集体合同管理在现代已形成一套完整的体系,对我国建立社会主义市场经济条件下的集体合同管理体系极有借鉴价值。

集体合同管理机关的设置,在不同国家不尽相同,大致可归纳为两种机制,即单一制管理体制和联合管理体制。

在单一制管理体制中,集体合同统一由一个官方或半官方机关进行管理,例如,在英国由劳动关系裁判所管理,在法国由中央集体协议委员会管理,在日本由中央和地方仲裁委员会管理,在匈牙利由劳动事务委员会管理。

在联合管理体制中,集体合同由多个机关联合实行管理。我国在实践中采用此种体制,即由地方劳动行政部门、上级工会机关和企业主管部门联合管理集体合同,其中以劳动行政管理部门为主。联合管理兼有分工管理和统一管理双重性质。所谓分工管理,即不同部门在集体合同管理中,分别承担不同的任务,上级工会机关和企业主管部门分别侧重于对基层工会和企业行政订立、履行集体合同进行指导和监督检查;劳动行政部门除了对集体合同订立进行管理外,主要是监督集体合同履行和处理集体合同争议。所谓统一管理,即各主管部门在集体合同管理过程中相互配合和支持,并做到组织统一、标准统一和行动统一。

在我国,集体合同管理的主要内容有以下几个方面:第一,宣传和普及集体合同制度及其法律知识,提高企业管理人员、工会工作人员和职工个人及整体的集体合同法律意识。第二,制定集体合同法规政策,完善集体合同制度,建立和健全集体合同管理机构及组织规则和活动规则。第三,指导和监督企业行政和工会依法制定集体合同,通过制定集体合同文本,为拟定集体合同条款提供咨询,实行集体合同审查,以确保集体合同符合有效要件。第四,确认和处理无效集体合同,查处违法集体合同,对不符合有效要件的集体合同,应依法认定为无效或部分无效；对部分无效合同，应责令当事人修改；对违法性质严重的无效集体合同，以及利用集体合同危害国家、社会和职工利益的行为，必须严肃处理，需追究刑事责任者，移送司法机关处理。第五，监督集体合同的履行，对企业行政、工会和职工履行集体合同的情况进行检查，及时解决所发现的不利于集体合同履行和违反集体合同的问题，督促各当事人和关系人履行集体合同义务，提高集体合同的履约率。第六，处理集体合同争议，健全集体合同争议处理机制，完善集体合同争议处理的手段，合法、及时和快捷地处理集体合同争议，保持劳动关系的协调。

在我国集体合同制度中，缺乏确保双方把争议提交在谈判桌上解决的机制。当劳动者团体或者职工代表提出工资或者劳动条件的争议，要求与用人单位或者其团体进行谈判时，如果用人单位置之不理，劳动者一方者无能为力，我国法律法规中关于如何迫使用人单位与劳动者代表谈判的机制非常不健全。没有保障谈判的机制，其他的制度就没有了根基，应该借鉴其他国家相对成熟的经验，确立谈判保障机制。例如可以要求用人单位必须书面答复劳动者一方谈判的要求，对无正当理由而拒绝与劳动者代表谈判的用人单位处以巨额罚款，以促使其必须进行谈判。

四、我国台湾地区集体合同的概况

集体合同在我国台湾地区称为团体协约，具有法律意义上的集体协商，只出现在个别企业或厂场的层次，并未有更上层、甚至全台湾地区的集体协商存在，职业类别的团体协约则事实上存在于不同的脉络之下。我国台湾地区总工会与工业总会及台湾地区商业总会虽然每年依然仪式性地进行某种程度的协商，但一方面这些团体是否具备法律上的协约能力，也就是能否作为签订团体协约的当事人，其在法律上的主体资格问题有相当的疑问，台湾地区劳工行政部门对此采取否定态度，而且由于这些团体下的会员工会或企业涵盖并不同一，并未形成法律上清晰的协约区域及适用对象，因此团体协约的效力作用很难发挥，而其议题大多局限于如基本工资等专题上面。因此观察台湾地区的集体协商和团体协约制度，只有厂场或企业层次的团体协约及劳资会议两种形态。

（一）团体协约

我国台湾地区的团体协约主要是在私营企业中存在。总体上看，作为理论上劳资双方重要协商形式的团体协约在台湾地区的实践中，并不具备重要意义，每年大约签订三百多件团体协约，在数量上不具有结构性意义，并不构成规范劳动生活的一项重要法律媒介。从台湾地区团体协约的发展过程看，很多团体协约是在20世纪90年代末期公营事业民营化过程中骤然大量出现的，这说明台湾地区团体协约是公共部门依法行事的产物。在台湾地区的民营企业中很少有团体协商的进行,乃至团体协约的签订。不同于西方国家的是,虽然台湾地区同样实行私有财产基础上的资本主义体制,但是私有企业中几乎难见团体协约的出现。

从团体协约的内容上,台湾地区的团体协约常常只是原封不动地将“劳动基准法”或“工会法”的规定重复一下,且常常强调劳资和谐以及资方主导的性质。台湾地区的团体协约实务仍与理想的集体协商有不小的差距,与学理上所谓虚假的团体协商情况相去不远。

(二)劳资会议

劳资会议主要是在我国台湾地区的事业单位中实行的,不过我国台湾地区的“事业单位”与大陆地区的“事业单位”的含义不同。我国台湾地区1985年正式发布劳资会议实施办法,要求事业单位内部进行劳资平等对话。劳资会议成为台湾地区劳工行政部门的工作重点,认为劳资会议是能达成“劳雇同心、共存双赢”的劳资合作制度。以劳资会议、而非团体协约为核心的所谓劳资协议制,在主管机关获得了最高评价,被视为“现阶段推展劳资合作及劳工参与最基本之运作机制”,不但积极推广,甚至开始做强迫性的推销(例如,希望在《上市上柜审查准则》中,明定未开劳资会议的企业将不会被准许上市上柜)。劳资会议在数量上比团体协约发展迅速。它作为一种劳资交换意见的机制来说,至少是一个可以肯定的努力方向。

劳资会议的内容取决于劳资会议的目的。台湾地区“劳动基准法”第83条规定:“为协调劳资关系,促进劳资合作,提高工作效率,事业单位应举办劳资会议。”根据这一规定,在劳雇合作、非妥适满足双方利益的前提下,劳资会议可以谈任何的议题,包括所谓的“劳工动态、生产计划及业务概况、劳动条件、劳工福利筹划事项、提高工作效率事项”等,也就是综合一切“关于协调劳资关系、促进劳资合作的事项”。因此,就议题的涵盖面来说,劳资会议所能够处理的课题已远远超过了团体协约的范围,有些甚至直接涉及资方的企业经营和管理。

但是,由于在空间关系内,资方显然具有绝对优势,为了使劳方的“协商行为”真正发挥作用,就必须在法制的设计上采取巨细靡遗,无论协商的客体、方式、程度、效力等内容都详尽规定、甚至直接列举的方式,同时在前提上,直接作出一包含不同层级之协商类型的原则决定(如劳方的信息权、听证权、表达意见权,乃至真正的共同决定权、甚至单方的否决权),如此才能真正促使企业集体协商的实现。我国台湾地区劳资会议仍停留在行政命令的低位阶。

综上所述,我国台湾地区的劳资集体协商并未形成真正保护劳方权益的操作性强的有效运作机制。不过,由于我国台湾地区的宪法性文件所保障的公民权利和政治权利较为充分,劳动者可以通过其他公民行动来实现权利的改善,这一点是大陆地区所不具备的。

第三节 集体合同的签订

一、集体合同签订的当事人

集体合同签订的当事人，又称集体合同的签约人，即分别代表集体合同当事人签订集体合同的主体，包括劳动者方签约人和用人单位方签约人。

用人单位方签约人，法定为用人单位团体的机关和用人单位的单位行政（即法定代表人）。用人单位团体机关有资格与对应等级工会机关签订集体合同，单位行政负责人一般只有与基层工会机关签订集体合同的资格，但有些大型联合企业的行政方也有同产业或职业工会机关签订集体合同的资格。用人单位团体机关的签约权限，一般由本团体章程规定，特殊情况下也可由本团体成员大会或成员代表大会的决议确定。

我国《劳动法》第 33 条第 2 款明确规定："集体合同由工会代表职工与企业签订，没有建立工会的企业，由职工推举的代表与企业签订。"根据这一规定，签订集体合同的当事人，在已建立工会组织的企业中，一方是代表全体职工的工会，另一方则是企业。在尚未建立工会组织的企业，一方是全体职工代表，一方是企业。根据原劳动部的规定，具备企业法人资格、跨省市的大型企业或集团公司的法定代表人可以委托所属下一级企业或子公司的负责人与工会签订集体合同，但只能委托一级，不能层层委托。

签订集体合同的当事人必须有代表权。单个用人单位的集体合同签订代表权较为容易确认，其法定代表人或者其授权委托的人，而用人单位团体的代表人需要确认其代表权的程序和资格认定。职工方的谈判代表需要真正获得其所代表的职工的授权。如果工会受雇主支配或者管理，而不能独立于雇主，或者只是少数职工加入的工会，就很难声明其享有代表权。因此，确认工人对谈判代表的授权是集体合同签订的当事人获得谈判资格的正当性基础。此环节非常重要，否则其所签订的集体合同效力便面临着质疑。[①]

二、集体合同的签订程序

集体合同签约的程序，按照合意过程中是否含有集体谈判，可分为谈判型和非谈判型两种模式。

谈判模式的程序中，主要有以下几个环节。一是谈判准备，双方签约人为举

---

① 美国劳资关系运行中，有大量的确认代表权案件，既包括程序上的案件，也包括适当的谈判单位的案件。参见〔美〕罗伯特·高尔曼：《劳动法基本教程—劳工联合与集体谈判》，马静等译，中国政法大学出版社 2003 年版，第 39—82 页。

行谈判进行各项准备工作,如确定谈判代表,拟定谈判方案,预约谈判内容、日期和地点,指定谈判记录员等。有的国家(如美国),谈判准备工作中,还包括对工会或雇主组织作为谈判相对人的谈判资格的承认。关于谈判代表,我国规定双方代表人数对等。每方为 3 至 10 名,各确定 1 名首席代表;企业方代表,由企业法定代表人担任或指派;职工方由工会代表担任,未建立工会的企业由职工民主推荐代表,并须得到过半数职工的同意。工会的首席代表为工会主席或者工会主席书面委托的某个代表;代表一经产生,除有特殊情况外必须履行其义务,遇有不可抗力造成空缺的,应依法指派或选举新的代表。关于谈判预约,我国规定,集体谈判的内容、时间、地点应由双方共同商定,关于谈判记录员,我国规定,双方应于代表之外另行指定一名记录员。二是举行谈判,在谈判中,可能出现几种情形。一种是双方相互让步,顺利达成协议;另一种是双方相互讨价还价,谈判陷入僵局,后经协商或调解达成协议;还有一种是谈判陷入僵局并调解失败,导致摊派破裂甚至罢工或闭厂,后来又在政府干预下,继续谈判,最终达成协议。无论哪种情形,在就集体合同内容达成协议后,都应制作集体合同书,由双方首席代表签字,并加盖签约人公章。可见,完善的谈判规则中应当包括谈判正常进行规则,解决谈判僵局规则,谈判破裂和罢工、闭厂规则,恢复谈判和处理罢工、闭厂事件规则等内容。我国《集体合同规定》对如何举行谈判作了下述规定:在谈判中,任何一方不得有过激行为;在不违反保密法规和不涉及企业商业秘密的前提下,双方有义务向对方提供与谈判有关的情况或资料;谈判未达成一致或出现事先未预料的问题时,经双方同意可以暂时中止谈判,中止期限最长不超过 60 天,具体中止期限及下次谈判的具体时间、地点、内容由双方共同商定。

非谈判签约程序,一般为社会主义国家所适用。我国也有少量实践。其中的主要环节包括以下几个方面:(1) 起草,由单位行政和工会各派代表若干人组成起草小组,拟出集体合同草案;(2) 讨论,由工会组织全体职工讨论集体合同草案,并将讨论中的意见汇交起草小组;(3) 审议,起草小组根据职工讨论中提出的意见对集体合同草案进行修改后,提交职代会或职工大会审议通过;(4) 签字,工会主席和用人单位规定代表人在经审议通过的集体合同文本中签字。

在我国关于签约程序的现行立法中,《劳动法》所规定的基本上属于非谈判型签约程序;《集体合同规定》所规定的,则属于谈判型签约程序。这两种签约程序都由劳动关系当事人双方代表参加,集体合同都必须由工会主席和企业法定代表人签署,不过两者也存在明显的差别。由于各个企业所具备的客观条件千差万别,而两者各自所需的客观条件不尽相同,因此,对于集体合同的签约程序,应该由签约双方根据本企业实际情况出发,通过协商来选择何种签约类型。

三、集体合同的政府确认

许多国家规定，集体合同由双方签约人签订后，须经政府有关部门依法确认方能有效。其目的在于，通过政府确认来监督和指导集体合同的订立，尤其是确保集体合同内容的公平、合法、完备和可行。政府确认的方式，法定为登记、备案、审查或批准。我国《集体合同规定》等现行立法要求实行集体合同审查制度，并作出了如下几个方面的规定：

（1）审查机构及管辖范围。集体合同由县级以上劳动行政部门的劳动合同管理机构负责进行审查。地方各类企业和不跨省的中央直属企业集体合同报送的管辖范围，由省级劳动行政部门确定；全国性集团公司、行业性公司以及跨省企业的集体合同报送国务院劳动行政部门或指定的省级劳动行政部门。

（2）报送期限和材料。集体合同签订后，应当在7日内将集体合同文本一式三份及说明材料报送劳动行政部门。说明材料应当包括：企业的所有制性质、职工人数、《企业法人营业执照》复印件和工会社团法人证明材料；双方首席代表、谈判代表或委托人的身份证复印件、授权委托书；职工方谈判代表的劳动合同书复印件；谈判情况及集体合同条款征求职工意见的记录；职代会（职工大会）审议通过集体合同草案的决议；集体合同条款的说明。

（3）审核内容。集体合同审核的内容，主要包括三个方面，一是资格审核。主要是审核合同的签约人资格、谈判代表资格等。二是程序审核，主要是审核签约程序的各个环节是否齐备和合法。三是内容审核，主要是审核合同条款是否符合法规政策，是否公平。

（4）审核期限和生效日期。劳动行政部门应当在收到集体合同书后15日内将审核意见书送达；生效日期为《审核意见书》确认的生效日期。如果收到集体合同书后在15日内未提出异议的，则自第16日起集体合同自行生效。我国《劳动合同法》也有同样的规定。其第54条第1款规定：“集体合同订立后，应当报送劳动行政部门；劳动行政部门自收到集体合同文本之日起15日内未提出异议的，集体合同即行生效。”

第四节　集体合同的内容

一、集体合同内容的分类

关于集体合同的内容，有些国家在立法中详细规定了其必要条款。如《法国劳动法典》将全国性集体合同应当包括的一般条款列举为15项，特别条款列举为8项，并对其中有的专案还列举了若干子项。有些国家在立法中只是简略地规定其必要条款，我国《劳动法》即如此。有些国家在立法中不作规定，完全由签约双方商定应规定哪些条款，如日本等。从发展趋势看，集体合同内容所涉及的面越来越广，凡在劳动关系中可能发生的问题，都有可能纳入集体合同的范围，甚至过去被认为是雇主特权的某些内容，如引进新技术，变更管理组织、生产计划，产业更新，招录新员工等，也成为集体合同的内容。例如德国的集体合同内容非常广泛，因为德国奉行平等与团体自治原则，在劳资关系中职工与雇主同样都是所有权主体，必须相互平等对待，不论是企业的经营管理还是劳动条件和劳动待遇，都要经过双方团体的协商作出规定。

在我国，《劳动法》就集体合同作了完全的列举规定。《集体合同规定》则将集体合同应当具备的条款列举规定为 15 项，《劳动合同法》第 51 条、52 条列举了劳动报酬、工作时间、休息休假、劳动安全卫生、保险福利等事项以及劳动安全卫生、女职工权益保护、工资调整机制等专项内容的集体合同。如果以义务主体来划分，集体合同的内容基本上可以分为三类：

(1) 企业和全体职工共同承担的义务。如在工作时间、休息休假和劳动纪律方面，无论是企业或是全体职工都必须遵守相应的规定，企业不得任意延长职工的工作时间，职工不得随意旷工、迟到，违反劳动纪律。

(2) 企业单方面负担的义务，如企业必须及时依法向职工支付劳动报酬；为加强劳动保护，改进安全卫生状况，应采取技术措施和改善职工福利等。企业应当无条件地履行这些职责。

(3) 工会单方面负担的义务。如工会应负责对职工进行教育和组织职工参加民主管理，遵守劳动纪律，服从企业领导的生产指挥，组织评选和表彰劳动模范和先进工作者等。

二、集体合同的具体内容

关于集体合同的内容，《劳动法》第 33 条第 1 款规定："企业职工一方与企业可以就劳动报酬、工作时间、休息休假、劳动安全卫生、保险福利等事项，签订集体合同。"而《集体合同规定》对集体合同的内容进一步作出了规定。《集体合同规定》第 8 条提出："集体协商双方可以就下列多项或某项内容进行集体协商，签订集体合同或专项集体合同：(一) 劳动报酬；(二) 工作时间；(三) 休息休假；(四) 劳动安全与卫生；(五) 补充保险和福利；(六) 女职工和未成年工特殊保护；(七) 职业技能培训；(八) 劳动合同管理；(九) 奖惩；(十) 裁员；(十一) 集体合同期限；(十二) 变更、解除集体合同的程序；(十三) 履行集体合同发生争议时的协商处理办法；(十四) 违反集体合同的责任；(十五) 双方认为应当协商的其他内容。"《劳动合同法》第 55 条规定："集体合同中劳动报酬和劳动条件等标准不得低于当地人民政府规定的最低标准；用人单位与劳动者订立的劳动合同中劳动报酬和劳动条件等标准不得低于集体合同规定的标准。”如果将这些内容大体作归类，一般认为包含以下几个方面：

(1) 规定本企业的劳动报酬标准。包括用人单位工资水平、工资分配制度、工资标准和工资分配形式，加班加点工资及津贴；工资调整办法，工资奖金等的发放办法，工资发放时间，各个岗位的劳动定额等。

(2) 规定本企业的工时制度。包括上下班时间、加班加点制度、倒班办法、特殊工种的工作时间、劳动定额标准的规定、劳动者在规定工作时间内的劳动绩效考核办法等。

(3) 规定本企业的休息休假办法。包括本企业有关日休息时间、周休息日安排、年休假办法、病假、事假、探亲假及相应的报酬的规定等。

(4) 规定本企业劳动安全卫生的各项措施。包括安全卫生的具体规程、操作制度，工作服与劳保用品的发放，为改进劳动条件和卫生状况所采取的各种举措等。

(5) 规定本企业职工社会保险和福利问题。包括保险金各项待遇的发放办法，改善职工住宅、生活条件，发展文化、体育活动，子弟学校、幼儿园、育婴室、浴室的修建和各项保健设施计划的实施，以及亲属福利制度等。

(6) 女职工和未成年工的特殊保护。包括女职工和未成年工禁忌从事的劳动，女职工的经期、孕期、产期和哺乳期的劳动保护，女职工和未成年工的定期健康检查，未成年工的使用和等级制度等。

(7) 规定本企业职工培训问题。明确职工培训的形式、计划、基金来源和对培训基金的管理与使用，培训目标、培训后安置与使用等。

(8) 劳动合同管理。劳动合同的签订时间，确定劳动合同期限的条件，劳动合同的变更、解除、续订的一般原则及无固定劳动期限的劳动合同的终止条件，使用期的条件和期限等。

(9) 规定劳动纪律问题。制定本企业的规章制度，明确奖惩范围和程序，使职工遵纪守法。

(10) 裁员问题。包括裁员方案、裁员程序、裁员的实施办法和补偿标准等。

(11) 其他有关涉及职工合法权益的问题。

为了使集体合同内容的构成完整化和规范化，有必要推行集体合同示范文本制度，即由集体合同管理机构会同工会和用人单位团体或有关经济管理部门，拟定各种类型的集体合同示范文本，作为签约人协商集体合同内容时的参考。

第五节　集体合同的运行

一、集体合同的履行

履行集体合同对于集体合同的当事人和关系人来说，既是约定义务，也是法定义务。在集体合同立法中，一般对集体合同的履行有明确规定，有的还特别强调用人单位对集体合同的履行。在《法国劳动法典》的集体劳动协议篇中，设置了“协议的执行”专章，它规定，受集体劳动协议所约束的受雇者或雇主团体，应该避免做任何可能有害于忠实执行协议的事情；只要协议本身已作专门说明，他们都应负责执行该协议。

集体合同的履行，应当坚持实际履行、适当履行和协作履行的原则。

在集体合同履行过程中，应针对不同的合同条款采用不同的履行方法。其中，标准性条款的履行，主要是在集体合同有效期内始终按集体合同规定的各项标准签订和履行劳动合同，确保劳动者利益的实现不低于集体合同所规定的标准；目标性条款的履行，着重在将集体合同所列各项目标具体落实在企业计划和工会工作计划之中，并采取措施实施计划。对于内容不够明确的条款，凡国家的法规、政策、劳动标准中有明确规定的，应按这些规定执行；凡国家无明确规定的，应当由当事人双方、关系人双方或当事人与关系人依法重新协商，按新协商的条件履行。

集体合同履行过程中，监督是非常重要的。西方国家作为职工参与形式之一的企业(职工)委员会，就负有监督集体合同履行的职责。在我国，企业工会、企业职代会及其职工代表、签约双方代表以及劳动行政部门、企业主管部门、地方和产业工会，都应当对集体合同的履行实行监督。就企业工会和职代会对集体合同履行的监督问题，全国总工会《工会参加平等协商和签订集体合同试行办法》规定了下述内容：

(1) 企业工会应当定期组织有关人员对集体合同的履行情况进行监督检查，发现问题后，及时与企业协商解决；

(2) 企业工会可以与企业协商建立集体合同履行的联合监督检查制度，定期或不定期对履行集体合同的情况进行监督检查；

(3) 工会小组和车间工会应当及时向企业工会报告本班组和车间履行集体合同的情况。

(4) 职代会有权对集体合同履行实行民主监督，企业工会应当定期向职代会或全体职工通报集体合同履行情况，组织职工代表对集体合同履行地进行监督检查。

二、集体合同的变更和解除

集体合同的变更是指集体合同生效以后，未履行完毕之前，由于主观或客观情况发生变化，当事人依照法律规定的条件和程序，对原合同中的某些条款进行增减或修改。集体合同的解除是指集体合同生效以后，未履行完毕之前，由于主观或客观情况发生变化，当事人依照法律规定的条件和程序，提前终止合同的行为。

根据我国有关法律、法规的规定，集体合同变更与解除的条件为：

(1) 双方协商一致。《集体合同规定》第39条规定："双方协商代表协商一致，可以变更或解除集体合同或专项集体合同。"但变更后的合同内容不得违背国家法律、法规的规定。

(2) 签订集体合同的环境和条件发生变化，致使合同难以履行。《集体合同规定》第40条规定："有下列情形之一的，可以变更或解除集体合同或专项集体合同：(一) 用人单位因被兼并、解散、破产等原因，致使集体合同或专项集体合同无法履行的；(二) 因不可抗力等原因致使集体合同或专项集体合同无法履行或部分无法履行的；(三) 集体合同或专项集体合同约定的变更或解除条件出现的；(四) 法律、法规、规章规定的其他情形。"

三、集体合同的终止

集体合同的终止是指由于某种法律事实的发生而导致集体合同所确立的法律关系的消灭。《集体合同规定》第38条第1款规定："集体合同或专项集体合同期限一般为1至3年，期满或双方约定的终止条件出现，即行终止。"

从上述规定中可以看出，集体合同终止的原因主要包括：

(1) 合同期限届满。根据我国的立法精神，集体合同的期限为1至3年，具体期限由谈判双方在集体协商时具体约定。如果合同中没有明确规定期限，一般应认为有效期为1年，有效期限届满，集体合同即行终止。

(2) 约定的终止条件出现。双方当事人在签订集体合同时，可以根据本行业或本地区、本单位的实际情况在合同中约定终止条件。例如当事人一方违约使集体合同的履行成为不必要、国家对劳动制度进行重大改革等，均可以作为集体合同终止的条件。

第六节　集体合同的效力

集体合同只要完全具备有效要件，即主体合格、内容和形式合法、意思表示真实、订立程序合法，就具有法律效力。其条款在一定范围内成为劳动关系的规范,并设定债权债务。对于集体合同的效力问题,我们需要从效力范围和效力形式两个方面去认识。

一、集体合同的效力范围

集体合同一旦合法有效,就意味着在特定的时间和空间范围内对特定的对象产生约束力。这也就是集体合同的对人效力、时间效力和空间效力。

对人效力是指集体合同对什么人具有约束力。一般认为,受集体合同约束的人包括集体合同的当事人(当事团体)和关系人。前者指订立集体合同并且受集体合同约束的主体,即工会组织和用人单位或其团体;后者指无权订立集体合同却直接由集体合同获得利益并且受集体合同约束的主体,即工会组织所代表的全体劳动者和用人单位团体所代表的各个用人单位。

时间效力是指集体合同在多长的时间内具有约束力。它一般由集体合同依法自行规定,在有的情况下,由法律规定。其表现形式有三种类型:(1) 当期效力,即集体合同在其存续期间内具有效力。其生效时间,有的国家规定为集体合同经审查合格之日或依法推定审查合格之日,有的国家则规定为双方在合同上签字盖章之日。其失效时间,一般为定期集体合同的约定期满或依法解除之日;其他集体合同的约定或法定终止条件具备之日。(2) 溯及效力,即集体合同可追溯到对其成立前已签订的劳动合同发生效力。集体合同一般不具有溯及效力,但某些国家规定,当事人如有特别理由,并经集体合同管理机关认可,允许集体合同有溯及力。(3) 期后效力,即集体合同终止后对依其订立并仍然存续的劳动合同还有约束力。为了避免在时间效力上出现脱节现象,有的国家规定,集体合同终止后,在代替它的新集体合同生效前仍然有效;如未订立新的集体合同,允许终止后 1 年内继续有效。上述三种时间效力形式中,当期效力是无条件的,溯及效力和期后效力都只限一定条件。溯及效力与期后效力有冲突的,新、旧集体合同比较哪个对劳动者更有利,哪个就有约束力。

空间效力主要指集体合同在哪些地域、产业发生效力。全国集体合同、地方集体合同分别在全国或特定行政区域范围内有效;产业集体合同对特定产业的用人单位及其职工有效;职业集体合同对从事特定职业的职工及其用人单位有效。在空间效力方面,难免发生集体合同竞合问题,即有两个以上集体合同可适用于同一劳动关系而又内容相异时,应优先使用哪个集体合同的问题。一般而言,解决这种冲突,有以下几种方式:一是如果效力发生在前的集体合同对集体合同竞合时优先适用哪个合同作了特别规定,就依其规定;若无此规定,则依其他规则确定。二是优先适用最适合于该劳动关系特点的集体合同。例如,在产业集体合同和地方集体合同之间优先适用前者,在产业集体合同和职业集体合同之间优先适用后者。三是优先适用更具有普遍性的集体合同。

例如在全国集体合同和地方集体合同之间优先适用前者。四是优先适用更有利于劳动者的集体合同。即哪个集体合同对劳动者利益规定的标准更高,就适用哪个集体合同。

二、集体合同的效力形式

集体合同的效力形式是对其效力范围的具体化,通常我们认为集体合同的效力形式包含两个方面,即准法规效力和债权效力。

准法规效力又称规范效力,是指集体合同的标准性条款和单个劳动关系运行规则条款对其关系人(单个劳动关系当事人)具有相当于法律规范的效力。其特点在于,这种条款不论其关系人同意与否,而直接确定其关系人之间的相互权利义务,它赋予劳动者的权益劳动者无权放弃。如果因意思表示有瑕疵而被撤销时,只发生向后效力,而无溯及力,而且,它自生效之日起对其生效前已确立并仍然存续的劳动关系也有约束力。

标准性条款的准法规效力,表现为直接支配其关系人的劳动合同内容。具体形式有两种,一是不可贬低性效力,即集体合同所规定的标准是劳动者利益的最低标准,劳动合同关于劳动者利益的规定,可以高于但不得低于这些标准。若低于此标准就由集体合同的规定取而代之。二是补充性效力,即集体合同所规定的标准在一定条件下可以成为劳动合同内容的补充,在集体合同有规定而劳动合同未作规定或虽有规定却被确认为无效,或集体合同规定明确但劳动合同规定不明确时,集体合同的规定当然视为劳动合同内容的补充。而单个劳动关系运行规则条款的准法规效力,表现为直接支配其关系人在单个劳动关系运行过程中的具体行为。亦即劳动合同的订立、续订、履行和终止。用人单位内部劳动规则的制定和实施,以及劳动组织、职工参与等行为,凡是这种条款中有规定的,都要受这种条款的约束。我国《劳动合同法》第55条规定:“集体合同中劳动报酬和劳动条件等标准不得低于当地人民政府规定的最低标准;用人单位与劳动者订立的劳动合同中劳动报酬和劳动条件等标准不得低于集体合同规定的标准。”

债权效力是指集体合同的目标性条款和集体合同运行规则条款对其当事人具有设定债权的效力。这种债务的设定者和承担者都是集体合同的当事人,他们通过合意为自己设定债务,债务的内容和范围均由集体合同约定;集体合同当事人在约定之外不承担债务,经协调一致也可以变更集体合同所约定的债务,但以不影响集体合同之存在为限。而且,这种债务既是集体合同当事人双方各自向对方承担的义务,也是向对方当事人所代表的关系人承担的义务。集体合同对其当事人所设定的债务,主要是遵守集体合同运行规则,保持劳动和平,敦促其成员遵守集体合同,实现集体合同约定目标的义务,集体合同当事人不履行或不完全履行这些义务的,都应当承担相应的违约责任。

三、违反集体合同的追究机制

我国《劳动合同法》第54条第1款规定:“集体合同订立后,应当报送劳动行政部门;劳动行政部门自收到集体合同文本之日起15日内未提出异议的,集体合同即行生效。”集体合同依法生效后,该集体合同所覆盖的用人单位和职工都应当遵守其所有条款。依法订立的集体合同对用人单位和劳动者具有约束力。行业性、区域性集体合同对当地本行业、本区域的用人单位和劳动者具有约束力。

如果用人单位违反集体合同应当承担法律责任,请求其履行义务的主体是工会。《劳动合同法》第56条规定:“用人单位违反集体合同,侵犯职工劳动权益的,工会可以依法要求用人单位承担责任;因履行集体合同发生争议,经协商解决不成的,工会可以依法申请仲裁、提起诉讼。”

附　录

一、本章重点问题提示

1. 从《工资集体协商试行办法》来分析我国集体协商制度中存在的问题。

工资集体协商试行办法

(劳动和社会保障部部务会议2000年10月10日通过,部长张左己11月8日以第9号令发布,自发布之日起实行)

第一章　总　　则

第一条　为规范工资集体协商和签订工资集体协议(以下简称工资协议)的行为,保障劳动关系双方的合法权益,促进劳动关系的和谐稳定,依据《中华人民共和国劳动法》和国家有关规定,制定本办法。

第二条　中华人民共和国境内的企业依法开展工资集体协商,签订工资协议,适用本办法。

第三条　本办法所称工资集体协商,是指职工代表与企业代表依法就企业内部工资分配制度、工资分配形式、工资收入水平等事项进行平等协商,在协商一致的基础上签订工资协议的行为。

本办法所称工资协定,是指专门就工资事项签订的专项集体合同。已订立集体合同的,工资协议作为集体合同的附件,并与集体合同具有同等效力。

第四条　依法订立的工资协议对企业和职工双方具有同等约束力。双方必须全面履行工资协议规定的义务，任何一方不得擅自变更或解除工资协议。

第五条　职工个人与企业订立的劳动合同中关于工资报酬的标准，不得低于工资协议规定的最低标准。

第六条　县级以上劳动保障行政部门依法对工资协议进行审查，对协议的履行情况进行监督检查。

第二章　工资集体协商内容

第七条　工资集体协商一般包括以下内容：

（一）工资协议的期限；

（二）工资分配制度、工资标准和工资分配形式；

（三）职工年度平均工资水平及其调整幅度；

（四）奖金、津贴、补贴等分配办法；

（五）工资支付办法；

（六）变更、解除工资协议的程序；

（七）工资协议的终止条件；

（八）工资协议的违约责任；

（九）双方认为应当协商约定的其他事项。

第八条　协商确定职工年度工资水平应符合国家有关工资分配的宏观调控政策，并综合参考下列因素：

（一）地区、行业、企业的人工成本水平；

（二）地区、行业的职工平均工资水平；

（三）当地政府发布的工资指导线、劳动力市场工资指导价位；

（四）本地区城镇居民消费价格指数；

（五）企业劳动生产率和经济效益；

（六）国有资产保值增值；

（七）上年度企业职工工资总额和职工平均工资水平；

（八）其他与工资集体协商有关的情况。

第三章　工资集体协商代表

第九条　工资集体协商代表应依照法定程序产生。职工一方由工会代表。为建工会的企业由职工民主选举代表，并得到半数以上职工的同意。企业代表由法定代表人和法定代表人指定的其他人员担任。

第十条　协商双方各确定一名首席代表。职工首席代表应当由工会主席担任，工会主席可以书面委托其他人员作为自己的代理人；为成立工会的，由职工集体协商代表推举。企业首席代表应当由法定代表人担任,法定代表人可以书面委托其他管理人员作为自己的代理人。

第十一条 协商双方的首席代表在工资集体协商期间轮流担任协商会议执行主席。协商会议执行主席的主要职责是负责工资集体协商有关组织协调工作,并对协商过程中发生的问题提出处理建议。

第十二条 协商双方可书面委托本企业以外的专业人士作为本方协商代表。委托人数不得超过本方代表的1/3。

第十三条 协商双方享有平等的建议权、否决权和陈述权。

第十四条 由企业内部产生的协商代表参加工资集体协商的活动应视为提供正常劳动,享受的工资、奖金、津贴、补贴、保险福利待遇不变。其中,职工协商代表的合法权益受法律保护。企业不得对职工协商代表采取歧视性行为,不得违法解除或变更其劳动合同。

第十五条 协商代表应遵守双方确定的协商规则,履行代表职责,并负有保守企业商业秘密的责任。协商代表任何一方不得采取过激、威胁、收买、欺骗等行为。

第十六条 协商代表应了解和掌握工资分配的有关情况,广泛征求各方面的意见,接受本方人员对工资集体协商有关问题的质询。

第四章　工资集体协商程序

第十七条 职工和企业任何一方均可提出进行工资集体协商的要求。工资集体协商的提出方应向另一方提出书面的协商意向书,明确协商的时间、地点、内容等。另一方接到协商意向书后,应于20日内予以书面答复,并与提出方共同进行工资集体协商。

第十八条 在不违反有关法律、法规的前提下,协商双方有义务按照对方要求,在协商开始前5日内,提供与工资集体协商有关的真实情况和资料。

第十九条 工资协议草案应提交职工代表大会或职工大会讨论审议。

第二十条 工资集体协议双方达成一致意见后,由企业行政方制作工资协议文本。工资协议经双方首席代表签字盖章后成立。

第五章　工资协议审查

第二十一条 工资协定签订后,应于7日内由企业将工资协议一式三份及说明,报送劳动保障行政部门审查。

第二十二条 劳动保障行政部门应在收到工资协议15日内,对工资集体协商双方代表资格、工资协议的条款内容和签订程序等进行审查。

劳动保障行政部门经审查对工资协议无异议,应及时向协商双方送达《工资协议审查意见书》,工资协议即行生效。

劳动保障行政部门对工资协议有修改意见,应将修改意见在《工资协议审查意见书》中通知协商双方。双方应就修改意见及时协商,修改工资协议,并重新报送劳动保障行政部门。

工资协议向劳动保障行政部门报送经过15日后,协议双方未收到劳动保障行政部门的《工资协议审查意见书》,视为已经劳动保障部门同意,该工资协议即行生效。

第二十三条 协商双方应于5日内将已经生效的工资协议以适当形式向本方全体人员公布。

第二十四条 工资集体协商一般情况下一年进行一次。职工和企业双方均可在原工资协议期满前60日内,向对方书面提出协商意向书,进行下一轮的工资集体协商,做好新旧工资协议的相互衔接。

第六章 附 则

第二十五条 本办法对工资集体协商和工资协议的有关内容未作规定的,按《集体合同规定》的有关规定执行。

第二十六条 本办法自发布之日起施行。

认真阅读《集体合同规定》和《工资集体协商试行办法》,比较二者的特色以及分析二者的关系和主要功能。同时思考其作为一部规范性文件存在的主要缺陷。

2. 如何协调劳资利益关系?

在社会集体劳动关系中,主要的活动主体是政府、劳动者及其团体和用人单位及其团体,用人单位作为资本和生产数据的所有者需要雇佣劳动者进行劳动,劳动者作为劳动力(包括脑力和体力)的所有者需要以自己的劳动力获得维持个人和家庭生活所需的生活资料;当劳动者的供应量和种类大致与用人单位的需求相当时,双方都拥有相当的谈判能力,其集体协商结果较大程度上较为公平。但是,这种理想状况总是难以达到。很多情况下,需要就业的劳动者数量会超过用人单位岗位的供应量,伴随有少数高素质和高技能劳动者的不足,这时就会出现压低工资、降低劳动条件和职工福利的现象以及大量劳动者失业。此时,社会劳动就业率下降,劳动者的收入和福利受到影响,劳动者团体的团结能力和谈判能力以及与用人单位团体的必要的斗争能力是决定劳动者福利待遇的关键性因素,而国家和政府采取何种态度来适应这种社会团体因群体利益而进行的相关斗争则是保障性因素。因此,在劳资双方力量悬殊和利益失衡的状态下,国家和政府的立场是至关重要的。那么具体到集体协商从而签订集体合同的集体劳动关系领域,国家和政府该如何作为,才能较为有效地处理劳动者与用人单位的利益均衡问题?

3. 我国用人单位团体为何处于缺位状态?用人单位自愿组建用人单位团体的客观环境是什么?如何成立用人单位团体?

集体协商和谈判以及最后签订集体合同,都需要符合资格的劳动者方代表和用人单位方代表作为主体进行协商和谈判活动,直至签订集体合同。劳动者方代表——工会通过工人的自愿联合而组织起来。我国目前没有用人单位团体,仅有单个的用人单位,从这一角度讲,目前我国所谓的集体协商和集体谈判都仅限于一个单位内部,无法突破单位的控制,同时也导致集体合同制度难以发挥作用。这是一个值得思考的现实问题和理论问题。

从世界各国用人单位团体的发展历史来看,雇主协会的成立是在工会力量非常强大的前提下,雇主为了与工会相抗衡,产生了联合起来的愿望,这样在不同行业或地区雇主自发联合起来,形成雇主协会,从而与工会谈判、协商解决集体劳动关系的权利义务问题。那么是否可以说,我国的用人单位目前没有成立团体的内在欲望是因为我国的工会没有力量,或者用人单位不需要联合就可以与工会相抗衡了?既然如此,有没有用人单位团体至少对用人单位的利益没有不利影响。那么,仅有学者或者立法者一厢情愿地设立用人单位团体制度和集体合同制度是否是画蛇添足呢?如果集体合同制度是必要的,如何才能使工会的谈判权落到实处就是一个摆在我们政界、学界和劳工界的一个迫切需要解决的难题。

4. 工会如何发挥保护劳动者权益的职能?

在发达的市场经济国家,工会在对劳动者权益保护方面发挥了举足轻重的作用。我国工会根据立法同样承担了保护劳动者合法权益的职能。这种职能的实现程度取决于工会的地位、工会组织成员的工作积极性以及工会活动的不受非法限制等方面。综合考察,我国工会在这些方面都有待进一步的改进。请思考我国工会当前的状态,其不能充分发挥保护劳动者合法权益职能的主要障碍是什么?如何完善工会机制以适应市场经济条件下保护劳动者合法权益的需要?

5. 工会在集体协商和集体合同履行过程中可能发生的承担法律责任的情形分析。

工会在签订集体合同的过程中,负有遵循法定集体谈判规则,以和平方式与用人单位或其团体进行集体谈判的义务。如果工会在集体谈判过程中不按照法定规则进行活动,或者违法使用组织罢工等过激手段,应当责令改正;对其责任人员可给予纪律处分,构成犯罪的应当依法追究刑事责任。请思考:我国当前立法对工会违反集体合同的法律责任规定有哪些?存在哪些不足?能否规定工会承担物质赔偿责任?在要求工会进行物质赔偿时,资金从哪里来?或者工会只承担道义责任和行政责任,而不承担物质赔偿责任,是否可行?是否可以对工会在立法中进行免责?

二、思考题

1. 简述集体协商与集体合同之间的关系。
2. 比较集体合同与劳动合同的差异。
3. 简述集体合同的订立程序。
4. 简述集体合同的内容。
5. 试述集体合同的效力。
6. 思考集体合同制度在我国较好地实施所需要的前提要件。

第六章　用人单位劳动规章制度

内容提要

劳动规章制度是指用人单位依法制定并在本单位实施的组织劳动和进行劳动管理的规则，它是用人单位规章制度的组成部分，只在本单位范围内使用。劳动规章制度与劳动合同、集体合同一样，都是确立劳动关系当事人权利和义务的重要依据，都是协调劳动关系的重要手段。值得注意的是它们之间也存在明显的差别，从法律上说，劳动规章制度的制定一方面是用人单位对职工的权力，是用人单位组织管理权的集中体现；另一方面也是对国家的义务。从内容上看，劳动规章制度是对劳动合同、集体合同的补充或者具体化，也是用人单位有序劳动和高效生产的必要保障；另外，劳动规章制度的效力来自于法律的赋予，它与劳动合同、集体合同的关系是共同协调劳动关系，只是具体关注的领域不同，其约束的对象不仅包括劳动者，同样包括用人单位的行政人员以及各级管理人员。劳动规章制度的制定要体现民主原则，必须有职工参与过程，否则不能制定适用于劳动者的劳动规章制度。劳动规章制度可以规定具体的劳动纪律和违反劳动纪律的处罚规定。

通过本章学习掌握劳动规章制度的内涵、效力、制定程序、内容以及违反劳动规章制度的处罚程序，用人单位惩戒权的性质、范围和限制。

关键词

用工自主权　职工民主监督　劳动管理　法律效力　劳动纪律

第一节　用人单位劳动规章制度概述

一、劳动规章制度的概念

劳动规章制度，又称为用人单位内部劳动规则，在有的国家和地区称为雇佣规则、工作规则等，是指用人单位依法制定并在本单位实施的组织劳动和进行劳动管理的规则。《劳动合同法》第 4 条第 1 款规定："用人单位应当依法建立和完善劳动规章制度，保障劳动者享有劳动权利、履行劳动义务。”由此可见，建立和完善劳动规章制度是用人单位的义务，是保障劳动者充分享有权利和履行义务的制度保障。它以用人单位为制定主体，以公开和正式的用人单位行政文件为表现形式，在本单位范围内使用。因而，它属于用人单位的内部规章制度，既不同于国家的法规和政策，也不同于社会团体章程。同时，它也是职工和用人单位在劳动过程中的行为规则。它的调整对象是在劳动过程中用人单位与职工之间以及职工相互间的关系。也就是说，它所规范的行为是作为劳动过程必要组成部分的劳动行为和用人行为。因而，它在本单位内部既约束全体职工，又约束单位行政的各个组成部分。但是，它对职工和用人单位的约束仅限于劳动过程，在用人单位规章制度中，凡是关于劳动过程之外的事项的规定，都不属于内部劳动规则。另外，它是用工自主权和职工民主管理权相结合的产物。制定和实施劳动规章制度是用人单位在其自主权限内用规范化、制度化的方法对劳动过程进行组织和管理的行为，是行使用工自主权的一种形式和手段。职工作为劳动过程的要素和主体，既有权参与内部劳动规章制度的制定，又有权对用人单位遵守内部劳动规章制度实行监督。这是职工民主管理权的重要内容。

内部劳动规章制度和劳动合同、集体合同都是确立劳动关系当事人双方权利和义务的重要依据，都是协调劳动关系的重要手段。但是，劳动规章制度与劳动合同、集体合同有明显的区别。首先，内部劳动规章制度的制定是用人单位的单方法律行为，制定过程中虽然有职工的参与，但还是由单位行政最后决定和公布的，职工并非制定主体。其次，内部劳动规章制度所规定的是全体职工的共同权利和义务，而劳动合同规定的只是单个职工的权利和义务。再次，内部劳动规章制度虽然与集体合同在内容上有交叉，但各有侧重，前者侧重于规定在劳动过程的组织和管理中职工和单位行政双方的职责，也即劳动行为规则和用工行为规则，而后者则侧重于规定本单位范围内的最低劳动标准。

劳动规章制度与劳动纪律并非同一个概念，劳动纪律只是劳动规章制度内容的一个组成部分。

二、用人单位劳动规章制度的立法模式

各国关于劳动规章制度的立法模式，从总体上看有两种模式。其一，是授权式立法，即在立法中只规定用人单位劳动规章制度的权限和程序，对内容则不作规定或仅列举规定其应包含的事项，而将劳动规章制度内容的确定权完全授予用人单位，只要内容不违法即可。如《法国劳动法典》即属这种模式。其二，是纲要式立法，即在立法中除了对劳动规章制度的制定权限和程序作出规定外，还对劳动规章制度的内容作纲要式规定，要求各用人单位以此作为制定劳动规章制度的依据和标准。

这两种立法模式尽管有区别,但不乏共同点。其中主要是:(1) 都授权用人单位制定劳动规章制度,并自行确定劳动规章制度的具体内容。(2) 都要求内部劳动规则在制定程序和内容上均必须合法。(3) 都确认内部劳动规则具有法律效力,把遵守劳动规章制度规定为劳动者和用人单位的义务。

目前,我国的劳动规章制度立法应当在吸收上述两种模式的合理因素的基础上形成一种与社会主义市场经济相适应的立法模式。规定凡职工人数达到一定界限的用人单位都应依法制定完善的劳动规章制度、规定制定劳动规章制度的主要程序以及劳动规章制度的有效要件,并规定用人单位因劳动规章制度违法应负的法律责任。同时,应该对某些重要内容作出示范性的纲要式规定,或者授权特定机构或组织制定示范性纲要。另外,应当赋予用人单位确定劳动规章制度具体内容的自主权,只要其内容合理即可。①

第二节 用人单位劳动规章制度的法律定位

用人单位劳动规章制度与劳动合同、集体合同一样,都是确定劳动关系当事人双方权利和义务的主要依据,都是协调劳动关系的主要手段。不过,劳动规章制度的制定一方面是用人单位对职工的权利,即用人单位的经营权和用人权中必然包含有内部劳动规则制定权;另一方面也是用人单位对国家的义务,即用人单位必须以制定内部劳动规则作为其行使经营权和用人权的一种主要方式。

在许多立法例中,都同时赋予用人单位制定劳动规章制度的义务。例如《法国劳动法典》中规定,正常情况下至少雇佣 20 个雇工的工商企业、律师事务所、机关办事处、协会等雇主必须制定雇佣规则;一个企业对其各个部门或各个方面的人员都要制定出特别的规则;在没有宏观层次集体合同可适用的企业,还应当制定关于集体解雇之手续的一般细则。又如《日本劳动标准法》规定,经常雇用 10 人以上的雇主,应当就与适用于企业全体工人之规定有关的各种事项,制定雇佣规则,雇主有必要时,可对工资、安全卫生、事故补贴和非因工病伤救济分别订立规则。我国台湾地区的现行"劳动基准法"规定,雇主雇佣 30 人以上应当以其事业性质就法定事项制定工作规则;事业单位之事业场所分散于台湾地区各地者,雇主得订立适用于其事业单位全部劳动或该事业单位场所之工作规则。

---

① 有一个工厂劳动规章制度规定:其一,"劳动者旷工两天视为自动辞职"。其二,"上班时间不准接手机,否则接一次手机罚款 50 元"。这两项规定都存在不合理地方。前者旷工两天远未达到解除合同的程度,后者以罚款代替用人单位管理职责是不合适的。如果稍加修改就合理了:其一,"劳动者连续旷工 15 日视为自动辞职"。其二,"上班时间不准接手机,因此不得带手机进入车间,应将手机放在更衣柜内,否则以违反劳动纪律进行处分"。对于后者单位有义务对劳动者进行劳动纪律教育。

在我国劳动法中，只是原则性规定用人单位应当依法建立和完善规章制度以保障劳动者享有劳动权利和履行劳动义务。这表明各用人单位都有义务制定内部劳动规则，并且凡是保障劳动者享有劳动权利和履行劳动义务所必要的事项，都应当制定相应的内部规则。

立法之所以把制定劳动规章制度规定为用人单位的义务，是因为以下两个方面的原因：其一劳动者在劳动过程中处于从属地位，其权利和义务的实现受用人单位支配，制定内部劳动规则既可以使劳动者的权利和义务明确具体，又可以使用人单位的劳动管理行为规范化，从而排除用人单位对劳动者实现其权利和义务的任意支配，尤其是防止用人单位滥施处罚权。其二在同一用人单位内部，任一劳动者的权利和义务都与其他劳动者的权利和义务相互关联，其实现过程中难免发生冲突，制定内部劳动规则就有利于协调不同劳动者之间因实现各自权利和义务所产生的矛盾，有利于营造全体劳动者实现各自权利和义务的良好秩序。

第三节　用人单位劳动规章制度的制定

一、用人单位劳动规章制度的内容

关于劳动规章制度所应当包括的内容，一般由立法列举规定。例如，《日本劳动标准法》规定，雇佣规则应当包括以下几个方面的内容，即上下班时间、休息时间、休息日、休假以及有两组以上工人轮班时有关换班的事项；工资的决定、计算及支付办法，工资的发放日期及截至计算日期，以及有关增加工资的事项；与规定工人负担膳费、工作用品及其他开支有关的事项；与规定安全及卫生规则有关的事项；与规定职业训练有关的事项；与规定事故补偿、非因工负伤和疾病的救济有关的事项；与规定奖惩的办法、程度及种类有关的事项；在上述各项之外，与适用于该企业全体工人的规定有关的事项。又如，我国台湾地区的现行“劳动基准法”将工作规则的内容规定为 12 项，即工作时间、休息、休假、法定纪念日、特别休假及继续性工作之轮班方法；工资之标准、计算方法及发放日期；延长工作时间；津贴及奖金；应遵守之纪律；考勤、请假、奖惩及升迁；受雇、解雇、资遣离职及退休；灾害、伤病补偿及抚恤；福利措施；劳资双方应遵守劳工安全卫生规定；劳资双方沟通意见加强合作的方法；其他。该法的“施行细则”针对上述各项还特别规定，雇主认为必要时，得分别就上述各项另订单项工作规则。由此可见，内部劳动规则中应当包括的事项相当广泛，几乎涉及劳动关系内容的各个方面和劳动关系运行的各个主要环节。

我国立法对内部劳动规则不仅列举规定其应含事项，还进一步对某些重要事项直接规定其内容或者规定如何确定内容的规则。其中,较多的是关于劳动组织、劳动纪律和工资分配等方面的规定。

二、用人单位制定内部劳动规则的程序

立法中对内部劳动规则的制定程序,一般不作完整的规定,而只是择要规定其中应包含的某些环节,也就是说,内部劳动规则的制定程序中,既有法定环节,也有非法定环节,后者即用人单位自行规定的环节或有关国家机关指定必备的环节。

内部劳动规章制度制定程序中的法定环节一般有以下几种:一是职工参与,内部劳动规章制度尽管是单位行政制定的,但只有在吸收和体现了职工方意志,或者得到职工认同的情况下,才能确保其实施。于是,立法中要求内部劳动规章制度的制定程序中应当有职工参与环节。二是报送审查和备案。内部劳动规章制度涉及劳动法规政策的实施,同职工利益密切相关,为了保证内部劳动制度内容合法和保护全体职工利益,立法要求将内部劳动规章制度的制定置于国家的监督之下。用人单位应将其制定或修改的内部劳动规章制度报送劳动行政部门审查;劳动行政部门应当在法定期限内作出书面的审查意见,对不合法的内容有权在审查意见书中责令用人单位修改。三是正式公布。内部劳动规章制度既然以全体职工和单位行政各个部分为约束对象,就应当为全体职工和单位行政各个部分所了解。所以,立法中要求以合法有效的方式公布。内部劳动规章制度必须由用人单位以经其法定代表人签署和加盖公章的正式文件公布,并且,从公布之日起才能在本单位范围内生效。

第四节 用人单位劳动规章的法律效力①

一、用人单位劳动规章制度具有法律效力的理论依据

关于用人单位劳动规章制度是否具有法律效力以及效力依据何在的争论,主要体现在内部劳动规章制度对劳动者的约束上面。因为用人单位的管理层是非常强势的,一般情况下制定的劳动规章制度更多的是用于对劳动者的组织和管理上的,因此此问题可以转化为劳动者是否应受用人单位内部劳动规章制度约束以及约束的理论依据是什么的问题。

(一) 西方国家关于此问题的争论

在西方发达国家,关于内部劳动规章制度是否具有法律效力的问题上,存在

---

① 此节主要参考了王全兴教授的观点,参见王全兴教授所著或编写的所有劳动法著作或教材。

着争论。其中主要有两种观点：

（1）无效说。该学说认为，内部劳动规章制度是用人单位管理层单方制定的，职工是在规章制度出台后才知道的，不论在签订劳动合同前还是签订劳动合同后，职工都没有表示接受单位内部劳动规章制度的约束，因而不属于劳动契约的构成条款，不能约束职工。因此，用人单位内部劳动规章制度对职工不具有法律约束力。

（2）有效说。该学说主张用人单位内部劳动规章制度应当对劳动者具有效力。只是不同的学者从不同的角度提出了不同的理论依据来支撑这种有效说，主要有三种主张，即契约说、法规说和折中说。契约说认为，内部劳动规章制度是劳动契约的一部分，劳动契约既已成立，内部劳动规章制度作为劳动契约的附合契约，只要内容合法，就与劳动契约一样具有法律效力。这种观点主张，劳动者只要以明示或默示的方式与雇主达成劳动契约合意，就受到内部劳动规章制度的约束。契约说的缺陷在于，把内部劳动规章制度作为契约只是一种拟制，在实践中往往与事实不符。也就是说劳动者大多是在契约订立之后才了解内部劳动规章制度的详细内容的，并且，在契约订立后，雇主可以不经劳动者同意而单方修改内部劳动规则。如果这种学说应用到现实中，就必须要求用人单位在签订劳动合同时就说明本单位的内部劳动规章制度，取得劳动者的同意。以后如果需要修改内部劳动规则的，也须经劳动者同意。法规说则认为内部劳动规章制度具有法规性质。这就是说，雇主作为一种社会组织，从其依法成立之日起就被国家授予制定本组织内部规范的权力，这也是法律所赋予的经营权的应有内容。所以，制定内部劳动规章制度是一种“授权立法”，不论劳动者对内部劳动规章制度的内容是否知悉和同意，都要无条件地受其约束。显然，法规说的缺陷在于，对其授权立法无充分的法理依据。另有折中说认为，内部劳动规章制度之所以发生效力，既是由于法律的确认，也是由于当事人双方的合意，所以，内部劳动规章制度具有法律效力的前提条件是其内容不违法并取得职工同意。

（二）我国对劳动规章制度的一般认识

在我国，由于从计划经济下的国有企业管理模式转化到市场经济的多种所有制企业管理模式的背景，目前的用人单位内部劳动规章制度仍然保留有计划经济的行政管理痕迹，这是很显然的。总体上体现为管理者高高在上，劳动者只是一个服从命令的被动主体，在国有企业体现为劳动者对公权力的服从和无奈，对内部劳动规章制度不具有真正的发言权；在非国有企业，体现为劳动者在资本超强势面前忍气吞声，委曲求全，没有发出呼声和诉求的力量和平台，也缺乏与管理方谈判的组织体系和必要的技能训练，有时候单个劳动者不得不以命相搏来维护自己的可怜的工资及其他权益。

正是在这种新的社会背景中，我国的用人单位内部劳动规章制度虽然并不是法律,只是被视为厂规厂法,其效力是来自法律的赋予,但在实际上其效力则甚至超过了法律,很多用人单位管理人员非常蛮横,不讲道理,不遵守国家法律,表现出用人单位管理人员守法意识淡漠,造成劳动者权益被侵犯的现象非常普遍而且严重。在理论上,用人单位内部劳动规章制度之所以由法律赋予其效力,其主要原因如下:一是内部劳动规章制度是法律规范的延伸和具体化。内部劳动规章制度的主要内容都是依据有关法规制定的,是对有关法规规定内容的具体展开。在此意义上,内部劳动规章制度是实施劳动法律规范的必要手段。因而法律应当赋予内部劳动规章制度效力。二是内部劳动规章制度是劳动合同的附件,在劳动合同订立过程中,劳动者有权了解用人单位的内部劳动规章制度,用人单位订立劳动合同,并在合同中约定劳动者应当遵守劳动纪律,用人单位应当按照本单位规章制度提供劳动条件和劳动待遇,就表明劳动者承认内部劳动规章制度并愿意受其约束。可见,内部劳动规章制度实际上形成了劳动合同的附件。法律赋予内部劳动规章制度以效力,是强化劳动合同效力的必然要求。三是内部劳动规章制度是实现劳动过程的自治规范。一方面,用人单位制定内部劳动规章制度是行使其用人自主权的法律行为;另一方面,职工也参与内部劳动规章制度的制定,其内容经职工同意才能确定,这表明内部劳动规章制度是用人单位和职工依法自律的手段,反映了用人单位和全体职工的共同意志。法律理应认可其效力。

用人单位内部劳动规章制度应当具有法律效力,这是不言而喻的、自然而然的客观要求。否则一个集多种职业技能人员和各种设备原材料为一体的社会生产组织不可能进行有效的组织和生产,从而创造社会财富。至于学者们的不同观点,无论是无效说还是有效说都不过是解释这个问题而已,而解释终究是无法到达事物的本质的。倒不如说用人单位内部劳动规章制度应当具有法律效力是自然法则或者客观要求来得实在。只是要求这种内部劳动规章制度应当在内容上具有合理性,不应侵犯劳动者的正当权益,在程序上应听取职工意见,实现内部管理的民主化。

二、用人单位内部劳动规章制度具有法律效力的必要条件

内部劳动规章制度发生效力,必须具备法定的有效要件。

(一)法律及司法解释的相关规定

我国《劳动法》第 4 条规定:“用人单位应当依法建立和完善规章制度,保障劳动者享有劳动权利和履行劳动义务。”《劳动合同法》第 4 条规定:“用人单位应当依法建立和完善劳动规章制度,保障劳动者享有劳动权利、履行劳动义务。”“用人单位在制定、修改或者决定有关劳动报酬、工作时间、休息休假、劳动安全卫生、保险福利、职工培训、劳动纪律以及劳动定额管理等直接涉及劳动者切身

利益的规章制度或者重大事项时，应当经职工代表大会或者全体职工讨论，提出方案和意见，与工会或者职工代表平等协商确定。”“在规章制度和重大事项决定实施过程中，工会或者职工认为不适当的，有权向用人单位提出，通过协商予以修改完善。”“用人单位应当将直接涉及劳动者切身利益的规章制度和重大事项决定公示，或者告知劳动者。”由此可见，在成文法中我国采用的是“规章制度”或“劳动规章制度”。《劳动法》第 89 条规定：“用人单位制定的劳动规章制度违反法律、法规规定的，由劳动行政部门给予警告，责令改正；对劳动者造成损害的，应当承担赔偿责任。”《劳动合同法》第 80 条规定：“用人单位直接涉及劳动者切身利益的规章制度违反法律、法规规定的，由劳动行政部门责令改正，给予警告；给劳动者造成损害的，应当承担赔偿责任。”从这些立法用语中我们可以得出一个结论，即“规章制度”与“劳动规章制度”是可以互相替换的，只是在立法中没有注意将其统一为一个术语，容易引起误解，今后在立法中应注意其法律术语的前后一致。

《最高人民法院关于审理劳动争议案件适用法律若干问题的解释》(2001年)第 19 条将内部劳动规章制度的有效要件规定为：通过民主程序制定；符合国家法律、行政法规及政策规定；已向劳动者公示。不过，这种规定还不够完整，尤其是如何保证真正地通过民主程序，在劳动者团结权保障不足的情况下，内部劳动规章制度的制定往往有其民主的形式而缺乏民主的实质。真正经过民主程序，其内容一般都能符合法律法规的规定，因为凡是违反法律的内部劳动规章制度，劳动者的团体都可以阻止其通过。因此，确保民主程序实质性运作非常重要。

(二) 内部劳动规章制度的有效要件

结合上述内容和法学理论，内部劳动规章制度的有效要件一般概括为以下几个方面：(1) 制定主体合法。内部劳动规章制度只能由单位行政制定，但并非单位行政中的任何一个管理机构都有权制定内部劳动规则，一般认为，有权代表用人单位制定内部劳动规章制度的，应当是单位行政系统中处于最高层次、对于用人单位的各个组成部分和全体职工有权实行全面和统一管理的机构。(2) 内容必须合法。内部劳动规章制度的内容不仅不得违反法律、法规和政策的规定，而且不得违反集体合同的规定，即其规定的劳动者利益不得低于法律、法规、政策和集体合同规定的标准。内部劳动规章制度应当对立法所列举的必备事项作出具体规定，其内容必须体现权利与义务一致、劳动者利益与劳动效率并重、奖励与惩罚相结合、劳动纪律面前人人平等的精神，不得与法律、法规、政策和集体合同的规定相悖。(3) 制定程序必须合法。在制定内部劳动规章制度的过程中，凡属于法定必要程序，都必须严格遵守。集体合同和既存内部劳动规章制度对此程序若有规定，也应遵循。

内部劳动规章制度依法制定，在本单位范围内对全体职工和单位行政各个部分都具有法律约束力。内部劳动规章制度必须在本单位范围内全面实施，劳动过程中的各种劳动行为和用工行为都必须受内部劳动规章制度的约束。同时，遵守内部劳动规章制度是全体职工和用人单位的法定义务和约定义务，职工与用人单位因执行内部劳动规章制度发生争议，应当依法定的劳动争议处理程序予以处理。

内部劳动规章制度与劳动合同在效力上的关系表现在三个方面：一是内部劳动规章制度作为劳动合同的附件，具有补充劳动合同内容的效力。二是劳动合同所规定的条件和劳动待遇不得低于内部劳动规章制度所规定的标准，否则，以内部劳动规章制度所规定的标准代替。三是劳动合同中可以特别约定其当事人不受内部劳动规章制度中特定条款的约束，但这种约定应当以对劳动者更为有利为前提。

内部劳动规章制度作为劳动合同的附件，它与集体合同效力的关系是，集体合同应当成为制定内部劳动规章制度的依据，内部劳动规章制度所规定的劳动者利益不得低于集体合同所规定的标准。

第五节　劳动纪律

一、劳动纪律的概念

劳动纪律是指用人单位依法制定的、全体职工在劳动过程中必须遵守的行为规则。它要求每个职工都必须按照规定的时间、地点、质量、方法和程序等方面的统一规则完成自己的劳动任务，实现全体职工在劳动过程中的行为方式和联系方式的规范化，以维护正常的生产、工作秩序。凡是在集体劳动的场合，都必须有劳动纪律，没有劳动纪律便没有社会化大生产。

二、劳动纪律的内容

劳动纪律的内容一般包括以下七个方面：

(1) 时间纪律。即职工在作息时间、考勤、请假等方面的规则。

(2) 组织纪律。即职工在服从人事调配、听从指挥、保守秘密、接受监督方面的规则。

(3) 岗位纪律。即职工在完成劳动任务、履行岗位职责、遵循操作规程、遵守职业道德方面的规则。

(4) 协作纪律。即职工在工种之间、工序之间、岗位之间、上下层次之间的连接和配合方面的规则。

(5) 安全卫生纪律。即职工在劳动安全卫生、环境保护方面的规则。

(6) 品行纪律。即职工在廉洁奉公、爱护财产、厉行节约、遵守秩序、关心集体方面的规则。

(7) 其他纪律。各个用人单位针对本企业特殊的工种和行业特点对劳动者在劳动过程中所提出的特殊纪律要求。

用人单位在制定劳动纪律时,必须根据法定的标准和程序来确定劳动纪律的内容。

首先,劳动纪律必须合法,劳动纪律只能在法律允许的范围和程度内约束职工的行为,不得非法限制和剥夺职工依法享有的权利和自由,对违纪职工不得采用法定限度外的惩罚措施。

其次,劳动纪律应该全面,即对各种岗位的职工都制定相应的劳动纪律,使劳动纪律成为全面约束劳动过程中各种劳动行为的规范体系。

再次,劳动纪律应当宽严一致。即劳动纪律对各种职工在宽严程度上应当采用一致标准,使各种劳动者都受到同等程度的约束,而不能对有的劳动者采用严厉的纪律,对有的劳动者则采用宽松的纪律。

最后,劳动纪律作为规范的一种其结构应当完整,即按照社会规范所应有的逻辑结构制定劳动纪律,在劳动纪律中应当含有完整的构成要素,即适用条件、行为模式以及遵纪和违纪后果。

三、劳动纪律的实施

劳动纪律作为一种小范围内的行为规则,必须得到贯彻实施,否则劳动纪律就会形同虚设。因此,劳动纪律的实施,是劳动纪律中最重要的环节。

根据我国劳动关系的性质和企业实施劳动纪律的实践,在制定中应当确立和体现以下四项原则:

一是思想政治工作与经济手段相结合。一方面通过对职工进行思想政治教育,帮助职工树立正确的劳动态度和纪律观念、培养和提高职工遵守劳动纪律的自觉性;另一方面运用经济手段鼓励和促使职工遵守劳动纪律,将职工的守纪状况与经济利益挂钩,以提高职工遵守劳动纪律的积极性和责任感。

二是自主奖惩与依法奖惩相结合。自主奖惩是用人单位有权自主决定对模范守纪者的奖励和对违纪者的惩罚,这是在社会主义市场经济体制下微观劳动管理自主权的重要内容。依法奖惩是用人单位必须遵循法定奖惩规则对职工进行奖惩,而不得滥用奖惩权,对符合获奖条件而依法享有获奖权的职工,用人单位对其负有依法授奖的义务,凡应奖而不奖或授奖不当,都属于违法,必须纠正。对违纪职工,用人单位所给予的纪律处分,在条件、形式、轻重和程序上都必须符合法定条件。凡违法处罚职工的,都应当承担法律责任。

三是用人单位管理者在实施劳动纪律时应当公平合理。对于违反劳动纪律的一般工人和中上层管理者应当一视同仁,避免感情因素左右劳动纪律的实施。任何规则的贯彻落实都必须做到“同样事物同样对待”,不因关系的亲疏远近、也不因职位的高低而有区别对待。

四是需要企业管理者和劳动者对劳动纪律有同等的高度重视。如果管理者视劳动纪律如无物,就不可能形成其他劳动者对劳动纪律的高度重视和遵守,长此下去必然形成劳动纪律松懈,难以约束员工的行为。在不发生生产事故的情况下,还可以勉强维持,一旦发生生产管理事故,必然暴露根本的缺陷。我国近年来发生的各种生产安全事故都与不重视劳动纪律以及安全操作规程有密切联系。

四、用人单位的惩戒权

惩戒权是指在一个以企业为单位的经济活动组织体内,员工违反内部劳动规章制度或者劳动纪律,企业管理层依据法律或者劳动规章制度对其进行处罚的权力。用人单位拥有惩戒权是其高效率生产和有序组织劳动的保障。适度的惩戒是实施劳动纪律的必要措施,但是惩戒权实施的对象以及惩戒措施、惩戒程序都必须遵守国家法律、法规的规定。凡违法处分职工的,都应当承担法律责任,这样才能促使用人单位规范用工,制定完善合理的劳动规章制度以有效进行企业内部管理。

为了有效防止用人单位滥用惩戒权和保护职工尤其是被惩罚者的合法权益,要求用人单位严格遵循纪律处分程序至为关键。根据我国现行立法和实践,纪律处分程序一般包括以下几个环节:一是调查取证。即调查违纪事实,并取得证明违纪事实的证据,尤其应当由处罚者承担举证责任。二是进行批评教育,即针对违纪行为对违纪者进行批评教育,并给予一定的要求其改正违纪行为的期限。三是经正式会议讨论,根据违纪事实进行认定并作出纪律处分的初步决定。四是征求工会意见。工会认为纪律处分不当或者违反劳动法规、集体合同、内部劳动规则或劳动合同的,有权提出意见或者要求重新处理。五是听取本人申辩,即应当告知违纪者有申辩权,并听取其本人对违纪事实认定和纪律处分决定的申辩意见。六是报请审查或批准,对有法定特殊要求的职工,如工会干部进行纪律处分,应当报请有关机构或组织审查或批准。七是制定并公布或送达书面纪律处分决定。八是应当上报当地劳动部门或其他有关机构或组织备案。

附　录

一、本章重点问题提示

1. 用人单位内部劳动规章制度的效力根源问题

用人单位内部劳动规则为什么能够对劳动者和用人单位的单位行政及其管理人员发生法律效力？

2. 如何处理用人单位内部劳动规章制度与国家一般法律之间的关系？

3. 用人单位内部劳动规则与劳动者个人爱好自由之间的矛盾如何解决？

李娟是某交响乐团的笛子演奏者，她五年前大学毕业就加入了这个交响乐团。她从工作中获得乐趣，也演奏得很好。后来，乐团规定笛子演奏者不论在上班时间还是下班时间都不能抽烟，否则就会被解雇。李娟一直抽烟，但是上班的时候不抽烟。因此，李娟的个人习惯就与乐团的管理规定发生了冲突。李娟不想被解雇，同时认为乐团的规定不合理，限制了她的个人自由。请问，应如何处理这种矛盾？

4. 德国职工参与决定制度对我国的启示

德国职工参与决定法主要包括德国的《企业组织法》和《参与决定法》。根据这两个法律，德国职工参与决定的方式主要有：

(1) 职工监事和职工董事

职工代表进入企业监事会和董事会是德国职工参与决定的最高级形式。这种形式不适用于负无限责任的企业。

职工代表进入企业监事会和董事会主要有三种情况：其一，依照 1951 年的《煤钢行业参与决定法》，以煤炭和钢铁为经营内容的公司，职工人数超过 1000 人的，监事会就由股东代表和职工代表对半组成，由一名中立人担任主席。监事会的组成特别是职工监事的构成和推选程序非常复杂，其结果往往是本企业的职工可能占监事会成员的一半的一半。后来在 1988 年通过的法律中对此作了一定的修改，降低企业外部工会代表人数，增加企业内部职工代表人数。该法还进一步将这种职工代表进入企业监事会的方式延伸适用于那些煤炭和钢铁营业占全部销售额 20%的控股公司或康采恩公司。经监事会多数职工代表同意由职工代表担任董事会里的劳动经理，主管企业的劳动、人事和福利。其二，依照 1976 年的《参与决定法》，在职工人数超过 2000 人的股份公司、股份两合公司和有限责任公司的监事会由股东代表和职工代表对半组成，职工代表担任董事会里的劳动经理不必经监事会多数职工代表同意。监事会成员根据企业大小分别为 12 名、16 名和 20 名。由于监事数量是偶数，在票数相等时要进行第二次投票。其三，依照 1952 年的《企业组织法》，在 1994 年 8 月 10 日以前成立的、职工不超过2000人的股份公司和股份两合公司里,监事会中必须有1/3的监事是职工代表。职工在500人以下的家庭公司是例外。1952年的《企业组织法》不适用于1994年8月10日以后建立的或从另一种法律形式转变的、职工在500人以下的股份公司。此项法律适用于职工500人至2000人的股份有限公司、企业合作社和经济合作社以及相互保险协会。强调企业中如果妇女占绝大多数,监事会中应有妇女代表。

(2) 企业职工委员会

1972年的《企业组织法》对1952年《企业组织法》进行了修改,详细规定了职委会的选任方法、法律地位和职权范围。职委会是由企业的全体职工选举产生的,并有代表全体职工的利益参与协作决定的权利。职委会的成员人数取决于企业的规模。在至少有5名职工,其中3名必须是有被选举权的所有私人经济企业中,都可以选举职委会。未满18岁的雇员都有选举权。有资格被选入职委会的职工至少要在本企业工作6个月。外籍职工也有选举权和被选举权。职委会委员通常是兼职的。在康采恩一级设康采恩职委会。职委会不代表企业高级职员。至少有10名高级职员的企业中可根据《发言人委员会法》选举一个发言人委员会。由于自身工作的关系,职委会成员在面临雇主解雇时受到特殊的保护。雇主必须根据工厂的规模和性质,为职委会成员留出其正常履行职责所需要的脱产时间,同时必须支付工资。职工人数在300人以上的较大企业至少有一名委员脱产;大致来说,在此基础上每增加1000名职工,职委会就要多增加一名专职成员。

职委会代表职工的利益,审查职工提出的建议,并转达给雇主。职委会也必须关心对职工有效的法律、规章、防止工伤事故的规定、签订的劳资协议以及企业中各种协议的遵守情况。职委会的参与决定权涉及企业规章制度、企业的工作时间、休假规定、引进和使用目的在于监督职工的表现或工作成绩的技术设备、防止工伤事故和职业病的规定以及在法律规定或防止事故规定范围内的健康保护问题;其适用范围限于工厂、企业或康采恩的社会福利机构的形式、组织及管理,分配厂房出租的住房或解除租约以及确定使用条件,企业内工资的确定,尤其是制定报酬原则以及采用新的报酬的方法,计件工资和奖金的定额与类似的工作报酬等问题和企业内提建议的原则。此外,职委会还在确定工作岗位、操作过程和环境、人事规划以及职业教育等方面有很大的共决权。

企业发生变化(例如企业紧缩、关闭、迁移)时,在有选举权职工20人以上的企业,职委会有权与雇主谈判商定旨在平衡或减少被涉及的职工的经济损失的社会福利计划。在这种企业内,雇主也必须在每一次解雇人员时听取职委会意见,否则解雇无效。在正式解雇时职委会有权提出异议。

法律在赋予职委会广泛参与决定权的同时,还要求职委会遵循精诚合作、谋求企业和职工共同利益、维护企业内和平生产秩序等原则。《企业组织法》第74条规定“合作的基础”:① 雇主和企业委员会每月至少应进行一次会谈,就有争议的问题进行严肃的谈判,并为消除意见分歧提出建议。② 雇主和企业委员会不得因意见分歧采取过激的斗争措施(不包括劳资双方所拥有的斗争权利),不得做有损于企业生产或企业稳定的事情,不得进行政党性质的活动(不包括处理与企业或者其职工有直接关系的劳资、福利和经济问题)。③ 接受这项法定任务的职工,在企业中从事工会委托的任务时其行为不受限制。

与职委会有关的机构还有其他专业委员会,如经委会(职委会下设机构,主要代表职委会同雇主讨论经济问题)、职工大会(由职委会定期召集,雇主或1/4以上职工也有权要求召开,每年至少一次,听取雇主就劳动、人事、福利和经济发展状况的报告)、青委会(未满18周岁青工自己的组织)、协调处(调解和裁决职委会与雇主间争执的机构,由各方各指派两名,再共同指派一名主任)等。

值得提及的是,德国法上的职委会不同于工会(德国工会联合会),其成员不一定是工会会员。依据法律,工会不得与企业里的职委会发生组织上的关系,也不得在企业内建立组织,只能有工会联系人。之所以这样规定,主要是防止形成劳资实力不均的伙伴关系。实际上,工会与职委会联系紧密,3/4以上的职委会会员和4/5的职委会主席由工会会员担任。然而德国职工在1994年却认为工会已不能真正代表他们的利益,对于他们而言,工会是其雇主。所以职工组织起来成立自己的组织——职委会,其宗旨是代表职工作为劳资协议一方出面与其雇主——德国工会联合会和各行业工会抗争。这实际上是德国劳方进一步争取权利的另一种表达方式。

职委会与雇主之间发生争执,法院是不过问的,而由协调处解决。其目的是促成双方谅解和妥协而不至于激化矛盾。法院只审查协调处是否遵守了现行法规以及是否是根据自己判断作出的。

(3) 职工直接参与

职工直接参与企业的民主管理在德国有着久远的宪法基础。在魏玛共和国的成立阶段,苏维埃模式的痕迹已固定在参与决定制度中,甚至还达到了宪法层次。《魏玛宪法》第156条规定:① 工人和职员有权平等地与企业家共同决定工资和劳动条件,共同促进国民经济生产力的发展。承认劳资双方组织及其协议。② 工人和职员在企业工人委员会、在按地区划分的区工人委员会以及在国家工人委员会中应拥有法定代表,并通过他们来了解自身的社会经济利益。

职工直接参与企业的民主管理主要表现在:① 在职委会选举中有选举权和被选举权;② 对涉及本人工作岗位的事务有了解权;③ 对涉及本人劳绩评价等事项有与雇主讨论权;④ 对本人档案有阅看权;⑤ 对于自己觉得受到的不公正待遇有申诉权。

(4) 对德国参与决定制度的评价

德国参与决定制度的显著特点是职工参与程度较高,参与内容广泛,并且主要落实在企业内部。

德国参与决定制度的发展史,就是一部德国劳工向雇主争取经济上的民主和自由的"斗争"史。从最初社会主义的思想家提出参与决定的思想到职委会的成立,从第一次世界大战后劳资对半参加处理企业内部争议的仲裁委到德国工商劳资中央工作委员会的成立,从《企业职委会法》到《参与决定法》的颁行,无不是劳资双方斗争、妥协、对话的结果。在这一过程中又无不渗透了国家民主政治对作为弱势群体——职工的经济民主的推进和帮助。但物极必反,任何事物都不能太过。职工参与决定本来是经济民主的产物,是为达到劳资力量的平衡所需,但20世纪90年代以后的德国参与决定使得劳方实力异常强大起来。为了防止劳资双方出现实力不均的伙伴关系,德国劳工立法禁止工会在企业内部建立组织。由此可见,德国参与决定制度本是德国政治立场的反映,同时也随着时间的推移、社会的变迁而变化,当工人力量过于强大时,政府又通过法律来加以抑制。从这种发展过程来看,最好的状态是双方力量基本均衡,这也是政府通过各种方法力求实现的目标,而现实告诉我们,最优状态往往难以实现,于是不得不随时关注其动态状况以便及时调整国家法律政策。这一启示对我们也是有借鉴意义的。

二、思考题

1. 简述用人单位内部劳动规章制度的立法模式。
2. 试述用人单位内部劳动规章制度的法律定位。
3. 试述用人单位内部劳动规章制度的法律效力。
4. 简述劳动纪律的制定。
5. 如何理解用人单位在劳动管理过程中的惩戒权?

第七章　工会和职工民主管理

内容提要

在劳动法体系中，职工民主管理制度与劳动合同制度、集体合同制度和劳动争议处理制度并存，共同执行着协调劳动关系的职能。本章首先介绍了工会立法的产生发展过程、国际劳工组织关于结社权的规定、工会立法的发展趋势以及影响工会立法发展的几个因素，如经济制度变革、政治因素以及不同时期的工会理论。其次介绍了我国立法的发展过程、我国现行工会制度的详细内容。我国于 1950 年颁布了第一部《工会法》，新《工会法》于 1992 年 4 月 3 日在全国人民代表大会上通过，并于 2001 年进行了新的修改。修改后的工会法扩充到 7 章 57 条，除有关职工代表大会和民主管理等个别内容外，适用于各种所有制形式的企业。职工民主管理主要介绍其概念和立法基础，如人力资本所有权理论、经济民主理论和公司社会责任理论。然后说明中外职工民主管理的历史发展、职工民主管理的形式和选择。最后重点介绍了职工代表大会制度和几个典型的职工民主管理制度，即职工代表大会制度、厂务公开制度、企业机构内职工代表制度、平等协商制度和职工持股制度。

关键词

工会　职工民主管理　职工董事监事　平等协商　职工持股

第一节　工会立法概述

一、早期工会立法演变

关于工会的立法，早期发展一般都经过了三个阶段：第一个阶段是绝对禁止阶段，即完全禁止工人组织工会和参加工会活动；第二个阶段是相对禁止阶段，即在一定限度内允许工人组织工会和参加工会活动；第三个阶段是完全承认阶段，即正式承认工人有组织工会和参加工会活动的权利。

早在资本主义萌芽时期,英国所颁布的《劳工法规》中就曾严厉地禁止工人联合起来要求增加工资。一直到19世纪初,英国仍然禁止工人组织工会。1799—1800年的《结社法》规定:“凡因请求变更法定工资和减少工作时间而组织团体或妨害他人的劳动的,以违法论处。”这样的团体被认为是非法的,凡参加这种团体的人都被认为是有罪的,要处以两个月以上的监禁;凡用金钱或其他手段阻止他人劳动或破坏工人续订契约者也受同样的处罚。这是工会立法第一阶段的情况。

到19世纪20年代,英国工人阶级的力量逐步壮大起来,工会组织已经相当普遍地成立起来了。工人运动迫使英国议会于1824年废除了《结社法》,并原则上承认了工人的结社权,但在例外的情况仍加以处罚。1857年议会通过一个名叫《妨害法》的新法律,承认工人如果只是为了确定工资率而与他人进行谈判或和平地劝说他人停止工作,可以不作为妨害罪受法律的处分。但该法规定不准破坏契约或企图引诱他人破坏契约。1871年英国议会根据一个皇家劳工委员会的调查报告和建议,通过了一个《工会法》,对工会下了新的定义,使一些还被视为非法的工会合法化,并规定工会不能因限制了行业活动而被视为非法,也不能因此而对其会员给予刑事处分。该法对工会虽然承认其合法,但对工会的活动限制甚严,有些活动仍被视为非法。这是属于工会立法的第二个阶段。

1876年英国议会在工会的压力下又通过了一个《工会法修正案》,明确地承认了工人的结社权,使更多的工会组织合法化。该法并就工会的合并、解散、更名、登记以及少数工人参加工会的权利等事项作了比较详细的规定。该法还规定:以劳动争议为目的而从事的某些行为,系二人以上的合意或订立合同的,其行为如单独不构成犯罪,则不能构成共谋罪。这样,工会以和平方式进行的各种斗争,就不受刑法共谋罪的处罚了。这个法律实施以后,英国工会的数目和会员人数有了迅速的增加,工会活动的力量也大大加强了。但是,资本家对这个法律却极为不满,他们在很多场合下利用法院的判决使立法的意图难以实现。这是英国工会立法的第三个阶段。

法国的工会立法也可分为三个阶段。在19世纪以前,1791年的法律是禁止集会、结社和集体谈判的。1801年的法国宪法仍然把雇主和工人的结社视为犯罪。但是法国工人阶级在1848年革命高潮期间,不顾法律的禁止,广泛组织大规模的罢工斗争和积极地参加国际工人运动。这样迫使法国议会不得不于1864年废除了禁止集会结社的禁令,通过一项法律大体上承认了工人的结社权。但对同盟罢工而妨害他人业务上的自由的仍作为违法。直到1884年制定了《工会法》才承认工人有组织工会和参加工会活动的自由,同时修改了刑法中对工会活动的处罚条款。

德国工会立法发展不像英、法两国那样明显。但也经历过从禁止到承认的过程。1845年的法律禁止改善劳动条件的共同运动，而1899年的法律则明确规定废止关于同盟罢工的罚则。奥地利的工会立法与德国的情况基本相同。

美国在工业化初期工会力量还不够强大时，也是采取禁止工人结社的原则，法院往往依照判例，把工会和罢工作为触犯刑法的行为。这样对工会的发展非常不利。正因为如此，美国工人运动在19世纪大部分时间里远远落后于欧洲各国。1890年美国国会通过了谢尔曼《反托拉斯法案》，其中规定，凡遏制各州之间和国际之间贸易而采取的托拉斯或其他形式的联合体或共谋者都是非法的。从条文上看，该法主要是针对工商联合体和共谋者的，但法院却把劳工联合体也列入非法联合体之内，以此来审理工会与雇主之间的案件。

综上所述，在19世纪后半期，欧洲各国及美洲一些国家多已承认工会为工人的合法组织，对工会的行动也给予一定的自由。但是在罢工的问题上，各国多还不承认是工人的权利。有的国家仍然加以禁止，并追究刑事责任，有的国家表面上承认工人罢工的自由，并取消罢工的刑事责任，但事实上还对罢工规定种种限制。如法国在1864年法律中承认工人罢工为合法，但有例外的规定，即采用强暴手段或损伤行为，侵犯他人劳动自由的，仍适用刑法的处罚规定。①

二、国际劳工公约及其他国际公约中关于结社权的相关规定

国际劳工组织早在1919年的《国际劳工组织章程》就提出促进结社自由的原则，作为改善工人劳动条件的目标。1921年国际劳工组织通过的《农业工人的集会结社权公约》(11号)规定：批准国应承允使农业工人享有与工业工人同等的集会结社权。1948年通过的《结社自由及组织权利的保障公约》(87号)规定：工人与雇主均应有权无任何区别地成立与加入其自行认定的组织，事前无须经过核准，只需依照有关组织的规则执行即可。对工人和雇主组织，政府不得予以解散或终止其活动。公约还规定工人与雇主组织应有权制定自己的章程和规则，充分自由地选举其代表，组织其业务和活动，并拟订其工作计划，政府机构应避免作可能会限制这种权利或妨碍这种权利的合法实施的任何干涉。公约又规定：工人和雇主及其各自的组织在行使公约所规定的权利时，应遵守本国的法律，而本国的法律及其实施均不得损害本公约所规定的各种保障。1949年又通过《组织与集体谈判权利的原则的实施公约》(98号)，规定工人应享有充分的保护，以抵制在雇用方面的反工会的歧视行为，特别是免遭由于他们是工会会员而不被雇用以及因为他们是工会会员或参加了工会活动而被解雇或受到其他损

① 参见任扶善：《世界劳动立法》，中国劳动出版社1991年版，第41—43页。

害。《公约》还规定:工人组织和雇主组织应有充分保护,彼此不受对方干涉,特别是防止雇主或雇主组织加强对工人组织的支配或控制。在必要情况下,应建立符合国情的组织机构,以及鼓励和促进自愿基础上的集体谈判的发展和利用,以调节雇用待遇和条件。1975 年又通过了《农村工人组织及其在经济与社会发展中的作用公约》(141 号)和同名的建议书(149 号),公约强调所有农村工人(包括工资劳动者和个体劳动者)应有权成立和加入组织;还规定:国家政策应鼓励农业工人的组织,使其成为确保这些工人参与经济和社会发展、并不受歧视地享有发展成果的有效办法。建议书则详细列举了农村工人组织的作用和鼓励发展这种组织的各种办法。

除了国际劳工组织的有关公约之外,其他的一些国际公约中也对工会作出了相应规定。1948 年联合国大会通过的《世界人权宣言》中规定:"人人有为维护其利益而组织和参加工会的权利。"1966 年联合国大会通过的《经济、社会和文化权利国际公约》中规定:"各缔约国要承担以下保证:人人有权组织工会和参加他所选择的工会,以促进和保护他的经济和社会利益;这个权利只受有关工会的规章的限制。对这一权利的行使,不得加以除法律所规定及在民主社会中为了国家安全或公共秩序的利益或为保护他人的权利和自由所需要的限制以外的任何限制";"工会有权建立全国性的协会或联合会,有权组织或参加国际工会组织";"工会有权自由地进行工作,不受除法律所规定及在民主社会中为了国家安全或公共秩序的利益或为保护他人的权利和自由所需要的限制以外的任何限制"。1966 年联合国大会通过的《公民权利和政治权利国际公约》中也规定"人人有权享受与他人结社的自由,包括组织和参加工会以保护他的利益的权利"。

三、工会立法的发展趋势

工会立法发展是随着人们对工会认识的深入而不断发展的。绝大多数西方国家在经历过对待工会的三个发展阶段后,对于宪法所承认的结社权保护是不会动摇的,由此,对劳动者行使结社权形成的工会也是严格加以保护的。由于国家在劳资关系中的中立立场,对待工会的立法还会受到雇主协会的压力,所以,相关工会立法主要是在劳资平等框架下发展。

工会立法还与各种经济制度变革、政治因素影响以及不同时期的工会理论密切关联。例如 1920 年下半年,苏俄莫斯科省工会理事会主席索·阿·洛佐夫斯基提出工会国家融合论的理论。洛佐夫斯基撰写了《苏维埃俄罗斯的工会》小册子,他提出通过工会组织与国家组织共同承担部分管理职能,并不断扩大共同管理任务的范围,使工会与国家组织不断融合。他认为当这两个组织完全融合起来以后,将产生出一个取代工会和国家的新的统一管理社会和经济的组织。

列宁对洛佐夫斯基的这一理论给予充分的肯定，认为这一理论是正确的。这不可避免地影响到早期社会主义社会的相关工会立法。

而我国确立市场经济体制改革方向后，相关制度改革不可避免地要影响到立法，这也是我国为什么要在2001年修改1992年《工会法》的主要原因。

第二节 我国工会立法的历史演变

一、新中国成立前工会及相关立法

在我国，工会和工会的立法有悠久的历史。上海海员于1914年成立了“焱益社”，上海商务印书馆工人于1916年组织了“集成同志社”。这些组织是我国工会组织的萌芽。1920年上海共产主义小组领导成立的上海机器工会标志着我国现代意义上的工会组织的诞生。我国最早出现的工会法是1924年11月由孙中山以大元帅的命令公布的《工会条例》，它是李大钊同志到广州同孙中山实现国共合作的产物，体现了孙中山“扶助农工”的政策特点和要求。在中国共产党进行武装斗争、建立革命根据地创建红色政权之后，江西的红色政权曾于1930年颁布了《赤色工会组织法》，以对抗南京国民政府于1929年10月21日颁布的《工会法》。《赤色工会组织法》在团结广大职工参加革命战争、发展生产中起到了积极作用。

二、1950年《工会法》

1949年初北平和平解放以后，中国人民的革命事业很快取得了全国范围内的胜利。新解放的城市和地区都依据“六次劳大”确定的工运方针和任务，迅即成立工会领导机关的筹备机构，各行各业的工人自发地或在上级指导下建立起工会组织。新中国成立之初，存在着国营经济、私人资本主义经济、农民和手工业者的个体经济、合作社经济、国家与私人合作的国家资本主义经济等五种经济成分。除农民外，1949年五种经济成分中的职工人数是809万，其中绝大部分都已组织到工会中来。工会依据“发展生产、繁荣经济、公私兼顾、劳资两利”的方针积极开展工作。恢复和发展生产是工会动员和组织职工承担的首位任务。同时，积极争取改善职工劳动条件和生活条件，也是职工翻身解放后的迫切要求。中华全国总工会在1949年11月22日发布《劳动争议解决程序的暂行规定》《关于劳资关系暂行处理办法》《关于私营工商企业劳资双方订立集体合同的暂行办法》等三个文件，通知各地总工会提请当地政府采纳。这三个文件对于维护职工权益和稳定劳资关系起到了重要作用。

正是本着对工会产生和发展规律的准确把握，新中国成立不久，就在举国上下的关心和瞩目中毅然揭开了工会立法的序幕。1950 年 6 月 29 日，经中央人民政府委员会第八次会议通过，中央人民政府主席毛泽东签发命令公布施行《中华人民共和国工会法》。它与当时的《中华人民共和国土地改革法》《中华人民共和国婚姻法》一起成为新中国最早诞生的三部重要法律。1950 年的《工会法》总共 26 条，包括了总则、工会权利与责任、工会基层组织、工会的经费及附则共 5 章。虽然条款不多、内容简单，但它明确了工会组织在新民主主义国家政权下的法律地位和职责，特别是针对不同企业类型，规定了各级工会在签订集体合同、监督企业执行有关劳动保护方面的行政法令以及企业用人等维护职工权益方面的权利和义务，不仅适应了当时的客观需要，而且对建立和发展工会组织，团结、教育广大职工进行社会主义革命和建设，解放和发展社会生产力，巩固人民民主专政的国家政权，维护广大职工的合法权益，都起了重要的作用。直到 1992 年新工会法颁布之前，几十年中情况虽有极大变化，但它始终是保障工会法律地位的基本依据。1950 年《工会法》条文简明，内容精练，重点在基层。

三、1992 年《工会法》

1978 年 12 月中国共产党召开十一届三中全会以后，我国以经济建设为中心，坚持四项基本原则，坚持改革开放，开创了现代化建设的新局面。社会经济结构较之新中国成立初期有了很大变化，公有制劳动关系中同样存在着各种形式的劳动争议，维护劳动者权益有着新的迫切需要；而组织、教育和动员广大职工群众积极投身于经济恢复和建设运动，更成为工会面临的重要任务。1950 年工会法已难以满足上述几个方面的需要，制定一部新工会法，已成为新形势下的紧迫立法课题。

制定新工会法的工作从 1978 年底开始，十几年中易稿四十余次。其间，改革开放政策的实施取得很大成功，经济结构形式也由单一而趋于多样化。客观形势的变化，更要求工会组织能在法律保障下发挥更大作用。新工会法终于 1992 年 4 月 3 日在全国人民代表大会上得到通过并自当日起公布施行。

新《工会法》不仅在内容上更加丰富和全面，由 1950 年《工会法》的 5 章 26 条发展为 6 章 42 条，更重要的是其对工会的性质、地位、权利、义务等的法律确认呈现出了鲜明的时代特色：

在工会地位上，1950 年《工会法》较多规定如何组建工会和工会在企事业内部的地位，而 1992 年《工会法》在此基础上，突出规定了工会“参与管理国家事务，管理经济和文化事业，管理社会事务”，明确了工会在国家政治、经济和社会生活中的地位。特别是第 14 条“中华全国总工会、地方总工会、产业工会具有社会团体法人资格。基层工会组织具备民法通则规定的法人条件的，依法取得社会团体法人资格”对工会法人资格的规定，为确立工会的法律地位提供了法律保障，给工会依法行使权利、履行义务创造了良好的社会环境。

在工会的任务上，1992年《工会法》将工会的五项主要任务明确具体地规定在“总则”中，突出强调工会要充分发挥广大职工的主人翁作用，参与管理国家和社会事务，参与本单位的民主管理和民主监督，积极参加社会主义经济建设，相对1950年《工会法》，任务更明确，内容更丰富，要求也更高。

在工会组织问题上，1992年《工会法》增加专章规定“工会组织”，在坚持民主集中制组织原则的同时将此具体化，明确了产业与地方相结合的组织领导原则，构筑一个从基层到中央的完整的组织系统，并对建立工会组织必须具备的条件、工会组织撤销的条件等都作了具体规定，从而使工会组织建设更加科学、系统。

在工会的权利义务上，打破1950年《工会法》更多拘泥于工会在企业内部具体的权利和责任，1992年《工会法》明确了工会代表和组织职工参与国家事务的管理和企事业单位民主管理、维护职工合法权益、实施民主监督的权利，并本着权利与义务对等的原则，规定了工会协助政府开展工作，巩固人民民主专政的政权；协助并监督企事业行政依法经营管理；动员和组织职工参加经济建设、教育职工不断提高思想政治觉悟和文化技术素质等义务，在法律上保障了工会履行职责有更强的操作性。在基层工会组织问题上，与1950年《工会法》较多规定如何在企事业内部组建工会和具体责任不同，新《工会法》针对不同所有制企业、事业单位的情况，突出规定了基层工会在民主管理、民主监督、维护职工权益等问题上的权利和职责，更适应了改革开放的时代需要。

在工会活动保障上，在继承1950年《工会法》合理内容的基础上，在经费的来源及使用、开支，以及在经费、财产的保护等方面，1992年《工会法》都有了新的发展，并在“总则”部分明确规定“国家保护工会的合法权益不受侵犯”。

四、2001年对1992年《工会法》的修改

1992年工会法颁布后半年，在1992年10月召开的中国共产党第十四次全国代表大会提出了建立社会主义市场经济体制的目标。1993年3月八届全国人民代表大会上通过的宪法修正案中写明“国家实行社会主义市场经济”。多年来，社会主义市场经济有了很大发展，非公有制经济大量涌现，经济关系和劳动关系愈趋多样化和复杂化。用人单位侵犯劳动者权益的事件屡屡发生，例如，不与劳动者签订劳动合同或拒不履行劳动合同、拖欠工资、无限制加班加点、劳动安全卫生条件恶劣、拒缴社会保险费等问题随处可见。有些国有企业经营者及其主管部门，无视职工民主权利，企业改制中暗箱操作，以致严重损害劳动者权益的事件也时有发生。有些私营企业雇主和外商投资者甚至利用超经济的劳动控制手段，强迫劳动者劳动，情节之恶劣，令人发指。1995年1月1日实施《劳

动法》以后，情况有一定改观，劳动者开始利用劳动法来保护自己的权利，这是劳动争议逐年增多的主要原因。法律的贯彻需要工会的监督，劳动者捍卫自己权益的斗争需要工会的支持，劳动法制建设的完善健全更需要工会的积极参与。社会主义市场经济发展中出现的复杂情况要求工会组织发挥出更加强大的作用和威力。1992 年工会法是计划经济体制急速向社会主义市场经济体制转轨过程中的产物，显然难以承担起保障新情况下工会法律地位的责任，对它进行必要的修改也属顺理成章。1993 年 10 月和 1998 年 10 月分别举行的中国工会第十二次、十三次全国代表大会，都曾提出认真贯彻工会法并在适当时候修改工会法的意见。

1998 年 12 月，九届全国人大常委会将《工会法》的修改工作列入立法规划。1999 年初，组成了由全国人大法工委牵头，全国人大内司委和全国总工会参加的修改工作小组，经过两年多的调研论证和修改，完成了《工会法修正案(草案)》。2001 年 8 月 27 日，《工会法修正案(草案)》提请九届全国人大常委会第二十三次会议初审。2001 年 10 月 27 日，九届全国人大常委会第二十四次会议闭幕式上二审表决通过了《全国人民代表大会常务委员会关于修改〈中华人民共和国工会法〉的决定(草案)》(以下简称《决定》)，并宣布自公布之日起施行。

修改后的《工会法》扩充到 7 章 57 条，除有关职工代表大会和民主管理等个别内容外，适用于各种所有制形式的企业。修改后的《工会法》突出规定“维护职工合法权益是工会的基本职责”；强调加强对职工参加和组织工会权利以及工会干部的保护力度；增加“法律责任”一章，这不仅维护了工会法的权威性和严肃性，而且大大增强了实施中的可操作性。具体修改情况如下：

第一，修改后的《工会法》在“总则”中新增加了“中华全国总工会及其各工会组织代表职工的利益，依法维护职工的合法权益”，“维护职工合法权益是工会的基本职责”的规定，从而将维护职能从工会的四项职能中凸显出来，在法律上确认了工会代表者、维护者的身份。同时明确了“职工代表大会制度”和“集体合同制度”是工会维权的两个基本手段，对职工劳动权益和民主权利的维护在法律上予以确认、规范和保障，为维权职能落到实处提供了有力的支点，契合了市场经济条件下劳动关系调整机制的客观要求。

第二，修改后的《工会法》在工会组织建设上着墨颇多，并且措辞有力。明确规定“在中国境内的企业、事业单位、机关中以工资收入为主要生活来源的体力劳动者和脑力劳动者”，“都有依法参加和组织工会的权利”，“任何组织和个人不得阻挠和限制”。同时还就上级工会履行帮助和指导职工组建工会的职权、建设街道和乡镇一级工会和工会组织形式的多样化等作出了规定，既适应了非公有制经济蓬勃发展的趋势，又有效地针对了新建企业工会组建率低和职工入会率低的现实,为市场经济下工会组织的建设提供了强有力的法律保障。

第三,修改后的《工会法》加大了对工会干部的保护力度。随着经济关系和劳动关系的变化,工会干部也要与企业签订劳动合同,其自身利益直接受到企业行政的制约,同时,工会干部在开展协调劳动关系和维护职工权益的工作时,难免会与企业发生矛盾。针对这一现实,修改后的《工会法》明确了“工会主席、副主席任期未满时,不得随意调动其工作。因工作需要调动时,应当征得本级工会委员会和上一级工会的同意”“基层工会非专职委员占用生产时间或者工作时间参加会议或者从事工会工作,每月不超过三个工作日,其工资照发,其他待遇不受影响”等保护工会干部的具体规定和措施,构成了从工会组织到工会干部、从专职干部到兼职干部、从程序到权限、从合法权益到法律责任的对工会干部的全方位的保护。

第四,修改后的《工会法》使工会组织得以正常开展活动和工作的物质基础有了法律保障。1992 年《工会法》虽对缴纳工会经费作出了规定,但对拖欠、拒缴工会经费的行为没有规定相应的制裁措施。此次修改后的《工会法》明确规定:无正当理由拖延或者拒不拨缴工会经费,基层工会或者上级工会可以向当地人民法院申请支付令;拒不执行支付令的,工会可以依法申请人民法院强制执行。并对侵犯工会经费和财产拒不返还的行为,规定了应当承担的相应法律责任。

第五,修改后的《工会法》增设了“法律责任”一章,明确了工会组织的诉权,对阻挠限制职工依法组织和参加工会、对工会干部进行打击报复、侵占工会财产等违法行为,规定了相应的法律责任,包括追究经济责任、行政责任,直至刑事责任。对侵权主体处罚措施的明确,体现了权利与义务对等的立法原则,修改后的《工会法》不仅在法律意义上进一步完善,而且大大增强了法律的刚性、可操作性。

五、2009 年《全国人民代表大会常务委员会关于修改部分法律的决定》

这一法律决定主要是将《工会法》中引用的“治安管理处罚条例”修改为“治安管理处罚法”。即将《中华人民共和国工会法》第 51 条“……对依法履行职责的工会工作人员进行侮辱、诽谤或者进行人身伤害,构成犯罪的,依法追究刑事责任;尚未构成犯罪的,由公安机关依照治安管理处罚条例的规定处罚”中的“治安管理处罚条例”修改为“治安管理处罚法”。这一修改未涉及工会法的其他内容。

第三节 我国现行工会制度

一、工会的性质和法律地位

工会具有不同于其他社会组织的性质。中国 1950 年、1992 年、2001 年《工会法》对工会性质的规定，措辞虽略有不同，但内容一致，即工会是职工自愿结合的工人阶级的群众组织。这句话点明了工会的阶级性、自愿性和群众性特点。

(1) 阶级性。参加工会的必须是以工资收入为主要生活来源的体力劳动者和脑力劳动者，即被用人单位招用的劳动者(国外称为雇佣劳动者)。所以工会是工人阶级的组织。工会的阶级性特点，是各国工会所共有的特点。

(2) 自愿性。职工参加或组织工会完全是自愿的，任何组织和个人不得阻挠和限制，也不能强迫他们参加和组织工会。自愿性也被表述为入会自愿、退会自由，这是结社权消极和积极两个方面的体现。工会的生命和活力来源于会员的自愿。

(3) 群众性。《工会法》和《中国工会章程》规定，只要是工资劳动者，不分民族、种族、性别、职业、宗教信仰、教育程度，都有依法参加和组织工会的权利。工会必须密切联系群众，全心全意为职工服务。

另外，还有人依据《劳动法》《工会法》和《中国工会章程》的规定内容，认为工会还具有独立性和永续性。独立性即我国《劳动法》规定，工会“依法独立自主地开展活动”。《工会法》规定，工会“依照工会章程独立自主地开展工作”，“国家保护工会的合法权益不受侵犯”。永续性即中国工会不是暂设性组织，而是永久性、连续性组织。基层工会所在的企业终止或者所在的事业单位、机关被撤销的，该工会组织相应撤销；它的经费财产由上级工会处置；会员的会籍可以继续保留。中国工会作为一个整体，它是永久存在的组织。

对于工会的法律地位，1992 年《工会法》和 2001 年修改后的《工会法》均规定：中华全国总工会、地方总工会、产业工会具有社会团体法人资格；基层工会组织具备《民法通则》规定的法人条件的，依法取得社会团体法人资格。

中国工会的法人资格具有公法人和私法人两重性的意义。我们一般所说的法人是指民事法人。民事法人又有社团法人与财团法人、营利法人与公益法人的不同。中华全国总工会与地方各级总工会，负有参与法律、法规起草，计划、政策制定以及三方协商机构活动等职责，这些不是通常的民事法人所能承担的，所以它们的社会团体法人资格可视为具有公法人的性质。而基层工会以及各级总工会机关本身的工会组织，在参与民事活动中的法人资格，则与一般的民事法人没有两样，它们是私法人，而与上述公法人的性质迥然不同。各国法律过去一般不规定工会具有公法人资格，而仅规定工会具有民事法人即私法人的资格。近些年来，有些国家的工会获得了立法、政策制定、企业经营方针确定的参与权、共决权，这些工会事实上也已具有公法人资格。

对于工会法人资格的确认，现行《工会法》只规定中华全国总工会、地方总工会、产业工会具有社会团体法人资格，对基层工会组织的法人资格应由谁确认、依照怎样的程序确认未作规定，导致人们对此在认识上产生了分歧。从我国实践看，法律对取得法人资格是否需要登记注册有两种规定，一种是根据法律的规定需要依法登记，即获得法人资格必须履行登记手续；另一种是根据法律规定不需要登记，但也必须依法取得有关机关的批准才能得以确认。我国工会法人资格的取得属于后一种情况。因为我国工会是经《社会团体登记条例》特别规定为免予登记的八大组织之一，自成立之日就取得合法地位，不需要进行登记注册手续；不需要进行登记并不意味着工会能够自然取得法人资格。实际上特别规定工会作为免予登记的组织是有原因的。根据《工会法》和《工会章程》的规定，上级工会批准基层工会组织有严格的法定条件，即有明确的组织名称、有会员 25 人以上、有依照章程推选的工会委员会、有经费保障。而这些条件均符合《民法通则》规定的法人资格取得的条件。

二、工会的职能

按《工会法》的规定，我国工会的基本职能有：(1) 维护职能。工会在维护全国人民总体利益的同时，有责任维护职工的合法权益。工会必须密切联系职工，听取和反映职工的意见和要求，关心职工生活，全心全意为职工服务。(2) 参与职能。工会通过各种途径和形式，参与管理国家事务，管理经济和文化事业，管理社会事务，管理本企业有关事务，协助政府开展工作，巩固工人阶级领导的、以工农联盟为基础的人民民主专政的社会主义国家政权。(3) 组织职能。工会组织职工依照宪法和法律的规定行使民主权利，参加本单位的民主管理和民主监督，发动和组织职工努力完成生产任务和工作任务，组织职工开展劳动竞赛，开展群众性的合理化建议、技术革新和技术协作活动，提高劳动生产率和经济效益，发展社会生产力。(4) 教育职能。工会动员和教育职工以主人翁态度对待劳动，爱护国家和企业财产，遵守劳动纪律。工会对职工进行爱国主义、集体主义、社会主义教育，民主、法制、纪律教育，以及科学、文化、技术教育，提高职工的思想、道德、科学、文化、技术、业务素质，使职工成为有理想、有道德、有文化、有纪律的劳动者。这些职能在 2001 年《工会法》以及《中国工会章程》中都有规定和体现。

三、工会的组成及组织体系

1. 会员和入会:《中国工会章程》第 1 条和第 2 条规定,凡在中国境内的企业、事业、机关单位中以工资收入为主要生活来源的体力劳动者和脑力劳动者,不分民族、种族、性别、职业、宗教信仰、教育程度,承认工会章程,都可以加入工会成为会员。职工加入工会,须由本人自愿申请,经工会小组讨论通过,工会基层委员会批准并发给会员证。第 5 条和第 6 条规定,会员组织关系随劳动(工作)关系变动,凭会员证接转。会员有退会自由。会员退会由本人向工会小组提出,由工会基层委员会宣布其退会并收回会员证。会员没有正当理由连续 6 个月不交纳会费、不参加工会组织生活,经教育拒不改正的,应视为自动退会。

2. 工会组织机构:《工会法》第 10 条规定,企业、事业单位、机关有会员 25 人以上的,应当建立基层工会委员会;不足 25 人的,可以单独建立基层工会委员会,也可以由两个以上单位的会员联合建立基层工会委员会,还可以选举组织员一人,组织会员开展活动。女职工人数较多的,可以建立工会女职工委员会,在同级工会领导下开展工作;女职工人数较少的,可以在工会委员会中设女职工委员。企业职工较多的乡镇、城市街道,可以建立基层工会的联合会。县级以上地方建立地方各级总工会。同一行业或者性质相近的几个行业,可以根据需要建立全国的或者地方的产业工会。全国建立统一的中华全国总工会。《工会法》第 11 条规定,基层工会、地方各级总工会、全国或者地方产业工会组织的建立,必须报上一级工会批准。

3. 工会的组织原则:根据《工会法》和《中国工会章程》的规定,中国工会的组织原则有两条:一是民主集中制的根本组织原则,二是产业和地方相结合的组织领导原则。

民主集中制的主要内容是:

(1) 个人服从组织,少数服从多数,下级组织服从上级组织。

(2) 各级工会委员会由会员大会或者会员代表大会选举产生,向其负责并报告工作,并接受其监督。

(3) 会员大会和会员代表大会有权撤换或者罢免其所选举的代表和工会委员会组成人员。

产业和地方相结合原则的主要内容是:

(1) 同一企业、事业单位、机关中的会员,组织在一个基层组织中,而不是按工种、职业组织职业工会。

(2) 同一行业或性质相近的几个行业,根据需要建立全国的或地方的产业工会组织。产业工会委员会每届任期 5 年。

(3) 除极少数产业工会委员会实行系统领导同时尊重地方工会的意见以外，其他产业工会全国委员会与地方总工会对所属地方产业工会实行产业和地方双重领导。

《中国工会章程》第 16 条规定，成立或撤销工会组织，必须经会员大会或会员代表大会通过，并报上一级工会批准。工会基层组织所在的企业终止，或所在的事业单位、机关被撤销，该工会组织相应撤销，并报上级工会备案。其他组织和个人不得随意撤销工会组织，也不得把工会组织机构撤销、合并或归属其他工作部门。

工会组织体系如图：

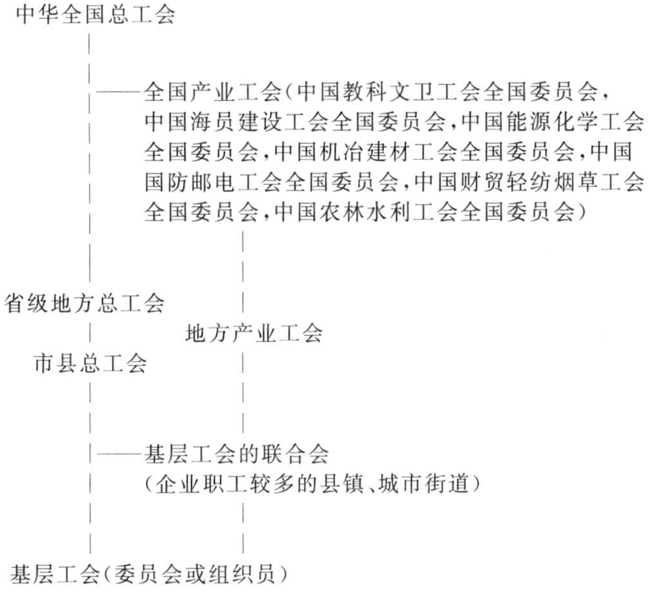

四、工会法及相关规定中的权利和义务

(一) 结社权及工会会员的权利义务

《工会法》第 3 条规定了职工的结社权，即在中国境内的企业、事业单位、机关中以工资收入为主要生活来源的体力劳动者和脑力劳动者，不分民族、种族、性别、职业、宗教信仰、教育程度，都有依法参加和组织工会的权利。任何组织和个人不得阻挠和限制。第 11 条第 2 款规定，上级工会可以派员帮助和指导企业职工组建工会，任何单位和个人不得阻挠。劳动者这一权利包括积极和消极两个方面，即在《中国工会章程》第 1 条体现的积极结社权：凡在中国境内的企业、事业、机关单位中以工资收入为主要生活来源的体力劳动者和脑力劳动者，不分民族、种族、性别、职业、宗教信仰、教育程度，承认工会章程，都可以加入工会为

会员;在《中国工会章程》第6条体现的消极结社权:会员有退会自由。会员退会由本人向工会小组提出,由工会基层委员会宣布其退会并收回会员证。

《中国工会章程》第3条规定会员享有以下权利:选举权、被选举权和表决权;批评工会的任何组织和任何工作人员,要求撤换或罢免工会工作人员,对工会工作进行监督;对国家和社会生活问题提出批评与建议,要求工会组织向有关方面如实反映;在合法权益受到侵犯时,要求工会给予保护;享受工会举办的文化、教育、体育、旅游、疗养等优惠待遇;享受工会给予的各种奖励;在工会会议和工会报刊上,参加关于工会工作和职工关心问题的讨论。《中国工会章程》第4条规定会员履行下列义务:学习政治、经济、文化、科学、技术,学习工会基本知识;积极参加民主管理,努力完成生产和工作任务;遵守宪法和法律,维护社会公德和职业道德,遵守劳动纪律;正确处理国家、集体、个人三者利益关系,向危害国家、社会利益的行为作斗争;维护工人阶级内部的团结和统一,发扬阶级友爱,搞好互助互济;遵守工会章程,执行工会决议,参加工会活动,按月交纳会费。

(二) 工会组织的权利和义务

现行《工会法》对工会权利和义务的规定并没有区分基层工会和其他工会而是将其统一规定,但是,其权利义务实际上是不一样的,有学者因此将工会权利和义务区分为对用人单位和对政府的权利义务,也有一定意义。严格地说,工会组织对用人单位的权利可以由各级工会来行使,而针对政府的权利主要由基层工会以上的各级工会组织行使。

1. 工会组织的权利

(1) 参与管理国家事务、经济文化事业和社会事务的权利。

工会有权参与管理国家事务、经济文化事业和社会事务,现行《工会法》规定:

其一,国家机关在组织起草或者修改直接涉及职工切身利益的法律、法规、规章时,应当听取工会意见。

其二,县级以上各级人民政府制定国民经济和社会发展计划,对涉及职工利益的重大问题,应当听取同级工会的意见。

其三,县级以上各级人民政府及其有关部门研究制定劳动就业、工资、劳动安全卫生、社会保险等涉及职工切身利益的政策、措施时,应当吸收同级工会参加研究,听取工会意见。

其四,县级以上地方各级人民政府可以召开会议或者采取适当方式,向同级工会通报政府的重要的工作部署和与工会工作有关的行政措施。

(2) 保障职工依法行使民主参与的权利。

劳动者依照法律规定,通过职工大会、职工代表大会或者其他形式,参与民主管理或者就保护劳动者合法权益与用人单位进行平等协商。工会作为劳动者的组织,有权保护职工民主参与权利的行使。根据《工会法》的规定,工会依照法律规定通过职工代表大会或者其他形式,组织职工参与本单位的民主决策、民主管理和民主监督;企业、事业单位违反职工代表大会制度和其他民主管理制度,工会有权要求纠正,以保障职工依法行使民主管理的权利。法律、法规规定应当提交职工大会或者职工代表大会审议、通过、决定的事项,企业、事业单位应当依法办理。

(3) 帮助、指导劳动者签订劳动合同的权利。

在签订劳动合同时,相对于用人单位,劳动者处于弱者地位,为了保护劳动者的合法权利,根据法律规定,工会有权帮助、指导职工与企业以及实行企业化管理的事业单位签订劳动合同。

(4) 代表职工签订集体合同、因履行合同发生争议提请仲裁和诉讼的权利。

按照《劳动法》第 33 条第 2 款的规定,集体合同由工会代表职工与企业签订;没有建立工会的企业,由职工推举的代表与企业签订。《工会法》又规定,工会代表职工与企业以及实行企业化管理的事业单位进行平等协商,签订集体合同。企业违反集体合同,侵犯职工劳动权益的,工会可以依法要求企业承担责任;因履行集体合同发生争议。经协商解决不成的,工会可以向劳动争议仲裁机构提请仲裁,仲裁机构不予受理或者对仲裁裁决不服的,可以向人民法院提起诉讼。

(5) 提出意见和建议的权利。

提出意见和建议是工会的重要权利,与工会的其他权利相比较,提出意见和建议的权利显得比较"软",仅仅是提出意见和建议,而对所涉及的情况的结果没有"决定"的权利。工会提出意见和建议权在法律上得到确认,为工会保护劳动者的合法权益提供了一个重要的渠道,同时法律也规定,对于工会的意见和建议,有关机关、组织及其工作人员应当进行相应的处理,从而使"软"权利"硬化"。工会提出意见和建议的权利主要体现在以下几个方面:

其一,企业、事业单位处分职工,工会认为不适当的,有权提出意见。

其二,企业单方面解除职工劳动合同时,应当事先将理由通知工会,工会认为企业违反法律、法规和有关合同,要求重新研究处理时,企业应当研究工会的意见,并将处理结果书面通知工会。

其三,工会发现企业违章指挥、强令工人冒险作业,或者生产过程中发现明显重大事故隐患和职业危害的,有权提出解决的建议。企业应当及时研究答复;发现危及职工生命安全的情况时,工会有权向企业建议组织职工撤离危险现场,企业必须及时作出处理决定。

(6) 交涉和协商的权利。

企业、事业单位违反劳动法律、法规规定,有克扣职工工资、不提供劳动安全卫生条件、随意延长劳动时间、侵犯女职工和未成年工特殊权益或者其他严重侵犯职工劳动权益情形的，工会应当代表职工与企业、事业单位交涉，要求企业、事业单位采取措施予以改正；企业、事业单位应当予以研究处理，并向工会作出答复；企业、事业单位拒不改正的，工会可以请求当地人民政府依法作出处理。

企业、事业单位发生停工、怠工事件，工会应当代表职工同企事业单位或者有关方面协商，反映职工的意见和要求并提出解决意见。对于职工的合理要求，企业、事业单位应当予以解决。工会协助企业、事业单位做好工作，尽快恢复生产、工作秩序。

(7) 监督和调查的权利。

各级工会依法维护劳动者的合法权益，对用人单位遵守劳动法律、法规的情况进行监督，对侵犯劳动者合法权益、工伤事故和严重危害职工健康等问题进行调查。监督和调查权主要体现在以下几个方面：

其一，工会依照国家规定对新建、扩建企业和技术改造工程中的劳动条件和安全卫生设施与主体工程同时设计、同时施工、同时投产使用进行监督。对工会提出的意见，企业或者主管部门应当认真处理，并将处理结果书面通知工会。

其二，工会有权对企业、事业单位侵犯职工合法权益的问题进行调查，有关单位应当予以协助。

其三，职工因工伤亡事故和其他严重危害职工健康问题的调查处理，必须有工会参加。工会应当向有关部门提出处理意见，并有权要求追究直接负责的主管人员和有关责任人员的责任。对工会提出的意见，有关部门应当及时研究，给予答复。

(8) 参与劳动争议解决的权利。

职工认为企业侵犯其劳动权益而申请劳动争议仲裁或者向人民法院提起诉讼的，工会应当给予支持和帮助。

工会参加用人单位的劳动争议调解工作。根据《劳动法》的规定，用人单位设立劳动争议调解委员会的，劳动争议调解委员会由职工代表、用人单位代表和工会代表组成。劳动争议调解委员会主任由工会代表担任。

在劳动争议仲裁组织的组成上，《劳动法》和《工会法》都对工会参加仲裁组织、参与解决劳动争议的仲裁作出了规定，地方劳动争议仲裁组织应当有同级工会代表参加。

2. 工会组织的义务

(1) 为职工提供法律服务。

(2) 协助企业、事业单位、机关办好职工集体福利事业，做好工资、劳动安全卫生和社会保险工作。

(3) 会同企业、事业单位教育职工以国家主人翁态度对待劳动。爱护国家和企业的财产,组织职工开展群众性的合理化建议、技术革新活动,进行业余文化技术学习和职工培训,组织职工开展文娱、体育活动。

(4) 根据政府委托,与有关部门共同做好劳动模范和先进生产(工作)者的评选、表彰、培养和管理工作。

(5) 组织和教育职工依照宪法和法律的规定行使民主权利,发挥国家主人翁的作用,通过各种途径和形式,参与管理国家事务、管理经济和文化事业、管理社会事务;协助人民政府开展工作,维护工人阶级领导的、以工农联盟为基础的人民民主专政的社会主义国家政权。

(6) 动员和组织职工积极参加经济建设,努力完成生产任务和工作任务。教育职工不断提高思想道德、技术业务和科学文化素质,建设有理想、有道德、有文化、有纪律的职工队伍。

(三) 工会工作人员的权利义务

1. 工会工作人员的权利

(1) 工会主席、副主席不得任意调动和罢免。《工会法》第 17 条规定,工会主席、副主席任期未满时,不得随意调动其工作。因工作需要调动时,应当征得本级工会委员会和上一级工会的同意。罢免工会主席、副主席必须召开会员大会或者会员代表大会讨论,非经会员大会全体会员或者会员代表大会全体代表过半数通过,不得罢免。

(2) 工会工作人员劳动合同法定延期的权利。《工会法》第 18 条规定,基层工会专职主席、副主席或者委员自任职之日起,其劳动合同期限自动延长,延长期限相当于其任职期间;非专职主席、副主席或者委员自任职之日起,其尚未履行的劳动合同期限短于任期的,劳动合同期限自动延长至任期期满。但是,任职期间个人严重过失或者达到法定退休年龄的除外。

(3) 非专职工作人员占用工作时间的权利。《工会法》第 40 条第 2 款规定,基层工会的非专职委员占用生产或者工作时间参加会议或者从事工会工作,每月不超过 3 个工作日,其工资照发,其他待遇不受影响。

(4) 工会专职工作人员享受同等待遇的权利。《工会法》第 41 条规定,企业、事业单位、机关工会委员会的专职工作人员的工资、奖励、补贴,由所在单位支付。社会保险和其他福利待遇等,享受本单位职工同等待遇。

2. 工会工作人员的义务

根据《工会法》第 55 条的规定,工会工作人员违反本法规定,损害职工或者工会权益的,由同级工会或者上级工会责令改正,或者予以处分;情节严重的,依照《中国工会章程》予以罢免;造成损失的,应当承担赔偿责任;构成犯罪的,依法追究刑事责任。

五、工会及其工作人员权利义务的实现

2001年《工会法》不仅对工会及其工作人员的法定权利作了规定,而且对其权利的实现通过法定救济方式的规定作出了保证。根据《工会法》的规定,权利受侵害后的救济实施措施的方式主要是指行政责任、民事责任、刑事责任三种方式。

实施救济措施的途径和程序主要有以下几个方面:

1. 行政责任的实施

根据《工会法》的规定,对于企业行政人员违反第50条规定的行为,首先由基层工会或者上级工会向有管辖权的劳动行政部门提出劳动监察建议书,劳动行政部门在确认事实的基础上,责令企业改正其违法行为;对拒不改正的,由劳动行政部门提请县级以上人民政府处理。县级以上人民政府根据企业行政有关人员的违法行为和造成的后果,给予相应的行政处分。对于企业行政人员违反《工会法》第53条规定的妨碍工会组织依法行使职权和非法撤销、合并工会组织的违法行为,基层工会或者上级工会应向县级以上人民政府提出书面要求,县级以上人民政府应当根据工会的要求,责令有关责任人员立即终止妨碍工会组织依法行使职权的违法行为,并支持工会组织依法履行职责和开展工作;对拒不改正违法行为的,县级以上人民政府应当严肃处理,对有关责任人员进行批评教育,直至依法给予相应的行政处分。对于工会工作人员违反《工会法》规定,损害职工或者工会权益的,也规定了相应的责任追究制度。同时,根据《工会法》的规定,对违反第3条、第11条的规定,以暴力、威胁等手段阻挠职工依法参加和组织工会或者阻挠上级工会帮助、指导职工筹建工会,以及对依法履行职责的工会工作人员侮辱、诽谤或者进行人身伤害尚未构成犯罪的责任人员,受到侵害的工会工作人员、基层工会或者上级工会应向当地公安机关提出书面要求,由公安机关依照《治安管理处罚条例》对上述侵害责任人员实施行政处罚。

2. 民事责任的实施

根据《工会法》第20条第4款、第51条、第52条、第54条、第55条的规定,侵犯工会组织平等协商权利、对工会工作人员打击报复和侮辱诽谤、工会工作人员因履行职责而被解除劳动合同、侵占工会经费和财产拒不返还、工会工作人员损害职工或者工会权益造成损失的各类违法行为,均应承担民事赔偿责任。民事赔偿责任的追究,主要通过向有管辖权的人民法院提起民事诉讼或者申请人民法院发出支付令,对工会组织和工会工作人员依法享有的权利实施救济保障。

3. 刑事责任的实施

根据《工会法》的规定,对于以暴力、威胁手段阻挠职工依法参加和组织工会或者阻挠上级工会帮助、指导职工组建工会造成严重后果,构成犯罪的行为;对

依法履行职责的工会工作人员侮辱、诽谤或者进行人身伤害，构成犯罪的行为；工会工作人员违反《工会法》规定，损害职工或者工会权益，构成犯罪的行为，工会组织或者工会工作人员都有权要求检察机关或者人民法院追究有关责任人员的刑事责任，以实现对受到不法侵害的工会工作人员的法律救济。

六、民事案件中涉及工会时的处理

人民法院在民事审判工作中可以直接受理的涉及工会组织的案件分为三类：一是工会组织的法人地位及其财产权益案件；二是工会就拖欠的工会经费申请支付令的案件；三是工会工作人员的权益案件。依法审理这几类案件是人民法院民事审判工作的新任务。为此，最高人民法院及时总结审判经验，根据《工会法》《民法通则》《劳动法》《民事诉讼法》等有关法律，制定了《最高人民法院关于在民事审判工作中适用〈中华人民共和国工会法〉若干问题的解释》。

该司法解释规定，人民法院在审理涉及工会组织的民事案件时，应当依法确认工会组织的独立法人地位，不能将依法成立的具有独立法人资格的工会组织与建立该工会组织的企业、事业单位、机关团体等视为一个主体而不加区分。人民法院在审判中不仅要将它们在法律人格上区分开来，更要将工会组织及其投资设立的企业的财产权益与建立工会的企业、事业单位或者机关团体的财产权益区别开，作为不同的独立财产权益对待与保护。人民法院既不得裁判工会组织承担建立工会组织的企业、事业单位或机关的债务，也不得为清偿建立工会组织的企业、事业单位或者机关的债务对工会组织财产采取划拨、扣押、冻结等强制执行措施，侵害工会组织的合法权益，妨碍工会组织的正常工作。

该司法解释对工会组织要求企业、事业单位或机关团体支付拖欠的工会经费如何适用支付令程序问题也作了明确规定。一是规定了申请支付拖欠的工会经费支付令案件，由被申请人所在地的基层人民法院受理，明确了受理此类支付令案件的法院的地域管辖问题。二是规定了人民法院适用支付令程序审理案件的有效快捷方式。在受理工会组织要求支付拖欠工会经费的支付令案件后，人民法院可以先行向被申请人询问是否对该支付令存有异议，如果被申请人对债权债务关系没有异议，仅对应拨缴工会经费数额有异议，人民法院可以就无异议的数额部分发出支付令，保证支付令不仅能够及时发出，而且确保得到执行。这是对支付令程序的重要完善，可以有效避免在支付令发出后，仅因被申请人对支付工会经费数额的一部分有争议，对债务存在没有异议而导致整个支付令失效，案件进入诉讼程序，从而使工会组织利益得到及时有效的维护。

该司法解释还对工会工作人员权益保护问题作了规定。解释对《工会法》第18条规定基层工会的专职主席、副主席及工会委员自担任该职务时起其劳动合同自动延长期限作了明确的规定："延长的期限应当自上述人员工会职务任职期限届满之日起计算,延长的期限等于其工会职务任职的期间”。解释对上述工会工作人员任职期间存在个人严重过失而不予延长劳动合同期限的情形作了严格的限制,规定“个人严重过失”专指具有《中华人民共和国劳动法》第 25 条第 2 项、第 3 项或者第 4 项规定的情形,使人民法院在审理有关工会工作人员劳动合同争议案件时有了统一和具体的法律依据。司法解释还规定,人民法院审理职工和工会工作人员因参加工会活动或者履行工会法规定的职责而被解除劳动合同的劳动争议案件,根据当事人的请求,可以裁判用人单位恢复其工作,并补发被解除劳动合同期间应得的报酬,或者裁判用人单位给予本人年收入两倍的赔偿,并支付解除劳动合同时的经济补偿金。这一规定旨在加强对劳动者权益的保护,依法裁判建立工会的企业、事业单位或机关不当解除参与工会组织活动的职工劳务合同引发的纠纷案件。

第四节　职工民主管理概述

一、职工民主管理的概念及其立法基础

职工民主管理又称为职工参与,它是指职工直接或间接参与所在单位内部事务的各种活动。其特点是:(1) 从主体范围上看,一方是以职工劳动者的身份参与,另一方主要是企业为主的用人单位,在我国职工民主管理还可能涉及一部分事业组织。(2) 从参与事务的范围看,它主要是参与企业内部事务的决策或者其实施,或者是直接参与,或者是间接参与,但一般都不涉及企业事务以外的部分,所以,和工会参与国家和社会事务管理是不一样的。(3) 从参与单位事务的目的来看,职工民主管理都是通过一定方式影响单位的决策过程,不管是通过单方行为进行,如职代会的决议,还是双方行为进行,如平等协商签订集体合同,都是要影响单位内部的决策,当然,由于参与的形式不一样,影响单位决策的程度也是不一样的。

关于职工民主管理的立法基础,各国观点仍然不能统一,归纳起来有以下一些代表性的观点:

(1) 人力资本所有权理论。在资本主义早期,受科技水平因素的制约,人们普遍认为物质资本的投入和积累是经济增长的唯一源泉。因此,以股东本位为理念的传统公司理论认为,公司是一个由物质资本所有者或股东组成的联合体,公司利益就等于股东利益。因此,遵照资本多数决原则,如何确保物质资本所有者获得最大的投资回报是公司法人治理结构关注的核心问题,实现股东利益最大化成为公司唯一的价值追求。20 世纪 50 年代,美国一些经济学家在解释美国经济增长时,发现在考虑了物质资本和劳动增长后,仍有很大一部分

经济增长无法解释。著名经济学家舒尔茨、明塞及贝克尔等人把这一无法解释的部分归功于人力资本。所谓人力资本，是指人的知识、技能、资历、经验和熟练程度、健康等的总称，代表人的能力和素质。其显著标志是，它属于人的一部分，它是人类的，它同时又是资本，是未来收入的源泉。他们同时指出，经济越发展，人力资本在创造和积累企业财富中的作用就越大，然而，与实物资本与金融资本相比，人力资本在度量上存在着很大的困难性，因为劳动的真实投入无法准确计量，因此，如何最大限度地发挥人力资本的效能成为制约公司经济效益的主要问题。从法理上讲，既然承认劳动是一种资本，那么就必然承认劳动者作为人力资本的所有者所拥有的人力资本所有权。因此，劳动者与股东一样，拥有剩余价值索取权与决策权，以法律方式赋予职工与股东平等的参与决策权无疑是充分发挥人力资本效能的重要手段。自 20 世纪中叶以来，随着科学技术的不断发展，建立在股东本位理念之上的传统公司法日益暴露出其在发挥人力资本效能方面所不可避免的缺陷。以公司契约理论为代表的现代公司理论应运而生。虽然该理论对公司含义的表述仁智互见，但均认为公司不仅是一个物质资本所有者的联合，更重要的是在本质上它为劳动要素提供者、物质投入和资本投入的提供者等利害关系人之间的契约关系充当连接点。由此，现代公司法认为公司是一个物质资本所有者、人力资本所有者以及债权人等利害关系人组成的契约组织。在市场经济条件下，劳动力已商品化，劳动与物质资本一样，同是企业不可或缺的生产要素。并且随着科技水平的提高，专门知识在公司发展中愈来愈起着决定性的作用。所以，在现代社会，“雇员所拥有的高素质劳动比物质资本更为稀缺”。谁拥有生产要素的所有权，谁就拥有相应的权力。职工与股东在经济地位与社会地位上的平等性必然要求达成二者在法律地位上的平等性。因此，职工作为“非股东的利害关系人”享有与股东同等的决策权。换言之，股东在公司经营管理的哪些领域享有决策权，职工也在同样的领域享有决策权；股东在多大程度上享有决策权，职工也在同等程度上享有决策权。公司营运状况的优劣不仅影响物质资本所有者——股东及债权人的利益，也必然影响人力资本所有者——公司职工的利益。公司职工与公司的关系比起一般股东(尤其是投机股东）和债权人更加持久，甚至可以说职工与公司之间是合伙关系——共生存、共繁荣、共兴衰。因此，职工参与公司决策制度不仅是现代公司发展的现实需要，更是公司职工作为人力资本所有者的内在要求。正是基于这种思想，第二次世界大战后，德国法学家首先开始尝试将资本与劳动相结合的观点融入公司法中，新的公司法更倾向于将公司定义为劳动与资本之间的一种伙伴关系，给予资本与劳动同等的价值估量。根据德国 1976 年的《共同决定法》，监事会中劳动要素与物质资本参与者之间的比例调整到 1∶1，从而全面实现了劳动与资本共同治理公司这一基本原则，职工参与公司决策制度也在此基础上得以确立。

(2) 经济民主理论。“民主”一词最早出现于公元前5世纪，它源于古希腊，本意是由人民掌握权力并实施统治的政治制度，简称人民的统治。因此，在20世纪以前，民主一直是一个政治概念，后被引用到其他领域，产生了社会民主、经济民主、管理民主等相关概念。所谓经济民主，有宏观和微观两种含义：宏观的经济民主就是通过运用社会财富的再分配政策以缩小贫富差距，并为公民提供均等的经济机会和物质条件。微观的经济民主就是企业管理民主，即企业职工享有参与企业管理的权利，对企业中的各种事务有发表意见和建议的自由，并可根据需要选择自己的代表参与企业的管理。现代公司民主是最典型的微观经济民主。在股东本位的公司体制里，公司民主只是一种“资本民主”，参与公司治理只是股东们的专利。即只有那些拥有公司物质资本的人才有权利选举和被选举为公司权力机关的组成人员；而公司中从事财富创造的雇员，虽然在社会生活中享有政治权利，其中包括选举权和被选举权，但在公司制度中本应享有的“当然的权利”则被剥夺。这样，公司利润的创造者却被排除在公司法人治理结构之外。这种模式一方面可能激化劳资冲突，不利于提高雇员的劳动积极性，另一方面又增加了公司的管理成本，损害了公司的组织效率，并且与现代民主理念格格不入。随着经济民主理论对公司理念的影响，员工在企业经营管理中所享有的经济权利必然转化为参与公司法人治理结构的法定权利。公司是市场经济的最主要的企业组织形式，企业职工进入现代公司治理结构是企业参与市场经济的成本或是入场费，这既是市场经济的必然产物，也是经济民主的必然要求。因此，正是科学技术发展的客观需要和职工观念变革的主观要求的有机结合，才促成了现代经济民主理论的诞生，将经济民主理论引入现代企业的生产管理，职工才得以将自己的意志转化为公司的行为，由“企业的对立面”转变为“企业的协作者”，世界各国各具特色的职工参与公司决策制度才得以确立。

(3) 公司社会责任理论。传统公司法认为，公司的本质在于营利性，公司的目标定位即股东利益的最大化。长期以来，公司即股东、公司利益即股东利益、董事会只对公司利益即股东利益负有法律义务一直是传统公司法的立法理念。如，从美国传统的公司理念来看，作为一个私法上的自治组织，公司是由股东组成并且为其赚钱的工具。美国著名经济学家哈耶克也曾指出，公司的首要职责是提高效率、赚取利润；公司以最低廉的价格提供最大量的商品，就是在履行其社会职责；赚钱与社会责任之间没有任何冲突。如果不这样的话，就会损害公司、股东与全社会的利益。与传统公司理念相适应，在传统公司法人治理结构中，股东大会扮演着“万能机关”的角色，股东拥有独占性的决策权，公司职工虽是股东的“社会伙伴”，但却无权参与公司的经营管理与决策。而在公司社会责任理论的引导下,保护股东利益是公司的社会责任,但保护"非股东的利害关系人的利益"同样是公司的社会责任;公司经营者是股东利益的代言人,但同样也是职工利益的代言人。现代公司法人治理结构是股东、债权人、职工等利害关系人之间有关公司经营及权利配置的机制。公司经营的成败,不仅攸关股东利益,更影响与公司有关的利害关系团体的利益。因此,公司的目标应以调和各种利害关系人的利益为主,而其具体做法,则是公司业务执行团体的决定应由各种利害关系团体积极参与。正如美国著名学者 Scott Buchanan 所主张的,为保护公共利益,各州应制定规范企业民主性之法律。董事会不应仅由股东选出,还应由员工及社会大众选出,以达成企业组织之民主化。所以,职工作为"非股东的利害关系人"的突出代表参与公司治理成为现代公司法人治理结构所必须解决的问题。正是基于这种原因,欧盟《第 5 号公司法指令草案》将其指导思想确立为:股东利益不应再是企业家决策背后的唯一动因。相反,经营决策应当体现出股份有限公司对其构成要素(包括资本和劳动)乃至全社会所负的责任,并将"为股东和其他利害关系人的利益提供同等程度的保护"作为其立法目的。因此,"公司只为全体股东谋利益的理论早已受到公司法学家及经济学家的批评。无论是社会主义国家还是资本主义国家,职工越来越把公司的决策与自己的切身利益联系在一起,已不再把公司的决策仅仅看成是公司股东大会的职责"①。

不管是基于什么理论建立起来的职工民主管理制度,其核心理念都离不开劳动法所追求的劳资平等精神,这是职工参与制度的实际发展趋势。反观我国劳动法仅将职工民主管理和公有制联系起来的立法现实,可以看出,它不仅不符合世界各国职工参与制的发展潮流,也不利于在市场经济条件下建立和谐劳动关系,因此,需要有全新的职工参与理念指导相关立法。

二、职工民主管理立法的历史发展

在两百多年前,早期社会主义者就提出过工人参与的思想;19 世纪工业革命初期,英国、法国、德国等国开始以职工参与为内容的工业民主化运动,并逐步萌生关于职工参与的立法。德国是最早进行这种立法的国家。1848 年,设在法兰克福的国民议会在讨论《营业法》时,曾有人提议在企业设置"工厂委员会"这种属于职工参与的立法提案;1891 年重新修订《营业法》时增加了"企业主可以视情况设置工人委员会"的条款,从而第一次在立法上肯定了职工参与。第一次世界大战期间及其以后的一段时间,这方面的立法进一步发展,1916 年的立法规定,职工人数在 50 名以上的企业,都必须成立工人和职员委员会;1918 年年

① 参见张燕:《论职工参与公司决策制度的理论基础》,载《经济评论》2001 年第 3 期。

底的立法中，将工人和职员委员会的范围扩大到职工 20 名以上的企业；1919 年的《魏玛宪法》规定，为公共经济需要可依法使企业“立于自治基础之上”，允许“依公共经济原则规定雇主及劳工参加管理经济财务之生产、制造、分配、消费、定价、输出”；1920 年通过了《企业职委会法》，从而使职工参与制度固定化；1922 年通过了《经营协议法》，允许工人参加企业的决策机构。此后，挪威、瑞典、丹麦等国陆续实行职工参与制度，如挪威于 1920 年通过了《参与决定法》。第二次世界大战以后，职工参与制度在许多国家盛行。1946 年的《法兰西共和国宪法》规定，“工人通过其代表，参加关于工作条件之集体决定及企业之管理”。1947 年《意大利共和国宪法》规定，“共和国承认劳动者有权按照法定程序并在法定范围内参加各种经济企业之管理”。1951 年，第 34 届国际劳工大会通过决议，促请会员国在企业设立劳资共同参加的管理组织。1952 年国际劳工组织通过的第 94 号建议书《企业一级雇主与工人间协商和合作建议书》规定，批准国家应采取必要步骤促进企业一级雇主和工人之间就共同关心的问题(集体谈判办法范围以外的或不由其他确定雇用条件与期限的有关机构处理的)，进行协商和合作；应制定法律和条例，要求建议各种协商与合作机构并决定其范围、职责、机构和适合各企业的工作方法，鼓励雇主和工人双方自愿协议或借助于这种法律和条例进行协商与合作。这对各国的职工参与制度起了推动作用，自 20 世纪 50 年代以来，一些西方国家在实行企业(职工)委员会制的同时，还制定了职工方代表参加董事会或监事会的法律。1952 年，德国通过《企业宪法》；1972 年，瑞典颁布《有限责任公司和经济组织职工参加董事会法》；1973 年，奥地利颁布《职工参加法》；1976 年，德国制定《共同决定法》；1988 年，德国颁布《企业组织法》；1992 年欧共体通过了 443 号法令，建立了共同体内的各种类型的分配计划，包括现金支付、股票红利、延期利润分享以及各种特殊形式的股利分配。在当今西方国家，职工参与制度已普遍成为现代企业制度的必要组成部分。值得注意的是，《经济、社会和文化国际公约》(1966 年制定，1976 年生效)对职工民主管理权缺乏规定。

在社会主义国家，职工民主管理制一直是劳动立法的重要内容，并且，职工民主管理立法在劳动立法体系中占有比西方国家职工参与立法更重要的地位，即不仅制定了关于职工民主管理的专项法规，而且把职工民主管理制度作为劳动法典的一个重要组成部分。

我国一直十分重视职工民主参与立法。新中国建立前的《中华苏维埃劳动法》《苏维埃国有工厂管理条例》《陕甘宁边区施政纲领》中就有对职工民主参与的具体规定。1949 年 8 月 10 日华北人民政府公布《关于在国营、公营工厂企业中建立工厂管理委员会与工厂职工代表会议的实施条例》，根据该条例的规定，凡属国营、公营工厂企业，均应由厂长(或经理)、副厂长(副经理)、总工程师(或主要工程师)及其他生产负责人和相当于以上数量的工人职员代表组织管委会,并对管委会的职权、管委会的常务委员会、职工代表组织和工厂职工代表会议的职权等作出了具体规定。1952年2月《政务院财政经济委员会关于国营、公营工厂建立工厂管理委员会的指示》中规定,在国营、公营工厂企业中,建立工厂管理委员会,实行工厂管理民主化,在尚未建立工厂管理委员会的工厂企业中,应根据1949年华北人民政府所颁布的《关于在国营、公营工厂企业中建立工厂管理委员会与工厂职工代表会议的实施条例》,建立工厂管理委员会。1950年《劳动部关于在私营企业中设立劳资协商会议的指示》中规定,在私营工商企业中,为了便于劳资双方进行有关改进生产、业务与职工待遇各项具体问题的协商,在劳资双方同意之下,得设立劳资协商会议。劳资协商会议是劳资双方平等协商的机关,在劳资双方同意下,可以就企业的生产和职工的待遇等问题进行协商。1957年4月7日,中共中央在《关于研究有关工人阶级的几个重要问题的通知》中规定,根据企业中的情况和几年来工作的经验,目前在这一方面比较容易实行的有效措施,就是把企业中的现行的由工会主持的职工代表会议改为职工代表大会(在较小企业中为全体职工大会),并且适当地扩大它的权力。1965年7月,中共中央在《国营工业企业工作条例(修正案)》中规定,企业的职工代表大会,是职工群众参加管理、监督干部、行使三大民主的权力机关。由此建立了我国的主要职工民主管理制度,即职工代表大会制度。1978年4月20日,中共中央在《关于加快工业发展若干问题的决定(草案)》中规定,工业企业单位必须实行党委领导下的职工代表大会或职工大会制。企业要定期举行职工代表大会或职工大会,听取企业领导的工作报告,讨论企业有关重大问题,对企业的工作提出批评、建议,对企业的领导干部进行监督。1981年《国营工业企业职工代表大会暂行条例》规定,所有企业必须在实行党委领导下的厂长负责制的同时,建立和健全党委领导下的职工代表大会制,发扬职工群众主人翁的责任感,保障职工群众当家做主管理企业的民主权利。职工代表大会(或职工大会)是企业实行民主管理的基本形式,是职工群众参加决策和管理、监督干部的权力机构。1983年4月1日国务院颁布的《国营工业企业暂行条例》规定,企业实行党委领导下的职工代表大会制或职工大会制,企业在生产经营活动中实行党委集体领导、职工民主管理、厂长行政指挥的根本原则。企业的职工代表大会行使民主管理和监督的职权。职工代表大会的权限和责任,按《国营工业企业职工代表大会暂行条例》规定执行。1986年7月4日,国务院《关于加强工业企业管理若干问题的决定》中规定,要健全职工民主管理制度。要发扬我国社会主义企业职工民主管理的优良传统,激发广大职工的主人翁责任感和主动性、积极性、创造性。要充分发挥职工代表大会或职工代表会议在企业民主管理中的作用。企业经营战略、发展规划、内部分配和经济责任制的总体方案,要经过职工代表大会或职工代表会议讨论审议;有关职工切身利益的集体福利等方面的重要事项,要由职工代表大会或职工代表会议讨论决定。企业各级领导干部要自觉接受职工群众的监督,认真听取职工群众对于改革和加强企业管理方面的意见,积极发动群众开展合理化建议和技术革新活动。企业全体职工都要以办好企业为己任,关心企业发展,努力为国家多做贡献。1988 年 4 月 13 日公布的《中华人民共和国全民所有制工业企业法》中规定,企业通过职工代表大会和其他形式,实行民主管理。企业工会代表和维护职工利益,依法独立自主地开展工作。企业工会组织职工参加民主管理和民主监督。政府主管部门委任或者招聘的厂长人选,须征求职工代表的意见;企业职工代表大会选举的厂长,须报政府主管部门批准。政府主管部门委任或者招聘的厂长,由政府主管部门免职或者解聘,并须征求职工代表的意见;企业职工代表大会选举的厂长,由职工代表大会罢免,并须报政府主管部门批准。厂长必须依靠职工群众履行法律规定的企业的各项义务,支持职工代表大会、工会和其他群众组织的工作,执行职工代表大会依法作出的决定。企业设立管理委员会或者通过其他形式,协助厂长决定企业的经营方针、长远规划和年度计划,基本建设方案和重大技术改造方案,职工培训计划,工资调整方案,留用资金分配和使用方案,承包和租赁经营责任制方案;工资列入企业成本开支的企业人员编制和行政机构的设置和调整;制订、修改和废除重要规章制度的方案等重大问题。职工代表大会是企业实行民主管理的基本形式,是职工行使民主管理权力的机构。管理委员会由企业各方面的负责人和职工代表组成。厂长任管理委员会主任。职工有参加企业民主管理的权利,职工代表大会的工作机构是企业的工会委员会。企业工会委员会负责职工代表大会的日常工作。并对职工代表大会行使的职权作出了具体规定。1991 年 9 月 9 日发布的《中华人民共和国城镇集体所有制企业条例》规定,集体企业依照法律规定实行民主管理。职工(代表)大会是集体企业的权力机构,由其选举和罢免企业管理人员,决定经营管理的重大问题。集体企业实行厂长(经理)负责制。集体企业职工的民主管理权和厂长(经理)依法行使职权,均受法律保护。集体企业的工会维护职工的合法权益,依法独立自主地开展工作,组织职工参加民主管理和民主监督。并设专章规定了职工的民主管理。

随着我国改革开放的发展和社会主义市场经济体制的逐步建立,建立现代企业制度成为我国企业改革的方向。在建立现代企业制度的改革过程中,企业形式在不断变化,职工民主管理的形式也随之变化,这些变化则在相应的立法中得到体现。我国《宪法》规定,国有企业依照法律规定,通过职工代表大会和其他形式,实行民主管理;集体经济组织实行民主管理,依照法律规定选举和罢免管理人员,决定经营管理的重大问题。《劳动法》第 8 条规定:“劳动者依照法律规定,通过职工大会、职工代表大会或者其他形式,参与民主管理或者就保护劳动者合法权益与用人单位进行平等协商。”《公司法》规定，国有独资公司和两个以上的国有企业或者其他两个以上的国有投资主体投资设立的有限责任公司，依照宪法和有关法律规定，通过职工代表大会和其他形式，实行民主管理。新《工会法》规定，工会依照法律规定通过职工代表大会或者其他形式，组织职工参与本单位的民主决策、民主管理和民主监督。《中外合资经营企业法》《中外合作经营企业法》和《外资企业法》中也专门对职工的民主管理进行规定，根据规定，三资企业的职工有权依法建立工会，通过工会进行民主管理，企业要为本企业的工会提供必要的活动条件。

三、职工民主管理的形式与选择

各国职工民主参与的形式主要有四类：(1) 机构参与，或称组织参与。即职工通过一定的代表性专门机构参与企业管理，如我国国有企业的职工代表大会。(2) 代表参与。即职工通过经合法程序产生的职工代表参与企业管理，如职工参加公司的董事会或者监事会，成为董事会或者监事会的成员。(3) 岗位参与。即职工通过在劳动岗位上实行自治来参与企业管理。(4) 个人参与。即职工本人以个人行为参与企业管理，如职工个人向企业提出合理化建议等。这些形式中机构参与和代表参与为职工民主管理的间接形式，岗位参与和个人参与是职工民主管理的直接形式。

不管职工民主管理选择何种形式，都会不同程度地涉及企业或者其他用人单位内部各种利益的平衡，影响其内部机构的关系，从而最终决定其内部各种主体的实际利益。首先必须看到，用人单位内部投资者和劳动者其关注目标是不一样的，投资者追求的是投资利益极大化，劳动者关注的是工资福利极大化和就业保障极大化。因此，劳资双方利益是对立的，在利益一定的前提下，劳动者和资方的利益是此消彼长的关系，劳动者工资高了，福利多了，资方的利润就会少，反之亦然。但是，也应该看到，二者是不可分离的关系，离开资方劳动者权益无法实现，离开劳方，资方也没办法实现劳动过程，更无法创造更多利润。在资方利润雄厚的情况下，可以多增加投资，增强资方的竞争力，为劳动者长远利益提供一种保障，而劳动者获得较多工资和福利，可以激发其工作的积极性、主动性和创造性，这也会为资方提供竞争发展的可靠保证。因此二者是一种互相依存的关系。法律在关注到劳资双方不平等性，用法律对劳动者实行倾斜性保护的同时，也应看到制定劳动法时，不能完全忽略劳资利益共同体的现实，更不能轻易打破这一利益平衡，而只能促进二者关系的和谐，因此调整劳动关系使二者达到和谐状态，应该是职工民主管理立法的重要目的，这对保护劳动者权益也是有益的。由此可见，必须把劳资利益平衡作为职工民主管理立法选择的目标，换言之，职工民主管理必须为实现劳资平等而努力。其次，还必须看到职工参与和管理效率之间的矛盾。企业管理是基于社会化大生产中分工和协作的客观要求派生出来的,要实现社会化大生产必须以协调和管理整个生产过程为前提,否则,整个社会化大生产根本无法完成,那么,更谈不上职工参与和劳动者权益保护。当然,也应该看到由社会化大生产客观要求派生出来的管理,也经常成为损害劳动者合法权益的借口,一味地强调管理权威和效率,很有可能导致资本对劳动的支配,从而牺牲劳动者的权益,最终可能影响劳动者的积极性,反过来影响管理的效果。因此,立法必须在这二者之间追求平衡,而且特别要注意职工参与导致管理效率降低最终也可能危及劳动者本身的权益。

立法在规定职工参与管理的法律形式、地位、权利、程序、人员构成、选举、议事规则,以及雇员代表的被选资格、选举办法、人员组成、任期、权利义务等制度时,必须具体考虑以下因素:(1) 在职工参与的客体方面,应着重考虑企业管理事务与劳动利益的联系,以及对职工认同的需求和在市场中的时间性。企业管理事务中,凡是涉及劳动利益的事项,以及为职工和投资者所共同关心的事项,都有必要纳入职工参与的范围,职工对具体事项参与的深度,应当同该事项与劳动利益联系的紧密程度成正比。企业决策中,如果含有必须以职工认同为执行前提的内容,就应当尽可能吸收职工参与决策;并且,职工参与的深度应当与职工对决策的认同在决策执行中的意义相配。由于市场瞬息万变,企业决策当及时和灵活,而高度的职工参与难免产生各执己见、议而不决、反复协调等延缓管理过程的现象。所以,凡需要快速处理的事项,不必事事由职工参与,也不宜列为深层次参与的对象。(2) 在职工参与的主体方面。应当着重考虑职工的参与能力,当职工具备参与事项所要求的知识、技术或经验时,其参与才有助于企业管理科学化和减少决策失误。在职工素质整体水平较高的企业,其职工参与度应当高于职工素质总体水平较低的企业。在同一企业内素质高低不同的职工之间,除了被参与事项同职工素质无关或相关甚小者以外,其参与度应当有所差别。一般说来,高级职员的参与度,应当高于其他职工。(3) 在职工参与的企业条件方面,应当着重考虑企业的生产经营规模、技术状况和行业特点。各种企业的职工参与度,都应当从各自实际情况出发来具体确定。就生产经营规模来说,企业管理事务中能够在大范围乃至全员范围内吸收职工参与的事项,规模较大的企业相对少于规模较小的企业;在规模大的企业,职工对企业决策的直接参与一般相对少于间接参与,在规模小的企业则与之相反。就技术状况来说,技术先进的企业,尤其是信息技术条件好的企业,职工的参与度相对要高。例如,由于计算机的运用而导致中层管理相对削弱的企业,应当更注重发挥职工参与的作用。就行业特点来说,有的行业由其性质决定而必须在企业中实行高度集中的管理,有的行业,则要求企业的管理体制分权化,后一种企业的职工参与度相对高于前一种企业。[①]

由于各国经济制度、管理方式、法律环境、文化传统不同,以及各国劳工政策和执政倾向的不同,世界各国在职工参与管理方面进行了不同的选择,从而形成了各具特色的法律规定。

第五节　职工代表大会制度

一、职工代表大会的性质

关于职代会的性质,《全民所有制工业企业法》和《职工代表大会条例》作了明确规定,即职工代表大会是企业实行民主管理的基本形式,是职工行使民主管理权力的机构。当然,这取决于设置职工代表大会的用人单位,上述对职代会性质的规定主要适用于全民所有制企业。《劳动法》从劳动者的权利方面肯定了职代会这一职工民主管理的形式,即劳动者依照法律规定,通过职工大会、职工代表大会或者其他形式,参与民主管理或者就保护劳动者合法权益与用人单位进行平等协商。

作为职工行使民主管理权力的机构,这方面职代会具有以下特点:(1) 职代会是一个行使权力的机构。即职代会具有法律赋予的一定权力,它依法行使权力,不仅对全体职工有约束力,而且对企业行政也有约束力。(2) 职代会行使的权力是职工民主管理权力。这不同于所有者、经营者的所有权和经营权,也不同于职工的其他权利。(3) 职代会行使的民主管理权力是全体职工的整体权力,应当反映和体现职工集体的意志和利益。

作为企业实行民主管理的基本形式,主要体现在:职代会能够吸引全体职工参与企业管理,职代会对企业管理事务既有浅层次和较浅层次的参与,也有较深层次和深层次的参与,其参与的事项的范围涉及企业管理的各个方面,并且包括企业的许多重大问题。另外,作为民主管理的基本形式,还体现在其他形式的职工民主参与,都几乎和职代会有关,比如厂务公开的主要载体是职工代表大会,公司法中的职工董事和职工监事也必须由职代会选举产生,平等协商的职工代表以及集体合同草案都必须经过职代会的选举和表决等,这些都说明,职代会制度是职工民主管理的基本形式。

二、职工代表大会的实施范围

严格按照最初规定,职工代表大会制度主要适用于公有制企业,包括全民所

① 参见王全兴:《劳动法》,法律出版社 1997 年版,第 242—243 页。

有制企业和集体所有制企业。另外,公司法规定,两个以上的国有企业或者两个以上的其他国有投资主体投资设立的有限责任公司,其董事会成员中应当有公司职工代表;其他有限责任公司董事会成员中可以有公司职工代表。董事会中的职工代表由公司职工通过职工代表大会、职工大会或者其他形式民主选举产生(《公司法》第 44 条第 2 款)。另外,《公司法》第 18 条第 2 款规定,公司依照宪法和有关法律的规定,通过职工代表大会或者其他形式,实行民主管理。这里并没有要求必须是两个以上的国有企业或者两个以上的其他国有投资主体投资设立的有限责任公司。可见,公司实施职工代表大会制度是有法律依据的。

对于企业以外的用人单位是否实行职代会制度,可以通过其他单行法律找到相应的依据,比如《教师法》第 7 条规定,教师有对学校教育教学、管理工作和教育行政部门的工作提出意见和建议,通过教职工代表大会或者其他形式,参与学校的民主管理的权利,这说明事业单位中的学校应该建立职代会制度;《民办教育促进法》第 26 条规定,民办学校依法通过以教师为主体的教职工代表大会等形式,保障教职工参与民主管理和监督,说明民办非企业单位也有实施职代会制度的依据。

至于其他非公有制单位是否实行职代会制度,依然可以通过其他方面比如地方法规或者规章去明确。

《劳动合同法》第 4 条规定,用人单位在制定、修改或者决定有关劳动报酬、工作时间、休息休假、劳动安全卫生、保险福利、职工培训、劳动纪律以及劳动定额管理等直接涉及劳动者切身利益的规章制度或者重大事项时,应当经职工代表大会或者全体职工讨论,提出方案和意见,与工会或者职工代表平等协商确定。其适用范围不限于公有制单位。正是由于这个规定,各省市职工代表大会方面的地方性规定,都进行了相应的修改,它影响到各地职工代表大会制度的设立、职权、具体组织制度等。其适用范围由以前的全民所有制企业,扩大到所有企业事业单位以及民办非企业单位,国家机关和参照公务员法管理的事业单位除外。《上海市职工代表大会条例》《湖北省职工代表大会条例》第 2 条都有类似规定。

三、职工代表大会的组织机构和工作制度

按照《企业法》以及《企业职工代表大会条例》的规定,我国全民所有制工业企业职工代表大会一般不设常设机构,由企业工会委员会承担职工代表大会工作机构的任务,其主要职责是会同有关部门进行大会的筹备工作、会务工作以及大会闭会期间的日常组织工作,并办理职工代表大会或主席团交办的其他事项。

根据《企业职工代表大会条例》的规定,企业工会委员会作为职工代表大会

的工作机构，主持职工代表大会的日常工作。其具体职责如下：

1. 组织职工选举职工代表；

2. 提出职工代表大会议题的建议，主持职工代表大会的筹备工作和会议的组织工作；

3. 主持职工代表团（组）长、专门小组负责人联席会议；

4. 组织专门小组进行调查研究，向职工代表大会提出建议，检查督促大会决议的执行情况，发动职工落实职工代表大会决议；

5. 向职工进行民主管理的宣传教育，组织职工代表学习政策、业务和管理知识，提高职工代表素质；

6. 接受和处理职工代表的申诉和建议，维护职工代表的合法权益；

7. 组织企业民主管理的其他工作。

职工代表大会的工作制度主要包括以下几个方面：

1. 会议制度。主要有职工代表大会会议制度、职工代表团（组）长、专门小组负责人和工会委员会联席会议制度、工会委员会研究民主管理和参与企业党政工团协调会议制度以及其他议事制度。

根据《企业职工代表大会条例》第四章的规定，企业职工代表大会的各项会议制度的内容如下：

(1) 职工代表大会至少每半年召开一次，每次会议必须有 2/3 以上的代表出席。遇有重大事项，经厂长、企业工会或 1/3 以上职工代表的提议，可召开临时会议。职工代表大会进行选举和作出决议，必须经全体职工代表过半数通过。

(2) 职工代表大会应当围绕增强企业活力、促进技术进步、提高经济效益，针对企业经营管理、分配制度和职工生活等方面的重要问题确定议题。对于职工代表大会在其职权范围内决定的事项，非经职工代表大会同意不得修改。

(3) 职工代表大会选举主席团主持会议。主席团成员应有工人、技术人员、管理人员和企业的领导干部，其中工人、技术人员、管理人员应超过半数。

(4) 参加企业管理委员会的职工代表，由职工代表大会推选产生。参加企业管理委员会的职工代表要向职工代表大会汇报工作，接受职工代表大会监督。职工代表大会有权撤换参加管理委员会的职工代表。

(5) 职工代表大会可根据需要，设立若干精干的、临时的或经常性的专门小组（或专门委员会），完成职工代表大会交办的有关事项。专门小组进行活动需要占用的生产或者工作时间，有权按照正常出勤享有应得的待遇，但须经厂长同意。各专门小组的人选一般在职工代表中提名；也可以聘请非职工代表，但必须经职工代表大会通过。各专门小组对职工代表大会负责。各专门小组实行例会制，一般每季度召开一次全体会议，讨论、研究有关方面的重大问题，必要时可随时召开临时会议。

(6) 职工代表大会闭幕期间,需要临时解决的重要问题,由企业工会委员会召集职工代表团(组)长和专门小组负责人联席会议,协商处理,并向下一次职工代表报告予以确认。联席会议可以根据会议内容邀请企业党政负责人或者其他有关人员参加。

(7) 工会委员会主持职工代表大会闭会期间的日常民主管理工作,可根据企业的实际情况定期或不定期召开有关会议,以便及时解决民主管理过程中出现的问题,讨论、研究和制定贯彻实施职工代表大会决议的方案。

2. 活动制度。主要包括职工代表活动制度、专门小组(或专门委员会)活动制度等。职工代表一般每季开展 1—2 次活动,活动内容可以灵活多样,比如,开展检查活动、质询活动、培训活动以及宣传教育活动等。职工代表大会专门小组(或专门委员会)活动不定期举行,一般每月至少安排一次。活动内容很多,比如,开展调查活动、研究活动、检查活动、议事活动、接待群众来访活动等。

3. 专项制度。包括民主评议干部制度、民主荐举干部制度、表彰奖励制度、职工代表学习培训制度、车间和班组民主管理制度等。对上述制度的制定,必须遵循一定的原则,既要具体、严密,又要切合本单位实际,便于执行。工业企业的车间是组织生产的基本单位,班组是企业的细胞,因此,车间和班组处于整个企业活动的结合部,是企业各个管理层次中的重要环节,这要求车间、班组民主管理制度必须具体、明确,包括职权的范围及其行使原则、管理的具体方式及其运用要求等。

四、职工代表大会的职权

职工代表大会的职权可以分为对事权和对人权两大类。

职工代表大会的对事权,即职工代表大会对企业行政所管事务拥有进行审议的职权。它包括下述几个方面的内容:(1) 审议、建议权。对属于企业生产经营的全局性重大事项进行审查、讨论,并提出意见和建议。(2) 审议、通过权。对涉及职工利益和生产经营的具体方案和规章制度进行审查、讨论,并在此基础上以一定方式作出同意或否决的决议。(3) 审议、决定权。对非生产经营而属于职工切身利益方面的重大事项进行审查、讨论,并直接作出决定,然后提交企业行政执行。

职工代表大会的对人权,即职工代表大会对企业行政领导和管理人员拥有进行监督和选择的职权。其主要内容有:(1) 评议监督权。评议、监督企业行政的各级领导人员,并提出奖惩和任免的建议。(2) 推荐选举权。按照国家规定和企业所有者(投资者)或其他机构的部署,民主推荐厂长(经理)人选,或者民主选举厂长(经理)。

2006年7月6日中华全国总工会第十四届执行委员会第九次主席团全体会议审议通过《企业工会工作条例(试行)》,针对三类不同企业规定了职工代表大会的相应职权。

(一)国有企业、国有控股企业职工代表大会或职工大会的职权

1. 听取审议企业生产经营、安全生产、重组改制等重大决策以及实行厂务公开、履行集体合同情况报告,提出意见和建议。

2. 审议通过集体合同草案、企业改制职工安置方案。审查同意或否决涉及职工切身利益的重要事项和企业规章制度。

3. 审议决定职工生活福利方面的重大事项。

4. 民主评议监督企业中层以上管理人员,提出奖惩任免建议。

5. 依法行使选举权。

6. 法律法规规定的其他权利。

(二)集体(股份合作制)企业职工代表大会或职工大会的职权

1. 制定、修改企业章程。

2. 选举、罢免企业经营管理人员。

3. 审议决定经营管理以及企业合并、分立、变更、破产等重大事项。

4. 监督企业贯彻执行国家有关劳动安全卫生等法律法规、实行厂务公开、执行职工代表大会决议等情况。

5. 审议决定有关职工福利的重大事项。

(三)私营企业、外商投资企业和港澳台商投资企业职工代表大会或职工大会的职权

1. 听取企业发展规划和年度计划、生产经营等方面的报告,提出意见和建议。

2. 审议通过涉及职工切身利益重大问题的方案和企业重要规章制度、集体合同草案等。

3. 监督企业贯彻执行国家有关劳动安全卫生等法律法规、实行厂务公开、履行集体合同和执行职代会决议、缴纳职工社会保险、处分和辞退职工的情况。

4. 法律法规、政策和企业规章制度规定及企业授权和集体协商议定的其他权利。

值得注意的是,2008年《劳动合同法》生效前后,各省市都相继修改了原有的职工代表大会方面的地方性法规,而且大多数都将其适用范围由以前的全民所有制企业,扩大到所有企业事业单位以及民办非企业单位。当然,其职权依照现有法律进一步规定细化。在立法模式上有两种变化,一类是以2011年5月1日生效的《上海市职工代表大会条例》为代表,该条例第8-13条分别对职工代表大会依法行使审议建议、审议通过、审查监督、民主选举、民主评议等职权作出了

具体规定,没有一般地区分企业的所有制性质,但是对国有、集体及其控股企业在一般职权规定中作了进一步专门规定。另一类是以2008年1月1日生效的《湖北省职工代表大会条例》为代表,该条例第7-10条分别对一般企业,国有、集体以及国有集体企业的控股企业的职代会职权作出规定,然后规定事业单位和民办非企业单位职代会职权参照一般企业职代会职权的规定。

五、职工代表大会同相关机构的关系

职工代表大会同企业内部机构的关系,涉及很多方面,比如职工代表大会与工会的关系,职工代表大会与国企厂长(经理)的关系,职工代表大会和党委的关系等,这些问题在国企改革初期讨论很多,其关系基本理顺。目前职工代表大会和公司企业内部机构的关系问题突出,一般可以从以下几个方面考虑:

(一)职工代表大会与股东大会(股东会)的关系

股东大会(股东会)是公司的最高权力机构。对职工代表大会与股东大会的关系进行制度设计,重点要处理好下述问题:(1)议事范围的界定。在二者的议事范围之间,凡是只直接涉及投资者根本利益而不直接涉及职工利益的事项,如投资方案和利润分配方案,一般应当只列为股东大会的议事对象;凡是只涉及职工根本利益而不直接涉及投资者利益的事项,如公益金使用方案和职工住房分配方案,一般应当只列为职工代表大会的议事对象;而对投资者利益和职工利益者直接涉及的事项,依法应作为股东大会议事对象的,一般也应当列入职工代表大会议事范围。目前,职工代表大会议事范围小于股东大会议事范围,为了发挥职工代表大会应有的作用,应当扩宽职工代表大会议事范围。(2)共决权限的划分。对于专属股东大会或职工代表大会议事对象的事项,分别由各自单独决定,此为共决权限的横向划分。对于作为两会共同议事对象的事项,则由两会分别行使初决权或终决权,此为共决权限的纵向划分。由于股东大会是最高权力机构,职工代表大会只是一种职工参与形式,董事会要向股东大会负责,所以,除了同职工利益联系特别紧密的事项由股东大会初决、股东大会终决外,都应当由职工代表大会初决、股东大会终决。其中,终决一般应当采用同意或否决的方式。(3)议事程序的配合。股东大会和职工代表大会的议事程序,都应当实行审议表决模式,即对特定事项先进行审查和讨论,然后予以表决。对于作为两会共同议事对象的事项,应当实行复合审议制,或者联席审议、分别表决,或者分别审议表决。两会在共决过程中的配合,与各自举行会议的时间安排相关。这有同期举行和相继举行两种选择。在同期举行的情况下,便于两会之间双向沟通信息,还可以就共同议事对象由两会交替讨论,这样有利于两会及时调整各自意见,加速共决一致的过程。在相继举行的情况下,两会之间的信息交流是单向的,并且有时间差,一旦否决成立就不能及时实现共决一致。所以,为了便于议事程序同步配合，从提高共决效率考虑，两会同期举行为宜。

关于职工代表大会与股东会的关系，也应当从上述几个方面进行制度设计。

（二）职工代表大会与董事会的关系

董事会是对股东大会（股东会）负责的公司常设决策机构。关于职工代表大会与董事会的关系，概言之，是监督与被监督的关系，即职工代表大会对董事会职权活动实行监督。其监督措施可作以下设想：(1) 董事会有义务向职工代表大会报告工作并在职工代表大会上接受质询。(2) 职工代表大会对董事会的决策可以提出参考性修改建议，对其严重侵犯职工合法权益的决策可以否决。(3) 职工代表大会可以通过民意测验的方式了解对各董事的信任率，其中，对不称职的董事可以提出不信任案。(4) 职工代表大会可以参与对下届董事候选人资格的审议，并提出参考性意见，同时还可以否决不宜任董事者的候选人资格，但被否决人数应限制在一定比例之内。

（三）职工代表大会与（总）经理的关系

（总）经理是就公司经营管理业务的执行向董事会（股东会）全面负责的日常经营管理机构。它应接受职工代表大会的监督。这种监督必须坚持两个前提：一是（总）经理由董事会聘任和解聘，只对董事会负责；二是除了职工代表大会对专属其议事对象的事项所作出的决定，（总）经理必须执行外，职工代表大会不得向（总）经理发号施令，（总）经理的经营管理行为不受职工代表大会直接干预。其监督措施可作下述设想：(1) 职工代表大会对董事会拟聘的（总）经理人选进行民意测验，若某候选人未获得一定的支持率，董事会应当考虑不将其列为拟聘任对象。(2)（总）经理应当向职工代表大会报告工作，接受职工代表大会质询，听取职工代表大会的建议。(3) 职工代表大会组织全体职工对（总）经理的实绩进行考核评价，若评分低于一定标准，可向其提出警告，若评分继续下降，可向董事会提出解聘建议。

（四）职工代表大会与监事会的关系

监事会是公司经营管理的监督机构。关于职工代表大会与监事会的关系，有两个主要层次：(1) 配合关系，即在监督企业经营管理的过程中，职工代表大会应以其监督手段（如对董事、经理进行民主评议、民意测验等）支持监事会行使监督职权；另一方面，监事会应以其日常监督活动，为职工代表实施监督提供依据，并将职工代表大会反映的“民意”付诸实现。(2) 监督关系，即监事会也应当受职工代表大会监督，例如，职工代表大会可以定期听取监事会的工作报告，对监事会和监事个人的实绩作出评价，参与对监事会成员的选择和撤换，等等。

第六节　职工民主管理的其他形式

一、厂务公开制度

（一）厂务公开制度的概念和意义

厂务公开，是指企业依照规定，向本企业职工公开企业的重大决策、企业生产经营管理的重大事项、涉及职工切身利益和企业廉政建设的事项，接受职工监督的民主管理制度。

实行厂务公开，对于推进基层民主政治建设，保障和落实职工当家作主的民主权利；维护职工合法权益，建立企业稳定协调的劳动关系；密切党与企业职工群众的关系，巩固党的阶级基础和执政地位；保护、调动和发挥广大职工的主人翁积极性，增强其责任感，促进企业的改革、发展和稳定，具有重要的意义和作用。

（二）厂务公开制度的实施范围

厂务公开制度适用于国有、集体及其控股企业，相关规定原则上适用于教育、科技、文化、卫生、体育等事业单位。国有、集体及其控股企业以外的其他企业，可依照法律规定，采取与本单位相适应的形式实行厂务公开，推进民主管理工作。

（三）厂务公开的主要内容

1. 企业重大决策问题。主要包括企业中长期发展规划，投资和生产经营重大决策方案，企业改革、改制方案，兼并、破产方案，重大技术改造方案，职工裁员、分流、安置方案等重大事项。

2. 企业生产经营管理方面的重要问题。主要包括年度生产经营目标及完成情况、财务预决算、企业担保、大额资金使用、工程建设项目的招投标、大宗物资采购供应、产品销售和盈亏情况、承包租赁合同执行情况、企业内部经济责任制落实情况、重要规章制度的制定等。

3. 涉及职工切身利益方面的问题。主要包括劳动法律法规的执行情况，集体合同、劳动合同的签订和履行，职工提薪晋级、工资奖金分配、奖罚与福利，职工养老、医疗、工伤、失业、生育等社会保障基金缴纳情况，职工招聘，专业技术职称的评聘，评优选先的条件、数量和结果，职工购房、售房的政策和住房公积金管理以及企业公积金和公益金的使用方案，安全生产和劳动保护措施，职工培训计划等。

4. 与企业领导班子建设和党风廉政建设密切相关的问题。主要包括民主评议企业领导人员情况，企业中层领导人员、重要岗位人员的选聘和任用情况，干部廉洁自律规定执行情况，企业业务招待费使用情况，企业领导人员工资（年薪）、奖金、兼职、补贴、住房、用车、通讯工具使用情况，以及出国出境费用支出情况等。

厂务公开的内容应根据企业的实际情况有所侧重。既要公开有关政策依据和本单位的有关规定，又要公开具体内容、标准和承办部门；既要公开办事结果，又要公开办事程序；既要公开职工的意见和建议，又要公开职工意见和建议的处理情况，使厂务公开始终在职工的广泛参与和监督下进行。要密切结合企业改革和发展的实际，及时引导厂务公开不断向企业生产经营管理的深度和广度延伸，推动企业不断健全和完善管理制度、党风廉政建设制度和职工民主管理制度。

（四）厂务公开的实现形式

1. 厂务公开的主要载体是职工代表大会。要按照有关规定，认真落实职工代表大会的各项职权。要通过实行厂务公开，进一步完善职工代表大会民主评议企业领导人员制度，坚持集体合同草案提交职工代表大会讨论通过，企业业务招待费使用情况、企业领导人员廉洁自律情况、集体合同履行情况等企业重要事项向职工代表大会报告制度，国有及国有控股的公司制企业由职工代表大会选举职工董事、职工监事制度等，不断充实和丰富职工代表大会的内容，提高职工代表大会的质量和实效，落实好职工群众的知情权、审议权、通过权、决定权和评议监督权，建立符合现代企业制度要求的民主管理制度。

2. 在职工代表大会闭会期间，要发挥职工代表团（组）长联席会议的作用。车间、班组的内部事务也要实行公开。应依照厂务公开的规定，制定车间、班组内部事务公开的实施办法。

3. 厂务公开的日常形式还应包括厂务公开栏、厂情发布会、党政工联席会和企业内部信息网络、广播、电视、厂报、墙报等，并可根据实际情况不断创新。同时，在公开后应注意通过意见箱、接待日、职工座谈会、举报电话等形式，了解职工的反映，不断改进工作。

（五）厂务公开的组织领导

企业实行厂务公开要在企业党委领导下进行。企业行政是实行厂务公开的主体。企业要建立由党委、行政、纪委、工会负责人组成的厂务公开领导小组，负责制定厂务公开的实施意见，审定重大公开事项，指导协调有关部门研究解决实施中的问题，做好督导考核工作，建立责任制和责任追究制度。企业工会是厂务公开领导小组的工作机构，负责日常工作。

企业应成立由纪检、工会有关人员和职工代表组成的监督小组，负责监督检查厂务公开内容是否真实、全面，公开是否及时，程序是否符合规定，职工反映的意见是否得到落实，并组织职工对厂务公开工作进行评议和监督。要制定厂务公开的监督检查办法,形成制约和激励机制。

二、企业机构内职工代表制

(一) 概念和形式

企业机构内职工代表制,是指由职工代表参加企业决策、监督、咨询等机构,并作为其正式成员行使职权、履行职责,从而代表职工参与企业管理。在我国企业机构内的职工代表制主要表现为公司法中的职工董事和职工监事制度。

(二) 职工董事监事制度实施的范围

2005 年 10 月 27 日,《公司法》修订案在十届全国人大常委会第十八次会议上获得通过,并于 2006 年 1 月 1 日起施行。2005 年《公司法》进一步完善了职工董事与职工监事制度。2013 年《公司法》修改延续了这些规定(条文顺序有所不同)。就职工董事制度而言,2013 年《公司法》第 44 条第 2 款和第 67 条要求两个以上的国有企业或者两个以上的其他国有投资主体投资设立的有限责任公司以及国有独资公司的董事会成员中有公司职工代表;第 44 条第 2 款和第 108 条第 2 款允许其他有限责任公司和股份有限公司设立职工代表董事制度。就职工监事制度而言,2013 年《公司法》第 51 条第 2 款、第 70 条和第 117 条要求监事会应当包括股东代表和适当比例的公司职工代表,其中职工代表的比例不得低于 1/3。其范围包括所有有限责任公司和股份有限公司,特别是国有独资公司。

(三) 职工董事、职工监事人选的条件和人数比例

职工董事、职工监事人选的基本条件是:本公司职工;遵纪守法,办事公道,能够代表和反映职工的意见和要求,为职工群众信赖和拥护;熟悉企业经营管理或具有相关的工作经验,有一定的参与经营决策和协调沟通的能力。

未担(兼)任工会主席的公司高级管理人员,《公司法》中规定的不能担任或兼任董事、监事的人员,不得担任职工董事、职工监事。

董事会中职工董事与监事会中职工监事的人数和比例应在公司章程中作出明确规定。职工董事的人数一般应占公司董事会成员总数的 1/4;董事会成员人数较少的,其职工董事至少 1 人。职工监事的人数不得少于监事会成员总数的 1/3。

(四) 职工董事、职工监事的产生程序

职工董事、职工监事的候选人由公司工会提名,公司党组织审核,并报告上级工会;没有党组织的公司可由上一级工会组织审核。工会主席一般应作为职工董事的候选人,工会副主席一般应作为职工监事的候选人。

职工董事、职工监事由本公司职工代表大会以无记名投票方式选举产生。职工董事、职工监事候选人必须获得全体会议代表过半数选票方可当选。

公司应建立健全职工代表大会制度，尚未建立的，应组织职工或职工代表选举产生职工董事、职工监事，并积极筹建职工代表大会制度。

职工董事、职工监事选举产生后，应报上级工会、有关部门和机构备案，并与其他内部董事、监事一同履行有关手续。

（五）职工董事、职工监事的职责

职工董事、职工监事享有与其他董事、监事同等的权利，承担相应的义务，并履行下列职责：

（1）职工董事、职工监事应经常或定期深入到职工群众中听取意见和建议。

（2）职工董事、职工监事在董事会、监事会研究决定公司重大问题时，应认真履行职责，代表职工行使权利，充分发表意见。

（3）职工董事在董事会讨论涉及职工切身利益的重要决策时，应如实反映职工要求，表达和维护职工的合法权益；在董事会研究确定公司高级管理人员时，要如实反映职工代表大会民主评议公司管理人员的情况。

（4）职工监事要定期监督检查职工各项保险基金的提取、缴纳，以及职工工资、劳动保护、社会保险、福利等制度的执行情况。

（5）职工董事、职工监事有权向上级工会、有关部门和机构反映有关情况。

（六）职工董事、职工监事的任期、补选、罢免

职工董事、职工监事的任期与其他董事和监事的任期相同，任期届满，可连选连任。

职工董事、职工监事在任期内，其劳动合同期限自动延长至任期届满；任职期间以及任期届满后，公司不得因其履行职责的原因与其解除劳动合同，或采取其他形式进行打击报复。

职工董事、职工监事离职的，其任职资格自行终止。职工董事、职工监事出缺应及时进行补选，空缺时间一般不得超过 3 个月。

职工代表大会有权罢免职工董事、职工监事。罢免职工董事、职工监事，须由 1/3 以上的职工代表联名提出罢免议案。

（七）职工董事、职工监事与公司工会、职工代表大会的关系

公司工会要为职工董事、职工监事开展工作提供服务。应协调和督促公司及时向职工董事、职工监事提供有关生产经营等方面的文件和资料，协助职工董事、职工监事进行调研、巡视等活动；协助职工董事、职工监事就有关议题听取职工意见，进行分析论证，提出意见和建议；成立“智囊团”等形式的组织，为职工董事、职工监事提供咨询服务；协调有关方面建立职工董事、职工监事的各项工作制度。

职工董事、职工监事要向公司职工代表大会负责。应积极参加职工代表大会的有关活动，认真执行职工代表大会的有关决议，在董事会、监事会会议上按

照职工代表大会的相关决定发表意见。应定期向职工代表大会报告工作，接受职工代表大会的质询。职工代表大会每年对职工董事、职工监事履行职责情况进行民主评议，对民主评议不称职的予以罢免。

以上主要依据是《公司法》以及《中华全国总工会关于进一步推行职工董事、职工监事制度的意见》。

三、平等协商制度

（一）平等协商的概念和特点

所谓平等协商是指企业职工代表与企业就涉及职工合法权益等事项进行商谈的行为。这里需要明确的是：(1) 平等协商的主体职工方包括职工代表或者工会代表，另一方主要是企业，这是由于我国劳动法的规定，集体合同仅限于企业，不包括行业集体合同。不过，最新实践发展，在一些非公有制小企业或同行业企业比较集中的地区出现了区域性行业性集体协商签订集体合同的情况，它对维护职工和企业双方的合法权益、构建和谐稳定的劳动关系、营造有利于企业持续健康发展的良好环境、促进区域和行业经济的协调发展、维护社会稳定，发挥了重要的作用。这方面得到了劳动和社会保障部的肯定，并发文加以推广。所以工会方除了企业工会，还包括地方或者产业工会；企业方主体，除了企业还包括企业团体，如地方企业联合会。(2) 平等协商制度是为维护职工合法权益进行商谈的行为，有人认为平等协商不一定以达成协议为目的，只形成合作意向或者增进相互理解即可，这实际上是对平等协商结果的一个误解，平等协商可能达成一致也可能达不成一致，如果平等协商仅仅是达成理解，这实际上降低了平等协商的本身的意义。(3) 平等协商的内容包括签订集体合同和其他涉及职工权益的事情。这一点在《工会参加平等协商和签订集体合同试行办法》中得到确认。有人将平等协商签订集体合同排除在平等协商之外，很显然，从现行规定来看是没有法律依据的，从实际操作来看，也没有必要排除签订集体合同的平等协商的行为。

（二）平等协商制度的主要依据

《劳动法》第 8 条规定，劳动者依照法律规定，通过职工大会、职工代表大会或者其他形式，参与民主管理或者就保护劳动者合法权益与用人单位进行平等协商。2003 年 12 月 30 日经劳动和社会保障部颁布《集体合同规定》，废止了 1994 年的《集体合同规定》，这是有关签订一揽子集体合同的规定。劳动和社会保障部 2000 年 10 月 10 日通过《工资集体协商试行办法》，这是签订工资单项集体合同的规定。1995 年 8 月中华全国总工会颁布《工会参加平等协商和签订集体合同试行办法》。2006 年 8 月劳动和社会保障部颁布《关于开展区域性行业性集体协商工作的意见》，规制区域性行业性集体协商工作。2007 年 6 月 29 日第十届全国人民代表大会常务委员会通过的《劳动合同法》在第五章特别规定第一节中又专门规定了集体合同，在第 52 条中规定：在县级以下区域内，建筑业、采矿业、餐饮服务业等行业可以由工会与企业方面代表订立行业性集体合同，或者订立区域性集体合同。

（三）平等协商的范围

一般而言，平等协商的范围主要是在企业范围内进行的。最新的集体协商的实践已经不限于企业内部，出现了区域性行业性的集体协商。按照规定，区域性行业性集体协商一般在小型企业或同行业企业比较集中的乡镇、街道、社区和工业园区（经济技术开发区、高新技术产业园区）开展。在行业特点明显的区域要重点推行行业性集体协商和集体合同工作，具备条件的地区可以根据实际情况在县（区）一级开展行业性集体协商签订集体合同。

（四）平等协商的主体及其代表

企业层次的平等协商主体，职工一方的协商代表由本单位工会选派。未建立工会的，由本单位职工民主推荐，并经本单位半数以上职工同意。职工一方的首席代表由本单位工会主席担任。工会主席可以书面委托其他协商代表代理首席代表。工会主席空缺的，首席代表由工会主要负责人担任。未建立工会的，职工一方的首席代表从协商代表中民主推举产生。用人单位一方的协商代表，由用人单位法定代表人指派，首席代表由单位法定代表人担任或由其书面委托的其他管理人员担任。集体协商双方的首席代表可以书面委托本单位以外的专业人员作为本方协商代表。委托人数不得超过本方代表的 1/3。首席代表不得由非本单位人员代理。

区域性行业性层次的平等协商主体的代表产生和企业层次不一样。职工一方的协商代表由区域内的工会组织或行业工会组织选派，首席代表由工会主席担任。企业一方的协商代表由区域内的企业联合会、企业家协会或其他企业组织、行业协会选派，也可以由上级企业联合会、企业家协会组织区域内的企业主经民主推选或授权委托等方式产生，首席代表由企业方代表民主推选产生。集体协商双方的代表人数应当对等，一般每方 3—10 人。双方首席代表可以书面委托专家、学者、律师等专业人员作为本方的协商代表，但委托人数不得超过本方代表的 1/3。

（五）平等协商的程序

一般平等协商应当按照以下程序进行：

1. 建立定期协商机制的企业，双方首席代表应当在协商前一周，将拟定协商的事项通知对方，属不定期协商的事项，提议方应当与对方共同商定平等协商的内容、时间和地点。

2. 协商开始时，由提议方将协商事项按双方议定的程序，逐一提交协商会议讨论。

3. 一般问题，经双方代表协商一致，协议即可成立，重大问题的协议草案，应当提交职工代表大会或全体职工审议通过。

4. 协商中如有临时提议，应当在各项议程讨论完毕后始得提出，取得对方同意后方可列入协商程序。

5. 经协商形成一致意见，由双方代表分别在有关人员及职工中传达或共同召集会议传达。

6. 平等协商未达成一致或出现事先未预料的问题时，经双方同意，可以暂时中止协商，协商中止期限最长不超过 60 天，具体中止期限及下次协商的具体时间、地点、内容由双方共同商定。

集体合同协商一般要求：集体协商任何一方均可就签订集体合同或专项集体合同以及相关事宜，以书面形式向对方提出进行集体协商的要求。一方提出进行集体协商要求的，另一方应当在收到集体协商要求之日起 20 日内以书面形式给予回应，无正当理由不得拒绝进行集体协商。在进行相应的准备工作后，即举行集体协商会议，会议由双方首席代表轮流主持，并按下列程序进行：

1. 宣布议程和会议纪律；

2. 一方首席代表提出协商的具体内容和要求，另一方首席代表就对方的要求作出回应；

3. 协商双方就商谈事项发表各自意见，开展充分讨论；

4. 双方首席代表归纳意见，达成一致的，应当形成集体合同草案或专项集体合同草案，由双方首席代表签字。

集体协商未达成一致意见或出现事先未预料的问题时，经双方协商，可以中止协商。中止期限及下次协商的时间、地点、内容由双方商定。

开展区域性行业性集体协商要严格履行程序，协商过程要充分表达职工群众和企业方的意愿和要求，协商内容要得到双方的一致认可。一般应按照以下程序进行：

1. 一方协商代表应以书面形式向另一方提出协商要求，另一方应以书面形式回应。

2. 双方协商代表在分别广泛征求职工和企业方的意见基础上，拟定集体协商议题。

3. 召开集体协商会议，在协商一致的基础上形成集体合同草案。

4. 集体合同草案要经区域职工代表大会或区域内企业的职工代表大会或职工大会审议通过，并经区域内企业主签字(或盖公章)确认后，由集体协商双方首席代表签字。

5. 企业方协商代表将集体合同报送当地劳动保障行政部门审核备案。

6. 劳动保障行政部门在收到文本之日起15日内未提出异议的，集体合同即行生效。

7. 区域性行业性集体合同生效后，由企业方代表采取适当方式及时向全体职工公布。

企业方代表向劳动保障行政部门报送集体合同时，除报送《劳动部关于加强集体合同审核管理工作的通知》(劳部发〔1996〕360号)规定的材料外，还须报送企业主对集体合同的签字确认件以及职工代表大会或职工大会审议通过的文件。

（六）平等协商的内容

与企业进行平等协商包括下列涉及职工合法权益的事项：

1. 集体合同和劳动合同的订立、变更、续订、解除，已订立的集体合同和劳动合同的履行监督检查；

2. 企业涉及职工利益的规章制度的制定和修改；

3. 企业职工的劳动报酬、工作时间和休息休假、保险、福利、劳动安全卫生、女职工和未成年工的特殊保护、职业培训及职工文化体育生活；

4. 劳动争议的预防和处理；

5. 职工民主管理；

6. 双方认为需要协商的其他事项。

开展区域性行业性集体协商工作，要从本区域、本行业劳动关系的特点和企业实际出发，紧紧围绕劳动报酬、劳动定额、工作时间、休息休假、劳动安全卫生、保险福利、女职工和未成年工特殊劳动保护等问题进行。通过协商签订的区域性行业性集体合同可以是综合性的，也可以是专项的。在协商过程中要力求重点突出，议题集中，措施可行。签订集体合同的条款要具体，标准要量化，切实增强针对性和实效性。按照有关规定，目前要将职工工资水平、工作时间以及与此直接相关的劳动定额、计件单价等劳动标准作为区域性行业性集体协商的重点，通过集体协商妥善处理各方的利益分配关系，推动企业建立正常的工资决定机制。

四、职工持股制度

职工持股计划(ESOP，Employee Stock Ownership Plan)是指企业内部职工通过一定的法律程序，有条件地拥有企业股份的企业制度。职工持股的理论和实践，源于西方国家。从理论起源上，职工持股计划主要源于美国经济学家路易斯·凯尔索(Louis Kelso)扩大资本所有权的思想。他在1958年提出了“两要素论”，其理论依据有三：

1. 凯尔索认为，社会财富急剧地集中到少数拥有大量资本的人手中。资本和财富的急剧集中,带来贫富差别的迅速扩大,成为美国社会不稳定的关键因素。

2. 在正常的社会经营运行中,人们不仅通过他们的劳动获得收入,而且通过资本来获得收入,这是人的基本权利。

3. 任何成功的企业,必须确立职工对企业的认同感。仅仅依靠对职工的监督和考核并不能提高他的责任感和积极性,特别是高技术领域中,如果没有广大职工对企业的认同,其发展前景很难乐观。

基于以上三个方面,凯尔索提出职工持股计划。凯尔索的理论得到了当时美国朝野的广泛支持。1974 年,美国国会通过了《美国职工退休收入保障法案》(ERISA),该法案明确提出了公司实行 ESOP 问题,并就各类税收优惠政策作出了法律规定。《美国职工退休收入保障法案》颁布后,美国国会和政府又相继颁布了二十多个法律(如 401 法),美国 50 个州中也有一半颁布了鼓励职工持股的立法。这些法律的颁布,极大地推动了 ESOP 在美国的推行。与此同时,欧美其他各国也都开始了职工持股计划。国外职工持股制度取得了以下的效果:

1. 协调了劳资利益关系。美国的职工持股计划迎合了各方面的利益要求,这也是职工持股计划得以在美国发展起来的重要原因。一方面,使一般职工通过实行职工持股计划,成为有产阶级,获得分享资本收益的好处。另一方面,在美国优惠税制的条件下,将企业的股权转让给本企业职工,企业所有者从中能得到比不实行职工持股计划更多的好处。

2. 适应了所有权制度改革的要求。无论是发达资本主义国家、还是原来的社会主义计划经济国家,都是如此。美国的职工持股计划的建立,使资本所有权分散化,使职工都有可能获得劳动收入和资本收入。俄罗斯通过职工持股,把 1.5 万个大型国有企业改制成了股份有限公司。

3. 把职工持股作为留住人才的手段。西方企业的职工流动非常频繁,如何吸引和留住人才是企业保持竞争力的措施之一。利用职工持股制度可以作为企业留住人才的重要手段之一。首先,许多国家都规定职工持股的获得与变现要受到为企业服务年头的限制,一般都规定若干年后才能变卖或转让其全部股权。如美国规定为 5—7 年,英国和法国为 5 年,在此之前离开企业的职工,将受到资产的重大损失。其次,一般都规定没有特殊理由不得提前转让职工的股票。再次,规定职工持股的股票一般都没有继承权。这种限制职工持股的变现、转让、交易和继承的规定,被西方企业比喻为留住人才的“金手铐”。

我国在股份制试点初期曾实行过“内部职工股”。这种做法的背景是允许设立不规范的定向募集股份有限公司,加之缺少必要的法律规则对其规范,造成超范围、超比例发行,有的以法人名义购买股份后分发给个人,造成“内部股公众化，法人股个人化”[①]，甚至成为滋生腐败的一个源头。所以，1994年6月19日，原国家体改委发出通知，要求“立即停止内部职工股的审批和发行”。[②] 现在人们提倡的“员工持股制”，是在接受“内部职工股”经验教训的基础上，吸收国外的经验，作出的一种新的制度安排。它不仅可以加强公司员工的凝聚力，增加员工对公司利益的认同感，而且可以使员工股份的制衡力量在公司法人治理结构中得到体现，达到劳动与资本有机结合的目的，增强员工对公司的关心与参与。

如何达到这一目的？职工持股会的设立成为实施职工持股制度很典型的一种措施。社会实践表明，职工持股的目的几乎不可能依靠单个股东实现。并且，职工股的购入、管理也需要一定的组织形式。因此，职工持股会应运而生。在我国企业改革中，员工在企业改建为公司时出资设立“员工持股会”，并由其作为发起人，或者在募集设立的公司中向员工配售内部员工股；公司存续中，也为加强其管理而设立员工持股会。

职工持股会在我国实践中出现很多问题，其中最主要的在于其建立的形式不合法。比如有地方规定，职工持股会以工会社团法人的名义办理工商注册登记手续，是本企业股东之一。职工持股会组建前的有关工作，由本企业工会组建的职工持股会筹备会负责。各地规章制定者试图通过职工持股会一箭双雕式地解决在企业改革中的很多问题，但是，没想到持股会是个双刃剑，连组织者企业工会也会受其影响，甚至可能无法自拔。正是由于上述原因，1999年，民政部就停止了对职工持股会的审批。2000年7月，民政部办公厅印发《关于暂停对企业内部职工持股会进行社团法人登记的函》。2000年12月，中国证监会法律部24号文明确了“职工持股会将不再具有法人资格”，“职工持股会不能成为公司的股东”。现在很多地方职工持股会都面临着如何改造成符合法律规定的其他形式困境。现在要改造职工持股会可以根据具体情况将其改造为符合法律规定的其他形式，现有的可选择的形式包括：(1) 合伙形式；(2) 有限责任公司形式；(3) 信托形式；等等。

2013年11月12日中共十八届三中全会通过了《关于全面深化改革若干重大问题的决定》。其第二部分“坚持和完善基本经济制度”中提出：积极发展混合所有制经济。……允许混合所有制经济实行企业员工持股，形成资本所有者和劳动者利益共同体。全社会因此又开始了员工持股研究的新高潮。一方面大家对原有的职工持股会发展提出了新的想法：比如针对《公司法》对“非上市股份有限公司股东人数不得超过200人，有限责任公司股东不得超过50人”的规定，有

---

① 《国务院办公厅转发国家体改委等部门关于立即制止发行内部职工股不规范做法意见的紧急通知》(1993年4月3日)。

② 《国家体改委关于立即停止审批定向募集股份有限公司并重申停止审批和发行内部职工股的通知》(1994年6月19日)。

人建议在《公司法》中应明确职工持股会的法律定位,并取消股东持股人数的限制。广东全国人大代表因此提出了《关于在公司法中增加完善职工持股会及持股人数限制内容的议案》,被广东团作为拟提出的15件议案之一。[①] 另一方面,针对混合所有制经济实行企业员工持股试点探讨。因此取得了一些制度上的成果。国务院在2014年5月8日颁布的《关于进一步促进资本市场健康发展的若干意见》中提出"完善上市公司股权激励制度,允许上市公司按规定通过多种形式开展员工持股计划。"对此,证监会于2014年6月发布《关于上市公司实施员工持股计划试点的指导意见》。2015年1月国资委全面深化改革领导小组开始讨论《关于混合所有制企业实行员工持股试点的指导意见》,指出在实施员工持股过程中,应重点关注持股比例、持股方式、股权来源,实施路径等方面。其中证监会发布的《关于上市公司实施员工持股计划试点的指导意见》(以下简称《指导意见》)在实践中影响较大。

其内容主要包括:1. 员工持股计划的性质和基本原则。《指导意见》中所说的员工持股计划是指上市公司根据员工意愿,通过合法方式使员工获得本公司股票并长期持有,股份权益按约定分配给员工的制度安排。员工持股计划的持有人既是设立持股计划的委托人,也是持股计划的受益人。员工持股计划的持有人根据出资额享有标的股票对应的份额权益。员工持股计划持有的股票、资金为委托财产,员工持股计划管理机构不得将委托财产归入其固有财产。《指导意见》要求员工持股计划符合三条原则:一是依法合规原则,二是自愿参与原则,三是风险自担原则。2. 基本制度:1) 资金、股票来源和持股数量、期限。员工持股计划资金来源于员工的合法薪酬以及法律、行政法规允许的其他方式。员工持股计划可以通过以下方式解决股票来源:(1) 上市公司回购本公司股票;(2) 二级市场购买;(3) 认购非公开发行股票;(4) 股东自愿赠与;(5) 法律、行政法规允许的其他方式。员工持股计划所持有的股票总数累计不得超过公司股本总额的10%,单个员工所获股份权益对应的股票总数累计不得超过公司股本总额的1%。每期员工持股计划的最短持股期限为不低于12个月。2) 员工持股计划的管理。员工可以通过员工持股计划持有人会议选出代表或设立相应机构,监督员工持股计划的日常管理、代表员工持股计划持有人行使股东权利或者授权资产管理机构行使股东权利。上市公司可以自行管理本公司的员工持股计划,也可以选任独立第三方机构,将员工持股计划委托给合格的资产管理机构管理。无论采取哪种管理方式,都应切实维护员工持股计划持有人的合法权益。3) 实施程序和信息披露要求。上市公司实施员工持股计划,要根据《指导意见》的规定充分履行相应程序,并做好信息披露工作,及时向市场披露持股计划的实

① 参见张奇锋、蒋臻:《修改公司法,保护员工持股》,载《南方都市报》2015年3月6日。

施情况，接受市场监督。员工持股计划及参与员工，依据法律应当履行相应义务的，应依法履行。4）员工持股计划的监管。中国证监会对员工持股计划实施监管，对存在虚假陈述、操纵证券市场、内幕交易等违法行为的，中国证监会将依法予以处罚。为便于员工持股计划的信息披露及账户管理，《指导意见》规定证券交易所和证券登记结算机构应当在其业务规则中明确员工持股计划的信息披露要求和登记结算业务的办理要求。

2016年8月2日经国务院同意，国务院国有资产监督管理委员会、财政部、中国证券监督管理委员会联合发布《关于国有控股混合所有制企业开展员工持股试点的意见》，规定了试点原则、试点企业条件、企业员工入股、企业员工股权管理、试点工作实施、组织领导等内容，明确首批试点原则上在2016年启动实施，各有关履行出资人职责的机构要严格审核试点企业申报材料，成熟一户开展一户，2018年年底进行阶段性总结，视情况适时扩大试点。

总之，职工持股制度是职工民主参与的一种特殊形式，现阶段还应针对不同法律形态主体进行积极试点探索，形成成熟的法律规范，以发挥其在职工参与方面的积极作用。

附　录

一、本章重点难点问题提示

1. 我国工会组织是否应该享有罢工权利？应如何规范这一劳工斗争手段？

我国1975年和1978年宪法曾经规定过职工罢工的权利，但是，1982年宪法对此没有明确。现行《工会法》在第27条使用了停工而不是罢工概念，这种回避问题的规定，实践中并没有真正解决这方面的问题。市场经济条件下，劳资平等不能只停留在口头上，应该通过相应的制度予以保障，罢工权是劳动者通过其组织与用人单位抗衡的有效手段，回避这一问题，很有可能导致劳资纠纷演化成劳方同社会、政府对抗，这不仅不利于相关问题的解决，还会使问题激化。由于没有相关立法，所谓的停工、怠工必然成为无序状态，既不利于追究相关人员的责任，也不利于停工问题本身的解决。2001年我国全国人大通过《经济社会和文化权利公约》时并没有对有权罢工作出特别保留，为此，我国应该立法保证这一在国际公约中规定的罢工权利。

2. 平等协商制度是否包括签订集体合同的协商制度？试评价下面的观点。

作为职工参与形式的平等协商和作为集体合同订立程序的集体谈判是两种不同的制度，其主要区别在于：(1) 平等协商的职工方代表一般经民主选举产生；集体谈判的工会代表则由工会选派，只有在没有工会组织或者工会组织不符合法定要求的企业才由职工推举产生。(2) 平等协商并不一定以达成协议为目的,通常只需增进相互理解或形成合作意向即可;而集体谈判则是为了签订集体合同。(3) 平等协商中如有争议,只能由双方自行协商解决,不能采取罢工、闭厂等对抗行动;集体谈判中的争议则可表现为罢工、闭厂等激烈形式,可以由第三方协调处理。(4) 平等协商中,双方可以就企业经营决策和发展战略之类的问题交换信息和意见;集体谈判的内容则只限于劳动条件,而不包括企业有权单方决定的事项;(5) 平等协商往往频繁举行(如一月一次),甚至可随时举行;集体谈判则一般一年一次,也可以间隔时间更长。尽管存在上述区别,平等协商与集体谈判仍有紧密联系,这主要表现在,集体谈判通常以平等协商作为其准备阶段。

二、复习思考题

1. 简述工会发展的三个阶段。
2. 论述国际劳动组织关于结社权的相关公约的内容。
3. 简述我国工会发展的历史。
4. 论述工会的性质和法律地位。
5. 简述我国工会的职能、组成和组织体系。
6. 论述我国工会法规定的相关主体的权利和义务。
7. 简述职工民主管理的概念和立法基础。
8. 简述职工民主管理的形式和进行选择时需要考虑的因素。
9. 论述职工代表大会制。
10. 简述厂务公开制度、职工董事监事制度、平等协商制以及职工持股制度。

第八章　工作时间和休息休假

内容提要

工作时间和休息时间是《劳动法》的重要组成部分，工作时间是指劳动者在用人单位时间内必须用来完成其担负工作的时间。工作时间是劳动者的劳动力与生产资料直接结合的时间，也是实现劳动过程的时间，充分合理地利用工作时间是增加社会财富、提高劳动生产率的重要手段，而保障劳动者的休息时间对保护劳动者的身体健康及维护其合法权益意义重大。因此，我国《劳动法》不仅对劳动者的工作时间和休息作了专章规定，还明确规定了工作时间条款执行的监督检查和法律责任。本章首先阐释了工作时间和休息时间的相关原理、论述了工时的起源和发展等；其次对工作时间和休息时间的种类进行了综述；再次对我国延长工作时间的法律规定作了和阐释和分析；最后对我国休息休假制度的完善进行了论述，并提出了完善立法的建议和措施。

关键词

工作时间　休息时间　延长工作时间　制度完善

第一节　工作时间和休息时间概述

我国《劳动法》第四章专门对工作时间和休息休假作了规定。从第 36 条到第 45 条，以 10 个条文对劳动者的工作时间和享受休息休假权利作了详细明确的规定。另外，国务院颁布的有关条例及关于休息休假的规定、劳动部所作的有关解释等，都是法律依据。劳动者有休息的权利即劳动保护的内容之一，法律规定最长工作时间标准，可从时间上保证劳动者的休息权得以实现。工作时间和休息时间立法历来是各国劳动法的重要组成内容之一，以此来维护劳动者的休息休假权益。

一、工时立法的起源和发展

工时立法，起始于产业革命以后。最早的工时立法以英国议会通过，并于

1802年颁布的《学徒健康与道德法》为开端,该法把纺织厂童工工作日的长度限制在12小时之内。早期的立法保护对象局限于女工和未成年工,又经过半个世纪的反复,才把工作时间保护对象推广到全部工人。其后各国工人阶级又为争取8小时工作制和缩短工时进行了多次大罢工,其中最著名的就是1886年5月1日,美国芝加哥工人为了争取8小时的工作制进行的总罢工,经过流血斗争,获得了8小时工作制的权利。1989年7月在巴黎召开的第二国际成立大会上,决定以象征工人阶级团结、斗争、胜利的5月1日规定为“国际劳动节”。作为工人阶级运动的成果,国际劳工组织于1919年通过第31号公约,规定和要求批准该公约的成员国实行每天8小时、每周48小时的工时制度。1935年国际劳工组织的第47号公约,又把工时缩短为每周40小时。此时,工作时间立法保护对象已扩大到各行业的工人。1908年新西兰第一个以国家立法形式,规定了“8小时工作,8小时自由支配,8小时休息”的工作时间制度。1919年《国际劳动宪章》提出了8小时工作日和48小时工作周的要求,进而确定了每周公休日制度。国际劳工大会也分别于1919年、1921年通过了《工业劳动每日8小时公约》和《实行每周休息1日公约》。到20世纪初,8小时工作制已成为全球普遍执行的标准工时制度。自8小时工作制确定以来,随着技术进步和经济发展,世界各国工时立法普遍趋向进一步缩短。从20世纪30年代开始,许多发达国家先后实行了5日工作2日休息、40小时工作周制度和推行带薪年休假制度。第19届国际劳工大会于1935年通过了《关于实行40小时工作周》的第47号公约,这一公约已在许多工业发达国家和一些发展中国家得到实施,其中北欧的一些国家周工时已经缩短至30小时。1994年国际劳工组织通过了《非全日制公约》(国际劳工组织第175号公约),该公约为非全日制工人在劳动条件和待遇方面提供了法律保护,并直接以法规的形式规范了非全日制工时制度的适用。随后国际劳工组织颁布的第182号建议书对非全日制工时制的调整范围继续进行扩充,对社会保障、职工编制以及劳工休假等作出了补充规定,建议书还对非全日制工时制的实体要件和程序要件予以规定。对于用人单位决定导入适用非全日制工时制的,建议书要求必须符合劳资代表协商和书面告知等条件方可使用,从而对非全日制工时制度的整个适用程序严格加以调整。综观世界各国的立法,当前工休时间立法全球化的趋势是,工作时间随着经济的发展趋向逐渐缩短,以利于劳动者行使休息权利。

纵观我国工时立法,它一直是我国劳动立法的重要组成部分。我国从1949年到1994年一直实行48小时工作周,8小时工作日。从1994年3月起实行44小时工作周,8小时工作制,1995年5月1日开始实行8小时工作日,40小时工作周。我国现行工时立法主要有:《劳动法》中的“工作时间和休息休假”专章规定;国务院《关于职工工作时间的规定》(1995年修订)以及《〈关于职工工作时间的规定〉的实施办法》《关于企业实行不定时工作制和综合计算工时工作制的审批办法》(1994 年)。劳动部《职工带薪年休假条例》(2007 年国务院通过,2008 年 1 月 1 日起实施);《全国年节及纪念日放假办法》(国务院 1949 年第一次发布,并分别于 1999 年、2007 年及 2013 年进行了修订)。

二、工时立法的目的和内容

工作时间立法的种类有两种:一是一般规定,立法内容适用于所有的劳动者;二是特殊规定,即对女工、未成年工作出缩短工时的特殊规定。

关于限制工时的意义,西方国家有些学者认为,对劳动力的使用与对土地的使用一样,存在着"报酬递减"规律。这就是说,过度使用劳动力,所得效果呈逐步下降趋势。有时甚至会出现延长工时后所得生产总效益不如正常工时所得的生产总成绩的结果。据早期《英国维持工人健康调查报告》反映,操作车间的女工,每周工作 50 小时,出品与每周工作 60 小时的相等。我国纺织行业实行"四班三运转"工作制后,工人周工时下降,工作效率却有提高。因此,工时立法在保障劳动者休息的同时,对用人单位提高工作效率,合理运用劳动力也是有积极意义的。

我国工时立法旨在保证劳动者完成生产和工作任务中必须保护劳动者的身体健康和休息权。我国《劳动法》第 36 条规定:"国家实行劳动者每日工作时间不超过 8 小时、平均每周工作时间不超过 44 小时的工时制度。"这是对我国工时制度的最基本的概括性规定,它一方面通过确定工作时间的最长界限,明确劳动者的休息时间范围,保障劳动者休息权的实现。另一方面又为我国有关部门根据社会经济的发展情况,不断缩短工时,扩大劳动者休息时间立法提供了法律依据。因此,我国的工休时间立法,主要目的是为了维护职工的劳动休息休假权益,从时间上保障劳动者的休息权利,有利于职工的身心健康和生活安排,同时也为职工技术业务素质的提高提供时间保证,从而促进劳动生产率的提高。除此之外,工作时间又是我国职工完成生产和工作任务的必要保证。从遵守劳动纪律来说,充分有效地利用工作时间,是劳动者应履行的义务之一。

各国工作时间的规定,都受到本国的经济、社会条件所限制。我国规定的工作时间制度应遵循以下几个原则:(1) 保障劳动者的休息权、有利其身体健康原则;(2) 有利于提高劳动效益原则;(3) 基于实际条件逐步缩短工时原则。

工时立法的主要内容应当包括下述几个方面:(1) 规定最高工时标准,即规定工时上限,同时允许在集体合同和劳动合同中约定在此限度内缩短工时长度。(2) 规定最低休息时间标准,即只规定休息时间的下限,同时允许在集体合同和劳动合同中约定在此基础上增加休息时间。(3) 规定职工作息办法,为工作时间和休息时间的组织和安排提供规范。(4) 规定工时延长制度,限制工时延长和设定工时延长补偿标准。(5) 规定侵犯劳动者休息权的法律责任。

三、工作时间的含义及法律范围

工作时间也称劳动时间,是指法律规定的劳动者在用人单位必须用来完成其工作任务的时间。工作时间是劳动者的劳动力与生产资料直接结合的时间也是实现劳动过程的时间。充分合理地利用工作时间是增加社会财富、提高劳动生产率的重要手段。因此,我国《劳动法》不仅对劳动者的工作时间和休息作了专章规定,还明确了工作时间条款执行的监督检查和法律责任、为劳动关系双方在工作时间上规范自己的行为提供了法律依据。工作时间有以下特征:(1) 它是劳动者在用人单位履行劳动义务而从事劳动或工作的时间;(2) 工作时间的长度最高限度由法律直接规定,但集体合同和劳动合同可在法定范围内约定;(3) 劳动者和用人单位不遵守工作时间规定,则要承担法律责任。工作时间的表现形式有工作小时、工作日和工作周三种,其中工作日即在一昼夜内的工作时间,是工作时间的基本形式。

工作时间的法律范围是指法律规定的,劳动者在劳动关系存续期间属于工作时间的范围。它既包括劳动者实际从事生产和工作的时间,也包括特定情况下未进行生产和工作的部分时间。依照我国现行法律、法规规定,下列属于工作时间范围:(1) 劳动者从事生产或工作所需要进行准备和结束工作的所消耗时间。(2) 劳动者实际完成工作和生产的时间,这部分时间是劳动者直接用于完成生产任务或工作任务所消耗的时间。(3) 劳动者在工作过程中因自身生理需要而必须中断正常工作的时间(如工间操时间)。(4) 工艺中断时间。劳动者在工作时间中,因工艺技术特点的需要而使工作必须中断的时间。(5) 连续从事有害身体健康的工作需要的间歇休息时间以及女工的哺乳时间。

四、休息时间的含义及立法内容

休息时间是指劳动者在法定的工作时间之外自由支配的时间。它有以下特征:(1) 劳动者在休息时间免于履行劳动义务,即不必为用人单位从事劳动或工作;(2) 休息时间具有自由支配性是劳动者实现休息权的保证;(3) 劳动者在休息时间内的生活保障由用人单位提供;(4) 用人单位不得非法占用劳动者的休息时间,如需加班加点,则应当依法给予特别补偿。

从世界范围来看,各国休息时间立法内容和方法可归纳为以下三个方面:(1) 限制工作时间的长度。也称工时最多时间立法,正好与最低工资立法并存,成为保护劳动者权益的两个重要手段。(2) 规定工作时间的安排,比如限制夜间安排工作、限制加班加点。(3) 规定工作时间的间断,使职工在这段时间内得到休息、睡眠和休养。

第二节 工作时间和休息休假的种类

一、工作时间的种类

工作日也称劳动日，是指法律规定的以日为计算单位的工作时间。工作日的种类随着社会经济生活的要求而不断变化发展。一般情况下，工作日可分为以下四种：

(一) 标准工作日

标准工作日是指一般情况下法律规定的统一工作时间。标准工作日是工时立法的基础。其他几种工作日的规定都是与它比较而言的。我国《劳动法》第36条规定，国家实行劳动者每日工作时间不超过8小时，平均每周工作时间不超过44小时的工时制度。

1995年国务院修订了《关于职工工作时间的规定》，重新发布了工作时间，规定职工每日工作8小时，每周工作40小时。该规定适用于我国境内的国家机关、社会团体、企事业单位以及其人为组织的职工，从1995年5月1日起施行。

(二) 缩短工作日

缩短工作日是指少于标准工作日的工作时间。适用对象为从事有毒有害工作，条件艰苦工作，过度紧张工作，特别繁重体力劳动等。按照国务院《关于职工工作时间的规定》第4条的规定，在特殊条件下从事劳动和有特殊情况，需要适当缩短工作时间的，按照国家有关规定执行。目前我国实现缩短工作日的劳动者有如下几种：

(1) 从事矿井、井下、高山、高温、低温、有毒有害，特别繁重或过度紧张劳动的职工，实行每日少于8小时的工作时间。如化工行业从事有毒有害作业的工人实行“三工一体”，每日工作6—7小时的工作制和“定期轮换接触”的工时制度，煤矿井下实行每日6—7小时工作制。还有从事冶炼、森林采伐、装卸对搬运等行业的繁重体力劳动者，根据本行业特点安排缩短工时。

(2) 从事夜班工作的劳动者比标准工时缩短1小时。夜班工作时间是指从本日22时至次日6时，由于夜班工作改变了劳动者正常的生活规律，增强神经系统的紧张状态和容易疲劳，因此比标准工时缩短1小时。

(3) 女职工在哺乳时期的实际工作时间少于8小时。按国务院《女职工保护规定》第9条规定对哺乳未满1周岁婴儿的女职工，用人单位不得延长劳动时间或者安排夜班劳动。用人单位应当在每天的劳动时间内为哺乳期女职工安排1小时哺乳时间；女职工生育多胞胎的，每多哺乳1个婴儿每天增加1小时哺乳时间。

(4) 其他依法可以实行缩短工作日的职工。属于中央直属企业的,经主管部门审核经劳动和社会保障部批准,属于地方企业,经当地主管部门审核报当地劳动部门批准。

(三) 计件工作时间

计件工作时间是指以劳动者完成一定劳动定额为标准的工作时间。我国《劳动法》第 37 条规定,“对实行计件工作的劳动者,用人单位应当根据本法第 36 条规定的工时制度合理确定其劳动定额和计件报酬标准”,即实行计件工作的用人单位,必须以劳动者在一个标准工作日和一个标准工作周的工作时间内能够完成的计件数量为标准,确定劳动日或周的劳动定额,超过此标准等于延长了工作时间。该种方式灵活,如在 8 小时工作时间内完成了当日的劳动定额,则可以把剩余时间作为休息时间。相反,如在 8 小时内未完成劳动定额,则可以在 8 小时制以外加点用以完成规定的劳动定额。

(四) 综合计算工作时间

综合计算工作时间是指因用人单位生产或工作的特点,劳动者的工作时间不宜以日计算,需要分别以周、月、季、年等为周期综合计算工作时间长度(小时数)的一种工时形式。国家劳动部于 1994 年 12 月 14 日颁布了《关于企业实行不定时工作制和综合计算工时工作制的审批办法》,适用对象如下:

(1) 交通、铁路、邮电、水运、航空、渔业等行业中因工作性质特殊,需连续作业的职工。

(2) 地质及资源勘探、建筑、制度、旅游等受季节和自然条件限制的部分职工。

(3) 其他适合实行综合计算工时制的职工。这些行业的特点是:集中工作、集中休息、轮流调休和弹性工种时间,但要求职工平均每月工作时间和周工作时间与法律规定标准工时相同,超过部分,视为延长工作时间,应按规定支付工资,节假日无法休息的,按加班处理。

(五) 不定时工作时间

不定时工作时间是指每日没有固定工作时间数的工时形式。由于企业生产的特点、职责范围关系等原因,有许多岗位上的劳动者和日工作时间无法以固定的时数来确定,对这些劳动者适用不定时工作时间制度,对符合下列条件之一的,可以实行不定时工作制:

(1) 企业中的高级管理人员、外勤人员、推销人员、部分值班人员和其他因工作无能按标准工时衡量的职工。

(2) 企业中的长途运输人员,出租汽车司机和铁路、港口、仓库的部分装卸人员及因工作性质特殊,需机动作业的职工。

(3) 其他因生产特点、工作特殊需要或职责范围的关系，适合实行不定时工作制的职工。

这种不定时工作时间的特点，并不是对工作时间毫无限制，而是基本上按照标准时间执行，在特别需要的情况下，其工作时间超过标准工时可以不受限制，且超出部分也不算延长工时，不支付报酬。

(六) 非全日制工作时间

非全日制工作时间与全日制工作时间是相对应的概念。是指劳动者的工作时间少于标准工作时间，即工作时间每日少于 8 小时，每周少于 40 小时。我国《劳动合同法》第 68 条对其界定为“指以小时计酬为主，劳动者在同一用人单位一般平均每日工作时间不超过 4 小时，每周工作时间累计不超过 24 小时的用工形式”。为了适应经济发展的需求，以及解决当前劳资用工紧张和失业激增等问题，工时逐渐转向灵活已经是工时制度发展的必然趋势，同其他用工形式相比较，非全日制用工灵和方便，《劳动合同法》规定：双方当事人可以订立口头协议，从事非全日制用工的劳动者可以与一个或者一个以上用人单位订立劳动合同；但是，后订立的劳动合同不得影响先订立的劳动合同的履行。

二、休息休假的种类

休息休假的种类，也随着社会经济条件的发展而有所变化。目前我国休息及休假可分为以下几种：

(一) 一个工作日内的休息时间

一个工作日内的休息时间是指职工在工作日内的岗位上工作时，应有中间休息及用膳的时间。午休及用膳时间目前由于工作时间性质的不同而有不同的规定，一般休息 1—2 小时，最少不能少于半小时。这种休息时间不计算在工作时间之内。有些单位实行工间操制度，工间操时间计入工作时间之内。

(二) 两个工作日之间的休息时间

两个工作日之间的休息时间是指职工的一个工作日结束后至下一个工作日开始的休息时间。这种休息时间是保障职工恢复体力智力的重要阶段。一般情况下，如无特殊原因应保障职工连续使用这种休息时间，不得随便间断。同时，也不要在连续工作日后再安排休息。

(三) 公休假日

公休假日是职工工作满一个工作周以后的休息时间，一般情况下安排在每个星期日。为了减少交通的拥挤及能源供应的紧张，也可轮流安排在其他时间，但必须是在满一个工作周以后休息。

自 1995 年 5 月 1 日开始，我国实行每周 40 小时工作制度。国家机关、事业单位实行统一的工作时间，星期六和星期日为周休息日。企业职工在实行每周

40小时工作制度时,如因工作性质或生产特点不能实行标准工作时间的,可以实行不定时工作制度综合计算工作制等其他工作和休息办法。依据有关规定,我国自1995年5月1日始,劳动者享受每周至少有2日的公休假日休息时间制度。

(四)法定节日

法定节日是由国家法律统一规定的用以开展纪念、庆祝活动的休息时间。各国法定节日一般从三个方面规定:政治性节日,如国庆节、解放日等;宗教性节日,如国外的圣诞节等;民族习惯性节日。《中华人民共和国劳动法》对法定节日作了原则性规定,即(1)元旦;(2)春节;(3)国际劳动节;(4)国庆节;(5)法律、法规规定的其他休假节日。

按照《国务院关于修改〈全国年节及纪念日放假办法〉的决定》(自2013年12月11日起实施)的规定,属于全体公民的节日及放假安排如下:新年,放假1天(1月1日),春节,放假3天(农历正月初一、初二、初三);清明节,放假一天(农历清明当日);劳动节,放假1天(5月1日);端午节,放假1天(农历端午当日);中秋节,放假1天(农历中秋当日);国庆节,放假3天(10月1日、2日、3日)。

属于部分公民的节日有:妇女节3月8日,青年节5月4日(14周岁以上的青年),儿童节6月1日(不满14周岁的少年儿童),人民解放军建军纪念日8月1日(适用于现役军人)。以上部分公民的节日除儿童节放假1天外,其余节日放假半天,主要用于组织纪念活动。除此之外,还规定了少数民族习惯性节日,由各少数民族集居地区地方人民政府按照各该民族习惯,规定放假日期。二七纪念日、五卅纪念日、七七抗日纪念日、九三抗战胜利纪念日、九一八纪念日、教师节、护士节、记者节、植树节等其他节日、纪念日,均不放假。属于全体公民的节日,如适逢星期六、星期日,应在工作日补假,属于部分公民的节日如适逢星期六、星期日,则不安排补假。

(五)探亲假

探亲假是指职工工作地点与父母配偶居住地不属同一城市而分居两地时,每年所享受的一定期限的带薪假期。国务院于1981年重新修订了《关于职工探亲的规定》,规定凡在国家机关、人民团体和全民所有制企业、事业单位工作满一年的固定职工,与配偶不在一起,又不能在公休假日团聚的,可以享受探望配偶的待遇;与父亲母亲不在一起,又不能在公休假日团聚的,可以享受探望父母的待遇。职工与父母一方能在公休假日团聚的,不能享受探望父母的待遇。

职工探亲的期限为:探望配偶每年双方中给予一方探亲假一次,假期30天。未婚职工探望父母,原则上每年一次,假期20天。如因工作需要或职工自愿两年休假一次的,可两年休假一次,假期为45天。已婚职工探望父母,每四年一次，假期为20天，以上假期，根据需要可另赠一定期限的路程假。实行特殊假的单位，如有寒暑假的学校、试行年休假的单位等，应在休假期间探亲，不足使用时，可补足法定探亲假时间。探亲假包括休公假日及法定节日的，不再另补。

（六）年休假

年休假是指职工每年享有保留职务和工资的连续休息日假期。年休假制度在世界各国已普遍执行。年休假的时间长度取决于国家经济发展水平。如美国年休假为1至4周，通过集体协议确定。加拿大的年休假时间为至少两周。根据国际劳工组织1936年第52号公约规定：连续工作1年后休假至少应有6个工作日，未成年工和学徒工为12个工作日。1970年第132号公约又修改为：连续工作6个月者有权享受年休假，连续工作6—12个月者有权享受与其工作时间相称的年休假，连续工作1年者休假不应少于3个工作周。我国新中国成立初期曾在部分单位实行过年休假，但以后由于社会经济等方面原因没有实行。《劳动法》第45条对年休假作了原则性规定："国家实行带薪年休假制度。劳动者连续工作一年以上的，享受带薪年休假。具体办法由国务院规定。"国务院2007年12月7日通过了《职工带薪年休假条例》，并从2008年1月1日开始施行，该规定主要内容如下：

（1）机关、团体、企业、事业单位、民办非企业单位、有雇工的个体工商户等单位的职工连续工作1年以上的，享受带薪年休假（以下简称年休假）。单位应当保证职工享受年休假。职工在年休假期间享受与正常工作期间相同的工资收入。

（2）职工累计工作已满1年不满10年的，年休假5天；已满10年不满20年的，年休假10天；已满20年的，年休假15天。国家法定休假日、休息日不计入年休假的假期。

（3）职工有下列情形之一的，不享受当年的年休假：职工依法享受寒暑假，其休假天数多于年休假天数的；职工请事假累计20天以上且单位按照规定不扣工资的；累计工作满1年不满10年的职工，请病假累计2个月以上的；累计工作满10年不满20年的职工，请病假累计3个月以上的；累计工作满20年以上的职工，请病假累计4个月以上的。

（4）单位根据生产、工作的具体情况，并考虑职工本人意愿，统筹安排职工年休假。

年休假在1个年度内可以集中安排，也可以分段安排，一般不跨年度安排。单位因生产、工作特点确有必要跨年度安排职工年休假的，可以跨1个年度安排。

单位确因工作需要不能安排职工休年休假的，经职工本人同意，可以不安排职工休年休假。对职工应休未休的年休假天数，单位应当按照该职工日工资收入的300%支付年休假工资报酬。

(5) 县级以上地方人民政府人事部门、劳动保障部门应当依据职权对单位执行本条例的情况主动进行监督检查。工会组织依法维护职工的年休假权利。

(6) 单位不安排职工休年休假又不依照本条例规定给予年休假工资报酬的,由县级以上地方人民政府人事部门或者劳动保障部门依据职权责令限期改正;对逾期不改正的,除责令该单位支付年休假工资报酬外,单位还应当按照年休假工资报酬的数额向职工加付赔偿金;对拒不支付年休假工资报酬、赔偿金的,属于公务员和参照公务员法管理的人员所在单位的,对直接负责的主管人员以及其他直接责任人员依法给予处分;属于其他单位的,由劳动保障部门、人事部门或者职工申请人民法院强制执行。

(7) 职工与单位因年休假发生的争议,依照国家有关法律、行政法规的规定处理。

(七) 其他假期

我国劳动者享有除了上述法定假期外,依有关规定还有女职工产假、职工婚丧假等。用人单位均应依法支付工资。例如《劳动法》第62条规定:"女职工生育享受不少于90天的产假";2012年4月国务院颁布的《女职工劳动保护特别规定》第7条规定:"女职工生育享受98天产假,其中产前可以休假15天;难产的,增加产假15天;生育多胞胎的,每多生育1个婴儿,增加产假15天"。国家有关法规还规定:职工请婚丧假3个工作日之内的工资照发,等等。

第三节 延长工作时间的法律规定

一、延长工作时间的含义与形式

延长工作时间是指劳动者在法定工作时间之外进行劳动和工作的时间。表现为加班和加点两种形式:(1) 加班是指用人单位经过法定批准手续,要求职工在法定节日或公休假日从事工作的时间。(2) 加点是指用人单位经过法定批准手续,要求职工在正常工作日之外延长工作的时间。加班加点都是相对特定的工作日形式而言的,对实行标准工作日或缩短工作日者,才存在加班加点;对实行不定时工作日者,则不存在加班加点;对实行延长工作日或连续工作日者,在综合计算工时的结果是平均日(周)工时超过法定标准工时的情况下其超出部分应视为加班或加点,工作日正好是法定节假日的也应视为加班。由于加班加点占用了劳动者法定休息时间,同最高工时标准相矛盾,因此,在工时立法中,对加班加点一般加以限制,并规定补偿标准,以防止加班加点的滥用,保障劳动者休息权的实现。

我国《劳动法》限制延长工作时间的意义体现在如下几个方面：(1) 有利于促进用人单位改进劳动组织。随着社会经济的发展和科学技术的进步，工时制度总的发展趋势是趋向逐步缩短工时，增加休息时间。为了提高劳动生产率和经济效益，降低产品成本，就要求各生产单位不断优化劳动组合，严格执行岗位责任制，在法定工作时间内完成生产定额。法律上对延长工时加以限制，促进用人单位为了提高劳动生产率和经济效益，就要不断改进劳动组织、革新设备和工艺，靠提高经营水平增加产量，而不是靠加班加点完成定额和增加产量。(2) 有利于保护劳动者的身体健康。法律规定工作时间和休息休假，是劳动者享受休息权利的时间保证。限制延长工时是为了保障劳动者的身体健康。这也是社会主义国家生产的目的所决定的。鉴于目前我国经济技术发展水平不高，劳动力仍处于相对过剩状态。不少用人单位大量存在隐性失业现象的状况，为了提高经济效益，首先得提高用工效益。我国因原材料、能源和电力的供应十分紧张，一些企业开工严重不足，所以也无必要进行加班加点工作。因此法律上禁止随意延长工作时间十分必要。司法实践中，有些个体、私营用人单位随意侵犯劳动者的休息权益，延长工时长达日工作 12—16 小时，获取高额利润，应依法受到制裁，承担相应的法律责任。(3) 减少工资成本的支出。根据规定，经批准在法定节日加班确实不能补休的，要支付加班工资。加点工作虽不支付加点工资而是安排补休，但从经济效益上也仍然是损失。特别是目前有一些用人单位，把支付加班工资当做一项福利措施，在不需要加班加点的工作的情况下，也安排工人加班加点，加大了国家、企业经费的开支，最后反映出来的是用降低劳动生产率换取增加变相福利费的问题。这与我国劳动用工制度改革是不符合的，因此法律规定对加班加点进行限制，对减少工资成本的支出也有重要意义。

二、允许延长工作时间的法定条件

在正常情况下，用人单位应在规定的工作时间内完成生产任务和工作任务，不得随意安排延长工时。但当出现了危及国家、集体财产安全及人民生命健康的紧急事件时，需要紧急处理，及时抢修等情况，用人单位则可以依法安排劳动者加班加点。根据《劳动法》第 42 条的规定和国务院有关规定，有下列情形之一的，允许延长工作时间：

(1) 发生自然灾害、事故或者其他原因，威胁劳动者生命健康和财产安全，需要紧急处理的。例如，发生了地震、洪水、抢险、交通事故等情况。

(2) 生产设备、交通运输线路、公共设施发生故障，影响生产和公众利益，必须及时抢修的。例如，发生了自来水管道、煤气管道、下水管道泄漏或堵塞，需要及时处理等情况。

(3) 法律、行政法规规定的其他情形。国务院《〈关于职工工作时间的规定〉

的实施办法》第6条对延长工作时间的情形作了进一步的规定,各单位在正常情况下不得安排职工加班加点,下列情况除外:① 在法定节日和公休假日内工作不能间断的;② 必须利用法定节日或公休假日的停产期间进行设备检修、保养的;③ 由于生产设备、交通运输线路、公共设施等临时发生故障,必须进行抢修的;④ 由于发生严重自然灾害或其他灾害,使人民的安全健康和国家财产遭到严重威胁,需进行抢修的;⑤ 为了完成国防紧急生产任务,或者完成上级安排的其他紧急生产任务,以及商业、供销企业在旺季完成收购、运输、加工农副产品紧急任务的。

只要具备了《劳动法》及有关规定的上述三种情形之一的,用人单位就可以直接决定延长工作时间,无须与工会和劳动者协商,延长工作时间的幅度也可视实际需要而定,不受法律规定的延长工时最长时数限制。而在其他情况下延长工作时间,要受到各种限制。

三、限制延长工作时间的措施

我国《劳动法》第43条规定:"用人单位不得违反本法规定延长劳动者的工作时间。"为了规范和限制用人单位延长工作时间,我国劳动法律、法规规定了如下几方面的限制延长工作时间的措施:

(1) 规定延长工时的条件。依据我国《劳动法》第41条的规定,要求用人单位延长工时应当以"生产经营需要"为条件,但未明确规定"生产经营需要"的具体情形。建议今后的立法对延长工时的条件作出具体明确规定。在实践中,有必要由集体合同约定,或者由用人单位与工会共同界定"生产经营需要"的具体范围。

(2) 规定延长工时的程序。《劳动法》第41条规定,用人单位由于生产经营需要而安排延长工时的,应当事先与工会和劳动者协商。即用人单位应当事先就加班加点的理由、工作量计算和所需职工人数,向工会说明,并征得工会和劳动者同意。这说明一般情况下加班加点的条件是以劳动者本人自愿为前提的。

(3) 规定延长工时的长度。《劳动法》第41条规定,由于生产经营需要而延长工时的,一般每日不得超过1小时;因特殊原因需要,在保障劳动者身体健康的条件下每日不超过3小时,但每月不得超过36小时。

(4) 规定禁止延长工时人员范围。禁止用人单位安排在特殊情况下的女职工延长工作时间。我国《劳动法》第61条、第63条,国务院于2012年4月颁布的《女职工劳动保护特别规定》和全国人大于1992年通过及2005年修正的《中华人民共和国妇女权益保障法》都对女职工在怀孕期和哺乳期的特殊保护作了规定。根据上述法律、法规的有关规定,用人单位对怀孕7个月以上和哺乳未满1周岁婴儿期间的女职工,不得安排其延长工作时间,即不能安排特殊时期的女职工加班加点工作。

四、延长工作时间的补偿规定

用人单位延长工作时间,实质上是职工在正常工作时间以外付出劳动。因此用人单位须以高于劳动者正常工作时间的工资标准支付劳动者延长工作时间的劳动报酬。这一方面要求用人单位给劳动者额外付出劳动予以补偿,另一方面也可以迫使用人单位尽量减少加班加点,以减少工资成本的支出,从而达到限制用人单位延长工作时间,保障劳动者休息权实现的目的。

(1) 加班加点工资的发放范围。[①] 国家机关、社会团体、事业单位的职工,企业中适用事假照发工资制度的职工,加班加点后只安排补休而不发放加班加点工资。企业中不适用事假照发工资制度的职工,在法定节假日以外休息时间加班加点后不能安排补休的,在法定节假日加班的,都应发给加班加点工资。劳动者在完成劳动定额或规定工作任务后参加用人单位安排的加班加点,才发给加班加点工资。企业由于生产任务不足或者未按计划完成生产任务,为了突击完成任务或者突击完成临时承揽的生产任务而加班加点的,不得发放加班加点工资。

(2) 加班加点工资的发放标准。根据《劳动法》第 44 条及劳动部于 1994 年 12 月 6 日颁布的《工资支付暂行规定》第 13 条的规定,用人单位应按下列标准支付高于劳动者正常工作时间的工资报酬:第一,用人单位依法安排劳动者在标准工作日时间以外延长工作时间的,按照不低于劳动合同规定的劳动者本人小时工资标准的 150%支付劳动者工资;第二,用人单位依法安排劳动者周末休息日工作,而又不能安排补休的,按照不低于劳动合同规定的劳动者本人日或小时工资标准的 200%支付劳动者工资;第三,用人单位依法安排劳动者在法定节假日工作的,按照不低于劳动合同规定的劳动者本人日或小时工资标准的 300%支付劳动者工资。

此外,实行计件工资的劳动者,在完成计件定额任务后,由用人单位安排延长工作时间的或经劳动行政部门批准实行综合计算工时工作制的,其综合计算工作时间超过法定标准工作时间的部分,应视为延长工作时间,均按上述原则支付劳动者延长工作时间的工资。

五、用人单位违反工时立法的法律责任

根据我国《劳动法》《违反〈中华人民共和国劳动法〉行政处罚办法》《关于贯

---

① 参见劳动部《关于贯彻〈国务院关于职工工作时间的规定〉的实施办法》(1995 年 3 月 25 日,劳部发[1995]143 号)和人事部《关于贯彻〈国务院关于职工工作时间的规定〉的实施办法》(1995 年 3 月 26 日,人部发[1995]32 号)。

彻执行〈中华人民共和国劳动法〉若干问题意见》和《劳动合同法》等法律、法规的规定,用人单位违反我国工作时间法律制度,主要应承担下面几类法律责任:

(1) 强迫劳动者加班工作的法律责任。用人单位未与工会和劳动者协商,强迫劳动者延长工作时间的,应给予警告,责令改正,并按每名劳动者每延长工作时间 1 小时罚款 100 元以下标准的处罚。

(2) 超过法定工时数延长工时的法律责任。用人单位如果没有法定特殊原因,1 日内延长工时超过 3 小时或 1 个月内延长工时超过 36 小时的,应给予警告,责令改正,并可按每名劳动者每超过工作时间 1 小时罚款 100 元以下的标准处罚。

(3) 安排法定禁止范围女职工延长工时的法律责任。用人单位安排在哺乳未满 1 周岁的婴儿期间的女职工,以及安排怀孕 7 个月以上的女职工,延长工作时间和夜班工作的,应责令改正,并按每侵害一名女职工罚款 3000 元以下的标准处罚。

(4) 拒付加班费的法律责任。按照《劳动合同法》第 85 条的规定,用人单位安排加班不支付加班费的,由劳动行政部门责令限期支付劳动报酬、加班费或者经济补偿;劳动报酬低于当地最低工资标准的,应当支付其差额部分;逾期不支付的,责令用人单位按应付金额 50%以上 100%以下的标准向劳动者加付赔偿金。

第四节 休息休假法律制度的完善

一、国外休息休假法律制度的发展趋势概述

国外的休息休假制度是随着工时制度的逐步缩短而逐渐开始形成的。随着工时制度的逐步发展,国外的休假制度开始逐渐盛行。从 19 世纪 60 年代开始,随着各国经济的快速增长和生活水平的不断提高,劳动者普遍要求缩短劳动时间,增加休假时间,因此,带薪休假制度开始在一些发达国家和地区广泛推行。法国应是带薪休假制度的起源地,早在 1936 年法国就颁布法律规定,连续工作满 1 年的劳动者每年可以享受为期 2 周的带薪假期。此后,带薪休假的权利也写进了法国的《劳动法》。法国《劳动法》规定,正常工作满 1 年后,就可享受 5 周的年休假,除年休假及周末两天的休息日以外,法国公民每年还有 11 天的法定假日——元旦、"五一"、国庆、第一次世界大战停战日、第二次世界大战停战日以及 6 个宗教节日。日本《劳动基本法》规定,出勤率在 80%以上或连续工作 6 个月以上的劳动者,每年可以享受 10 天的带薪休假。6 年工龄以上的劳动者,每年可以有 20 天的带薪假期。此外,企业还自己规定有婚丧假、产假、临时停产假、志愿者休假等有薪假日,日本公务员带薪休假时间一般在 30 天以内。瑞典早在 19 世纪 30 年代就通过了第一部休假法,规定所有劳动者,不论职业和行

业，不论是供职于公共部门还是私营企业，都享有带薪休假的权利。除每周的双休日外，劳动者一年里享受到的法定节假日长达 38 天。其中，法定带薪年休假为 25 个工作日，各种法定公休节日 13 个。带薪年休假既可以一次休完，也可以分开来用，同时提倡在职人员自愿脱离工作岗位休假，该国 2002 年开始试行的自愿休长假制度，自愿脱离工作岗位休假 12 个月的员工，可以在休假期间领取 85%的失业保险金。西方国家的带薪休假时间各不相同：美国是 3 至 5 周；法国是 4 周；荷兰规定是每年享有 25 天的带薪休假期，并随时可以休假；英国是至少 3 周的休假时间；德国是 2.5 至 3 周；加拿大是 2 至 3 周；最长的是丹麦，每年有 5 周带薪休假时间。

总之，随着工时制度的不断完善，国外休息休假制度的立法也更加全面和完善。此外，许多国家的带薪休假制度一般是强制性的，雇主如果不执行，政府一般都会给予惩罚。

二、我国目前休息休假制度存在的问题

（一）休假制度缺乏灵活性

总的来说，除法定休假外，我国带薪休假制度没有考虑到各行各业的工作特点，将休息休假规定得过于死板、缺乏应有的灵活性。某些行业，如 IT、科研人员等高强度脑力劳动的行业，除法定假日外每年 5—15 天的年休假对缓解他们高强度的脑力负荷是远远不够的。某些行业，如外贸、出口等作息时间颠倒的行业，将他们的年休假天数固定在一个较低的位置也不宜劳动者休养生息。而另外一些特殊行业如军警、医疗、铁路、民航等，将他们的年休假规定在 1 年范围内，对他们来说也缺乏现实的操作性。

（二）休假方式滞后于社会经济的发展

随着经济的发展，社会的进步，物质生活水平的提高，劳动者在满足物质生活上的需求后，开始更多地考虑从精神上提升自己。因此，越来越多的劳动者参与到贡献和回馈社会的活动中。比如参加慈善活动、参与志愿者组织等。我国的休息休假制度尚未涉及这部分，虽然大部分劳动者可以利用带薪休假的时间去从事慈善和志愿者活动，但这又势必影响到劳动者的正常休息时间。此外，随着经济全球化一体化和跨国公司的大量涌入，许多外资企业推行弹性工作制度，即在工作周时数不便确定的前提下，在标准工作日的基础上按照事先规定的工作办法，由职工个人自主安排工作时间长度的工时制度，实行此种工时制度下的休息休假制度必将不同于我国传统的休息休假制度，同时也给职工带薪年休假的实施带来新的挑战。

（三）覆盖面尚不够宽泛

我国有关休息休假制度的立法除了《全国年节及纪念日放假办法》外，便是

最新颁布的《职工带薪年休假条例》。虽然这些立法规定了劳动者的休息休假权利和方法,但在实践中这些规定仍不够全面,一些劳动者并未真正享受休假权利。实践中出现各种棘手问题:企事业单位的实习生是否同样享受休假制度、尚未工作满 1 年便离职的劳动者的年休假如何执行、外出出差的劳动者如何享受休假制度、享受病假的劳动者如何享受年休假,等等。此外,对于侵犯劳动者的休息休假权利,立法只是规定地方人民政府人事部门或者劳动保障部门依据职权责令改正或者给予直接负责的领导人员和其他直接责任人员给予处分,并没有具体的监管办法和处分方式,使得不仅是许多中小企业甚至国家机关和事业单位的休息休假制度都缺乏应有的监管,造成国家虽然有法定的节假日,但实际惠及劳动者的休息休假覆盖面并不够广泛。

(四) 缺乏休息休假制度的配套措施

随着我国颁布的《职工带薪年休假条例》实施,带薪休假制度开始越来越贴近劳动者的生活,但缺乏与之相关的法律配套措施,诸如带薪休假期间的福利保障、劳动者失去工作的危险系数大及中小企业如拒不执行处理难度大等问题,在实践中尤为突出。虽然国务院细化了职工带薪休假制度,但由于配套措施的缺乏,很容易导致带薪休假流于形式。

(五) 休息休假制度的实施缺乏强制力

我国的休息休假制度从 1995 年颁布起,已有二十多年的历史,但事实上大部分劳动者真正能享受的休假时间却远远低于法定的节假日数目。我国早在 1994 年颁布的《劳动法》中就明确规定,国家实行带薪休假制度,劳动者连续工作 1 年以上享受带薪休年假。但事实上,带薪休假制度在各类型单位的实施情况并不尽如人意。无论是国家机关还是事业单位都存在劳动者无法享受带薪休假的情况。民营企业则更加严重,很多民营企业甚至在签订劳动合同时明确表明无带薪休假。对于国家机关、事业单位来说,劳动者为了晋升和政绩放弃自己休息休假权利的事比比皆是。对于以逐利为本能的企业来说,劳动者休息休假特别是带薪的休息休假很可能意味着用工成本的增加,因而难免会有部分企业为最大限度地降低成本、追逐利润,而对劳动者休息休假制度进行或明或暗的抵制,让该项制度在部分企业劳动者中根本无法落实。

三、完善休息休假法律制度的措施和建议

(一) 增强我国休息休假制度的灵活性

增强我国休息休假制度的灵活性,应考虑到各行各业的特点,在法定年休假的基础上,允许各行各业根据自己的行业特点,制定不低于法定年休假同时合乎自己行业工作特点的休假制度。某些高强度的脑力劳动的行业及作息时间颠倒的行业,建议国家立法将年休假的最短天数提高为 10 天,以后每工作满 1 年增

加1天,每满10年额外增加2天,这样既符合了法定的年休假天数,又考虑到了行业特点。而某些特殊行业,如军警、医疗行业则建议考虑将年假休假时间界定在2年内或者3年内,突破一定的年限范围,既给了劳动者充分的休息自由又考虑到了这些行业的特殊情况。同时也可以参考国外的带薪休假制度改善其灵活性:如法国,带薪假期的天数根据其1年之内的实际工作时间而定。员工每工作1个月,可"存下"2天半的带薪假期,如果工作满1年,那么全年带薪假期为30个假日。如瑞典,2002年开始试行自愿休长假制度,允许员工自愿脱离工作岗位休假12个月。如美国,不同的企业里,职工获得带薪休假的天数有不同的计算方式,上述先进经验都值得借鉴。

（二）制定适应经济发展需要的休假制度

我国制定休息休假制度时应充分考虑到当今我国的经济发展情况,制定和我国经济发展相匹配的休息休假制度。随着经济的发展,应逐步制定"慈善假"或是"志愿者日"等其他有利于劳动者自身发展的节假日。同时,应根据工时制度的发展,调整不同的休假制度,如采取弹性工作制的企业的休息休假应根据工作的时间来按比例分配,另外,建议制定采取特殊工时制的劳动者的最低休息休假时间标准,防止实行特殊的工时制度的劳动者的休息休假权利无法得到保障。

（三）进一步扩大我国休息休假制度立法的覆盖面

立法的全面和完善是促进我国休息休假制度完善的首要前提。我国的休息休假制度立法从横向上要考虑到劳动者范围的覆盖面,将企事业单位的实习生、未满1年辞职的劳动者、出差在外的劳动者等考虑在立法范围内。同时,也要考虑到不同行业劳动者的覆盖面,将不同行业的不同休息休假制度考虑在立法范围内;从纵向上考虑到与休息休假相关的配套措施和执行的立法覆盖面,并将与休息休假相关的制度纳入立法范围,只有这样才能从根本上建立和健全我国的休息休假法律制度。

（四）健全我国休息休假制度的配套措施

我国休息休假制度的配套措施很少,甚至可以说是几乎没有。从国外来看,各国除制定休息休假法外都出台了有关配套政策。例如:在巴西的带薪假期内,不仅工资照发,还要支付至少为1/3工资额的补贴;在澳大利亚,除了工资,休假者在休假前,还可获得相当于平时工资17.5%的扣税后的奖励金额;在法国,对年度休假者实行铁路车票优惠制度,如旅行距离超过200公里,可享受原价3/4的往返车票或周游车票优惠,但限定是1年1次,原则上为二等车;在瑞典,自愿休长假的劳动者,可以在休假期间领取85%的失业保险金。在芬兰,带薪休假由工会确保职工不必担心因为休长假而失去工作。建议我国借鉴国外的相关经验,由工会保障劳动者不因休假失去工作,同时对休假的工资和福利以及公共设施的使用优惠作出具体的规定,更好的保障劳动者的休息休假权益。

（五）增强休息休假法律制度的执行力度

1. 增强我国休息休假制度执行的灵活性

我国带薪休假、年休假目前在实践中实施难度很大。在用人单位中，往往全体员工的带薪休假、年休假难以实现，建议先推行部分员工带薪休假作为试点，即对业绩好的一部分员工奖励“带薪休假”，在这个中间形态试点的基础上逐步推广，让企业逐步认识到带薪休假与单位正常经营运行并不矛盾，从而逐步普遍接受带薪休假。当然，在这个过程中，企业等单位不能一直停留在针对部分员工的“奖励休假”阶段，经过一段时期的试行后，企业等单位必须要全面实行全体员工的带薪休假、年休假。

2. 加大处罚力度保证我国休息休假制度的执行

民营企业、外资企业和私营企业拒不执行休息休假制度，大多数是基于成本利润考虑。但若处罚力度增加，企业在高额补偿和休假中，不得不选择后者。因此，对拒不执行休息休假的单位处罚可考虑加大力度，比如实施企业补偿员工高额工资等措施，由此使企业能自觉执行休息休假制度，落实劳动者的休假权利。

3. 加强监督以保证我国休息休假制度的执行

（1）加强公权利对休息休假制度执行的监督。根据“有权利就必须有救济”的原则，需要有法制保障，有公法监督，劳动者的休息休假权益才会真正得到保障。必须加强工商管理部门和劳动保障部门的监督力度和宣传力度，对于各种用人单位进行定期检查制度。（2）加强工会对休息休假制度的监督。要求企业或者事业单位建立工会和妇联，特别是民营企业、外资企业、私营企业，由工会监督企业的休息休假制度的执行情况。（3）加强社会舆论对休息休假制度的监督。通过报刊、杂志、网络广泛宣传休息休假法律制度，提高全体劳动者的休息休假意识。除上述措施外，还可以通过劳动者本人检举、控诉或者建立劳动公益诉讼制度来维护劳动者的休息休假权益。

附 录

一、本章重点问题提示

（一）如何理解和实施带薪休假制度

《劳动法》第45条规定：“国家实行带薪年休假制度。劳动者连续工作1年以上的，享受带薪年休假。”国务院《职工带薪年休假条例》规定：累计工作满一年不满10年的，年休假为5天；满10年不满20年的为10天；满20年的为15天。法定休假日、休息日不算年休假假期，年休假假期冲抵寒暑假、探亲假假期。确因工作需要不能按照规定安排职工年休假的，除应当支付正常工资福利待遇外，还应当每日按照该职工的日工资标准给予补偿。思考下述问题：

问题：如何看待对带薪休假制度的争议？

资料一：对带薪休假制度持肯定态度

实行带薪休假制度，对于社会、企业和个人来说都是一件有益的事情。休息是为了更好地工作，同时可以提高工作效率。休假制度的推行，对于调节工作压力，改善身体状况，促进职工身心健康，促进雇主与雇员的和谐，都是有帮助的。另外，带薪休假制度有利于满足日益增长的个性化的消费需求的同时，还有利于充分合理地利用社会资源，促进经济与社会的长期稳定发展。

休息权是公民的基本权利，也是受民法保护的公民人身权。正如武汉大学社会发展研究所所长罗教讲教授所说：中国法律确认劳动者有休息权，旨在保证劳动者的身体和精神上的疲劳得以解除，借以恢复劳动能力；保证劳动者有条件进行业余进修，不断提高自己的业务水平和文化水平；保证劳动者有一定的时间料理家庭和个人的事务，丰富自己的家庭生活。

据资料可查，带薪休假制度起源于法国。1936 年，法国在全球率先对本国工人阶层，实行每年享受两个星期的带薪假期制度。20 世纪 60 年代开始，随着各国经济的快速增长和生活水平的不断提高，人们普遍呼吁缩短劳动时间，增加休闲假期。于是，带薪休假制度开始在一些发达国家和地区推广开来。如今，大多数经济发达国家和地区、部分发展中国家，都不同程度地实行了"带薪休假"制度，它已经成了人们生活不可缺少的一部分。

在我国，带薪休假制度其实早已纳入法律。1995 年开始实施的《劳动法》第 45 条就明文规定：国家实行带薪年休假制度，劳动者连续工作一年以上的，享受带薪年休假。具体实施办法由国务院规定。1991 年中共中央、国务院发出通知，恢复休假制度，其中规定企业职工休假，由企业根据具体条件和实际情况，参照党政机关的办法自行决定。遗憾的是，多年来这一法律条文由于具体实施细则迟迟未能出台，使带薪休假往往被打了折扣，有的转化成补贴，而更多的是成为义务奉献。《职工带薪年休假条例》的颁布和实施，必将从根本上改变这种尴尬局面。

资料二：对带薪休假持异议态度

尽管"带薪休假"是个"民心工程"，体现的是对劳动者的尊重和人文关怀。但我们仍然担心其只成为政府部门的盛宴。因为，《劳动法》早就明确规定"带薪年休假制度"。但从这么多年的执行情况看，这项旨在造福劳动者的"福利"基本和普通劳动者沾不上边，而执行最好的恰恰就是政府部门。

我们更担心的是，"带薪休假"成为第二个"加班双薪""法定节假日上班三薪"的绚丽肥皂泡——人人都喊好，却极少有劳动者真正享受到。因为，在资方一手撑天，劳动者只为生存而忙碌，或仍纠缠于维权漩涡的前提下，谁还敢拿着法律找领导要求"带薪休假"？

福建省社科院副院长黎昕认为,《职工带薪年休假规定(草案)(征求意见稿)》的确是把《劳动法》规定的带薪年休假制度往前推进了一步,也为推行这一制度提供了一些基础和法律根据,但在现实中,这依然是一个难以操作和兑现的方案。

黎昕认为,虽然《劳动法》赋予了劳动者带薪休假的权利,但由于不是强制性法律,一些单位或企业往往根据自己的“规定”办事,有的企业将“带薪”演变成只带基本工资或干脆不带薪。特别是在一些劳动密集型民营企业和私营企业,企业负责人为了追求更多利润,更不愿让职工带薪休假,使得带薪休假成了一项“写在纸上的权利”。

结合上述资料思考带薪休假制度。

(二)工作时间与休息休假时间法定化的意义

劳动者是人而不是机器,需要像人一样的生活,需要得到发展。工作时间与休息休假时间的法定化正是劳动者作为人而生活的基本保障。当前,我国工作时间与休息休假立法的立足点在于保证劳动者的身体健康权和休息权。1994年国务院《关于职工工作时间的规定》规定,在中国境内的国家机关、社会团体、企业事业单位以及其他组织都必须遵守此规定。1995年《劳动法》第一次将劳动者的工作时间与休息休假时间以法律的形式固定下来,形成强制性法律规范。

工作时间与休息休假时间是法定的强制性标准,其效力表现在:第一,在全国范围内应当毫无例外地普遍执行法律关于工作时间与休息休假时间的规定,除具备法定情形外,用人单位不得突破法律规定的工作时间与休息休假时间延长工作时间。劳动者和用人单位超出法律规定,约定多于法定的工作时数无效。第二,对实行计件工作的劳动者,用人单位应当根据日最高工时和周最高工时,合理地确定其劳动数额和劳动报酬。第三,企业因生产特点不按照日最高工时和周最高工时的要求实行作息的,必须符合法定的条件,并且履行法定审批手续。第四,实行综合计算工时工作制的,其平均日(周)工时应当与日(周)最高工时基本相同。第五,任何用人单位违反国家关于工作时间与休息休假时间的规定,延长工作时间的,都要追究其法律责任。

结合上述资料思考劳动者工作时间与休息休假时间法定化的意义。

二、思考题

1. 简述工作时间和休息时间的含义和特征。
2. 简述工作时间和休息休假的种类。
3. 简论我国确立工作时间制度的立法原则。
4. 简述我国现行的工时制度。
5. 简述我国关于延长工作时间的主要规定。
6. 简论我国休息休假制度的完善。

第九章　工　　资

内容提要

工资是劳动法核心内容之一。本章首先介绍工资立法应坚持的四原则:按劳分配原则,同工同酬原则,工资水平随经济发展逐步提高原则,工资总量宏观调控原则。然后介绍了我国工资立法模式,逐渐从计划经济下的立法模式向市场经济体制下的模式转变:即从管理型(分配型)工资立法和分别调整型工资立法向保障型工资立法和统一调整型工资立法转变。我国立法所规定的工资,一般由基本工资和辅助工资两类单元所构成,辅助工资包括奖金、津贴和补贴。作为计量劳动和支付工资方式的工资形式主要有计时工资和计件工资两种形式,以计时工资为主。然后说明作为宏观劳动管理体系重要组成部分的工资总量宏观调控,它主要是通过界定工资总额、调控地区、部门(行业)工资水平和调控用人单位工资总额来达到调控目标。其次介绍了劳动立法中所规定的工资保障制度,一般包括最低工资保障、工资支付保障和实际工资保障。工资支付保障包括一系列工资支付规则和一些特殊情况下的工资支付。最后重点介绍了工资分配制度,我国从立法确立为主向工资集体协商确定转变,这既与市场机制相适应又有助于实现宏观经济目标和社会政策目标。尽管取得了很大的进步,但在企业工资分配领域依然存在一些亟待解决的问题,所以我国应对工资法律制度进一步予以完善。

关键词

工资　工资立法原则　工资构成　工资总量宏观调控　工资保障制度

第一节　工资概述

一、工资的含义和职能

劳动法上的工资,又称薪金。广义上的工资,即职工劳动报酬,是指劳动关系中职工因履行劳动义务而获得的、由用人单位以法定方式支付的各种形式的物质补偿。狭义上的工资,仅指职工劳动报酬中的基本工资。

工资从经济学的角度讲是根据劳动者的劳动数量和质量,在国民收入中分配给劳动者的个人消费品。同劳动者的其他劳动报酬或劳动收入一样,都是国民收入中根据劳动者的劳动数量和质量,分配给劳动者个人的消费品。较其他劳动报酬或劳动收入(如农民劳动报酬、个体劳动收入、劳动报酬等),工资具有下述特征:

1. 工资是用人单位直接支付给劳动者本人的报酬,不是支付给劳动者的家属或其他人的费用。所以,支付给死亡职工家属的丧葬、抚恤、救济费等不是工资。

2. 工资是劳动收入。所以,非劳动收入不属于工资的范畴,例如股息、利息等非劳动收入不是工资。

3. 工资是劳动者在依法与用人单位建立的合法劳动关系中取得的劳动收入。所以,公民个人因加工承揽、委托等民事合同获取的劳务报酬不是工资。

4. 工资是与劳动者提供劳动的数量和质量相联系的收入。单位提供给劳动者的工作服、清凉饮料等费用属于福利待遇,与劳动者提供劳动的数量和质量无关,不属于工资范围。

5. 工资应当以货币形式支付。用人单位不得以实物替代货币来支付工资。

工资的基本职能包括:

1. 收入分配职能。即工资是向职工分配个人消费品的社会形式,职工所得的工资额也就是社会分配给职工的个人消费品份额。

2. 生活保障职能。即工资作为职工的生活主要来源,其首要作用是保障职工及其家庭的基本生活需要。

3. 工作激励职能。即工资是对职工劳动的一种评价尺度和手段,对职工劳动积极性具有鼓励作用。

4. 经济杠杆职能。即工资是国家用来进行宏观经济调节的经济杠杆,对劳动力总体布局、劳动力市场、国民收入分配、产业结构变化等都有直接或间接的调节作用。

二、工资立法的基本原则

收入分配应遵循“各尽所能、按劳分配”的原则,即以劳动作为分配的尺度,按照劳动者提供的劳动数量和质量分配个人消费品。

基于上述特点,《劳动法》第46条规定了工资立法应遵循的基本原则,主要有如下四个方面:

(一)按劳分配原则

按劳分配是指凡是有劳动能力的人都应尽自己的能力为社会劳动,社会以劳动作为分配个人收入的尺度，按照劳动者提供的劳动数量和质量分配个人收入。实行按劳分配的原则要求等量劳动换取等量报酬，多劳多得，少劳少得，有劳动能力而不劳动者不得食。

（二）同工同酬原则

同工同酬的工资分配原则是按劳分配原则的必然要求。所谓同工同酬是指用人单位对所有劳动者提供同等价值的劳动应当付给同等的劳动报酬，不得因其性别、民族、年龄等方面的不同而支付不等量的报酬。在社会劳动中，用人单位可以对从事同等工作但技能和劳动贡献不同的劳动者支付不等量的报酬，但劳动者从事同种工作、具有同等熟练程度的，应当获得相同的报酬。同工同酬的原则体现了劳动者在法律面前一律平等的宪法原则，对保障劳动者真正享有平等的劳动报酬权具有重要意义。

（三）逐步提高工资水平原则

工资水平是指在一定区域和一定时期内职工平均实际工资的高低程度。工资水平是反映经济发展和劳动者物质文化生活水平的一个重要指标，在一定程度上体现着国家、用人单位和劳动者个人之间的利益分配关系，以及不同行业、不同地区、不同单位、不同工种之间各类劳动者的利益分配关系。这一原则要求工资水平的提高以经济发展水平为基础，经济发展水平提高了，工资水平应相应提高。

劳动者的实际工资水平必须逐步提高。我国《宪法》第 42 条第 2 款规定："国家通过各种途径，创造劳动就业条件，加强劳动保护，改善劳动条件，并在发展生产的基础上，提高劳动报酬和福利待遇。"国家在经济发展的基础上，必须逐步提高劳动者的工资水平。社会主义国家发展生产的目的就是要满足人们不断增长的物质和文化生活的需要，只有逐步提高劳动者的工资水平，才能让劳动者的各种需要得到应有的满足，才能更进一步提高劳动者劳动的积极性和创造性，才能提供更好的条件促使劳动者不断提升自身素质，进一步提高劳动生产率，创造更多的社会财富。

劳动者工资收入的提高应该是指劳动者实际工资水平的提高，也就是劳动者所得货币工资实际能够购买的生活资料和服务的数量的提高。这就要求我们在逐步提高劳动者工资水平的时候，必须考虑工资和物价的关系。只有使劳动者货币工资的上涨幅度高于物价的上涨幅度，劳动者的实际工资收入水平才真正得到了提高。

（四）工资总量宏观调控原则

工资总量是指一定时期国民生产总值用于工资分配的总数量。工资总量宏观调控是在企业享有充分的内部工资分配自主权的基础上，国家运用法律的、经济的以及必要的行政手段对工资总量进行干预和调整，以保证工资总量与国民经济宏观发展水平相协调，在经济发展的基础上保障工资的正常增长速度和合理的增长比例。在社会主义市场经济条件下，劳动者工资收入主要由市场调节，用人单位可以根据劳动力供需关系状况、劳动力个人的素质以及用人单位的生产经营效益等情况，在符合国家有关工资的强制性规定的情况下，自主决定工资水平和分配方案。但是，为了在全社会范围内实现国家工资分配的效率目标和公平目标，仍然有必要坚持工资总量和工资水平的国家宏观调控的原则。坚持这一原则，有利于保护劳动者的长远经济利益，有利于控制用人成本和消费资金的过快增长，也有利于在全国范围内保持经济总量平衡，实现国民经济持续、稳定、协调发展。

三、现行工资立法概述

工资立法一直是劳动立法的重要组成部分。不仅各国的劳动法典和劳动标准基本法中都设有关于工资的专篇或专章，而且许多国家还制定了专项工资法规，如《日本最低工资法》《美国联邦最低工资法》等。国际劳工组织也制定了若干项关于工资的公约和建议书，例如，1928 年的第 26 号公约《确定最低工资的制定公约》和相应的第 30 号建议书，1949 年的第 95 号公约《工资保障公约》和相应的第 85 号建议书，1970 年的第 131 号公约建议书，等等。

回顾我国工资立法的产生和发展历程，根据不同历史时期的政治、经济情况，基本上可以分为以下四个阶段①：

第一阶段(1949—1957 年)，废除了半封建、半殖民地性质的工资制度，基本上建立起社会主义初创阶段的工资制度。该时期主要的工资法规有：《工资条例》(草案)(1950 年)；《关于国家机关工作人员全部实行工资制和改行货币工资制的命令》(1955 年)；《关于工资改革的决定》(1956 年)；《关于工资改革中若干具体问题的规定》(1956 年)；等等。通过这些法规的执行，取消了"工资分"制和物价津贴制度，实行货币工资制，改进产业间、地区间、部门间以及各类人员之间的工资关系，统一并改进了企业职工的工资等级制度。从此工资管理体制趋于集中，形成中央高度集权、直接用工资法规统一规定各企业、事业、机关等单位的工资制度、工资形式、工资区类别和各类人员的工资待遇、工资基金以及繁杂的工资标准。

第二阶段(1958—1976 年)，工资立法进展缓慢，而且未制定新的实质性的工资法规，只是对部分职工的工资进行了调整和对工资等级制度作了局部改革。如：1958 年降低普通工、勤杂工的工资待遇；1957—1960 年三次降低了全国行政 17 级以上党员干部的工资标准；1963 年纺织工人的岗位工资制度改行岗位过渡

---

① 参见王权典、陈莉主编：《当代劳动法学概论》，华南理工大学出版社 2005 年版，第 161 页。

工资制；商业营业员改行统一的十一级工资制；企业职员改行机关事业单位的职务等级工资制或简化原有企业职员工资制，以及提高部分工人的低等级工资标准；等等。在此期间，由于受“极左”错误思想的影响，没有建立正常的升级制度，并且还废止了有关实行计件工资、奖励工资制度等方面的规定。

第三阶段（1979—1984 年），粉碎“四人帮”以后，尤其是党的十一届三中全会以后，我国工资立法逐渐加强，工资立法工作进入了新的历史时期。这一时期的工资立法，一方面恢复原有行之有效的各项工资制度，另一方面是应经济体制改革和新形式的需要建立了一些新的工资制度。如：《关于实行奖励和计件工资制度的通知》（1978 年 5 月）；《关于调整工资区类别的几项具体规定》（1979 年 10 月）；《关于国营企业职工请发奖金的几项规定》（1980 年 2 月）；《关于正确实行奖励制度，坚决制止滥发奖金的几项规定》（1981 年 1 月）；《关于严格制止企业滥发加班加点工资的通知》（1982 年 4 月）；《关于国营企业发放奖金有关问题的通知》（1984 年 4 月）；《关于企业合理使用奖励基金的若干意见》和《关于进一步扩大国营企业自主权的暂行规定》（1984 年 5 月）；《关于外商投资企业用人自主权和职工工资、保险福利费用的规定》（1986 年 11 月）；等等。

第四阶段（1985 年至今），这时期不断制定新的、完善或废止旧的工资法规，以适应我国经济体制改革的纵深发展，逐步建立与社会主义市场经济相适应的工资法规体系。如：《关于国营企业工资改革问题的通知》（1985 年 1 月）；《工资基金暂行管理办法》（1985 年 9 月）；《全民所有制企业工资总额管理暂行规定》（1993 年 6 月）和《国有企业工资总额同经济效益挂钩规定》；《企业最低工资规定》（1993 年 11 月）；《关于实施最低工资保障制度的通知》（1994 年 10 月）；《工资支付暂行规定》（1994 年 12 月）、《工资集体协商试行办法》（2000 年 10 月 10 日）、《最低工资规定》（2004 年 1 月 20 日）；等等。

四、工资的基本形式

（一）工资构成

工资构成是指构成工资的各个组成部分。工资之所以应由不同的部分组成，取决于劳动者提供劳动力的质量、支出劳动力的状况和劳动力的使用效果的复杂性。工资的各个组成部分之间相互联系、相互制约和补充，共同使工资的职能得到全面充分的发挥。我国法律规定的工资，一般由基本工资和辅助工资两部分构成。

（1）基本工资。基本工资通常也称为标准工资，是指用人单位支付给劳动者在法定工作时间内提供正常劳动的报酬，它是劳动者工资的基本组成部分。基本工资是劳动者在法定工作时间内和正常条件下提供的恒量常规劳动或定额劳动的报酬，一般可以分解为若干个职能不同的工资单元，并且各个工资单元的计量规则不完全相同。每一个工资单元一般都分成不同的等级并规定不同的工资标准,这种等级工资差别通常与劳动质量差别、技能水平差别或者岗位条件差别相对应。

(2)辅助工资。辅助工资是指用人单位根据劳动者提供超出正常劳动之外的劳动消耗所支付的报酬或为了保障劳动者的工资水平不受某些特殊因素的影响而支付的报酬,是劳动者在基本工资以外的起辅助作用的工资收入,主要包括奖金、津贴、加班加点工资等。

奖金是指用人单位支付给职工的超额劳动报酬和增收节支的奖励性劳动报酬。其中的超额劳动主要是指劳动质量、劳动成果上的超额,而不是劳动时间上的超额,例如超额完成劳动任务或取得超常劳动效果等。奖金是对劳动者作出突出贡献的一种奖赏,用人单位是否发放奖金、何时发放奖金以及发放奖金的数额,一般由用人单位根据内部劳动规则或集体合同的约定来决定。用人单位提取奖金的数额往往与基本工资有一种比率关系。奖金一般只在符合奖励条件时才由用人单位决定发放给符合奖励条件的职工,不是劳动者的固定收入,也不是每个劳动者都一定能够取得的。企业中奖金的分配可以上不封顶、下不保底。奖金能更好地体现按劳分配的原则,能更好地调动劳动者的生产和工作的积极性。

津贴是指为了补偿职工在特殊的劳动条件和工作环境下的额外劳动消耗和生活费额外支出而建立的一种辅助工资形式。在井下、高温环境等特殊条件下工作的职工,其劳动消耗及生活费用的支出要大于在正常条件下工作的职工。因此有必要采用津贴的形式弥补职工的额外支出,以保障职工的生活水平,鼓励职工在艰苦的劳动环境和劳动条件下工作。作为职工工资辅助形式的津贴仅指工资性津贴,不包括非工资性的津贴如用人单位发放给职工的保健食品等。非工资性津贴一般以实物或其他形式发放,发放形式的非货币性注定了此种津贴不可能属于工资的形式,因为《劳动法》第50条规定:“工资应当以货币形式按月支付给劳动者本人。不得克扣或者无故拖欠劳动者的工资。”

津贴从管理层次区分,可以分为两类:一类是国家或地区、部门统一制定的津贴、补贴;另一类是企业自行建立的津贴、补贴。国家统一建立的津贴,一般在企业成本中列支;企业自建的津贴,一般在企业留利的奖励基金或效益工资中开支。津贴按性质区分,大体可分为三类:第一类是岗位性津贴,即指为了补偿职工在某些特殊劳动条件岗位劳动的额外消耗而建立的津贴。例如,高温津贴、有毒有害津贴、矿山井下津贴、特殊技术岗位津贴、特重体力劳动岗位津贴、夜班津贴、流动施工津贴、盐业津贴、邮电外勤津贴等,都属于岗位性津贴。第二类是地区性津贴,即为了补偿职工在某些特殊的地理自然条件下生活费用的额外支出而建立的津贴。如林区津贴、地区生活费补贴、高寒山区津贴、海岛津贴等。这类津贴一般是由国家或地区、部门建立的，企业所在地区如属这些津贴的执行范围，即可照章执行。第三类是保证生活性津贴，即为保障职工实际工资收入和补偿职工生活费用额外支出而建立的津贴。如副食品价格补贴、肉价补贴、粮价补贴等等。这类补贴主要是由国家或地区、部门建立的。企业属于执行范围的，即可照章执行。有些企业根据需要，在内部也建立了少量这类补贴，如房租、水电补贴等。

（二）工资形式

工资形式是指职工基本工资的计量方式。也就是按照确定的劳动标准和报酬标准，计量每个劳动者的实际劳动量及其应得工资的方式。目前主要的工资形式有计时工资和计件工资两种。

1. 计时工资

计时工资是指按计时工资标准和工作时间支付给个人的劳动报酬。包括：对已做工作按计时工资标准支付的工资；实行结构工资制的单位支付给职工的基础工资和职务（岗位）工资；新参加工作职工的见习工资（学徒的生活费）；运动员体育津贴。根据计算工资的时间单位的不同，计时工资可以分为月工资制、日工资制和小时工资制。计时工资操作简便，但不能准确反映劳动的数量和质量。在实行计时工资的单位，职工的工资有等级之分，不同工资等级的计时工资标准不同。因此，在实行计时工资的条件下，职工在法定工作时间内提供了应有的劳动后，按照本人的工资等级领取的计时工资数额，一般称为标准工资，属于基本工资的范畴。标准工资是职工工资的主要组成部分，可以作为职工工资的其他部分如奖金等的计算依据，也可以作为职工其他福利待遇如某些社会保险待遇的计算基础。计时工资应是主要工资形式，原因在于它便于检查，从同工同酬的角度出发具有一定平等性；同时这种体系通过建立一种稳定报酬体系以有利于留住人才；再者该体系较易管理，劳动力成本易于预测。最后该体系不以牺牲质量为前提强调产出数量。

2. 计件工资

计件工资是指对已做工作按计件单价支付的劳动报酬。其中的计件单价是指生产某一单位产品或完成某一单位工作应得的工资额。在正常情况下，计件单价是根据一定等级的职工的计时工资标准计算出来的，即计件单价等于单位时间的标准工资除以单位时间的劳动定额。因此，我们可以说，计件工资只不过是计时工资的转化形式。计件工资主要包括三类：第一类是分别采用超额累进计件、直接无限计件、限额计件、超定额计件等不同的计件方式，按劳动部门或主管部门批准的定额和计件单价支付给个人的工资；第二类是按工作任务包干方法支付给个人的工资；第三类是按营业额提成或利润提成办法支付给个人的工资。计件工资能准确反映劳动者完成劳动的数量和质量，更好地体现按劳分配的原则,但同时也应该注意避免片面追求数量而忽视质量的不良现象。

第二节 工资总量宏观调控

一、工资总量宏观调控概述

工资总量宏观调控,它是对地区、部门(产业)、单位工资总量的确定和相互关系,综合运用经济、行政和法律等多种手段进行调节和控制,以实现资源优化配置和国民经济健康发展。在社会主义市场经济中,工资总量宏观调控分别作为宏观经济调控体系和宏观劳动管理体系的重要组成部分而存在,它应当以企业自主分配、市场决定工资作为它的微观基础,工资水平及其增长速度作为它的调控重点。国家对工资总量实行分级调控、分类管理的体制。国家的宏观调控政策由中央统一制定,各地区、部门(行业)负责本地区、部门(行业)的工资管理,出台重大工资政策必须报请中央批准。国家在进行宏观调控时,采取间接调控与直接管理相结合、事前调控与事后调控相结合的方式进行。对关系国计民生、垄断性较强的国有企业,国家要保持较多的直接管理;对其他国有企业、非国有企业和单位以间接的、事后的调控为主。①

二、工资总额的规定

(一) 工资总额的界定

工资总额是指用人单位在一定时期和一定范围内直接支付给全体职工的劳动报酬总额。工资总额按时间长短的不同,可分为年度工资总额、季度工资总额和月工资总额;按范围的不同,可分为全国工资总额、地区工资总额、行业工资总额和用人单位工资总额。用人单位年度工资总额,是国家对工资总量进行宏观调控的主要对象。国家通过法规明确规定工资总额的范围和组成项目,统一工资总额的统计标准,为工资总量的国家宏观调控提供统一的法律依据。

根据1989年9月经国务院批准、1990年1月1日由国家统计局发布的《关于工资总额组成的规定》的规定,工资总额的计算应以直接支付给职工的全部劳动报酬为根据。工资总额的构成形式有6种:计时工资、计件工资、奖金、津贴和补贴、加班加点工资、特殊情况下支付的工资等。其中按月按标准发放或支付给职工的住房补贴、交通补贴或者车改补贴、通讯补贴以及节日补助、按月发放的午餐费补贴等统一纳入职工工资总额管理。② 另外,该规定还指出了不包括在

---

① 参见王全兴:《劳动法》,法律出版社2004年版,第255页。

② 参见人力资源和社会保障部2010年1月颁布《关于企业工资总额管理有关口径问题的函》(人社厅函〔2010〕51号)。

工资总额内的项目。

(二) 企业工资总额的确定

1993 年 7 月 9 日，劳动部、财政部、国家计委、国家体改委、国家经贸委联合制定发布了《国有企业工资总额同经济效益挂钩规定》。其中规定的内容主要有：

(1) 经济效益指标及其基数。经济效益指标是指国有企业选择并报经财政、劳动部门审核确定的与企业工效挂钩的经济指标，一般以实现利税、实现利润、上缴税利为主要挂钩指标。①

经济效益指标基数是指用以计算上述指标增长幅度的基础。它要按照鼓励先进、鞭策后进的原则核定，既对企业自身经济效益高低、潜力大小进行纵向比较，又进行企业间的横向比较。一般以企业上年实际完成数为基础，提出不可比因素或不合理部分，并参照本地区同行业平均水平进行核定。

(2) 工资总额基数。指经劳动、财政部门审核确定的，工效挂钩企业用以计算年度工资总额提取量的基额。在原则上，它以企业上一年度劳动工资统计年报中的工资总额为基数核定，实行增人不增工资总额、减人不减工资总额办法。

(3) 浮动比例。指工效挂钩企业工资总额随挂钩经济指标变化而浮动的比例系数或工资含量系数。它根据企业劳动生产率、工资利税率、资本金利税率等经济效益指标高低和潜力大小，按企业纵向比较与企业之间横向比较相结合的方法确定，一般按 1∶(0.3—0.7)核定，即经济效益每增长 1%，工资总额相应增长 0.3%—0.7%。

(4) 工效挂钩的管理。劳动、财政部门会同计划等部门对企业工效挂钩实施综合管理。企业工效挂钩的办法，由劳动、财政部门会同有关部门，依据国家规定并结合企业的生产经营特点确定，要科学合理、简便易行。劳动、财政部门要积极支持企业探索新的挂钩形式。凡能促进企业改善经营管理、走向市场、提高经济效益和社会效益的挂钩办法、经批准后即可实行。对私营企业工资总额调控力度显然较国有企业弱，主要是通过上级对其工资总额报告进行审批来实现，如福建省《关于进一步加强各类企业工资总额使用手册管理有关问题的通知(闽劳社文[2007]1 号)》中规定对私营企业、外商投资企业等非公企业工资总额使用实行年审制。

① 参见王权典、陈莉主编：《当代劳动法学概论》，华南理工大学出版社 2005 年版，第 167 页。

第三节 最低工资

一、最低工资的内涵

根据原劳动和社会保障部2004年实施的《最低工资规定》第3条规定,最低工资,是指劳动者在法定或依法约定的工作时间内提供了正常劳动,用人单位依法应支付的最低限度的劳动报酬。它是劳动者维持个人及其家庭成员的基本生活需要的工资,是劳动者工资的法定最低限额。用人单位实际向劳动者支付的工资不得少于最低限额,劳动者和用人单位签订的劳动合同也不得约定低于法定最低限额的工资。

根据《最低工资规定》,最低工资包括如下内涵:

(1) 最低工资保障是以劳动者在法定或约定的工作时间内提供了"正常劳动"为前提,如果劳动者在正常劳动时间内没有提供正常劳动,如劳动者由于迟到、早退等没有完成正常劳动任务,则不能获得最低工资制度的保护。

(2) 对正常劳动的理解不能仅局限于劳动者直接为用人单位提供的劳动,劳动者在带薪年休假、探亲假、婚丧假、产假等期间,以及在工作时间内依法参加社会活动,虽然实际上没有为用人单位工作,也应视为提供了正常劳动,应受到最低工资制度的保护。

(3) 最低工资仅指劳动者获得的基本工资,劳动者获得的加班加点工资、津贴、奖金和福利待遇等不得计入最低工资。

根据《最低工资规定》,最低工资保障制度适用于在中华人民共和国境内的企业、民办非企业单位、有雇工的个体工商户和与之形成劳动关系的劳动者以及国家机关、事业单位、社会团体和与之建立劳动合同关系的劳动者。

二、最低工资的立法概况

19世纪末,出现了早期最低工资的立法。1894年新西兰颁布《工业调节及仲裁法》,但大家普遍认为澳大利亚的维多利亚州于1896年颁布的具有试行性的最低工资法令才是最低工资立法的开端,它规定在6种行业中委托产业委员会决定最低工资率。1909年,英国仿效澳大利亚制定了最低工资法。德国、法国、瑞士、意大利等国也先后进行类似的最低工资立法。第一次世界大战后,最低工资立法开始在各国盛行。

最低工资立法的发展,还表现在最低工资法适用范围的不断扩大,即从早期只包括女工、童工和非熟练工人,发展到后来包括所有行业、职业或工种的工人。但是,对残疾劳动者、试用期内工作者、受训人员和未成年工是否适用,各国规定有别。有的规定不适用;有的则对这部分劳动者规定"次最低工资",即规定不得少于最低工资的1/3或1/2不等。

随着最低工资立法的重要性日益增强,国际劳工组织通过了若干项关于最低工资的公约和建议书,明确要求各成员国都应承担最低工资立法的任务。

在我国,早在1948年召开的第二次全国劳动大会所通过的《关于中国职工运动当前任务的决议》中就提出,必须保障任何普通职工的最低工资标准,即职工最低工资要能维持连同本人在内两个人的生活。1949年制定的《私营企业劳动管理暂行规定》中规定,私营企业职工的最低工资不得低于当地同行业集体企业同等条件工人的最低工资水平。到1993年下半年,劳动部制定了《企业最低工资规定》,这是我国的第一部全国性最低工资法规。其后的《劳动法》在"工资"专章中,明确规定"国家实行最低工资保障制度",并对最低工资标准的制定权限、制约因素和法律效力,作了原则性规定。2004年1月,劳动和社会保障部颁布的《最低工资规定》对最低工资标准的制度要素作了更为完整和具体的规定。

三、最低工资的适用范围

最低工资的适用范围,包括最低工资适用的劳动者范围、期限范围和劳动种类范围。

(一) 最低工资适用的劳动者范围

《最低工资规定》第2条规定:"本规定适用于在中华人民共和国境内的企业、民办非企业单位、有雇工的个体工商户(以下统称用人单位)和与之形成劳动关系的劳动者。国家机关、事业单位、社会团体和与之建立劳动合同关系的劳动者,依照本规定执行。"一般下列范围内的企业和劳动者不适用最低工资的规定:

(1) 公务员、事业单位职工和公益团体的工作人员。在国际上,一般把公务员排除在最低工资制之外,因为国家机关工作人员、事业单位职工,由于工资是由国家直接规定的,因此,不纳入最低工资保障范畴;公益团体的工作人员(不包括其雇用的临时工)的工作目的不是为了获取报酬,而是为了从事慈善或公益事业,所以也不存在最低工资保障的问题。①

(2) 学徒、利用假期勤工俭学的学生、农民、军人等。学徒,由于其在学徒期间不能提供正常劳动,也就不存在适用最低工资保障的前提;学生,因为他们一般无供养责任,也就无须给予最低工资保障;农民是一个特殊的群体,并且通常不存在工资发放的问题,因此,既不属于《劳动法》调整的范围,更不应纳入最低工资保障的对象范围;军人,由于依法具有服兵役义务的性质,也不适用最低工资保障制度。

---

① 参见王权典、陈莉主编:《当代劳动法学概论》,华南理工大学出版社2005年版,第170页。

(二) 最低工资在时间上的适用范围

最低工资在时间上的适用范围,是指劳动者在哪些时间内从事劳动,才享受最低工资保障。根据《最低工资规定》,劳动者享受最低工资保障的时间范围,应当是在法定的劳动时间之内。《最低工资规定》第3条规定:劳动者依法享受带薪年休假、探亲假、婚丧假、生育(产)假、节育手术假等国家规定的假期间,以及法定工作时间内依法参加社会活动期间,视为提供了正常劳动。根据这一规定:凡是劳动者在国家规定的带薪休假期间内的休假,都应视为提供了正常的劳动,并适用最低工资保障规定。

根据《最低工资规定》第12条的规定:劳动者由于本人原因造成在法定工作时间内或依法签订的劳动合同约定的工作时间内未提供正常劳动的,不适用最低工资标准。按照这一规定,下述几种情形不适用最低工资标准:(1) 劳动者在工作时间有迟到、早退、旷工等违纪行为;(2) 下岗在企业内待业人员;(3) 放长假和病休的人员;(4) 处于非带薪假期间的人员,如事假等;(5) 按规定处于息工期间的人员;(6) 处于停工期间的人员等。

四、最低工资标准的确定、发布、备案与公示

根据《劳动法》第48、49条的规定,最低工资的具体标准由省、自治区、直辖市人民政府规定,报国务院备案。主要根据本地区低收入职工收支状况、物价水平、职工赡养系数、平均工资、劳动力供求状况、劳动生产率、地区综合经济效益等因素确定,另外,还要考虑对外开放的国际竞争需要及企业的人工成本承受能力等。当上述因素发生变化时,应当适时调整最低工资标准,每年最多调整一次。

根据《最低工资规定》第5、6条的规定,最低工资标准一般采取月最低工资标准和小时最低工资标准。月最低工资标准适用于全日制就业劳动者,小时最低工资标准适用于非全日制就业劳动者。确定和调整月最低工资标准,应参考当地就业者及其赡养人口的最低生活费用、城镇居民消费价格指数、职工个人缴纳的社会保险费和住房公积金、职工平均工资、经济发展水平、就业状况等因素。确定和调整小时最低工资标准,应在颁布的月最低工资标准的基础上,考虑单位应缴纳的基本养老保险费和基本医疗保险费因素,同时还应适当考虑非全日制劳动者在工作稳定性、劳动条件和劳动强度、福利等方面与全日制就业人员之间的差异。省、自治区、直辖市范围内的不同行政区域可以有不同的最低工资标准。最低工资标准发布实施后,如相关因素发生变化,应当适时调整。最低工资标准每两年至少调整一次。

根据《最低工资规定》第8条的规定,最低工资标准的确定和调整方案,由省、自治区、直辖市人民政府劳动保障行政部门会同同级工会、企业联合会、企业

家协会研究拟订，并将拟订的方案报送劳动保障部。方案内容包括最低工资确定和调整的依据、适用范围、拟订标准和说明。劳动保障部在收到拟订方案后，应征求全国总工会、中国企业联合会、企业家协会的意见。劳动保障部对方案可以提出修订意见，若在方案收到后 14 日内未提出修订意见的，视为同意。最低工资标准方案经劳动保障部修订或同意后，省、自治区、直辖市劳动保障行政部门应将本地区最低工资标准方案报省、自治区、直辖市人民政府批准。

省、自治区、直辖市劳动保障行政部门在最低工资标准批准后 7 日内在当地政府公报上和至少一种全地区性报纸上发布。省、自治区、直辖市劳动保障行政部门应在发布后 10 日内将最低工资标准报劳动保障部备案。在当地最低工资标准发布后 10 日内，用人单位应将该标准向本单位全体劳动者公示。

第四节　工资集体协商

依据《中华人民共和国劳动法》和国家有关规定，劳动保障部制定了《工资集体协商试行办法》(劳动和社会保障部部务会议 2000 年 10 月 10 日通过，自 2000 年 11 月 8 日起施行)。该试行办法是为规范工资集体协商和签订工资集体协议的行为，保障劳动关系双方的合法权益，促进劳动关系的和谐稳定而制定的。

一、工资集体协商的含义

工资集体协商，是指劳动者代表(如工会)与用工方代表依法就单位内部工资分配制度、工资分配形式、工资收入水平等事项进行平等协商，在协商一致的基础上签订工资协议的行为。工资协议，是指专门就工资事项签订的专项集体合同。已订立集体合同的，工资协议作为集体合同的附件，并与集体合同具有同等效力。

二、签订工资集体协议与签订集体合同的区别

(1) 签订集体合同是指职工代表与企业代表就劳动报酬、工作时间、休息休假、劳动安全卫生、保险福利等与劳动关系有关的事项，在集体协商一致的基础上签订的书面协议。工资集体协议是专门就工资事项签订的专项集体合同，既可以作为工资问题的专项协议书，也可以作为集体合同的附件，与集体合同具有同等的法律效力。

(2) 集体合同的期限一般是 1—3 年，工资集体协议一般一年签订一次。

三、工资集体协商谈判应遵循的原则

根据《工资集体协商试行办法》的规定,进行工资集体协商必须遵循以下几个基本原则:(1) 坚持合法性,以及兼顾国家、企业和个人三方利益的原则。(2) 坚持按劳分配为主并与按生产要素分配相结合原则。(3) 坚持工资水平合理增长的原则。(4) 坚持公开、公平、公正的原则。(5) 坚持协商双方平等的原则。

四、工资集体协商的内容

根据《工资集体协商试行办法》第 7 条的规定,工资集体协商一般包括以下内容:(1) 工资集体协议的期限;(2) 工资分配制度、工资标准和工资分配形式;(3) 职工年度平均工资水平及其调整幅度;(4) 加班加点工资及奖金、津贴、补贴等分配办法;(5) 工资支付办法;(6) 变更和解除工资集体协议的程序;(7) 工资集体协议的终止条件;(8) 工资集体协议的违约责任;(9) 双方认为应当约定的其他事项。

五、工资集体协商的程序

根据《工资集体协商试行办法》第四章的规定:工会和企业任何一方均可提出进行工资集体协商的要求,工资集体协商的提出方应以书面形式提出意向书,明确协商的时间、地点和内容等。另一方接到协商意向书后,应于 20 日内予以书面答复,如无正当理由,任何一方不得拒绝协商。

协议双方应在协商前,进行认真的研究和准备,并各自提出工资集体协商的方案。协商双方有义务按照对方要求,在协商前,为对方提供与工资集体协商有关的真实情况和资料数据。工会在研究和制定协商方案中,应充分了解和掌握企业经营情况,反复测算、论证,并征求各方面职工的意见。

经过集体协商,双方达成一致意见后,工资集体协议草案应提交职工代表大会或全体职工讨论。职工代表大会或全体职工讨论工资集体协议草案,应当有 2/3 以上职工代表或者职工出席,且须经全体职工代表半数以上或者全体职工半数以上同意,工资集体协议草案方获通过。然后由双方首席代表在工资集体协议文本上签字。

工资集体协商代表应依照法定程序产生。职工一方的代表由工会选派。未建立工会的企业由职工民主推举代表,并得到半数以上的职工同意。企业代表由法定代表人指定的人员担任。双方代表人数应当对等,每方人数至少 3 人。

协商双方各确定一名首席代表,职工首席代表应由工会主席担任或由其书面委托其他协商代表代理。企业首席代表应由法定代表人担任或由其书面委托其他管理人员担任。双方首席代表在工资集体协商期间轮流担任协商会议主席。

六、工资集体协商协议的变更

工资协议一经签订原则上就不能更改了，若协议中约定的客观情形发生重大变化，致使原来签订的工资协议条款无法正常履行时，通过协商，可以变更相关条款，签订新的协议，并按原程序报审。根据《集体合同规定》第40条的规定，有下列情形之一的，可以变更或解除工资协议：(1) 用人单位因被兼并、解散、破产等原因，致使协议无法履行的；(2) 因不可抗力等原因致使协议无法履行或部分无法履行的；(3) 协议约定的变更或解除条件出现的；(4) 法律、法规、规章规定的其他情形。

第五节 特殊情况下的工资支付

工资支付，就是工资的具体发放办法，包括如何计发在法定工作时间内职工完成一定的工作量后应获得的报酬，或者在特殊情况下的工资如何支付等问题。主要包括：工资支付项目、支付水平、支付形式、支付对象、支付时间以及特殊情况下的工资支付等。

一、特殊情况下的工资支付的概念

特殊情况下的工资支付，指用人单位在非正常情况下，依法或者按协议支付劳动者的工资。

二、特殊情况下的工资支付的特点

(1) 它以某种法定非正常情况作为工资支付的前提。通常情况下，因劳动者在法定工作时间内履行正常劳动给付义务而支付工资。但存在某些非正常情况，也要支付工资。至于哪些情况，必须以法规和政策的明确规定为依据。

(2) 它以劳动者本人计时工资标准作为工资支付的标准。或以计时工资标准进行全额支付、一定比例支付或一定倍数支付。各种支付方式分别适用于哪些正常情况，均由有关法规和政策具体规定。

三、特殊情况下工资支付的情形

(一) 法定休假日期间的工资支付

根据相关规定，法定休假日是指法律、法规规定的劳动者休假的时间，包括法定节日（即元旦、春节、清明节、国际劳动节、端午节、中秋节、国庆节及其他节假日)以及法定带薪年休假。在法定休假日内,用人单位应当依法安排劳动者休假,并应依法向劳动者支付工资。

(二)婚丧假期间的工资支付

婚丧假是指劳动者本人结婚以及其直系亲属死亡时依法享受的假期。根据1980年2月20日《国家劳动总局、财政部关于国营企业职工请婚丧假和路程假问题的规定》,婚丧假由本单位行政领导批准,酌情给予1-3天的假期。在批准的婚丧假和路程假期间,职工的工资照发。

(三)依法参加社会活动期间的工资支付

劳动者在法定工作时间内依法参加社会活动期间,应视为提供了正常劳动,用人单位应向劳动者支付工资。根据《劳动部关于〈劳动法〉若干条文的说明》第51条,依法参加的社会活动是指:

(1)依法行使选举权和被选举权;

(2)当选代表,出席政府、党派、工会、青年团、妇女联合会等组织召开的会议;

(3)出任人民法院的证明人、陪审员或辩护人;

(4)出席劳动模范、先进工作者大会;

(5)工会法规定的不脱产工会基层委员会委员因工会活动占用的生产或工作时间;

(6)其他依法参加的社会活动。

(四)产假期间的工资支付

根据2012年国务院颁布的《女职工劳动保护特别规定》,在实行生育保险社会统筹的地区,支付标准按本企业上年度职工月平均工资的标准支付;在没有开展生育保险社会统筹的地区,生育津贴由本企业或单位支付,标准为女职工生育之前的基本工资和物价补贴。

(五)探亲假期间的工资支付

根据《国务院关于职工探亲待遇的规定》(国发[1981]36号),职工在探亲假期间的工资,按照本人的标准工资照发。

(六)停工期间的工资支付

非因劳动者原因造成单位停工、停产,在一个工资支付周期内的,用人单位应按劳动合同规定的标准支付劳动者工资。超过一个工资支付周期的,若劳动者提供了正常劳动,则支付给劳动者的劳动报酬不得低于当地的最低工资标准;若劳动者没有提供正常劳动,应按国家有关规定办理。

(七)企业依法破产时的工资支付

用人单位破产时,劳动者有权获得其工资。在破产清偿中,用人单位应按破产法规定的清偿程序,首先支付欠本单位劳动者的工资。

（八）关于特殊人员的工资支付

根据1995年5月12日劳动部发布的《对〈工资支付暂行规定〉有关问题的补充规定》，特殊人员的工资支付包括：

1. 劳动者受处分后的工资支付：(1) 劳动者受行政处分后仍在原单位工作（如留用察看、降级等）或受刑事处分后重新就业的，应主要由用人单位根据具体情况自主确定其工资报酬；(2) 劳动者受刑事处分期间，如收容审查、拘留（羁押）、缓刑、监外执行或劳动教养期间，其待遇按国家有关规定执行。人事部在1999年《人事部关于国家机关、事业单位工作人员受行政刑事处罚工资处理意见的复函》对此作了详细规定："国家机关和事业单位工作人员被判处拘役、有期徒刑宣告缓刑的，在缓刑执行期间，停发原工资。对安排了临时工作的缓刑人员，原为国家公务员的按本人缓刑前基本工资额的60%发给生活费；机关工勤人员按工资中固定部分（技术工人的岗位工资和技术等级〈职务〉工资，机关普通工人的岗位工资）85%的数额计发生活费，其工资中的奖金部分不再发放；事业单位工作人员按本人受处罚前工资固定部分85%的数额计发生活费，其工资中活的部分（津贴）不再发放。若按此发放的生活费低于本地区最低生活保障线标准，按本地区最低生活保障线发放。"

2. 学徒工、熟练工、大中专毕业生在实习期间、熟练期间、试用期以及转正定级后的工资待遇由用人单位自主确定。大中专毕业生在实习期间，由于这个时间大部分都还处于求学期（一般是在最后一个学期实习），因为他们与用人单位之间还未建立真正的劳动关系，那么就意味着毕业生在实习期内的报酬并非按照国家规定的工资指导线确定。但试用期与实习期不同，在这个阶段大中专毕业生已完成整个学期阶段，并正处于劳动合同的实际生效期内，故此阶段的报酬受《劳动法》规制，其工资待遇由用人单位自主确定，但不得低于当地最低工资标准。

3. 新就业复员军人的工资待遇由用人单位自主确定；分配到企业的军队转业干部的工资待遇，按国家有关规定执行。

第六节　工资保障

一、工资保障制度概述

工资保障制度是指保障劳动者的工资收入权利和工资收入水平的法律规范和政策措施的总称。

工资保障制度一般包括最低工资保障制度、工资支付保障制度、实际工资水平保障制度三个方面的基本内容。对于保障劳动者实际工资水平方面，我国主要通过工资调整和物价补贴两种方式进行处理,目前还缺乏完备的制度保障。所谓工资调整指国家在大幅度调整物价的同时,进行工资普调,以弥补职工因调价而受到的实际工资损失。所谓物价补贴是指国家在大幅度调价的同时,通过财政或企业以货币形式向职工发给补贴,以弥补职工实际工资损失。目前我国法律主要规定了最低工资保障制度、工资支付保障制度。

二、工资支付保障制度

工资支付保障制度是指保障工资支付的法律规范的总称。其主要内容包括:工资支付的形式、对象、时间、数额以及违反工资支付的处理办法和法律责任等。

(一) 工资支付的一般规则

1. 货币支付

我国《劳动法》及《工资支付暂行规定》规定,工资应当以法定货币支付,不得以实物及有价证券替代货币支付。只有以货币方式支付工资,才能准确反映劳动者实际付出的劳动量和应得的报酬,才能使劳动者自身的消费需求和消费愿望得到真正满足,从而保障劳动者的经济利益。

2. 按时支付

根据《工资支付暂行规定》第7、8条,工资一般应当按月支付,用人单位与劳动者可以约定工资支付日期,工资发放日如遇节假日或休息日,则应提前在最近的工作日支付。用人单位每月至少应支付一次工资,对于实行小时工资制和周工资制的人员,工资也可以按日或周发放。对完成一次性临时劳动或某项具体工作的劳动者,用人单位应按有关协议或合同规定在其完成劳动任务后即支付工资。劳动关系双方依法解除或终止劳动合同时,用人单位应在解除或终止劳动合同时一次付清劳动者的工资。

根据《劳动部对〈工资支付暂行规定〉有关问题的补充规定》(劳部发[1995]226号),用人单位应该按时向劳动者支付工资,不得无故拖延。但是,当用人单位遇到非人力所能抗拒的自然灾害、战争等原因,无法按时支付工资,或者用人单位确因生产经营困难、资金周转受到影响,在征得本单位工会同意后,可暂时延期支付劳动者工资,延期时间的最长限制可由各省、自治区、直辖市劳动行政部门根据各地情况确定。

3. 足额支付

足额支付是指用人单位必须按照劳动者应得工资的全部数额向劳动者实际支付。禁止以各种理由克扣劳动者工资,一般情况下,也不允许用人单位代扣劳动者工资,对于确需代扣的,代扣的项目和额度必须依法进行限制。

根据《劳动部对〈工资支付暂行规定〉有关问题的补充规定》(劳部发[1995]

226 号),下列情形不属于克扣劳动者工资:(1) 国家的法律、法规中有明确规定的;(2) 依法签订的劳动合同中有明确规定的;(3) 用人单位依法制定并经职代会批准的厂规、厂纪中有明确规定的;(4) 企业工资总额与经济效益相联系,经济效益下浮时,工资必须下浮的,但支付给提供正常劳动职工的工资不得低于当地的最低工资标准;(5) 因劳动者请事假等相应减发工资等。

用人单位在下列情况下可以代扣劳动者工资:(1) 用人单位代扣代缴的个人所得税;(2) 用人单位代扣代缴的应由劳动者个人负担的各项社会保险费用;(3) 法院判决、裁定中要求代扣的抚养费、赡养费;(4) 法律、法规规定可以从劳动者工资中扣除的其他费用。但是,如因劳动者本人的原因给用人单位造成经济损失,用人单位按照劳动合同的约定要求其赔偿经济损失的,虽然可以从劳动者本人的工资中扣除,但每月扣除的部分不得超过劳动者当月工资的 20%;若扣除后的剩余工资部分低于当地月最低工资标准,则按最低工资标准支付。

4. 向劳动者本人支付

根据《工资支付暂行规定》第 6 条,用人单位应将工资支付给劳动者本人,劳动者本人因故不能领取工资时,可由其亲属或委托他人代领。用人单位可委托银行代发工资。用人单位在支付工资时应向劳动者提供一份其个人的工资清单,列出应发工资额及其项目、扣款额及其项目、实发工资额等;用人单位必须书面记录支付劳动者工资的数额、时间、领取者的姓名以及签字,并保存两年以上备查。

5. 优先支付

根据《工资支付暂行规定》第 14 条,用人单位依法破产时,劳动者有权获得其工资。在破产清偿中用人单位应按《中华人民共和国企业破产法》规定的清偿顺序,首先支付欠付本单位劳动者的工资。

(二) 工资扣除的限制

用人单位不得克扣劳动者工资,除非符合法定允许扣除的条件。根据现行规定,允许扣除的情况可以分为两大类:

1. 代扣工资

根据《工资支付暂行规定》第 15 条,用人单位在下列情况下,可以代扣劳动者工资:(1) 用人单位代扣代缴的个人所得税;(2) 用人单位代扣代缴的应由劳动者负担的各项社会保险费用;(3) 法院判决、裁定中要求代扣的抚养费、赡养费;(4) 法律、法规规定可以从劳动者工资中扣除的其他费用。

2. 扣除赔偿金

根据《工资支付暂行规定》第 16 条,因劳动者本人原因给用人单位造成经济损失而应当支付的赔偿金,可以从劳动者本人的工资中扣除,但每月扣除的部分不得超过劳动者当月工资的 20%;若扣除后的剩余部分低于当月最低工资标准,则按最低工资标准支付。

(三) 工资基金管理

这是我国独有的保障工资支付的一种手段。根据人事部《关于印发〈国家机关、事业单位工资基金管理暂行办法〉的通知》(人计发(1990)20号)第2条的规定,所谓工资基金,是指国家要求用人单位依法设置的用于在一个时期内(通常为一年)给全体职工支付劳动报酬的一种专门货币基金。国家对各用人单位工资基金的提取、储存和使用实行统一管理,即工资基金管理。各企业、事业单位、机关和社会团体发给职工的劳动报酬,不论其资金来源如何,凡属于国家规定的工资总额组成范围的,均应纳入工资基金管理的范围。这样,工资基金就成了用人单位支付工资的唯一直接资金来源。因而,工资基金管理对工资支付的保障作用在于,保障用人单位在一定时期内有稳定的工资支付能力。完全可以说,这是对工资支付的根本性保障。

根据人事部《关于印发〈国家机关、事业单位工资基金管理暂行办法〉的通知》(人计发(1990)20号)第11、12条的规定,工资基金管理的主要措施有:(1)建立工资基金专户。这是我国银行为各用人单位设立的唯一专存专支工资基金专户。一个用人单位只能在一个银行建立一个工资基金专户;各用人单位凡是提取的工资总额都必须专向存入各自的工资基金专户;凡是工资总额组成范围内的支出,不论现金或转账,均应从工资基金专户中列支;工资基金专户中所储存资金,只能用作工资支付,不得挪作他用。(2)计划管理。即对用人单位使用工资基金实行计划管理。各用人单位应依法编制年度、季度和月份工资基金使用计划,其中的年度、季度计划,国家不直接下达工资总额计划的用人单位应报主管部门和劳动部门备案签章,国家直接下达工资总额计划的用人单位则应由主管部门和劳动人事部门审批。在工资基金使用计划的执行过程中,可将本月或本季度结余的工资基金提前使用;工资基金应按照计划规定的各种项目和各自数额专项使用,不能串项挪用,基本工资基金、奖励基金和津贴基金三者之间不能调剂使用。(3)银行监督。即银行对用人单位使用工资基金实行监督。国家下达到用人单位的工资总额计划、经审批的工效挂钩方案、经核定的工资总额包干数或工资总额基金,以及年度、季度、分月工资基金使用计划,都应抄送工资基金专户开户银行,由开户银行据此监督用人单位对工资基金的支取。劳动部门和银行还应向用人单位核发《工资基金管理手册》,以此作为用人单位向开户银行支取工资基金的法定凭证。对未经劳动人事部门批准或审批手续不全的超支计划支取工资基金的,开户银行应一律拒付。用人单位在开户银行支取当月工资基金时,要将上个月的工资基金使用情况,报主管部门并抄送开户银行。

三、实际工资水平保障制度

工资是分配个人生活消费品的主要形式,因而,对职工生活最具有意义的应是实际工资，即职工所得货币工资所能购买到的生活资料和服务的数量。保障实际工资，就是要处理好工资与物价的关系，一方面力求把物价上升控制在较温和的程度之内，即力求避免物价较剧烈、较大幅度的上升；另一方面力求使职工货币工资的增长至少不低于物价上涨的幅度，并尽可能使职工货币工资的增长率大于物价的上涨率。这后一方面，就是劳动法中实际工资保障问题。可见，保障实际工资较之保障最低工资和保障工资支付，是对劳动者更高水平的保护。在法律上就实际工资保障问题作出规定，表明了现代工资保障立法的发展。①

在西方国家，处理工资与物价关系的法定方式，主要有两种：

(1) 劳资双方工资谈判。许多国家对企业的工资一般不直接干预，而规定由劳资双方谈判自行解决。例如，日本自 20 世纪 50 年代中期以来，企业劳资双方每年定期谈判一次工资增长问题，物价上涨幅度是其考虑的因素之一。政府通过每年公布最低工资调整标准和公务员工资调整意见，对私人企业工资起导向作用。第二次世界大战后十几年，绝大多数年份工资的增长幅度都超过物价上涨幅度而低于劳动生产率增长幅度。

(2) 工资物价指数化。即工资随着生活消费品价格指数增加而提高。最早实行这种方法的是美国的通用汽车公司，1948 年该公司与联合汽车工人工会签订了为期 2 年的集体合同，规定工人工资每季度按生活费变动情况而调整，以抵消价格上涨的影响。目前美国只有不足 10%的就业人员受此方法的保护。

上述两种方式，指数化曾为多数国家所采用，但近年来，多数国家采用谈判方式，仅有少数国家采用指数化方式。

在我国，处理工资与物价关系的基本方式有：

(1) 工资调整。即国家在大幅度调价的同时，进行工资普调，以弥补职工因调价而受到的实际工资损失。

(2) 物价补贴。在劳动法意义上，仅指在大幅度调价的同时，通知财政支出或企业支出渠道，以货币形式向职工发放补贴。它可以是根据物价总水平的上涨幅度及居民生活费指数上涨幅度等因素给予补贴，属明补形式。至于明补以外在商品流通环节的暗补，则不属于劳动法的范围。

上述两种方式，都是在物价主要由国家调整的条件下所采用的。而按市场经济的要求，物价变动应由市场调节，这就大大增加了采用上述两种方式的局限性。为此，我国需要采用与市场经济相适应的新方式来处理工资与物价的关系。对此借鉴外国经验是完全必要的。

根据 2001 年 10 月 10 日劳动和社会保障部通过的《工资集体协商试行办法》，我国已开始试行工资谈判制度。我们认为，这种方式具有灵活性，比较适应

---

① 参见王全兴：《劳动法》，法律出版社 2004 年版，第 254 页。

市场经济的波动特点，且有利于发挥劳动者和企业双方对物价上涨和工资增长的相互制约作用。然而，实行这种方式至少应具备以下条件：(1) 建立完备的集体合同制度，尤其是地区性、行业性集体合同制度；(2) 理顺工会与用工方的实际利益关系，强化工会的独立地位与谈判实力；(3) 国家有一套指导、协调工资谈判的完备制度和有效手段。而这些条件目前在我国尚不成熟，所以，这种制度的施行仍有相当难度。为避免其流于形式，有必要采取措施促使上述条件的完备。

第七节　我国工资法律制度的完善

一、我国《企业工资条例》的起草及夭折历程

最低工资制度实施以来，有效地保障了劳动者的基本生活，在社会经济发展中发挥着越来越重要的作用。但实施中也存在一些问题，主要是一些地区最低工资标准确定不够科学合理，部分企业按照最低工资标准支付职工工资，少数企业采取延长劳动时间、随意提高劳动定额、降低计件单价等手段变相违反最低工资规定。2007 年 6 月劳动和社会保障部发布《关于进一步健全最低工资制度的通知》，明确要求要充分认识健全和执行最低工资制度的重要意义，加大调整最低工资标准的力度，规范用人单位工资支付行为，加强对最低工资制度执行情况的监督检查。

2008 年《劳动合同法》及《劳动争议调解仲裁法》相继颁布实施，截至 2013 年 12 月 31 日，共有北京、浙江、河南、贵州、山东、江西、广西、甘肃、宁夏、天津、山西、上海、广东、云南、新疆、四川、江苏、吉林、辽宁、安徽、福建、内蒙古、湖南、海南等 26 个省(区、市)和深圳市调整了最低工资标准。[①] 但同时也有统计结果显示，多数垄断行业的企业，内部收入差距达到 20 倍以上，72%的员工认为分配不公。同时，2000 年颁布实施的《工资集体协商试行办法》，也存在实际操作性不强、可执行度不高等弊端。

2012 年 7 月，人力资源和社会保障部新闻发言人尹成基表示，人力资源和社会保障部正会同有关部门和单位开展调研起草企业工资条例草案的工作。他表示，人力资源和社会保障部将从调整最低工资标准、力推工资集体协商制度、加强工资收入分配的指导调控，以及加大劳动争议仲裁调解四个方面着力保障广大职工的工资收入。条例草案的内容随即公布，条例草案核心内容突出了“调低限高”。在限制垄断行业高收入方面，草案要求垄断行业定期公布工资平均水

① 参见《26 省最低工资标准平均上调 18% 上海 1620 元居首》，载 money.163.com/14/0115/08/9IKQUQ7100253BOH.html，2014 年 1 月 15 日最后访问。

平、涨幅、增长金额等内容。条例草案预计还将首次明确最低工资不包括加班费、高温低温及国家的各种补贴，三险一金也不包括在内。此外，条例草案确定，职工工资增长应充分考虑当地 CPI 因素。但是在一些关键问题上各部门难以达成一致，例如最低工资以及工资正常增长机制等规定，遭到了来自全国工商联等部门的反对。此外，《工资条例》中有关“同工同酬”的规定，也没有找到令国企和相关部门满意的解决方案。因为在国企中，大量存在劳务派遣工人，实行“同工同酬”意味着这些国企用工成本将大幅增加。因此，实际上《企业工资条例》的起草制定已经夭折。

二、我国工资制度的立法建议

（一）强化工资协商制度中劳动者的话语权

工资收入是职工生活的主要来源，我国在深化收入分配制度改革中已经确定了职工工资形成的“平等协商”原则，职工的工资不再由企业单方面决定，而应该主要由企业和职工代表协商确定。在法理上，劳动者有“三权”，一为团结权，即组织和参加工会的权利；二为集体谈判权，比如“工资集体协商制”；三为行使团体行动权，如果谈判不成功，劳动者还可以通过工会实施这一权利。目前社会出现的工资分配不合理现象，如一线职工特别是农民工工资偏低、工人的工资增长缓慢、有些企业只按最低工资标准支付工人工资等，除了劳动力阶段性供大于求的原因外，突出反映了我国企业工资集体协商机制建设无法适应现实需要的情况。

（二）对收入分配在“增低”的同时要进行“限高”

根据人力资源和社会保障部统计，目前，电力、电信、金融、保险、烟草等行业职工的平均工资是其他行业职工平均工资的 2 至 3 倍，考虑到住房、工资外收入和福利待遇上的差异，实际收入差距可能在 5 至 10 倍之间。根据《劳动法》第四十六条规定，工资分配应当遵循按劳分配原则，实行同工同酬。对收入畸高的行业及单位要通过立法的形式进行限高，制定最高工资上线。

（三）垄断行业定期公布工资平均水平、涨幅、增长金额等内容，涨薪须听证

对垄断企业要加大监管力度，要求垄断行业定期公布工资平均水平、涨幅、增长金额等内容。据了解，垄断行业和非垄断行业的收入差距正在加大，同时垄断行业内部的收入差距也在逐渐加大。通常情况下，国外垄断企业内部的收入差距在 8 比 1，而我国垄断行业企业内部，最高收入者是最低收入者的几十倍。为此“特殊行业内的企业，工资总额需要上报，主要上报给人事部门、财政部门和国资委，并由这些部门批准审核。”上级主管部门认为有必要时，涨薪将采取听证的方式，涨薪幅度还将向外界公布。[①]

---

① 引自索寒雪：《工资条例将出炉 国务院要求垄断企业涨薪须听证》，载《中国经营报》2010 年 7 月 31 日。

附录

一、本章重点问题提示

如何理解和实施最低工资制度?

最低工资制度是工资保障制度三个方面中的一个,这是为了保障职工工资足以成为其生活主要来源和维持其基本生活需要。最低工资标准是国家依法规定的,当职工在法定工作时间或依法签订的劳动合同约定的工作时间内提供了正常劳动的前提下,用人单位在最低限度内应当支付的足以维持职工及其平均供养人口基本生活需要的劳动报酬——工资的法定最低限额。思考下列问题:

问题一:试列举目前国内外对最低工资制度的截然相反的争议?

资料一:对最低工资制度持反对态度

米尔顿·弗里德曼有一段话指出:“最低工资法也许是我们所能找到的其影响和善意支持该法规的人们的意图恰好相反的最明显事例……如果最低工资法有任何影响的话,那么,它们的影响显然是增加贫穷。国家能够通过立法制订一个最低工资率。但它很难要求雇主按照最低工资雇佣所有以前在最低工资率以下被雇佣的人。这样做显然是不符合雇主利益的。因此,最低工资的影响是使失业人数多于没有最低工资时的情况。就最低工资确实是贫困的象征而言,那些因之而失业的人恰恰是那些最经受不起放弃他们一直在拿收入的人。”①

经济学家斯蒂格勒 1946 年发表了一篇名为《最低工资立法经济学》的文章,他认为为减轻贫困而制定的这种制度不但不能消除贫困,还会扭曲资源配置。很多经济学家认为最低工资制度作为政府人为干预劳动力市场的一种方式,有很多缺陷,主要包括:(1) 规定的最低工资高于市场上的均衡工资,就会减少对劳动力的需求,结果会导致失业人员增加。(2) 许多事实上拿最低工资的工人如学徒工、临时工、兼职工人、家庭仆人等未包括在最低工资法中。(3) 企业是否真正执行最低工资标准是个实践中的难题。(4) 最低工资法可能带来熟练工替代非熟练劳动力。(5) 可能鼓励资本替代劳动,即企业会更有积极性采用节省劳动的新技术。② (6) 可能导致就业中的歧视问题,如性别歧视、种族歧视等。(7) 可能使非熟练工处于更艰难的就业状况。(8) 最低工资导致劳动力成本的增加,这种成本最终会转嫁给消费者从而损害消费者利益。③

资料二:对最低工资制度持肯定态度

有学者认为,最低工资制度设立的目的是保证每一个工人得到与之付出的

---

① 〔美〕米尔顿·弗里德曼:《资本主义与自由》,商务印书馆 1999 年版,第 173 页。

② 摘自黄凌燕:《最低工资行驶在福利和市场的双车道上》,http://www.qzwb.com/gb/content/2004-03/04/content_160443.htm,2004 年 3 月 4 日访问。

③ 李定:《关于最低工资法的经济学反思》,载《经济问题》2007 年第 3 期。

劳动相适应的报酬，以减少贫困，并且最低工资制度的建立并不一定对就业带来负面影响。① 其观点认为，最低工资制度具有重要的社会经济作用。表现在以下几方面：(1) 对于低收入阶层或收入不稳定的劳动者，能够起到一定的保护作用。特别是对一些国家中的非熟练工以及没有工会组织保护的工人，可以提供必要的生活保障。② (2) 通过对每一个劳动者提供一份有保障的收入，体现社会公平的原则，维护社会政治与经济秩序的稳定。(3) 减少社会贫困现象，削弱通货膨胀的消极影响，维持一定的社会购买力，为生产的正常发展创造必要的市场条件。(4) 制约平均工资的变化。一方面，由于最低工资率是依法强行推行的，对总体工资水平有基础性作用；另一方面，企业平均工资的提高，又必然引起最低工资的变动。特别是在工资谈判时，政府颁布的最低工资率是一个重要的依据。(5) 有利于国家对社会分配和劳资双方利益进行协调。

问题二：试分析我国立法和理论界应当如何对待最低工资制度？

在我国，早在 1948 年召开的第二次全国劳动大会所通过的《关于中国职工运动当前任务的决议》中提出，必须保障任何普通职工的最低工资标准要能维持连同本人在内的两个人的生活。1949 年制定的《私营企业劳动管理暂行规定》中规定，私营企业职工的最低工资不得低于当地同行业集体企业同等条件工人的最低工资水平。到 1993 年下半年，劳动部制定了《企业最低工资规定》，这是我国第一部全国性最低工资法规。其后的《劳动法》在"工资"专章中，明确规定"国家实行最低工资保障制度"，并对最低工资标准的制定权限、制约因素和法律效力，作了原则性规定。2004 年 1 月，劳动和社会保障部颁布的《最低工资规定》对最低工资标准的制度要素作了更为完整和具体的规定。在最低工资标准水平的问题上，由于在我国现阶段，经济发展和生活水平的地区不平衡性还比较突出，由此决定了难以实行全国统一的最低工资标准。因此，《劳动法》第 48 条规定"最低工资的具体标准由省、自治区、直辖市人民政府规定，报国务院备案"。《最低工资标准》第 7 条进一步规定，省、自治区、直辖市范围内的不同行政区域可以有不同的工资标准。由于最低工资标准直接涉及劳动关系双方当事人的利益，因而，省级政府应当组织同级的工会组织和用人单位方面代表，参与最低工资标准的制定过程。

《最低工资规定》实施的目的主要是：(1) 缩小市场竞争带来的经济差距，保护作为市场弱势群体的劳动者，稳定社会秩序，体现社会公平。(2) 适应经济全球化的需要。中国参与全球化的实质是通过国际贸易完成劳动力的重新配置，即中国的劳动力无法不断移民出去，就需要国外的企业到中国投资建厂，利用中国的廉价劳动力组装生产，重新出口，从而给资本输出国或其他国家的经济带来巨大的影响尤其是就业。发达国家为保护本国的利益，必然会倡导制定全球统一的劳动标准，以提高包括中国在内的发展中国家的劳动力成本。中国积极推

---

① 张丽宾、杨涛、常凯：《设最低工资不会造成就业减少》，载《人民日报》(海外版)2006 年 10 月 9 日。

② 宁光杰：《劳动经济学》，经济管理出版社 2007 年版，第 175 页。

进《最低工资规定》和其他劳动保障措施,实际上起到了未雨绸缪的作用,为适应所谓的国际惯例(全球性劳动标准)做准备。

有学者认为,劳动价格只是自由市场原则的一个具体应用而已。市场优越于集中计划的地方就在于其能形成合理的价格,其中包括劳动价格。[①] 公平的工资必然是由劳资双方讨价还价形成的,由此形成的价格能使雇主和雇员各得其所。身在其外的政府不可能设定一个合理的工资率,假如政府没有自知之明,非要替某一方把某种强制性工资要求强加于另一方,企业就会逃避政策要求,或者政府认真执行导致效率损失,也导致政府所要照顾的群体的福利损失。也就是说,至少按照经济学的逻辑,试图通过最低工资制度来保障低收入群体的工资收入,本来就走错了路。因此,各地政府的最低工资标准是否合理,执行是否有效,其实是无关紧要的事情,真正关心低收入群体工资收入的人士,没必要在这个问题上纠缠。这些学者认为最低工资制在中国是"好心办坏事",主要表现在:(1) 最低工资标准将不利于最低层劳动者就业,尤其是下岗工人和农村剩余劳动力的就业。(2) 限制企业吸收更多工人的能力,阻碍了能帮助吸收更多人就业的适合中国国情的劳动密集型企业的开办,同时也使得边际制造商被迫退出行业,其所雇工人随之失业。(3) 企业会在内部采取措施消化因最低工资制度而增加的负担,如加重工人劳动强度、减少带薪假期等等。(4) 最低工资在中国难以执行。发达国家就业比较充分,而且有很完善的失业救济保障制度,并且最低工资线一般都低于实际工资水平,所以最低工资制能网罗大多数人,执行比较容易,但中国目前不具备这种条件。他们认为对最低工资制度持肯定态度的人忽视了一个重要问题:人们呼吁政府提高最低工资标准,等于承认政府有能力决定某部分劳工的工资。在全面的国有制下,政府当然有这种能力。但是,历史的事实正好相反:在政府有能力决定劳工工资的时代,工资始终控制在极低的水平。当时,通过这种强制储蓄办法,政府实现了经济的高积累,以此弥补计划经济和公有制企业的低效率。到了今天,大多数企业已是非公企业,政府几乎已不具备决定劳工工资的能力,劳工的工资是由市场决定的。

结合上述资料分析我国当前劳动领域的工资以及最低工资问题。

二、思考题

1. 简述工资的含义和特征。
2. 简述工资的构成部分。
3. 简述工资保障制度的主要内容。
4. 简述工资立法的基本原则。
5. 简述市场经济条件下劳动者的工资保障。

---

① 孔善广:《设置最低工资标准可能是好心办坏事》,摘自天涯论坛,http://bbs.tianya.cn/post-no01-240198-1.shtml,2006 年 5 月 11 日访问。

第十章 劳动安全与卫生

内容提要

随着社会经济的发展，劳动强度逐步加大，劳动技术要求一再提高，劳动安全卫生就显得更为重要。增强用人单位和劳动者的劳动安全卫生意识，强化各项劳动安全卫制度的实施，是保护劳动者生命和健康的关键所在。因此，对劳动者给予职业最低要求的保护显得格外重要。本章以五节的篇幅阐释和论述了劳动安全卫生的概念与意义、劳动安全卫生设施标准、劳动安全卫生管理制度、女职工和未成年工的特殊保护以及劳动保护法律制度的完善。

关键词

劳动安全卫生　女职工特殊保护　未成年工特殊保　制度完善

第一节　劳动安全与卫生概述

一、劳动安全卫生的概念

所谓劳动安全卫生，亦称劳动保护，是指直接保护劳动者在生产过程中的安全和健康的各种措施。国家为保护劳动者在生产过程中的安全和健康所制定的各种法律规范称劳动安全卫生制度。它包括劳动安全技术规程、劳动卫生规程、劳动安全卫生管理制度及国家安全监察等方面的法律规定。

由于在现代工业生产过程中存在着各种不安全和不卫生的因素，如电、磁、声、光、尘、机械伤害、有毒有害物质等，都会给劳动者的生命安全和身体健康造成威胁，如不采取相应的防护措施，就会损害劳动者的安全和健康(如工伤事故、职业病等)，甚至会影响生产的正常进行。比如矿山井下可能发生瓦斯爆炸，建筑施工可能发生高空坠落，工厂可能发生机械伤害，化工行业可能发生职业病，等等。因此，世界各国都比较重视劳动安全卫生立法。在世界工运史上，工人阶级为劳动条件进行过长期的斗争，要求国家制定法律，保护劳动者在劳动过程中的安全和健康。在工人运动的压力下，有些工业发达的资本主义国家制定和颁布了一些职业安全、卫生法规。如美国于1969年颁布了《煤矿安全与卫生法》，1971年颁布了《职业安全与卫生法》;英国1974年颁布了《劳动安全与卫生法》;日本1972年颁布了《劳动安全卫生法》等。目前世界上有70多个国家制定了劳动法典，劳动安全与卫生是法典的重要组成内容。在国际劳工组织通过所有公约和建议书中，职业安全与卫生约占主要内容的一半。由此可见，世界各国都对劳动安全和卫生高度重视。如何预防和减少工伤事故和职业病，仍是当今各国劳动保护法研究的重要问题。

二、劳动安全卫生制度的立法宗旨和方针

我国《宪法》第14条规定:“国家通过提高劳动者的积极性和技术水平，推广先进的科学技术，完善经济管理体制和企业经营管理制度，实行各种形式的社会主义责任制，改进劳动组织，以不断提高劳动生产率和经济效益，发展社会生产力。”该条文是建立我国劳动安全卫生制度的宪法依据和最高准则。同时，《劳动法》第52条规定:“用人单位必须建立、健全劳动安全卫生制度，严格执行国家劳动安全卫生规程和标准，对劳动者进行劳动安全卫生教育，防止劳动过程中的事故，减少职业危害。”2002年6月，全国人大常委会通过了《安全生产法》，明确规定劳动安全卫生工作的方针为“安全第一，预防为主”。2014年8月31日第十二届全国人大常务委员会第十次会议对《安全生产法》进行了修正，于2014年12月1日起施行，修订后的安全生产工作的方针是“以人为本，坚持安全发展，坚持安全第一、预防为主、综合治理”。这要求用人单位在劳动过程中应将工作安全放在首要位置，与事后补救相比，预防才是实现目标的主要措施和根本途径，需要用人单位倾入更大的关注。①

三、劳动安全卫生的立法概述

(一) 外国及国际劳工组织立法概况

产生于资本主义工业革命以后的1802年英国《学徒健康与道德法》是劳动安全卫生的最早立法，该法规定了对在纺织工厂工作的童工的劳动保护条件。随后，英国多次颁布工厂法来规范和强调工人的劳动安全卫生问题，如1833年的《工厂法》、1842年的《矿业法》、1845年的《印染工厂法》、1869年的《工厂法扩充条例》和《工厂管理条例》等。法国、德国的相关立法也规定了工厂应有的安全和卫生设备，以防止和减少伤亡事故和职业病的发生，体现了各国对生产安全的重视和对生命的尊重。进入20世纪以来，各国迅速加强了劳动方面的立法，包括工时立法、带薪年休假立法、最低工资立法、职业安全与卫生立法、社会保险

① 参见赖达清、刘杰主编:《新编劳动法学》，中国政法大学出版社2010年版，第180页。

法、劳动合同法及关于调整劳资关系、处理劳动争议的立法等，其中劳动安全与卫生立法更是重中之重。例如，美国于1969年颁布了《煤矿安全与卫生法》，1971年颁布了《职业安全与卫生法》；1974年英国颁布了《劳动安全与卫生法》；1972年日本颁布了《劳动安全卫生法》等。

与此同时，相应的国际立法也在不断加强，主要有：1921年《油漆中使用白铅公约》和《在海上工作的儿童及未成年人的强制体格检查公约》；1929年《防止码头工人事故公约》(1932年修改)；1937年《建筑业的安全规定公约》；1960年《保护工人免受离子辐射公约》；1967年《准许工人搬运的最大重量的公约》；1974年《预防和控制由致癌物质和致癌剂造成职业危害公约》；1979年《港口装卸的劳动安全和劳动卫生公约》；1981年《职业安全和卫生及工作环境公约》等。这些国际性公约从各个层面反映了劳动安全卫生制度在不同行业中的具体要求，推动了各个行业工作环境的发展，体现了对工人的人道关怀，减少了工人的后顾之忧从而促使其更加认真地投入到工作当中，并指导着各国国内劳动安全卫生立法的发展和进步。①

（二）我国劳动安全卫生立法概况

我国历来对劳动安全卫生立法十分重视。早在1956年5月，国务院就颁布了著名的“三大规程”，即：《工厂安全卫生规程》《建筑安装工程安全技术规程》《工人职员伤亡事故报告规程》。1982年3月，国务院发布了《矿山安全条例》《矿山安全监察条例》《锅炉、压力容器安全监察条例》，专门对矿山、锅炉和压力容器的安全作了规定。1984年7月，国务院发布了《关于加强防尘防毒工作的决定》，1986年颁布了《关于查处重大责任事故的几项暂行规定》，1987年7月颁布了《关于加强乡镇企业劳动保护工作的规定》，1987年12月国务院发布了《中华人民共和国尘肺病防治条例》。1992年11月第七届全国人大常委会第二十八次会议颁布了《中华人民共和国矿山安全法》。1996年10月经国务院批准，原劳动部颁发了《中华人民共和国矿山安全法实施条例》。1998年2月国务院颁布了《建设项目(工程)劳动安全卫生预评价管理办法》。2001年10月27日第九届全国人民代表大会常务委员会第二十四次会议通过《中华人民共和国职业病防治法》。2002年6月第九届全国人民代表大会常务委员会第二十八次会议颁布《中华人民共和国安全生产法》。2004年1月为了进一步加强安全生产工作，尽快实现我国安全生产局面的根本好转，国务院颁布了《关于进一步加强安全生产工作的决定》。2004年2月国务院安全生产委员会办公室颁布了《关于推进乡镇煤矿安全质量标准化建设的意见》。2004年2月国务院办公厅颁布了《关于加强安全工作的紧急通知》。2004年11月19日国务院办公厅转发国

① 参见赖达清、刘杰主编：《新编劳动法学》，中国政法大学出版社2010年版，第181页。

务院安全生产委员会办公室《关于加强煤矿安全监督管理进一步做好小煤矿关闭整顿工作意见的紧急通知》。2005 年 8 月 22 日国务院办公厅颁布了《关于坚决整顿关闭不具备安全生产条件和非法煤矿的紧急通知》。2005 年 9 月 3 日国务院颁布了《关于预防煤矿生产安全事故的特别规定》。2006 年 6 月 15 日国务院办公厅《关于加快煤层气(煤矿瓦斯)抽采利用的若干意见》。2005 年 12 月 23 日国家安全生产监督管理总局颁布了《关于做好煤矿作业场所职业卫生调查工作的通知》。2005 年 9 月 19 日国家煤矿安全监察局发布了《关于做好煤矿作业场所职业卫生监察工作的指导意见》。2006 年 1 月 22 日国务院颁布了《国家安全生产事故灾难应急预案》。2007 年 3 月 28 日国务院第 172 次常务会议通过《生产安全事故报告和调查处理条例》,自 2007 年 6 月 1 日起实施。2007 年 10 月 27 日国家安全监管总局、国家煤矿安监局发布了《关于加强煤矿劳动定员管理严格控制井下作业人数的通知》。2008 年 4 月 19 日国务院安委会办公室发布了《关于在重点行业(领域)开展安全生产百日督查专项行动的意见》。2007 年 11 月 9 日国务院修订了《安全生产违法行为行政处罚办法》,自 2008 年 1 月 1 日起施行。2009 年 12 月 14 日国家安全生产监督管理总局局长办公会议审议通过《关于修改〈煤矿安全规程〉部分条款的决定》,自 2010 年 3 月 1 日起施行。2010 年 7 月 19 日国务院颁布了《关于进一步加强企业安全生产工作的通知》。2011 年 12 月 31 日第十一届全国人大常委会第二十四次会议通过了《关于修改〈中华人民共和国职业病防治法〉的决定》;2012 年 10 月 26 日第十一届全国人民代表大会常务委员会第二十九次会议通过《关于修改〈中华人民共和国未成年人保护法〉的决定》;2013 年 2 月 19 日卫生部令第 91 号公布了《职业病诊断与鉴定管理办法》,自 2013 年 4 月 10 日起实施;2013 年 6 月 29 日第十二届全国人大代表大会常务委员会第三次会议通过了《中华人民共和国特种设备安全法》,自 2014 年 1 月 1 日起实施;2013 年 7 月 18 日国务院令第 638 号修订了《煤矿安全监督条例》以及《国务院关于预防煤矿安全生产事故的特别规定》;2013 年 8 月 29 日国家安全生产监督管理总局令第 63 号修订了《煤矿安全培训规定》以及《安全生产培训管理办法》;2013 年 12 月 23 日国家卫生计生委、人力资源和社会保障部、安全监督总局、全国总工会颁布了国卫疾控发[2013]48 号《职业病分类和目录》;2014 年 7 月 29 日国务院令第 653 号修订了《安全生产许可证条例》,自公布之日起实施;2014 年 8 月 31 日第十二届全国人大常务委员会第十次会议通过了《关于修改〈中华人民共和国安全生产法〉的决定》。

我国《劳动法》第六章对劳动安全卫生作了专门规定,这为制定我国《劳动安全法》提出了基本原则和要求。上述系列劳动安全卫生立法,充分体现国家对劳动者在生产过程中的安全和健康的高度重视。

四、建立劳动安全卫生制度的意义

（一）为劳动者在生产过程中的安全和健康提供法律保障

劳动者是社会物质和精神财富的创造者，劳动力是生产力中最重要和最活跃的因素。要发展生产力，首先必须保护劳动力。对于劳动者在生产过程中遇到的各种不安全、不卫生的因素，国家只有通过立法的手段，制定和颁布劳动安全卫生法律、法规，才能有效地防止伤亡事故和职业病，为劳动者在生产过程中的安全和健康提供法律保障。用人单位必须严格实施劳动安全法规，严格执行国家规定的各种劳动安全和卫生标准，避免有毒有害物质侵害劳动者的身体健康，创造良好的劳动条件和环境，切实对劳动者在生产过程中的安全和健康负责。对违反劳动安全卫生法规者依法追究责任。

（二）调动劳动者的积极性，促进劳动生产率的提高

国家建立劳动安全卫生制度，在保证劳动者在生产过程中的安全和健康的同时，也起到了调动劳动者的积极性，促进劳动生产率的提高的作用。国家要发展生产必须不断提高劳动生产率，劳动生产率的提高依靠的是劳动者的体力和智力，保护劳动者的安全和健康，也是对我国劳动力的保护。国家采取各种保护措施，用工单位执行劳动安全卫生法规，对生产中不安全、不卫生的因素加以防止和消除，才有可能保护生产的顺利进行。劳动安全卫生的各种措施的实施，对现代生产技术向前发展有着明显的促进作用。因为要达到国家制定的各种劳动安全卫生标准，必然促使生产的组织者、经营者不断进行技术改造，改进操作方法，更新设备，实现生产过程的机械化、电气化、自动化。这不仅可以大大改善劳动条件，减轻劳动强度，而且可以促进生产技术发展的现代化和提高劳动生产率。

第二节　劳动安全卫生技术规程

一、劳动安全技术规程

劳动安全技术规程是指国家为了保护劳动者的安全，防止和消除劳动生产过程中伤亡事故的发生，而制定的以各种技术规则为主要内容的法律规范。我国制定的相关法律法规主要包括《安全生产法》《生产安全事故报告和调查处理条例》《劳动保障监察条例》《矿山安全法》《建设工程安全生产管理条例》等。除此之外，国家还针对不同行业制定了劳动安全方面国家标准和行业标准。《安全生产法》规定安全生产工作应以“以人为本，坚持安全发展，坚持安全第一、预防为主、综合治理”为方针，要求生产经营单位完善安全生产条件，确保安全生产。

劳动安全技术规程主要包括以下几个部分：

（一）工厂安全技术规程

关于工厂生产的安全维护，《工厂安全卫生规程》曾进行了全面具体的规范，包括工作场所、机械和电器设备、生产辅助设施、个人防护用品等。现在，该规程已经废止，相关内容由《中华人民共和国安全生产法》和《中华人民共和国职业病防治法》取而代之。

《安全生产法》规定工厂及其他生产经营单位应当具备本法和有关法律、行政法规和国家标准或者行业标准规定的安全生产条件；不具备的则不得从事生产经营活动。工厂新建、改建、扩建工程项目的安全设施，必须与主体工程同时设计、同时施工、同时投入生产和使用。工厂应在危险性较大的生产经营场所和相关设备、设施上设置明显的安全警示标志；对安全设备进行按时及经常性的养护、保养和检测，并进行记录和有关人员签字。

（二）建设工程安全技术规程

根据我国《建筑法》《安全生产法》《建设工程质量管理条例》《建设工程安全生产管理条例》等法律法规的规定，其主要包括以下几个内容：

(1) 国家对建筑施工企业施行安全生产许可证制度，未获得安全生产许可证的，不得从事生产活动。建筑工程安全生产管理必须坚持安全第一、预防为主的方针，建立健全安全生产的责任制度和群防群治制度。(2) 建筑施工企业应当设置安全生产管理机构或者配备专职安全生产管理人员。(3) 建筑施工企业在编制施工组织设计时，应当根据建筑工程的特点制定安全技术措施；对专业性较强的工程项目，应当编制专项安全施工组织设计，并采取安全技术措施。(4) 建筑施工企业应当在施工现场采取维护安全、防范危险、预防火灾等措施；有条件的，应当对施工现场实行封闭管理。施工现场对毗邻的建筑物、构筑物和特殊作业环境可能造成损害的，建筑施工企业应当采取安全防护措施。(5) 垂直运输机械作业人员、安装拆卸工、爆破作业人员、起重信号工、登高架设作业人员等特种作业人员，必须按照国家有关规定经过专门的安全作业培训，并取得特种作业操作资格证书后，方可上岗作业。(6) 施工单位应当在施工现场入口处、施工起重机械、临时用电设施、脚手架、出入通道口、楼梯口、电梯井口、孔洞口、桥梁口、隧道口、基坑边沿、爆破物及有害危险气体和液体存放处等危险部位，设置明显的符合国家标准的安全警示标志。(7) 施工单位应当向作业人员提供安全防护用具和安全防护服装，并书面告知危险岗位的操作规程和违章操作的危害。

（三）矿山安全技术规程

近年来，我国矿山事故频发，采矿企业资质参差不齐，矿山安全已经成为我国立法关注的热点。我国《安全生产法》《矿山安全法》《煤炭法》《矿山安全法实施条例》《安全生产许可证条例》等均对其作出了严格规定，主要包括以下内容：

（1）矿山建设的安全技术规程。国家对矿山企业施行安全生产许可证制度，未取得安全生产许可证的，不得从事生产活动。矿山企业应当设置安全生产管理机构或者配备专职安全生产管理人员。矿山建设项目应当分别按照国家有关规定进行安全条件论证和安全评价，其安全设施设计应当按照国家有关规定报经有关部门审查，审查部门及其负责审查的人员对审查结果负责；施工单位必须按照批准的安全设施设计施工，并对安全设施的工程质量负责；其施工单位必须按照批准的安全设施设计施工，并对安全设施的工程质量负责；其投入生产或者使用前，必须依照有关法律、行政法规的规定对安全设施进行验收，验收合格后才能投入生产和使用，验收部门及其验收人员对验收结果负责。矿山建设的安全设施必须和主体工程同时设计、同时施工、同时投入生产和使用。矿山设计下列项目必须符合矿山安全规程和行业技术规范：① 矿井的通风系统和供风量、风质、风速；② 露天矿的边坡角和台阶的宽度、高度；③ 供电系统；④ 提升、运输系统；⑤ 防水、排水系统和防火、灭火系统；⑥ 防瓦斯系统和防尘系统；⑦ 有关矿山安全的其他项目。每个矿井必须有两个以上能行人的安全出口，出口之间的直线水平距离必须符合矿山安全规程和行业技术规范。矿山必须有与外界相通的并符合安全要求的运输和通讯设施。矿山设计使用的地质勘探报告书应包括矿山设计范围内原有小窖、老窖的分布范围、开采深度和积水情况；沼气、二氧化碳赋存情况，矿物自然发火和矿尘爆炸的可能性；对人体有害的矿物组分、含量和变化规律，勘探区至少一年的天然放射本底数据以及工业、生活用水的水源和水质等等。

（2）矿山开采的安全技术规程。矿山开采必须具备保障安全生产的条件，执行开采不同矿种的矿山安全规程和行业技术规范。矿山设计规定保留的矿柱、岩柱，在规定的期限内，应当予以保护，不得开采或者毁坏。矿山使用的有特殊安全要求的设备、器材、防护用品和安全检测仪器，必须符合国家安全标准或者行业安全标准；不符合国家安全标准或者行业标准的，不得使用。矿山企业必须对机电设备及其防护装置、安全检测仪器，定期检查、维修，保证使用安全；必须对作业场所中有毒有害物质和井下空气含氟量进行检测，保证符合安全要求；必须对下列危害安全的事故隐患采取预防措施：① 冒顶、片帮、边坡滑落和地表陷塌；② 瓦斯爆炸、煤尘爆炸；③ 冲击地压、井喷；④ 地面和井下的火灾、水害；⑤ 爆破器材和爆破作业发生的灾害；⑥ 粉尘、有毒有害的气体、放射性物质和其他有害物质引起的危害；⑦ 其他危害。对使用机械、电气设备、排土场、矸石山、尾矿库和矿山闭坑后可能引起的危害，矿山企业必须采取预防措施。矿山企业应当对机电设备及其防护装置、安全检测仪器定期检查、维修，并建立技术档案，保证使用安全。非负责设备运行的人员，不得操作设备；非值班电气人员，不得进行电气作业;操作电气设备的人员,应当有可靠的绝缘保护。煤矿和其他有瓦斯爆炸可能性的矿井,应当严格执行瓦斯检查制度,任何人不得携带烟草和点火用具下井。

另外,我国《煤炭法》还要求煤矿在投入生产前必须取得煤炭生产许可证,依法取得煤炭生产许可证的煤矿企业不得将其煤炭生产许可证转让或者出租给他人。取得煤炭生产许可证,应当具备下列条件:① 有依法取得的采矿许可证;② 矿井生产系统符合国家规定的煤矿安全规程;③ 矿长经依法培训合格,取得矿长资格证书;④ 特种作业人员经依法培训合格,取得操作资格证书;⑤ 井上、井下、矿内、矿外调度通讯畅通;⑥ 有实测的井上、井下工程对照图、采掘工程平面图、通风系统图;⑦ 有竣工验收合格的保障煤矿生产安全的设施和环境保护设施;⑧ 法律、行政法规规定的其他条件。煤矿企业的安全生产管理,实行矿务局长、矿长负责制。煤矿企业应当对职工进行安全生产教育、培训;未经安全生产教育、培训的,不得上岗作业。煤矿企业工会发现企业行政方面违章指挥、强令职工冒险作业或者生产过程中发现明显重大事故隐患,可能危及职工生命安全的情况,有权提出解决问题的建议,煤矿企业行政方面必须及时作出处理决定。煤矿企业必须为职工提供保障安全生产所需的劳动保护用品。

二、劳动卫生技术规程

劳动卫生技术规程是指国家为了保护劳动者的健康,防止和消除劳动生产过程中职业病和职业中毒等各种职业伤害的发生,而制定的以各种技术规则为主要内容的法律规范。主要涉及对有毒气体、粉尘、噪音等情况的消除,对通风、照明等状况的改进,以及企业生产卫生、职工健康检查等方面的技术规范和管理措施。

我国《职业病防治法》《安全生产法》《尘肺病防止条例》《使用有毒物品作业场所劳动保护条例》《劳动防护用品监督管理规定》《工业企业设计卫生标准》《工作场所职业卫生监督管理规定》《放射性同位素与射线装置安全和防护条例》等均对此进行了详细规定。除此之外,国家还颁布了相应的国家标准和行业标准,以保护劳动者的人身健康。这些规范的内容主要包括以下几个方面:

(一)防止粉尘危害

凡有粉尘作业的企业、事业单位应采取综合防尘措施和无尘或低尘的新技术、新工艺、新设备,使作业场所粉尘浓度不超过国家卫生标准。防尘设施的鉴定和定型制度,由劳动部门会同卫生行政部门制定。任何企业、事业单位除特殊情况外,未经上级主管部门批准,不得停止运行或者拆除防尘设施。中、小学校各类校办的实习工厂或车间,禁止从事有粉尘的作业。对初次从事粉尘作业的职工,由其所在单位进行防尘知识教育和考核,考试合格后方可从事粉尘作业。

不满18周岁的未成年人，禁止从事粉尘作业。作业场所的粉尘浓度超过国家卫生标准，又未积极治理，严重影响职工安全健康时，职工有权拒绝操作。

（二）防止有毒有害物质危害

按照有毒物品产生的职业中毒危害程度，有毒物品分为一般有毒物品和高毒物品。国家对作业场所使用高毒物品实行特殊管理。用人单位应当尽可能使用无毒物品；需要使用有毒物品的，应当优先选择使用低毒物品。禁止使用童工。用人单位不得安排未成年人和孕期、哺乳期的女职工从事使用有毒物品的作业。用人单位使用有毒物品的作业场所，除应当符合职业病防治法规定的职业卫生要求外，还必须采取下列措施：作业场所与生活场所分开，作业场所不得住人；有害作业与无害作业分开，高毒作业场所与其他作业场所隔离；设置有效的通风装置；可能突然泄漏大量有毒物品或者易造成急性中毒的作业场所，设置自动报警装置和事故通风设施；高毒作业场所设置应急撤离通道和必要的泄险区。

依据我国《职业病防治法》的规定，工厂的生产布局应合理并遵循"有害与无害作业分开"的原则，有与职业病危害防护相适应的设施，并有配套的更衣间、洗浴间、孕妇休息间等卫生设施。对于可能发生急性职业损伤的有毒、有害工作场所，工厂应设置报警装置并配置现场急救用品、冲洗设备、应急撤离通道和必要的泄险区等。

（三）防暑降温和防冻取暖

《防暑降温措施暂行办法》规定当各种热源（炉子和应用在量蒸汽的设备等）的发热表面辐射热和对流热显著影响操作工人时，应尽量采取隔热措施；采取隔热措施后，其外表面温度要求不超过60℃，最好在40℃以下。该暂行办法颁布于1960年，时间久远，内容陈旧，已无法顺应时代发展要求向劳动者提供良好保护。

2012年5月，国家安全监管总局发布了《防暑降温措施管理办法》（征求意见稿），规定日最高气温达到40℃以上，用人单位应当停止当日室外作业；日最高气温达到37℃以上、40℃以下时，用人单位安排劳动者室外作业时间不得超过5小时，并在12时至15时不得安排室外作业；日最高气温达到35℃以上、37℃以下（不含37℃）时，用人单位应采取换班轮休等方式，缩短劳动者连续作业时间，并且不得安排室外作业劳动者加班。用人单位安排劳动者从事高温作业或者在35℃以上的高温天气作业的，应当向劳动者发放高温津贴，并纳入工资总额。

此外，我国法律规定要求为工人提供良好的工作环境，工作场所应当保持一定的温度，过高或过低都会影响工人的健康，当工作场所低于摄氏5度时，应设置取暖设备。

(四) 防止噪音和强光危害

对于生产过程和设备产生的噪声,应首先从声源上进行控制,以低噪声的工艺和设备代替高噪声的工艺和设备;如仍达不到要求,则应采用隔声、消声、吸声、隔振以及综合控制等噪声控制措施,并采取个人防护措施。对于需在强光环境下工作的劳动者,用人单位应提供防护眼镜等设备。

(五) 防止放射性物质危害

《放射性同位素与射线装置安全和防护条例》规定生产、销售、使用放射性同位素和射线装置的单位,应当对本单位的放射性同位素、射线装置的安全和防护工作负责,并依法对其造成的放射性危害承担责任。该单位还应对直接从事生产、销售、使用活动的工作人员进行安全和防护知识教育培训,并进行考核;考核不合格的,不得上岗。辐射安全关键岗位应当由注册核安全工程师担任。除此之外,单位还应当对本单位的放射性同位素、射线装置的安全和防护状况进行年度评估,发现安全隐患的,应当立即进行整改。

(六) 劳动防护用品

《安全生产法》规定生产经营单位必须为从业人员提供符合国家标准或者行业标准的劳动防护用品,并监督、教育从业人员按照使用规则佩戴、使用。根据《劳动防护用品监督管理规定》,劳动防护用品是指由生产经营单位为从业人员配备的,使其在劳动过程中免遭或者减轻事故伤害及职业危害的个人防护装备,分为特种劳动防护用品和一般劳动防护用品。特种劳动防护用品目录由国家安全生产监督管理总局确定并公布,包括安全帽、防尘口罩、防冲击眼护具等;未列入目录的劳动防护用品为一般劳动防护用品。生产经营单位应当按照《劳动防护用品选用规则》和国家颁发的劳动防护用品配备标准以及有关规定,为从业人员配备劳动防护用品。

第三节 劳动安全卫生(劳动保护)管理制度

一、劳动安全卫生管理制度的概念

劳动安全卫生管理制度,是指厂矿企业等生产单位,为了保护劳动者在劳动生产过程中的健康与安全,在组织劳动和科学管理方面制定的各项规章制度。它属于企业管理制度的重要组成部分。我国《劳动法》第 52 条规定:“用人单位必须建立、健全劳动安全卫生制度,严格执行国家劳动安全卫生规程和标准,对劳动者进行劳动安全卫生教育,防止劳动过程中的事故,减少职业危害。”因此,生产单位制定劳动安全卫生管理制度是法律所提出的要求,也是保障各种劳动安全卫生标准执行的具体措施。

二、劳动安全卫生管理制度的内容

(一) 安全生产管理制度

1. 编制安全技术措施计划制度

安全技术措施的范围,包括一切有关改善劳动条件、防止工伤事故和职业病以及职业中毒为目的的技术措施,即安全技术和劳动卫生措施项目、生产辅助设施和安全生产教育等方面的措施。

根据我国《安全生产法》的规定,生产经营单位不得使用应当淘汰的危及生产安全的工艺、设备,以确保劳动者生产安全。

2. 安全生产责任制度

安全生产责任制是企业管理制度中最基本的一项制度,是所有劳动安全卫生管理制度的核心,是保护劳动者在生产过程中的健康和安全,促进安全生产的重要措施。

根据我国《安全生产法》的规定,生产经营单位的主要负责人有责任建立、健全本单位安全生产责任制。工厂员工超过 100 人的,应当设置安全生产管理机构或者配备专职安全生产管理人员;员工在 100 人以下的,应当配备专职或者兼职的安全生产管理人员。该法第 22 条明确规定:"生产经营单位的安全生产管理机构以及安全生产管理人员履行下列职责:(一) 组织或者参与拟订本单位安全生产规章制度、操作规程和生产安全事故应急救援预案;(二) 组织或者参与本单位安全生产教育和培训,如实记录安全生产教育和培训情况;(三) 督促落实本单位重大危险源的安全管理措施;(四) 组织或者参与本单位应急救援演练;(五) 检查本单位的安全生产状况,及时排查生产安全事故隐患,提出改进安全生产管理的建议;(六) 制止和纠正违章指挥、强令冒险作业、违反操作规程的行为;(七) 督促落实本单位安全生产整改措施。"第 23 条规定:"生产经营单位的安全生产管理机构以及安全生产管理人员应当恪尽职守,依法履行职责。生产经营单位作出涉及安全生产的经营决策,应当听取安全生产管理机构以及安全生产管理人员的意见。生产经营单位不得因安全生产管理人员依法履行职责而降低其工资、福利等待遇或者解除与其订立的劳动合同。危险物品的生产、储存单位以及矿山、金属冶炼单位的安全生产管理人员的任免,应当告知主管的负有安全生产监督管理职责的部门。"

3. 安全生产教育制度

2014 年修订的《安全生产法》中,对安全生产教育制度作了概括性的规定,其中第 25—27 条规定,生产经营单位应当对从业人员进行安全生产教育和培训,保证从业人员具备必要的安全生产知识,熟悉有关的安全生产规章制度和安全操作规程,掌握本岗位的安全操作技能,了解事故应急处理措施,知悉自身在安全生产方面的权利和义务。未经安全生产教育和培训合格的从业人员,不得上岗作业。生产经营单位使用被派遣劳动者的,应当将被派遣劳动者纳入本单位从业人员统一管理,对被派遣劳动者进行岗位安全操作规程和安全操作技能的教育和培训。劳务派遣单位应当对被派遣劳动者进行必要的安全生产教育和培训。生产经营单位接收中等职业学校、高等学校学生实习的,应当对实习学生进行相应的安全生产教育和培训,提供必要的劳动防护用品。学校应当协助生产经营单位对实习学生进行安全生产教育和培训。生产经营单位应当建立安全生产教育和培训档案,如实记录安全生产教育和培训的时间、内容、参加人员以及考核结果等情况。生产经营单位采用新工艺、新技术、新材料或者使用新设备的,必须了解、掌握其安全技术特性,采取有效的安全防护措施,并对从业人员进行专门的安全生产教育和培训。生产经营单位的特种作业人员必须按照国家有关规定经专门的安全作业培训,取得相应资格,方可上岗作业。特种作业人员的范围由国务院安全生产监督管理部门会同国务院有关部门确定。

4. 安全生产检查制度

安全卫生检查一般由安全卫生监察机构派监察员随时到企、事业等单位进行检查,及时纠正、处理违反劳动安全卫生法律、法规行为。同时,企业要对内部的安全卫生进行经常性的检查。厂、车间、班组和各职能部门要经常不断地进行安全检查,发现问题及时解决。企业的上级主管部门也应组织定期检查。除此之外,专业技术人员应经常对其专业性问题进行检查,如电气安全、锅炉和压力容器、防火防爆、防暑降温,等等。

5. 劳动安全卫生监察制度

劳动安全卫生监察制度,是指对厂矿企业贯彻执行各项劳动安全卫生法规进行监督检查的制度。我国监察制度采取以国家监察机构为主体、专业监督与群众监督相结合的体系。我国有关劳动安全卫生监察法律法规主要有《安全生产法》《劳动保障监察条例》《矿山安全监察工作规则》《锅炉压力容器安全监察暂行条例》《压力管道安全管理与监察规定》《蒸汽锅炉安全技术监察规程》《劳动安全卫生监察员管理办法》等。

劳动安全卫生监察制度包括三方面的内容:一是国家安全监察制度,即国家有关机关依法监督检查企业事业单位及其主管部门执行劳动安全卫生法律、法规情况并纠正和惩处违法行为的制度;二是专业劳动安全监察制度,即厂矿企业等单位的各级主管部门对其所属单位贯彻实施劳动安全卫生法规情况进行监督检查的制度,它属于内部监督的性质;三是群众劳动安全监察制度,即各级工会组织对厂矿企业贯彻实施劳动安全卫生法规进行监督检查的制度,它属于社会监督的性质。

除上述外,劳动安全卫生监察制度还包括劳动保护监察员资格的认定、劳动保护监察机构的职权及对安全监察机构及监察人员执行职务的奖惩规定。

6. 生产安全事故报告和调查处理制度

我国《安全生产法》规定，生产经营单位发生生产安全事故后，事故现场有关人员应当立即报告本单位负责人。单位负责人接到事故报告后，应当迅速采取有效措施，组织抢救，防止事故扩大，减少人员伤亡和财产损失，并按照国家有关规定立即如实报告当地负有安全生产监督管理职责的部门，不得隐瞒不报、谎报或者迟报，不得故意破坏事故现场、毁灭有关证据。事故调查处理应当按照实事求是、尊重科学的原则，及时、准确地查清事故原因，查明事故性质和责任，总结事故教训，提出整改措施，并对事故责任者提出处理意见。

《国家安全生产事故灾难应急预案》规定，事故发生后应当根据标准分级响应，由相关主体指挥和协调，并进行紧急处置，事发地卫生行政主管部门负责组织开展紧急医疗救护和现场卫生处置工作，同时应注意应急人员的安全防护和群众的安全防护。特别重大安全生产事故灾难由国务院安全生产监督管理部门负责组成调查组进行调查；必要时，国务院直接组成调查组或者授权有关部门组成调查组。

《生产安全事故报告和调查处理条例》根据生产安全事故造成的人员伤亡或者直接经济损失将事故分为特别重大事故、重大事故、较大事故和一般事故。安全生产监督管理部门和负有安全生产监督管理职责的有关部门接到事故报告后，对于特别重大事故、重大事故应逐级上报至国务院安全生产监督管理部门和负有安全生产监督管理职责的有关部门，对于较大事故应逐级上报至省、自治区、直辖市人民政府安全生产监督管理部门和负有安全生产监督管理职责的有关部门，对于一般事故应上报至设区的市级人民政府安全生产监督管理部门和负有安全生产监督管理职责的有关部门。安全生产监督管理部门和负有安全生产监督管理职责的有关部门依照前款规定上报事故情况时，应当同时报告本级人民政府，并通知公安机关、劳动保障行政部门、工会和人民检察院。

（二）职业病防治管理制度

职业病是指企业、事业单位和个体经济组织等用人单位的劳动者在职业活动中，因接触粉尘、放射性物质和其他有毒、有害因素而引起的疾病。在生活中，劳动者往往因为工作中接触到某些危险物质而导致中毒或患慢性职业病，张海超“开胸验肺”事件向大家揭示了职业病的严重危害。我国为了保障劳动者的人身健康，制定了一系列法律法规，主要包括《职业病防治法》《职业病诊断与鉴定管理办法》《职业健康监护管理办法》《尘肺病防治条例》《用人单位职业健康监护监督管理办法》《职业病危害项目申报办法》《工作场所职业卫生监督管理规定》《职业病分类和目录》。职业病主要包括尘肺、职业性放射性疾病等列入《职业病分类和目录》的疾病，职业病的危害因素已在《职业病危害因素分类目录》中列明。《职业病防治法》规定我国职业病防治工作应坚持预防为主、防治结合的方针,建立用人单位负责、行政机关监管、行业自律、职工参与和社会监督的机制,实行分类管理、综合治理。根据上述法律法规,职业病防治管理制度主要包括以下几个方面:

1. 职业病危害项目申报制度

为了规范职业病危害项目的申报工作,加强对用人单位职业卫生工作的监督管理,职业病危害项目申报制度应运而生。根据《职业病防治法》《职业病危害项目申报办法》《职业病危害项目申报管理办法》,用人单位工作场所存在职业病目录所列职业病的危害因素的,应当及时、如实向所在地安全生产监督管理部门申报危害项目,接受监督。中央企业、省属企业及其所属用人单位的职业病危害项目,向其所在地设区的市级人民政府安全生产监督管理部门申报;其他用人单位的职业病危害项目,向其所在地县级人民政府安全生产监督管理部门申报。用人单位申报职业病危害项目时,应当提交《职业病危害项目申报表》和下列文件、资料:用人单位的基本情况;工作场所职业病危害因素种类、分布情况以及接触人数;法律、法规和规章规定的其他文件、资料。

2. 建设项目职业病危害的预评价、审核制度

根据《职业病防治法》第 17 条的规定,新建、扩建、改建建设项目和技术改造、技术引进项目(以下统称建设项目)可能产生职业病危害的,建设单位在可行性论证阶段应当向安全生产监督管理部门提交职业病危害预评价报告。安全生产监督管理部门应当自收到职业病危害预评价报告之日起 30 日内,作出审核决定并书面通知建设单位。未提交预评价报告或者预评价报告未经安全生产监督管理部门审核同意的,有关部门不得批准该建设项目。职业病危害预评价报告应当对建设项目可能产生的职业病危害因素及其对工作场所和劳动者健康的影响作出评价,确定危害类别和职业病防护措施。

建设项目的职业病防护设施所需费用应当纳入建设项目工程预算,并与主体工程同时设计,同时施工,同时投入生产和使用。职业病危害严重的建设项目的防护设施设计,应当经安全生产监督管理部门审查,符合国家职业卫生标准和卫生要求的,方可施工。建设项目在竣工验收前,建设单位应当进行职业病危害控制效果评价。建设项目竣工验收时,其职业病防护设施经安全生产监督管理部门验收合格后,方可投入正式生产和使用。

3. 工作场所职业病危害因素监测及检测、评价制度

职业病危害因素监测是指由用人单位建立一套监测系统,及时获悉危害因素的状况,以便采取合理的防护措施。《职业病危害因素分类目录》已详细列出了工作场所中职业病的危害因素,用人单位应当实施由专人负责日常监测这些危害因素,并确保监测系统处于正常运行状态。用人单位应当按照国务院安全

生产监督管理部门的规定，定期对工作场所进行职业病危害因素检测、评价，其结果存入用人单位职业卫生档案，定期向所在地安全生产监督管理部门报告并向劳动者公布。

职业病危害因素检测、评价则是由专业的具备一定资质的职业卫生技术服务机构对用人单位工作场所的危害因素进行采样、检测、分析、评估等，从而向用人单位提供采取合理防护措施的专业性依据。职业病危害因素检测、评价由依法设立的取得国务院安全生产监督管理部门或者设区的市级以上地方人民政府安全生产监督管理部门按照职责分工给予资质认可的职业卫生技术服务机构进行。职业卫生技术服务机构所作检测、评价应当客观、真实。发现工作场所职业病危害因素不符合国家职业卫生标准和卫生要求时，用人单位应当立即采取相应治理措施，仍然达不到国家职业卫生标准和卫生要求的，必须停止存在职业病危害因素的作业；职业病危害因素经治理后，符合国家职业卫生标准和卫生要求的，方可重新作业。

4. 职业危害的警示告知制度

劳动者作为劳动合同的一方当事人，在订立合同和履行合同时都应享有足够的知情权，使其充分了解其工作性质、工作环境及工作危害。为了保障劳动者的知情权及人身健康，我国《职业病防治法》要求产生职业病危害的用人单位，应当在醒目位置设置公告栏，公布有关职业病防治的规章制度、操作规程、职业病危害事故应急救援措施和工作场所职业病危害因素检测结果。对产生严重职业病危害的作业岗位，应当在其醒目位置，设置警示标志和中文警示说明，警示说明应当载明产生职业病危害的种类、后果、预防以及应急救治措施等内容。用人单位对采用的技术、工艺、设备、材料，应当知悉其产生的职业病危害，对有职业病危害的技术、工艺、设备、材料隐瞒其危害而采用的，对所造成的职业病危害后果承担责任。用人单位与劳动者订立劳动合同（含聘用合同）时，应当将工作过程中可能产生的职业病危害及其后果、职业病防护措施和待遇等如实告知劳动者，并在劳动合同中写明，不得隐瞒或者欺骗。劳动者在已订立劳动合同（含聘用合同）期间因工作岗位或者工作内容变更，从事与所订立劳动合同中未告知的存在职业病危害的作业时，用人单位应当依照上述规定，向劳动者履行如实告知的义务，并协商变更原劳动合同相关条款。用人单位违反上述规定的，劳动者有权拒绝从事存在职业病危害的作业，用人单位不得因此解除与劳动者所订立的劳动合同。

5. 职业健康监护制度

为了了解劳动者的健康情况，保护劳动者的人身健康，维护弱势群体的合法权益，我国《职业病防治法》要求用人单位必须向从事接触职业病危害的作业的劳动者提供职业健康检查，并为所有劳动者建立职业健康监护档案。《用人单位职业健康监护监督管理办法》对此作出了更加详细地规范。

(1) 职业健康检查。对从事接触职业病危害的作业的劳动者,用人单位应当按照国务院安全生产监督管理部门、卫生行政部门的规定组织上岗前、在岗期间和离岗时的职业健康检查,并将检查结果书面告知劳动者。职业健康检查费用由用人单位承担。用人单位不得安排未经上岗前职业健康检查的劳动者从事接触职业病危害的作业;不得安排有职业禁忌的劳动者从事其所禁忌的作业;对在职业健康检查中发现有与所从事的职业相关的健康损害的劳动者,应当调离原工作岗位,并妥善安置;对未进行离岗前职业健康检查的劳动者不得解除或者终止与其订立的劳动合同。职业健康检查应当由省级以上人民政府卫生行政部门批准的医疗卫生机构承担。

(2) 职业健康监护档案。用人单位应当为劳动者建立职业健康监护档案,并按照规定的期限妥善保存。职业健康监护档案应当包括劳动者的职业史、职业病危害接触史、职业健康检查结果和职业病诊疗等有关个人健康资料。劳动者离开用人单位时,有权索取本人职业健康监护档案复印件,用人单位应当如实、无偿提供,并在所提供的复印件上签章。

6. 职业病诊断、鉴定制度

我国《职业病防治法》和《职业病诊断与鉴定管理办法》规定职业病的诊断和鉴定需要由具有一定资质的机构按照法律规定的步骤对特定因素进行分析,从而出具诊断和鉴定文书。2013 年 2 月 19 日卫生部令第 91 号颁布了《职业病诊断与鉴定管理办法》,这意味着相关法规将更加合理、完善。目前的相关法律规范主要包括以下内容:

(1) 机构的资质:省、自治区、直辖市人民政府卫生行政部门(以下简称省级卫生行政部门)应当结合本行政区域职业病防治工作制定职业病诊断机构设置规划,报省级人民政府批准后实施。承担职业病诊断的医疗卫生机构应当具备下列条件:持有《医疗机构执业许可证》;具有相应的诊疗科目及与开展职业病诊断相适应的职业病诊断医师等相关医疗卫生技术人员;具有与开展职业病诊断相适应的仪器、设备;具有健全的职业病诊断质量管理制度。

(2) 诊断的作出。职业病诊断,应当综合分析劳动者的职业史、职业病危害接触史和工作场所职业病危害因素情况、临床表现以及辅助检查结果等因素。承担职业病诊断的医疗卫生机构在进行职业病诊断时,应当组织三名以上单数职业病诊断医师集体诊断。职业病诊断证明书应当由参与诊断的医师共同签署,并经承担职业病诊断的医疗卫生机构审核盖章。

(3) 争议的处理。职业病诊断、鉴定过程中,在确认劳动者职业史、职业病危害接触史时,当事人对劳动关系、工种、工作岗位或者在岗时间有争议的,可以向当地的劳动人事争议仲裁委员会申请仲裁;接到申请的劳动人事争议仲裁委员会应当受理,并在30日内作出裁决。当事人在仲裁过程中对自己提出的主张,有责任提供证据。劳动者无法提供由用人单位掌握管理的与仲裁主张有关的证据的,仲裁庭应当要求用人单位在指定期限内提供;用人单位在指定期限内不提供的,应当承担不利后果。劳动者对仲裁裁决不服的,可以依法向人民法院提起诉讼。用人单位对仲裁裁决不服的,可以在职业病诊断、鉴定程序结束之日起15日内依法向人民法院提起诉讼;诉讼期间,劳动者的治疗费用按照职业病待遇规定的途径支付。

(4) 鉴定。当事人对职业病诊断有异议的,可以在接到职业病诊断书之日起30日内,向职业病诊断机构所在地设区的市级卫生行政部门申请鉴定。设区的市级职业病诊断鉴定委员会负责职业病诊断争议的首次鉴定。当事人对设区的市级职业病鉴定结论不服的,可以在接到鉴定书之日起15日内,向原鉴定组织所在地省级卫生行政部门申请再鉴定。职业病鉴定实行两级鉴定制,省级职业病鉴定结论为最终鉴定。省级卫生行政部门应当设立职业病鉴定专家库,职业病诊断鉴定委员会由相关专业的专家组成。

第四节　女职工和未成年工的特殊保护

一、女职工和未成年工特殊保护的概念与意义

(一) 女职工特殊保护的概念

女职工特殊保护,是指根据女职工的身体条件和生理特点,由国家专门制定相关的法律和法规,对女职工在劳动方面的特殊权益的保障。

世界各国的劳动立法和国际劳工立法,都把对女职工的特殊保护,作为重要的内容加以规定。在劳动方面对女职工进行特殊保护,是由女职工自身的生理特点和身体条件所决定的。女职工具有特殊的生理期并且担负着养育后代的重任,她们和男职工在身体条件方面有很大差别。因此,法律对女职工在劳动方面进行特殊保护,既是保障女性职工身体健康和劳动安全的需要,也是抚养国家下一代的安全和健康成长的需要。

在我国,“女职工”泛指国家机关、社会团体、企业、事业单位、其他经济组织从事脑力劳动和体力劳动的全体女性职工。

(二) 未成年工特殊保护的概念

未成年工特殊保护,是指根据未成年工的身体特点,国家依法对未成年工在劳动方面特殊权益的保障。

在我国,成年的标志是已满18周岁,劳动就业最低法定年龄规定为已满16周岁。未成年工是指已满16周岁未满18周岁的未成年工人。鉴于未成年工的

身体发育尚未成熟,为保证他们的身体健康和正常发育成长,我国法律规定,对未成年工给予特殊的保护。在《劳动法》第七章第 58 条、第 64 条和第 65 条中对未成年工的特殊保护作了原则性规定。上述法律规定的适用范围,包括在我国境内的各种企业、各类经济组织及国家机关、事业单位等招用未成年工的用人单位。

纵观世界劳动法的历史,不难发现早期的劳动立法多是从限制女工和未成年工的工作时间和某些繁重劳动开始的。比如 1802 年英国议会通过的《学徒健康与道德法》,规定纺织厂童工的工作时间每天不得超过 12 小时,该法被公认为是现代劳动法产生的里程碑。未成年工的特殊保护是各国劳动立法和国际劳工立法的重要组成内容。各国劳动法对未成年工进行特殊保护,一般体现在限制最低就业年龄、限制工作时间的延长以及对夜间工作和繁重体力劳动方面进行限制。大多数国家将未成年工的就业年龄规定在 14 周岁以上。如美国大多数州规定一般工作就业年龄为 16 周岁,危险工作的就业年龄为 18 周岁。英国最低就业年龄规定为 16 周岁,德国、瑞士规定为 14 周岁等。

(三) 女职工和未成年工特殊保护的意义

女职工和未成年工是我国广大劳动者中两种特殊职工,由于他们的身体条件和生理特点的需要,国家依法在劳动方面给予他们特殊保护。国家历来重视对这两种特殊职工的特殊保护。自新中国成立以来,国家颁布了不少女职工和未成年工特殊保护的法律、法规。首先,我国《宪法》明确规定保护妇女的权利和利益,实行男女同工同酬,妇女在政治、经济、文化、社会和家庭等方面享有同男子平等的权利。未成年人受国家法律保护。宪法为劳动法对女职工和未成年工进行特殊保护立法制定了依据和原则。其次,我国《劳动法》第七章对女职工和未成年工的特殊保护作了专章规定,该内容构成我国劳动法体系的重要组成部分。再次,我国专门颁布相关法律和法规,对女职工和未成年工进行特殊保护,如《未成年特殊保护规定》《妇女权益保障法》《未成年人保护法》《禁止使用童工规定》《女职工禁忌劳动范围的规定》《女职工劳动保护特别规定》等多部法律、法规。根据上述法律法规,国家采取各种措施改善女职工和未成年工的劳动条件;各种用人单位制定保护女职工和未成年工的规章制度;在繁重体力劳动和有害身体健康的行业禁止招用女职工和未成年工,限制他们加班加点和夜间工作等,使女职工和未成年工的合法权益得到法律的保护。对女职工和未成年工进行特殊保护,有着十分重要的意义,具体体现在以下几个方面:

(1) 有利于保护两种特殊职工的身心健康和劳动安全。

由于女职工与男职工在身体条件和生理特点方面有很大差别,女职工有特殊的生理期(经期、孕期、生育期、哺乳期),加上身高、体重、体质等条件一般都低于男性职工,在劳动过程中,特别繁重和有毒有害的工作都不利于她们的身体健康和影响养育后代，用工单位必须依法对女职工进行特殊保护，才能保护女职工的身体健康和后代的健康成长。而未成年工正处于身体发育阶段，过度紧张劳动、特别繁重的工作以及有毒有害的工作都会影响他们的身体发育和健康成长，而且，未成年工还需要继续学习文化知识和科学技术，因此，必须对他们在劳动方面依法进行特殊保护，才能保障他们的身体健康和正常发育成长。

（2）有利于调动女职工和未成年工的劳动积极性，促进生产力的发展。

在我国经济建设中，女职工是一支强大的生力军。全国的各个行业、各个生产第一线，大量的女职工在为社会主义经济建设贡献自己的力量，充分发挥了"半边天"的作用。国家依法对女职工进行特殊保护，改善女职工的劳动条件，保障他们的劳动安全，不仅保护了女职工的身体健康，同时也可以充分调动广大女性职工的生产积极性，促进生产力的发展。

未成年工是社会劳动力的一个重要组成部分，是社会主义建设事业的未来和国家的希望所在。关心和保护未成年工，保障他们在劳动方面的安全和健康，为未成年工创造良好的工作环境，限制和禁止他们从事夜班工作和繁重体力劳动以及有害身体健康的工作，是我国劳动法对未成年工特殊保护的重要内容。只有在保证他们身体健康和劳动安全的情况下，才可能调动起这批生力军的劳动积极性。应当看到，对未成年工给予特殊保护，加强对未成年工的教育和培训，关系到国家劳动者素质的提高，关系到国家未来的现代化建设事业。

（3）对女职工和未成年工的特殊保护直接关系到中华民族的兴旺发达以及中华民族优秀体质的延续。

由于女职工担负着养育后代的特殊义务，劳动法规定保护女工本身的安全和健康，为她们创造良好的工作环境，在女职工的"四期"给予特殊保护，有利于保护下一代的安全和健康，这关系到中华民族的兴旺发达和民族优秀体质的延续。

二、女职工劳动权益维护立法概述

（一）国际劳工公约中对女工劳动权益的保护

国际劳工组织成立以来，通过国际劳工公约和建议书的形式，制定了相当完备的国际劳工法，在这些国际劳工公约及建议中，有很多直接或间接地体现了对女职工的保护。① 研究国际劳工公约和建议书，对完善我国女职工权益的保护不无裨益。

（1）关于平等就业权方面。国际劳工组织1958年的《就业和职业方面的反

---

① 参见刘文华：《WTO与中国劳动法律制度的冲突与规避》，中国城市出版社2001年版，第133页。

歧视公约》(第 111 号)规定,歧视指基于种族、肤色、性别、宗教、政见、民族血统等原因而实行的具有取消或损害就业和职业方面的机会和待遇平等作用的任何差别、排斥或优惠。《费城宣言》在对国际劳工组织的宗旨进行补充时也指出"全人类不分民族、信仰和性别都有权在自由的尊严、经济保障和机会均等的条件下谋求其物质福利和精神发展",这些规定都表明应当反对就业歧视、给予女职工和男性平等的就业权。

(2) 关于同工同酬方面。《国际劳工组织章程》的序言部分要求各缔约国应努力改善劳动条件,且明确指出应当承认男女同工同酬的原则,1919 年《国际劳动宪章》九项原则中也包括男女同工同酬原则。1951 年国际劳工组织还正式通过了《男女同工同酬公约》(第 100 号)和同名建议书(第 90 号),更加明确地确定了这一原则。

(3) 关于夜间工作方面。1900 年成立的国际劳动立法协会召开的第一次代表大会上讨论通过的两个公约之一,即《关于禁止工厂女工做夜工的公约》,其中规定凡使用机器和雇佣 10 人以上的工厂,不得让女工在晚上 10 时至翌晨 5 时之间工作。此外国际劳工组织在 1919 年通过了《妇女夜间工作公约》、1934 年通过了《妇女夜间工作(修正)公约》,1948 年通过了《受雇于工业的妇女夜间工作(修正)公约》,1990 年通过了不分性别的《夜间工作公约》和同名建议书,上述公约和建议书都规定对于女职工在夜间工作应给予特殊保护。

(4) 关于有害健康工作方面。国际劳工组织于 1935 年通过了《妇女受雇于各种矿场井下工作公约》。

(5) 关于生育保护方面。国际劳工组织 1919 年通过《妇女生育前后工作公约》,1952 年该公约为《生育保护公约》(第 103 号)所修正,并通过同名建议书(第 95 号),对生育保护提出了更高的标准和更具体的措施。修正后的公约适用于工业、非工业和农业的公司、企业的女工。规定女职工产假期至少应为 12 周,其中 6 周必须在生育后。预产期以前的休假,应按照预产期和实际分娩日期两者相隔的时间予以延长,如因怀孕或分娩而引起疾病时,假期应予以延长。

(6) 关于家务负担方面。国际劳工组织于 1965 年通过了《雇佣负担家务的妇女建议书》、1981 年通过的不分性别的《有家务负担的男女工人享有同等机会和同等待遇公约》和同名的建议书。

(二) 我国女职工劳动权利保护立法概况

我国对于女职工的劳动权利的法律保护内容比较广泛,包括平等的就业权、男女同工同酬以及针对女职工的生理特点所给予的特殊保护等方面的立法规定,分述如下:

(1) 关于平等就业权利的规定。为了保障妇女的劳动权利,促进妇女劳动就业,国家立法明确规定妇女享有同男子平等的就业权利。我国《宪法》第 48 条第1款规定:“中华人民共和国妇女在政治的、经济的、文化的、社会的和家庭的生活等方面享有同男子平等的权利。”《劳动法》《妇女权益保障法》又从劳动岗位及录用标准方面强调了男女就业平等这一原则。《劳动法》第13条规定:“妇女享有与男子平等的就业权利。在录用职工时,除国家规定的不适合妇女的工作或者岗位外,不得以性别为由拒绝录用妇女或者提高对妇女的录用标准。”《妇女权益保障法》第22条规定:“国家保障妇女享有与男子平等的劳动权利和社会保障权利。”第23条第1款规定:“各单位在录用职工时,除不适合妇女的工作或者岗位外,不得以性别为由拒绝录用妇女或者提高对妇女的录用标准。”《就业促进法》第27条也明确规定:“国家保障妇女享有与男子平等的劳动权利。用人单位招用人员,除国家规定的不适合妇女的工种或者岗位外,不得以性别为由拒绝录用妇女或者提高对妇女的录用标准。用人单位录用女职工,不得在劳动合同中规定限制女职工结婚、生育的内容。”上述规定,为妇女平等就业权利的行使提供了法律依据。

(2)关于男女同工同酬的规定。《劳动法》第46条第1款规定:“工资分配应当遵循按劳分配原则,实行同工同酬。”这一规定,提供了女职工享有同男职工同工同酬不受歧视权利的法律依据。

(3)关于保护女职工特殊权益的规定。为了保护妇女的身心健康,照顾女性在生理及身体上的特殊情况,《劳动法》第59条明确规定国家对女职工实行特殊劳动保护,第60—63条还具体规定了对女性在月经期间、待孕期间、怀孕期间、产期、哺乳期间的保护。《劳动合同法》规定:若女职工不符合《劳动法》第25条或者《劳动合同法》第39条的情形,则用人单位不得解除处于孕期、产期、哺乳期女职工的劳动合同。《妇女权益保障法》第27条规定,任何单位不得因结婚、怀孕、产假、哺乳等情形,降低女职工的工资,辞退女职工,单方解除劳动(聘用)合同或者服务协议。但是,女职工要求终止劳动(聘用)合同或者服务协议的除外。各单位在执行国家退休制度时,不得以性别为由歧视妇女。国家还颁布了《女职工禁忌劳动范围的规定》,从整体上规定了女性禁忌从事的劳动范围以及女性在经期、孕期、产期和哺乳期间禁忌从事的劳动范围。上述规定说明我国立法十分重视对特殊时期女职工权益的维护。2012年4月18日国务院常务会议审议通过了《女职工劳动保护特别规定》,该规定更加全面地规范了实践中对女职工进行劳动保护的具体措施。

三、女职工特殊保护的主要内容

(一)在劳动就业方面保障妇女就业权,实行男女同工同酬

劳动就业权是劳动权利的核心部分,也是公民实行劳动权利的具体体现,关系到劳动者的生存权。我国宪法规定的男女平等,包括男女在劳动就业权方面

享有平等权。《劳动法》第13条明文规定:“妇女享有与男子平等的就业权利。在录用职工时,除国家规定的不适合妇女的工种或者岗位外,不得以性别为由拒绝录用妇女或者提高对妇女的录用标准。”这就要求用人单位应依法提供妇女实现平等就业权利的条件,在招用职工时不得歧视女性公民,不得提高对女性公民的录用标准。但由于封建思想的余毒和旧观念的影响,不少企业和用人单位招用工人时,排斥和歧视女性公民,在能录用妇女的工作岗位也明文规定“不招用女工”,此种现象甚至发生在国家机关等单位,造成妇女就业难,再就业更难。失业、下岗、待业公民中大多数是妇女。有些企业在妇女的特殊生理期解除劳动合同,这是一种严重侵犯女职工合法权益的行为。因此,在实施有关保护妇女平等就业权法规方面,必须遵守“有法必依、执法必严、违法必究”的原则,使妇女的平等就业权付诸于劳动实际工作中。《劳动法》第46条第1款规定:“工资分配应当遵循按劳分配原则,实行同工同酬。”用工单位必须贯彻男女同工同酬原则。在职工定级、升级、工资调整、奖金发放等方面要实行男女平等,不得歧视妇女,侵犯女职工的合法权益。《女职工劳动保护特别规定》第5条规定:“用人单位不得因女职工怀孕、生育、哺乳降低其工资、予以辞退、与其解除劳动或者聘用合同。”法律为贯彻男女同工同酬原则提供了依据,也为女职工在劳动方面同男职工享有平等报酬权提供了保障。

(二)在劳动生产过程中禁止安排女职工从事繁重体力劳动及有毒有害工作

繁重体力劳动、有毒有害物质、恶劣劳动环境、过度紧张工作,都会对妇女职工身体造成损害,由于女职工的生理特点和担负养育后代的重任,用工单位必须依法对女职工在劳动过程中进行特殊保护。《女职工劳动保护特别规定》在附录中详细规定了女职工禁忌从事的劳动范围,包括:(1)矿山井下作业;(2)体力劳动强度分级标准中规定的第四级体力劳动强度的作业;(3)每小时负重6次以上、每次负重超过20公斤的作业,或者间断负重、每次负重超过25公斤的作业。其第4条第1款还规定:“用人单位应当遵守女职工禁忌从事的劳动范围的规定。用人单位应当将本单位属于女职工禁忌从事的劳动范围的岗位书面告知女职工。”依据《女职工禁忌劳动范围的规定》,女职工禁忌从事的范围包括:(1)井下矿山作业;(2)森林伐木、归楞及流放作业;(3)《体力劳动强度分级》国家标准中第四级体力劳动强度的作业;(4)建筑业脚手架的组装和拆除作业,以及电力、电信行业的高处架线作业;(5)连续负重(指每小时负重次数在6次以上)每次负重超过20公斤、间断负重每次超过25公斤的作业。

(三)在女职工的特殊生理期间给予特殊保护

女职工的特殊生理期,包括经期、孕期、产期、哺乳期四个特殊时期,对她们进行特殊保护,不仅保护了女职工本身的身体健康和劳动安全,同时也保护了下一代安全和健康。

1. 女职工经期特殊保护

用人单位不得安排女职工从事高空、低温、冷水和国家规定的第三级体力劳动强度的劳动。禁止在此期间从事下列工作：(1) 食品冷库及冷水等低温工作；(2)《体力劳动强度分级》中的第三级体力劳动强度作业；(3)《高处作业分级》国家标准中的第二级(含第二级)以上的作业。《女职工保健工作规定》规定："患有重度痛经及月经过多的女职工，经医疗或妇幼保健机构确诊后，月经期间可适当给予 1 至 2 天的休假。"《女职工劳动保护特别规定》规定女职工在经期禁忌从事的劳动范围包括：(1) 冷水作业分级标准中规定的第二级、第三级、第四级冷水作业；(2) 低温作业分级标准中规定的第二级、第三级、第四级低温作业；(3) 体力劳动强度分级标准中规定的第三级、第四级体力劳动强度的作业；(4) 高处作业分级标准中规定的第三级、第四级高处作业。

2. 女职工的孕期特殊保护

《女职工劳动保护特别规定》规定女职工在孕期禁忌从事的劳动范围包括：(1) 作业场所空气中铅及其化合物、汞及其化合物、苯、镉、铍、砷、氰化物、氮氧化物、一氧化碳、二硫化碳、氯、己内酰胺、氯丁二烯、氯乙烯、环氧乙烷、苯胺、甲醛等有毒物质浓度超过国家职业卫生标准的作业；(2) 从事抗癌药物、己烯雌酚生产，接触麻醉剂气体等的作业；(3) 非密封源放射性物质的操作，核事故与放射事故的应急处置；(4) 高处作业分级标准中规定的高处作业；(5) 冷水作业分级标准中规定的冷水作业；(6) 低温作业分级标准中规定的低温作业；(7) 高温作业分级标准中规定的第三级、第四级的作业；(8) 噪声作业分级标准中规定的第三级、第四级的作业；(9) 体力劳动强度分级标准中规定的第三级、第四级体力劳动强度的作业；(10) 在密闭空间、高压室作业或者潜水作业，伴有强烈振动的作业，或者需要频繁弯腰、攀高、下蹲的作业。第 6 条还规定："女职工在孕期不能适应原劳动的，用人单位应当根据医疗机构的证明，予以减轻劳动量或者安排其他能够适应的劳动。对怀孕 7 个月以上的女职工，用人单位不得延长劳动时间或者安排夜班劳动，并应当在劳动时间内安排一定的休息时间。怀孕女职工在劳动时间内进行产前检查，所需时间计入劳动时间。"

3. 女职工的产期特殊保护

产期保护是指女职工在生育期间的保护。法律规定女职工享受一定的生育期休假和生育期物质待遇。女职工怀孕流产的，其所在单位应根据医务部门的证明，给予一定时间的产假。女职工产假期间工资照发。《女职工劳动保护特别规定》第 7 条规定："女职工生育享受 98 天产假，其中产前可以休假 15 天；难产的，增加产假 15 天；生育多胞胎的，每多生育 1 个婴儿，增加产假 15 天。女职工怀孕未满 4 个月流产的，享受 15 天产假；怀孕满 4 个月流产的，享受 42 天产假。”

4. 女职工哺乳期的特殊保护

女职工哺乳婴儿期间依法受到特殊保护。有不满 1 周岁的婴儿的女职工,其所在单位应在每班劳动时间内安排两次哺乳时间,每次 30 分钟(也可以合并使用)。多胞胎生育的,每多哺育一个婴儿,每次哺乳时间增加 30 分钟。哺乳时间和在本单位内哺乳往返途中的时间算作劳动时间。女职工在哺乳期内,所在单位不得安排其从事国家规定的第三级体力劳动强度的劳动和哺乳期禁止从事的劳动,不得安排夜班工作和延长工时。在哺乳期内禁忌女职工从事劳动的范围是:(1) 作业场所空气中有毒物质浓度超过国家卫生标准的作业;(2)《体力劳动强度分级》标准中第三级体力劳动强度的作业;(3) 作业场所空气中锰、溴、甲醇、有机磷化合物、有机氯化合物的浓度超过国家卫生标准的作业。《女职工劳动保护特别规定》规定女职工在哺乳期禁忌从事的劳动范围包括:(1) 孕期禁忌从事的劳动范围的第 1 项、第 3 项、第 9 项;(2) 作业场所空气中锰、氟、溴、甲醇、有机磷化合物、有机氯化合物等有毒物质浓度超过国家职业卫生标准的作业。第 9 条还规定:“对哺乳未满 1 周岁婴儿的女职工,用人单位不得延长劳动时间或者安排夜班劳动。用人单位应当在每天的劳动时间内为哺乳期女职工安排 1 小时哺乳时间;女职工生育多胞胎的,每多哺乳 1 个婴儿每天增加 1 小时哺乳时间。”

(四) 对女职工特殊保护设施的规定

按照《女职工劳动保护特别规定》,女职工比较多的用人单位应当根据女职工的需要,建立女职工卫生室、孕妇休息室、哺乳室等设施,妥善解决女职工在生理卫生、哺乳方面的困难。

综上所述四个方面的内容构成了我国对女职工特殊保护的主要内容。法律还规定,在女职工劳动保护权益受到侵害时,有权向所在单位的主管部门或者当地劳动部门提出申诉。受理申诉的部门应当自收到申诉书之日起 30 日内作出处理决定。女职工本人对处理决定不服的,可以在收到处理决定书之日起 15 日内向人民法院起诉。县级以上人民政府人力资源社会保障行政部门、安全生产监督管理部门按照各自职责负责对用人单位遵守本规定的情况进行监督检查。《女职工劳动保护特别规定》规定,用人单位违反本规定,侵害女职工合法权益,造成女职工损害的,依法给予赔偿;用人单位及其直接负责的主管人员和其他直接责任人员构成犯罪的,依法追究刑事责任。

(五) 工作场所中的性骚扰问题

“性骚扰”(Sexual Harassment)一词第一次出现在 1964 年美国《民事权利法案》中。普遍认为,1974 年的 Barnes 诉 Train 案是美国的第一件性骚扰案例。1976 年,Williams 诉 Saxbe 案中“性骚扰”被确认为“性歧视”中的一种形式而加以禁止。1993 年联合国通过了《消除妇女暴力行为宣言》，该宣言将“在工作场所、教育机构和其他场所的性骚扰”列为对妇女的暴力行为。工作场所中的性骚扰可分为有报酬性的性骚扰和敌意的工作环境。前者一般发生在上司骚扰下属的情况中，是指骚扰者通过明示或暗示的性方面的要求，并提出将此作为员工或求职者获得工作或职务、变更其劳动环境或报酬的交换。后者通常发生在同事之间，也可能是由用人单位的客户实施，如在工作环境中以与“性”有关的语言、动作或其他方法对员工或求职者造成骚扰。若用人单位实际已知悉这种情况，而不采取防范或纠正处理措施的，应当承担法律责任，美国已出现相关判例。

我国法律确立了反对性骚扰的法律原则，并在不同的立法层面得到体现。《宪法》规定公民的人格尊严不受非法侵犯，而性骚扰在一定程度上即是对公民人格尊严的侵犯，受害人往往有其人格尊严受到侮辱的感觉。《刑法》中规定了强奸罪、强制猥亵或侮辱妇女罪，这些罪名的确立旨在保护妇女的性自主权和人格尊严，而性骚扰的本质就是一种对女性性自主权和人格尊严的骚扰。《治安管理条例》规定侮辱妇女或进行其他流氓活动扰乱公共秩序，尚不构成刑事处罚的，予以治安管理处罚。性骚扰的受害者可通过《治安管理条例》维护自己的正当权益，但是很多受害者往往难以启齿，并且只有言词证据，因此维权仍有难度。2005 年 12 月 21 日实施的《妇女权益保障法》修正案首次明确规定禁止对妇女实施性骚扰，受害妇女有权向单位和有关机关投诉，标志着我国对妇女权益的保护到达了一个新的高度。2012 年 4 月实施的《女职工劳动保护特别规定》第 11 条规定：“在劳动场所，用人单位应当预防和制止对女职工的性骚扰。”该条文规定了用人单位应履行保护女职工免受性骚扰的义务，这无疑是对广大职场女性的一项重大利好，也体现了我国对女职工人身安全的重视，希望该条文能够得到践行。

四、未成年工特殊保护的主要内容

1. 限制就业年龄

1979 年国家劳动总局发出的《关于招工实行全面考核的通知》中，规定招工对象的年龄一般为 16—25 周岁。1986 年国务院发布的《国营企业招用工人暂行规定》和 1988 年国务院发布的《私营企业暂行条例》，都明确规定招工对象必须年满 16 周岁。1991 年国务院发布的《禁止使用童工规定》，明确规定我国的最低就业年龄为 16 周岁。《劳动法》第 58 条第 2 款明文规定：“未成年工是指年满 16 周岁未满 18 周岁的劳动者。”《未成年人保护法》第 38 条规定：“任何组织和个人不得招用未满 16 周岁的未成年人，国家另有规定的除外。”上述法律法规的规定，明确了我国公民最低就业年龄为年满 16 周岁。招收不满 16 周岁的未成年人是违法的，但文艺、体育和特种工艺单位，确需招用未满 16 周岁的文艺工作者、运动员和艺徒时,须报经县级以上劳动行政部门批准。而且招用单位要保证未满16周岁的特种工作者接受当地规定年限的文化教育。

为了严禁使用童工,劳动部、国家教委、农业部、国家工商局和全国总工会于1988年11月5日联合发出《关于严禁使用童工的通知》强调:坚决制止使用16周岁以下的童工。对违反国家规定、擅自使用童工者,除责令其立即退回外,并予以重罚。每招用一名童工,罚款3000—5000元。对情节严重、屡教不改者,应责令其停业整顿,直至吊销其营业执照。私营企业和个体工商户招用工人,必须报经劳动行政管理部门鉴证,以防止招用童工。工商行政管理机关对未按当地规定年限接受完成义务教育的及16周岁以下的未成年人不得发给个体营业执照。

2. 限制工作时间的延长

为保证未成年工身体健康成长,并有富余时间继续学习文化科技知识,一般情况下,对未成年工实行缩短工作时间,禁止安排未成年工从事夜班工作和加班加点工作。

3. 限制工作种类

《未成年工特殊保护规定》规定用人单位不得安排未成年工从事下列范围的工作:(1)《生产性粉尘作业危害程度分级》国家标准中第一级以上的接尘作业;(2)《有毒作业分级》国家标准中第一级以上的有毒作业;(3)《高处作业分级》国家标准中第二级以上的高处作业;(4)《冷水作业分级》国家标准中第二级以上的冷水作业;(5)《高温作业分级》国家标准中第三级以上的高温作业;(6)《低温作业分级》国家标准中第三级以上的低温作业;(7)《体力劳动强度分级》国家标准中第四级体力劳动强度的作业;(8) 矿山井下及矿山地面采石作业;(9) 森林业中的伐木、流放及守林作业;(10) 工作场所接触放射性物质的作业;(11) 易燃易爆、化学性烧伤和热烧伤等危险性大的作业;(12) 地质勘探和资源勘探的野外作业;(13) 潜水、涵洞、涵道作业和海拔3000米以上的高温作业(不包括世居高原者);(14) 连续负重每小时在6次以上并每次超过20公斤,间断负重每次超过25公斤的作业;(15) 使用凿岩机、捣固机、气镐、气铲、铆钉机、电锤的作业;(16) 工作中需要长时间保持低头、弯腰、上举、下蹲等强迫体位和动作频率每分钟大于50次的流水线作业;(17) 锅炉司炉。

对患有某种疾病或具有某些生理缺陷(非残疾型)的未成年工,用人单位不得安排他们从事以下范围的劳动:(1)《高处作业分级》国家标准中第一级以上的高处作业;(2)《低温作业分级》国家标准中第二级以上的低温作业;(3)《高温作业分级》国家标准中第二级以上的高温作业;(4)《体力劳动强度分级》国家标准中第三级以上的体力劳动强度的作业;(5) 接触铅、苯、汞、甲醛、二硫化碳等易引起过敏反应的作业。《规定》对“患有某种疾病或具有某些生理缺陷”的名称一一作了列举。

4. 进行定期身体健康检查

按照《未成年工特殊保护规定》,用人单位对未成年工应进行定期健康检查,具体时间是安排工作岗位之前、工作满 1 年、年满 18 周岁距前一次的体检时间已超过半年。用人单位要根据未成年工的健康检查结果安排其从事适合的劳动。经医务部门证明不能胜任原工作的,单位应减轻劳动量或安排其他劳动。

5. 采用各种证卡制度

依据《未成年人工特殊保护规定》,招用未成年工实行《未成年工健康检查表》《未成年工登记表》《未成年工登记证》制度,未成年工必须持劳动行政部门核发的《未成年工登记证》上岗工作。未成年工上岗前,用人单位应对其进行有关职业安全卫生教育和培训。未成年工体检和登记,由用人单位统一办理和承担费用。

第五节　劳动保护法律制度的完善

一、我国劳动安全卫生保护的实践问题及现状分析

国家非常重视安全生产工作,并在“十一五”规划中提出绿色 GDP 和安全指标的理念,科学发展已成为当前安全生产工作的主题。为了切实加强劳动保护工作,国家制定和颁布了多部相关法律、法规,特别是 2002 年 6 月 29 日通过、2014 年 8 月 31 日修正的《安全生产法》,对安全生产管理的基本方针、生产经营单位确保安全生产的基本义务、生产经营单位主要负责人对本单位安全生产的责任、生产经营单位的从业人员在安全生产方面的权利和义务、工会在安全生产方面的基本职责、各级人民政府在安全生产方面的基本职责、安全生产监督管理体制、有关安全生产标准的制定和执行等问题作了全面的规定,并且在有关部门的严格执法下,得到了较好的实施,也取得了巨大的成绩。然而,由于历史原因,我国经济增长方式落后、行业管理薄弱、安全历史欠账严重、农村劳动力的大量转移、中小企业的劳动保护欠缺等困扰安全生产的“内忧外患”成为制约中国安全卫生发展的深层次原因。[①] 我国现行劳动保护中存在的问题也是比较突出的。如近些年来中国发生了一系列特大的安全卫生事故,令人震惊:从 2004 年 4 月 20 日江西油脂化工厂氯气泄露造成 282 人中毒事故到 2007 年 8 月 17 日山东华源矿业有限公司发生溃水淹井造成 172 人死亡的事故,每年事故不断,

---

① 参见罗云、黄毅:《中国安全生产发展战略——论安全生产保障五要素》,化学工业出版社、安全科学与工程出版社 2005 年版,第 24 页。

死伤人数众多。而因职业受伤害的更是不计其数。这些情况暴露出中国在劳动安全卫生方面存在诸多问题,有必要对这些问题进行深刻的探讨。

(一) 劳动安全卫生教育、培训中存在的问题

我国《劳动法》第 52 条规定用人单位必须建立、健全劳动安全卫生制度,严格执行国家劳动安全卫生规程和标准,对劳动者进行安全卫生教育,防止劳动过程中的事故,减少职业危害。我国《职业病防治法》第 31 条及《安全生产法》第 25 条、第 55 条对用人单位实施安全卫生培训和教育的义务和劳动者接受安全卫生教育和培训的义务作了明确规定。我国 2008 年 1 月 1 日起实施的《劳动合同法》把“劳动保护、劳动条件和职业危害防护”作为用人单位在与劳动者签订劳动合同中的必备条款,并且把劳动单位“未按照劳动合同约定提供劳动保护或者劳动条件的”作为劳动者可以解除劳动条件的情形之一,可以说我们国家在保障劳动安全卫生生产方面一直在努力。但实践中无论是劳动者还是用人单位都未给予足够的重视,尤其是对于职业病的预防未给予足够的重视。究其原因,不外乎当事人各自有着更深的利益追求。作为企业,追求经济效益是主要目的,对于职工的生命健康和安全不够重视,虽有国家强制性规定,但相比较之下,侥幸、冒险的成本低于守法的成本,因而企业选择了冒险。对于劳动者而言,理应珍视自己的生命,但在我国目前的劳动力严重过剩的情况下,当维持生命存续下去的物质条件没有保障的时候,他们也只有选择侥幸和冒险。国家即使赋予劳动者受保护的权利,但因用人单位没有(或不够重视)对劳动者进行安全卫生方面的教育培训,也是权利不能切实行使的主要原因之一。

(二) 劳动安全卫生监督检查中存在的问题

1. 政府监管缺位

劳动安全卫生是人命关天的大事,除由国家统一规定、管理、监督外,各地方政府应在其管辖范围内具体监督管理,而且当地政府及其有关部门的具体监管是落实劳动安全卫生保护的关键。我国《劳动法》第 85 条,《职业病防治法》第 8 条、第 55 条,《安全生产法》第 9 条和第 59 条对监督检查机构及其职责作出了具体规定。但是,由于存在着局部利益,一些地方政府官员,往往只基于眼前利益、局部利益之考虑,对其管辖内涉及安全卫生隐患的产业,把关不严、监督不力,甚至出事后瞒天过海,不及时施救,视工人生命为草芥。如南丹“7·17”特大透水事故瞒报案即为典型案例,作为地方政府,在保护劳动者的安全卫生权方面,负有重大职责,究其出现保护缺位问题的原因也是基于利益之考虑。此外,根据中国劳动法的规定,有权对劳动安全卫生情况进行监督的机构为:国家各级劳动行政主管部门、国家安全生产监督管理局、卫生部门以及工商、公安、纪检等部门。他们在各自的权限范围内对用人单位和劳动者执行落实国家劳动安全卫生法的情况实施监督。但是,这些机构之间常常缺乏相互配合,互不通报情报,甚至相

互推诿责任，使得事故得不到及时处理。安全生产事关重大，必须预防为主，防治结合。但是，在实践中，作为监督管理部门，常常疏于防范，疏于监督检查，往往发生事故以后才出面过问。

2. 工会维权缺乏力度

我国《劳动法》第88条第1款规定：各级工会依法维护劳动者的合法权益，对用人单位遵守劳动法律、法规的情况进行监督。《劳动合同法》第4条规定：用人单位在制定、修改或者决定有关劳动报酬、工作时间、休息休假、劳动安全卫生、保险福利、职工培训、劳动纪律以及劳动定额管理等直接涉及劳动者切身利益的规章制度或者重大事项时，应当经职工代表大会或者全体职工讨论，提出方案和意见，与工会或者职工代表平等协商确定；用人单位应当将直接涉及劳动者切身利益的规章制度和重大事项公示，或者告知劳动者。作为各级基础工会组织，对当地或本单位的安全生产情况应当十分熟悉，同时我们的法律也赋予了工会在保护劳动者安全卫生方面较大的权力，一旦出现用人单位违反劳动安全卫生法律，侵害劳动者合法权益的现象，工会理当挺身而出，捍卫职工利益，要求用人单位立即给予纠正。然而，由于现行体制下各单位工会组织对其单位依赖性极强，不少工会实际上成为该单位的准行政科室，一旦出现用人单位损害职工利益情况，工会常常难于坚决同其单位斗争。同时工会劳动保护的办法和手段不多，即使工会组织认真履行法律赋予的维护职工合法权益的基本职责，由于企业改制没有加强工会组织和工会机构建设，会员流失严重，尤其是非公有制企业建立工会困难多、难度大，工会组建和职工入会率低，造成维护职工安全健康权益的渠道不畅，工会劳动保护工作面临着许多新情况和新问题。① 工会劳动保护工作无论在机制上还是在方法手段上都远不能满足当前职业安全卫生工作的实际需要，特别是在非公有制企业劳动保护工作异常艰巨，凸显其重要性和紧迫性。

（三）关于责任追究问题

我国《劳动法》第92条规定了用人单位的劳动安全设施和劳动卫生条件不符合国家规定或者未向劳动者提供必要的劳动防护用品和劳动保护设施的法律责任。《劳动合同法》第48条规定劳动条件恶劣环境污染严重，给劳动者身心健康造成严重损害的要依法给予行政处罚；构成犯罪的，依法追究刑事责任；给劳动者造成损害的，应当承担赔偿责任。在现实生活中，用人单位不提供符合国家规定的劳动安全卫生条件或设施的蔓延，以及对责任追究的不力，也是重大事故频频发生的根本性原因之一。对于安全卫生保护，除了要重视预防工作外，对于重大事故，必须实行严格的责任追究制度，构成犯罪的，依法追究刑事责任；对

---

① 参见张鸣起：《探索新时期工会劳动保护工作的思路和方法》，载《劳动保护》2004年第10期。

于只顾赚钱,不珍惜劳工生命的“黑心矿主”,构成犯罪的,追究刑事责任外,还必须让其承担民事赔偿责任;必要时给予其罚款,必须严格依法办事。必须要改变现实中以刑代罚,或以罚代刑,或是为了眼前利益而姑息的行为。对于不符合安全卫生标准的企业,必须责令停业整顿,整顿后依然达不到要求的,必须予以关闭。对于包庇、纵容肇事者的有关主管人,必须依法追究法律责任。只有从责任上给予切实的追究,才能减少事故的发生。

二、劳动保护的法律制度完善

我国还只是个发展中国家,在劳动保护方面难免出现问题。但我们必须要保护劳动者的安全健康,尤其是在构建和谐社会的进程中,必须贯彻以人为本的思想,确实落实科学发展观。我们要采取措施逐步减少现实生活中发生的劳动安全卫生方面的问题。除了要有执法部门的大力执法、用人单位认真守法以及劳动者自身提高自我保护的意识外,最重要的就是作为国家应该加强劳动保护方面的立法,尽管我们已经制定了很多法律、法规、规章,但我们国家劳动保护在立法上还是不够完善。我们可以借鉴国外在这方面做得比较好的国家的立法,来进一步完善我国劳动保护方面的立法。

(一) 制定一部统一的《职业安全卫生法》

从 20 世纪 50 年代起,我国已颁布了大量的劳动安全方面的法规和规章,已基本形成了一个多层次立法相结合的法律体系。我国《劳动法》《职业病防治法》与《安全生产法》等对劳动者劳动安全卫生权的具体内容作了较为详细的规定,但没有统一的一部职业安全卫生法作为安全生产领域的母法。零散的法律不能取代职业安全卫生法。我国应加快劳动安全卫生立法步伐,制定一部统一的《职业安全卫生法》,统领全国的劳动安全卫生工作,加大力度,统一管理。

(二) 设立一个全面负责职业安全卫生工作的机构,加强劳动安全卫生监督检查

自 1970 年美国国会正式颁布职业安全与卫生法后,全美逐步形成了自己的职业安全卫生法规与管理体制,有专门负责职业安全卫生工作的机构。包括美国劳工部秘书处建立的职业安全与卫生署(OSHA),该机构主要负责美国职业安全卫生法 OSH Act 所有问题,包括卫生标准的制定与执行,担任着全美 1.5 亿工人的职业安全与健康保障执法监察工作和对全国各种企业进行安全评估。1939 年成立的美国工业卫生协会(AIHA),其宗旨是促进、保护和推动工业卫生以及其他职业卫生。其职责是让有关专业人员投身于控制工作场所或社区的各种环境卫生危害因素之中。美国职业安全与健康复审委员会(Occupational Safety and Health Review Commission),该委员会是美国政府行政部门的一个独立机构,其主要职责是对美国职业安全卫生管理局的工作进行检查、监督。

在我国,目前还没有一个全面负责职业安全卫生工作的机构。《劳动法》明确规定国务院劳动行政部门主管全国劳动工作,职业安全卫生属劳动法重要内容,自然应由劳动行政部门主管职业安全卫生工作。其后的《职业病防治法》规定国务院卫生行政部门统一负责职业病防治监督管理工作。《安全生产法》关于主管机关虽无明确规定,但实际上职业安全工作,由劳动行政部门移归直属国务院的安全生产监督总局统一管理。对于危险性机械设备检查监督管理,又专门归属国家质量监督检验检疫总局统一管理。① 另外,煤矿安全监察部门、公安行政管理部门、工商行政管理部门甚至纪检部门亦有特定管理权限。他们在各自的权限范围内对用人单位和劳动者执行落实国家劳动安全卫生法的情况实施监督。但是,这些机构之间常常缺乏相互配合,甚至相互推诿责任或越位管理,往往使得事故得不到高效、及时处理。对上述存在的问题,从长远讲,借鉴美国、英国、日本为代表的许多国家,向着职业安全卫生一体化方向发展。

（三）加强职业安全权法规综合性建设,建立独立的职业安全法律体系

1981 年国际劳工大会通过了第 155 号公约,即《职业安全与工作环境公约》并制定同一名称的第 164 号建议书作为补充。该公约和建议书,不但标志着国际劳工组织由制定单一的适用于特定范围的职业安全标准过渡到制定综合性的适用范围广泛的国际职业安全标准,而且建构了政府、雇主、工人三方共同“管理”职业安全的制度框架。1985 年,国际劳工组织又制定了第 161 号公约和第 171 号建议书两项职业安全国际标准,作为第 155 号公约和第 164 号建议书补充。2002 年,国际劳工大会通过的议定书,对第 155 号公约中有关职业事故、职业病登记和报告等内容进行了修订补充,形成了内容较为完整的国际劳工职业安全保护制度体系。2006 年 10 月,我国人民代表大会常务委员会批准了 1981 年的第 155 号《职业安全与工作环境公约》。②

然而,从我国立法情况来看,国务院、国家安全生产监督管理局卫生部、劳动和社会保障部等部门颁布了几百项有关职业安全卫生的法律、法规,但在制定和实施这些法律、法规的过程中,各部门缺乏协调;从事故和职业病的预防体系来看,《安全生产法》和《职业病防治法》仅仅是针对显而易见的和容易发生的职业事故以及最基本的职业病,但很难达到第 155 号公约所要求的全面地、系统地预防职业事故和职业病的标准。应借鉴美、日、英等国家的成功经验,关于职业安全权法律保护的法规建设必须向综合性的方面发展,并注意重新对行政法规、规章等加以整理,同时出台配套法规、规章,尽早建立独立的职业安全法律体系。

（四）强化劳动安全卫生教育和培训

首先,企业要组织职工认真学习国家和地方政府及行业主管部门制定的有

① 参见扈纪华:《安全生产法释义与适用指南》,中国言实出版社 2002 年版,第 16 页。

② 参见郭捷:《论劳动者职业安全权及其法律保护》,载《法学家》2007 年第 2 期。

关劳动安全卫生方面的法律、法规、规定;学习安全技术、劳动安全与卫生的基本知识;学习本企业的有关制度规定,掌握岗位安全操作规程和劳动防护用品的正确使用方法。

其次,要把劳动安全卫生教育纳入企业培训计划,通过开展“安全文明生产周(月)竞赛”和总结交流活动等类似活动,把劳动安全卫生教育和培训工作落到实处。

再次,把劳动安全卫生教育和培训列入考核内容,加强检查监督,建立责任制,明确规定违反相关规定的责任后果。

最后,可以借鉴美国劳工部职业安全卫生管理局(OSHA)的做法,建立一个专门为劳动者提供劳动安全卫生知识咨询的网站,提出一些预防措施,普及劳动安全卫生知识。美国劳工部职业安全卫生管理局提供了一个大众网站 www.asha.gov,该网站设置了一个专门机构来关注小企业的工作。同时,OSHA 还提供一个互动平台,帮助雇主和工人针对一些特殊伤害,提出一些预防措施。此外,OSHA 还拥有一个由 73 名来自地区办事处承诺援助的专家组成的网络,可以随时向雇主和工人提供合适的信息和培训。①

附　录

一、本章重点难点问题提示

(一) 国外劳动安全卫生立法的介绍和研究

劳动安全卫生立法起源于 18 世纪工业革命后,是工业生产技术发展的需要,是工人运动高涨、推动和斗争的结果。作为最先进行工业革命的国家,英国、美国、日本、加拿大四国的职业安全卫生法具有一定的代表性,从中我们可以取长补短,完善我国的劳动保护立法。

1. 英国

英国是劳动安全卫生法的先驱与集大成者,可以说是人类历史上比较早地进行劳动安全卫生立法的,它于 1974 年 10 月 1 日、1975 年 1 月 1 日、1975 年 4 月 1 日分三批颁布了《职业安全与卫生法》的全部条款。这部法律虽然比美国、日本晚了几年,但却是当时最全面、最严谨的,称之为法中有法,措施有力,规定详细,成为不少国家借鉴的“蓝本”。英国职业安全卫生的立法目的有三个:其一,保障工作人员的健康、安全和福利;其二,保障非工作人员的健康或安全不受工作人员活动的影响;其三,控制有害物质排入大气。

---

① 周进军:《美国职业安全卫生管理局工作拾零》,http://www.chinasafety.ac.cn,2011 年 7 月 1 日访问。

根据职业安全与卫生法的规定，雇主有以下权利和义务：在合理、可行范围内确保雇员在工作中的健康、安全和福利，包括确保工作设施及其维护的安全；生产物品使用、装卸、贮存、运输安全；提供安全卫生的工作环境及其所需的设施和安排；制定安全卫生规章，并对规章的执行编写报告及提供雇员对报告的知情权；有责任和雇员的安全代表进行合作确保安全卫生措施的执行和效果。与此同时，雇员有权利自我保护和保护工作场所涉及的其他人；对雇主或其他人合法权利和要求有合作的义务。由国务大臣任命职业安全卫生委员会及其执行委员会，负责帮助该法所涉及的人达到该法规定的目的，安排相关研究、培训和提供资料，协调政府各部门、雇主和雇员、代表雇主和雇员的组织，提供信息和咨询服务，制定条例提交立法机关，实施国务大臣下达的指示。监察员由国家权力机关任命。监察员依法有权进入工作场所、取证、起诉和发布改进通知或禁止通知。当监察员认为某人违反一项或几项条款时可以发布改进通知，列举违反的条款和理由，并要求该人限期纠正。如果监察员认为某人的活动的进行涉及发生严重人身伤害的危险时，可以发布禁止通知，限期停止或纠正该活动。

英国的职业安全与卫生法有以下几个特点：第一，强调合理和可行性原则，即某特定工作或工作场所的危险度大小应与避免或减小危险度所需时间、费用和实施难易程度相关联，促使雇主进行危险度评估。第二，设立职业卫生安全委员会协调法规设计的各个方面，并为之提供信息和咨询服务。第三，法规的监督由两方面进行，即工作场所的安全代表和权力机关任命的监察员，而且赋予监察员的权利的描述详细而全面。第四，改进通知和禁止通知制度，既体现了监察员的权利和义务，也保护了当事人和相关人员的知情权等权益。

2. 美国

1970 年美国国会通过的《职业安全卫生法》是国外最早颁布的以职业安全卫生命名的法律，该法改变了过去只由各州去制定安全卫生法规的局面，从而加强了对各州的职业安全卫生工作的领导。该法主要由美国联邦职业安全与健康管理局(OSHA)负责执行。另外，针对煤矿等矿山采掘业事故频发的状况，美国国会于 1977 年通过了《联邦矿山安全卫生法实施条例》，对矿山的粉尘监测做了详细规定。美国职业安全卫生法委托劳工部秘书处制订工作场所安全与卫生标准。劳工部秘书处建立了职业安全与卫生署，负责职业安全卫生法的所有问题，包括卫生标准的制订与执行。①

雇主有以下义务：(1) 有责任提供安全和卫生的工作场所，该工作场所无已知可导致死亡和严重伤害的危害物；(2) 有责任遵循职业安全与卫生署颁布的职业安全卫生标准。雇员有以下权利：(1) 参与权，雇员或其代表可要求参加检

---

① 参见钱晓勤、杨军：《美国职业安全卫生法规与体制的考察》，载《江苏预防科学》2005 年第 2 期。

查工作场所。(2)工作保护权,保护雇员因向职业安全与卫生署告状行使法律规定的权利而不至于遭解雇或歧视。(3)知情权,要求雇主通过寄发通知单或其他方式告诉其雇员有关劳动保护及雇员义务的法律条款。雇主必须保证雇员可见到本单位或曾工作单位的工伤和职业病记录资料。职业安全与卫生署官员可查看雇主按法律必须保存的任何档案,包括工厂的安全卫生计划,然后巡视工作场所,查看有否违背职业安全与卫生署颁布的安全卫生标准的情况。雇主可因违反安全卫生标准而被传讯(属首次违规亦如此)。违反标准可分为:轻微、一般、不太严重、严重、反复违规、消除违规的努力失败,还包括一般、不太严重和严重违规之前的“故意地”一词,共9种。轻微违规是指它与安全卫生没有直接或即时的联系,不受处罚。不太严重的违规,法律认为此等情况与安全卫生有直接或即时的联系,仅仅还不足以导致死亡或严重损伤。一般违规也列入不太严重违规之列,例如雇主没能寄发通知单告诉雇员赋予的权利。严重违规是指确实存在导致死亡或严重伤害的可能性(尽管雇主可能并不知晓)。

美国职业安全与健康方面的标准通常分为一般工业类、建筑业类、海事业类、农业类的具体标准,因为不同行业的安全标准都有所不同,具体确定每个行业标准将有助于确保标准的合理性及实施效果。美国联邦职业安全与健康管理局(OSHA)为了确保这些标准得到遵守,规定了极其严格的记录保留与报告制度,如果雇主雇佣了10人以上的雇员,那么雇主必须保留OSHA规定的与职业伤病有关的记录,零售、金融、保险、房地产交易或其他低风险的服务行业除外。并且规定无论何种行业的雇主,只要其企业发生了伤病事故,并导致一人以上的死亡,或者三人以上的住院治疗,那么该雇主必须向当地的OSHA管理办公室报告,并且报告时间应严格控制在事故发生8小时以内。紧接着,OSHA将进行事故调查,以确认其是否属于违反美国职业安全与健康方面的标准而导致的事故。除了处理相关事故事项以给事故定性以外,OSHA还会公布具体的职业安全和健康指南,主要包括《养殖工人禽流感预防指南》《家庭护理指南》《工作场所流感预防指南》《肉类加工业职业安全与健康指南》《职业安全与健康管理体系指南》等。①

3. 日本

日本是职业安全卫生法借鉴与移植的成功典范。第二次世界大战后,日本接受美国麦克阿瑟将军的建议,制定和颁布了《劳动基准法》,把“劳动安全卫生”法规作为其中的一章。1972年日本政府制定了《劳动安全卫生法》。《劳动基准法》是第一层次的安全卫生立法,《劳动安全卫生法》是依据基准法制定的,劳动部根据《劳动安全卫生法》制定了《劳动安全卫生规则》,进一步增强了其安全卫

① 参见石少华主编:《安全法学》,中国劳动社会保障出版社2010年版,第366—367页。

生管理的可操作性和时效性。随后经过不断修订和补充，日本建立了自己的职业安全卫生法律体系，安全卫生状况不断得到改善。

《劳动基准法》明确了厚生劳动省负责一切与工人安全、健康有关的事务，包括制定标准、管理规章、行政监察、工伤保险和中介机构的管理等。《劳动安全卫生法》涉及工业事故预防、安全卫生管理的组织与职责、工伤与职业病预防措施、机械安全管理、有害物质安全卫生管理、工人上岗要求及管理办法、保持和促进劳动卫生管理办法、创造舒适工作环境的要求、许可证的管理、安全卫生促进计划、劳动安全咨询和劳动卫生咨询。《劳动安全卫生法》规定，所有独立进行生产活动的企事业单位都必须建立劳动安全生产体制，任命或指定劳动安全卫生负责人，监督和指导企业的安全生产工作。企业内的各个车间和班组还必须设置安全卫生管理员、作业主任等具体实施安全生产措施的人员。同时，有50名以上职工的企事业单位必须配备自己的医生，负责企业员工的健康和卫生，维护和管理作业环境，调查影响健康的原因和采取防止事故再次发生的措施等。①《劳动安全卫生规则》内容涉及广泛，包括了与工人健康、安全有关的所有方面，不分行业与企业类型，也不分工人还是雇主，政府组织还是非政府组织，以保护工人安全健康为线，囊括了从标准、法规的制定，安全卫生监督、检验，到工伤保险与补偿等纵向一揽子事务。

4. 加拿大

加拿大职业安全卫生法的特点是提出了拒绝工作权、停止工作权的概念。

(1) 拒绝工作权。加拿大工人认为工作场所有某种危险或隐患是可以拒绝工作的，而在拒绝工作时他们的工资不受影响，雇主必须将拒绝工作的工人转移到工作地点附近的安全之处，直到调查结束。这段时间间隔被认为是拒绝工作的"第一阶段"。如果引起拒绝工作的问题得到解决，则工人将返回工作地点继续工作。如果工人还没有充足理由认为工作是不危险的，他(或她)可以继续拒绝工作。此时，是拒绝工作的"第二阶段"。②

(2) 停止工作权。加拿大职业安全卫生法规定雇员有停止工作的权利，在一般情况下停止工作需要两名持证委员命令雇主停止工作(共同停止)，其中一位代表工人，另一位代表雇主。在某些特殊情况下，单独一位持证委员就可以拥有这项权利。

(二) 世界上在立法保护劳动安全卫生方面做得好的国家有哪些？我们可以借鉴的又有哪些？

---

① 参见谢亚雄、千叶百子：《日本劳动卫生管理体制》，载《日本医学介绍》2000年第3期。

② 参见梁友信、何凤生：《世界卫生组织的职业卫生策略》，载《中华劳动卫生职业病杂志》2002年第3期。

英国是较早进行职业安全卫生立法的,它的一些职业安全法律法规成为其他国家的效仿对象。美国颁布了世界上第一个以职业安全卫生命名的法律。日本继美国之后,也颁布了职业安全卫生法,并取得了很大的成效。加拿大提出了拒绝工作权、停止工作权的概念。因此,这四个国家的职业安全卫生法具有一定的代表性,值得我国劳动安全卫生立法借鉴。

二、思考题

1. 简述我国劳动保护的现状和完善劳动保护立法的思路。
2. 简述劳动保护的概念以及劳动保护的意义。
3. 简述我国劳动安全卫生立法的主要内容。
4. 论述对女职工和未成年工特殊保护的主要内容和意义。
5. 简述我国劳动安全卫生监督检查中存在的问题。
6. 简述我国劳动安全卫生管理制度的主要内容。

第十一章 劳动就业

内容提要

本章主要讲述与劳动就业相关的法律制度，主要包括劳动法上的劳动就业与日常用语的就业的不同之处，与劳动就业密切相关的失业的概念和对失业在劳动法上的范畴限定，劳动就业的原则，劳动就业服务与就业管理规定，政府促进就业的责任以及政策支持。此外，还包括特殊群体，如女性劳动者、残疾劳动者等弱势群体的就业保障等内容。如何保障劳动者就业成为各个现代国家宏观法律和政策的焦点问题之一。劳动就业是公民实现劳动权的形式，保障公民平等就业权是国家的基本职责。从社会生产发展方面来看，劳动就业实质上是劳动力与生产数据相结合，使劳动过程得以实现，从而生产出社会所需要的社会产品。从制度层面来看，依据宪法的基本原则和规定，本章主要说明在《劳动法》《就业促进法》《就业服务与就业管理规定》等法律法规中具体落实劳动者平等就业和保障特殊群体就业的各项制度。显然，无论从哪一层面上看，劳动就业都具有重大的社会意义和社会功能，各国政府也都依据自身的国情、制定出符合国情的就业法律法规和政策，从立法上不断强化和保证公民的平等就业权，并以市场为导向不断完善职业介绍和服务体系，增加就业机会，促进公民的劳动就业。同时，国家也加大对特殊群体的保护、保证特殊群体的充分就业权，从而维护社会的公平。促进和增加就业能够缓解失业问题，保障社会生产关系的平稳运行，有利于实现社会和谐。

关键词

劳动就业　平等就业　职业介绍　特殊群体保障　就业法律制度

第一节　劳动就业概述

我国是一个劳动力资源大国，就业问题非常突出。尽管从 1990 年至 2001 年，我国从业人员规模从 6.5 亿扩大到 7.3 亿人，增加了 8300 万人；然而，解决就业问题仍然是我国当前和今后长时期重大而艰巨的任务。近两年来，我国就业压力进一步增大,城镇登记失业率有所上升,随着市场经济的进一步完善、国有企业改革更为深化、农村劳动力向城市转移以及高等教育扩招、研究生扩招等,失业问题必将更趋严重,如何促进就业以及保障就业质量决定着社会和谐的程度。据统计局数据,十一五期间中国共增加就业人员仅 2170 万人,根本无法赶上新增流动人口的速度。近两年中小企业生存环境并未明显改善。截至 2011 年末,中国流动人口 2.3 亿,城镇户籍居民 6.9 亿,如果仍按照 2 亿失业人口计算,失业人数占全部城镇生活人口的 21.7%。但是,失业率是以劳动力人口为分母,因此,真实失业率水平显著高于 21.7%。即便假定 2 亿失业人口存在一定水分,保守计算中国城镇失业率也接近 20%。[①] 运用劳动法促进和保障劳动者就业在理论和实践中具有重要的意义。

一、劳动就业的概念

劳动就业是一种人类社会发展的自然现象,同时也是一种与当时社会生产力和生产方式相适应的社会机制。各学科从不同角度关注劳动就业问题,因此对于劳动就业的理解和揭示就不同。在劳动经济学中,劳动就业指的是劳动力与生产数据相结合生产社会财富并进行社会分配的过程;在社会学中,劳动就业是劳动者个人的谋生手段,而对全社会则意味着劳动力和生产数据两大资源得到合理利用的过程;而在劳动法中,劳动就业是指具有劳动能力的人,通过一定的方式与生产数据相结合,实现劳动过程,获得劳动报酬或经营收入的活动。

劳动就业,从就业制度的角度而言,其实质是劳动力与生产数据相结合,使劳动过程得以实现,通过劳动过程的实现,生产出社会所需要的产品,推动社会的进步和发展。由于劳动就业的这一重大意义和社会功能,才导致了几乎所有国家的政府都花大力气去思考和制定本国的就业政策,并力求建立科学合理和有效的劳动就业制度。我国《劳动法》专章规定了就业制度,就是力求建立起市场对劳动力资源配置起基础性作用的就业制度。为了能够更好地实现平等就业和保障大多数劳动者就业,2007 年 8 月 30 日第十届全国人大第二十九次会议通过、2008 年 1 月 1 日起施行的《就业促进法》,显示了我国政府对就业问题的高度关注,为促进广大劳动者顺利就业和构建、发展和谐稳定的劳动关系提供法律支撑。当劳动者在就业中受到不公平待遇时,可以依据《就业促进法》的有关规定依法追究用人单位的法律责任,以促使用人单位在招用劳动者时遵守不歧视的原则,从而更新用人观念。

劳动法学者对劳动就业的界定也略有不同。“就业是指个人获得工作岗位,

---

① 网易财经:《中国就业形势有多严峻?》,http://money.163.com/13/0516/14/8V0L5I3200254LAG.html,2015 年 12 月 21 日最后访问。

从事一定社会劳动的状态。详言之,就业是有劳动能力和劳动意愿的人从事有一定经济收入的社会职业的状态。”①“劳动就业是指处于法定劳动年龄范围内,具有劳动能力和就业愿望的公民,参加国民经济中某个部门的社会劳动,从而获得有劳动报酬或劳动收入作为其生活主要来源的状况。”②尽管学者们都从自己的理解角度界定劳动就业,但劳动就业的核心内涵就是一个具有劳动能力的人获得一个赖以为生的社会岗位并持续一段时间的状态。这种状态包括受雇性劳动和自雇性劳动。只是在自雇性劳动过程中,该劳动者的各项权益大多不适用劳动法调整,而是适用民法、公司法或者其他企业法。只有这样理解劳动就业才能正确看待当前国家促进就业的宏观指导思想,也就是鼓励创业,先就业,再择业。从劳动者的权利角度而言,劳动者依法享有的劳动权,只有通过劳动就业才能实现。在就业之前,劳动力资源处于闲置状态,劳动权利表现为期待性的待实现状态;通过就业,劳动者与生产资料相结合,劳动权才成为现实。结合上述的界定,劳动就业从法律角度理解包括以下要素:

（一）劳动者处于劳动年龄阶段

劳动年龄是法律确认每一个人享有劳动权利能力的基本标志。关于劳动年龄的界限,我国法律规定,男性为16—60周岁,女性为16—50或55周岁,但这并不排除在某些特殊情况下,劳动年龄可依照法定程序提前或延后。除法律有特殊规定外,任何人均不得与不满16周岁的未成年人订立劳动合同。同时,年满18周岁是具有完全劳动能力的起始年龄。劳动年龄的上限即为退休年龄,退休年龄并不是标志着劳动行为能力的实际丧失,只是意味着在法律上该公民失去了劳动能力,从此应退出劳动领域,不再属于国家保障就业的范围。关于劳动年龄,不同的国家有不同的规定,各国根据本国劳动力资源供应结构状况作出适应本国需要的劳动年龄法律制度规定。在劳动力资源供应不足的国家没有严格的强制性的退休年龄。

（二）劳动者具有劳动行为能力

劳动就业以实现劳动过程、生产出社会产品或者为社会提供服务为目的,因此必然要求劳动者具有劳动的实际能力,包括特定职业和岗位的专业技术要求。比如,健康状况会影响劳动者的劳动行为能力,只有具备强健身体的劳动者,才能更好地进行劳动。如果身体状况较差或由于特殊情况,劳动者的工作范围就要受到相应的限制。有些岗位不允许患有某种特殊疾病的人担任,如患有传染病的人不得从事与餐饮有关的工作。同时,劳动者的智力发育水平、文化水平的高低、技术水准的熟练程度以及人身的自由状态都会对就业产生影响。完全丧

① 冯彦君:《劳动法学》,吉林大学出版社1999年版,第95页。

② 王全兴主编:《劳动法学》,人民法院出版社、中国人民公安大学出版社2005年版,第393页。

失行为能力的人不能从事任何劳动,部分残疾人可以从事与其健康状况相适应的工作。对于丧失劳动能力的人而言,所涉及的是社会保障或者社会救济问题,而不是劳动就业问题。

(三)劳动者必须有参加劳动的意愿

劳动就其本质而言,是劳动者的一项基本权利。权利的行使与否不具有强制性。对此,国际劳工组织第 29 号《强迫劳动公约》和第 105 号《废除强迫劳动公约》要求,批准国负有义务在尽可能短的时间内,做到禁止所有形式的强迫或强制性劳动。这表明在劳动法上的劳动应当是自主自愿劳动,禁止任何形式的强迫劳动。第 29 号公约除规定了强迫或强制性劳动的定义外,同时还规定了 5 种工作或服务不属于强迫性劳动,即义务兵役制、某些公民义务、狱中劳役、紧急情况下需从事的工作和小型公用事业。因此,只有具有就业愿望的人才是促进就业保障的对象。

(四)应取得相应的劳动报酬或经营收入

这一基本要求,使劳动就业的有酬劳动与无酬的义务劳动相区别。就业是劳动者以自己的劳动力与用人单位的生产资料相结合并取得相应报酬的社会性活动。如果劳动者参加的是没有报酬的劳动,则实现的不是劳动就业权;同样,如果劳动者的收入不是基于劳动而取得的,那也不能实现劳动就业权。所以参加社会劳动和取得相应报酬是劳动就业权不可偏废的两个方面。另外,我们也有必要将从事社会劳动作为就业基本要素,以使其与家务劳动相区别。

(五)社会必须有对劳动的需求

这似乎不是就业自身的要素,但却是就业得以实现所必不可少的前提条件。经济学原理表明:就业是将生产的三个基本要素——自然(土地、物质要素)、劳动、资本结合在一起,进行有效的社会生产。没有这三要素的结合,生产就不能进行。这说明"就业"并非劳动者自身所能完成的,还必须有劳动需求存在。当劳动力资源供给数量大于社会对它的需求量时,必定在社会中出现失业。所以,当劳动力资源总量过剩时,必然造成一部分劳动力不能被利用,这部分劳动者也就不能实现就业。这是政府在劳动者就业中承担社会责任,以及当劳动者无法实现就业时,政府和社会为其提供社会保障的理论基础和现实依据。

与就业相对的一个概念是"失业"。我们从学者史尚宽先生给的"失业"的五个要件中,可以反思就业的含义。一是失业唯就受雇人而言,即以劳动者、学徒、使用人等受限。企业人、雇佣人虽偶失其所经营之事业,不得成为失业人。二是失业以受雇人有劳动能力为前提。因疾病、事变、绝对丧失劳动能力之人或生来即无劳动能力者无失业可言。三是失业以受雇人有劳动之意思为要件。懒惰或其他厌恶劳动之人,因其无劳动意思而未至劳动者,不得称为失业人。四是失业不独指全无劳动机会,与受雇人之劳动能力不相当者,亦为失业。例如,受高等教育之人，而迫为低级之筋肉劳动。五是失业谓不得劳动机会，而不能得之者。所谓不能非以劳动机会之客观的不存在时为限，事业上虽有机会，而不能得之者，亦包含在内。又失业非仅指明原有失业者而言，既未曾有业者，亦并称之。[①]显然，史先生把与劳动者劳动能力不相当的劳动也归入了失业。从经济学范畴看，将这种状态归于失业也是不无道理的。但是，从法律操作角度讲，却存在较大的难度，尤其是对失业者进行救济时缺乏客观的判断依据。除非高素质劳动者拒绝任何低于其应得待遇的工作，这必将增加社会保障的负担。

二、劳动就业的立法概况

劳动关系的存续须以就业为前提。就业也意味着公民实现其劳动权。因而，在劳动立法中，关于就业的法律规定占有首要地位，甚至在一定意义上可以说，整个劳动法就是公民实现就业的保障法，《就业促进法》则是赋予了政府保障就业的责任以及具体的促进就业的操作性措施。

综观各国就业立法，有三个主要的组成部分：(1) 宪法中关于公民劳动权的规定。例如，委内瑞拉宪法规定，人人有劳动的权利；朝鲜宪法规定，一切有劳动能力的公民按照希望和才能选择就业，由国家保证安定的工作和劳动条件；墨西哥宪法规定，不分性别和国籍，一律同工同酬。我国《宪法》第 42 条规定，公民有劳动的权利和义务；劳动是一切有劳动能力的公民的光荣职责。国家通过各种途径，创造劳动就业条件；国家对就业前的公民进行必要的劳动就业训练。(2) 劳动基本法中关于就业的规定。各国劳动法典中，几乎都有就业法的内容。例如，《法国劳动法典》第三卷为《安置和雇用》，对安置、雇用、职业介绍所、劳动力保护、失业工人都分别设专篇予以具体规定；《菲律宾劳动法》的第一部为《就业前》，其内容就是关于招募和安置的规定；《尼日利亚联邦共和国劳工法》的第二章为《招募》，不仅规定招募的一般规则，而且还分别就招募工人在本国就业和到境外作业作了专门规定。在我国《劳动法》中，设有《促进就业》专章，对国家促进就业职责作了原则性规定。(3) 关于就业的专项法规，例如，英国 1980 年、1982 年的《就业法》，日本 1947 年的《职业安定法》。新中国成立以来，我国制定了大量的就业法规和政策；尤其是党的十一届三中全会以来，为建立适应社会主义市场经济的新型就业制度，制定了许多重要法规和政策，对就业方式、就业形式、职工招用、劳动力流动、就业服务、就业管理和特殊就业政策等问题作了明确规定。在《劳动法》颁布以后，制定了《就业登记规定》(1995 年)、《职业指导办法》(1994 年)、《农村劳动力跨省流动就业管理暂行规定》(1994 年)、《劳动就业服务企业管理规定》(1990 年)、《职业介绍服务规程(试行)》(1998 年)、《劳动力

① 史尚宽：《劳动法原论》，上海正大印书馆 1934 年版，第 447—448 页。

市场管理规定》(2000 年)等一系列配套法规。

为了适应社会主义市场经济的发展,保障劳动者就业,近几年来我国出台了一系列关于劳动就业的法律和法规。我国的《促进就业法》于 2008 年 1 月 1 日实施,进一步完善了我国就业保障法律体系,其主要内容包括总则、政策支持、公平就业、就业服务和管理、职业教育和培训、就业援助、监督检查、法律责任、附则。此外,《就业服务与就业管理规定》已于 2007 年 10 月 30 日经劳动和社会保障部第 21 次部务会议通过,自 2008 年 1 月 1 日起施行,劳动部 1994 年 10 月 27 日颁布的《职业指导办法》、劳动和社会保障部 2000 年 12 月 8 日颁布的《劳动力市场管理规定》同时废止。《就业服务与就业管理》共 9 章 77 条,对《就业促进法》中就业服务与管理、就业援助的相关制度作了进一步细化和完善。

由于就业问题历来是世界各国的普遍性社会问题,国际劳工组织非常重视关于就业问题的立法。其中主要有:1919 年第 2 号公约《失业公约》和第 1 号同名建议书,1944 年第 71 号建议书《国家计划公共工程建议书》,1948 年第 88 号公约《职业介绍所组织公约》和第 83 号同名建议书,1958 年第 111 号公约《(就业与职业)歧视公约》和第 111 号同名建议书,1964 年第 122 号公约《就业政策公约》和第 122 号同名建议书等。这些国内和国际性的就业立法促使各国不断提高对就业工作的重视,为努力实现劳动者的劳动权奠定了法律基础。

我国社会主义市场经济不断发展,社会就业压力很大,在国内不断完善立法的同时,全国人大及其常委会应对国际劳工公约中涉及促进就业方面的、对我国有用的公约进行审查,在必要时加以批准,一方面更好地树立我国的国际形象,另一方面也可以完善我国劳动就业的法律制度。借鉴国际劳工公约既能使我国较好地融入国际社会,也能够节省我们立法成本。

三、劳动就业的基本原则

(一) 国家促进就业的原则

促进就业是指各国政府有责任采取帮助劳动者实现劳动就业的一系列措施的总称。第二次世界大战以后各国的失业问题都比较严重,几乎各国的经济政策都致力于解决就业问题,减少失业,促进就业是世界各国共同努力的目标。政府对于充分就业的重视,是作为政府要对劳动者负责,保障其劳动权、就业权实现的重大事项。西方国家的政府都尽可能实现充分就业,因为不解决就业问题就会失去公众的信任和支持。

美国战后把充分就业作为政府对宏观经济干预和调节的目标。1946 年《就业法》规定政府要对控制社会就业承担责任,争取达到最大的就业。1964 年通过的《就业法》规定,国家有责任保持高水平的就业、生产和贸易能力。1978 年《充分就业与平衡发展法案》要求为所有的求职者提供就业的可能性。美国还建立了失业率和膨胀率期望指标体系，作为制定政策的参考。

德国通过法律和政策对解雇进行严格的限制。在1969年颁布的《解雇保护法》中，一般解雇保护包括“无正当理由解雇”和“更改性解雇”。德国雇员认为解雇不具备正当理由，可在解雇后一周内向企业委员会提出异议。如果企业委员会认为异议有理，则应努力与雇主协商。根据雇员和雇主的要求，企业委员会向他们发表书面意见。雇员也可在解雇后三周之内向劳动法院提起诉讼，请求法院确认这一解雇无效。

如果法院确认某一解雇不能导致劳动关系的解除，但雇员又不愿继续与雇主维系劳动关系，则根据雇员的申请，法院可解除劳动关系并判决雇主支付适当的一次性补偿金。同样，根据雇主的申请，如果他与雇员今后的合作不再有益于企业，法院也可作出同样的判决。

在我国，政府促进就业不仅是保障劳动者就业权实现的内在要求，也是国家保障公民生存权的重要举措。我国《劳动法》①对此作了专章（第二章）规定，规定政府通过促进经济发展，创造就业条件，扩大就业机会，并采取措施鼓励企业、事业组织、社会团体在法律、行政法规规定的范围内兴办产业或拓展经营，增加就业，支持劳动者自愿组织起来就业和从事个体经营实现就业，建立和完善劳动就业的服务体系。

《就业促进法》第2条规定：“国家把扩大就业放在经济社会发展的突出位置，实施积极的就业政策，坚持劳动者自主择业、市场调节就业、政府促进就业的方针，多渠道扩大就业。”该条要求政府将促进就业作为经济社会发展的突出工作来做，实施积极的就业政策，这是要求政府主动承担社会责任的社会立法，也是市场经济发展到一定阶段的必然结果。

1. 促进就业的目标

国际劳工组织在1946年就明确指出，各会员国应当以“充分的、生产性的和自由选择的就业”作为就业政策的主要目标，并将其内容规定为：(1) 为一切有能力工作并寻找工作的人提供工作；(2) 此工作应尽可能是生产性的；(3) 有选择职业的自由，每个人有资格享受最充分发挥其技能和才能的机会，获得最适合的工作，而不分其种族、肤色、性别、宗教、政见、民族、血统或社会出身。②

我国《劳动法》《就业促进法》《就业服务与就业管理规定》等法律法规在一定程度上反映了上述促进就业的目标，从而实现就业目标和其他经济和社会发展目标相协调、就业政策同改革发展的方向相协调。《就业促进法》第11条规定：“县级以上人民政府应当把扩大就业作为重要职责，统筹协调产业政策与就业政

① 参见《劳动法》第10条、第11条的规定。

② 参见《就业政策公约》(1964年)。

策。”但是,并没有特别强调劳动者的“工作应尽可能是生产性的”,这是在我国当前的历史条件下难以实现的。不过,生产性的工作更有可能进行技术创新和管理创新,为社会创造更多的财富。因此,政府应有意识地引导人们从事生产性的工作。

2. 国家促进就业的主要任务

为实现宏观的就业目标,国家所承担的促进就业的任务主要有:(1) 扩大就业机会。国家通过促进经济和社会发展为提供更多的就业岗位、为扩大对劳动力的需求创造条件,从而扩大劳动者获得岗位的机会。市场经济条件下,应当使就业管道和就业方式多元化,改变在计划经济体制下利用国家投资和政府分配工作的单一就业管道。(2) 提供就业服务。在劳动力资源充裕,劳动力市场不发达的情况下,政府合理开发、利用和合理配置劳动力资源,形成劳动力市场是解决就业问题的必要措施。因此,应发展职业介绍机构,提供劳动力供求信息,为劳动者和用人单位搭建双向选择的平台。(3) 保障公平就业。国家应当保障劳动者享有平等就业和自由选择职业的权利,使其就业不因民族、种族、性别、宗教信仰不同而受歧视。

(二) 劳动就业的市场原则

在市场经济体制下,要求以市场机制作为劳动力资源配置的基础性手段。劳动力资源的开发、配置、使用,通过开放性、平等性和竞争性的劳动力市场进行。劳动就业市场化的目的在于保证用人单位与劳动者以最优状态完成资源的配置,从而形成较高的劳动生产率,达到较好的经济效益和社会效益。

《就业促进法》第 8 条规定:“用人单位依法享有自主用人的权利。”“用人单位应当依照本法以及其他法律、法规的规定,保障劳动者的合法权益。”在劳动就业市场化条件下,用人单位是劳动力资源的配置得以实现的重要环节。讲求效益的用人单位追求资源的高效配置,并且由于他掌握完全的经济决策权,而使最优配置能够实现。在用人单位具有充分自由的情况下,劳动力资源能达到最优配置。当市场繁荣,用人单位规模、产业扩张时,用人单位可因岗位需要招用新的员工;当用人单位经济效益下降时,出现利润下降、管理不善或职工老化等情形,用人单位就会采取措施改变现有资源配置,如辞退人员、更换人员。这些都是用人单位根据市场状况自主用人权的具体表现。只要用人单位的用工行为合乎法律法规的要求,也就达到了保护劳动者合法权益的基本要求。

在市场经济体制下,劳动者是社会劳动要素,也是生产力中最活跃、具有决定性作用的要素,其价值的充分实现对个人、对社会都具有重要意义。每一个劳动者都要凭借自己的劳动能力在市场上寻找工作,参与就业竞争,得到用人单位的雇佣。劳动者的自由择业机会必须是充分的,但又必须与其他劳动者竞争。由此,劳动者个人的充分择业权使得劳动力流动具备了客观条件。一旦地区、产业、职业报酬出现不平衡，就必然导致较大规模的劳动要素流动。当经济发展不平衡，经济结构需要进行调整时，也会出现较大的流动。劳动力自主流动也是实现劳动力资源合理配置的重要前提。《就业促进法》第3条规定："劳动者依法享有平等就业和自主择业的权利。"这一方面赋予了劳动者自主择业，参与市场竞争的权利，同时也要求劳动者不断提高自身的劳动技能以适应市场的要求，否则会面临失业的困境，尽管失业时会有一定的社会保险待遇，但毕竟不如通过个人的劳动来维持生存和发展事业有意义。

因此，劳动就业的市场原则体现为两个方面的内容：第一，用人单位的用工自主权和解雇自由。在用人单位没有侵犯劳动者基本权利的情况下，用人单位享有充分的用工自主权和解雇自由，这样才能促使劳动者在岗位上尽职尽责地劳动。第二，劳动者享有充分的择业自由、辞职的自由和迁徙流动的自由，排除各种不正当的劳动力跨地区、跨行业流动的制度性障碍和限制是我国劳动就业实现市场原则的当务之急。当然上述两者的自由之间不时会发生冲突，对具体情况下的两种自由冲突的总体权衡和纠纷解决，必须有健全、贯穿劳动法精神的司法体系和法官队伍以及完善、充分的劳资协商制度加以调制。仅仅强调劳动者的自由而牺牲用人单位的自由，并不是一个真正保障劳动者权益的良好的法律制度设计。因此，应特别注意避免机械地理解劳动法是劳动者权益保护法的涵义。

（三）公平就业原则

1. 公平就业原则的含义

公平就业原则就是平等就业和反歧视的就业原则。《就业促进法》第3条规定："劳动者依法享有平等就业和自主择业的权利。""劳动者就业，不因民族、种族、性别、宗教信仰等不同而受歧视。"本条充分宣示了平等就业和反对就业中的歧视原则。在《就业促进法》中专章规定了"公平就业"的具体内容。

平等就业是指每一个人都享有平等地获得就业机会的权利，而不考虑其民族、种族、性别、宗教信仰、文化传统等方面的私人性的差别。这条原则是建立在"人人生而平等"的基本理念之上的。劳动又是每一个人的天赋权利，平等地获得就业机会才能保障每一个人的天赋劳动权的实现。平等就业原则在我国具体包括三个方面的内容：第一，就业资格的平等。只要是中华人民共和国的公民，就业资格就人人平等，不因民族、种族、性别、宗教信仰和文化程度的不同而受到歧视。一切有劳动能力和就业愿望的人，不分民族、种族、性别和宗教信仰等状况都能平等地依其兴趣、爱好、技能并结合社会的需要自由地选择职业。这就要求我国在实践中真正做到不分所有制性质、不分行业、不分区域、不论户籍所在地等人为性差别而实行就业中的不同对待，从而真正实现就业平等原则。《就业服务与就业管理规定》第4条规定："劳动者依法享有平等就业的权利。劳动者就业,不因民族、种族、性别、宗教信仰等不同而受歧视。”第5条规定:“农村劳动者进城就业享有与城镇劳动者平等的就业权利,不得对农村劳动者进城就业设置歧视性限制。”前者重申了《劳动法》第12条的立法精神,后者则为力争消除城乡劳动者就业差别作出贡献,实现城乡劳动者的就业平等权。在执法中切实贯彻这些规定,必将大大推进构建和谐社会事业的进程。

令人遗憾的是,在我国劳动就业现实中,地方性制度歧视和障碍还很多,使我国《劳动法》《就业促进法》所确立的平等就业原则难以真正贯彻落实,从而令法律尊严在人们的观念和意识中不能达到其应有的高度。

第二,就业能力衡量尺度的平等。在劳动力资源严重地供大于求、就业机会相对不足的环境中,平等就业还意味着公民再就业过程中均享受平等竞争的权利,即社会通过公平竞争择优吸收劳动者就业。

第三,对劳动者中的特殊群体给予特定照顾,从而实现就业中的实质平等原则。女性劳动者由于其生理方面的原因而承担着社会繁衍、教育后代的功能,在特定阶段会影响其劳动义务的履行,但是这不能构成用人单位拒绝录用或提高录用女性劳动者标准的正当理由,当然也不能因为已招用的女性劳动者婚育而解雇她们。

《劳动法》第13条规定:“妇女享有与男子平等的就业权利,在录用职工时,除国家规定的不适合妇女的工种或者岗位以外,不得以性别为由拒绝录用妇女或者提高对妇女的录用标准。”我国的《妇女权益保护法》《女职工特殊劳动保护规定》等法律法规对妇女的劳动就业保护作了具体的规定。除了女性劳动者外,残疾人、少数民族、退出现役的军人的就业也受到法律的特别保护。《劳动法》14条规定:“残疾人、少数民族人员、退出现役的军人的就业,法律、法规有特别规定的,从其规定。”《残疾人保障法》《兵役法》等法律法规对残疾人和退役军人的就业作了具体规定。“对由于生理、健康、文化、历史和社会等原因而在劳动力市场上处于劣势的特殊群体进行就业照顾是人类进步和社会文明程度提高的标志。”①这体现了实质平等原则,这是更高一层的平等理念。

上述劳动就业的原则仅仅是通过对成熟法律理论的分析以及我国已经制定的成文法中确立的理念的解析。这些原则必须在实践中得到落实才是有意义的。特别应该强调,凡是法律上没有限制的,用人单位不应当在招用员工时,设定歧视性的职业限制,从而排斥劳动者平等竞争的机会。此外,还要防止劳动部门在管理劳动力市场时以管理职权而乱收费或设置其他障碍,增加劳动者就业的成本。

---

① 王全兴主编:《劳动法学》,人民法院出版社、中国人民公安大学出版社2005年版,第397页。

2. 公平就业原则的具体内容

(1) 政府承担保障公平就业宏观机制的责任。《就业促进法》第25条规定："各级人民政府创造公平就业的环境，消除就业歧视，制定政策并采取措施对就业困难人员给予扶持和援助。"

(2) 用人单位不歧视义务。《就业促进法》第26条规定："用人单位招用人员……应当向劳动者提供平等的就业机会和公平的就业条件，不得实施就业歧视。"

(3) 男女平等就业。《就业促进法》第27条规定："国家保障妇女享有与男子平等的劳动权利。""用人单位招用人员，除国家规定的不适合妇女的工种或者岗位外，不得以性别为由拒绝录用妇女或者提供对妇女的录用标准。""用人单位录用女职工，不得在劳动合同中规定限制女职工结婚、生育的内容。"

(4) 各民族劳动者的平等就业和劳动权利。《就业促进法》第28条规定："各民族劳动者享有平等的劳动权利。""用人单位招用人员，应当依法对少数民族劳动者给予适当照顾。"

(5) 保障残疾人平等就业。《就业促进法》第29条规定："国家保障残疾人的劳动权利。""各级人民政府应当对残疾人就业统筹规划，为残疾人创造就业条件。""用人单位招用人员，不得歧视残疾人。"

(6) 禁止疾病歧视。《就业促进法》第30条规定："用人单位招用人员，不得以是传染病病原携带者为由拒绝录用。但是，经医学鉴定传染病病原携带者在治愈前或者排除传染嫌疑前，不得从事法律、行政法规和国务院卫生行政部门规定禁止从事的易使传染病扩散的工作。"

(7) 城乡劳动者平等就业。《就业促进法》第31条规定："农村劳动者进城就业享有与城镇劳动者平等的劳动权利，不得对农村劳动者进城就业设置歧视性限制。"

第二节　劳动就业服务与就业管理

一、劳动就业服务的概念

劳动就业服务是指国家公共就业服务机构或者职业中介机构为劳动者实现就业和用人单位招用劳动者提供的社会公共服务和职业中介服务。在劳动力市场的运行机制和国家劳动政策的实施体系中，它都是一个重要的组成部分。

劳动就业服务在当前我国的社会主义市场经济培育和完善阶段具有重要作用，通过职业介绍机构以及其他社会服务机构作为中介，能沟通劳动者和用人单位，促进劳动力市场的良性发展，减少劳动者就业成本和用人单位的招工成本，因此劳动就业服务机构应该定位于非营利组织。

劳动就业服务的对象是劳动力供求双方。按照市场经济的要求,凡是有劳动力供给愿望的各种劳动者和有劳动力需求欲望的各种用人单位都在服务对象的范围之内。就劳动力供给主体来说,它既包括城镇劳动者,也包括农村剩余劳动力;既包括失业人员,又包括要求流动的在业人员;既包括在劳动年龄内的劳动者,又包括超过劳动年龄后仍有求职愿望的劳动者;既包括本地区、本部门的劳动者,又包括要求在本地区、本部门就业的外地区、外部门的劳动者;既包括境内劳动者,又包括允许在境内就业的境外劳动者。就劳动力需求方来说,应不受用人单位的所有制和所属地区和部门的限制,并且应当既包括境内用人单位还包括对境内劳动力有需求的境外雇主。

劳动就业服务的内容主要包括就业登记、职业指导、职业介绍、就业训练、失业保险、生产自救、再就业培训和以工代赈等多个方面。国家和地方政府应设置就业发展基金、职业培训基金、失业保险基金,保证经费投入,保证就业服务措施的落实;同时,国家和地方政府大力支持发展劳动就业服务企业,鼓励非政府部门、社会团体、企业、事业组织和个人开展相应的就业服务、指导和帮助劳动者就业。

劳动就业服务的对象是劳动者和用人单位,劳动就业服务就是在劳动者和用人单位之间架起桥梁,沟通信息,使他们及时了解劳动力市场上社会劳动力供求关系、劳动力的价格,使劳动者顺利实现就业。

职业中介是促进劳动供求双方实现双向选择和劳动力进行市场流动的重要环节,也是政府采取的有效的就业服务措施之一。国际劳动组织在《1919 年失业公约》中就要求会员国建立公立免费的职业介绍所,为劳资双方的就业和用人提供服务。后来又通过了《1948 年职业介绍所组织公约》和《收费职业介绍所公约》,要求会员国发展公益性的职业介绍所,强化职业介绍所的服务性质,同时逐步废除营利性的收费职业介绍机构。目前,我国尚未承认职业介绍方面的国际公约,但是社会主义市场经济的发展,要求国家的劳动行政部门在对劳动力的管理要从直接支配的手段向市场服务手段的转变,建立和完善职业介绍制度是转变政府职能、发展经济的必然要求。

职业中介需要相应的机构来承担其任务,而职业中介机构的设立,也需要满足一定的条件。改革开放以来,职业中介机构主要是指职业介绍机构。我国《劳动法》第 11 条规定:地方各级人民政府应当采取措施,发展多种类型的职业介绍机构,提供就业服务。为此,1995 年,劳动部颁布了《职业介绍规定》,对我国职业介绍所的开设条件、程序及其职责等作了明确的规定。目前,我国除劳动部门开办的职业介绍所外,还有非劳动部门开办的职业介绍所和公民个人开办的职业介绍所。2007 年 8 月 30 日通过的《就业促进法》和 2007 年 10 月 30 日劳动与社会保障部通过的《就业服务与就业管理规定》统一使用“职业中介机构”。这一术语的更新扩大了其涵盖的服务活动内容。今后职业中介机构的设立必须遵照新法的规定申请设立和从事职业中介服务活动。新法实施后,原有的与新法冲突的规定都失效。这些新法规定了两类就业服务机构,一类是公共就业服务机构,是由劳动保障行政部门举办的,一类是职业中介机构,是经劳动保障行政部门审批的、由法人、其他组织和公民个人举办的。《就业促进法》第 37 条规定:“地方各级人民政府和有关部门不得举办或者与他人联合举办经营性的职业中介机构。”

《就业促进法》和《就业服务与就业管理规定》都规定了职业中介机构的设立实行行政许可制度,还须持劳动部门的批准证明到工商行政部门进行注册登记。《就业服务与就业管理规定》第 47 条规定:“职业中介实行行政许可制度。设立职业中介机构或其他机构开展职业中介活动,须经劳动保障行政部门批准,并获得职业中介许可证。”“经批准获得职业中介许可证的职业中介机构,应当持许可证向工商行政管理部门办理登记。”“未经依法许可和登记的机构,不得从事职业中介活动。”

国家对外商投资职业中介机构和向劳动者提供境外就业服务的职业中介机构另有规定的,依照其规定。

二、公共就业服务机构

《就业促进法》《就业服务与就业管理规定》中都有对公共就业服务机构的规定。前者主要是原则性的规定,后者是对前者内容的补充和具体化,尤其是在操作层面更加详细。

(一) 公共就业服务及其机构

公共就业服务是由各级政府及有关部门为促进就业而提供的全局性、公益性的信息服务以及帮助劳动者就业的免费服务和就业援助活动。

公共就业服务由各级政府及有关部门设立的公共就业服务机构承担。《就业促进法》第 35 条规定:“县级以上人民政府建立健全公共就业服务体系,设立公共就业服务机构。”

公共就业服务机构在性质上属于政府举办的公益性组织,不得从事经营性活动。公共就业服务机构举办的招聘会,不得向劳动者收取费用。公共就业服务机构使用全国统一标识。

(二) 公共就业服务机构的职能

1. 免费为劳动者提供就业服务

根据《就业促进法》第 35 条、《就业服务与就业管理规定》第 25 条的有关内容,公共就业服务机构为劳动者免费提供下列服务:

(1) 就业政策法规咨询；

(2) 职业供求信息、市场工资指导价位信息和职业培训信息发布；

(3) 职业指导和职业介绍；

(4) 对就业困难人员实施就业援助；

(5) 办理就业登记、失业登记等事务；

(6) 其他公共就业服务。

地方各级人民政府和有关部门、公共就业服务机构举办的招聘会，不得向劳动者收取费用。

2. 为用人单位提供招工服务

根据《就业服务与就业管理规定》第26条的有关内容，公共就业服务机构应当积极拓展服务功能，根据用人单位需求提供以下服务：

(1) 招聘用人指导服务；

(2) 代理招聘服务；

(3) 跨地区人员招聘服务；

(4) 企业人力资源管理咨询等专业性服务；

(5) 劳动保障事务代理服务；

(6) 为满足用人单位需求开发的其他就业服务项目。

公共就业服务机构从事劳动保障事务代理业务，须经县级以上劳动保障行政部门批准。

3. 职业指导

公共就业服务机构应当加强职业指导工作，配备专(兼)职职业指导工作人员，向劳动者和用人单位提供职业指导服务。职业指导工作人员经过专业资格培训并考核合格，获得相应的国家职业资格证书方可上岗。

公共就业服务机构应当为职业指导工作提供相应的设施和条件，推动职业指导工作的开展，加强对职业指导工作的宣传。

职业指导工作包括以下内容：

(1) 向劳动者和用人单位提供国家有关劳动保障的法律法规和政策、人力资源市场状况咨询；

(2) 帮助劳动者了解职业状况，掌握求职方法，确定择业方向，增强择业能力；

(3) 向劳动者提出培训建议，为其提供职业培训相关信息；

(4) 开展对劳动者个人职业素质和特点的测试，并对其职业能力进行评价；

(5) 对妇女、残疾人、少数民族人员及退出现役的军人等就业群体提供专门的职业指导服务；

(6) 对大中专学校、职业院校、技工学校学生的职业指导工作提供咨询和服务；

(7) 对准备从事个体劳动或开办私营企业的劳动者提供创业咨询服务；

(8) 为用人单位提供选择招聘方法、确定用人条件和标准等方面的招聘用人指导；

(9) 为职业培训机构确立培训方向和专业设置等提供咨询参考。

职业指导分为求职指导和用人指导，它的主要任务包括提供职业咨询、开发职业潜力、引导和调整就业观念和用人观念、指导设计职业生涯、提高求职和招聘技巧、职业素质测试、为特殊群体提供专门的就业指导、为职业培训机构确立培训方向和专业提供咨询等。

4. 失业统计工作

公共就业服务机构在劳动保障行政部门的指导下，组织实施劳动力资源调查和就业、失业状况统计工作。

5. 对特定就业群体的专项服务

公共就业服务机构应当针对特定就业群体的不同需求，制定并组织实施专项计划。

公共就业服务机构应当根据服务对象的特点，在一定时期内为不同类型的劳动者、就业困难对象或用人单位集中组织活动，开展专项服务。

公共就业服务机构受劳动保障行政部门委托，可以组织开展促进就业的专项工作。

6. 为残疾人提供就业服务，并承担残疾劳动者的就业登记、失业登记工作

各级残疾人联合会所属的残疾人就业服务机构是公共就业服务机构的组成部分，负责为残疾劳动者提供相关就业服务，并经劳动保障行政部门委托，承担残疾劳动者的就业登记、失业登记工作。

7. 为就业困难人员和零就业家庭提供就业援助

公共就业服务机构应当制定专门的就业援助计划，对就业援助对象实施优先扶持和重点帮助。

就业援助对象包括就业困难人员和零就业家庭。就业困难对象是指因身体状况、技能水平、家庭因素、失去土地等原因难以实现就业，以及连续失业一定时间仍未能实现就业的人员。零就业家庭是指法定劳动年龄内的家庭人员均处于失业状况的城市居民家庭。

对援助对象的认定办法，由省级劳动保障行政部门依据当地人民政府规定的就业援助对象范围制定。

就业困难人员和零就业家庭可以向所在地街道、社区公共就业服务机构申请就业援助。经街道、社区公共就业服务机构确认属实的，纳入就业援助范围。

公共就业服务机构应当建立就业困难人员帮扶制度，通过落实各项就业扶

持政策、提供就业岗位信息、组织技能培训等有针对性的就业服务和公益性岗位援助,对就业困难人员实施优先扶持和重点帮助。

在公益性岗位上安置的就业困难人员,按照国家规定给予岗位补贴。

公共就业服务机构应当建立零就业家庭即时岗位援助制度,通过拓宽公益性岗位范围,开发各类就业岗位等措施,及时向零就业家庭中的失业人员提供适当的就业岗位,确保零就业家庭至少有一人实现就业。

街道、社区公共就业服务机构应当对辖区内就业援助对象进行登记,建立专门台账,实行就业援助对象动态管理和援助责任制度,提供及时、有效的就业援助。

8. 就业登记和失业登记

劳动保障行政部门应当建立健全就业登记制度和失业登记制度,完善就业管理和失业管理。公共就业服务机构负责就业登记与失业登记工作,建立专门台账,及时、准确地记录劳动者就业与失业变动情况,并做好相应统计工作。

就业登记和失业登记在各省、自治区、直辖市范围内实行统一的就业失业登记证(以下简称登记证),向劳动者免费发放,并注明可享受的相应扶持政策。

就业登记、失业登记的具体程序和登记证的样式,由省级劳动保障行政部门规定。

就业登记的内容主要包括:(1) 劳动者个人信息;(2) 就业类型;(3) 就业时间;(4) 就业单位;(5) 订立、终止或者解除劳动合同情况等。

就业登记的具体内容和所需材料由省级劳动保障行政部门规定。公共就业服务机构应当对用人单位办理就业登记及相关手续设立专门服务窗口,简化程序,方便用人单位办理。

失业登记应当符合下列条件:(1) 在法定劳动年龄内;(2) 有劳动能力;(3) 有就业要求而处于无业状态的;(4) 城镇常住人员。

符合上述条件的,可以到公共就业服务机构进行失业登记。其中,没有就业经历的城镇户籍人员,在户籍所在地登记;农村进城务工人员和其他非本地户籍人员在常住地稳定就业满 6 个月的,失业后可以在常住地登记。

劳动者进行失业登记必须提供的证明有:(1) 本人身份证件和证明原身份的有关证明;(2) 有单位就业经历的,还须持与原单位终止、解除劳动关系或者解聘的证明。

登记失业人员凭登记证享受公共就业服务和就业扶持政策;其中符合条件的,按规定申领失业保险金。

失业人员的义务包括:登记失业人员应当定期向公共就业服务机构报告就业失业状况,积极求职,参加公共就业服务机构安排的就业培训。

失业登记的范围包括下列失业人员:

(1) 年满 16 周岁,从各类学校毕业、肄业的;

(2) 从企业、机关、事业单位等各类用人单位失业的;

(3) 个体工商户业主或私营企业业主停业、破产停止经营的;

(4) 承包土地被征用,符合当地规定条件的;

(5) 军人退出现役、且未纳入国家统一安置的;

(6) 刑满释放、假释、监外执行或解除劳动教养的;

(7) 各地确定的其他失业人员。

登记失业人员出现下列情形之一的,由公共就业服务机构注销其失业登记:

(1) 被用人单位录用的;

(2) 从事个体经营或创办企业,并领取工商营业执照的;

(3) 已从事有稳定收入的劳动,并且月收入不低于当地最低工资标准的;

(4) 已享受基本养老保险待遇的;

(5) 完全丧失劳动能力的;

(6) 入学、服兵役、移居境外的;

(7) 被判刑收监执行或被劳动教养的;

(8) 终止就业要求或拒绝接受公共就业服务的;

(9) 连续 6 个月未与公共就业服务机构联系的;

(10) 已进行就业登记的其他人员或各地规定的其他情形。

9. 其他服务活动

其他服务活动主要包括就业训练、失业保护和组织生产自救。

就业训练是指为劳动者所进行的职业技能和就业能力的培训。就业训练的对象包括为城乡初次求职的人员提供就业前训练、为失业人员和需要转换职业的企业富余职工提供转业训练、为向非农业户及在城镇就业的农村劳动者提供就业训练以及为妇女、残疾人、少数民族人员及复员军人等特殊群体人员提供专门的就业训练。

失业保护是劳动保障行政部门以及公共就业服务机构为保障失业者生活所从事的活动,主要是根据劳动力供求现状作出合理预测劳动就业的发展方向及目标,制定失业保护计划,不仅要保证失业者的基本生活需要,更主要的是要用好失业保险金,发挥其促进充分就业的作用。

组织生产自救是在国家和社会的扶持下,组织起来进行生产经营活动,借以维持其基本生活需要的一种劳动组织形式。国家公共就业服务机构组织失业人员通过生产自救的方法创办企业,它是生产经营自救性的经济组织。

(三) 经费来源

《就业促进法》第 35 条第 3 款规定:“公共就业服务经费纳入同级财政预算。”该条款规定解决了公共就业服务机构的经费问题,由公共财政支出以确保其公益性。

此外,国家鼓励社会各界为公益性就业服务提供捐赠、资助。因此,公共就业服务机构可以接受社会各界的捐赠和资助,只是在接受捐赠和资助时应遵守国家的相关法律法规。

公共就业服务机构应当不断提高服务的质量和效率,不得从事经营性活动。

(四)公共就业服务机构的运作

1. 加强内部管理,完善服务功能

公共就业服务机构应当加强内部管理,完善服务功能,统一服务流程,按照国家制定的服务规范和标准,为劳动者和用人单位提供优质高效的就业服务。

2. 对相关工作人员的业务能力培训,以胜任工作需要

公共就业服务机构应当加强工作人员的政策、业务和服务技能培训,组织职业指导人员、职业信息分析人员、劳动保障协理员等专业人员参加相应职业资格培训。

3. 公开服务,接受监督

公共就业服务机构应当公开服务制度,主动接受社会监督。

三、职业中介机构

职业中介机构,是指由法人、其他组织和公民个人举办,为用人单位招用人员和劳动者求职提供中介服务以及其他相关服务的经营性组织。

(一)设立职业中介机构的条件

劳动与社会保障部《就业服务与就业管理规定》第48条规定,设立职业中介机构应当具备下列条件:

(1)有明确的机构章程和管理制度;

(2)有开展业务必备的固定场所、办公设施和一定数额的开办资金;

(3)有一定数量具备相应职业资格的专职工作人员;

(4)法律、法规规定的其他条件。

(二)申请设立职业中介机构应提交的文件

《就业服务与就业管理规定》第49条规定,设立职业中介机构,应当向当地县级以上劳动保障行政部门提出申请,提交下列文件:

(1)设立申请书;

(2)机构章程和管理制度草案;

(3)场所使用权证明;

(4)注册资本(金)验资报告;

(5)拟任负责人的基本情况、身份证明;

(6)具备相应职业资格的专职工作人员的相关证明;

(7) 法律、法规规定的其他文件。

(三) 职业中介机构的业务范围

根据《就业服务与就业管理规定》第52条的规定，职业中介机构可以从事下列业务：

1. 为劳动者介绍用人单位。凡是到职业中介机构求职的人员都应进行求职登记，填写求职登记表，领取求职登记卡。失业人员以及在输入地领取外来人员就业证都视为求职登记，经批准在原务工地转换职业的跨省流动就业的劳动者，应持流动就业证办理求职登记手续。农村劳动者在省内流动就业，应持本人身份证和乡镇劳动就业服务站(所)出具的有关证明(证件)办理求职登记手续。这些手续应当尽可能地简便、不收费，以减轻求职者的经济负担。

2. 为用人单位和居民家庭推荐劳动者。由政府或劳动行政部门认定的生产自救企业，或是后6个月内需要招聘人员的企业以及由劳动行政部门对其富余人员进行社会调剂或出资承担安置的企业，若招聘人员则必须到劳动行政部门职业介绍机构进行用人登记。职业中介机构应了解和掌握用人单位工作岗位空缺和招聘用人情况并进行登记，还可以采取通讯、登门服务，在企事业单位聘请信息员和举办劳务洽谈会等多种方式进行用人登记。

3. 开展职业指导、人力资源管理咨询服务。职业指导是指就业服务机构向求职者和用人单位提供职业咨询服务，促使其实现双方选择的就业服务活动，职业介绍机构依法开展职业指导工作。就业训练机构应开设职业指导课程，对求职人员与转业训练人员开展职业指导，职业指导工作必须遵循合法、公平、自愿的原则。

4. 收集和发布职业供求信息。

5. 根据国家有关规定从事互联网职业信息服务。

6. 组织职业招聘洽谈会。

7. 经劳动保障行政部门核准的其他服务项目。

根据上述规定，职业中介机构的服务内容主要有以下几个方面：

1. 信息服务。即劳动力市场信息的收集、信息交流与信息发布等。

2. 咨询服务。包括就业政策法规及服务咨询、职业培训信息咨询、求职和用人咨询、个人开业咨询和企业劳动人事管理咨询等。

3. 指导服务。包括职业能力测试评估、职业分析与评价、职业生涯设计、求职及用人观念和方法指导等。

4. 介绍服务。包括求职和用人面谈、介绍就业和推荐用人、举办招聘洽谈会、引导劳动者流动就业等。

5. 委托服务。包括受用人单位委托组织招聘、受求职人员委托存放档案，以及受劳动行政部门委托办理劳动合同鉴证及有关职业培训和社会保险等事务。

6. 管理服务。包括单位用人备案、职业介绍服务中的争议处理、协助进行劳动力市场监督检查、协助组织和管理劳动者流动就业等。

由于职业中介服务对劳动力市场中各方都具有十分重要的作用,因此,它的运行有着一套非常严谨的、统一的程序。目前,我国的职业中介一般分为以下几个步骤:

1. 接待登记。求职人员和用人单位到职业中介机构求职和招聘人员,职业中介工作人员应要求他们进行就业需求登记或用人登记。随后,根据他们的不同情况,确定服务形式并引导他们进入相应的服务程序。

2. 提供信息。通过电视屏幕、计算机或广播等设备,以及广告、报纸、手册或卡片等书面材料,向求职人员和用人单位提供用人和求职信息及其他劳动力市场信息。提供的信息主要包括:岗位空缺信息、劳动力供给信息、职业培训信息;职业供求分析预测信息;相关就业服务项目;劳动就业政策、法规等。

3. 面谈。求职和用人面谈分为初次面谈和再次面谈。初次面谈的主要任务是:了解求职者和用人单位的基本需求,确定服务形式;介绍就业和推荐用人或推荐相关服务项目。再次面谈的主要任务是:深入了解并研究服务需求,调整服务形式,再次介绍就业和推荐用人或推荐相关服务项目。

4. 职业指导。职业指导分为求职指导和用人指导,它的主要任务是:提供职业咨询,开发职业潜力,引导和调整就业观念和用人观念;指导设计职业生涯,提高求职和招聘技巧等。

为了防止职业中介机构的行为侵犯劳动者的合法权益,《就业促进法》第41条明确规定了职业中介机构不得从事下列行为:

(1) 提供虚假就业信息;

(2) 为无合法证照的用人单位提供职业中介服务;

(3) 伪造、涂改、转让职业中介许可证;

(4) 扣押劳动者的居民身份证和其他证件,或者向劳动者收取押金;

(5) 其他违反法律、法规规定的行为。

(四) 职业中介机构的管理与运作

1. 县级以上劳动保障行政部门主管职业中介机构

县级以上劳动保障行政部门应当加强对职业中介机构的管理,鼓励其提高服务质量,发挥其在促进就业中的作用。

2. 职业中介机构活动应接受监督检查

职业中介机构应当在服务场所明示营业执照、职业中介许可证、服务项目、收费标准、监督机关名称和监督电话等,并接受劳动保障行政部门及其他有关部门的监督检查。职业中介机构应当建立服务台账,记录服务对象、服务过程、服务结果和收费情况等，并接受劳动保障行政部门的监督检查。

3. 职业中介机构收费以服务成功为前提条件

职业中介机构提供职业中介服务不成功的，应当退还向劳动者收取的中介服务费。

4. 依法组织职业招聘会，保障求职者合法权益

职业中介机构租用场地举办大规模职业招聘洽谈会，应当制定相应的组织实施办法和安全保卫工作方案，并向批准其设立的机关报告。职业中介机构应当对入场招聘用人单位的主体资格真实性和招用人员简章真实性进行核实。

5. 政府补贴职业中介机构的公益服务

《就业服务与就业管理规定》第 57 条："职业中介机构为特定对象提供公益性就业服务的，可以按照规定给予补贴。可以给予补贴的公益性就业服务的范围、对象、服务效果和补贴办法，由省级劳动保障行政部门会同有关部门制定。"

第三节 特殊群体就业保障

特殊就业群体是因特殊原因而在就业竞争中处于不利地位的人员的总称，具体包括妇女、残疾人、少数民族人员和退役军人，他们是各国就业辅助的重点对象。

各国政府为了帮助本国或本地区最困难的失业人群，针对他们的具体情况，制定了有关措施，进行各方面的辅助，对于上面所说的特殊人群，国家除了建立普遍适用的原则和制度规范之外，还对他们有相应的特殊规定。《劳动法》在坚持劳动就业权利人人平等的前提下，对特殊群体的劳动者就业实行就业保障政策；在坚持劳动就业市场原则的基础上，对少数的劳动者就业群体实行政策性保护。

一、妇女的就业保障

在当今世界各国，妇女就业已成为普遍现象。实践表明，妇女就业作为开发、利用劳动力资源的重要方面，对经济、社会的发展起着巨大的推动作用。但是，妇女独特的生理条件和妻子、母亲、家庭主妇的角色，以及经济、社会和意识形态等方面的因素，使妇女具有特别的就业障碍。因此，在就业机会和待遇上男女不平等的现象在各国仍然非常普遍，因此就决定了妇女就业保障的核心问题是要保障妇女享有与男子平等的就业权，即消除就业上的性别歧视。

为保障妇女就业权，在许多国际劳动公约和建议书中，就禁止就业方面的性别歧视作出了较为详细的规定。例如，1951 年的第 100 号公约《男女同工同酬公约》和第 90 号同名建议书中，要求会员国保证男女工人在得到职业指导、就业

咨询、职业培训工作安排方面,享受平等和同等的便利;促进男女工人在获得职业和职务上的机会均等,并且不损害有关保护妇女健康和福利的国际规章和国家法律。

根据我国《劳动法》和《妇女权益保护法》等法规的规定,妇女就业保障的内容主要包括:(1) 除国家规定的不适合妇女的工种和岗位外,不得以性别为由拒绝录用妇女。(2) 凡适合妇女的工种和岗位,招收的男女比例,要从当地的实际情况出发,根据生产、工作需要和劳动力资源情况合理确定。(3) 招工时不得提高对妇女的录用标准。(4) 对女职工不得以结婚、怀孕、产假、哺乳等为由,予以辞退或单方解除劳动合同。(5) 实行男女同工同酬,在晋职、晋级、评定专业技术职务、分配住房和享受福利方面坚持男女平等。(6) 对妇女在劳动过程中的安全和健康给予特殊保护,不得安排不适合妇女从事的工作和劳动。

二、残疾人的就业保障

理解、尊重和帮助残疾人是社会的共同责任。我国《残疾人保障法》第 2 条规定:"残疾人是指在心理、生理、人体结构上,某种组织、功能丧失或者不正常,全部或部分丧失以正常方式从事某种活动能力的人。"

残疾人是一个特殊的就业困难群体,其劳动能力因身体残障或者智力的不足而下降,需要对残疾人就业作特殊保障,一方面使其劳动力资源充分发挥作用,另一方面实现其人格尊严。

为保障残疾人就业,我国于 1989 年制定了《社会福利企业招用残疾人职工暂行规定》,在 1990 年制定的《残疾人保障法》中对残疾人就业问题设专章作了规定。在《劳动法》中也明确规定了对残疾人就业实行特殊保护。此外,还专门制定了《残疾人事业"八五"计划纲要》等政策性文件。2007 年 8 月 30 日通过的《就业促进法》第 29 条规定:"国家保障残疾人的劳动权利。""各级人民政府应当对残疾人就业统筹规划,为残疾人创造就业条件。""用人单位招用人员,不得歧视残疾人。"这些条款需要具体的措施来保障其落实。

综合上述法律法规和政策性文件的精神和具体内容,可以归纳出残疾人就业保障的基本措施,主要包括以下几个方面:

(1) 中央政府宏观上负有促进残疾人就业的责任。这是不容推卸的政府责任。各级政府应有主动筹划支持残疾人就业的内在诉求和工作思路,此外,还应有责任推动全社会充分认识残疾人就业的价值和意义,带动和促进各个政府机关、事业单位、社会团体和各类企业组织以及个体工商户等各类用人单位消除固有的歧视观念,愿意录用并善待残疾人,进而形成良好的社会氛围。

因此,政府的这种宏观责任主要是从社会角度、机制角度、文化观念角度来推进,同时又有具体的实施措施,让残疾人能够体会到其个人价值。

从原理上讲,每一个人都希望个人价值得到实现,残疾人同样不愿意被人视为无用之人,因此适当的岗位、适当的劳动是其获得个人人格尊严的最好的支持。残疾人就业得到保障了,其社会价值也能显现出来,国家的文明程度和社会的和谐程度也相应得到提升。

(2) 地方各级政府保障残疾人就业的具体责任。地方各级政府要将残疾人就业纳入各地劳动就业计划,统筹安排,做好失业登记、职业培训、就业介绍与分配、失业保险和其他就业组织工作。

各级地方政府应当摸清辖区内残疾人的人数、种类、具体分布的区域以及他们各自的劳动能力情况,登记造册,根据他们的需要分别进行职业安置、就业培训以及职业指导等。对于完全没有劳动能力的残疾人根据国家的有关残疾人社会保障和救济的项目由特定部门具体提供保障待遇。

(3) 支持社会公益机构设立残疾人劳动就业服务机构。在社会多元化的结构下,一些公益性的基金会以及社会志愿者组织以及各地残疾人联合会是丰富的社会资源,支持他们设立残疾人劳动服务机构,形成纳入城镇劳动服务系统和农村社会化服务体系的残疾人劳动服务网络,政府有关部门要指导、支持残疾人劳动服务网络建设和工作。一方面发挥社会公益机构的社会价值,另一方面减轻政府的负担,还能够有效为残疾人提供就业服务。

(4) 集中安排残疾人就业。根据集中与分散相结合的原则,国家和社会开办残疾人福利企业、按摩医疗机构和其他福利性企业、事业组织,集中安排残疾人就业。

政府有关部门下达职工招用、聘用招标时,应当确定有一定数额用于残疾人。残疾职工所在单位,应当为残疾职工提供适应其特点的劳动条件和劳动保护;应当对残疾职工进行岗位技术培训,提高其劳动技能和水平。

(5) 对残疾人就业实行优惠政策和扶持保护。国家对残疾人福利性企业事业组织和城乡残疾人个体劳动者,实行税收减免政策,并在生产、经营、技术、资金、物质、场地等方面给予扶持。地方政府和有关部门应当确定适合残疾人生产的产品,优先安排残疾人福利企业生产,并逐步确定某些产品由残疾人福利企业生产。

(6) 帮助和支持个体残疾人生产经营活动。对于从事各类生产劳动和经营活动的城乡残疾人,有关部门应当在生产服务、技术指导、物资供应、产品收购和信贷方面给予帮助。对于申请从事个体工商业的残疾人,有关部门应当优先核发营业执照,并在场地、信贷方面给予照顾。

另外,精神病患者作为残疾人中的特殊部分,我国对其就业的法律保障一直以来处于空白状态。2002 年 4 月 7 日,中国首部有关精神卫生的地方性法规《上海市精神卫生条例》正式实施。该条例规定,对于已病愈的精神疾病患者,不得以其曾经患过精神疾病为由,拒绝其入学、应试、就业或给予其他不公正待遇。

三、退役军人就业保障

退役军人,又称复员退伍军人,即不再在中国人民解放军服役的人员。对退役军人就业实行特殊保障,即由国家进行政策性安置就业,有利于稳定军心,是关系军队建设、经济建设、国家安危和社会安定的大事。我国一贯重视退役军人安置工作,制定了一系列法规政策,除《劳动法》外,还有《兵役法》(1984年)、《中国人民解放军志愿兵退出现役安置暂行办法》(1983年)、《退伍义务兵安置条例》(1987年)、《军人抚恤优待条例》等。我国立法对退役军人就业保障的规定,主要包括了以下几个方面:

1. 原则

退役军人安置工作,实行从哪里来回哪里去的原则和妥善安置、各得其所的方针;由专门安置机构在地方各级政府的领导下和有关部门协助下具体进行。

2. 农村退役义务兵就业安置

家住农村的义务兵退役后,一般由乡镇政府妥善安排其生产和生活;在服役期间荣立二等功以上的应当安排工作;对有一定专长的应当向有关部门推荐录用。各用人单位在农村招工时,在同等条件下应当优先录用。对服役期间荣立三等功和超期服役者以及女性,应当给予适当照顾。

3. 城镇退役义务兵就业安置

城镇的义务兵退役后,由县级政府安排工作。服役前没有参加工作的,由国家统一分配工作,实行系统分配任务,包干安置办法。各接收单位必须妥善安排。入伍前原是机关、团体、企事业单位正式职工的,原则上回原单位复工复职;对于因残因病不能坚持8小时工作的,原单位应当按照与具有同样情况的一般工作人员同等对待的原则妥善安置;原工作单位已撤销或合并的,由上一级机关或合并后的单位负责安置。

4. 伤残退役义务兵就业安置

因战、因公致残的二等、三等革命伤残军人,原是城市户口的,由原征集地退伍军人安置机构安排力所能及的工作。原是农村户口的,原征集地区有条件的,可以在企事业单位安排适当工作。

5. 退伍志愿兵就业安置

志愿兵退役后,由原征集地的县级政府安排工作,遇有特殊情况也可以由上一级或者省级政府统筹安排;安排工作时应尽量按专业技术对口分配,并按法定标准评定工资等级。志愿兵退役时,本人申请复员回乡参加农业生产的,应予鼓励,并增发安家补助费;生产生活有困难的,当地政府应协助解决。

6. 退役士官就业安置

退役士官就业安置分为复员安置和转业安置。服现役满第一期或者第二期规定年限的,或者符合专业或退休条件而本人要求复员并经过批准的退役士官作复员安置。符合下列条件之一的退役士官作转业安置:服役满10年的、服现役期间荣获二等功以上奖励的;服现役期间因战、因公致残被评为二等、三等伤残等级的;服现役未满10年、因国家建设需要调出军队的;符合退休条件,地方需要和本人自愿转业的,国家对士官退役后的就业安置规定了专门办法。

四、少数民族人员就业保障

对少数民族人员实行特殊保障,是我国民族政策的重要组成部分,是国家促进少数民族地区经济和社会发展的重要手段。关于少数民族人员就业保障的法律规定,除劳动立法外,主要见诸民族事务立法,其主要内容有下述两个方面:

1. 优先招收少数民族人员

民族自治地方的企事业单位在招收人员时,要优先招收少数民族人员,并可以从农村和牧区少数民族人员中招收。上级国家机关隶属的在民族自治地方的企事业单位招收人员时,应当优先招收当地的少数民族人员。民族自治地方的每年编制内的干部和职工自然减员,缺额及国家当年新增用人指标由民族自治地方通过考核予以补充,对少数民族人员优先录用。

2. 培养少数民族人员

民族自治地方的自治机关要采取各种措施从当地民族中大量培养各级干部和各种科学人才、经营管理的专业人员,充分发挥他们的作用,并且注意在少数民族妇女中培养各级干部和各种专业人才。上级国家机关对此负有帮助职责。国家举办民族学院,在高等学校举办民族班、民族预科,专门招收少数民族学生,并且可以采取定向招生、定向分配的方法。高等学校和中等专业学校招收新生时,对少数民族考生适当放宽录取标准和条件。

第四节 劳动就业的政策支持体系

一、概述

劳动就业的政策支持是指各级政府为了有效履行促进就业职能,增加就业机会和帮助劳动者顺利实现就业所采取的各种宏观公共政策以及经济政策的总称。

为了建立促进就业的长效机制,将经过实践检验行之有效的积极的就业政策上升为法律规范,是实行市场经济国家常用的方式。我国新颁布的《就业促进法》第二章专门规定了政府促进就业的政策支持体系,以充分发挥国家宏观经济社会政策在促进就业工作中的重要作用。

劳动就业的政策支持体系的特征主要包括:

(1) 政策支持主体是各级政府。现代市场经济国家的社会经济发展表明,劳动者个体在面临市场经济的就业风险以及经济周期性调整的大趋势下是无法依靠个人的力量来应对的,需要政府和社会以公共领域的各种政策来帮助单个的劳动者应对劳动就业中的风险,这种责任只能由政府来承担。这也是发达国家在过去两百多年经济发展过程中不断探索出来的经验。

政府的政策支持是面对所有在就业方面有需要的劳动者,因此其提供的支持具有普遍性。

(2) 接受支持的主体是需要就业的劳动者。这里的劳动者是指达到法定就业年龄、有就业愿望而尚未找到工作的劳动者。

(3) 政策支持的内容广泛。各个国家在不同历史时期针对不同的就业状况所采用的政策支持有所不同。一般来说,政策支持包括了产业政策、经贸政策、投资政策、财政和税收政策、信贷政策、金融政策和就业援助政策等,将在后面具体论述。

(4) 需要政府积极主动作为。这些政策支持体系转化为促进就业的社会效果,需要政府有关部门积极主动协调配合。因此,需要政府及其工作人员具有较强的社会责任感,能够密切关注就业状况,迅速作出政策反应,其政策支持能恰到好处地满足广大求职者的需要。

二、我国《就业促进法》所规定的政策支持体系

(一) 实行有利于促进就业的产业政策

《就业促进法》第 11 条规定:"县级以上人民政府应当把扩大就业作为重要职责,统筹协调产业政策与就业政策。"该条款明确规定了县级以上政府统筹协调产业政策与就业政策的职能,在发展本地产业的同时考虑到就业的需要。《就业促进法》第 12 条第 1 款规定:"国家鼓励各类企业在法律、法规规定的范围内,通过兴办产业或者拓展经营,增加就业岗位。"该条款要求国家采取有利于企业发展的政策,同时要求企业在国家政策的引导下投资兴办产业,从而增加就业岗位,实现国家、企业和劳动者三赢的局面。第 12 条第 2 款规定:"国家鼓励发展劳动密集型产业、服务业,扶持中小企业,多渠道、多方式增加就业岗位。"本条款表达了国家结合我国劳动力充足的国情,提出发展劳动密集型产业,促进就业,不过值得注意的是,在发展劳动密集型企业时还是要遵守国家的环保和生态方面的法律,不能为了实现就业损害生态环境。同时,国家扶持中小企业的政策如果能够有效落实,那么对促进就业能够发挥重要作用。第 12 条第 3 款规定:"国

家鼓励、支持、引导非公有制经济发展，扩大就业，增加就业岗位。”在我国经济体制改革过程中，非公有制经济成分在安置就业方面发挥的作用是有目共睹的，今后仍将发挥重要作用，《就业促进法》有意识地将过去行之有效的经验上升为法律，无疑会促进非公有制经济的快速发展，也必将促进劳动者的就业。在安排政府投资和确定重大建设项目时，应当发挥投资和重大建设项目带动就业的作用，增加就业岗位。

产业政策还包括了国际国内的贸易和经济合作领域。《就业促进法》第 13 条规定：“国家发展国内外贸易和国际经济合作，拓宽就业渠道。”国家积极收集国际上对不同劳动者的需求信息，帮助劳动者在国际和国内就业。随着经济全球化的发展，人力资源的流动也必将是全球性的，从而使劳动力资源在不同国家和不同产业进行配置，我国政府和劳动者也应有全球性视野，参与国际人力资源的竞争。

此外，县级以上人民政府在安排政府投资和确定重大建设项目时，应当发挥投资和重大建设项目带动就业的作用，增加就业岗位。

（二）实行有利于促进就业的财政政策

《就业促进法》第 15 条第 1、2 款规定：“国家实行有利于促进就业的财政政策，加大资金投入，改善就业环境，扩大就业。”“县级以上人民政府应当根据就业状况和就业工作目标，在财政预算中安排就业专项资金用于促进就业工作。”

根据《就业促进法》的规定，就业专项资金主要用于职业介绍、职业培训、公益性岗位、职业技能鉴定、特定就业政策和社会保险等的补贴，小额贷款担保基金和微利项目的小额担保贷款贴息，以及扶持公共就业服务等。

值得注意的是，对专项资金的使用要确保用在促进就业方面。审计机关、财政部门应当依法对就业专项资金的管理和使用情况进行监督检查。

目前对于就业专项资金的使用办法尚未出台，需要由国务院财政部门和劳动行政部门作出具体规定。

（三）实行有利于促进就业的税收政策

根据《就业促进法》第 17 条的规定：国家鼓励企业增加就业岗位，扶持失业人员和残疾人就业。对下列企业、人员依法给予税收优惠：

（1）吸纳符合国家规定条件的失业人员达到规定要求的企业；

（2）失业人员创办的中小企业；

（3）安置残疾人员达到规定比例或者集中使用残疾人的企业；

（4）从事个体经营的符合国家规定条件的失业人员；

（5）从事个体经营的残疾人；

（6）国务院规定给予税收优惠的其他企业、人员。

同时，对从事个体经营的失业人员和残疾人免除行政事业性收费。

上述规定是非常有吸引力的,只要这些措施落实到位,将极大地促进失业人员以及其他人员顺利就业。

(四)实行有利于促进就业的金融政策

《就业促进法》第19条规定:"国家实行有利于促进就业的金融政策,增加中小企业的融资渠道;鼓励金融机构改进金融服务,加大对中小企业的信贷支持,并对自主创业人员在一定期限内给予小额信贷等扶持。"这一方面是促进就业的金融政策,同时也是扶持中小企业发展的有效手段。在计划经济向市场经济转轨的过程中,我国发生过大量的国有银行有意无意地限制中小企业贷款的事例,一方面是固有的观念影响了银行的金融服务跟不上时代的发展,另一方面也是国家在这个领域没有大力推进的结果。中小企业在吸纳劳动力发面具有灵活、便利、多元化等优势。金融政策上这种质的转变,在促进中小企业发展的同时促进劳动者就业,可谓两全其美。

(五)实行城乡统筹的就业政策

《就业促进法》第20条规定:"国家实行城乡统筹的就业政策,建立健全城乡劳动者平等就业的制度,引导农业富余劳动力有序转移就业。""县级以上地方人民政府推进小城镇建设和加快县域经济发展,引导农业富余劳动力就地就近转移就业;在制定小城镇规划时,将本地区农业富余劳动力转移就业作为重要内容。""县级以上地方人民政府引导农业富余劳动力有序向城市异地转移就业;劳动力输出地和输入地人民政府应当互相配合,改善农村劳动者进城就业的环境和条件。"

(六)实行区域统筹的就业政策

《就业促进法》第21条规定:"国家支持区域经济发展,鼓励区域协作,统筹协调不同地区就业的均衡增长。""国家支持民族地区发展经济,扩大就业。"

(七)实行群体统筹的就业政策

《就业促进法》第22条规定:"各级人民政府统筹做好城镇新增劳动力就业、农业富余劳动力转移就业和失业人员就业工作。"当前,要统筹做好下岗失业人员、大学生、复转军人、残疾人、农民工等群体的就业工作。

(八)实行有利于灵活就业的劳动和社会保险政策

《就业促进法》第23条规定:"各级人民政府采取措施,逐步完善和实施与非全日制用工等灵活就业相适应的劳动和社会保险政策,为灵活就业人员提供帮助和服务。"

(九)对就业困难人员实行就业援助制度

《就业促进法》第六章专章规定了就业援助制度,其第52条第1款规定:"各级人民政府建立健全就业援助制度,采取税费减免、贷款贴息、社会保险补贴、岗位补贴等办法,通过公益性岗位安置等途径,对就业困难人员实行优先扶持和重点帮助。”

就业困难人员是指因身体状况、技能水平、家庭因素、失去土地等原因难以实现就业，以及连续失业一定时间仍未能实现就业的人员。对于就业困难人员的具体范围，由各省、自治区、直辖市人民政府根据本行政区域的实际情况规定。

就业援助的措施主要包括：

（1）政府开发的公益性岗位，优先安排就业困难人员。

（2）对就业困难人员提供有针对性的就业服务。

（3）发动社会力量对就业困难人员提供技能培训和岗位信息服务。

（4）对因资源枯竭或者经济结构调整等原因造成就业困难人员集中的地区，上级政府应当给予必要的扶持和帮助。

凡是法定劳动年龄内的家庭人员均处于失业状况的城市居民家庭，可以向住所地街道、社区公共就业服务机构申请就业援助。街道、社区公共就业服务机构经确认属实的，应当为该家庭中至少一人提供适当的就业岗位。

（十）健全失业保险制度，促进就业政策

国家明确规定失业保险制度保障基本生活和促进就业的功能，并要求加强对大规模失业的预防、调节和控制。

第五节 违反《就业促进法》的法律责任

我国《就业促进法》规定了政府促进就业的责任、用人单位平等用人的义务，各级政府的政策支持体系，保障公平就业的原则及其具体措施，就业服务和管理的主体要求，职业中介机构的设立条件、职责和服务内容，职业教育和培训制度、就业援助的具体制度，这些制度能否得到切实的贯彻执行，一方面需要全社会各阶层的对该法的充分认识，政府及其职能部门、用人单位和劳动者从各自的角度积极主动地履行责任和行使权利；另一方面，需要有力的监督检查制度来确保《就业促进法》的立法目的能够实现。

一、监督检查机构

我国《就业促进法》第七章专门规定监督检查，对不同的责任主体规定了不同的监督检查机构。

（一）上级人民政府

我国《就业促进法》第 58 条规定：“各级人民政府和有关部门应当建立促进就业的目标责任制度。县级以上人民政府按照促进就业目标责任制的要求，对所属的有关部门和下一级人民政府进行考核和监督。”

该条款不仅要求各级政府及其有关部门要主动确立促进就业的目标，同时要求其上级人民政府作为促进就业目标实现的监督机构，从制度上要求各级政府主动履行促进就业的责任同时接受上级人民政府和有关部门的监督检查。

在实际运作过程中，政府部门应当制定具体的考核指标，将本地区的就业状况作为考核政府业绩的关键内容，从而使促进就业成为各级政府和公务员的内在要求，积极主动做好就业促进工作。

（二）审计机关、财政部门

就业促进法对公共就业服务机构有专项财政资金支持，因此必须相关机构监督这些专项资金的使用途径和范围，是否遵守了就业促进法所要求使用途径和领域。我国《就业促进法》第 59 条规定："审计机关、财政部门应当依法对就业专项资金的管理和使用情况进行监督检查。"

（三）劳动行政部门

劳动行政部门全面监督检查就业促进法的实施情况，接受社会举报，及时处理违反就业促进法的单位和个人。

我国《就业促进法》第 60 条规定："劳动行政部门应当对本法实施情况进行监督检查，建立举报制度，受理对违反本法行为的举报，并及时予以核实处理。"

二、法律责任

违反我国《就业促进法》规定，实施就业歧视的，劳动者可以向人民法院提起诉讼。可见，任何用人单位有任何对劳动者的歧视行为都将受到法律的追究。

（一）行政责任

劳动行政等有关部门及其工作人员违反就业促进法的规定滥用职权、玩忽职守、徇私舞弊的，对直接负责的主管人员和其他直接责任人员依法给予处分。

地方各级人民政府和有关部门、公共就业服务机构违反《就业促进法》规定，举办经营性的职业中介机构，从事经营性职业中介活动，向劳动者收取费用的，由上级主管机关责令限期改正，将违法收取的费用退还劳动者，并对直接负责的主管人员和其他直接责任人员依法给予处分。

违反《就业促进法》规定，未经许可和登记，擅自从事职业中介活动的，由劳动行政部门或者其他主管部门依法予以关闭；有违法所得的，没收违法所得，并处 1 万元以上 5 万元以下的罚款。

职业中介机构违反《就业促进法》规定，提供虚假就业信息，为无合法证照的用人单位提供职业中介服务，伪造、涂改、转让职业中介许可证的，由劳动行政部门或者其他主管部门责令改正；有违法所得的，没收违法所得，并处 1 万元以上 5 万元以下的罚款；情节严重的，吊销职业中介许可证。

职业中介机构违反《就业促进法》规定，扣押劳动者居民身份证等证件的，由劳动行政部门责令限期退还劳动者,并依照有关法律规定给予处罚。

职业中介机构违反《就业促进法》规定,向劳动者收取押金的,由劳动行政部门责令限期退还劳动者,并以每人500元以上2000元以下的标准处以罚款。

企业违反《就业促进法》规定,未按照国家规定提取职工教育经费,或者挪用职工教育经费的,由劳动行政部门责令改正,并依法给予处罚。

(二)民事责任

违反《就业促进法》的规定,侵害劳动者合法权益,造成财产损失或者其他损害的,依法承担民事责任。

(三)刑事责任

违反《就业促进法》规定,侵害劳动者合法权益,造成财产损失或者其他损害的,依法承担民事责任;构成犯罪的,依法追究刑事责任。

违反《就业促进法》规定,实施就业歧视的,劳动者可以向人民法院提起诉讼。

第六节 就业法律制度的完善

一、当前我国就业法律制度存在的问题

改革开放、经济体制市场化趋向的改革已经进行了三十多年,伴随这一过程的就业模式转变,国家在对就业领域的法律和政策也随之改变,并且进行了必要的立法,取得了一定的立法成果,建立了一整套就业法律体系。但是,由于立法过程中的急功近利和片面性,缺乏整体观,同时对市场经济的本质以及市场经济体制下劳动就业活动的根本问题把握不足,因此,当前的就业法律制度中存在一些阻碍劳动者顺利就业的问题和缺陷。

(一)在法律理念层面上,公民就业的国民待遇理念尚未清晰体现

由于我国的历史传统中的等级思想以及后来的身份论、出身论等不良思想的影响,到目前为止,我国社会仍未形成普遍的对人之为人的基本的平等的尊重。缺乏对每一个人格的基本尊重的社会意识,造成我们无意识地在各个领域形成不合理的区别对待,甚至借口国情特殊而不加以改进,使我们在问题面前退缩和苟安。具体到就业领域表现在对从事农业劳动的劳动者和从事非农业劳动的劳动者采取不同的就业保障措施和失业救济以及社会保险和福利待遇的极大差别。即使是对同样从事非农业劳动的劳动者,也因其户籍不同而遭受在工资、工伤医疗、子女就学和购房、社会福利等方面的歧视,从而加重他们的就业成本和生存负担。与此同时,却给予外国人各种便利和优越的工作条件,形成一种超国民待遇,从而对我国农村户籍的公民形成双重歧视。

有的学者提出给农村户籍的人以"市民待遇",就是要让属于农村户籍的人与非农户籍的人地位平等,与实现国民待遇是同样的内涵。此外,"国民待遇"这一术语在国际法中也是一个重要术语,表明给予外国人与本国人同等的待遇。我们存在的问题是双重的,一方面内国人没有实现平等的国民待遇,另一方面外国人享有了超国民待遇。因此,政府应当改变观念,其责任是首先保障本国人的根本利益,在条件合理的、对等的情况下保障外国人的利益。

除了户籍歧视外,还有很多不同形态、或轻或重的歧视存在。例如,身份歧视,干部身份的人歧视非干部身份的人,大城市的居民歧视小城市的居民;所有制歧视,在法律上对公有制赋予较高的地位,在公有制领域的人歧视非公有制领域的人;在政府财政上,倾向于城市基础设施建设和居民福利,忽视农村的基础设施建设,农村居民缺乏基本的社会保障和社会福利;银行资本贷款上,歧视非公有制企业,对非中小民营企业发展所需的资金支持明显不足。《就业促进法》已经有明确规定要加大对中小企业的金融政策支持,这是一个明显的进步,其效果如何有待于进一步观察。如果非公有制经济、中小企业仍难以顺畅地获得必要的发展资金,其促进就业的目标就难以实现。此外,如果不能有效实施城乡统筹就业,在宏观上导致城乡差别的进一步加大,从就业角度讲,不利于扩大就业机会,不利于从农业发展,等等。要消除这些影响就业的各种歧视必须在每一个人的观念中、每一个部门的运作中树立牢固的平等意识,破除任何特权思想、等级思想,更新观念,对劳动者的评价取决于他的道德品质和业务技能而不取决于其他外在因素,从而形成公平的竞争环境,促进人才资源的合理配置,同时体现人本主义的道德关怀。缺乏道德基础的法治是空中楼阁。

(二)在立法技术上,法规之间的衔接配套不足

就业法律制度是劳动就业制度领域的一个重要组成部分。立法技术是否科学决定了法律制度的效力大小,特别是能否便于操作、行政和司法救济是否快捷有效。如果立法中的原则仅仅限于实体性的口号宣示,而忽视了法规的可操作性以及可执行性,必然导致该法在实践中缺乏实效而成为弱法或者软法,无法满足人们的期待,同时损害了法的权威性和严肃性,难以形成人们对法的信仰。

根据法律规范的一般性技术要求,一个法律应由基本的三大部分构成。第一部分,义务人应当做什么或者不应当做什么,权利人有何种权利。具体到劳动就业中,表现为劳动者的平等就业权和用人单位的非歧视性招工义务。第二部分,义务人违反法定义务的法律责任,权利人在权利得不到保障或者受到损害时,如何救济。具体到劳动就业中,如果用人单位在用工行为中有性别歧视、地域歧视以及年龄歧视等,应有具体的民事责任、行政责任甚至刑事责任的法律条款,劳动者受到歧视性待遇从而产生申诉权。第三部分,对权利人的救济机制。这一部分集中体现法律的强制性特征,缺乏此类规范,法律是不完整的,除非另

有监控机制。在有关劳动就业领域的劳动立法中，缺乏对劳动者平等就业权受损害后的救济机制。甚至有时候劳动者提起诉讼，却被法院拒绝受理，造成劳动者维权无门的严重社会问题。

因此，注意在劳动立法中的立法技术规则，有助于改变劳动者就业过程中面临的各种歧视性规定，对于用人单位的守法实施也有促进作用。正是由于多数用人单位不履行对劳动者义务而不会受到严厉的制裁，才造成当前广泛侵害劳动者平等就业权的现象存在。

（三）在劳动者平等就业权的实现方面，重立法轻实施的情况严重

法律之难不仅难在制定，更难在实施。法律之不实行无异于无法，甚至较之无法的后果更坏，因为有法而不执行损害了法的严肃性。当国家面临严重的就业形势时，社会各界和立法部门往往倾向于迅速立法，而忽视了法的实施的重要性。在我国当前的法治实践中，很大程度上将完成立法等同于法治，这是一个很大的误区。劳动领域的问题具有持续可变性和多层次性。一些特殊的领域根本没有被规范化的可能，有时还表现为在政治上的仅仅是一种可行性的艺术。那么，立法仅仅是形成了一个供社会了解的规则框架，而其所设定的各项权利必须依赖法官的能动性司法活动。因此，法官创造性的实现法律才是法治的根本。

尽管我国《劳动法》第 12 条规定，劳动者就业，不因民族、种族、性别、宗教信仰不同而受歧视。作为一个基本法律部门的规定应该成为下位法的依据，并且在就业实践中得到贯彻和执行，违反该规定的应当受到严厉的制裁，以确保劳动者平等就业权的实现。但是当一些地方部门和事业单位、企业招收员工时因性别、身高、学历、出生地等区别对待，甚至直接排斥某些求职者的平等竞争机会时，几乎没有让违法者畏惧的法律责任。在司法中往往因各种原因法院拒绝受理类似的案件或者即使受理也不能作出反映当代中国劳动就业领域的新理念的判决[①]，往往拘泥于陈旧的观念，因此立法中所反映的平等理念和劳动者保护理念在实践中显得苍白无力，无所作为。司法的消极怠工助长了违法者的违法行为。

二、就业法律制度的完善

针对上述问题，必须从以下几个方面进行完善：

（一）确立“人人生而平等”的法律理念，为公平就业奠定基本前提

“人之为人”全赖于其主体的人格尊严，在人格上，每一个人的人格都与其他人的人格是同等的，个人之间都应对他人有最起码的尊重；政府及其工作人员都

---

① 我国因身高歧视、乙肝病毒携带歧视等都进入了司法程序，很遗憾法官都回避了实质问题，不对其进行实质审理，没有承担起维护社会公平正义的责任。

应对每一个个人做到基本的尊重,为个体人的发展提供必需的公共服务,避免因亲疏不同而区别对待、因身份不同而区别对待、因户籍不同而区别对待、因官职高低而区别对待、因权力大小而区别对待等违背平等原则的现象。政府的行为在社会上是一个风向标,一个社会和谐与否与政府行为所表现出的内在价值理念密切相关,一个政府及其所有公务员真正尊重每一个公民,那么这个社会的和谐程度就较高。“一个理想制度的方案孕育于它的正义原则之中。”[①]

(二)在立法体系上,注意法律法规之间的衔接配套,避免下位法与上位法相冲突

我国的法律体系是以宪法为根本大法,其他各个领域的基本法不得与宪法相冲突,各基本法的子部门法不得与宪法和基本法相冲突。具体到劳动就业领域中,《劳动法》以《宪法》为依据,就业法律制度以《劳动法》为依据,地方各级人大和各级人民政府的行政法规以《宪法》、《劳动法》和上级人大、政府的法律法规为依据。如果出现地方劳动就业规章制度与《宪法》和《劳动法》基本精神相违背的情形,应及时纠正。纠正的方式有两种:一是通过法律法规的修改程序或者废止程序对与上位法相冲突的相关规定进行纠正。二是通过司法程序确认与上位法冲突的有关规定为非法,从而避免其不当的适用。这需要发挥司法机关的能动性,同时对法官的道德水平和法律业务素质提出了更高的要求。由于体制的原因,当前我国的法院采用最保守的态度对待与上位法冲突下位法,一般是绕过下位法去处理案件。

(三)切实落实劳动就业领域的各项制度,形成劳动就业法律制度的硬约束

当前,社会经济生活中发生的大量的劳动纠纷包括就业纠纷说明了人们的权利意识不断加强,也说明了劳动者弱势地位并没有因为立法的增多而有所改变,因此,切实执法才能真正落实法律所确立的劳动者就业权益。在用人单位的各种不合理职业限制或者歧视性规定导致劳动者无法公平就业时,必须对用人单位追究责任,才能避免更多的用人单位仿效。如何做到彻底贯彻劳动就业法律制度的各项原则和制度呢?可以从以下几个方面加以思考:

(1)对所涉及的各个法律主体的义务都规定明确的责任。

我国《劳动法》在第二章规定了国家和地方各级政府在促进就业方面的义务和要求,但是在法律责任章中缺乏任何关于国家和地方各级政府如果不履行在促进就业方面的义务应当承担何种责任以及如何承担责任,从而使劳动法第二章的规定成为纸面规则,缺乏实在的约束力。国家和地方各级政府在各种事务中往往忽视了促进就业的义务。因此,应在立法中增加国家和地方各级政府的法律责任条款。否则,仅仅是宣示性的语言不具有法律的品格。

---

① 〔美〕罗尔斯:《正义论》,何怀宏等译,中国社会科学出版社 1988 年版,第 438 页。

在用人单位因性别、户籍等、身高、年龄等因素进行不合理职业限制时的法律责任同样缺漏,也应规定法律责任条款。

《劳动合同法》有所进步,规定了劳动行政部门不作为的赔偿责任,希望通过这一责任机制促使劳动行政部门积极主动地履行劳动监督职责,及时有效地进行劳动行政执法。

我国《就业促进法》第61条到第68条规定了相应主体违反《就业促进法》的法律责任,填补了过去立法的空白。

(2) 程序性保障条款亦应补足。

虽然在劳动争议处理中有和解、调解、仲裁和诉讼的纠纷处理机制,但是对就业过程中发生的争议尤其是劳动合同签订之前发生的争议,这些处理机制就无能为力。因此,对于就业中的歧视和其他不合理职业限制行为人,一般表现为用人单位,应有监督机构和当事人申诉渠道,并且这些申诉救济渠道是畅通、有效的,才能使就业公平等原则落到实处。例如当一个女性求职者因性别被排斥在公平竞争之外,她可以向哪一个部门投诉?该部门应在多少天内予以答复?该部门以职权该如何对待该用人单位?如果该部门要处罚该用人单位,有哪些方式足以起到惩戒作用?这些都是在实际社会生活中必须具备的程序性规则,否则该女性劳动者便会求告无门。

我国《就业促进法》第62条规定:“违反本法规定,实施就业歧视的,劳动者可以向人民法院提起诉讼。”该条明确赋予了劳动者诉权,因就业中受到歧视的,劳动者完全可以通过司法途径获得救济,法院应当依法受理并进行实质审理,这是我国保障就业机制的一个较大完善。

(四) 允许劳动者组织独立团体,以团体的力量来制衡用人单位的强势地位

虽然国家可以通过劳动行政部门监管用人单位,也可以通过仲裁、司法部门来救济不法侵害劳动者权益的行为,但是这些监管措施和司法救济具有严重的滞后性,都是一种外部监督和救济,并且劳动者面临生存压力无法承担与用人单位缠讼的成本,急需一个内部监督和救济的途径。作为监管部门和裁决机构,对劳动者的困难处境缺乏深刻体谅,对劳动者利益的关心程度绝对达不到劳动者对自身利益的关心程度。因此,允许和帮助劳动者组织独立的工会团体,劳动者是该工会团体的成员,用人单位一旦有侵害劳动者权益的行为,劳动者可以随时谈判解决问题,不能解决时由工会组织团体的斗争。这样能够有效制衡用人单位规避违反法律后的法律责任,形成用人单位自觉遵守劳动法领域的法律法规,培养其不故意侵害劳动者权益的内在激励。在劳动者团体和用人单位的对抗与合作活动中,政府权力处于中立地位,只要双方的斗争行为在一定范围内存在,不波及社会,政府就不需要介入。因此,政府应正确看待工人组织独立团体以及采取的正当的斗争行为。当然,如果工会滥用了斗争权利,可以由法院作出

处罚判决加以制止。

(五)改进劳动力市场的宏观管理,建立适合国情与国际经验的就业管理指标体系和失业预警制度

面对日益严重的就业压力与失业问题,中国要把治理失业、增加就业,作为最重要的宏观经济指标之一,采取各种有效的政策措施促进就业的增长,使失业率保持在适度水平。在今后一段时期内,中国就业管理的宏观指标管理应着眼于逐步建立全国统一的劳动力市场,在城镇地区建立适合国情与国际经验的就业管理指标体系和失业预警制度,使城市就业不断增长,失业率相对稳定,在完善劳动力市场法制和失业统计信息制度的基础上,使城镇公开失业率尽可能控制在警戒线(10%)以内,保持劳动力市场的平稳运行。

(六)继续深化劳动制度改革,培育和健全就业服务体系

目前中国劳动力市场还很不完善,就业培训针对性差、就业信息不畅通、职业介绍和中介机构混乱、劳动力法规不健全而且难以贯彻落实。中国要抓住"入世"后中国劳动力市场的国际化趋势,大力发展公共就业服务,逐步建成统一的劳动力市场信息网络,规范发展职业介绍、劳务派遣、劳动保障事务代理、职业咨询指导、就业信息服务、职业培训,改进服务方式,提高服务效率,为劳动者提供优质高效的全方位就业服务。

(七)大力发展基础教育和职业培训,全面提高劳动者素质

中国解决就业压力必须把提高劳动者素质放到首位,要更加重视职业教育与技能培训。一方面,要进行教育体制改革,加大国家对基础教育的投入,发挥基础教育、正规教育、社会力量在提高劳动力素质方面的作用,积极落实后备劳动力的职业教育与职业培训。另一方面,企业要树立继续培训员工的意识,建立健全培训制度和与之相适应的激励机制,全面提升工业劳动力队伍的整体素质。

(八)保持经济的稳定发展,促进就业的可持续增长

我国要加快城市化进程,大力发展第三产业;大力发展小区服务;大力发展非公有制经济成分;大力发展劳动密集型的中小企业、同时发展高新技术和新兴产业等,广辟就业领域、就业门路,创造更多的就业岗位。在全球化的进程中,作为世界贸易组织的成员,我国适度扩大劳动密集型产品出口与大力发展国际劳务输出,也应当成为扩大就业的重要管道。

(九)政府将所承担的促进就业社会责任落到实处

在现代市场经济体制中,政府应当在市场所不能解决的问题和领域内发挥作用。针对用人单位在追求利润而违背劳动就业中的各项原则和要求时,政府必须通过劳动监管部门、司法审判和仲裁部门以及其他机构进行有效的矫正和治理。如果这些公共部门和机构怠于履行职责或反作为,则关于就业的一切法律和制度设计都将成为一纸空文。因此,创新政府承担社会责任的机制将是就

业问题解决的最后保障。

我国《就业促进法》中已经肯定和强调了政府应承担促进就业的责任，广大劳动者期待政府及其各职能部门能够有效地履行其职责。

（十）劳动者应主动提升职业素质，增强自身的竞争力

一个劳动者一方面要面向国内的职业领域，关注国内的适合岗位，与国内的劳动者竞争就业，还要有国际眼光，看到未来的趋势和全球的劳动力资源的需求，有意识地自我培养国际竞争力。在市场经济条件下，毕竟政府促进就业的责任仅仅是宏观上的机制和机会以及与求职者相应的岗位数量，不可能直接安排劳动者工作岗位，因此，是否最终能够找到一个好的职位仍然取决于劳动者个人的综合能力。

随着全球化的推进，劳动力资源配置已经打破国界，劳动者就业也应当树立全球化意识，在全球人才结构中有一个合适的职业定位，从而能够参与高素质、国际性的岗位竞争。

附　录

一、本章重点问题提示

1. 关于劳动者就业年龄和退休年龄的问题

当前在我国由于劳动力过剩以及国有企业改革过程中形成的大批下岗工人导致在劳动者资格中的退休年龄或者招工时限定劳动者年龄的问题非常突出。有的招工单位在工作性质并无特殊的健康和年龄的特殊劳动需要时规定限制性年龄条件，形成就业中的“年龄歧视”，将大批的劳动者排除在就业机会之外。有的招工单位明确规定只招收女性劳动者或者男性劳动者等。试问劳动力过剩是否构成在招工中限制年龄的合理理由？用人单位明确提出只招收某一性别的劳动者该如何处理？该如何纠正这种在我国社会中常见的有关劳动就业的不合理做法？

关于退休年龄，各国也出现了不同的争论。在英国、法国出现了要求修改法律推迟退休年龄的社会呼声和立法建议；在美国、新加坡等国家出现了“将工作进行到底”的新现象。我国属于工人编制的劳动者退休年龄为男 60 周岁、女 50 周岁，干部编制的劳动者退休年龄为男 60 周岁、女 55 周岁。这种规定是计划经济体制的产物，已经明显不适应市场经济发展的需要；同时对于体力劳动来说，男女有别的退休年龄有其合理性，但是对于非体力劳动来说，男女有别的退休年龄规定就不合理。此外，也有人指出因每个人的健康程度和劳动积极性以及个人的追求不同，一刀切地划定强制退休年龄的做法不具有合理性。因此，关于退休年龄问题，是否可采取弹性退休年龄制度？

2. 关于职业介绍机构性质问题

当前我国劳动力市场上存在大量的职业介绍机构,不论是劳动部门举办的、还是社会兴办的,大部分都是收费的,尽管费用不是很高,但是对于他们的服务对象——生计无着的求职者仍然是一笔经济支出。而在劳动者缴费之后,职业介绍机构并不能保证劳动者一定被录用,那么一个劳动者可能为了找到一个工作,需要重复多次缴费。因此,职业介绍机构应作为公益性机构,不能以任何理由收取费用,或者职业介绍机构在收一次费用后,应为劳动者提供多个就业信息,直至劳动者最后找到一个工作岗位。

3. 一个案例引出的问题

某大学自学考试本科毕业生王某 2002 年 7 月毕业,在深圳某区政府机构以临时工作人员身份工作,月工资三千多元,工作能力很强,获得单位领导和同事的好评。2006 年 7 月初参加深圳市组织的公务员考试,成绩名列前茅,但是深圳市人事局在面试资格审核时因其不是深圳市户口而将其排除在面试之外。试讨论深圳市人事局的做法是否符合劳动法的精神?如果王某将深圳市人事局起诉到法院,能否依据劳动法来处理该纠纷?在我国还有没有类似的就业歧视和人为的制度性障碍,试举出一些并分析。该如何改变这种影响劳动者就业的区域性或者规章制度性的障碍?用人单位在招聘员工时擅自设定的歧视性标准该承担何种责任?

4. 加入 WTO 对中国就业的影响与就业新形势

目前国内外学术界关于加入 WTO 对我国就业的冲击与影响程度的看法,有很大分歧和争议。概括起来主要有以下几种观点:

第一种观点认为,加入 WTO 能够促进经济增长,从而带动就业的增长。比如,国际失业与就业委员会 1999 年的报告认为,中国加入 WTO 每年国民生产总值可以增加 3 个百分点,国民生产总值每提高一个百分点可以增加 400 万个就业机会,加入 WTO 后可使中国每年增加 1200 万个就业机会,或者增加 33%的就业机会。劳动和社会保障科学研究院的一些学者认为,加入 WTO 可以增加就业弹性 50%和国民生产总值 1 个百分点,加上每年 GDP 增长 7%带来的 200—350 万个就业机会,2000—2010 年间我国每年可以增加 450 万个就业。中国人民大学的一些学者认为,加入 WTO 导致的中国就业增长量大约每年保持在 210 万多一点,需要到 2006 年才能使就业机会增加到 1200 万个左右。

第二种观点则认为加入 WTO 会减少就业机会。华盛顿国际经济研究所评估,中国在 TWO 谈判中放开受到保护的农工产品,相关产品的出口将减少 30%,导致失业工人增加 1100 万人。欧盟贸易委员会代表拉米认为:“加入 WTO 贸易组织意味着曾经孤立的中国将不得不向国外开放市场,此举有可能使数百万中国人失去工作。”

第三种观点认为，加入WTO初期中国就业会减少而长期会增加，这也是比较流行的说法。劳动和社会保障科学研究院的莫荣、国家计委宏观经济研究院的杨宜勇等认为，以长期的、综合的眼光来看，加入WTO后的贸易增长、产业结构的调整和升级，将对增加就业机会、提高就业质量产生积极影响。加入WTO，GDP每年额外增加一个百分点，理论上10年间每年平均可以额外增加大约100万个就业机会，加上经济增长增加的200万个就业机会，加入WTO后平均每年增加300万个左右的就业机会。从短期看，加入WTO对我国传统行业和对原来就业格局的冲击会导致就业机会减少。加入WTO初期(3—4年)，外资的进入和货物、服务进口的转移效应会大于出口的创造效应，导致就业机会的减少；中西部地区传统工业及农业受到冲击，就业机会也减少。上述因素预计将使城镇失业人员额外增加300—400万人，失业率大约攀升2个百分点。北京市一个课题组的研究结果也认为，加入WTO初期由于在经济结构调整和市场竞争上要经历一个适应和被动的过程，劳动力供大于求的矛盾将会加大，从而增加就业压力，但从长远看加入WTO将带动经济社会发展，增加就业岗位从而缓解劳动就业压力。

第四种观点认为加入WTO对我国就业冲击不会过大，相反会促进我国就业结构的变化。

阅读上述材料，结合我国社会经济生活中的就业状况，思考我国加入WTO所导致的就业领域的问题。

5. 我国就业形势与失业新特点分析

(1) 从业人员数量增长与结构转换从同步化逐步转变为结构转换为主。中国是世界上劳动力资源最丰富的国家，充足的劳动力资源和80%左右的就业参与率为中国提供了庞大的从业人员队伍。在工业化和城市化过程中，我国就业增长与就业结构调整具有很大的同步性。一方面，从业人员持续增加。我国从业人员总数从1980年的4.24亿人增加到2001年的73025万人。另一方面，从业人员的结构变动迅速。从总体上看，随着人口总量的增长我国从业人员总量还将持续增长，但就业增长速度将逐步下降。20世纪80年代我国从业人员年均增长为4.2%，90年代年均增长1%。今后就业增长大约不会超过1%。与此同时，随着劳动力市场的进一步发育并日益受到国际经济形势的影响，我国就业结构转换的频率将进一步加大。

(2) 城乡就业机会同步稀缺，就业压力增大，而城镇失业出现了类似发达国家的一些新特点。转移农业剩余劳动力、城镇体制性失业及新增劳动力的压力，使城镇失业出现了失业时间长期化、失业年龄年轻化和越来越多的高学历失业人群等新特点。一是中长期失业增加。2000年上海市有28%的失业人员失业在2年以上。二是从业人员尤其是求职人员总体上看技能低、素质差的状况比较突出。但近年来高学历失业现象日益普遍,目前全国有30万大中专毕业生甚至部分毕业研究生处于无业状态。三是青年失业现象日益突出。一方面相当数量的职业高中、中专、技工学校学生毕业后难以找到工作,另一方面由于下岗向失业的并轨,青年失业现象重新回归和增多。这些现象在发达国家比较突出,我国在发展初期就面临着如何克服长期失业、青年失业和高学历失业的新问题。

(3) 日益严重的人口老化和大量“剩余”劳动力资源的长期存在,加大了失业保险制度和社会保障制度建设的难度与负担。我国在工业化和经济体制改革过程中面临着日益严重的人口老化和劳动力供求矛盾,这将使我国建立失业保险制度和社会保障制度的任务异常艰巨。2002年,我国60岁以上的老龄人口为1.34亿人,占全部人口的10%(与世界平均数一样),到2050年,老龄人口将达到4.37亿人,占总人口的30%(世界平均为21%)。同时,在激烈的劳动力市场竞争中的弱势群体数量庞大,需要就业援助和社会救济。

阅读上述数据,分析为何在我国经济高速增长的同时,失业率居高不下的原因?如何促进各类失业人员就业?

6. 就业歧视标准如何确定?劳动者遭受歧视后如何才能得到有效救济?

平等就业是劳动者的一项法定权利。我国《劳动法》第12条规定:“劳动者就业,不因民族、种族、性别、宗教信仰而受歧视。”此条是对劳动者平等就业权的充分肯定和法律保障依据。那么一切导致不平等的行为都构成就业歧视。但是这种规定过于抽象,并且列举的歧视因素不全面,在我国社会经济生活中,劳动者因身高、外貌、疾病、户籍、社会身份等因素在就业中遭受歧视待遇的现象非常普遍,受到歧视后的法律救济严重不足,相反因民族、种族和宗教信仰而受歧视的现象并不多见。这种中国特色的就业歧视现象目前看来没有减缓的趋势,非常令人担忧。怎样才能解决如此棘手的问题?是否制定一部《促进就业法》就可以解决了呢?

7.《就业促进法》的相关制度如何能够得到落实?尤其是当劳动者遭受到各种歧视时如何得到法院在司法上支持,哪些证据能够证明用人单位实施了歧视行为,对用人单位的多种不良行为中哪些行为认定为歧视行为并处罚,如何处罚?处罚力度有多大?这是下一步值得研究的重大课题,也将决定着我国构建和谐社会,实行以人为本的治国方略的实现程度。法院能否仍以过去保守、谨慎的姿态来处理新社会背景下的歧视诉求?这也是考验司法智慧的一个重大问题。

二、思考题

1. 简述影响劳动就业的几个因素。
2. 试述劳动就业的基本原则。

3. 简述职业介绍服务的内容和程序。

4. 试述特殊群体的就业保障问题。

5. 论我国就业法律制度的完善。

6. 从社会安全和社会和谐角度分析对特殊群体就业保障的意义。

7. 试述国家促进就业原则。

8. 搜集英国、美国关于保障平等就业方面的具体法律规定和典型判例，并分析其对我国的借鉴意义。

9. 如何消除对“有前科者”的就业歧视？

10. 如何认定用人单位在招录劳动者时的差别待遇是合理的？

11.《就业促进法》规定的就业歧视诉讼如何具体实施？

12. 如何落实《就业促进法》的自由就业原则，真正实现劳动者的自由就业？

13. 公共职业介绍机构如何有效履行职责？

14. 是否需要设立专门的公平就业委员会？

第十二章 职业培训

内容提要

职业培训又称职业技能培训和职业技术培训，通过职业培训来开发劳动力资源，是决定社会生产力水平和经济发展速度的一个重要因素。因而，职业培训立法普遍为各国所重视。本章首先介绍职业培训的概念和特点，相对于普通教育，职业培训有许多自身的特点。其次介绍了职业培训的主要形式，包括学徒培训、就业训练、实体培训、学校正规培训和在职培训。其中学校正规培训包括技工职业培训、职业(技术)学校培训和成人高等学校培训。举办职业培训应具备一系列基本条件：具备与其培训规模、培训目标相适应的场所、设备和设施；有能满足日常培训学校的经费和培训的教学计划、教学大纲和教材以及师资。最后重点介绍了我国职业技能鉴定的管理体制。在我国，职业技能鉴定实行政府(通过劳动行政部门)指导下的、鉴定与行政和培训分开的社会化管理体制。职业技能鉴定分两个层次设置专门的事业性鉴定机构，即职业技能鉴定指导中心和职业技能鉴定站，并设置职业技能鉴定考评员。职业技能鉴定应当以现行的《工人技术等级标准》和《国家职业技能标准》等为依据，按照职业技能鉴定的程序对劳动者的职业技能进行考核和评定。

关键词

职业培训　职业教育　就业训练　职业培训实体　职业资格证书　职业技能鉴定

第一节 职业培训概述

一、职业培训的概念

职业培训，又称职业技能培训和职业技术培训，是指根据社会职业的需求和劳动者从业的意愿及条件，按照一定标准，对劳动者进行的旨在培养和提高其职业技能的教育训练活动。职业培训是整个国民教育的一个有机组成部分，职业培训与普通教育均是国民教育体系中不可或缺的部分,都是为了培养和提高人的才能及文化技能水平的智力开发活动;普通教育是基础,职业培训是普通教育的延伸和专门化。但是,相对于普通教育,职业培训又有自身的特点:

(1) 教育目的的针对性和专业性。职业培训以直接培养和提高劳动者的职业技能为目的,其目标是使受培训者成为一定劳动领域的专门人才,以满足现代社会职业和劳动力供求双方的需要,具有很强的针对性和专业性;而普通教育是以提高受教育者的基础文化水平为目标的,具有基础性和普及性。

(2) 教育对象的特定性。职业培训是一种以劳动者为特定对象的人力资源开发活动,它的教育和培训对象是社会劳动者,其中包括失业的劳动者、在职的劳动者、企业富余人员和其他求职者;而普通教育一般是以处于学龄期的青少年为主要教育对象。

(3) 教育内容的实践性和应用性。职业培训突出专业技术知识和实际操作技能的培养和提高,在教育内容上更侧重实践性和应用性;而普通教育突出基础知识和素质教育,在内容上则比较注重基础性和系统性。

(4) 教育手段和方法的灵活性。职业培训是特需教育,注重教育和实践相结合,一般可以根据劳动者自身的要求和条件,采取比较灵活的教育手段和方法,进行不同层次的教育和训练;而普通教育则采取比较固定的常规教育,一般是全日制教育。

按照《职业教育法》第 2 条的规定,职业教育法适用于各级各类职业学校教育和各种形式的职业培训,这是否意味着职业培训不包括各级职业学校教育呢?问题是职业学校的外延究竟是什么?对此容易产生不同看法,因此有必要区分职业培训和职业学校教育。一般认为职业教育体系主要由职业基础教育与职业培训所构成。职业基础教育,又称职业学校教育,它是介于普通教育与职业培训之间、而又与普通教育和职业培训并存的一种职业教育形式。职业培训与职业基础教育相比较,主要区别在于:(1) 内容不同。后者偏重于专业基础知识的传授,或者专业基础知识与操作技能并重,具有全面性和系统性;前者则偏重于操作技能的传授,主要针对某种岗位的特定要求进行训练。(2) 性质不同。后者为学历教育,有固定的学制,对学完规定课程并考试及格者发给学历证书;前者为非学历教育,学制不固定,对考试和考核合格者发给培训合格证书。(3) 形式不同。后者为学校常规教育,即由职业学校和普通学校以常规的教学方式实施;前者则为非常规教育,形式不一,大多由职业培训机构实施,有的虽由学校实施但不是常规化教学。(4) 管理体制不同。后者以教育行政部门管理为主,有的还可纳入普通教育体系;前者则以劳动行政部门管理为主,只纳入职业教育管理体系。

二、国际劳工公约和建议书中关于职业培训的概况

国际劳工组织关于职业培训的公约和建议书数量有很多,有 1921 年的《发展农业技术教育建议书》(15 号)、1937 年的《建筑业职业教育建议书》(56 号)、1939 年的《职业培训建议书》(57 号)和《学徒制建议书》(60 号)、1946 年的《海上服务训练组织建议书》(77 号)、1950 年的《成年人包括残疾人职业培训建议书》(88 号)、1956 年的《农业职业培训建议书》(101 号),1962 年的《职业培训建议书》(11 号)和 1966 年的《渔民职业培训建议书》(126 号)等,这些建议书涉及各类人员的职业培训问题。其中最全面的是 1962 年的《职业培训建议书》,它替代了 1939 年的 57 号、160 号建议书和 1950 年的 88 号建议书。在这个建议书中,对职业培训的一般原则、全国性计划和管理、合作措施、培训机会的信息、职业定向和选择的措施、就业前培训、培训的组织、培训的方法和手段、企业提供的培训、学徒制、速成培训、把初级技术人员提高到工长水平的培训、学校和企业的教学人员等问题,都作了具体而详尽的规定,最后还对发展中国家的特点以及国际间的合作提出了建议。

特别需要提到的是 1975 年通过的《开发人力资源中有关职业指导和职业培训的作用公约》(142 号)和同名的建议书(150 号)。它们把职业指导和职业培训同人力资源开发联系起来,而不是只把职业指导和职业培训当作解决失业问题的手段。公约要求会员国通过和编制职业指导和培训的全面计划,并应考虑就业需要和经济目标的水平,还规定这项计划应不加区别地使所有的人在工作中发挥和运用自己的才能。公约和建议书还详细列举了制定和实施政策和计划的各种方法。1975 年通过的《开发人力资源中有关职业指导和职业培训的作用建议书》将职业培训定义为:职业指导和培训系指指导和培训的目的在于确定和开发人类从事生产性和令人满意的职业生活的能力,通过接受不同形式的教育,提高个人的理解能力,并通过个人或集体,去影响工作和环境。

三、职业培训的功能

1. 职业培训在落实科教兴国战略和人才强国战略方面的功能:职业培训是重要环节。

《职业教育法》第 1 条规定:“为了实施科教兴国战略,发展职业教育,提高劳动者素质,促进社会主义现代化建设,根据教育法和劳动法,制定本法。”由此,加强职业培训是我国实施“科教兴国”战略的重要环节得到了立法的确认。职业培训实施国家技能型人才培养培训工程,可以加快生产、服务一线急需的技能型人才的培养,因此,它是人才强国战略的重要环节。

2. 职业培训在宏观经济中的功能：满足社会经济发展的技能型人才需求。

职业培训通过培养经济发展中的技能型人才，可以为我国走新型工业化道路，调整经济结构和转变增长方式服务。

3. 职业培训在促进就业方面的功能：提高失业人员再就业能力。

通过再就业培训，不仅可以提高劳动者心理素质，还可以转变其就业观念，提高其创业能力，通过再就业培训，还可以直接提高劳动者的职业能力，增强其再就业能力。

4. 职业培训在人力资源开发中的功能：从职业能力开发上促进人的全面发展。

职业培训体现了人力资源能力建设优先发展的方向，构建了有利于人力资源职业成长的平台，通过职业培训可以确立人力资源能力建设的核心理念，可以促进人力资源能力结构的合理配置，通过引进终身教育和继续教育的新观点，实现人力资源能力的全面发展。

5. 职业培训在劳动者权利义务实现上的功能：实现劳动者劳动权的基础和履行提高职业技能义务的有效途径。

职业技能或职业能力是劳动者实现劳动权的基础，而职业培训的主要任务就是帮助劳动者获得必要的职业能力，为其进入劳动力市场准备条件；职业培训的实施，也就是劳动者履行劳动法规定提高职业技能义务的过程。

四、职业培训的立法发展

许多发达国家和发展中国家的经济发展史表明，通过职业培训来开发劳动力资源，是决定社会生产力水平和经济发展速度的一个重要因素。因而，职业培训立法普遍为各国所重视。历史上最早的劳动立法就是关于学徒的立法，即《学徒健康与道德法》；近几十年来，许多国家不断进行新的职业培训立法活动。在英国，1948 年制定《就业训练法》，1964 年制定《工业培训法》，1973 年修改为《雇佣培训法》，1975 年制定《职业训练金计划条例》；在法国，1953 年制定、1955 年重新制定《职业训练法》，1966 年制定《职业训练基本法》，1971 年制定《继续培训法》，1976 年制定《终身培训法》，1978 年制定《带薪学习法》，1981 年制定的《劳动法典》中将《作为终身教育一部分的继续教育训练》列为第 9 卷；在联邦德国，1969 年制定《职业训练法》和《训练促进法》，1975 年制定《改进培训场所法》，1981 年制定《职业教育促进法》；在美国，1937 年制定《国家学徒训练法》，1952 年制定《人力发展与训练法案》，1953 年制定《职业培训法》，1973 年制定《就业介绍和平衡成长法》；在日本，1939 年制定《工厂学徒规则》，1947 年制定的《职业安定法》和《劳动基准法》中有关于职业培训的规定，1958 年制定、1969 年和 1978 年先后修订《职业训练法》，1969 年制定《人力资源开发促进法》；在韩国，1967 年制定《职业培训法》,1973 年制定《国家技术资格法》,1974 年制定《关于职业培训的特别实施法》,等等。

我国的职业培训立法经历了以下三个发展阶段:(1) 国民经济恢复时期。这是我国职业培训的开始阶段,举办转业培训班和师傅带徒弟是主要培训形式。当时的职业培训立法散见于当时的就业法规之中。(2) 有计划的经济建设时期。这是职业培训初步奠定基础的阶段。国家颁发了关于职业培训的一系列法规和文件,其要者有 1952 年 2 月国务院颁布的《关于国营、公私合营、合作社、个体经营的企业和事业单位的学徒的学习期限和生活补贴的暂行规定》、1961 年 5 月劳动部颁发的《技工学校通则》。(3) 党的十一届三中全会以来。这是我国职业培训的发展阶段。国家制定了大量的职业培训法规,主要有:《劳动法》中关于职业培训的专章规定;《职业教育法》(1996 年);《国务院关于大力发展职业技术教育的决定》(1991 年);劳动部(原劳动人事部)制定的《技工学校工作条例》(1986 年)、《就业训练中心管理规定》(1991 年)、《就业训练规定》(1994 年)、《职业培训实体管理规定》(1994 年)、《企业职工培训规定》(1996 年)、《工人考核条例》(1990 年)、《职业技能鉴定规定》(1993 年)、《职业资格证书规定》(1994 年)、《关于实行技师聘任制的暂行规定》(1987 年)、《企业职工培训规定》(1996 年)、《劳动预备制培训实施办法》(2000 年)等项规章。国务院于 2002 年 9 月 24 日发布了《关于大力推进职业教育改革与发展的决定》,《决定》共有 24 条,分别对职业教育改革与发展的目标、管理体制和办学体制改革、加快农村和西部地区职业教育发展、加强职业教育与劳动就业的联系、多渠道筹集资金等方面作了详细的规定。2002 年 12 月 28 日全国人大常委会颁布了《民办教育促进法》(2003 年 9 月 1 日起施行),该法明确了民办教育事业是社会主义教育事业的组成部分,并对民办学校的设立、管理和监督、扶持和奖励以及举办者的权利和义务等作出了规定;对于正确认识民办职业培训事业的地位和作用,调动社会各方投资举办职业培训的积极性,规范民办职业培训办学行为,推动职业培训事业大发展,提高广大劳动者的职业素质,促进就业和再就业工作,具有十分重要的意义。2005 年 10 月 28 日国务院颁布《关于大力发展职业教育的决定》,是为了进一步贯彻落实《中华人民共和国职业教育法》和《中华人民共和国劳动法》,适应全面建设小康社会对高素质劳动者和技能型人才的迫切要求,促进社会主义和谐社会建设而规定的,并指出从总体上看,职业教育仍然是我国教育事业的薄弱环节,发展不平衡,投入不足,办学条件比较差,办学机制以及人才培养的规模、结构、质量还不能适应经济社会发展的需要,从而有针对性地作出了相应的规定。劳动和社会保障部为此专门发布《关于进一步做好职业培训工作的意见》以贯彻落实国务院的决定。2007 年 8 月 30 日第十届全国人民代表大会常务委员会第二十九次会议通过的《就业促进法》第五章规定了“职业教育和培训”,其内容包括国家依法发展职业教育,鼓励开展职业培训的原则,政府制定并实施职业能力开发计划的职责,职业培训的形式,企业应当按照国家有关规定提取职工教育经费的义务,县级以上政府在劳动预备制度、失业人员培训及政府培训补贴,农村劳动者参加技能培训、实行职业资格证书制度方面的职责规定。

第二节 职业培训的分类和形式

一、职业培训的分类

职业培训根据不同的划分标准,有着不同的分类。按照《职业教育法》第14条的规定,职业培训包括从业前培训、转业培训、学徒培训、在岗培训、转岗培训及其他职业性培训,可以根据实际情况分为初级、中级、高级职业培训。职业培训分别由相应的职业培训机构、职业学校实施。其他学校或者教育机构可以根据办学能力,开展面向社会的、多种形式的职业培训。《就业促进法》第46条规定,县级以上人民政府加强统筹协调,鼓励和支持各类职业院校、职业技能培训机构和用人单位依法开展就业前培训、在职培训、再就业培训和创业培训;鼓励劳动者参加各种形式的培训。

1. 以受培训的对象是否就业为标志,职业培训可分为就业前职业培训和就业后职业培训两大类。

(1) 就业前职业培训,是指对尚未从事社会劳动而有从业意愿的劳动者,进行职业能力的开发和职业技能的教育。受培训的对象主要包括两大部分:一是从未就业的劳动者;二是曾经就业现在失业的劳动者。培训的方式多以在校学习为主要途径,这些培训的实体主要为国家和社会各界举办的各种职业学校和职业培训中心。

(2) 就业后职业培训,是指对已就业的劳动者进行专业知识和职业技能的培训。其目的是为了提高在职职工的技术业务知识和实际操作水平,以提高劳动生产率和适应社会生产力不断发展的需要。

2. 依据职业技能标准和培训层次的不同,职业培训可分为初级、中级、高级职业培训。

3. 按照职业培训的实施机构不同,可以将职业培训分为职业学校进行的职业培训,就业培训实体举行的职业培训,由用人单位自行举办的职业培训。

(1) 职业学校进行的职业培训主要是指由职业中学、技工学校以及高等职业学校举办的职业培训。严格地说,由这些正规学校举办的职业性的学历教育并不属于职业培训,而属于其他职业教育范畴,但是,正规学校依然有可能举办各种形式的职业培训班,所以,它们是职业培训很重要的机构。

(2) 就业培训实体,包括由劳动保障部门举办的就业训练中心以及非劳动保障部门举办的其他就业培训机构。

(3) 用人单位举办的职业培训,包括用人单位内部培训机构或者业务机构举办的岗前培训、安全培训等等上岗培训,另外还有学徒培训等。

为了更进一步了解职业培训,下面将根据以上分类形式具体介绍重要的职业培训形式。

二、学徒培训

学徒培训,是指由用人单位招收学徒工,在师傅的直接指导下,通过实际生产劳动,使其掌握一定生产技能和业务知识的培训形式。

(一) 学徒培训法律关系的特征

学徒培训法律关系具有以下特征:(1) 它是一种招工与传艺合二为一的法律关系。用人单位与学徒所确立的是以传授、学习技艺为内容的预备劳动关系,即学徒劳动关系。(2) 传艺和学艺的特定方式是由招收单位委托师傅负责指导,在生产实践中进行。(3) 建立学徒培训法律关系的目的在于建立正式劳动关系,受培训者是否达到预期的培训要求,是决定其能否建立正式劳动关系的主要依据。

(二) 学徒的招收

用人单位招收学徒,应当坚持公开招收、全面考核、择优录用的原则,其中的考核,应当在德、智、体全面考核的前提下侧重文化考核。用人单位所招收的学徒,必须符合国家规定的基本条件,即思想品德端正,具备初中以上文化程度,身体健康,年龄为16周岁至22周岁的未婚青年。某些特殊职业和行业,经劳动行政部门批准可以小于16周岁。学徒进入用人单位半年内,如发现患有严重慢性病,不能继续学习的,用人单位可以辞退。

学徒培训应当实行合同制度,即学徒应当分别同用人单位和师傅订立学徒培训合同和师徒合同:(1) 学徒培训合同。即用人单位与学徒之间确立学徒劳动关系,明确双方权利义务的书面协议。其中,用人单位有义务为学徒提供学习和实习的条件,并有权届期获得对培养成才劳动力的使用权;学徒的权利是获得符合要求的学习条件,其主要义务是届期达到既定的学习目标。同时,学徒还附有参加劳动和遵守劳动纪律的义务,享有取得劳动报酬和有关福利待遇的权利。(2) 师徒合同。即师傅受用人单位委托与学徒订立的确立师徒教学关系,明确相互权利义务的书面协议。它是学徒培训合同的从合同,一般是在订立学徒培训合同之后订立。其主要内容包括教学内容、包教包学条件、出徒时间、出徒标准等项条款。

（三）学习期限和培训目标

学徒的学习期限随难易程度确定。一般为3年或2年，不得少于2年，技术复杂的可以适当延长。具体工种的学习期限，由国务院各主管部门规定；未规定的，由省级人民政府有关部门补充规定。对从事技术复杂以及涉及国家财产、人民生命安全和消费者利益的工种的学徒，用人单位应按照《中华人民共和国工种分类目录》所规定的学徒期限进行培训。

学徒的培训，应当按照德智体全面发展的要求，以培养初级技术工人为目标，即学习期满，使学徒具有能胜任初级技术岗位要求的技术理论知识、较熟练地掌握相应的操作技能，具有较高的思想品德素质，并且具有健康的体格。

（四）考核和转正

对学徒学习成效的考核，分为平时考核、学习考核和期满考核。期满考核要根据已定的培训目标和《工人技术等级标准》全面进行。经考核合格，转为正式工人；考核不合格，可延长学习期限并进行补考，方能转正；补考不合格的，可以辞退。

（五）学徒期间的待遇

学徒在学习期间，按月发给生活费，并享有劳动保护方面的基本待遇。生活费的标准，按照当地或本行业一般初级工的伙食费另加零用钱计算，还可考虑学徒年龄不同而有所差别。学徒还可以适用一次性奖励。学徒因工死亡的，应发放一次性抚恤费。

三、就业训练实体培训

就业训练实体培训，是指就业训练中心和其他就业训练实体，对求职人员再就业和上岗前所进行的、以培训具有初级职业技能水平的劳动者为主的培训形式。它包括就业前训练和转业训练。

（一）就业训练实体的职责

就业训练实体，包括就业训练中心和非劳动行政部门举办的就业训练实体。前者是指在各级劳动行政部门的领导下，由就业服务管理机构管理和指导的就业训练实体，属事业单位。后者是指企事业单位、社会团体、机关或个人等举办，受就业服务管理机构指导和监督的就业训练实体。就业训练实体的职责主要包括：(1) 贯彻国家有关就业和职业培训的法规和政策；(2) 组织就业前训练、转业训练的教学和实习；(3) 开展教学研究，编写教材和提高教学质量；(4) 法定的其他职责。

（二）就业训练的对象

就业训练是指对以下人员组织开展的提高职业技术和就业能力的培训：(1) 初次求职人员、失业人员、在职人员、转岗转业人员、出国劳务人员、境外就业人员、个体劳动者以及农村中向非农产品转移的人员,农村向城镇流动就业的劳动者;(2)需要提供专门的职业技能培训的妇女、残疾人、少数民族人员及复员转业军人等特殊群体人员;(3)其他需要学习和提高职业技能的劳动者。

(三)就业训练的法律关系

就业训练中形成的法律关系,主要有培训法律关系和代培法律关系两种。就业训练中的培训法律关系,是指就业训练实体与受培人员之间实施培训与接受培训的法律关系。就业训练实体有义务聘请合格教师,提供学习环境和学习条件,组织教学过程,维护教学秩序,有权依规定收取学费,并对受培人员进行管理、考核和发证。受培人员有权获得符合所报专业教学大纲和有良好质量的教学,获得符合规定的教学环境和各种必要条件,学习结束经考试合格有权获得相应的有效证书;有义务按规定缴纳学费、遵守学习纪律、尊重师长,认真完成学习任务。

就业训练中的代培法律关系,是指就业训练实体受用人单位委托对受培人员进行定向代培的法律关系。就业训练实体有义务按用人单位的要求培训合格劳动者;用人单位有义务向就业训练实体支付培训费用并接受培成的合格劳动者;用人单位中途解除代培关系和拒收培训人员,就业训练实体未能培成合格劳动者,都应当负赔偿责任。

(四)就业训练的组织和管理

就业训练实体组织就业训练的规则,包括下述要点:(1)应当根据劳动力市场的需求及用人单位的要求设置专业和确定培训标准,按照培训标准和受培人员的素质状况确定培训期限。(2)对参加就业训练的各类人员实行公开报名,自选专业,考核发证,择优推荐就业。(3)应当采取多层次、多形式、多渠道的培训方式,以实际操作技能为主,同时进行必要的专业知识和职业指导以及其他内容的培训。(4)应当与受培人员订立培训合同,就培训专业、时间、费用、教学实习、考核发证等作出约定;委托代培,还应当与用人单位订立代培合同,就代培的人数、专业、技术等级,以及培训的期限、费用和培成劳动者的考核验收等作出约定。(5)应当根据培训标准制订教学计划和大纲,组织教学,应采取符合法定要求的教材。(6)应根据专业设置需要,配备符合法定条件的专、兼职教师。

就业服务管理机构应当在劳动和社会保障部门领导下,制定并组织实施就业训练规划,统筹规划就业训练中心的布局和规模,管理和指导就业训练实体的就业训练工作,并定期组织检查评估。非劳动行政部门举办的就业训练实体必须经当地县级以上劳动就业服务管理机构核准并领取"就业训练资格证";应当定期向当地劳动就业服务管理机构报告工作情况,按规定填写统计报表,并接受其政策、业务的监督和指导,接受其资格年检。

（五）就业训练的考核与发证

就业训练考核分为结业考核和职业资格鉴定。结业考核标准按照培训标准确定；职业资格鉴定标准按照国家颁布的标准执行。就业训练结业证由省级劳动就业服务管理机构统一印制，县级以上劳动就业服务管理机构在劳动行政部门的监督指导下按有关规定颁发。

四、在职培训

在职培训，又称职工教育或职工培训，是指为了使职工在原有的知识、技能的基础上得到提高和更新，按照工作需要对职工进行思想政治、职业道德、管理知识、业务技术、操作技能等方面的教育和训练活动。

（一）职工培训的目标和原则

职工培训应当以培养有理想、有道德、有文化、有纪律，掌握职业技能的职工队伍为目标，促进职工队伍整体素质的提高；应当贯彻按需施教、学用结合、定向培训的原则。

（二）职工培训的机构和管理体制

企业可以根据需要，单独或联合设立职工培训机构并报企业主管部门备案，也可委托社会公共培训机构进行培训。社会团体、群众组织、公共培训机构，可根据企业需要自愿承担职工培训任务。各级劳动行政部门负责本地区企业职工培训工作，各级政府经济综合部门负责本地区企业管理人员培训工作。行业主管部门负责指导、协调本行业职工培训工作，依法制定本行业职工培训规划，组织编写职工培训计划、大纲、教材和培训师资。

（三）职工培训的形式

职工培训的形式，可分为两种：(1) 在岗业余培训，是指职工基本不脱离工作岗位，在坚持正常工作的情况下参加培训。这种培训形式对于用人单位而言，可以在既不缺员又不增人的条件下获得提高劳动力质量的效果；对于职工而言，不受年龄和人数限制，可以普遍使用。其具体形式有岗位训练、短期培训班、专题讲座、自学、函授等。(2) 离岗专门培训（即脱产学习），是指职工在一定期限内脱离工作岗位，进入学校或其他单位，带薪或不带薪参加培训。这种培训形式投资较大，培训对象有严格限制，培训效果更好。其具体形式主要是委托代培。

（四）企业的培训职责

企业在职工培训方面的责任，主要有：(1) 应当建立健全职工培训的规章制度，根据本单位的实际对职工进行在岗、转岗、晋升、专业培训，对学徒及其他新录用人员进行上岗前培训。(2) 应当将职工培训列入本单位的中长期规划和年度计划，保证培训经费和其他培训条件。(3) 应当将职工培训纳入厂长（经理）任期目标和经济责任制，接受职代会和上级主管部门的监督和考核。(4) 应当结合劳动用工、分配制度改革,建立培训、考核与使用、待遇相结合的制度。(5) 应当对经批准参加脱产半年以内的职工发放基本工资、奖金及相关福利待遇。(6) 应当按照培训合同的规定,保证职工的学习时间,为职工创造必要的学习条件,在使用中发挥职工所学专长。另外,《就业促进法》第 47 条第 3 款规定,企业应当按照国家有关规定提取职工教育经费,对劳动者进行职业技能培训和继续教育培训。

(五) 职工的受培责任

职工在培训方面的责任,主要有:(1) 国有大中型企业高层管理人员应当按照国家有关规定参加职业资格培训,并在规定的期限内取得职业资格证书;从事技术工种的职工必须经过技术等级培训,参加职业技能鉴定,取得职业资格证书(技术等级证书)方能上岗;从事特种作业的职工,必须按照国家规定经过培训考核,并取得特种作业资格证书方能上岗。(2) 参加由企业承担培训经费脱产、半脱产培训的职工,应当与企业订立培训合同,明确培训目标、内容、形式、期限、双方权利义务和违约责任。(3) 职工应当按照国家规定和企业安排参加培训,自觉遵守培训的各项规章制度,并有义务向本企业其他职工传授所学的知识和技能。(4) 职工应当履行培训合同规定的各项义务,服从单位工作安排,搞好本职工作。(5) 由企业出资培训的职工提出与企业解除劳动关系的,已签订培训合同的按培训合同执行,未签订培训合同的按劳动合同执行。

1995 年劳动部发布《违反〈劳动法〉有关劳动合同规定的赔偿办法》,规定了劳动者违反劳动合同的责任,其第 4 条规定:劳动者违反规定或劳动合同的约定解除劳动合同,对用人单位造成损失的,劳动者应赔偿用人单位下列损失:(1) 用人单位招收录用其所支付的费用;(2) 用人单位为其支付的培训费用,双方另有约定的按约定办理;(3) 对生产、经营和工作造成的直接经济损失;(4) 劳动合同约定的其他赔偿费用。

可见对于违反培训方面的责任,主要由双方在合同约定中处理;在没有特别约定时,劳动者违约应按用人单位支付的培训费用来赔偿。

五、学校正规培训

学校正规培训是指由技工学校、职业(技术)学校和成人高等学校等教学机构承担的职业培训。

(一) 技工学校培训

技工学校培训,是指技工学校招收学生并对其进行系统的职业技能和文化教育,以培养合格的中级技术工人。

1. 技校的举办和招生对象

根据依靠多方力量、采取多种形式办学的改革精神,各级劳动行政部门、各级产业部门、各企事业单位均可举办或联合举办技校，并鼓励集体所有制单位举办。举办技工学校必须具备一定的条件，应有固定的校舍、实习实验场所、设备、体育活动场地；应有专职的行政管理人员、教学人员和其他必需的教学、生产辅助人员；应有切实可行的教学计划、教学大纲、教材、图书资料以及有稳定可靠的经费来源。技校主要招收初中毕业生，个别工种和专业确实需要的，也可招收高中毕业生，但须经省级劳动行政部门批准；被招者须身体健康，未婚，年龄一般在15—22周岁。

2. 技校的专业设置、培养目标和学制

技校专业的设置应遵循以下原则：操作技术比较复杂，技术理论知识要求较高，符合社会经济需要；重视发展生产急需的缺门、短线工程和专业所需人才，并密切注视和适应新技术、新工种、新产业对人才提出的新需求。

技校的培养目标为：政治思想好，身体健康，在文化、技术知识方面要求学生掌握本工种（专业）必要的文化知识和技术理论知识；在操作技术方面要求学生熟练地掌握本工种（专业）的基本操作技能，完成本工种（专业）中级技术水平的作业。

技校入学前是初中毕业生的，学制为3年；是高中毕业生的，学制为2年。

3. 技校的教学制度及管理制度

技校的教学制度包括三个方面：(1) 教学应根据各有关部门制定和颁发的教学计划和教学大纲进行，按工种（专业）设置组织教学，加强生产实习教学环节，重视和突出操作技能的训练，并紧密围绕培训目标安排文化和技术理论课教学；(2) 应建立正规的考试制度，进行平时考查，学期、学年和毕业考试，经考试合格者发给毕业证书，同时经技术技能考核合格者发给相应的技术等级证书；(3) 建立学生的助学金和奖学金制度。

技校的教学行政管理涉及教学管理、学生管理、生产管理等各个方面，大致包括：教学计划执行的监督、检查制度，学籍管理制度，校内奖惩制度以及实习生产的经营管理制度等。

4. 技校与举办单位和用人单位之间的法律关系

举办单位应当负责制定开办计划，办理申请审批和备案手续，提供开办技校所需要的物质条件、人力和经费；有权安排需要受培的人员和优先使用培成人员，有权对学校的总体活动进行监督。技校接受举办单位的委托独立开展培训教学活动，有权获得主办单位的各项物质支持，并有义务接受其监督和指导；有权按规定收取学费和自主使用经费，并有义务按规定和约定完成培训任务并颁发有效的毕业（结业）证件。

举办单位以外的用人单位从技校录用培成人员的，技校实行有偿输送，按规定或者由双方商定收取培训费用。技校与委托培训单位应当订立代培合同，以确立代培关系。

(二) 职业(技术)学校培训

职业(技术)学校是由各部门、各地区或社会团体及个人举办的,主要培养初级技术人员和初级业务人员。其招生的对象为初中毕业生或初中文化水平以下的人员,学制为2—3年,学习内容以文化和专业理论知识为主,并进行一定的实习。学生学费自理,毕业后不包分配。毕业学生的就业方式一般有两种:委托或定向培养的职业学校毕业生,由委托或定向单位负责吸收录用;其余的毕业生到所在街道就业管理所登记后,由就业管理机构(职业介绍所)推荐就业,也可以自谋职业。

(三) 成人高等学校培训

成人高等学校教育是我国普通教育系统的一个组成部分,但又与职业教育紧密联系在一起。这类学校以在职在业人员为主要培养对象,以培训中、高级专业技术人才为目标,包括成人教育学院、干部管理学院、职工大学和各类业余大学(如夜大、电大、函大等)。成人高等学校主要进行学历教育。在教育结构上,以专科教育为主,开展第二专业教育,具备条件的,可开设本科教育,培养在职的学士、硕士、博士生。成人高等学校所有学生的入学,都要经过全国统一考试。同时,适用普通高等院校的正规考试制度和职业技能考核鉴定制度,经考试、考核合格的颁发学历文凭与职业资格证书。毕业后的学生与普通高校的同等学力的学生享受同等的待遇。

第三节 职业培训的配套制度

一、职业培训实体管理制度

(一) 职业培训实体的范围及其培训对象

职业培训实体是指开发劳动者职业技能,提高劳动者素质,增强劳动者就业能力和工作能力的各类培训机构,主要包括社会组织和个人单独或联合举办的技工学校、职业(技术)学校、就业训练中心、职工培训中心(学校)等;也包括境外机构和个人、外商投资企业(机构)单独或同境内的具有法人资格的社会组织联合举办的培训实体。

职业培训实体应根据市场需求,承担各类职业培训任务,为社会培养具有职业技能的劳动者。职业培训实体的培训对象包括:(1) 初次求职人员、失业人员、在职人员、转岗转业人员、出国劳务人员、境外就业人员、个体劳动者以及农村向非农产业转移的人员、农村向城镇流动就业的劳动者;(2) 需要提供专门的职业技能培训的妇女、残疾人、少数民族人员、军队退出现役人员;(3) 其他需要学习和提高职业技能的劳动者。

(二) 职业培训实体开办条件和程序

职业培训实体应具备以下基本条件:(1) 稳定的经费来源;(2) 与办学规模相适应的办学场所,与专业(工种)设置相适应的培训设备和实习、实验场所;(3) 与办学任务相适应的师资和管理人员;(4) 必要的教学文件、教材、教具、教学仪器、图书资料和管理制度。

职业培训实体的开办、更名、撤销应按照以下程序办理:

(1) 以培养初级职业技能水平的劳动者和非技术岗位的劳动者为主要任务的职业培训实体,政府举办的,由当地人民政府批准,报上一级劳动行政部门备案;具有法人资格的社会组织举办的,由其上一级主管部门审批,报同级劳动行政部门备案;个人举办的,由县、区劳动行政部门审批,报上一级劳动行政部门备案。

(2) 以培养中级职业技能水平劳动者为主要任务的职业培训实体,国务院有关行业主管部门(社会团体)举办的,在商得职业培训实体所在省、自治区、直辖市劳动行政部门同意后,由国务院有关行业主管部门(社会团体)批准;地方有关单位或个人举办的,由省、自治区、直辖市劳动行政部门审查,报省、自治区、直辖市人民政府批准。

(3) 以培养高级职业技能水平劳动者为主要任务的职业培训实体,由国务院劳动行政部门审批。

(4) 跨地区(部门)举办职业培训实体,应征得培训实体所在地县级以上地方人民政府劳动行政部门同意。

(5) 境外机构和个人、外商投资企业(机构)单独举办的职业培训实体,按照上述规定执行。

(6) 职业培训实体的更名、撤销亦按上述管理权限办理。

(7) 企事业单位举办的职工培训基地,由企事业单位自行批准,报当地劳动行政部门备案。

(三) 职业培训的场所、设施和设备

职业培训实体必须具备与其培训规模、培训目标相适应的场所、设施和设备。其中,培训场所包括校园、校舍、实习基地、体育活动场所等;培训设施包括普通教室、专门教室、实验室、图书馆、阅览室等;培训设备包括机械、仪器、教具等。国家针对各种类型和等级的职业培训实体,分别规定了其培训场所、设施和设备所应当达到的标准。

(四) 职业培训的经费

职业培训实体必须有能满足日常培训所需的经费。其法定来源有:(1) 政府财政部门和办学主管部门的拨款;(2) 地方政府预算安排的就业经费中用于失业青年就业训练的经费;(3) 当年收缴的失业保险费中用于失业职工就业训练的经费;(4) 按规定收取的培训费;(5) 地方发展教育基金用于职业教育的部分;(6) 企业营业外支出和职工教育经费中用于职业培训部分;(7) 职业培训实体所办企业的创收;(8) 境内外组织和个人的捐款、援款和贷款;(9) 其他经费来源。

为了保障职业培训有稳定的经费来源,国家规定了下述主要措施:(1) 各级政府、国务院有关部门用于举办职业学校和职业培训机构的财政性经费,应当逐步增长。(2) 职业学校举办者应当按照省级政府和国务院有关部门制定的学生人数平均经费标准,足额拨付职业教育经费。(3) 企业应当承担对本单位的职工和准备录用的人员进行职业教育的费用,职业培训经费应当按照工资总额的1.5%计提,企业自有资金可有适当部分用于职工培训;企业未按规定提取和使用职工培训经费、开展职工培训或准备录用人员培训的,县级以上地方政府可以收取其应当承担的职业教育经费,用于本地区的职业教育。(4) 地方政府征收的地方教育附加费,可以专项或安排一定比例用于职业教育。(5) 就业经费中用于就业训练的费用一般不应少于30%;当年收缴失业保险费中用于转业训练的费用原则上不应少于15%。(6) 职业学校、职业培训机构举办企业和从事社会服务的收入,应当主要用于发展职业教育。(7) 境内外组织和个人向职业教育提供的资助和捐赠,必须用于职业教育。(8) 国家鼓励金融机构运用信贷手段,扶持发展职业教育。

为了保障职业培训的经费能被合理使用,国家规定了具体的使用规则,其要点主要有:(1) 职业培训经费应当按规定的开支项目和比例(或限额),实行专款专用,当年结余的可以结转下一年使用。(2) 任何组织和个人不得挪用、克扣职业教育经费。(3) 建立和健全职业培训经费管理制度、内部审计制度,由当地财政、审计部门对职业培训经费的使用实施监督。

(五) 培训的教学计划、教学大纲和教材

职业培训应根据社会发展的需求和国家颁布的专业目录设置专业(工种)进行教学,并执行国务院劳动行政部门会同国务院有关行业主管部门颁发的教学计划、教学大纲;国家无统一规定的专业(工种),可参照国家颁发的教学计划、教学大纲自行决定。

在明确教学计划和大纲的前提下,应着手抓教材建设,一方面应采用劳动和社会保障部组织审定的职业培训统编教材,另一方面就业服务管理机构和职业培训实体可邀请有关专家、学者根据不同专业(工种)和社会的需要,组织编写教材。县级以上各级政府和有关部门应当建立、健全职业培训服务体系,加强职业培训教材的编辑、出版和发行工作。

（六）职业培训的师资

县级以上各级政府和有关部门应当将职业教育教师的培养和培训工作纳入教师队伍建设规划，保证职业教育教师队伍适应职业教育发展的需要。

职业培训实体的教师必须具备《中华人民共和国教师法》规定的教师资格，符合《技工学校教师职务条例》和其他有关专业技术职务条例规定的任职条件。这就要求职业培训实体的教师必须德才兼备，既要有为人师表的高尚道德情操，又要有过硬扎实的理论知识和技术业务能力。

职业培训实体必须有一部分专职教师，同时，根据专业的设置需要，可以聘请专业技术人员、有特殊技能人员和其他教育机构的教师担任兼职教师，有关部门和单位应当提供方便。专业理论课教师应具有大专及以上文化程度，实习指导教师应达到中级以上技术水平。应当经常组织教师参加业务学习和培训以调整其知识结构，提高其素质。

职业培训实体教师和企业职工培训专职教师的职称评定和工资福利待遇，应与普通教师和专业技术人员同等对待。职业培训实体生产实习指导教师可实行教师职称和专业技术职称或技师职称（职务）双职称制度。

二、职业技能鉴定制度

（一）职业技能鉴定的概念、范围和体系

职业技能鉴定，是指职业技能鉴定机构对劳动者职业技能所达到的等级，依法进行考核、评定和证明，从而赋予劳动者一定的职业资格。《劳动法》第 69 条规定，国家确定职业分类，对规定的职业制定职业技能标准，实行职业资格证书制度，由经过政府批准的考核鉴定机构负责对劳动者实施职业技能考核鉴定。职业技能鉴定具有以下特点：(1) 它由政府批准的专门机构负责实施；(2) 它以劳动者所具有的并被列入国家规定职业范围的职业技能为鉴定对象；(3) 它以国家制定的职业技能标准作为鉴定依据；(4) 它以考核、考评作为鉴定劳动者职业技能等级的手段；(5) 它以颁发职业资格证书作为确认、证明劳动者职业技能达到一定等级的法定形式。

职业技能鉴定的范围，即国家规定应列为职业技能鉴定对象的劳动者范围，它表明哪些劳动者的职业技能应当鉴定。根据我国现行立法的规定，主要包括以下几类：(1) 各类职业技术学校和培训机构毕（结）业生，凡属技术等级考核的工作，逐步实行职业技能鉴定；(2) 企事业单位学徒期满的学徒工，必须进行职业技能鉴定；(3) 企事业单位的职工以及社会各类人员，根据需要，自愿申请职业技能鉴定。

职业技能鉴定的体系，由各个类别（系列）、各个等级的职业技能鉴定所组成。按照鉴定对象不同，可划分为工人职业技能鉴定和职员职业技能鉴定两大

类。按照鉴定等级不同,工人职业技能鉴定可划分为初级工、中级工、高级工和技师、高级技师职业技能鉴定;职员职业技能鉴定可划分为初级、中级、高级职员职业技能鉴定。在我国现阶段,工人职业技能鉴定和职员职业技能鉴定分别由劳动行政部门、人事行政部门综合管理。

(二)职业技能鉴定的管理体制

在我国,职业技能鉴定实行政府(通过劳动行政部门)指导下的、鉴定与行政和培训分开的社会化管理体制。其基本内容有下述几个方面:

1. 职业技能鉴定机构的设置和职责

职业技能鉴定分两个层次设置专门的事业性鉴定机构,即职业技能鉴定指导中心(简称指导中心)和职业技能鉴定站或所(简称鉴定站),并设置职业技能鉴定考评员(简称考评员)。

指导中心由劳动和社会保障部和省级劳动行政部门设置,有关行业经劳动和社会保障部批准可设行业指导中心,它们分别负责组织、协调、指导全国、本地区或本行业的职业技能鉴定工作。其主要职责一般包括:参与职业技能标准的制定,组建职业技能鉴定试题库,组织职业技能鉴定工作和考评员资格培训,开展职业技能鉴定的研究和咨询服务,推动职业技能竞赛活动。指导中心是事业性机构,在管理上实行中心主任负责制。

鉴定站的设立,必须完全具备法定的考核场地和设备、检测仪器、组织管理人员和考评员、管理办法等方面的必备条件;应当由申请建立的单位按规定审批权限报有审批权的劳动行政部门审批,并由审批机关发给《职业技能鉴定许可证》和授予统一的鉴定站标牌。鉴定站具体实施对劳动者职业技能鉴定,在该许可证所规定的范围内享有独立鉴定权。

鉴定技能等级的考评员必须具有高级工或技师、中级专业技术职务以上的资格,鉴定技师资格的考评员必须具有高级技师、高级专业技术职务的资格。考评员由指导中心进行资格考核,由劳动行政部门核发行业资格证书和职业技能鉴定资格胸卡。鉴定站要在取得考评资格的人员中聘任相应工种、等级或类别的考评员,组成专业考评小组,考评员要严格遵守考评工作守则和执行考场规则。

2. 职业技能鉴定的综合管理权限

劳动和社会保障部综合管理全国职业技能鉴定工作,制定规划、政策和标准,审批有关行业的职业技能鉴定机构。各省级劳动行政部门综合管理本地区职业技能鉴定工作,审批各类职业鉴定的指导中心和鉴定站;制定职业技能鉴定的申报人员条件、鉴定程序、考核办法、考务考评人员工作守则、考评小组组成原则和管理办法、考场规则,以及《技术等级证书》的印鉴和核发办法。各级劳动行政部门有权对职业技能鉴定机构实行监督检查。

（三）职业技能鉴定的标准

职业技能鉴定应当以现行的《工人技术等级标准》和《国家职业技能标准》等为依据对劳动者的职业技能进行考核和评定。职业技能标准，是由法定标准制定机构依法制定，用以衡量劳动者技术业务水平和工作能力，并据以确定其技术等级的统一尺度。它根据各工种（专业）要求的技术、业务复杂程度、劳动繁重程度和责任大小，规定技能等级的数目以及各个等级具体的技术要求。这里着重阐述《工人技术等级标准》的主要内容：

1. 工人技术等级标准的内容

技术等级标准一般包括下列三方面内容：(1) 专业理论知识要求（通常称为“应知”）。理论知识方面要求具有能胜任本工种、本等级工作所需的知识结构和知识水平。(2) 职业技术操作要求（通常称为“应会”）。职业技能要求具有能胜任本工种、本等级工作所需要的实际技术业务能力结构和能力水平。(3) 工作实例。在理论知识、业务技能考核的基础上，根据实际情况设置能体现本工种、本等级能力水平的典型工件或工作项目进行综合考核。

2. 工人技术等级标准的类别和等级

工人技术等级标准是一个独立的标准序列，依其适用的范围不同，可分为通用技术标准和专用技术标准。前者可在全国各行业适用，后者仅限于某个行业或某个地区，或者只限于特定企业使用；依技术标准的等级不同，可分为国家职业技能标准、行业技术标准和企业技术标准。技术等级的划分，一般以工种的技术复杂程度不同确定，工种技术复杂，且层次比较分明的，可设较多的等级数目；技术复杂程度较低的，所设等级数目相应较少。

我国的技术等级划分，在 20 世纪 80 年代中、后期以前实行八级等级制，通过改革，至 90 年代初，逐步实行新的技术等级制度。即技术复杂的工种设初级、中级、高级三个等级，技术复杂程度较低和层次区别较弱的，可设初、中两级或中、高两级。目前仍然实行八级制的，可将一、二、三级归入初级；四、五、六级归入中级；七、八级归入高级。在高级技术工人中实行技师、高级技师聘任制。

3. 工人技术等级标准制定的权限和原则

劳动和社会保障部负责组织制定、颁布国家职业技能标准，行业技术等级标准由行业主管部门组织制定，经劳动和社会保障部核准，两家联合颁布；企业标准和岗位规范由企业决定，由企业自行颁布实施。

技术等级标准的制定应遵循先进、合理原则和国际化原则。先进原则要求以目前企业技术装备和劳动管理水平为基础，同时反映出未来一定时期的技术进步、设备更新，技术、工艺变革、产品换代以及管理改革的发展趋势，使大多数工人经过一定时期的努力都能达到期望的技术等级目标。后一原则要求技术标准的修订，要着眼于我国改革开放的总格局和世界经济交流日益加强的总趋势，使我国的职业分类、工种划分及其技术等级的设定，能逐渐与国际标准相衔接。

4. 工人技术等级标准的效力

依法确定、颁布的技术等级标准，是一种具有法律约束力的技术规范。其效力表现为：(1) 它是确定培训目标、评估培训成效的主要依据。凡职业培训都应当使受培者经一定期限培训达到预期的技术等级标准，评价培训效果应当以培训达标率为主要指标。(2) 它是工人录用、上岗、转岗、晋级考核的法定依据。考核合格与否，应当以是否达到一定技术等级标准为依据。经考核达到了某个工种既定技术等级，本人即可获得相应的权利。(3) 它是确定工人工资、福利待遇的有效依据。无论实行何种工资制度和工资形式，都必须凭鉴定证书所载技术业务水平和职业能力水平进而确定其工资待遇。(4) 它是制定岗位规范的法律依据，并构成岗位规范的主要内容。

(四) 职业技能鉴定的程序

职业技能鉴定的程序，一般包括以下环节：(1) 申请和受理。申请职业技能鉴定的单位和个人，可向当地鉴定站提出申请。凡符合申报条件和规定手续者，鉴定站应予受理登记，并签发准考证。(2) 考核(或考评)。鉴定站应按规定的时间、方式进行考核(或考评)。考评小组应依法定原则组成，考评员参与考评实行回避制度，并应遵守考场规则；考试题目必须从题库中抽取，不得自行编制。(3) 发证。劳动者经考核合格，由劳动行政部门核发相应的职业资格证书。

工人技术考核的内容，包括三项：(1) 思想政治表现的考核。主要包括遵守宪法、法律和国家政策以及本单位规章制度、职业道德、劳动态度等方面；考核的方法是在强化日常管理的基础上定期进行。(2) 生产、工作成绩的考核。主要包括完成生产、工作任务的数量和质量，解决技术、业务问题的成果，传授技术、经验的成绩以及安全生产情况等方面；考核的方法是在加强日常管理的基础上，采取定量为主、定性为辅，明确评分标准，定期进行。(3) 技术业务水平的考核。主要依据《国家职业技能标准》《工人技术等级标准》《岗位规范》以及技师任职条件进行技术业务理论和实际操作的考核；理论考核以笔试为主，技能考核可结合生产和作业项目进行，也可选择典型工件或作业项目专项进行。

三、职业资格证书制度

(一) 职业资格证书概况

职业资格证书是表明劳动者具备某种职业所需要的专门知识和技能的证明，它是劳动者求职、任职、开业的资格凭证，是用人单位招聘、录用劳动者的主要依据，也是境外就业、对外劳务合作人员办理技能水平公证的有效证件，反映了劳动者胜任职业活动的水平，是职业能力的具体体现。《就业促进法》第51条规定，国家对从事涉及公共安全、人身健康、生命财产安全等特殊工种的劳动者，实行职业资格证书制度，具体办法由国务院规定。这就从法律上确认了职业资格证书制度。

国家职业资格证书分为五个等级：初级（五级）、中级（四级）、高级（三级）、技师（二级）和高级技师（一级）。

办理职业资格证书，要首先到当地的职业技能鉴定所（站）进行申请，然后进行考核，考核合格才能获得职业资格证书。

（二）职业资格证书制度和就业准入制度衔接

国家实行先培训后上岗的就业制度，严格实行就业准入政策，推动职业资格证书制度与就业制度改革相衔接。用人单位招用从事技术复杂以及涉及国家财产、人民生命安全和消费者利益工种（职业）（以下简称技术工种）的劳动者，必须从取得相应职业资格证书的人员中录用。技术工种范围由劳动和社会保障部确定。省、自治区、直辖市劳动保障行政部门和国务院有关部门劳动保障工作机构根据实际需要，经劳动和社会保障部批准，可增加技术工种的范围。

用人单位因特殊需要招用技术性较强、但当地培训机构尚未开展培训的技术工种人员，经劳动保障行政部门批准后，可先招收再培训，达到相应职业技能要求后再上岗。用人单位安排国家政策性安置人员从事技术工种工作的，应当先组织培训，达到相应工种（职业）技能要求后上岗。

用人单位违反规定招用未取得相应职业资格证书的劳动者从事技术工种工作的，由劳动保障行政部门给予警告，责令用人单位限期对有关人员进行相关培训，取得职业资格证书后再上岗，并可处以1000元以下罚款。

（三）职业资格证书制度与职业培训制度改革衔接

为推进职业资格证书制度与职业培训制度改革相衔接，要使职业资格证书成为引导培训方向、检验培训质量的重要手段。技工学校、职业学校（院）、就业训练中心和其他各类职业培训机构要按照其毕（结）业生必须取得相应职业资格证书才能到技术工种岗位就业的规定，进一步加大职业培训教学改革力度，真正建立起以劳动力市场需求为导向，以劳动者职业能力开发为重点的职业资格培训体系。

附 录

一、本章重点难点问题提示

1. 在市场经济条件下，我国职业教育和培训该如何改革和发展？

资料：迈进“WTO”时代，发展行业、企业教育，提高劳动者素质已成为企业应对“经济全球化”的战略举措。在提高劳动者素质，促进生产力发展方面，职业培训有着极其重要的作用。职业培训有很强的理论基础。当前，我国举办的职业学校教育和职业培训工作,面临着新的形势、新的机遇和挑战,研究如何在新的形式条件下将职业培训制度予以完善、提高劳动者的劳动技能有着现实的意义。加快发展职业教育和培训,全面提高劳动者素质,是实现“十一五”计划宏伟目标的重大举措。造就高素质劳动者和各类专门人才,仅仅依靠普通教育是不够的,必须同时大力发展职业教育和培训。

2. 我国职业培训现在面临的挑战有哪些?政府、劳动者、用人单位该如何应对?

3. 当前在用人单位招用员工时一般都要求求职者具有一定的工作经验,这种要求是否合理?职业培训能否在这个领域内发挥作用?

二、复习思考题

1. 简述职业培训的概念和功能。
2. 简述国际劳动组织公约和建议书对职业培训的规定。
3. 说明我国职业培训的立法概况。
4. 说明职业培训的分类。
5. 简述学徒培训制度。
6. 简述就业训练实体制度。
7. 简述在职培训制度。
8. 职业培训中的学校正规培训是指哪些学校进行的培训?
9. 职业培训的相关配套制度有哪些?

第十三章 社会保险

内容提要

社会保障是各种具有经济福利性和社会化的国民生活帮助制度的统称，是一个项目众多、内容庞大的体系。社会保障主要有社会保险、社会救助、优抚安置和社会福利四大基本领域。由于社会保障制度涉及政治、经济、文化、社会等多个领域，各国的社会保障制度也因其政治制度、经济条件、文化背景、社会风俗、历史传统等方面的不同而存在差异。从历史的角度看，社会保障的概念是一个动态发展的概念，社会保障制度在各国也经历了种种演变。

社会保险是社会保障制度中的主要内容，其对象涉及全体社会成员，是国家对公民在年老、患病、伤残、失业、生育等情况下给予物质帮助的法律制度。本章首先从社会保险和社会保险法概述着笔，强调社会保险是由国家立法确认并强制实施，进而分别阐释各类社会保险的基本理论和主要内容。通过对社会保险法的立法宗旨、基本原则以及具体保险法律制度的学习，从总体上理解社会保险法的基本理论问题。

关键词

社会保险　社会保险法　养老保险　医疗保险　工伤保险　失业保险　生育保险

第一节　社会保险与社会保险法概述

一、社会保险的概念及特点

社会保险是国家通过立法建立的，保证社会成员在遭遇社会风险暂时或永久丧失劳动能力而失去收入来源的情况下，能够从国家和社会依法获得物质帮助和补偿的社会安全制度。这里的社会风险是指社会成员在其一生中所遇到的生、老、病、死、伤残、失业等风险。《社会保险法》颁布之后，社会保险的享受对象由曾与单位建立过劳动关系的劳动者（包括由劳动者生前供养的直系亲属）扩大到了全体社会成员。

社会保险与其他社会保障的区别如下:

1. 法律地位不同。社会保险在社会保障体系中占主体地位,而社会福利、社会救济等社会保障在整个社会保障体系中占的比重要小,地位也相对要低。实际上,解决好劳动者的社会保险问题有利于劳动力的恢复和发展,有利于创造更多的社会财富,从而带动其他社会保障的发展。

2. 基金筹集方式不同。社会保险基金由国家、企业(集体)、个人三方面负担,其中主要由企业(集体)和个人负担,国家对社会保险给予一定补贴以鼓励个人参保,个人在缴纳一定比例的保险费用之后才能享受社会保险待遇,"社会保险制度是一种缴费型社会保障制度"[①]。其他社会保障并不要求保障对象缴费,其资金来源主要是国家的财政拨款。从法律上来看,社会保险的对象是既享受权利,又承担义务;社会福利、社会救济则是保障对象单方面享受权利。

社会保险也不同于商业保险,其主要区别在于商业保险无强制性,而社会保险则具有强制性。商业保险采取自愿投保原则,投保的范围由双方当事人协定,而社会保险其项目、待遇、收费标准等内容由国家法律规定,当事人不能自由选择。此外,社会保险由国家为社会公共利益而创办,具有非营利性;而商业保险机构经营商业保险业务的主要目的在于营利。

社会保险法是国家调整社会保险关系以及和社会保险关系有关的其他社会关系的法律规范的总称。2010 年 10 月 28 日第十一届全国人大常委会第十七次会议审议通过了《社会保险法》,自 2011 年 7 月 1 日起执行。《社会保险法》是新中国成立以来第一部社会保险制度的综合性法律,是我国社会保障制度的基本大法,也是中国特色社会主义法律体系中起支架作用的重要法律。

二、社会保险法概述

(一) 社会保险法的概念

社会保险法是国家调整社会保险关系以及与社会保险关系有关的其他社会关系的法律规范的总称。

2011 年 7 月 1 日起执行的《社会保险法》是新中国成立以来第一部社会保险制度的综合性法律,是我国社会保障制度的基本大法,也是中国特色社会主义法律体系中起支架作用的重要法律。它的颁布标志着以社会保险制度作为核心的社会保障体系建设走上法制化轨道,在我国社会保障事业发展史上具有里程碑意义。[②] 同时也标志着中国在保持对经济发展高度关注的同时,对民生的关

① 林嘉、张世诚主编:《社会保险立法研究》,中国劳动社会保障出版社 2011 年版,第 2 页。

② 杨衍佐、马海龙主编:《社会保险法精要与实务》,国家行政学院出版社 2011 年版,第 26—27 页。

注已经提高到更高的立法层面。随着养老、医疗改革的不断深入，在《社会保险法》立法基础之上，国务院不断出台有针对性的政策措施。如2015年出台《基本养老保险基金投资管理办法》《关于机关事业单位工作人员养老保险制度改革的决定》，2016年出台《关于整合城乡居民基本医疗保险制度的意见》等，为建设和完善我国社会保险机制提供了强有力的法律政策支持。

放眼世界，社会保险立法模式可归纳为两种：即分散立法和综合立法两种模式。分散立法型模式是指没有统一、综合性的社会保险法典，按照社会保险的不同项目分别制定法律的立法模式。以德国、英国、法国、日本等国家为代表。分散立法模式的优点在于立法具有较大的灵活性，社会保险项目的范围及内容的立法，可随社会和经济发展需要而进行及时变更和修改，使之适应社会的需求。

综合立法型模式即国家制定一部全面、系统的社会保险法律来规范所有的社会保险关系，并集多个社会保险项目为一体。以美国、智利等国家为代表。其优点是有助于整个社会保险体系的统一和协调，避免社会保险各项目内容的矛盾和冲突。

综观国内社会保险法律，我国的社会保险立法采用的是综合立法模式。即对我国社会保险的五个项目采用了综合立法。在《社会保险法》分则里，采用由各章对基本养老保险、基本医疗保险、工伤保险、失业保险、生育保险等项目分别作出法律规定的方法。

（二）社会保险法的立法宗旨

我国《社会保险法》第1条明确规定："为了规范社会保险关系，维护公民参加社会保险和享受社会保险待遇的合法权益，使公民共享发展成果，促进社会和谐稳定，根据宪法，制定本法。"据此，我国《社会保险法》立法的宗旨和目的，可以归纳如下：

1. 规范社会保险关系

我国的社会保险关系是指社会保险主体在参与社会保险活动时所形成的各种社会关系。具体指政府主管部门、社会保险经办机构、用人单位、劳动者等在社会保险关系的运行中所形成的各种社会关系，包括社会保险费征缴、社会保险基金运行、社会保险经办、社会保险监督等关系。

2. 维护公民参加社会保险和享受社会保险待遇的合法权益

社会保险权首先作为公民的一项重要权利，是现代经济社会发展的要求，也是个人权利本位、社会公平价值在社会立法中的体现。同时，社会保险权也是一种宪法上的生存权利，国家有义务保障全体公民获得最基本的保障。社会保险法本质上是国家对公民社会保险权的保障和救济，保障公民的社会保险权应成为社会保险法的原则、制度和规范设计的逻辑起点和目标指向。

3. 使公民共享发展成果,促进社会和谐稳定

社会保险制度使得社会资源在一定程度上得以重新配置和利用,让生活贫困者的个人境况得到有效改善,为他们提供最基本的生活需要保障。且社会保险制度通过内在的机制化解个人生活安全和社会安全的主要潜在风险,给个人生活安全和社会稳定以较全面的保障。

(三) 社会保险法的基本原则

社会保险法的基本原则集中反映社会保险法的本质和基本精神,指导整个社会保险法体系构建与运行以及调整社会保险法律关系所应遵循的基本准则。它是《社会保险法》的立法指导思想,主要体现在以下四个方面:

1. 普遍性原则

我国《宪法》第 45 条规定:"中华人民共和国公民在年老、疾病或者丧失劳动能力的情况下,有从国家和社会获得物质帮助的权利……"因此,公民在面临年老、疾病、工伤、失业和生育等社会风险而导致生活陷入困境的情形下有从国家和社会获得物质帮助的权利,这是一项宪法基本权利,全体公民都应平等享有。根据这一原则,一方面,《社会保险法》将中国境内所有用人单位和职工、个体工商户、灵活就业人员以及其他城乡居民都纳入到了社会保险覆盖范围,打破了工农、城乡、行业等界线,实行普遍的社会保险制,使得全体社会成员都可以享受社会保险待遇,体现了社会保障对象的普遍性;另一方面,《社会保险法》规定的社会保险范围包括基本养老保险、基本医疗保险、工伤保险、失业保险、生育保险等五大类险种,充分体现了我国社会保险覆盖范围的社会性和普遍性。

2. 基本生活保障原则

社会成员在身体健康、工作正常的情况下,要获得生活来源是容易的,但一旦社会风险发生,则会导致他们面临生存危机,需要国家立法对社会成员的基本生活实行社会保障。我国《社会保险法》第 2 条规定:"国家建立基本养老保险、基本医疗保险、工伤保险、失业保险、生育保险等社会保险制度,保障公民在年老、疾病、工伤、失业、生育等情况下依法从国家和社会获得物质帮助的权利。"从这一条可以看出,国家建立社会保险制度的最基本和最主要的目的就是保障社会成员的基本生活。

3. 保险水平与经济发展水平相适应原则

我国《社会保险法》第 3 条规定:"……社会保险水平应当与经济社会发展水平相适应。"这就要求社会保险待遇水平不能脱离现实经济发展条件,也要求社会保险待遇水平既不能过高又不能太低,而应与国家经济发展水平保持一致,并随着经济发展速度不断提高保险待遇水平。

4. 多层次结构的社会保险制度的原则

我国《社会保险法》第 3 条明确规定了构建多层次的社会保险制度,从我国

社会保险法相关条文及相关法规来看，多层次的社会保险制度主要由以下几方面组成[①]：

（1）以社会保险基金为主渠道的社会保险。

这是最基本层次的社会保险，通常由国家、用人单位和劳动者个人三方出资共同负担。个别种类的社会保险资金不具有三方来源，如生育保险、工伤保险等。

（2）用人单位补充保险。

补充保险是用以提高保险待遇，或者在特殊情况下不致使保险待遇水平降低而采取的社会保险措施。它由用人单位建立并负担费用，实行自愿原则，由用人单位根据自身发展的实际情况选择性建立，国家实行鼓励政策。

（3）储蓄性保险。

储蓄性保险是指由劳动者个人以储蓄方式，预防发生困难时满足生活需要所采取的措施，国家对此实行倡导政策。

5. 保险待遇有差别原则

根据《社会保险法》和相关配套法律规范规定，目前计算保险待遇的参考因素包括原工资、保险费交纳年限以及当地平均工资水平和最低工资标准等。保险待遇差别原则既体现了劳动者对社会所作贡献的大小差别，对贡献大者从优待遇，提倡劳动者多作贡献，同时又把劳动者的贡献同物质利益结合起来，比如离退休待遇、医疗待遇等。

三、社会保险法律关系

（一）社会保险法律关系的概念

社会保险法律关系的含义有广义与狭义之分。广义的社会保险法律关系是指社会保险法主体在参与社会保险活动中，依据社会保险法所形成的权利与义务关系，它既包括社会保险关系，也包括与社会保险有关联的其他社会关系，因此其范围比较广泛：包括社会保险关系、社会保险行政管理关系、社会保险基金管理关系、社会保险监督关系等。

狭义的社会保险法律关系仅指是社会保险各方当事人（保险人、投保人、被保险人和受益人）之间，依据社会保险法所形成的社会保险权利与义务关系。其范围包括：保险人与投保人之间的法律关系，保险人与被保险人和受益人之间的法律关系，投保人与被保险人和受益人之间的法律关系。狭义的社会保险法律关系是我国社会保险法所调整的主要对象，本章将重点阐述狭义的社会保险法律关系。

---

① 参见徐智华主编：《劳动法与社会保障法》，北京大学出版社 2012 年版，第 375 页。

(二) 社会保险法律关系的构成要素

社会保险法律关系的构成要素包括三项:社会保险法律关系的主体、社会保险法律关系的内容和社会保险法律关系的客体,它们是构成社会保险法律关系的必要条件,缺一不可。

1. 社会保险法律关系的主体

社会保险法律关系的主体,即依照社会保险法律规范参与社会保险法律关系,并享有权利和承担义务的当事人,根据我国《社会保险法》的相关规定,社会保险法律关系的主体应包括社会保险项目的保险人、投保人、被保险人和受益人。

(1) 保险人,指依法经营社会保险业务的主体,在我国是由社会保险经办机构来负责社会保险业务,社会保险经办机构提供社会保险服务。社会保险经办机构是国家或社会对社会保险实行行政性、事业性管理的职能机构。根据我国《社会保险法》的相关规定,社会保险机构的职责主要分为十个方面:① 社会保险登记;② 建立社会保险档案; ③ 个人权益记录;④ 加强内部管理制度;⑤ 保险待遇支付;⑥ 数据获取权;⑦ 咨询服务;⑧ 公布和汇报社保基金情况;⑨ 社会保险稽核;⑩ 受理举报、投诉。

(2) 投保人,指为被保险人投保并缴纳社会保险费用者,在我国主要指用人单位。根据《社会保险法》的规定,用人单位应当自用工之日起 30 日内为其职工向社会保险经办机构申请办理社会保险登记。未办理社会保险登记的,由社会保险经办机构核定其应当缴纳的社会保险费。

(3) 被保险人,指直接对社会保险标的享受保险利益(或享受保险待遇)的主体,在我国一般是指由用人单位投保而参加社会保险的劳动者。根据《社会保险法》的规定,被保险人的权利与义务如下:① 依法享受社会保险待遇;② 有权查询缴费记录、个人权益记录;③ 要求社会保险经办机构提供社会保险咨询等相关服务;④ 有权监督本单位为其缴费情况;⑤ 认为社会保险费征收机构的行为侵害自己合法权益的,可以依法申请行政复议或者提起行政诉讼;⑥ 与投保人发生社会保险争议时,可以依法申请调解、仲裁,提起诉讼;⑦ 必须依法按时足额缴纳社会保险费。

(4) 受益人,即指法定范围内同被保险人有亲属关系而享受保险利益的主体。受益人和保险人虽不存在社会保险关系,但却享有社会保险受益权,其法律依据是受益人是被保险人的亲属,如因工死亡的职工的供养亲属可按法定标准获得物质帮助。

2. 社会保险法律关系的客体

社会保险法律关系的客体即社会保险法律关系主体的权利和义务所共同指向的对象,社会保险法律关系的客体包括社会保险运行行为和社会保险待遇。

一方面，社会保险法律关系的客体表现为社会保险运行行为，即社会保险各主体依法在社会保险关系的建立、社会保险费用征收、社会保险待遇支付、社会保险基金运营、管理和监督等社会保险系列活动中的行为。基于社会保险强制性的特征，这些行为更多体现的是国家的管理责任、用人单位的社会责任。

另一方面，社会保险法律关系的客体表现为社会保险待遇。即投保人和被保险人因依法缴费，而由被保险人等所享有的社会保险各种待遇。它包括：基本养老保险待遇、基本医疗保险待遇、失业保险待遇、工伤保险待遇及生育保险待遇。社会保险待遇作为社会保险法律关系的客体直接体现的是被保险人的利益。

3. 社会保险法律关系的内容

社会保险法律关系的内容指社会法律关系主体之间权利和义务的总和。国内有学者将其归纳为八个方面的内容：

(1) 国家与全体社会成员之间的权利义务关系

即中央政府和地方各级政府与全体劳动者之间的关系。通过法律需要明确政府在社会保险中的职责、社会成员享受社会保险的待遇等。

(2) 社会保险机构与政府之间的权利义务关系

即社会保险机构作为具体管理与实施社会保险项目的组织与政府之间的关系，通过法律明确社会保险机构的性质、任务、地位及其权利和义务。

(3) 社会保险机构与社会成员之间的权利义务关系

即社会保险的组织管理者与参与者和享受者之间的关系。通过法律明确社会保险机构对社会成员的职责和社会成员参加社会保险的权利与义务。

(4) 社会保险机构与用人单位和乡村集体组织之间的权利义务关系

即社会保险组织管理者与社会保险参加义务人之间的关系，通过法律明确用人单位缴纳社会保险费的义务、乡村集体组织发放社会保险款项和物质的职责。

(5) 用人单位与劳动者之间的权利义务关系

即用人单位在社会保险中对劳动者应负的责任和劳动者拥有的社会保险权益。通过法律明确用人单位对劳动者应当履行的保险责任和劳动者应在用人单位享受的社会保险待遇。

(6) 社会保险运行过程中的权利义务关系

即社会保险管理机构与其他部门的关系。通过法律明确社会保险管理部门与其他政府部门之间、不同社会保险管理部门之间和社会保险各管理部门内部机构之间的分工、协调与配合。

(7) 社会保险监督的权利义务关系

即各种监督方式在对社会保险运行的监督中所形成的关系。通过法律明确有关监督组织的建立、各种监督机构的职责、权限划分及其监督程序。

(8) 社会保险基金运营的权利义务关系

即社会保险基金的管理与运营中发生的各种关系。通过法律明确规定社会保险基金在运营中与国家财政、投资市场、有关经济实体之间的权利与义务。①

第二节 养老保险

一、养老保险法律制度概述

(一) 养老保险的概念和特征

养老保险,是指国家通过立法强制建立养老保险基金,使被保险人在年老退休或其他法定情况下,领取养老金维持其基本生活的一种社会保险制度。

养老保险作为社会保险的组成部分,除具备社会保险的社会性、互济性、补偿性等特征外,其还具有以下特征:

1. 确定性。养老保险所针对的社会风险是年老,而老年是每个自然人不可避免的一个人生阶段,因而其具有高度的确定性。相对来说,失业、疾病等社会风险则具有较高的不确定性。

2. 持续性。当被保险人满足法定条件,便可享受养老保险待遇,这段时间一直持续到被保险人死亡。也即只要被保险人一直处于生存状态,国家和社会就有义务保障被保险人的基本生活需要。

3. 稳定性。养老保险的目的是为被保险人提供稳定可靠的经济来源,以保障其老年阶段的基本生活。养老保险具有法定的享受条件和待遇标准,其以养老金为物质基础,养老保险待遇给付应该自被保险人退休、年老开始到其死亡。

(二) 养老保险立法概述

我国的养老保险法律制度创建于新中国成立初期。新中国成立以来,我国养老保险法律制度经历了以下历史阶段:

1. 养老保险法律制度创建阶段(1951—1957 年)

1951 年 2 月,原政务院颁布了《中华人民共和国劳动保险条例》,对企业职工养老保险的覆盖范围、条件和待遇作出了基本规定。1953 年,原政务院对该条例进行了修正,职工养老保险法律制度初步建立。

1955 年 12 月,国务院颁布了《国家机关工作人员退休处理暂行办法》《国家机关工作人员退职处理办法》《关于处理国家机关工作人员退休、退职时计算工作年限的暂行规定》等法规,建立了国家机关和事业单位工作人员退休、退职制

---

① 参见黎建飞:《劳动法和社会保障法》,中国人民大学出版社 2007 年版,第 312—313 页。

度,并对这部分群体的养老保险进行了具体规定。

2. 养老保险法律制度发展阶段(1958—1966 年)

1958 年 3 月,国务院颁布了《关于工人、职员退休处理的暂行规定》,该规定废止了《国家机关工作人员退休处理暂行办法》,且放宽了退休条件,提高了养老待遇水平,对企业职工和国家机关工作人员实行统一的养老保险制度。

1966 年,为应对集体企业发展迅猛形势下职工的养老问题,原国家第二轻工业部和全国手工业合作总社于 1966 年 4 月颁布了《关于轻、手工业集体所有制企业职工、社员退休统筹暂行办法》和《关于轻、手工业集体所有制企业职工、社员退职暂行办法》,这两个规定的颁布使得全体城镇职工和国家工作人员全部纳入了社会养老保险制度的范围之内。

3. 养老保险法律制度停滞阶段(1967—1977 年)

“文革”期间,我国社会养老保险制度受到严重挫折。1969 年 2 月,财政部颁布了《关于国营企业财务工作中几项制度的改革意见(草案)》,该草案规定国营企业一律停止提取劳动保险金,企业退休职工的老保开支改在营业外列支。这一文件实际上将原有的全国统筹的社会保险转变为自给自足的单位保险,社会保险制度的实质不复存在。

4. 养老保险法律制度恢复阶段(1978—1985 年)

1978 年 6 月,国务院颁布了《关于安置老弱病残干部的暂行办法》和《关于工人退休、退职的暂行办法》,社会养老保险制度开始恢复。1981 年 1 月,国务院颁布了《关于严格执行工人退休、退职暂行办法的退职》,此后,被破坏的社会养老保险制度逐渐得到恢复。

5. 养老保险法律制度改革阶段(1986—2008 年)

1986 年 7 月,国务院颁布了《国营企业实行劳动合同制度暂行规定》,这一规定开启了国有企业用工制度的改革,与此相应,职工的养老保险制度也开始调整,国家对劳动合同制工人实施社会养老保险,养老金由个人和企业共同承担,国家在退休金收不抵支时给予一定补贴。

1991 年 6 月,国务院在总结经验的基础上颁布了《关于城镇企业职工养老保险制度改革的决定》,该决定对全民所有制企业的职工养老保险改革进行了规定。随后,原国家劳动部颁发了《关于认真贯彻国务院决定积极搞好城镇集体企业职工养老保险工作的通知》《关于全民所有制企业职工实行基本养老保险基金省级统筹的意见的通知》《关于使用〈职工养老手册〉的通知》《企业职工养老保险基金管理规定》和《关于基本养老保险金计发办法改革试点工作的通知》等配套的规定性文件,以更好地完善社会养老保险制度。与此同时,民政部下发《县级农村社会养老保险基本方案》(试行),这一方案明确了资金筹集坚持以个人交纳为主,集体补助为辅,国家给予政策扶持的原则。这一阶段的农村社会保险的基金来源为个人缴费和集体补助。

1995年3月,国务院颁布了《关于深化企业职工养老保险制度改革的通知》,并附带发布了企业职工基本养老保险社会统筹和个人账户相结合两个实施办法,社会养老保险制度进入深入改革阶段。同年12月,原劳动部下发《关于建立企业补充养老保险制度的意见》,鼓励企业建立补充养老保险制度。养老保险制度改革趋向合理化和现代化。

1997年7月,国务院颁布《关于建立统一的企业职工养老保险制度的决定》,确立了社会统筹与个人账户相结合的职工社会养老保险的统一制度。1999年1月,国务院又颁布了《社会保险费征缴暂行条例》。2000年12月,国务院发布《关于印发完善城镇社会保障体系试点方案的通知》,预期通过试点和完善,探索更加科学、合理、有效的社会养老保险制度。

2005年12月,国务院颁布了《关于完善企业职工基本养老保险制度的决定》,这一决定的出台标志着我国职工社会养老保险制度基本建立并朝着更加规范的方向发展。

1986年10月,民政部会同国务院有关部门在江苏沙洲县召开"全国农村基层社会保障工作座谈会"。会后,一些经济发达地区开始了农村社会养老保险工作的试点。

1991年6月,民政部下发《县级农村社会养老保险基本方案(试行)》,该文件决定建立农村社会养老保险制度,并提出了坚持自助为主、互济为辅,国家予以政策扶持的筹资方式,农村社会养老保险制度初步建立。

1998年,农村社会养老保险发展陷入困境,次年7月,国务院发布相关文件,将农村社会养老保险列入清理整顿范围,明确指出目前我国尚不具备普遍实行社会保险的条件,并停止接受新业务,有条件的可以逐步过渡为商业保险。因此,农村社会养老保险进入停顿阶段。

2003年,劳动部连续下发了《关于当前做好农村社会养老保险工作的通知》和《关于认真做好当前农村社会养老保险的通知》,根据这些文件,一些地区开始进行以个人缴费、集体补助、政府补贴为资金筹集机制的新型农村社会养老保险试点。

6. 养老保险法律制度完善阶段(2009年至今)

2009年9月,国务院颁布《国务院关于开展新型农村社会养老保险试点的指导意见》(国发[2009]32号),我国农村社会养老保险制度正式建立。

2010年10月,全国人大常委会审议通过了《社会保险法》,该法的颁布将我国社会保险事业提升到法律高度,同时,养老保险的覆盖范围也扩大到全体国民,这标志着我国社会保险制度迈入全新的时期。

2011年6月,国务院颁布《国务院关于开展城镇居民社会养老保险试点的指导意见》(国发[2011]18号),我国城镇居民社会养老保制度最终建立。

2014年4月21日国务院发布了《国务院关于建立统一的城乡居民基本养老保险制度的意见》(国发[2014]8号),在新型农村社会养老保险(以下简称新农保)和城镇居民社会养老保险(以下简称城居保)试点经验的基础上,合并实施,在全国范围内建立统一的城乡居民基本养老保险制度。

2015年1月14日国务院发布《关于机关事业单位工作人员养老保险制度改革的决定》(国发[2015]2号),对机关事业单位的养老保险制度进行全面的改革。

二、养老保险法律制度的主要内容

(一) 城乡养老保险制度主要内容

1. 参保对象。年满16周岁(不含在校学生),非国家机关和事业单位工作人员及不属于职工基本养老保险制度覆盖范围的城乡居民,可以在户籍地参加城乡居民养老保险。

2. 资金筹集。城乡居民基本养老保险基金由个人缴费、集体补助、政府补贴构成。

(1) 个人缴纳。缴费标准目前设为每年100元、200元、300元、400元、500元、600元、700元、800元、900元、1000元、1500元、2000元12个档次,省(区、市)人民政府可以根据实际情况增设缴费档次,最高缴费档次标准原则上不超过当地灵活就业人员参加职工基本养老保险的年缴费额,并报人力资源和社会保障部备案。参保人自主选择档次缴费,多缴多得。

(2) 集体补助。有条件的村集体经济组织应当对参保人缴费给予补助,补助标准由村民委员会召开村民会议民主确定,鼓励有条件的社区将集体补助纳入社区公益事业资金筹集范围。鼓励其他社会经济组织、公益慈善组织、个人为参保人缴费提供资助。补助、资助金额不超过当地设定的最高缴费档次标准。

(3) 政府补贴。政府对符合领取城乡居民基本养老保险待遇条件的参保人全额支付基础养老金,其中,中央财政对中西部地区按中央确定的基础养老金标准给予全额补助,对东部地区给予50%的补助。

3. 养老金待遇。城乡居民养老保险待遇由基础养老金和个人账户养老金构成,支付终身。

(1) 基础养老金。中央确定基础养老金最低标准,从2014年7月1日起,全国城乡居民基本养老保险基础养老金最低标准提高至每人每月70元,即在原每人每月55元的基础上增加15元。此次增加的基础养老金金额,不得冲抵或替代各地自行提高的基础养老金。

(2) 个人账户养老金。个人账户养老金的月计发标准,目前为个人账户全部储存额除以139(与现行职工基本养老保险个人账户养老金计发系数相同)。参保人死亡的,个人账户资金余额可以依法继承。

4. 给付条件。参加城乡居民养老保险的个人,年满60周岁、累计缴费满15年,且未领取国家规定的基本养老保障待遇的,可以按月领取城乡居民养老保险待遇。

5. 相关制度衔接。参加城乡居民养老保险的人员,在缴费期间户籍迁移、需要跨地区转移城乡居民养老保险关系的,可在迁入地申请转移养老保险关系,一次性转移个人账户全部储存额,并按迁入地规定继续参保缴费,缴费年限累计计算;已经按规定领取城乡居民养老保险待遇的,无论户籍是否迁移,其养老保险关系不转移。

(二)机关事业单位养老保险制度主要内容

1. 适用范围。适用于按照公务员法管理的单位、参照公务员法管理的机关(单位)、事业单位及其编制内的工作人员。

2. 缴费的基数和比例。基本养老保险费由单位和个人共同负担。单位缴纳基本养老保险费(以下简称单位缴费)的比例为本单位工资总额的20%,个人缴纳基本养老保险费(以下简称个人缴费)的比例为本人缴费工资的8%,由单位代扣。按本人缴费工资8%的数额建立基本养老保险个人账户,全部由个人缴费形成。个人工资超过当地上年度在岗职工平均工资300%以上的部分,不计入个人缴费工资基数;低于当地上年度在岗职工平均工资60%的,按当地在岗职工平均工资的60%计算个人缴费工资基数。个人账户储存额只用于工作人员养老,不得提前支取,每年按照国家统一公布的记账利率计算利息,免征利息税。参保人员死亡的,个人账户余额可以依法继承。

3. 基本养老金待遇的计发办法。自《国务院关于机关事业单位工作人员养老保险制度改革的决定》(以下称《决定》)实施后参加工作、个人缴费年限累计满15年的人员,退休后按月发给基本养老金。基本养老金由基础养老金和个人账户养老金组成。退休时的基础养老金月标准以当地上年度在岗职工月平均工资和本人指数化月平均缴费工资的平均值为基数,缴费每满1年发给1%。本《决定》实施前参加工作、实施后退休且缴费年限(含视同缴费年限,下同)累计满15年的人员,按照合理衔接、平稳过渡的原则,在发给基础养老金和个人账户养老金的基础上,再依据视同缴费年限长短发给过渡性养老金。具体办法由人力资源社会保障部会同有关部门制定并指导实施。本《决定》实施后达到退休年龄但个人缴费年限累计不满15年的人员,其基本养老保险关系处理和基本养老金计发比照《实施〈中华人民共和国社会保险法〉若干规定》(人力资源社会保障部令第13号)执行。本决定实施前已经退休的人员,继续按照国家规定的原待遇标准发放基本养老金,同时执行基本养老金调整办法。机关事业单位离休人员仍按照国家统一规定发给离休费，并调整相关待遇。

4. 改革前后待遇的衔接。实行“老人老办法、新人新制度、中人逐步过渡”。对改革前已退休的“老人”，维持原待遇不变，并参加今后的待遇调整；对改革后参加工作的“新人”，将来退休时的基本养老金为基础养老金与个人账户养老金两部分之和；对改革前参加工作、改革后退休的“中人”，改革前的工作年限确定为“视同缴费年限”，在发给基础养老金和个人账户养老金的同时，再依据视同缴费年限长短等因素发给过渡性养老金。

5. 养老保险关系的转移接续。参保人员在同一统筹范围内的机关事业单位之间流动，只转移养老保险关系，不转移基金。参保人员跨统筹范围流动或在机关事业单位与企业之间流动，在转移养老保险关系的同时，基本养老保险个人账户储存额随同转移，并以本人改革后各年度实际缴费工资为基数，按 12%的总和转移基金，参保缴费不足 1 年的，按实际缴费月数计算转移基金。转移后基本养老保险缴费年限(含视同缴费年限)、个人账户储存额累计计算。

6. 建立职业年金制度。机关事业单位在参加基本养老保险的基础上，应当为其工作人员建立职业年金。单位按本单位工资总额的 8%缴费，个人按本人缴费工资的 4%缴费。工作人员退休后，按月领取职业年金待遇。职业年金的具体办法由人力资源社会保障部、财政部制定。

(三) 企业职工基本养老保险制度主要内容

1. 适用范围。《社会保险法》第 10 条规定：“职工应当参加基本养老保险，由用人单位和职工共同缴纳基本养老保险费。无雇工的个体工商户、未在用人单位参加基本养老保险的非全日制从业人员以及其他灵活就业人员可以参加基本养老保险，由个人缴纳基本养老保险费。公务员和参照公务员法管理的工作人员养老保险的办法由国务院规定。”

2. 保险费的筹集。我国养老保险制度采用社会统筹基金与个人账户相结合的模式，因此，养老保险费用的筹集主要包括社会养老保险基金和个人账户两个部分。《社会保险法》第 11 条规定：“基本养老保险实行社会统筹与个人账户相结合。基本养老保险基金由用人单位和个人缴费以及政府补贴等组成。”在企业缴费比例上，《国务院关于建立统一的企业职工基本养老保险制度的决定》(国发[1997]26 号)规定：企业缴纳基本养老保险费的比例，一般不得超过企业工资总额的 20%(包括划入个人账户的部分)，具体比例由省、自治区、直辖市人民政府确定。少数省、自治区、直辖市因离退休人数较多、养老保险负担过重，确需超过企业工资总额 20%的，应报劳动部、财政部审批。城镇个体工商户和灵活就业人员参加基本养老保险的缴费基数为当地上年度在岗职工平均工资，缴费比例为 20%，其中 8%记入个人账户，退休后按企业职工基本养老金计发办法计发基本养老金。现阶段，我国养老保险的个人账户全部由个人缴费形成，个人账户规模为本人缴费工资的8%。

3. 基本养老保险待遇的给付。《社会保险法》第16条规定:"参加基本养老保险的个人,达到法定退休年龄时累计缴费满15年的,按月领取基本养老金。参加基本养老保险的个人,达到法定退休年龄时累计缴费不足15年的,可以缴费至满15年,按月领取基本养老金;也可以转入新型农村社会养老保险或者城镇居民社会养老保险,按照国务院规定享受相应的养老保险待遇。"根据这一规定,基本养老保险待遇的给付条件是达到法定退休年龄并办理退休手续以及缴纳基本养老保险费累计达到法定年限。若被保险人退休时没有达到法定缴费年限则应按照户籍转入其他养老保险。

4. 养老保险待遇的计发办法。《国务院关于建立统一的企业职工基本养老保险制度的决定》(国发[1997]26号)(以下称《决定》)实施后参加工作的职工,个人缴费年限累计满15年的,退休后按月发给基本养老金。基本养老金由基础养老金和个人账户养老金组成。退休时的基础养老金月标准为省、自治区、直辖市或地(市)上年度职工月平均工资的20%,个人账户养老金月标准为本人账户储存额除以120。个人缴费年限累计不满15年的,退休后不享受基础养老金待遇,其个人账户储存额一次支付给本人。本《决定》实施前已经离退休的人员,仍按国家原来的规定发给养老金,同时执行养老金调整办法。各地区和有关部门要按照国家规定进一步完善基本养老金正常调整机制,认真抓好落实。本《决定》实施前参加工作、实施后退休且个人缴费和视同缴费年限累计满15年的人员,按照新老办法平稳衔接、待遇水平基本平衡等原则,在发给基础养老金和个人账户养老金的基础上再确定过渡性养老金,过渡性养老金从养老保险基金中解决。

5. 建立企业年金。为建立多层次的养老保险体系,增强企业的人才竞争能力,更好地保障企业职工退休后的生活,具备条件的企业可为职工建立企业年金。企业年金基金实行完全积累,采取市场化的方式进行管理和运营。要切实做好企业年金基金监管工作,实现规范运作,切实维护企业和职工的利益。

第三节 医疗保险

一、医疗保险法律制度概述

(一) 医疗保险的概念和特征

医疗保险是国家通过立法确立的,在公民患病或非因工受伤情况下,由国家或社会提供医疗服务或经济补偿的一种社会保险制度。现阶段我国的基本医疗保险包括城镇职工医疗保险、城镇居民基本医疗保险和新型农村合作医疗保险。

医疗保险作为社会保险制度的重要组成部分具有以下特征：

（1）广泛性。疾病发生的普遍性和经常性决定了医疗保险的广泛性。

（2）复杂性。保障范围的不同、收费比例的不同、医疗服务需求的不同、补偿方式的不同、保障方式的不同等都决定了它的复杂性。[①] 而且，不同地区的制度又根据各地情况区别开来，不同类型的工种的制度差异都导致医疗保险体系具有复杂性的特点。

（3）长期性和突发性。疾病对公民个人来说是一个终身的风险，医疗保险是我国五种社会保险制度中适用最为频繁的一种。参加医疗保险，对每个公民来说都具有长期性，都能终身获得必要的医疗保障。

（二）医疗保险制度立法概述

中国社会医疗保险建立于20世纪50年代初期，主要是城镇职工医疗保险，按照被保险对象的不同，分为公费医疗制度和劳保医疗制度。其保障对象范围有限，只占我国人口较小的比例。1998年底，国务院颁布了《关于建立城镇职工基本医疗保险制度的决定》，形成城市职工基本医疗保险制度，统一的城镇医疗保险体系已基本建立。该制度确立了医疗保险基金统账相结合的模式，即社会统筹与建立个人账户结合。单位和职工分担保费，增加了医疗保险基金的筹集渠道，也对医疗费用的使用产生了约束作用。随后国务院又颁布了一系列配套的规章：《关于加强城镇职工基本医疗保险费用结算管理的意见》(1999)、《关于城镇职工基本医疗保险诊疗项目管理的意见》(1999)、《城镇职工基本医疗保险业务管理规定》(2000)、《关于加强城镇职工基本医疗保险个人账户管理的通知》(2002)等。2003年，国务院发布《关于建立新型农村合作医疗制度的意见》，开启了农村医疗保险改革之路。至2012年，新型农村合作医疗制度在农村居民中的覆盖率达96%。2007年，国务院发布《国务院关于开展城镇居民基本医疗保险试点的指导意见》，城镇医疗保险的试点在全国范围内铺开。这是我国在建立城镇职工基本医疗保险制度和新型农村合作医疗制度之后的又一重大举措，主要解决城镇非从业人员，包括大中小学生、学前儿童、老年人及残疾人等特殊群体的就医问题。2016年1月，国务院印发《关于整合城乡居民基本医疗保险制度的意见》，就整合城镇居民基本医疗保险和新型农村合作医疗两项制度，建立统一的城乡居民基本医疗保险制度提出明确要求。意见强调，各省(区、市)要于2016年6月底前对制度整合作出规划和部署，各统筹地区要于2016年12月底前出台具体实施方案。[②]

---

① 杨辉：《公平视角的我国城镇社会医疗保险制度研究》，浙江工商大学出版社2010年版，第59页。

② 新华网：《居民医保个人缴费比重将提高 年底前出具体方案》，http://news.xinhuanet.com/2016-01/13/c_1117754247.htm，2016年3月6日最后访问。

在计划经济体制下,我国在城市建立了劳保医疗和公费医疗制度,在农村实行合作医疗制度。1993年,党的十四届三中全会提出了在20世纪末初步建立起社会主义市场经济体制基本框架的目标,确定在城镇建立社会统筹与个人账户相结合的职工医疗保险制度。国务院从1994年起,在江苏镇江、江西九江(两江)进行城镇职工医疗保险制度改革试点,试点后来扩大到20多个省区的近40个城市。1998年国务院发布《关于建立城镇职工基本医疗保险制度的决定》(国发[1998]44号),在全国范围全面进行职工医疗保障制度改革。2000年,国务院又提出了医疗保险、医疗机构和药品生产流通体制三项改革同步推进的要求。目前,城镇职工基本医疗保险制度已经在全国普遍建立,基本取代了劳保—公费医疗制度,覆盖范围包括国家机关、企事业单位职工和退休人员,并逐步扩大到非公经济组织的从业人员、灵活就业人员和农民工等人群,参保人数近1.8亿。[①] 随着改革开放深入和社会经济的发展,目前我国基本医疗保险体系包括城镇职工基本医疗保险、城镇居民基本医疗保险和新型农村合作医疗"三大支柱",以实行大病统筹为主起步,分别从制度上覆盖城镇就业人口、城镇非就业人口和农村居民。基本医疗保险以低水平、广覆盖、保基本、多层次、可持续、社会化服务为基本原则,主要通过建立国家、雇主、家庭和个人责任明确、合理分担的多渠道筹资机制,实行基本医疗保障基金和个人共同分担的医疗费用共付机制,实现社会互助共济,满足城乡居民的基本医疗保障需求。

二、医疗保险法律制度的主要内容

(一)城镇职工基本医疗保险法律制度

城镇职工基本医疗保险是我国医疗保险的重要组成部分,它是主要针对城镇职工,以强制参保为原则,对职工因非工伤疾病、负伤等风险所遭受经济损失给予补偿的一项社会保险制度。

1. 城镇职工基本医疗保险的适用范围

《社会保险法》第23条规定:"职工应当参加职工基本医疗保险,由用人单位和职工按照国家规定共同缴纳基本医疗保险费。无雇工的个体工商户、未在用人单位参加职工基本医疗保险的非全日制从业人员以及其他灵活就业人员可以参加职工基本医疗保险,由个人按照国家规定缴纳基本医疗保险费。"根据该规定,我国现行职工基本医疗保险的覆盖范围包括:(1)各类企业、机关、事业单位、社会团体及其职工应当参加。(2)无雇工的个体工商户、未在用人单位参加职工基本医疗保险的非全日制从业人员以及其他灵活就业人员可以参加。

---

① 中国政府网:《2003年以来新农合制度建设扎实推进取得显著成效》,http://www.gov.cn/wszb/zhibo536/content_2226322.htm,2012年9月20日最后访问。

2. 城镇职工基本医疗保险基金的筹集、管理、监督和给付

目前我国城镇职工基本医疗保险基金由统筹基金和个人账户构成。职工个人缴纳的基本医疗保险费,全部计入个人账户。用人单位缴纳的基本医疗保险费分为两部分,一部分用于建立统筹基金,一部分划入个人账户。划入个人账户的比例一般为用人单位缴费的30%左右,具体比例由统筹地区根据个人账户的支付范围和职工年龄等因素确定。统筹基金和个人账户要划定各自的支付范围,分别核算,不得互相挤占。国务院《关于建立城镇职工医疗保险制度的决定》第2条规定:“职工基本医疗保险费由用人单位和职工共同缴纳。用人单位缴费率应控制在职工工资总额的6%左右,职工缴费率一般为本人工资收入的2%。”随着经济发展,用人单位和职工缴费率可作相应调整。

在我国,职工基本医疗保险的管理实行属地原则,以地级以上行政区(包括地、市、州、盟)为统筹单位,也可以县(市)为统筹单位,北京、天津、上海三个直辖市原则上在全市范围内实行统筹。同时,《社会保险法》第32条规定:“个人跨统筹地区就业的,其基本医疗保险关系随本人转移,缴费年限累计计算。”我国职工基本医疗保险基金由社会保险经办机构实行统一征缴、使用和管理。基本医疗保险基金由劳动保障部门统一监督管理,劳动保障部门设立的社会保险经办机构具体操作。同时,我国的基本医疗保险制度中对离休人员、老红军、退休人员、国家公务员这些特殊的群体的基本医疗保险基金的管理进行了特殊的规定。

基本医疗保险基金实行多元化监督管理机制,各级劳动保障部门和财政部门实行行政监督;审计部门定期对社会保险经办机构的医疗保险基金收支情况实行业务审计;统筹地区设立由政府有关部门代表、用人单位代表、医疗机构代表、工会代表和专家代表参加的医疗保险基金监督组织,对基金实行社会监督,缴费单位和个人有权查询医疗保险缴费记录,任何公民均有权对经办机构的违法行为进行举报。①

《社会保险法》第28条规定:“符合基本医疗保险药品目录、诊疗项目、医疗服务设施标准以及急诊、抢救的医疗费用,按照国家规定从基本医疗保险基金中支付。”基本医疗保险基金支付的范围包括参保人员治病所需的基本用药、基本诊疗项目、医疗服务设施以及急诊、抢救的医疗费用。这些费用只有纳入基本医疗保险药品目录、诊疗项目目录的范围,符合医疗服务设施标准,才能由统筹基金予以支付。

我国一直沿用的、运用最广泛的医疗费用结算方式是后付制,也就是“先看病、后报销”的医疗费用结算方式。我国《社会保险法》第29条规定了参保人员医疗费用中应当由基本医疗保险基金支付的部分,由社会保险经办机构与医疗

① 刘梦羽:《医保:城乡难下一盘棋》,载《中国报道》2009年第3期。

机构、药品经营单位直接结算。该规定仍然沿用了后付制的支付结算方式,简化了医疗费用报销的程序,使得参保人能够及时获得医疗保险待遇。

(二) 城镇居民基本医疗保险法律制度

城镇居民基本医疗保险制度,是以没有参加城镇职工医疗保险的城镇未成年人和没有工作的居民等城镇非从业居民为主要参保对象,以大病统筹为主的一项基本医疗保险制度。

1. 城镇居民基本医疗保险制度的适用范围

我国《社会保险法》第 25 条第 3 款规定:"国家建立和完善城镇居民基本医疗保险制度。城镇居民基本医疗保险实行个人缴费和政府补贴相结合。享受最低生活保障的人、丧失劳动能力的残疾人、低收入家庭六十周岁以上的老年人和未成年人等所需个人缴费部分,由政府给予补贴。"

对于城镇居民基本医疗保险制度,《社会保险法》仅有原则性规定,目前该制度的法律依据主要是国务院《关于开展城镇居民基本医疗保险试点的指导意见》(2007)。在适用范围上,《试点意见》明确规定"不属于城镇职工基本医疗保险制度覆盖范围的中小学阶段的学生(包括职业高中、中专、技校学生)、少年儿童和其他非从业城镇居民都可自愿参加城镇居民基本医疗保险"。2008 年,国务院办公厅《关于将大学生纳入城镇居民基本医疗保险试点范围的指导意见》,决定将各类全日制普通高等学校(包括民办学校)、科研院所中接受普通高等学历教育的全日制本、专科生、全日制研究生纳入城镇居民基本医疗保险试点范围。可以看出,我国城镇居民医疗保险覆盖范围广泛,包括:(1) 不属于城镇职工基本医疗保险制度覆盖范围的中小学阶段的学生(包括职业高中、中专、技校学生)、少年儿童和其他非从业城镇居民都可自愿参加城镇居民基本医疗保险;(2) 各类全日制普通高等学校(包括民办学校)、科研院所中接受普通高等学历教育的全日制本、专科生、全日制研究生;(3) 享受最低生活保障的人、丧失劳动能力的残疾人、低收入家庭 60 周岁以上的老年人和未成年人等。

2. 城镇居民基本医疗保险基金的筹集、管理、监督和给付

按照《社会保险法》的规定,城镇居民基本医疗保险实行个人缴费和政府补贴相结合。按照《试点意见》的规定,城镇居民基本医疗保险以家庭缴费为主,政府给予适当补助。

对于城镇居民基本医疗保险的管理和监督分为以下几个方面:第一,组织管理。对城镇居民基本医疗保险的管理,原则上参照城镇职工基本医疗保险的有关规定执行。要将城镇居民基本医疗保险基金纳入社会保障基金财政专户统一管理,单独列账。第二,服务管理。原则上参照城镇职工基本医疗保险的有关规定执行,具体办法由试点城市劳动保障部门会同发展改革、财政、卫生等部门制定。第三,充分发挥城市社区服务组织等的作用。

《社会保险法》第28条规定:"符合基本医疗保险药品目录、诊疗项目、医疗服务设施标准以及急诊、抢救的医疗费用,按照国家规定从基本医疗保险基金中支付。"城镇居民基本医疗保险只建立统筹基金,不建立个人账户,基金主要用于支付住院费用和部分门诊大病费用。城镇居民基本医疗保险基金用于支付规定范围内的医疗费用,其他费用可以通过补充医疗保险、商业健康保险、医疗救助和社会慈善捐助等方式解决。①

(三)新型农村合作医疗保险法律制度

新型农村合作医疗是由政府组织、引导、支持,农民自愿参加,个人、集体和政府多方筹资,以大病统筹为主的农民医疗互助共济制度,具体而言是由县政府负责,国家兴办并且给予补贴的、自愿性、非营利性的医疗保险。我国《社会保险法》第24条规定:"国家建立和完善新型农村合作医疗制度。新型合作医疗的管理办法,由国务院规定。"

1. 建立新型农村合作医疗保险制度的原则和适用范围

新型农村合作医疗制度以自愿参加,多方筹资,以收定支,保障适度,先行试点,逐步推广为基本原则。

按照2003年《关于建立新型农村合作医疗的制度的意见》的规定,新型农村合作医疗制度适用于全体农村居民。所有农村居民都可以家庭为单位自愿参加新型农村合作医疗,按时足额缴纳合作医疗经费。农村居民是新型合作医疗保险的主要适用人群。

2. 新型农村合作医疗保险基金筹集、管理、监督和给付

新型农村合作医疗制度实行农民个人自愿缴费、集体扶持和政府资助相结合的筹资机制,多方筹集医疗保险资金。② 首先,个人缴费是筹资的基础;其次,集体扶持是合作医疗的条件。

(1) 基金收入,乡镇合管所将参合人员所缴纳的费用征集完毕,交由县合管办负责人员统一保管。各级财政拨款、企业赞助、上年结余等一般直接打入银行专用收入账户。

(2) 基金分配,对所有收入的基金由县合管办统一保管,并且采用严格的收支两条线管理方式,对所有收入的基金必须根据需要划入不同的账户。

这一步涉及基金最终的流向,也是参合农民最关心的问题。合管办从银行专用收入账户转出一部分基金到现金支出账户和银行专用支出账户,参合人员在门诊、住院发生费用后,可到合管办或者合管所直接报销,由合管部门从现金支出账户直接支付给参合人员。

---

① 刘玉娟:《泰国"30铢计划"对我国医疗保险的启示》,载《卫生经济研究》2011年第4期。

② 王虎峰:《解读中国医改》,中国劳动与社会保障出版社2009年版,第378页。

农管委、卫生行政部门、财政部门和审计部门是新农合基金的主要监管部门,他们通过对财政专户、收入户和支出户的基金收支和结余情况进行监督检查来实现对基金的监管,此外,还接受社会舆论监督等。

按照目前的政策规定,新型农村医疗保险,立足于基于大数概率的大病保险,政策方向以大病为主,即政府补助的人均20元和农民自缴的人均10元,都"主要补助大额医疗费用或住院费用"。财政专户基金的使用包括两部分,一部分拨给农合办,另一部分直接拨给定点医院。参合农民既可以在户口所在地的农合办办理报销也可以直接在定点医院进行,定点医院再将报销情况上报县财政局审核,由县级财政局直接划拨到定点医院。

第四节 工伤保险

一、工伤保险法律制度概述

(一) 工伤保险的概念和特征

工伤保险又称为职业伤害保险,是指劳动者在从事工作过程中或者在法律规定的特殊情形下,发生意外事故或者因职业性的有害因素的存在而对劳动者造成负伤、致残、死亡时,对其本人或亲属给予物质性补偿的一项保险制度。我国现行的《社会保险法》以及《工伤保险条例》并未对工伤保险的含义进行阐释,但却明确规定了工伤保险的目的是"为了保障因工作遭受事故伤害或者患职业病的职工获得医疗救治和经济补偿,促进工伤预防和职业康复,分散用人单位的工伤风险"。工伤保险具有以下特征:

(1) 工伤保险的投保人为用人单位,被保险人为与该用人单位建立劳动关系的职工。

(2) 工伤保险所保障的危险是职业危险,是在生产工作中发生的工伤事故和职业性有害因素对职工健康和生命造成的危险。这种危险具有客观性,危险的发生与否具有不确定性。

(3) 工伤保险具有强制性。工伤保险是法律规定的用人单位必须为职工办理的一种社会保险,是用人单位的法定义务。

(4) 工伤保险实行无过失责任原则,即发生工伤事故,只要不是职工的故意行为所致,无论受到伤害的职工是否有过失,都应该享受工伤保险待遇。

(二) 工伤保险立法概述

我国现行的关于工伤保险制度的法律法规主要包括《社会保险法》《工伤保险条例》以及各省市制定的关于工伤保险的地方性法规等。《社会保险法》对工伤保险作了原则性的规定,针对工伤保险的费用缴纳、不认定工伤的情形、工伤费用的支付等方面进行了明确的规定,《工伤保险条例》对《社会保险法》的规定进行了更加细化的阐述,并规定了更加具有操作性的法律程序,是工伤保险制度施行的重要依据。

1951 年《中华人民共和国劳动保险条例》由原政务院正式颁布,条例对工伤保险的范围、待遇作出了详尽的规定。1957 年卫生部制定并颁布了《职业病范围和职业病患者处理办法的规定》,为了配合《劳动法》的实施,原劳动部于 1996 年颁布了《企业职工工伤保险试行办法》, 2003 年 4 月国务院颁布并于 2004 年 1 月 1 日实施《工伤保险条例》,提高了工伤保险的立法层次,扩大了工伤保险的覆盖范围,从多方面更好地保障了职工的合法权益。

2011 年 7 月 1 日起施行的《社会保险法》规定了工伤保险制度,涵盖工伤保险适用范围、费用缴纳、工伤认定等内容。为了配合《社会保险法》的实施,国务院于 2010 年 12 月又通过了《关于修改〈工伤保险条例〉的决定》,并于 2011 年 1 月 1 日起实施。

二、我国工伤保险法律制度的主要内容

(一) 工伤认定

1. 工伤认定的含义

工伤认定是指由法律规定的特定机构或组织,依法对职工在工作过程中所遭受的伤害是否属于工伤而进行的判断、分析及评价的行为。

2. 工伤认定的种类

根据我国《工伤保险条例》的有关规定,工伤分为两种类别:认定为工伤以及视同工伤。

《工伤保险条例》第 14 条规定，职工有下列情形之一的,应当认定为工伤:(1) 在工作时间和工作场所内,因工作原因受到事故伤害的;(2) 工作时间前后在工作场所内,从事与工作有关的预备性或者收尾性工作受到事故伤害的;(3) 在工作时间和工作场所内,因履行工作职责受到暴力等意外伤害的;(4) 患职业病的;(5) 因工外出期间,由于工作原因受到伤害或者发生事故下落不明的;(6) 在上下班途中,受到非本人主要责任的交通事故或者城市轨道交通、客运轮渡、火车事故伤害的;(7) 法律、行政法规规定应当认定为工伤的其他情形。

《工伤保险条例》第 15 条规定:职工有下列情形之一的,视同工伤:(1) 在工作时间和工作岗位,突发疾病死亡或者在 48 小时之内经抢救无效死亡的。(2) 在抢险救灾等维护国家利益、公共利益活动中受到伤害的。(3) 职工原在军队服役,因战、因公负伤致残,已取得革命伤残军人证,到用人单位后旧伤复发的。

3. 不得认定或视同工伤的情形

《工伤保险条例》第16条规定:"职工符合本条例第14条、第15条的规定,但是有下列情形之一的,不得认定为工伤或者视同工伤:(一)故意犯罪的;(二)醉酒或者吸毒的;(三)自残或者自杀的。"

4. 工伤认定的程序

(1) 工伤认定的申请

《工伤保险条例》第17条规定:职工发生事故伤害或者按照职业病防治法规定被诊断、鉴定为职业病,所在单位应当自事故伤害发生之日或者被诊断、鉴定为职业病之日起30日内,向统筹地区社会保险行政部门提出工伤认定申请。遇有特殊情况,经报社会保险行政部门同意,申请时限可以适当延长。用人单位未按前款规定提出工伤认定申请的,工伤职工或者其近亲属、工会组织在事故伤害发生之日或者被诊断、鉴定为职业病之日起1年内,可以直接向用人单位所在地统筹地区社会保险行政部门提出工伤认定申请。

根据《工伤保险条例》第18条的规定,提出工伤认定申请应当提交下列材料:(1) 工伤认定申请表;(2) 与用人单位存在劳动关系(包括事实劳动关系)的证明材料;(3) 医疗诊断证明或者职业病诊断证明书(或者职业病诊断鉴定书)。且工伤认定申请表应当包括事故发生的时间、地点、原因以及职工伤害程度等基本情况。

(2) 工伤认定的受理

《工伤保险条例》第18条规定:工伤认定申请人提供材料不完整的,社会保险行政部门应当一次性书面告知工伤认定申请人需要补正的全部材料。申请人按照书面告知要求补正材料后,社会保险行政部门应当受理。《工伤认定办法》第7条规定:工伤认定申请人提交的申请材料符合要求,属于社会保险行政部门管辖范围且在受理时限内的,社会保险行政部门应当受理。该办法第8条规定:社会保险行政部门决定受理的,应当出具《工伤认定申请受理决定书》;决定不予受理的,应当出具《工伤认定申请不予受理决定书》。

(3) 工伤认定决定

社会保险行政部门应当自受理工伤认定申请之日起60日内作出是否认定为工伤的决定,对受理的事实清楚、权利义务明确的工伤认定申请,应当在15日内作出工伤认定的决定。作出工伤认定决定需要以司法机关或者有关行政主管部门的结论为依据的,在司法机关或者有关行政主管部门尚未作出结论期间,作出工伤认定决定的时限中止。

《工伤认定办法》第20条规定:社会保险行政部门应当自工伤认定决定作出之日起20日内,将《认定工伤决定书》或者《不予认定工伤决定书》送达受伤害职工(或者其近亲属)和用人单位,并抄送社会保险经办机构。

《工伤认定办法》第 23 条规定：职工或者其近亲属、用人单位对不予受理决定不服或者对工伤认定决定不服的，可以依法申请行政复议或者提起行政诉讼。

（二）劳动能力鉴定

1. 劳动能力鉴定的含义

在处理工伤事故责任纠纷的事实认定上，最重要的就是工伤职工劳动能力的鉴定问题。它不仅关系到对受害职工所遭受的实际损害事实的确定，而且是受害职工可以享受何种社会保险待遇的依据，因而客观、公正地进行劳动能力鉴定具有重要的意义。

《工伤保险条例》第 22 条规定：劳动能力鉴定是指劳动功能障碍程度和生活自理障碍程度的等级鉴定。劳动功能障碍分为十个伤残等级，最重的为一级，最轻的为十级。生活自理障碍分为三个等级：生活完全不能自理、生活大部分不能自理和生活部分不能自理。劳动能力鉴定标准由国务院社会保险行政部门会同国务院卫生行政部门等部门制定。

2. 劳动能力鉴定的程序

（1）劳动能力鉴定申请

《工伤保险条例》第 23 条规定：劳动能力鉴定由用人单位、工伤职工或者其近亲属向设区的市级劳动能力鉴定委员会提出申请，并提供工伤认定决定和职工工伤医疗的有关资料。

（2）劳动能力鉴定

设区的市级劳动能力鉴定委员会（从医疗卫生专家库中随机抽取 3 名或者 5 名相关专家组成专家组，由专家组提出鉴定意见。设区的市级劳动能力鉴定委员会根据专家组的鉴定意见作出工伤职工劳动能力鉴定结论）应当自收到劳动能力鉴定申请之日起 60 日内作出劳动能力鉴定结论，必要时，作出劳动能力鉴定结论的期限可以延长 30 日。鉴定结论应当及时送达申请鉴定的单位和个人，不服的可以在收到该鉴定结论之日起 15 日内向省、自治区、直辖市劳动能力鉴定委员会提出再次鉴定申请。省、自治区、直辖市劳动能力鉴定委员会作出的劳动能力鉴定结论为最终结论。

《工伤保险条例》第 28 条规定：自劳动能力鉴定结论作出之日起 1 年后，工伤职工或者其近亲属、所在单位或者经办机构认为伤残情况发生变化的，可以申请劳动能力复查鉴定。

（三）工伤保险待遇

根据《工伤保险条例》第 30 条至 45 条的规定，可以将职工工伤保险待遇的内容分为职工工伤医疗待遇、工伤致残待遇以及因公死亡待遇。

1. 工伤医疗待遇

（1）职工因工作遭受事故伤害或者患职业病进行治疗，享受工伤医疗待遇。

职工治疗工伤应当在签订服务协议的医疗机构就医，情况紧急时可以先到就近的医疗机构急救。治疗工伤所需费用符合工伤保险诊疗项目目录、工伤保险药品目录、工伤保险住院服务标准的，从工伤保险基金支付。(2) 职工住院治疗工伤的伙食补助费，以及经医疗机构出具证明，报经办机构同意，工伤职工到统筹地区以外就医所需的交通、食宿费用从工伤保险基金支付，基金支付的具体标准由统筹地区人民政府规定。(3) 工伤职工到签订服务协议的医疗机构进行工伤康复的费用，符合规定的，从工伤保险基金支付。(4) 社会保险行政部门作出认定为工伤的决定后发生行政复议、行政诉讼的，行政复议和行政诉讼期间不停止支付工伤职工治疗工伤的医疗费用。(5) 工伤职工因日常生活或者就业需要，经劳动能力鉴定委员会确认，可以安装假肢、矫形器、假眼、假牙和配置轮椅等辅助器具，所需费用按照国家规定的标准从工伤保险基金支付。(6) 职工因工作遭受事故伤害或者患职业病需要暂停工作接受工伤医疗的，在停工留薪期内，原工资福利待遇不变，由所在单位按月支付。停工留薪期一般不超过 12 个月。伤情严重或者情况特殊可以适当延长，延长不得超过 12 个月。工伤职工评定伤残等级后，停发原待遇，享受伤残待遇。工伤职工在停工留薪期满后仍需治疗的，继续享受工伤医疗待遇。生活不能自理的工伤职工在停工留薪期需要护理的，由所在单位负责。生活护理费按照生活完全不能自理、生活大部分不能自理或者生活部分不能自理 3 个不同等级支付，其标准分别为统筹地区上年度职工月平均工资的 50%、40%或者 30%。(7) 工伤职工治疗非工伤引发的疾病，不享受工伤医疗待遇，按照基本医疗保险办法处理。

2. 工伤致残待遇

(1) 一级至四级伤残的，保留劳动关系，退出工作岗位，享受以下待遇：① 从工伤保险基金按伤残等级支付一次性伤残补助金，一级至四级伤残补助金标准分别为 27、25、23、21 个月的本人工资。② 从工伤保险基金按月支付伤残津贴，一级至四级的标准分别为本人工资的 90%、85%、80%、75%。伤残津贴实际金额低于当地最低工资标准的，由工伤保险基金补足差额。③ 工伤职工达到退休年龄并办理退休手续后，停发伤残津贴，开始享受基本养老保险待遇。基本养老保险待遇低于伤残津贴的，由工伤保险基金补足差额。

职工因工致残被鉴定为一级至四级伤残的，由用人单位和职工个人以伤残津贴为基数，缴纳基本医疗保险费。

(2) 职工因工致残被鉴定为五级、六级伤残的，享受以下待遇：① 从工伤保险基金支付一次性伤残补助金，五级伤残为 18 个月的本人工资，六级伤残为 16 个月；② 保留与用人单位的劳动关系，由用人单位安排适当工作。难以安排的，由用人单位按月发给伤残津贴，五级伤残为本人工资的 70%，六级伤残为本人工资的 60%，并由用人单位按照规定为其缴纳应缴纳的各项社会保险费。伤残津贴实际金额低于当地最低工资标准的，由用人单位补足差额。

经工伤职工本人提出，该职工可以与用人单位解除或者终止劳动关系，由工伤保险基金支付一次性工伤医疗补助金，由用人单位支付一次性伤残就业补助金。具体标准由省、自治区、直辖市人民政府规定。

(3) 职工因工致残被鉴定为七级至十级伤残的，享受以下待遇：① 从工伤保险基金支付一次性伤残补助金，七级至十级伤残分别为13、11、9、7个月的本人工资；② 合同期满终止，或者职工本人提出解除合同的，由工伤保险基金支付一次性工伤医疗补助金，由用人单位支付一次性伤残就业补助金。具体标准由省、自治区、直辖市人民政府规定。

(4) 工伤职工工伤复发，确认需要治疗的，享受《工伤保险条例》第30条、第32条和第33条规定的工伤待遇。

(5) 职工再次发生工伤，根据规定应当享受伤残津贴的，按照新认定的伤残等级享受伤残津贴待遇。

3. 因公死亡待遇

(1) 职工因工死亡，其近亲属按照下列规定从工伤保险基金领取丧葬补助金、供养亲属抚恤金和一次性工亡补助金：① 丧葬补助金为6个月的统筹地区上年度职工月平均工资。② 供养亲属抚恤金按照职工本人工资的一定比例发给由因工死亡职工生前提供主要生活来源、无劳动能力的亲属。标准为：配偶每月40%，其他亲属每人每月30%，孤寡老人或者孤儿每人每月在上述标准的基础上增加10%。核定的各供养亲属的抚恤金之和不应高于因工死亡职工生前的工资。供养亲属的具体范围由国务院社会保险行政部门规定。③ 一次性工亡补助金标准为上一年度全国城镇居民人均可支配收入的20倍。伤残职工在停工留薪期内因工伤导致死亡的，其近亲属享受上述待遇。一级至四级伤残职工在停工留薪期满后死亡的，其近亲属可以享受本条第①②项规定的待遇。

(2) 职工因工外出期间发生事故或者在抢险救灾中下落不明的，从事故发生当月起3个月内照发工资，从第4个月起停发工资，由工伤保险基金向其供养亲属按月支付供养亲属抚恤金。生活有困难的，可以预支一次性工亡补助金的50%。职工被人民法院宣告死亡的，按照职工因工死亡的规定处理。

4. 停止享受工伤保险待遇的情形

根据《工伤保险条例》第42条的规定：工伤职工满足丧失享受待遇条件、拒不接受劳动能力鉴定、拒绝治疗三种情形之一的，停止享受工伤保险待遇。

（四）工伤保险基金

1. 工伤保险基金的构成

工伤保险基金是指为了建立工伤保险制度，使工伤职工能够得到及时的救助和享受工伤保险待遇而筹集的资金。用人单位缴纳工伤保险费是一种强制性的义务,必须为职工及时足额缴纳工伤保险费,职工个人不缴纳工伤保险费。用人单位缴纳工伤保险费的数额为本单位职工工资总额乘以单位缴费费率之积。其中用人单位缴费费率,由统筹地区经办机构根据用人单位工伤保险费使用、工伤发生率、职业病危害程度等情况,按照国家规定的行业差别费率及行业内费率档次确定。对难以按照用人单位工资总额缴纳工伤保险费的建筑施工企业、小型服务企业、小型矿山企业,工伤保险费的缴纳办法按照国务院社会保险行政部门有关规定执行。

工伤保险费根据以支定收、收支平衡的原则,确定费率。国家根据不同行业的工伤风险程度确定行业的差别费率,并根据工伤保险费使用、工伤发生率等情况在每个行业内确定若干费率档次。

依法纳入工伤保险基金的其他资金包括工伤保险费滞纳金、政府临时垫资以及法律法规新规定的范围。《工伤保险条例》第 62 条规定:用人单位依照本条例规定应当参加工伤保险而未参加的,由社会保险行政部门责令限期参加,补缴应当缴纳的工伤保险费,并自欠缴之日起,按日加收万分之五的滞纳金;逾期仍不缴纳的,处欠缴数额 1 倍以上 3 倍以下的罚款。

2. 工伤保险基金的支付

根据《社会保险法》第 38 条的规定:因工伤发生的下列费用,按照国家规定从工伤保险基金中支付:(1) 治疗工伤的医疗费用和康复费用;(2) 住院伙食补助费;(3) 到统筹地区以外就医的交通食宿费;(4) 安装配置伤残辅助器具所需费用;(5) 生活不能自理的,经劳动能力鉴定委员会确认的生活护理费;(6) 一次性伤残补助金和一至四级伤残职工按月领取的伤残津贴;(7) 终止或者解除劳动合同时,应当享受的一次性医疗补助金;(8) 因工死亡的,其遗属领取的丧葬补助金、供养亲属抚恤金和因工死亡补助金;(9) 劳动能力鉴定费。

除了上述支付内容,工伤保险基金还应当用于工伤预防的宣传、培训等费用,工伤预防费用的提取比例、使用和管理的具体办法,由国务院社会保险行政部门会同国务院财政、卫生行政、安全生产监督管理等部门规定。

3. 工伤保险基金的先行支付

我国《社会保险法》对工伤保险基金的先行支付在第 41 条和第 42 条作出了明确规定,其内容如下述:(1) 职工所在用人单位未依法缴纳工伤保险费,发生工伤事故的,由用人单位支付工伤保险待遇。用人单位不支付的,从工伤保险基金中先行支付。(2) 从工伤保险基金中先行支付的工伤保险待遇应当由用人单位偿还。用人单位不偿还的,社会保险经办机构可以依照《社会保险法》第 63 条的规定追偿。(3) 由于第三人的原因造成工伤,第三人不支付工伤医疗费用或者无法确定第三人的,由工伤保险基金先行支付。工伤保险基金先行支付后,有权向第三人追偿。

第五节 失业保险

一、失业保险法律制度概述

（一）失业保险的概念和特征

失业保险，是指处于法定劳动年龄且有劳动能力和就业愿望的劳动者，在因失去工作而中断收入时，依法在一定期限内从国家和社会获取物质帮助的一种社会保险制度。

失业保险是我国社会保险制度中的一个重要项目，失业保险与其他社会保险制度相比，具有以下特征：

（1）失业保险的对象是失业劳动者，即失业保险是对有劳动能力并有劳动意愿但无工作岗位的人提供的保险。包括就业转失业的人员和新生劳动力中未实现就业的人员。对于那些虽无工作，但没有工作要求的人不能视为失业人员。

（2）享受失业保险待遇有期限限制。相比工伤保险和养老保险，失业保险待遇有一定的期限，劳动者只能在法定的期限内享受失业保险待遇，超过这一期限，即使劳动者没有找到工作，也不可再享受。如我国规定劳动者可以领取失业保险金的最长期限是24个月。

（3）失业保险费用由用人单位和劳动者承担。依照《社会保险法》的规定，在我国的各项社会保险中，工伤保险和生育保险的保险费由用人单位全部承担，劳动者个人无须缴纳。而对于失业保险来说，劳动者要按照其工资的一定比例缴纳失业保险费，缴纳之后才可以享受失业保险待遇。

（二）我国失业保险制度立法概述

我国关于失业保险的法律、法规主要包括下列：《劳动法》第70条规定：“国家发展社会保险事业，建立社会保险制度，设立社会保险基金，使劳动者在年老、患病、工伤、失业、生育等情况下获得帮助和补偿。”在劳动法中，将失业这种风险与年老、疾病、工伤、失业等风险同等列出，确立了失业社会保险的法律地位。《社会保险法》第五章专门规定了失业保险制度，内容包括失业保险的覆盖范围、资金来源、享受待遇的条件、失业保险金的标准、领取期限和申领程序、失业人员医疗和遗属待遇、失业保险关系转移接续等。国务院颁布的《失业保险条例》从法律位阶上看，属于失业保险法规，它的颁布标志着我国失业保险制度的基本成熟。该条例对失业保险作了较为全面细致的规定，主要内容包括失业保险的范围、保险费用的筹集和管理、保险基金的统筹和管理、享受失业保险待遇的条件以及管理部门等。我国失业保险立法的发展历史，分为下列阶段：

(1) 1986—1993 年待业保险时期。

在 1986 年之前,我国的社会保险制度体系内没有失业及失业保险的概念。1986 年我国国营企业开始实行劳动合同制度,根据劳动合同制企业可以辞退职工,为适应劳动合同制和企业破产制度改革,国务院于 1986 年 7 月颁布了《国营企业职工待业保险暂行规定》(以下简称《暂行规定》),这即我国最初建立的“待业保险”制度,实际上也是我国的失业保险制度的建立时期。

(2) 1993—1999 年正常运行时期。

随着国有企业改革步伐的加快,失业人员的增多,《暂行规定》已经不能适应市场经济体制改革的需要。1993 年 4 月,国务院发布了《国有企业职工待业保险规定》(以下简称《规定》),对《暂行规定》中存在的实施范围狭窄、保障水平偏低等问题作了一定的修改,且新规定将原名称“国营企业”改成了“国有企业”。

(3) 1999 年至今确立与发展时期。

1999 年 1 月 22 日,国务院正式颁布《失业保险条例》(以下简称《条例》),《条例》吸收了以往失业保险制度建立和发展中的实践经验,借鉴了国外的有益做法,在许多方面做了重大调整和突破。与此同时,国务院还颁布了《社会保险费征缴暂行条例》,主管部委亦下发了相关规章。2010 年 10 月 28 日,十一届全国人大通过《中华人民共和国社会保险法》,该法对失业保险的覆盖范围、资金来源、享受待遇条件、失业保险金标准、领取期限和申领程序、失业人员医疗保险和遗属待遇、失业保险关系转移接续等作了规定。自此,失业保险制度在我国正式确立起来。

二、失业保险法律制度的主要内容

(一) 失业保险的覆盖范围

由于在社会经济活动中每一个劳动者都有可能成为失业者,因此从理论上说,失业保险制度的覆盖范围应包括社会经济活动中所有劳动者,但实际情况是失业保险制度一般不会将全部就业人员都纳为失业保险的对象。按照行业加以区分的国家,可能会将农业工人置于覆盖范围之外;按照对工作的持续时间加以区分的国家,一般将临时工和季节工排除在覆盖范围之外;而我国结合居民的户籍制度,失业保险的覆盖范围只包括城镇企事业单位的职工,将农村户口的劳动者排除在外①,此外国家公务员也不在覆盖范围之内。

---

① 《失业保险条例》第 2 条规定:“城镇企业事业单位、城镇企业事业单位职工依照本条例的规定,缴纳失业保险费。城镇企业事业单位失业人员依照本条例的规定,享受失业保险待遇。本条所称城镇企业,是指国有企业、城镇集体企业、外商投资企业、城镇私营企业以及其他城镇企业。”

（二）失业保险基金的筹集、支出和监管

1. 失业保险基金的筹集

目前各国失业保险费的筹集方式主要有如下几种：企业、劳动者和政府三方负担模式；企业和劳动者共同分担模式；劳动者和政府分担模式；企业承担的模式；政府承担的模式。根据《失业保险条例》第5条，我国的失业保险基金由下列四项构成：(1) 城镇企业事业单位、城镇企业事业单位和职工缴纳的失业保险费；(2) 失业保险基金的利息；(3) 财政补贴；(4) 依法纳入失业保险基金的其他资金。可见我国失业保险基金的筹集方式属于企业、劳动者和政府三方共同负担的模式，三方分别按照法律规定的比例和方式缴纳，筹集到的失业保险费全部并入失业保险基金，在统筹地区内统一调度使用。

2. 失业保险基金的支出

各国的失业保险法都对保险基金的支出范围作了明确的限定，我国《失业保险条例》第10条规定："失业保险基金用于下列支出：(1) 失业保险金；(2) 领取失业保险金期间的医疗补助金；(3) 领取失业保险金期间死亡的失业人员的丧葬补助金和其供养的配偶、直系亲属的抚恤金；(4) 领取失业保险金期间接受职业培训、职业介绍的补贴，补贴的办法和标准由省、自治区、直辖市人民政府规定；(5) 国务院规定或者批准的与失业保险有关的其他费用。"

最初，各国失业保险制度的支出范围通常局限在对失业者基本生活的保障，但现在各国政府都认识到解决失业问题的根本途径在于帮助失业者重新就业，因此，各国的立法都开始重视其失业保险支出中的促进就业项目。我国《失业保险条例》第10条第4项也规定失业保险给付包括失业后的职业培训与职业介绍费用。但是，扩大失业保险基金的支出范围不应该仅限于此。对此，我国可以借鉴台湾法给予失业者创业补助、提前就业奖励以及企业雇佣失业工人奖励等做法，以及加拿大对处于特殊困难的失业者如伤病失业者、老年失业者以及孕妇失业者给予失业保险之外的失业补助的做法。

3. 失业保险基金的监管

我国《失业保险条例》第3条规定："国务院劳动保障行政部门主管全国的失业保险工作。县级以上地方各级人民政府劳动保障行政部门主管本行政区域内的失业保险工作。劳动保障行政部门按照国务院规定设立的经办失业保险业务的社会保险经办机构依照本条例的规定，具体承办失业保险工作。"因此，失业保险基金的主管单位是各级劳动保障行政管理部门，具体工作由其设立的社会保险经办机构承担。根据《失业保险条例》第26条的规定，由财政部门和审计部门对失业保险基金的收支、管理情况进行监督。

（三）失业保险待遇的给付

1. 失业保险金的给付标准

我国失业保险金的支付标准由劳动保障部门公布，总体上遵循两个原则：一是基金收支平衡、略有节余原则，即基金的开支不能超过基金的承受水平；二是基金开支基本保障原则，即基金开支要保障失业人员的基本生活与就业必要补助。此外，失业保险金支付标准考虑失业人员的累计缴费年限以及失业人员的具体年龄。缴费年限相同的情况下，申请人年龄越大，失业保险金越高。可见失业保险更多关注的是大龄失业人员。结合《社会保险法》第 47 条和《失业保险条例》第 18 条的规定，失业保险金的最低限额是城市居民最低生活保障标准，最高限额是当地最低工资标准，具体数额由省、自治区和直辖市人民政府确定。

2. 失业保险金的给付条件

失业者要获得失业保险待遇，必须具备一定的资格，即纳入到失业保险制度范围之内的失业劳动者想要取得失业保险金需要符合一些特定的条件。根据《社会保险法》第 45 条，失业人员满足下列条件的可以从失业保险基金中领取失业保险金：(1) 失业前用人单位和本人已经缴纳失业保险费满 1 年的；(2) 非因本人意愿中断就业的；(3) 已经进行失业登记，并有求职要求的。

为了最大限度地实现失业保险基金的有效利用，各国通常会制定一些规则对于领取失业保险金期间不应再继续享受失业保险待遇的人暂停或停止发放失业保险金。我国《社会保险法》第 51 条规定，失业期间有下列情形之一的，停止享受失业保险待遇：(1) 重新就业的；(2) 应征服兵役的；(3) 移居境外的；(4) 享受基本养老保险待遇的；(5) 无正当理由，拒不接受当地人民政府指定部门或者机构介绍的适当工作或者提供的培训的。

3. 失业保险的给付期限

我国《社会保险法》第 46 条规定："失业人员失业前用人单位和本人累计缴费满 1 年不足 5 年的，领取失业保险金的期限最长为 12 个月；累计缴费满 5 年不足 10 年的，领取失业保险金的期限最长为 18 个月；累计缴费 10 年以上的，领取失业保险金的期限最长为 24 个月。重新就业后，再次失业的，缴费时间重新计算，领取失业保险金的期限与前次失业应当领取而尚未领取的失业保险金的期限合并计算，最长不超过 24 个月。"

4. 失业保险金的申领程序

失业保险待遇的发放通常由国家相关政府部门或有关专门机构组织进行。失业人员要获得失业保险金，首先要在失业前所在单位及时办理解除劳动关系的手续，获得有关证明，然后持有关证明到保险经办机构办理失业登记，最后经失业保险机构审查确认后，予以登记，并自登记之日起按一定期限发放。失业保险机构对失业保险金的发放实行统筹管理。根据《社会保险法》第 50 条，失业人员申领失业保险金主要包括以下程序：(1) 出具终止或者解除劳动关系证明；(2) 告知社会保险经办机构；(3) 办理失业登记；(4) 审核；(5) 领取失业金。

第六节　生育保险

一、生育保险法律制度概述

(一) 生育保险的概念和特征

生育保险是国家和社会针对女性生育行为的生理特点，通过社会保险立法，对受保妇女孕育、生育、哺乳期间，给予物质帮助和保护，以保障受保妇女的基本生活，保持、恢复或增进受保妇女的身体健康及工作能力的一项社会保障制度。[①] 作为五项社会保险之一，生育保险的宗旨主要是在妇女因生育而暂时失去劳动能力时，为妇女提供生育产假、生育津贴、生育医疗卫生服务等各项保障，确保其基本生活水准，帮助女性生育者尽快恢复健康并重返工作岗位。

生育保险除具备社会保险的共同特征外，还具有其自身的特点，具体体现在下列几个方面：

1. 生育保险实施对象的特定性

就现阶段来看，世界上绝大多数国家和地区均将生育保险的实施对象限定于女性。在我国，生育保险仅仅在生育期间为参加保险的已婚妇女劳动者提供必要的经济补偿和医疗保健，未婚女性、不符合法律规定的已婚女性和男性均不能享受这一待遇。当然，在一些经济较为发达的国家和地区，允许男职工在其妻子生育期间享有一定的生育保险待遇。

2. 生育保险享有时限的特殊性

这一特殊性主要体现在两个方面：一方面，我国生育保险实行的是产前和产后都享有生育保险的原则。妇女在分娩前后的一段时间内，都不适宜工作，因此生育保险将时间限定在产前至产后的一段时间内，以满足她们休养、恢复和哺乳婴儿的需要。另一方面，由于生育保险保障的是生理活动所引发的风险，一般不需要长期的复杂治疗，只需要一定时间的恢复和休养即可，因此享有生育保险待遇的时限又具有短期性。

3. 生育保险待遇水平的优厚性

由于生育保险是确保人类繁衍、保障劳动力、扩大再生产以及保障妇女权益的有效途径，因此，国家从保障形式、保障水平等多方面提供了优厚的制度支持。在保障形式方面，除了向受保者提供物质帮助外，还提供产假、医疗保健、特殊劳

① 参见徐智华：《劳动法与社会保障法》，北京出版社 2012 年版，第 392 页。

动保护等给付项目。在保障水平方面,生育保险的待遇不仅包括因生育行为产生的医疗服务费用的补偿,还包括相当于被保人生育前工资一倍的生育津贴等。

4. 生育保险与国家政策的相关性

由于我国人口基数大、人口增长快,兼之考虑到经济发展水平、生育保险覆盖面和保障水平,我国在采取控制生育的政策的同时,只对符合法定条件的生育妇女提供生育保险的待遇。通过生育保险和计划生育政策的同步实施,达到控制人口数量和提高人口素质的目的。可见,我国的生育保险和生育人口政策是紧密相关的。值得注意的是,2015 年 12 月 27 日,第十二届全国人大常委会第十八次会议审议通过了《中华人民共和国人口与计划生育法修正案(草案)》。草案中明确了国家提倡一对夫妻生育两个子女并删除了对晚婚晚育夫妻、独生子女父母进行奖励的规定。也就是说,修正案施行前,符合晚育年龄(女子 24 周岁后生育第一胎)的夫妇,可延长 30 天产假;2016 年 1 月 1 日修正案施行后,全国统一实施全面两孩政策,晚婚晚育夫妻将不再享有晚婚假、晚育假。

(二) 生育保险立法概述

生育保险最早出现在德国 1883 年制定的《疾病保险法》中。随着经济社会的发展,世界各国相继把生育保险作为医疗保险的一部分对妇女权益进行保障,生育保险也逐渐成为社会保险的重要内容。我国的生育保险制度创建得较晚,直至 1951 年 2 月原政务院颁布《中华人民共和国劳动保险条例》,才有了对企业女职工生育保险待遇的明确规定。经过五十余年的立法,我国的生育保险法律制度逐步完善,基本形成了以《劳动法》《社会保险法》《企业职工生育保险试行办法》以及《女职工劳动保护特别规定》为核心的生育保险法律制度。

二、生育保险法律制度的主要内容

(一) 覆盖范围

1994 年劳动部出台的《企业职工生育保险试行办法》第 2 条规定:“本办法适用于城镇企业及其职工”,将职工生育保险的范围限定在国有企业、股份制企业、城镇集体企业、私营企业、外商投资企业中。2006 年劳动和社会保障部办公厅在《关于生育保险覆盖范围的复函》中提出“各地可制定适合本地实际的生育保险办法,扩大生育保险制度覆盖范围”,根据该复函之规定各地区可以根据本地区具体情况对生育保险覆盖范围做出调整。2010 年颁布的《社会保险法》①、2012 年颁布的《女职工劳动保护特别规定》②也均将生育保险的适用对象规定为

---

① 《社会保险法》第 53 条规定:“职工应当参加生育保险,由用人单位按照国家规定缴纳生育保险费,职工不缴纳生育保险费。”

② 《女职工劳动保护特别规定》第 2 条规定:“中华人民共和国境内的国家机关、企业、事业单位、社会团体、个体经济组织以及其他社会组织等用人单位及其女职工,适用本规定。”

“职工”，这里的职工主要是指企业职工以及机关、社会团体和事业单位的合同制职工。①

虽然我国享受生育保险的总人数每年都有所提高，还有不少地方将机关、事业单位、社会团体、民办非企业单位及其职工等纳入到了生育保险的覆盖范围。但是从总体上看，由于地方性规定的效力层级较低、适用范围有限，并没能很好地解决我国生育保险适用范围较窄的问题。包括乡镇企业及其职工、非全日制劳动者、自由职业者等灵活就业人员以及城镇个体经济组织、个体工商户在内的众多群体依旧无法享有生育保险所带来的保障。此外，由于生育保险作为一项社会经济制度，受到国家政策、经济社会发展水平等条件的限制，因此生育保险的对象也是有限定的。首先，生育保险只是对已婚女职工的帮助和补偿。其次，生育保险只适用于达到法定结婚年龄的已婚女职工。不符合法律规定的已婚女职工生育、女职工非婚生育均不得享受生育保险待遇。最后，受保人享有生育保险须符合我国计划生育政策的规定。

（二）生育保险基金

1. 生育保险基金的概念及特点

生育保险基金指的是国家通过立法在全社会统一建立的，用于支付生育保险所需费用的各项资金。生育保险基金具有以下特点：

(1) 基金来源的单一性。生育保险作为社会保险的一个组成部分，其基金来源也遵循社会保险的“大数法则”，集合社会力量。生育保险费完全由职工所在单位缴纳，职工个人不缴纳生育保险费。

(2) 基金筹集的可预见性。生育保险的对象为育龄妇女，由于生育保险和计划生育政策紧密衔接，生育保险费用具有较强的可预见性，不必留有积累以应付不测。

(3) 基金负担的均衡性。所有企业或参加生育保险的用人单位，不论是否有女职工或女职工人数多少，都要按照工资总额的统一比例缴纳生育保险费。

2. 生育保险基金的筹集

我国生育保险基金的筹集遵循下列基本原则和方式：

(1) 我国生育保险基金来源于城镇企业缴纳的生育保险费。根据《企业职工生育保险试行办法》第4条的规定，生育保险的资金筹集原则是“以支定收，收支基本平衡”。由企业按照其工资总额的一定比例向社会保险经办机构缴纳生育保险费，建立生育保险基金。

(2) 用人单位应按照其工资总额的一定比例向社会保险经办机构缴纳生育保险费。考虑到全国各地区之间经济社会发展水平的差异性以及生育费用支付

① 参见信春鹰：《中华人民共和国社会保险法释义》，法律出版社2010年版，第15页。

不均衡等情形,具体的基金提取比例由当地政府根据计划内生育人数、生育津贴和生育医疗费等各项费用的规定确定,并且可以根据费用支出情况适当调整,但最高不得超过工资总额的1%。

(3) 生育保险按照属地原则进行组织,实行社会统筹的模式。所谓按照属地原则进行组织是指生育保险按照行政区域划分的市、区(县)为单位进行组织,在同一区域内所辖的各类企业,不分所有制性质和隶属关系,一律参加所在地的生育保险,执行当地的缴费标准和有关政策规定。生育保险费用的社会统筹是指劳动部门所属的社会保险管理机构按照国家立法的规定,根据社会保险的“大数法则”,在较大的社会范围内筹集生育保险基金,通过互助互济的方法,将发生在少数人和少数单位的风险,转由多数人和多数单位共同分担,从社会角度履行对生育妇女给予补偿的责任。

3. 生育保险基金的支付和管理

我国《企业职工生育保险试行办法》明确规定,生育保险基金主要用于支付两部分费用:一部分是生育津贴,即产假工资。参加生育保险社会统筹的企业,由生育保险基金支付;没有参加生育保险社会统筹的企业,由本单位工资基金支付。另一部分是生育医疗费。包括女职工生育的检查费、接生费、手术费、住院费和药费以及因生育引起的疾病的医疗费。

我国现行生育保险制度规定生育保险基金由劳动保障部门所属的社会保险经办机构统一负责收缴、管理和监督。生育基金应当存入社会保险经办机构在银行开设的生育保险基金专户,银行按城乡居民个人储蓄同期存款利率计算利息,所得利息转入生育保险基金。生育保险基金不征税费。生育保险基金的筹集和使用,实行财务预、决算制度,由社会保险经办机构做出年度报告,并接受同期财政和审计的监督。

(三) 生育保险待遇

生育保险待遇是指女职工在生育期间所享受的各种帮助和物质补偿。作为生育保险核心内容的生育保险待遇,其关键就在于给付。生育保险待遇的给付主要包括享受条件和具体内容两个方面,具体如下:

1. 生育保险待遇的享受条件

根据《社会保险法》第54条的规定,用人单位已经缴纳生育保险费的,其职工享受生育保险待遇;职工未就业配偶按照国家规定享受生育医疗费用待遇,所需资金从生育保险基金中支付。即一方面,我国享受生育保险待遇需要以一定的劳动关系为基础,按照“谁参保、谁受益”的原则,职工享有生育保险待遇的前提应当是其单位为其缴纳了生育保险费。另一方面,享受生育保险待遇的范围除了包括参保的职工外还包括参保职工的未就业配偶,参保职工无论男女,其本人或者其配偶生育时都可以依据生育保险待遇享有一定经济补偿和医疗服务。

参保女职工享受生育保险待遇没有争议，而参保男职工的未就业配偶是否享受生育保险待遇在各地的处理不同，目前已有十多个省规定了参保男职工的配偶生育可以享受生育保险待遇。[①] 此外，由于我国的生育保险制度与生育政策和人口政策紧密相关，因此我国生育保险待遇的享有还受到计划生育政策的限制，女职工违反计划生育政策的生育行为所产生的费用由其自己负担。

2. 生育保险待遇的具体内容

《社会保险法》第 54 条第 2 款明确规定："生育保险待遇包括生育医疗费用和生育津贴。"生育医疗费用主要包括生育的医疗费用、计划生育的医疗费用以及法律、法规规定的其他项目费用。生育津贴也即产假工资，依据《女职工劳动保护特别规定》第 8 条的规定，女职工产假期间的生育津贴，对已经参加生育保险的，按照用人单位上年度职工月平均工资的标准由生育保险基金支付；对未参加生育保险的，按照女职工产假前工资的标准由用人单位支付。

(1) 生育医疗费用。生育医疗费用是指依据法律、法规的规定，女职工在生育期间所可以享受的生育保险基金费用待遇。按照《社会保险法》的规定，生育医疗费用主要包括生育的医疗费用、计划生育的医疗费用以及法律、法规规定的其他项目费用。具体来讲，生育的医疗费用包括女职工在妊娠期、分娩期、产乳期内，因生育所发生的检查费、接生费、手术费、住院费、药费等医疗费用。生育出院后，因生育引起疾病的医疗费，也由生育保险基金支付。但是，超出规定的医疗服务费和药费由职工个人负担；计划生育的医疗费用包括职工计划生育手术费用，是职工因实行计划生育之需要所发生的医疗费用；法律、法规规定的其他项目费用主要指各地根据自身实际所规定的其他医疗费用支出。

(2) 生育津贴。生育津贴是指依据法律、法规的规定，对女职工因生育而暂停工作期间的基本生活予以保障而提供的帮助和补偿，其目的在于保障女职工生育期间的基本生活需要。《社会保险法》第 56 条规定，职工有下列情形之一的，可以按照国家规定享受生育津贴：女职工生育享受产假；享受计划生育手术休假；法律、法规规定的其他情形。根据 2012 年《女职工劳动保护特别规定》第 7 条的规定，女职工生育享受不少于 98 天的产假。产假分为产前假和产后假两部分，产前假为 15 天，产后假为 83 天；难产的，增加产假 15 天；多胞胎生育的，每多生 1 个婴儿，增加产假 15 天。尽管取消了晚婚晚育假，但各省、自治区、直辖市可以结合当地实际情况对符合政策生育的夫妻给予延长生育假的奖励或者其他福利待遇。具体而言，女职工所享有的生育津贴主要是指女职工在分娩前后所享有的帮助和补贴，相关内容主要规定在 1988 年劳动部发布的《关于女职工生育待遇若干问题的通知》以及 2012 年国务院发布的《女职工劳动保护特别

---

① 参见孙洁：《社会保险法讲座》，中国法制出版社 2011 年版，第 196—197 页。

规定》两个法律文件中。女职工所享有的计划生育手术休假津贴,即公民服从计划生育政策而进行手术所享有的津贴,这一部分主要依据《关于检发〈节育手术常规〉的通知》和《劳动部关于女职工生育待遇若干问题的通知》的规定执行。此外,还有各地依据实际所规定的其他津贴。

附 录

一、本章重难点提示

1. 关注企业、机关事业单位养老保险制度并轨后存在的法律问题。
2. 关注社会保险基金的投资、运营及监管难点问题。
3. 关注二胎与生育保险法律制度的完善问题。

二、思考题

1. 简述社会保险及与商业保险的区别。
2. 简述社会保险法的立法宗旨和基本原则。
3. 简述社会保险法律关系的概念和构成要素。
4. 简述社会保险的主要项目及内容。
5. 简述我国养老保险的概念及主要规定。
6. 简述我国医疗保险的概念及主要规定。

第十四章　劳动争议处理

内容提要

《中华人民共和国劳动争议调解仲裁法》于2008年5月1日起实施，该法分总则、调解、仲裁、附则共四章54条。该法的颁布实施，对我国劳动争议的调解、仲裁，在法律层面上有了明确规定，进一步规范了劳动调解、仲裁等相关活动，进一步保护了劳动者权益。劳动争议有协商、调解、仲裁、诉讼等四种解决途径，本章首先对劳动争议的基本内涵作了界定，通过对劳动争议的详细分类，理清了基本思路。进而对劳动争议处理制度进行系统阐释，重点突出了劳动争议仲裁程序的基本特点，再次系统叙述了劳动争议诉讼的相关规则，最后对我国劳动争议立法的完善提出了一些看法。

关键词

劳动争议　调解　仲裁　时效　诉讼

第一节　劳动争议处理的基本内涵

一、劳动争议的概念及特征

劳动争议又称劳资争议或者劳动纠纷，它是指劳动关系当事人之间因劳动权利义务问题所发生的争议。

劳动争议在外延上有广义和狭义之分。广义的劳动争议，是指劳动主体之间形成的以劳动关系为核心所发生的一切争议，包括用人单位和劳动者之间因劳动合同涉及的相关争议、用人单位与国家之间因法律法规和国家政策涉及的争议（如国家对劳动者的保护或社会保险等），以及工会与用人单位及其团体因集体合同内容进行谈判所涉及的争议等。狭义的劳动争议则仅指劳动者与用人单位之间基于劳动合同所产生的相关争议纠纷及用人单位或其团体与工会组织之间基于集体合同所涉及的相关争议纠纷。概括地说，广义的劳动争议涉及的是劳方、用人单位和政府三方的关系，而狭义的劳动争议则只涉及劳动者和用人单位之间的关系。

劳动争议的界定包含三大内容,即劳动合同所涉及的劳动关系是根本,劳动合同涉及的双方当事人是主体,劳动合同涉及的劳动权利义务是标的。劳动争议广义和狭义的划分,应是对劳动争议涵盖面所涉及之边界的确定。这一边界确定主要是劳动合同所设劳动关系的辐射,并由此涉及当事人双方和标的。广义的劳动关系,即社会劳动关系,这一关系中的主体包括三个,即劳动者、用人单位和政府,争议标的包括劳动者的权利义务、用人单位权利义务、劳动行政主管部门的监管,等等。狭义的劳动关系是指劳资双方的劳动关系,这一关系中的直接当事人为两方,即劳动者本人及工会组织和用人单位及其团体,争议的范围只涉及劳动权利与义务。

劳动争议具有以下法律特征:

(1) 劳动争议的主体是劳动关系双方当事人。

普遍认为劳动争议双方是劳动者和用人单位,通常情况下,劳动争议双方是劳动者和用人单位。但是,在一些特殊情形下,一方当事人可以不是劳动者,而是代表其利益的个人或组织。如集体合同中一方当事人就是劳动者团体;在劳动者伤亡引起社会保险纠纷的情况下,一方当事人就可能是死者的家庭成员。另一方当事人只能是用人单位,不能是其下属的不具法人资格的车间、班组或工会、党团等组织。

(2) 劳动争议的客体是双方基于所签订的劳动合同具有的劳动权利和义务。

作为劳动争议客体的权利和义务,有些是劳动法律法规直接规定的,有些是当事人约定的,但都是发生在劳动领域中的。劳动争议的产生就是双方当事人对彼此权利义务的认识和行为发生争议,其实质是劳动领域中不同利益主体经济利益的冲突。

(3) 劳动争议的内容与实现社会劳动过程有直接联系。

劳动争议是基于劳动关系而产生的,它所争议的内容必然与实现社会劳动过程有密切联系,如关于劳动合同、劳动报酬、集体合同、工作时间、休息时间、劳动保护、社会保险等方面的争议。如果双方当事人以其他身份出现在其他社会关系中,所发生的争议就不是劳动争议。

劳动争议是劳动关系不协调的产物。由于劳动关系主体对劳动各方面的认识不同,以及劳动领域中存在的利益差别和各种因素的影响,特别是在市场经济条件下,劳动关系发生了很大变化,出现了许多新的特点,引发劳动争议是不可避免的。因此,加强劳动争议的法律调整,完善劳动争议处理制度,对于协调我国的劳动关系、保障社会安定以及促进经济建设都有着重要的作用。

二、劳动争议的分类

（一）个别劳动争议和集体劳动争议

根据争议当事人中涉及劳动者一方人数的多少，可将劳动争议分为个别劳动争议和集体劳动争议。

个别劳动争议是指一个或二个劳动者因劳动权利义务与用人单位之间发生的争议。

集体劳动争议是指三人或三人以上的劳动者因共同的劳动权利义务与用人单位之间发生的纠纷。集体劳动争议有两个特点：一是劳动争议中劳动者一方的人数在三人或三人以上；二是这些劳动者与用人单位争议的目的是共同的，他们是基于同一理由和要求而与用人单位发生争议。

（二）权利争议和利益争议

根据争议的动机不同，可将劳动争议分为权利争议和利益争议。

权利争议，是指劳动者与用人单位就履行劳动法或集体合同、劳动合同中确定的权利和义务所发生的争议。如果一方当事人不履行义务，或双方当事人对既存的劳动权利义务在理解上存在分歧，便可能发生此种争议。权利争议的目的是为了维护当事人之间既存的劳动权利义务关系，使既存的权利能得以实现，既存的义务能得以履行。如因用人单位未按法律规定提供劳动保护，劳动者未按劳动合同约定提供劳动等发生的争议。

利益争议，是指劳动者与用人单位为了确立新的劳动权利义务或变更既存的劳动权利义务而发生的争议。如劳动者要求提高工资，改善劳动条件等。

（三）本国劳动争议和涉外劳动争议

根据当事人是否具有涉外因素，可将劳动争议分为国内劳动争议和涉外劳动争议。

国内劳动争议，是指本国的用人单位与本国的劳动者之间发生的劳动争议。在我国，国内劳动争议是指具有中国国籍的劳动者与中国用人单位之间发生的劳动争议，包括我国在境外设立的机构与我国派往该机构工作的劳动者之间，在我国境内设立的外商投资企业与我国劳动者之间发生的争议。

涉外劳动争议，是指至少有一方是非本国国籍（即外国国籍或无国籍）的用人单位和劳动者之间发生的劳动争议。在我国，涉外劳动争议中的双方当事人至少有一方住所地在境外（包括我国的港、澳、台地区），包括我国用人单位与境外劳动者之间、境外用人单位与我国劳动者之间的争议。按国际惯例，涉外劳动争议适用雇主所在地法，凡用人单位在我国境内的涉外劳动争议均适用我国劳动法律法规进行处理。

三、劳动争议的范围

劳动争议的范围取决于劳动法的调整对象和适用范围。根据《劳动法》和《中华人民共和国劳动争议调解仲裁法》(以下简称《劳动争议调解仲裁法》)的规定,我国现阶段受理劳动争议的范围是境内用人单位与劳动者之间发生的下列争议:

(1) 因确认劳动关系发生的争议;

(2) 因订立、履行、变更、解除和终止劳动合同发生的争议;

(3) 因除名、辞退和辞职、离职发生的争议;

(4) 因工作时间、休息休假、社会保险、福利、培训以及劳动保护发生的争议;

(5) 因劳动报酬、工伤医疗费、经济补偿或者赔偿金等发生的争议;

(6) 法律、法规规定的其他劳动争议。

此外,事业单位实行聘用制的工作人员与本单位发生劳动争议的,可依照《劳动争议调解仲裁法》执行。

四、劳动争议处理的基本原则

《劳动法》第78条规定:"解决劳动争议,应当根据合法、公正、及时处理的原则,依法维护劳动争议当事人的合法权益。"《劳动争议调解仲裁法》对劳动争议处理的原则也作了相应的规定。具体来说,劳动争议处理的原则主要包括:

(一) 合法处理原则

合法处理原则,是指劳动争议处理机构在处理劳动争议过程中,全部程序和所有内容都必须符合法律规定。劳动争议处理机构在处理劳动争议时,必须在查清事实的基础上,分清是非,依据劳动法律、法规以及集体合同、劳动合同,明确责任,合理解决劳动争议。

(二) 公正处理原则

公正处理原则是指当事人在适用法律上一律平等。这一原则要求在处理劳动争议时必须以事实为依据,以法律为准绳,公正执法,不偏袒任何一方。同时,对于劳动争议双方当事人,无论是企业一方还是职工一方,在处理劳动争议过程中法律地位一律平等,具有平等的权利和义务,任何一方都没有超越法律的特权,这对于保证劳动争议获得公正解决也是十分必要的。

(三) 及时处理原则

由于劳动争议发生后,直接损害当事人一方的合法权益,这不仅影响劳动生产的正常进行,而且容易使矛盾激化,因此,解决劳动争议必须做到及时调解,及时处理,保证效率。

（四）调解原则

调解，其目的是在尊重当事人自愿的前提下，争取双方达成和解，结束争议，它贯穿于劳动争议处理的全过程。因此，除劳动争议调解委员会处理劳动争议主要运用调解手段以外，劳动争议仲裁委员会受理劳动争议案件以及人民法院处理此类案件，均遵循调解原则。

处理劳动争议案件遵循调解原则的同时，为了防止久调不决而引起矛盾激化，还要注意及时处理，即劳动争议处理机构对于申请处理的劳动争议案件，应当依据法律、法规所规定的时限及时受理，抓紧审查和作出处理决定，按时结案。这样才能更好地维护劳资双方的合法权益。

五、劳动争议立法概述

（一）《企业劳动争议处理条例》时期

1993 年我国出台了《企业劳动争议处理条例》，1994 年颁布了《劳动法》，自此，我国劳动争议处理程序形成了“一调一裁两审”的劳动争议处理程序，即：发生了劳动争议先调解、后仲裁、再经两次审判。有统计显示，截至 2007 年底，全国各级劳动争议仲裁委员会累计立案受理劳动争议案件 350 多万件，涉及劳动者 870 多万人；以 2007 年为例，受理案件有 70 多万件，涉及劳动者 100 多万人，受理案件年均增长率已近 40％之多。

但是，随着我国经济体制机制、产业结构层次与就业环境和方式发生的巨大变化，伴随着劳动争议案件数量持续大幅攀升，劳动争议的形式和内容呈现出多样化结构，劳动仲裁机构和人员的非专业化状况无法适应这种巨大的落差，特别是劳动争议处理耗时长、劳动者维权成本歧高，已成为劳资双方反映强烈的问题之一。

引发劳动争议的主要原因包括：一是部分企业并未严格遵守国家劳动法律法规，不与劳动者签劳动合同，任意拖欠工资，延长加班时间，不支付加班工资，不提供基本的劳动安全卫生条件；二是一些企业在制定相关规章制度时，涉及职工切身利益的重大方案不经职代会讨论通过，随意裁减员工，不按规定支付经济补偿金，不缴或者少缴社会保险费用；三是一些企业拖欠职工工资，欠缴养老、医疗和失业保险费等；四是一些企业存在着对职工动辄罚款、体罚、扣发工资、随意解除劳动合同等违法行为；五是一些地方政府片面强调保护投资环境，对外商投资企业违反劳动法律法规、侵犯职工合法权益的问题执法监察不力，甚至不闻不问。同时，也存在劳动者不履行劳动合同，擅自离职，给企业造成一定的经济损失的情况。

《企业劳动争议处理条例》和《劳动法》在保护劳动者合法权益、调整劳动关系、解决劳动纠纷、促进社会稳定等方面，曾发挥了重要作用。但是，它出现在上个世纪九十年代初,正好是中国有计划经济向市场经济转型阶段,且距今已有二十多年了,带有明显的计划经济烙印,已难以适应当今市场经济条件下劳动争议处理工作的需要,其缺陷也日益显露出来。

首先,《条例》规定劳动争议实行的是"一调一裁二审"的处理体制,仲裁申诉60天的时效太短,许多劳动权益受到侵犯的劳动者为此丧失时机;仲裁是诉讼的前置程序,限制了劳动争议当事人直接行使诉权;仲裁和诉讼又相互脱节,造成重复劳动,维权成本过大。由于案件处理周期过长,许多官司一打就是几年,劳动者的合法权益得不到及时有效的维护。为此,在立法中有必要放宽仲裁时效,简化劳动争议的处理程序,缩短审理期限。

其次,"谁主张、谁举证"的民事诉讼原则,在劳动争议案件中不合适。处于弱势地位的劳动者往往不具有这种能力,苛求劳动者负有完全的举证责任就不公平,不能体现出劳动法保护劳动者合法权益的宗旨。为此,在立法中有必要规定"举证责任倒置"原则,特别是在诸如开除、除名、辞退、解除劳动合同、克扣、拖欠工资、欠缴社会保险费等方面,明确用人单位负有举证责任。

最后,劳动争议案件执行难问题十分突出,劳动者赢了官司、丢了饭碗的事绝非鲜见。劳动争议处理法应当明确规定违法行为的法律责任,使之成为一部刚性的法律。同时,加大行政执法力度,拒不执行法院判决的,应依法给予刑事或经济处罚。经协商调解达成的劳动争议调解书具有法律效力,一方不履行的,另一方可以申请强制执行,并可依法对企业主给予刑事处罚。

劳动争议立法的滞后,我国现行劳动争议处理体制的弊端,已经严重制约了这一制度在调整劳动关系、维护社会稳定方面的作用。社会主义市场经济,呼唤完备的劳动法律体系,劳动争议立法时不我待,《劳动争议处理法》的及早出台,已经成为我国劳动立法的当务之急。

(二)《劳动争议调解仲裁法》时期

2007年12月29日第十届全国人民代表大会常务委员会第三十一次会议通过了《劳动争议调解仲裁法》,自2008年5月1日起施行。

《劳动争议调解仲裁法》在坚持《劳动法》基本原则的前提下,根据经济和社会发展的要求,总结现行劳动争议处理制度的实践经验和不足,对劳动争议处理制度作了进一步完善,强化调解、完善仲裁、加强司法救济,及时妥善处理劳动争议,尽最大可能将劳动争议案件解决于基层,维护当事人合法权益。《劳动争议调解仲裁法》的颁布实施,将进一步完善劳动争议调解仲裁制度,为当事人特别是劳动者提供公正高效的法律救济,对发展和谐稳定的劳动关系,促进经济社会发展具有重大意义。其后,人力资源和社会保障部相继于2009年1月1日颁布实施《劳动人事争议仲裁办案规则》、2010年1月20日颁布实施《劳动人事争议仲裁组织规则》、2012年1月1日颁布实施《企业劳动争议协商调解规定》,特别是2012年12月28日第十一届全国人民代表大会常务委员会第三十次会议作出了《关于修改〈中华人民共和国劳动合同法〉的决定》，都对我们劳动争议案件的处理作了相应的规定。

第二节　劳动争议处理体制

我国劳动争议的处理程序为“一协一调一裁二审”制，即《劳动法》和《劳动争议调解仲裁法》确定了四种处理劳动争议的方式，即协商、调解、仲裁和诉讼，连成一个依次顺序进行的整体。

一、协商

协商是指发生劳动争议的双方当事人，在平等自主、互谅互让的基础上，通过协商对话并作出必要的妥协而达成和解的处理方式。双方协商体现了意见自治、平等性，既节省时间、金钱，又不伤害感情并有助于和解协议的履行。因为协商解决劳动争议具有这些优点，所以发生劳动争议应尽可能地通过协商方式予以解决。但是，是否通过协商解决，取决于双方的自愿，一方不能强迫另一方，任何其他人或机构也不能硬性要求双方协商。协商解决不是劳动争议处理的必经程序。

二、调解

调解是指在第三人的参与下，通过说服、劝导促成争议双方达成和解协议。劳动争议调解，广义上包括劳动争议调解委员会的调解、劳动仲裁委员会的调解和人民法院的调解。狭义上专指由设在用人单位内部的劳动争议调解委员会进行的调解。劳动争议调解委员会由用人单位代表、单位职工代表和工会代表组成，由工会代表担任主任。小微型企业可以设立调解委员会，也可以由劳动者和企业共同推举人员，开展调解工作。调解程序简单、快捷、操作性强，能够在弹性环境下及时解决劳动争议。当然是否通过调解解决劳动争议，取决于当事人的申请。调解并不是劳动争议处理的必经程序。

三、仲裁

仲裁是指由公正且具有法律效力的第三人居中裁决纠纷的一种争议解决方式。劳动争议的仲裁是指由依法设立的劳动争议仲裁委员会按照法定程序对劳动争议所进行的仲裁活动。劳动争议仲裁委员会由劳动行政部门代表、同级工会代表、用人单位方面的代表组成，由劳动行政部门代表担任主任。对于用人单位方面代表的资格，《劳动法》未作明确规定，劳动部办公厅发布的《关于〈劳动法〉若干条文的说明》中解释为“是指政府指定的经济综合管理部门或者有关社会团体的代表”;但《劳动争议调解仲裁法》明确规定,用人单位方面的代表是指政府指定的经济综合管理部门的代表。政府指定的经济综合管理部门是否能够代表用人单位,在多大程度上能够代表用人单位,这是令人怀疑的问题。从市场经济发展的要求和企业与政府关系改革方向来看,企业必须独立于政府,政府的任何部门除了对企业进行必要的管理和调控之外,都不能代替或代表企业。从本质上说,政府的各部门只能在职责权限范围内代表政府,不能代表企业。所以,劳动争议仲裁委员会中的用人单位的代表不宜由政府部门的代表担任,而应该由有关行业协会、企业家协会等社会团体的代表来担任。按照我国现行劳动立法的规定,仲裁是劳动争议处理的必经程序。这里所说的“必经程序”是相对于诉讼程序而言的,即不经仲裁程序就不能进入诉讼程序。劳动争议与仲裁的这种关系被概括为“仲裁前置”或“先裁后审”。

劳动仲裁与经济仲裁的主要区别是:

(1) 仲裁机构和性质不同。劳动仲裁的机构是劳动争议仲裁委员会,其性质是半官方仲裁机构;经济仲裁的机构是经济仲裁委员会,是民间仲裁组织。劳动仲裁属国家仲裁的范畴,经济仲裁属民间仲裁的范畴。

(2) 仲裁程序的启动条件不同。劳动仲裁的启动条件是当事人的仲裁申请,至于是单方申请还是双方申请在所不问;经济仲裁的启动条件是双方当事人的仲裁协议,没有事前或事后达成的仲裁协议,经济仲裁机构就没有管辖权,也就不能启动经济仲裁程序。

(3) 仲裁与诉讼关系不同。劳动仲裁不排斥劳动诉讼,当事人对仲裁裁决不服,可以在法定期间内提起诉讼;经济仲裁实行一裁终局,仲裁裁决一经送达即发生法律效力,当事人一般不能再提起诉讼程序。

四、诉讼

诉讼是通过人民法院审判程序来解决纠纷的活动。劳动争议的诉讼解决是劳动争议处理的最后程序,也是最具权威的处理方式。劳动争议案件的受理,近年来在法院内部也发生了变化,原来由经济审判庭受理,后来改由民事审判庭受理。在诉讼程序上,适用民事诉讼程序。

上述四种劳动争议处理方式之间的关系是:协商和调解不是仲裁和诉讼的必经程序,仲裁是诉讼的必经程序。一个劳动争议可以通过协商、调解和仲裁中的任何一种方式、两种方式或者三种方式予以解决,但如通过诉讼方式解决劳动争议,则必须先经过仲裁程序。

第三节 劳动争议的处理程序

依据劳动法的有关规定，劳动争议处理的手段有：当事人自行协商解决；依法向劳动争议调解委员会申请调解；向劳动争议仲裁委员会申请仲裁；向人民法院提起诉讼。对于劳动争议的这四种处理形式，我们主张当事人采用自行协商解决和调解的方法解决争议，通过双方协商或第三者的疏导、说服，促使当事人互谅互让，自愿就争议事项依法达成协议。

一、劳动争议的调解

劳动争议的调解是指通过劳动争议调解委员会对双方当事人疏导说服，促使双方相互谅解，自愿就争议事项依法达成协议，从而使劳动纠纷得到解决的方法。

《劳动争议调解仲裁法》第 10 条规定：发生劳动争议，当事人可以到下列调解组织申请调解：企业劳动争议调解委员会、依法设立的基层人民调解组织或者在乡镇、街道设立的具有劳动争议调解职能的组织。

（一）劳动争议调解委员会的设立和组成

劳动争议调解委员会是设立在企业内部的专门负责调解本企业发生劳动争议的基层组织。《劳动争议调解仲裁法》第 10 条规定：在用人单位内可以设立劳动争议调解委员会。劳动争议调解委员会由职工代表、企业代表组成。职工代表由工会成员担任或者由全体职工推举产生，企业代表由企业负责人指定。企业劳动争议调解委员会主任由工会成员或者双方推举的人员担任。

（二）调解委员会的受案范围

劳动争议调解委员会受理劳动争议案件的范围主要涉及劳动合同变更、终止，集体劳动合同，事实劳动关系，劳动报酬，工作时间，安全责任，经济补偿，社会保险等方面，包括：因用人单位开除、除名、辞退职工和职工辞职、自动离职发生的争议；因执行国家有关工资、社会保险、福利、培训、劳动保护的规定发生的争议；因履行劳动合同发生的争议；法律、法规规定应当调解的其他劳动争议。

（三）调解委员会调解劳动争议案件的程序

调解委员会调解劳动争议案件要经过申请、受理、调查、调解、执行等过程。

1. 申请

调解的启动程序是必须由当事人进行申请。劳动争议调解是建立在当事人双方自愿的基础之上的，但调解并不是争议解决的必经途径。争议当事人申请调解可以采用书面或者口头形式进行。争议的职工方为 3 人以上，应当推举代表参加调解活动。

2. 受理

调解委员会受理劳动争议案件包括三个过程:(1) 审定资格,即调解委员会在接受当事人申请以后,要审查发生争议的事项是否属于劳动争议,审查该争议是否属于调解委员会受理范围以及提出调解的当事人的资格。(2) 征询调解意见,即通知并征询对方当事人是否愿意接受调解,对方当事人不愿调解的,在做好记录后,书面通知申请人。(3) 下达受理通知或说明情况,即双方同意调解的,调解委员会应及时决定是否受理,决定受理后,应及时通知当事人做好准备,并告知当事人调解的时间、地点等事宜;如果经过审查以后,决定不予受理,应向申请人说明理由并告之解决争议的方法和途径。

3. 调查

为保证调解的顺利进行,在决定受理调解申请后,应及时指派调解委员搞好调查工作,了解情况,掌握证据材料,以便在此基础上进行分析研究,弄清争议的原委。调查的内容包括:争议所涉及的有关人员、部门以及他们对争议的看法。同时还应查阅有关法律、法规、政策以及双方所订立的劳动合同等文件,为调解争议提供充分的法律、政策依据。

4. 调解

调解的程序主要有:第一,召开调解会议;第二,听取当事人对争议事项的陈述;第三,宣布对争议事项调查核实的情况并提出调解意见;第四,经调解达成协议的,应制作调解协议书;达不成协议的,应制定调解处理意见书,提出对争议事项的处理意见,建议争议当事人按有关法律、法规、政策的规定,向劳动争议仲裁委员会提出仲裁申请。调解协议书是经调解委员会调解,双方当事人达成的协议,应一式三份,当事人双方和调解委员会各执一份。

5. 执行

对调解协议,双方当事人应当自觉履行。如果当事人一方或双方反悔,调解委员会无权强制当事人执行调解协议,应视为调解不成,当事人在规定的时间内可向劳动争议仲裁委员会申请仲裁。

调解作为解决企业劳动争议的手段之一,并非是争议处理的必经程序,当事人如果不愿意调解的,可以直接申请仲裁。

(四) 调解的效力

当事人达成的具有劳动权利义务内容的调解协议,具有劳动合同的约束力,可以作为人民法院裁判的根据。仅就劳动报酬达成的协议,如用人单位不履行,劳动者可以直接起诉。《劳动争议调解仲裁法》第 14 条第 2 款规定:“调解协议书由双方当事人签名或者盖章,经调解员签名并加盖调解组织印章后生效,对双方当事人具有约束力,当事人应当履行。”《企业劳动争议协商调解规定》第 27 条第 2 款规定:“双方当事人可以自调解协议生效之日起 15 日内共同向仲裁委员会提出仲裁审查申请。仲裁委员会受理后，应当对调解协议进行审查，并根据《劳动人事争议仲裁办案规则》第五十四条规定，对程序和内容合法有效的调解协议，出具调解书。"

特殊调解协议还可以申请支付令，《劳动争议调解仲裁法》第 16 条规定："因支付拖欠劳动报酬、工伤医疗费、经济补偿或者赔偿金事项达成调解协议，用人单位在协议约定期限内不履行的，劳动者可以持调解协议书依法向人民法院申请支付令。人民法院应当依法发出支付令。"调解协议的效力增强，有利于基层调解组织发挥作用，有利于引导当事人通过调解解决争议。

二、劳动争议的仲裁

劳动争议仲裁是指劳动争议仲裁委员会对劳动争议当事人双方争议的事项，依法作出裁决的活动。我国对劳动争议的仲裁属于国家仲裁，即由国家授权的专门仲裁机构行使国家仲裁权，对当事人之间的争议依法进行的仲裁。

（一）劳动争议仲裁机构

1．仲裁机构的设置

劳动争议仲裁机构是法律规定的对劳动争议行使仲裁权的机构。根据《劳动争议调解仲裁法》第 17 条规定，劳动争议仲裁机构是指各级人民政府按照统筹规划、合理布局和适应实际需要的原则设立的劳动争议仲裁委员会。省、自治区人民政府可以决定在市、县设立；直辖市人民政府可以决定在区、县设立。直辖市、设区的市也可以设立一个或者若干个劳动争议仲裁委员会。劳动争议仲裁委员会不按行政区划层层设立。

2．仲裁机构的性质

在我国，劳动争议仲裁机构具有一定的行政属性。劳动争议仲裁委员会代表国家依法独立行使仲裁权，处理劳动纠纷。《劳动争议调解仲裁法》第 18 条规定，国务院劳动行政部门依照法律有关规定制定仲裁规则。省、自治区、直辖市人民政府劳动行政部门对本行政区域的劳动争议仲裁工作进行指导。

3．仲裁机构的组成

《劳动争议调解仲裁法》第 19 条规定，劳动争议仲裁委员会由劳动行政部门代表、工会代表和企业方面代表组成。劳动争议仲裁委员会的组成人员应当是单数。《劳动人事争议仲裁组织规则》第 7 条规定，仲裁委员会设主任 1 人，设副主任和委员若干名。仲裁委员会主任由行政部门代表担任。仲裁委员会成员的确认或更换，须报经同级人民政府批准。劳动行政主管部门的劳动争议处理机构为仲裁委员会的办事机构，负责处理仲裁委员会的日常事务。仲裁委员会处理劳动争议，实行仲裁庭、仲裁员办案制度。

(1) 仲裁庭。仲裁庭的组成，根据《劳动人事争议仲裁组织规则》第十三条规定,有两种形式:一种是由3名仲裁员组成,其中一名为首席仲裁员,首席仲裁员由仲裁委员会负责人或授权其办事机构负责人指定,另两名仲裁员由仲裁委员会授权其办事机构负责人指定或当事人各选一名,具体办法由省级人民政府自行确定。另一种是由一名仲裁员组成的独任仲裁庭。仲裁庭的书记员由办事机构负责人指定,负责仲裁庭记录工作和承办仲裁庭的有关事项。仲裁庭在仲裁委员会领导下开展工作,实行一案一庭制。仲裁庭组成不合规定的,仲裁委员会可予以撤销,重新组成仲裁庭。

(2)仲裁员。仲裁员由专职、兼职仲裁员组成。《劳动人事争议仲裁组织规则》第二十条规定,专职仲裁员可以由仲裁委员会从劳动行政主管部门专门从事劳动争议处理工作的人员中聘任,兼职仲裁员由仲裁委员会从劳动行政主管部门或其他行政部门、工会工作者、专家、学者和律师中聘任。专、兼职仲裁员执行公务时享有同等权利。仲裁员经省级以上劳动行政部门考核认定后,发给仲裁员资格证书,取得资格证书方可在一个仲裁委员会任职。仲裁委员会成员均需具有仲裁员资格。无论专、兼职仲裁员,都必须具备以下基本条件:① 拥护党的路线、方针、政策,坚持四项基本原则;② 坚持原则,秉公执法,作风正派、勤政廉洁。并符合下列条件之一:① 曾任审判员的;② 从事法律研究、教学工作并具有中级以上职称的;③ 具有法律知识、从事人力资源管理或者工会等专业工作满5年的;④ 律师执业满3年的。

4. 仲裁机构及其成员的职责

根据《劳动争议仲裁委员会组织规则》,仲裁机构及其成员的具体职责如下:

(1)仲裁委员会的职责为:① 聘任、解聘专职或者兼职仲裁员;② 受理争议案件;③ 讨论重大或者疑难的争议案件;④ 对仲裁活动进行监督。仲裁委员会应当每年至少召开两次全体会议,研究本委职责履行情况和重要工作事项。仲裁委员会主任或者1/3以上的仲裁委员会组成人员提议召开仲裁委员会会议的,应当召开。

(2)仲裁委员会办事机构的职责为:仲裁委员会可以下设实体化的办事机构,具体承担争议调解仲裁等日常工作。办事机构名称和仲裁员等工作人员按照地方人民政府规定进行规范和配备。

(3)仲裁庭的职责为:① 作开庭纪录,要求有关人员在记录上签字;② 有权取证和要求当事人提供证据,并对证据作出评定;③ 对争议双方依法进行调解,作出调解书,撤销业已和解的争议案件;④ 审理终结时,对争议作出裁决;⑤ 其他法定职权。

(4)仲裁员的职责为:① 接受仲裁委员会办事机构交办的劳动争议案件,参加仲裁庭;② 进行调查取证,有权向当事人及有关单位、人员进行调阅文件档案、询问证人、现场勘察、技术鉴定等与争议事实有关的调查;③ 根据国家的有关法律、法规、规章和政策提出处理方案；④ 对争议当事人双方进行调解工作，促使当事人达成和解协议；⑤ 审查申诉人的撤诉请求；⑥ 参加仲裁合议庭，对案件提出裁决意见；⑦ 案件处理终结时，填报《结案审批表》；⑧ 及时做好调解、仲裁的文书工作及案卷的整理归档工作；⑨ 宣传劳动法律、法规、规章、政策；⑩ 对案件涉及的秘密和个人隐私应当保密。

（二）劳动争议仲裁的基本原则

1. 劳动争议仲裁前置原则

劳动争议仲裁前置是指发生劳动争议的当事人一方或者双方在向法院起诉之前必须先申请劳动争议仲裁，只有对仲裁委员会作出的裁决不服时，才能向人民法院起诉。实行仲裁前置原则是由劳动争议的特点所决定的。劳动争议涉及用人单位和劳动者利益的协调，如不及时解决，不利于用人单位生产和劳动者生活的正常进行；此外，劳动争议解决后劳动者一般还要在用人单位继续工作，久拖不决将使矛盾激化，不利于社会化大生产对协作劳动的要求。而劳动争议仲裁与其他行政调处一样，具有及时、高效的特点，而且仲裁员都较熟悉有关法律、法规、规章和政策，仲裁程序也比诉讼程序更为简便、快捷，有利于劳动争议的迅速解决。

仲裁前置原则，应从以下两个方面理解：(1) 仲裁是诉讼解决劳动争议前的必经程序，劳动争议当事人向法院提起诉讼之前，必须首先申请仲裁，如果当事人未经仲裁而直接起诉，法院将不予受理。(2) 仲裁前置是相对诉讼程序而言的，实行仲裁前置并不意味着仲裁是解决劳动争议的唯一程序，劳动争议发生后，当事人除可以申请仲裁外，也可以通过协商或调解的途径解决争议。

2. 仲裁中先行调解原则

先行调解是指在仲裁程序进行过程中，在裁决作出以前，仲裁人员必须对当事人之间的争议进行调解，只有调解不成才能进行裁决。强调先行调解是因为劳动争议是用人单位内部发生的，调解能避免对簿公堂、激化矛盾，有利于用人单位和劳动者保持友好、合作的关系，而且调解协议是当事人自愿达成的，也有利于案件的执行。

先行调解原则，应从以下两个方面理解：(1) 先行调解是相对于裁决而言的，即仲裁委员会在作出裁决之前必须先进行调解，不能未经调解就进行裁决，这是先行调解与着重调解、自愿调解的根本区别。(2) 先行调解不是强行调解，而是要求仲裁人员在裁决前必须作调解努力，先行调解必须在自愿合法的基础上进行，当事人拒绝调解或调解无效的应及时裁决，不应久调不决。

3. 一次裁决制度

一次裁决制度是指劳动争议经过任何一级仲裁委员会作出裁决以后，当事人对仲裁裁决不服时，不得向上级仲裁委员会申请再次仲裁或复议，只能在规定时效期限内向人民法院起诉。仲裁裁决作出后,仲裁程序即告终结,一般不会对同一案件进行复议或再行仲裁。

4. 申请仲裁时效制度

申请仲裁时效制度是指用人单位或劳动者在法定期间内不向劳动争议仲裁委员会申请仲裁,则丧失请求仲裁委员会强制义务人履行义务的权利的法律制度。《劳动争议调解仲裁法》第 27 条规定:“劳动争议申请仲裁的时效期间为一年。仲裁时效期间从当事人知道或者应当知道其权利被侵害之日起计算。”

该仲裁时效,因当事人一方向对方当事人主张权利,或者向有关部门请求权利救济,或者对方当事人同意履行义务而中断。从中断时起,仲裁时效期间重新计算。因不可抗力或者有其他正当理由,当事人不能在上述仲裁时效期间申请仲裁的,仲裁时效中止。从中止时效的原因消除之日起,仲裁时效期间继续计算。劳动关系存续期间因拖欠劳动报酬发生争议的,劳动者申请仲裁不受上述仲裁时效期间的限制;但是,劳动关系终止的,应当自劳动关系终止之日起 1 年内提出仲裁申请。

(三)劳动争议仲裁的管辖

《劳动争议调解仲裁法》第 21 条规定,劳动争议仲裁委员会负责管辖本区域内发生的劳动争议。劳动争议由劳动合同履行地或者用人单位所在地的劳动争议仲裁委员会管辖。双方当事人分别向劳动合同履行地和用人单位所在地的劳动争议仲裁委员会申请仲裁的,由劳动合同履行地的劳动争议仲裁委员会管辖。

(四)劳动争议仲裁程序

劳动争议仲裁程序一般包括以下几个阶段:

1. 仲裁申请和受理

当事人申请是仲裁委员会处理劳动争议的先决条件,也是必经程序。劳动争议申请仲裁的时效期间为 1 年。仲裁时效期间从当事人知道或者应当知道权利被侵害之日起计算。申请时应提交书面申请,并按被诉人数提交副本。根据《劳动争议调解仲裁法》第 28 条规定,仲裁申请书按规定写明如下事项:劳动者的姓名、职业、住址、工作单位住所、通讯地址和联系电话;用人单位的名称、地址和法定代表人或者主要负责人的姓名、职务;仲裁请求及事实和理由;证据和证据来源、证人的姓名和住址。书写仲裁申请确有困难的,可以口头申请,由劳动争议仲裁委员会记入笔录,经申请人签名或者盖章确认。

仲裁委员会的办事机构在收到申诉书后,根据《劳动争议仲裁委员会办案规则》第 12 条规定,应当审查以下内容:(1) 申诉人是否为与本案有直接利害关系的当事人;(2) 申请仲裁的争议是否属于劳动争议。(3) 申请仲裁的争议内容是否为仲裁委员会受理的内容。(4) 案件是否归本仲裁委员会管辖。(5) 当事人的申请书及有关材料是否齐备并符合要求。(6) 是否符合法律规定的时效期限。

劳动争议仲裁委员会收到仲裁申请之日起5日内，认为符合受理条件的，应当受理，并通知申请人；认为不符合受理条件的，应当书面通知申请人不予受理，并说明理由。对劳动争议仲裁委员会不予受理或者逾期未作出决定的，申请人可以就该劳动争议事项向人民法院提起诉讼。

劳动争议仲裁委员会受理仲裁申请后，应当在5日内将仲裁申请书副本送达被申请人。

被申请人收到仲裁申请书副本后，应当在10日内向劳动争议仲裁委员会提交答辩书。劳动争议仲裁委员会收到答辩书后，应当在5日内将答辩书副本送达申请人。被申请人未提交答辩书的，不影响仲裁程序的进行。

仲裁委员会决定受理的争议案件，在向被申请人送达申请书副本后即按《劳动争议仲裁委员会组织规则》，依法组成仲裁庭，着手进行案件审理准备工作。

2. 审理

审理一般经过以下几个程序：

(1) 组成仲裁庭。《劳动争议调解仲裁法》第31、32条规定，仲裁庭由3名仲裁员组成，设首席仲裁员。简单劳动争议案件可以由1名仲裁员独任仲裁。劳动争议仲裁委员会应当在受理仲裁申请之日起5日内将仲裁庭的组成情况书面通知当事人。

(2) 进行审理准备。《劳动争议仲裁委员会办案规则》第20条规定，仲裁庭成员应认真审阅申诉、答辩材料，调查、收集证据，查明争议事实。

(3) 开庭审理。《劳动争议调解仲裁法》第35、36条规定，仲裁庭应当在开庭5日前，将开庭日期、地点书面通知双方当事人。当事人有正当理由的，可以在开庭3日前请求延期开庭。是否延期，由劳动争议仲裁委员会决定；申请人收到书面通知，无正当理由拒不到庭或者未经仲裁庭同意中途退庭的，可以视为撤回仲裁申请。被申请人收到书面通知，无正当理由拒不到庭或者未经仲裁庭同意中途退庭的，可以缺席裁决。

《劳动争议调解仲裁法》第41条规定，当事人申请劳动争议仲裁后，可以自行和解。达成和解协议的，可以撤回仲裁申请。

(4) 鉴定。仲裁庭对专门性问题认为需要鉴定的，可以交由当事人约定的鉴定机构鉴定；当事人没有约定或者无法达成约定的，由仲裁庭指定的鉴定机构鉴定。根据当事人的请求或者仲裁庭的要求，鉴定机构应当派鉴定人参加开庭。当事人经仲裁庭许可，可以向鉴定人提问。

(5) 质证和辩论。当事人在仲裁过程中有权进行质证和辩论。质证和辩论终结时，首席仲裁员或者独任仲裁员应当征询当事人的最后意见。

当事人提供的证据经查证属实的，仲裁庭应当将其作为认定事实的根据。

劳动者无法提供由用人单位掌握管理的与仲裁请求有关的证据,仲裁庭可以要求用人单位在指定期限内提供。用人单位在指定期限内不提供的,应当承担不利后果。

(6) 调解。调解是仲裁中的先行程序。仲裁庭在作出裁决前,应当先行调解。调解达成协议的,仲裁庭应当制作调解书。调解书应当写明仲裁请求和当事人协议的结果。调解书由仲裁员签名,加盖劳动争议仲裁委员会印章,送达双方当事人。调解书经双方当事人签收后,发生法律效力。

调解不成或者调解书送达前,一方当事人反悔的,仲裁庭应当及时作出裁决。

(7) 裁决。进行仲裁应充分听取申诉人的申诉和被诉人的答辩;裁决应当按照多数仲裁员的意见作出,少数仲裁员的不同意见应当记入笔录。仲裁庭不能形成多数意见时,裁决应当按照首席仲裁员的意见作出。裁决作出后,应当制作仲裁裁决书。如果一方或双方当事人对裁决不服,不得申请复议,也不得向上级仲裁机构再申请仲裁,只能在法定期限内向人民法院起诉。

仲裁调解书和裁决书,都应由仲裁员署名,并加盖仲裁委员会印章。调解书还应由双方当事人签名或盖章。

仲裁庭裁决劳动争议案件时,其中一部分事实已经清楚的,可以就该部分先行裁决。

仲裁庭对追索劳动报酬、工伤医疗费、经济补偿或者赔偿金的案件,根据当事人的申请,可以裁决先予执行,移送人民法院执行。仲裁庭裁决先予执行的,应当符合下列条件:当事人之间权利义务关系明确、不先予执行将严重影响申请人的生活。劳动者申请先予执行的,可以不提供担保。

(8) 仲裁庭裁决劳动争议案件,应当自劳动争议仲裁委员会受理仲裁申请之日起 45 日内结束。案情复杂需要延期的,经劳动争议仲裁委员会主任批准,可以延期并书面通知当事人,但是延长期限不得超过 15 日。逾期未作出仲裁裁决的,当事人可以就该劳动争议事项向人民法院提起诉讼。

(9) 终局裁决。根据最高人民法院《关于审理劳动争议案件适用法律若干问题的解释(三)》(2010 年 9 月 14 日起施行)的规定,下列劳动争议,除另有规定的外,仲裁裁决为终局裁决,裁决书自作出之日起发生法律效力:第一,追索劳动报酬、工伤医疗费、经济补偿或者赔偿金,不超过当地月最低工资标准 12 个月金额的争议;第二,因执行国家的劳动标准在工作时间、休息休假、社会保险等方面发生的争议。

(10) 仲裁裁决的撤销。用人单位有证据证明终局仲裁裁决有下列情形之一的,可以自收到仲裁裁决书之日起 30 日内向劳动争议仲裁委员会所在地的中级人民法院申请撤销裁决:适用法律、法规确有错误的;劳动争议仲裁委员会无管辖权的；违反法定程序的；裁决所根据的证据是伪造的；对方当事人隐瞒了足以影响公正裁决的证据的；仲裁员在仲裁该案时有索贿受贿、徇私舞弊、枉法裁决行为的。

人民法院经组成合议庭审查核实裁决有上述情形之一的，应当裁定撤销。

仲裁裁决被人民法院裁定撤销的，当事人可以自收到裁定书之日起 15 日内就该劳动争议事项向人民法院提起诉讼。

3. 执行

劳动争议当事人在收到仲裁裁决书之日起 15 日内不向法院提起诉讼，裁决书即发生法律效力；仲裁调解书一经送达当事人，即产生法律约束力。生效的上述法律文书同人民法院的判决、裁定具有同等的法律效力，当事人应当自觉严格履行。如果当事人不履行或者不完全履行已生效的调解书、裁决书的，另一方当事人可以向人民法院申请强制执行。

劳动争议仲裁不收费。劳动争议仲裁委员会的经费由财政予以保障。

三、劳动争议的诉讼

劳动争议诉讼是指发生劳动争议的当事人一方或双方对劳动争议仲裁委员会的裁决不服，在法定的期限内，持有劳动争议仲裁委员会裁决结果向人民法院起诉；或者劳动争议当事人一方或双方直接向人民法院起诉，由人民法院依民事诉讼程序进行审理的法律活动。我国《劳动合同法》第 77 条规定："劳动者合法权益受到侵害的，有权要求有关部门依法处理，或者依法申请仲裁、提起诉讼。"

（一）劳动争议案件的受理范围

根据我国现行劳动法律法规的规定，劳动争议的诉讼必须以仲裁为前提，只有当争议当事人对仲裁裁决不服或者仲裁予以受理等情况下，当事人才能向人民法院提起劳动争议诉讼，仅有部门劳动争议可以不经仲裁直接提起诉讼，根据《最高人民法院关于审理劳动争议案件适用法律若干问题的解释(二)》第 3 条规定，劳动者以用人单位的工资欠条为证据直接向人民法院起诉，诉讼请求不涉及劳动关系其他争议的，视为拖欠劳动报酬争议，按照普通民事纠纷受理。

因此可以肯定劳动争议仲裁与劳动争议诉讼的受案范围基本一致，同时《最高人民法院关于审理劳动争议案件适用法律若干问题的解释(二)》第 7 条还以列举方式，列明不属于劳动争议的范畴：(1) 劳动者请求社会保险经办机构发放社会保险金的纠纷；(2) 劳动者与用人单位因住房制度改革产生的公有住房转让纠纷；(3) 劳动者对劳动能力鉴定委员会的伤残等级鉴定结论或者对职业病诊断鉴定委员会的职业病诊断鉴定结论的异议纠纷；(4) 家庭或者个人与家政服务人员之间的纠纷；(5) 个体工匠与帮工、学徒之间的纠纷；(6) 农村承包经营户与受雇人之间的纠纷。

争议主体范围包括:(1) 我国境内的各类企业与职工;(2) 学徒与个体工商户、帮工;(3) 国家机关、事业组织、社会团体与其聘用工作人员;(4) 军警相关机关、事业组织、相关企业与无军籍职工;(5) 离退休后的返聘人员。

(二) 劳动争议案件的诉讼管辖

劳动争议案件的诉讼管辖,是人民法院之间对劳动争议案件的具体分工。主要包括地域管辖和级别管辖。

1. 地域管辖

地辖管辖是指法院对劳动争议诉讼案件的受理分工按照行政地域和争议案件的隶属关系确定。目前,负责处理该劳动争议的仲裁委员会所在地的人民法院受理劳动争议案件。此种管辖具有排他性。若劳动争议当事人一方或双方不服仲裁裁决的,只能向仲裁委员会所在地人民法院起诉,其他法院无管辖权。

2. 级别管辖

级别管辖是指根据劳动争议案件的性质、涉案金额、影响程度大小等因素,确定某一级人民法院对劳动争议案件的受理。目前,我国还没有劳动争议案件诉讼级别管辖的具体规定。在审判实践中某些地区根据法律规定,制定了级别管辖的具体办法。其内容主要是:根据劳动争议仲裁委员会的级别来确定相应诉讼管辖的级别。如不服县(市)、区劳动争议仲裁委员会的仲裁裁决,由该仲裁委员会所在地的县(市)、区人民法院管辖;不服市劳动争议仲裁委员会仲裁裁决,由该仲裁委员会所在地的市中级人民法院管辖。

(三) 劳动争议案件的受理条件

(1) 根据“劳动争议仲裁前置程序”,必须先经过仲裁委员会的仲裁。当事人向法院起诉,必须持有仲裁委员会仲裁裁决书。(2) 必须在法律规定的时效内提起诉讼,即在接到仲裁决定书之日起 15 日内向人民法院起诉,超过 15 日的,人民法院不予受理。(3) 争议案件属于受诉人民法院管辖。

劳动争议必须同时具备以上三个条件,否则法院不予立案受理。未经过仲裁的,人民法院应告知当事人先向仲裁委员会申请处理;超过 15 日起诉期才接到仲裁裁决书的劳动争议,人民法院应告知当事人一方不予受理的理由。当事人向人民法院申请强制执行的,人民法院应审查已生效的法院判决书或仲裁裁决书,再予以强制执行。对于不属于本法院管辖的劳动争议案件,应告知当事人向有管辖权的人民法院起诉,或立案后移送有管辖权的人民法院审理。

诉讼是劳动争议处理的最后程序,是法院对劳动争议行使的最终裁判。法院审理劳动争议案件,应遵循《中华人民共和国民事诉讼法》的基本原则,执行两审终审制。

四、集体劳动争议的处理

集体劳动争议是指争议劳动者一方在 3 人或 3 人以上，基于同一事实，具有共同申诉理由的劳动争议。集体劳动争议主要是因签订集体合同和履行集体合同过程中引发的争议，这类争议影响大，既涉及企业职工的切身利益，也涉及企业的整个生产经营活动能否正常进行，若不及时处理势必危及社会的稳定大局。因此，在处理此类纠纷时，必然不同于一般的劳动争议处理程序。

处理集体劳动争议，应当遵照从速、就近、就地的原则。根据《劳动人事争议仲裁组织规则》第 13 条规定，应当由三名仲裁员组成仲裁庭，设首席仲裁员。设在发生争议的企业或附近的地方，便利当事人参与。

根据集体争议性质不同，劳动法规定了不同的处理方式：因签订集体合同发生的争议，争议双方首先应当协商解决，协商不成的，可以由当地人民政府组织有关方面协调处理。因履行集体合同发生的争议，当事人也应当先行协商解决，协商不成的，向劳动争议仲裁委员会申请仲裁；对仲裁裁决不服的，可以自收到仲裁裁决书之日 15 日内向人民法院提起诉讼。

第四节　我国劳动争议处理立法的完善

伴随着市场经济体制改革的进一步深化，生产的社会化呈现出多样化、密集化、高强度、脑力化发展，劳动用工制度发生了翻天覆地的变化，特别是《劳动合同法》颁布实施以来，劳动用工合同化模式越来越根深蒂固，劳动者法律维权意识日益增强。导致近年来，劳动争议案件日渐增多，劳动立法工作明显滞后，部分法律法规出现相互矛盾冲突现象，新的劳动案件层出不穷，如职场性骚扰、过劳死、私人雇用保姆和家教产生的纠纷等，用现行劳动法律法规无法解决，执法部门无法可循，当事人“告状无门”。加之，部分用工企业认为目前劳动立法过分偏向劳动者一方，进而增加用工成本，对劳动立法出现消极抵制情绪。因此，劳动争议的正确处置和及时处理提上了劳动立法的议事日程。

一、劳动争议案件的定性问题

依照《劳动法》和《劳动争议调解仲裁法》的规定，我国现阶段劳动争议处理机构的受案范围是在中华人民共和国境内国家机关、事业单位、社会团体、个体工商户等组织与其存在劳动关系的劳动者之间产生的劳动争议纠纷。依照《劳动争议调解仲裁法》的规定，具体归纳为下列几种争议：(1) 因确认劳动关系发生的争议；(2) 因订立、履行、变更、解除和终止劳动合同发生的争议；(3) 因除名、辞退和辞职、离职发生的争议；(4) 因工作时间、休息休假、社会保险、福利、培训以及劳动保护发生的争议;(5) 因劳动报酬、工伤医疗费、经济补偿或者赔偿金等发生的争议;(6) 法律、法规规定的其他劳动争议。上述各类劳动争议在理论和司法实践中主要涉及以下问题。①

（一）劳动争议受案范围的外延问题

诚然广义上讲劳动争议范围涵盖劳资双方劳动关系的确认、劳动权利和义务的履行等方面。在争议的主体上存在特定性,即局限于劳动者和用人单位,劳动者之间、用人单位之间若发生争议,完全被排除在外。同时双方当事人的争议也仅仅局限于实现劳动过程和劳动过程中产生的争议。基于此,某些纠纷就不能用劳动法来调解,如职场性骚扰问题。(1) 特定性:特定为劳动者和用人单位。职工相互之间、用人单位相互之间发生的争议不属于劳动争议。(2) 局限性:争议的当事人局限于为实现劳动过程或劳动过程中发生的后果中的职工、用人单位。(3) 独立性:当事人在不同的劳动争议处理方式中都是不同处理程序的独立主体,并且称谓及权利义务地位各有所不同。

（二）劳动争议与劳务争议的问题

劳动争议与劳务争议之基于劳动关系与劳务关系的区别,两者争议的标的一个属于劳动合同所确立的权利义务,一个属于劳务合同所确立的权利义务,两者极易混淆。狭义的劳务合同仅指一般的雇佣合同,但我国目前《合同法》并未对雇佣合同有明确的定位。因此,两者争议的区别表现在:(1) 调整的法律不同。劳动争议适用于劳动法来调整,而劳务争议适用于民法来调整。(2) 争议的主体不同。劳动争议局限于用人单位与劳动者之间,而劳务争议既可以是劳务用工单位与劳动者之间、也可以是劳务用工单位之间,均可,外延比较宽泛。(3) 主体之间的行政隶属关系不同。劳动争议双方存在行政隶属关系,制约性强,而劳务争议双方关系则比较松散,隶属性不强。(4)争议解决的途径不同。劳动争议适用“一协一调一裁两审”制度,劳务争议既可适用经济仲裁、也可直接进行诉讼。但是随着非全日制用工关系的日益增多,用工形式复杂多样,两者的界限出现模糊现象,外延交叉,如帮工、学徒之类,与劳动关系极为相似,甚至本身就是一种劳动关系,应该属于《劳动法》的调整范围。由于目前的立法并未明确以上内容的外延,因此可能出现“两不管”的局面,即可能出现劳动争议处理机构和民事争议处理机构都不管的情况。本书认为,归根结底应该是以双方当事人是否存在劳动法律关系为基础,若有劳动关系且缴纳了社会保险金,则毫无疑问一律适用劳动法律法规来调整,该争议应定性为劳动争议,这其中应该也包括部分雇佣合同及劳务合同产生的争议。事实劳动关系依照劳动部《关于贯彻执行劳动法若干意见的规定》执行,同样适用《劳动法》相关规定。符合劳动合同法

① 参见徐智华:《劳动争议处理几个疑难问题研究》,载《中国法学》2003年第3期。

律规定的，责令用人单位与劳动者补签合同及办理相关的手续；对于非法用工而形成的劳动关系，则依法撤销事实劳动关系，并追究法律责任。

二、对劳动争议仲裁前置程序的法律思考

1995 年实施的《劳动法》确立了“劳动争议仲裁前置程序”，诉讼的前提条件是先进行劳动争议仲裁。2008 年实施的《劳动争议调解仲裁法》对现有劳动争议处理制度中仲裁和诉讼的关系，作了一项较大的调整。这种调整将对未来劳动争议处理制度的立法走向起到较为深远的影响。

（一）旧有的“仲裁前置程序”制度缺陷

根据《劳动法》《劳动争议调解仲裁法》的规定，我国目前的劳动争议处理体制实行的是“协商自由、调解自愿、仲裁强制、先裁后审”的处理机制。

根据以上法律规范规定，协商和调解均是自愿的，而且也不是劳动争议处理的必经程序。争议双方若协商或调解不成，可进入仲裁程序，但是，仲裁是强制的。只有先进行仲裁，对裁决不服的，才可提起诉讼，诉讼程序和民事诉讼程序一样，均是“两审终审制”。这就是我国劳动争议的“一协一调一裁两审”制度。

我国现行劳动争议调处机制的最大特色，在于将协商、调解、仲裁、诉讼四者有机结合，并形成以“仲裁”为中心的协调互补型关系。

立法者制定此种调处机制的初衷，在于将劳动争议仲裁委员会作为劳动争议案件处理的缓冲地带，面对日益增多的案件，在减缓法院工作压力方面，起到了一定的积极作用。但随着案件数量的日益剧增和争议内容的复杂多样，以及法院民事审判的专业化、规范化，该机制存在的问题日益突出。

据统计，经法院审理的劳动争议案件以年均 20％的速度递增。究其原因，因为仲裁裁决不具有终局效力，当事人任何一方均可以提起诉讼，到了诉讼阶段，又是两审终审，审理一切又必须重新开始。这样，“仲裁”的影响力日渐式微，有点“鸡肋”般的感觉。

仲裁的作用在于其自身的灵活性、独立性、时效性、公信力。但是，我国的仲裁制度行政化、诉讼化色彩浓厚，从而导致公信力不足、处理争议过于片面化。这个设计存在制度上的缺陷。

诉讼的优点在于客观、公正、公信力高，缺陷是程序繁琐、耗时长，过于刚性。但是，在大量劳动争议中处于弱势地位的劳动者往往需要及时、简便、公平地解决问题，这些都是司法所不具备的。所以，诉讼应该是劳动争议当事人的最后选择而不是必须选择。就整个争议调处机制来讲，诉讼是终极保障，具有补充性的，而非主要救济渠道。但是，在行政化、诉讼化包围下的仲裁制度，先裁后审的构架必然使大量争议流入诉讼渠道，寻求司法公正救济。

此种结果，使得处理时间过于冗长，让劳动争议处理程序弊端凸显。现实

中,劳动争议的官司延续一年时间非常常见,有些用人单位甚至还打出“将官司进行到底”的口号,这显然与劳动争议处理及时性要求背道而驰。

显而易见,在经济飞速发展的今天,现行的劳动争议处理体制已不再适用,问题丛生,亟待改革。

(二)《劳动争议调解仲裁法》中有关争议调处机制规定存在的问题

2008 年颁布实施的《劳动争议调解仲裁法》对劳动争议处理体制作了重大调整。具体表现在,“一般劳动争议”与“特殊劳动争议”适用调处程序不同。

《劳动争议调解仲裁法》第 5 条明确规定,发生劳动争议,当事人不愿协商、协商不成或者达成和解协议后不履行的,可以向调解组织申请调解;不愿调解、调解不成或者达成调解协议后不履行的,可以向劳动争议仲裁委员会申请仲裁;对仲裁裁决不服的,除本法另有规定以外,可以向人民法院提起诉讼。

可以看出,该法基本维持原有《劳动法》的争议处理体制,即一般劳动争议仍维持采取“一协一调一裁两审”制度。但是,该法同时规定,“对仲裁裁决不服的,除本法另有规定以外,可以向人民法院提起诉讼”。这里的“另有规定”是指其第 47 条:“下列劳动争议,除本法另有规定的外,仲裁裁决为终局裁决,裁决书自作出之日起发生法律效力:① 追索劳动报酬、工伤医疗费、经济补偿或者赔偿金,不超过当地月最低工资标准 12 个月金额的争议;② 因执行国家的劳动标准在工作时间、休息休假、社会保险等方面发生的争议。”

从法律表述来看,《劳动争议调解仲裁法》完成了“仲裁”与“诉讼”的阶段性分离。即在法律规定的争议类型中,仲裁是终局裁决,不再是当事人起诉到法院就马上失去效力的“鸡肋”,仲裁裁决一经作出就发生法律效力。

理论上讲,仲裁裁决生效,当事人就无权就生效的法律裁决进行诉讼。即仲裁与诉讼既然已经分离,就不应该“拖泥带水”。

令人困惑的是,对于前述两类劳动争议,《劳动争议调解仲裁法》却作出了劳动者“对第 47 条规定的仲裁裁决不服的,可以自收到仲裁裁决书之日起十五日内向人民法院提起诉讼”这样的规定。该法条的意思是,如果劳动者对劳动仲裁结果满意,不再提起诉讼,那么仲裁裁决即时生效,用人单位只能被动接受,一般不能另行起诉。这相当于对用人单位的部分“诉权”进行了剥夺。

当然,为了保障裁决的公正性,《劳动争议调解仲裁法》也进行了补充规定。即用人单位有证据证明该法第 47 条规定的仲裁裁决有下列情形之一的,可以自收到仲裁裁决书之日起 30 日内向劳动争议仲裁委员会所在地的中级人民法院申请撤销裁决:(1) 适用法律、法规确有错误的;(2) 劳动争议仲裁委员会无管辖权的;(3) 违反法定程序的;(4) 裁决所根据的证据是伪造的;(5) 对方当事人隐瞒了足以影响公正裁决的证据的;(6) 仲裁员在仲裁该案时有索贿受贿、徇私舞弊、枉法裁决行为的。

《劳动争议调解仲裁法》还规定，对于上述案件，人民法院经组成合议庭审查核实裁决有上述情形之一的，应当裁定撤销。仲裁裁决被人民法院裁定撤销的，当事人可以自收到裁定书之日起15日内就该劳动争议事项向人民法院提起诉讼。这本来是坚持了有错必纠，但也带来另一个矛盾：如果用人单位继续利用此项制度与劳动者纠缠，将会使劳动争议处理程序依然变得冗长，无法达到维权的目的。

因此，未来的立法一定要树立先予执行的目标，即在仲裁裁决生效后，应当立即执行仲裁裁决，除非法院认为应当立即停止执行。

附　录

一、本章重点问题提示

依据《劳动争议调解仲裁法》第2条的规定，劳动争议受理范围适用于以下劳动纠纷：因确认劳动关系发生的争议；因订立、履行、变更、解除和终止劳动合同发生的争议；因除名、辞退和辞职、离职发生的争议；因工作时间、休息休假、社会保险、福利、培训以及劳动保护发生的争议；因劳动报酬、工伤医疗费、经济补偿或者赔偿金等发生的争议；法律、法规规定的其他劳动争议。

问题一：试列举劳动合同解除发生争议的形式及解决依据

1. 由劳动者来解除劳动合同。《劳动法》第31条规定劳动者解除劳动合同，应当提前30日以书面形式通知用人单位，这是法律法规赋予劳动者单方解除合同的权利，只要构成前述条件，便无须征得用人单位的同意，因此劳动者提前解除合同的，是行使辞职权的行为，不应当承担违约责任，也谈不上违约金的问题。

2. 由用人单位来解除合同。用人单位作出的解除劳动合同的决定，未向劳动者送达或者在送达不能时没有以公告、布告等形式公之于众的，该决定对劳动者不发生约束力，劳动者请求撤销该决定的，法院应当予以撤销。根据最高人民法院《关于审理劳动合同争议案件适用法律若干问题的解释》第13条的规定，用人单位不仅应当对解除合同的事由负举证责任，而且应当对决定告知或者书面告知的负举证责任。需注意的是，用人单位解除劳动合同的处理决定被撤销后，应当按照劳动者的原工资标准赔偿劳动者的损失；如果诉讼期间劳动合同期限届满的，人民法院可以参照当地最低工资标准判令一次性支付劳动者自劳动合同届满之日至判决之日的必要生活费。

3. 出具劳动合同解除证据方面的争议。根据劳动部《关于实行劳动合同制度若干问题的通知》第17条的规定，用人单位招用职工时应当查验解除劳动证明，也就是说解除劳动合同证明是劳动者被用人单位录用审核的一个条件。劳动合同解除后，根据《合同法》的相关条文，合同关系终止，合同当事人之间仍然有通知、协助、保密等附随义务。所以用人单位应当自解除合同之日，及时向劳动者出具解除合同证明,证明内容应当包括合同订立、履行、解除的时间等内容,用人单位不出具解除合同证明而发生的纠纷,属于劳动争议的范围,人民法院应当受理并及时作出判决;用人单位不出具解除合同证明影响劳动者就业,劳动者提出赔偿要求的,应当支持。用人单位出具的合同解除证明涉及对当事人人品等评价的,应当客观、真实,不得有侮辱当事人人格等内容,如果用人单位证明的内容侵犯当事人人格权的,当事人可以一般民事案件起诉,不属于劳动争议。

4. 办理解除手续方面的争议。劳动合同解除后,用人单位不及时办理劳动者档案转移和社会保险关系转移手续,用人单位不得以双方没有结清欠款或劳动者未支付有关赔偿金为由扣留劳动者档案或不办理有关手续,劳动者要求办理相关手续的,人民法院应当支持。如因用人单位的行为直接导致劳动者无法就业而造成劳动者损失的,应当承担赔偿责任。

问题二:试述劳动争议和劳务争议处理的区别

劳动争议与劳务争议之基于劳动关系与劳务关系的区别,两者争议的标的一个属于劳动合同所确立的权利义务,一个属于劳务合同所确立的权利义务,两者极易混淆。狭义的劳务合同仅指一般的雇佣合同,但我国目前《合同法》并未对雇佣合同有明确的定位。因此,两者争议的区别表现在:(1) 调整的法律不同。劳动争议适用于劳动法来调整,而劳务争议适用于民法来调整。(2) 争议的主体不同。劳动争议局限于用人单位与劳动者之间,而劳务争议既可以是劳务用工单位与劳动者之间、也可以是劳务用工单位之间,均可,外延比较宽泛。(3) 主体之间的行政隶属关系不同。劳动争议双方存在行政隶属关系,制约性强,而劳务争议双方关系则比较松散,隶属性不强。(4) 争议解决的途径不同。劳动争议适用"一协一调一裁两审"制度,劳务争议既可适用经济仲裁、也可直接进行诉讼。

二、复习思考题

1. 简述劳动争议的范围。
2. 试述我国劳动争议处理制度的概况。
3. 简述劳动争议仲裁和劳动争议诉讼之间的关系。
4. 试分析我国劳动争议仲裁委员会的法律地位。
5. 试分析劳动争议仲裁的法律性质。

第十五章　劳动监察制度

内容提要

我国不仅在1993年8月颁布了《劳动监察规定》，还在2004年11月颁布了《劳动保障监察条例》，为开展劳动监察提供了法律保障。劳动监察，是指依法享有劳动监察权的专门机构和人员，对用人单位执行劳动法的整个过程，进行监督、检查并对违法行为予以处罚的活动的总称。本章从劳动监察制度的基本内涵出发，详细论述了劳动监察与一般劳动监督检查的关系。接着具体阐释了劳动监察的相关基本知识，比如对劳动监察员的任命要严格按照国家的劳动监察员任职资格来进行；规范性的劳动监察程序是保障劳动者基本权益的重要基石，所以本章依托《劳动保障监察条例》的相关规定，对劳动监察的程序作了非常详细的论述。

关键词

劳动监察　劳动监察员　劳动执法监察　行政复议　行政处罚

第一节　劳动监察制度概述

一、劳动监察的概念

劳动监察，是指依法享有劳动监察权的专门机构和人员，对用人单位执行劳动法的整个过程，进行监督、检查并对违法行为予以处罚的活动的总称。

劳动监察具有如下特征：

(1) 专门性。劳动监察是由依法成立的专门机构和人员对用人单位遵守劳动法的整个过程所实施的专门监督。

(2) 法定性。劳动监察是经法律授权代表国家行使监察权力，劳动监察的规则直接为法律所规定，并且这种法律规定是强行性规范。

(3) 行政性。劳动监察属于行政执法和行政监督的范畴，它是行政监督体系中针对用人单位执行《劳动法》和《劳动保障监察条例》的情况所实施的劳动方面的监督。

(4) 处罚性。劳动监察机构及其工作人员对用人单位违反劳动法的行为依法享有处罚权。

二、劳动监察与一般劳动监督检查的联系和区别

一般的劳动监督检查,是指劳动行政主管机关、工会等群众团体对用人单位的监督和检查。

劳动监察与一般劳动监督检查有着密不可分的联系,二者有着共同的监督对象,在实现监督检查过程中,二者相互配合,起着互为补充的作用。

劳动监察与一般劳动监督检查既有联系,又有区别,其区别主要表现为以下几点:

(1) 主体不同。劳动监察是由依法成立的专门机构组织实施的;而一般劳动监督检查是由工会等非专门机构组织实施的。

(2) 职权范围不同。劳动监察是对用人单位进行全面的综合性的监督检查,当发现用人单位有违法现象时,劳动监察机构有处分权;而一般劳动监督检查在对用人单位进行监督和检查的过程中,若发现用人单位有违法现象,需要进行处罚时,还必须通过劳动监察机构行使处罚权,工会等群众团体只有监督权,并无处罚权。

(3) 监督范围不同。劳动监察是全面的劳动监督,它涉及的范围比较广,不论哪一种劳动关系,也不论用人单位的隶属关系等等,都可以纳入劳动监察的范围;而一般劳动监督检查,仅限于对本行业、本系统、本单位的监督。

(4) 监督的法律效力不同。劳动监察是具有高度权威性的劳动监督,劳动监察机构是代表国家行使权力,其监察决定具有法律效力;而一般劳动监督检查的权限,不是由法律直接规定的,如劳动行政部门中各职能机构的监督权限,是基于内部职权分工形成的,至于工会等群众团体的监督则属于社会监督,它主要是通过检举、控告和建议的方式来实现。

三、劳动监察的意义

在我国,劳动监察立法一直是劳动立法的一个重要组成部分。1993 年劳动部制定了《矿山安全监察条例》《压力锅容器安全监察暂行条例》及其《实施细则》等项法规,初步形成一套较为完善的劳动保护监察制度,但其他方面的劳动监察立法仍然十分薄弱。随着《劳动法》的颁布,许多配套的单行法规也陆续出台,特别是 2004 年 12 月 1 日起施行的《劳动保障监察条例》,对于健全我国劳动监察制度具有十分重大的意义。

（一）劳动监察是加强和完善劳动法制建设的重要措施

劳动法制建设包括两个方面，即劳动立法和劳动执法，二者相辅相成、相互联系、缺一不可。劳动立法是劳动法制建设的前提条件，加强劳动立法，为确立劳动关系、保护劳动者的合法权益等方面提供了法律依据；而劳动执法是实现劳动法立法宗旨的关键环节，对用人单位实施劳动监察，督促其严格遵守劳动法律，才能更好地保护劳动者的合法权益，从而使劳动立法的目的得以实现。

（二）劳动监察有利于增强用人单位的法制观念，预防和制止违法行为

在社会主义市场经济条件下，劳动力资源的配置主要是通过市场机制来实现的，劳动合同是确立劳动关系的最常见形式，《劳动法》为规范劳动合同、调节各种劳动关系提供了基本的法律依据。但是在《劳动法》实施过程中还存在着许多问题：如有的用人单位不关心职工的人身安全和身体健康，迫使职工签订“生死合同”，强令职工在不符合安全卫生的条件下劳动，致使生产事故不断发生；有的用人单位随意扣发职工的工资、随意辞退或开除职工，严重侵犯劳动者的合法权益。因此只有建立和健全劳动监察制度，增强劳动执法的力度，才能促使用人单位更好贯彻和执行劳动法，切实维护劳动者的合法权益。

（三）劳动监察能够切实维护劳动者的合法权益

劳动者与用人单位建立劳动关系后，尽管在行政上存在着隶属关系，劳动者必须遵守用人单位内部的规章，尽职尽责，按时按质地完成劳动任务。但同时，法律也赋予了劳动者许多权利，如享受劳动报酬、社会保险、休息休假等权利。加强劳动监督，可以促使用人单位依法、如实履行自己所承担的义务，从而使劳动者的权利最终得到实现。

第二节　劳动监察制度的基本内容

一、劳动监察的主体

（一）劳动监察机构

劳动监察机构，是依法享有监察权并代表国家对用人单位遵守劳动法的情况实行监督的专门机构。

劳动监察机构，属于行政机构，其行为具有行政行为的基本特征：(1) 劳动监察的行为是国家行政机关的行为，而不是企业事业单位、群众组织或公民个人的行为。(2) 劳动监察行为的实施要有法律依据，即必须依法行使自己的权力。(3) 劳动监察行为是一种带有法律强制力的行为。因为，劳动监察是根据法律、法规、规章或授权而为的，目的在于确定或免除相对人（用人单位）的部分权利和义务，所以它会带来法律后果。

此外,劳动监察是行政法律行为,即劳动监察主体必须依照劳动法律、法规为或不为某种行为;劳动监察也是行政执法行为,即劳动监察主体在其权限内依法进行劳动执法活动。

劳动监察机构虽属行政机构,但也有别于其他行政机构,这是由劳动监察机构本身的属性决定的。同时,劳动监察机构尽管设置在各级劳动部门,但它不同于劳动部门其他内设机构。其他机构是劳动部门的一般职能机构,相对说来不具有独立性。而劳动监察机构则是行使国家劳动监察职能的专门机构,它依法独立行使监察权而不受劳动部门其他内设机构以及劳动部门以外任何部门和个人的干预,其职权由法律规定,而不是由劳动部门通过内部分工来确定。

在我国,目前县级以上劳动部门都设置有劳动监察机构,全面行使劳动监察权。同时,在一些行(专)业还设置有专业性劳动监察部门,如劳动部和省级劳动部门设立的锅炉压力容器安全监察和矿山安全监察等监察部门。

(二) 劳动监察员

劳动监察员,国外也称劳工监察员,是指具体执行劳动监察的专职或兼职人员。

根据我国现行的法律规定,县级以上各级人民政府劳动部门根据工作需要,应当配备专职劳动监察员和兼职劳动监察员。专职劳动监察员是指劳动行政部门从事劳动监察工作的人员;兼职劳动监察员是指劳动行政部门非专门从事劳动监察工作的人员。

1994 年 11 月 14 日劳动部颁发的《劳动监察员管理办法》和 2004 年 11 月 1 日颁布的《劳动保障监察条例》,对劳动监察员作了下述规定:

1. 劳动监察员的任职条件

(1) 认真贯彻执行国家法律、法规和政策;(2) 熟悉劳动业务,熟练掌握和运用劳动法律、法规知识;(3) 坚持原则,作风正派,勤政廉洁;(4) 在劳动行政部门从事劳动行政业务工作 3 年以上,并经国务院劳动行政部门或省级劳动行政部门劳动监察专业培训合格。

2. 劳动监察员的任命程序

(1) 专职劳动监察员由劳动监察机构提出任命建议,并填写中华人民共和国劳动监察员审批表,经同级人事管理部门审核,报劳动行政部门批准;(2) 兼职劳动监察员由有关业务工作机构按规定条件推荐人选,并填写中华人民共和国劳动监察员审批表,经同级劳动监察机构和人事管理部门进行审核,报劳动行政部门批准;(3) 经批准任命的劳动监察员由劳动监察机构颁发劳动部统一监制的劳动监察员证;(4) 地方的劳动监察员的任命还应报上一级人民政府劳动行政部门备案。

3. 劳动监察员的职权

劳动监察员为执行公务，有权进入用人单位了解遵守劳动法律、法规的情况，查阅必要的资料，并对劳动场所进行检查。同时，劳动监察员执行公务时，必须出示中华人民共和国劳动监察证件，秉公执法，并遵守有关规定。

4. 劳动监察员的培训制度

各级劳动行政部门应建立劳动监察员培训制度，按岗位技能的要求，对劳动监察员进行职业技能、专业理论知识等方面的培训，提高劳动监察人员的素质。

5. 劳动监察员的考核制度

劳动监察员每3年进行一次考核验证。对经考核合格者换发新证，并填写《中华人民共和国劳动监察证件统计表》，逐级上报备案。持证人未按规定考核验证或经考核不能胜任劳动监察员工作的，注销其劳动监察证件。

6. 对劳动监察员的监督

劳动监察员如有越权或非在公务场合使用劳动监察证件，或利用职权谋取私利等情况时，任命机关应给予批评教育；情节严重的，撤销任命、收缴其劳动监察证件，并给予行政处分；触犯刑律的，由司法机关依法追究刑事责任。

二、劳动监察的范围

根据《劳动保障监察条例》的规定，劳动保障行政部门对下列事项实施劳动保障监察，包括：(1) 用人单位制定内部劳动保障规章制度的情况；(2) 用人单位与劳动者订立劳动合同的情况；(3) 用人单位遵守禁止使用童工规定的情况；(4) 用人单位遵守女职工和未成年工特殊劳动保护规定的情况；(5) 用人单位遵守工作时间和休息休假规定的情况；(6) 用人单位支付劳动者工资和执行最低工资标准的情况；(7) 用人单位参加各项社会保险和缴纳社会保险费的情况；(8) 职业介绍机构、职业技能培训机构和职业技能考核鉴定机构遵守国家有关职业介绍、职业技能培训和职业技能考核鉴定的规定的情况；(9) 法律、法规规定的其他劳动保障监察事项。

由此可见，被监察的主体仅限于用人单位，而不包括劳动者。因为劳动法对劳动者实行的是权利本位主义，对用人单位实行的则是义务本位主义。通过劳动监察监督用人单位依照法律的规定或约定认真履行义务，才能切实保障劳动者的合法权益。

三、劳动监察的基本原则

劳动监察的基本原则，是指导劳动监察活动、规范劳动监察行为的基本准则。劳动监察工作应当遵循以下原则：

（一）依法独立行使监察权原则

劳动监察机构在监察活动中，以法律、法规为准绳，不受其他行政机关、社会团体和个人的干涉，独立地行使监察权。

（二）实事求是原则

劳动监察机构在监察活动中，应当坚持一切从实际出发，深入调查研究，掌握第一手资料，作出准确的判断和公正的处理。

（三）惩处和教育相结合原则

劳动监察机构在整个监察活动中，都要将教育贯穿在惩处的全过程，惩处是手段，教育是目的，不能采取单纯的惩办主义，也不能一味地采取以教代惩的方法。只有将二者有机地结合起来，才能达到劳动监察的目的。

（四）公开性原则

劳动监察机构在监察工作中对有关案件调查处理，所依据的法律、法规以及有关政策要予以公开，应该让被监察的对象和社会公众了解，这是严肃执法、文明执法的前提。

四、劳动监察的权限

劳动监察的权限，是国家依法赋予劳动监察机构履行劳动监察职责的权力及其范围。

劳动监察机构具有以下权限：

（一）劳动监察的检查权

劳动监察的检查权，是指劳动监察机构依照法律、法规对用人单位执行劳动法的情况进行检查的权力。

劳动监察的检查权是劳动监察机构职能的体现，是由劳动监察的本质属性决定的。同时，劳动监察的检查权又是劳动监察机构履行职责的重要保证。检查权是劳动监察诸多权限中的最基本的权限之一。《劳动监察规定》中规定，劳动监察机构及劳动监察员有权根据工作需要随时进入有关单位进行检查，在必要时向用人单位下达《劳动监察询问通知书》《劳动监察指令书》，并要求用人单位在收到该通知书之日起10日内，向劳动监察机构作出书面答复。

（二）劳动监察的调查权

劳动监察的调查权，是指劳动监察机构依法进行调查的权力。

劳动监察的基本任务就是依法对用人单位进行监督检查。当发现问题需要处理时，劳动监察机构应该本着实事求是的原则，对发现的问题进行深入细致的了解，在全面掌握事实的前提下，进行公正处理。劳动监察的调查权具体表现在：进入现场；查阅、复制与监察事项有关的文件、资料；询问当事人及见证人等。

（三）劳动监察的建议权

劳动监察的建议权，是指劳动监察机构对被监察对象的行为进行监督检查之后，就监察事项涉及的有关问题，向被监察对象或相关部门提出建议的权力。

劳动监察机构根据检查、调查的情况，在必要的情况下，可以对被监察对象行使建议权，目的是督促被监察对象采取措施、改进工作。

劳动监察的建议权包括以下几个方面：(1) 对于不执行、不正确执行或者拖延执行国家劳动法律、法规以及规章的，可以要求其执行或者正确执行。(2) 对于用人单位发布的不适当的规章制度、命令指示等，可以要求其限期纠正、修改、补充、完善或撤销；已经给劳动者权益造成损害的，可以要求其采取必要的补救措施。(3) 对用人单位行为中缺点、漏洞和薄弱环节（如劳动安全卫生方面），建议其总结教训、认真加以改进。

劳动监察的建议权，是建立在建议合法合理，并与用人单位协商基础上的带有强制性的权力。劳动监察机构行使建议权，在通常情况下，重点在事先监督，立足于防微杜渐和防患于未然。因此，劳动监察机构通过监督检查发现问题，及时提出防范和制止的建议。

（四）劳动监察的处分权

劳动监察的处分权，是指劳动监察机构对于用人单位违反国家劳动法律、法规以及政策的行为，根据其违法事实、情节，按照权限的规定给予行政处分的权力。

根据我国现行法律、法规的规定，劳动监察机构有权对违反劳动法的用人单位，依法分别给予警告、通报批评、罚款、吊销许可证、责令停产整顿的处罚；对触犯其他行政法规的，建议有关行政机关给予行政处罚；对触犯刑法的，建议司法机关追究刑事责任，如人力资源和社会保障部 2012 年发布的《人力资源社会保障部关于加强对拒不支付劳动报酬案件查处工作的通知》（人社部发〔2012〕3 号）规定："人力资源社会保障部门要依法对用人单位遵守劳动保障法律、法规和规章的情况进行监督检查，通过各种检查方式监督用人单位劳动报酬支付情况，对涉嫌犯罪的案件，应按照《行政执法机关移送涉嫌犯罪案件的规定》的要求，核实案情向本部门负责人报告并经同意后制作《涉嫌犯罪案件移送书》，在规定期限内将案件向同级公安机关移送，并抄送同级人民检察院备案。"对阻挠、刁难、殴打劳动监察员、妨碍监察公务的，或者不按规定时间对《劳动监察询问通知书》《劳动监察指令书》作出答复的，以及不如实反映情况的，有权给予责任人员以一定的行政处分。

当然，劳动监察主体在行使其权利的同时，也应承担相应的义务。根据《劳动监察规定》的规定，劳动监察员应承担下列义务：(1) 秉公执法，不得滥用职权，不得徇私舞弊；(2) 不得向他人泄露案情以及用人单位的保密资料；(3) 为举报者保密。

五、劳动监察的程序

劳动监察必须遵循法定程序,这是劳动监察行为具有法律效力的一个必要条件。

劳动监察大体分为三大程序:

(一) 劳动执法监察程序

劳动执法监察是整个劳动监察程序中的组成部分,大致分为如下四个阶段:

(1) 准备阶段,即做好执法监察的准备工作,确定实施检查的人员;制定检查实施的方案。我国《劳动保障监察条例》第 16 条规定:"劳动保障监察员进行调查、检查,不得少于 2 人……"

(2) 实施阶段。这是对检查范围内的用人单位遵守劳动法的情况实际调查了解的阶段,也是全部检查活动过程中的关键性阶段。根据我国《劳动保障监察条例》第 15 条的规定:劳动保障行政部门实施劳动保障监察,有权采取下列调查、检查措施:第一,进入用人单位的劳动场所进行检查;第二,就调查、检查事项询问有关人员;第三,要求用人单位提供与调查、检查事项相关的文件资料,并作出解释和说明,必要时可以发出调查询问书;第四,采取记录、录音、录像、照相或者复制等方式收集有关情况和资料;第五,委托会计师事务所对用人单位工资支付、缴纳社会保险费的情况进行审计;第六,法律、法规规定可以由劳动保障行政部门采取的其他调查、检查措施。劳动保障行政部门对事实清楚、证据确凿、可以当场处理的违反劳动保障法律、法规或者规章的行为有权当场予以纠正。该《条例》第 16 条规定:"劳动保障监察员进行调查、检查,不得少于 2 人,并应当佩戴劳动保障监察标志、出示劳动保障监察证件。劳动保障监察员办理的劳动保障监察事项与本人或者近亲属有直接利害关系的,应当回避。"

(3) 终结处理阶段。这是根据调查了解所得到的事实和材料,依据劳动法律法规进行分析评价、作出处理的阶段。

(4) 写出检查的总结报告,即检查结果的书面材料,报告的主要内容应当包括:执法检查工作的基本情况;检查中发现的问题及倾向;对问题产生的原因的分析;处理意见(监察决定或监察建议)。

(二) 案件受理的程序

依据劳动部颁布的《劳动监察规定》,劳动监察机构对用人单位的违法行为,依照下列程序处理:

(1) 登记立案。对用人单位的违法行为,经审查认为有违法事实,需要依法追究的,应当登记立案。

(2) 调查取证。根据案件的情况,向有关方面进行调查,询问有关人员,搜集证据。

(3) 处理。劳动监察机构在听取当事人申辩的前提下,依法作出处理决定。

(4) 制作处理决定书。劳动监察机构作出处理决定,应当制作处理决定书。处理决定书应当载明:第一,被处罚(处理)单位名称、法定代表人、单位地址;第二,劳动保障行政部门认定的违法事实和主要证据;第三,劳动保障行政处罚(处理)的种类和依据;第四,处罚(处理)决定的履行方式和期限;第五,不服行政处罚(处理)决定,申请行政复议或者提起行政诉讼的途径和期限;第六,作出处罚(处理)决定的行政机关名称和作出处罚(处理)决定的日期。劳动保障行政处罚(处理)决定书应当加盖劳动保障行政部门印章。

劳动保障行政部门立案调查完成,应在 15 个工作日内作出行政处罚(行政处理或者责令改正)或者撤销立案决定;特殊情况,经劳动保障行政部门负责人批准可以延长。

(5) 送达。劳动监察机构在处理决定作出之日起 7 日内,应当将处理决定送达当事人。处理决定书自送达当事人之日起生效。

(三) 行政复议或行政诉讼

用人单位对劳动监察机构作出的处理决定不服的,可按照《行政诉讼法》《行政复议条例》的规定申请复议或起诉。但是,复议和诉讼期间,不影响原决定的执行。

用人单位逾期不申请复议、不起诉又不执行处理决定的,劳动监察机构可以申请人民法院强制执行。

六、工会劳动监督

我国一贯重视工会组织在劳动监督中的作用。早在 1950 年颁布的《工会法》中就规定工会有监督行政方面或资方遵守劳动法的责任。在 1992 年颁布的《工会法》中,对工会监督企业、事业单位行政方面遵守劳动法的若干权利和义务作了明确规定。我国的工会劳动监督制度,可分为普通劳动监督和劳动保护监督两种。

(一) 普通劳动监督

普通劳动监督,是指各级工会组织对用人单位遵守劳动保护法以外的劳动法律、规范的情况所进行的监督。其监督客体包括:用人单位遵守国家有关就业、劳动合同、工作时间和休息休假、工资报酬、职业培训和职业技能考核、职工保险福利等规定的情况,以及履行集体合同的情况。

县级以上工会领导机关和基层工会或职代会都设立工会劳动法律监督委员会(以下简称监督委员会),其中县级以上监督委员会由工会内部相关业务部门的人员组成,也可以吸收社会有关人士参加,其日常工作由工会有关部门负责。

各级监督委员会受同级工会委员会领导，并接受上级监督委员会的业务指导；职代会设立的监督委员会对职代会负责。

（二）劳动保护监督

劳动保护监督，是指工会组织对用人单位遵守劳动保护法的情况所进行的专项监督。它包括下述三个层次：

（1）工会领导机关的劳动保护监督。市以上工会领导机关（即总工会）劳动保护部门配备劳动保护监督检查员，分别由全国总工会和省级总工会任命。工会劳动保护监督检查员执行任务时，应出示证件，有关单位必须提供方便。不得阻挠进入生产（工作）现场或到有关部门了解情况、收集资料、听取反映。

（2）基层（车间）工会的劳动保护监督。300人以上的基层工会和500人以上的车间工会，设劳动保护监督检查委员会（以下简称监督检查委员会），不足此人数的基层工会和车间工会，设劳动保护监督检查委员（以下简称监督检查委员），均在同级工会委员会领导下和上级工会劳动保护部门指导下工作。监督检查委员会成员通过民主协商产生，经同级工会委员会批准；委员应由具有较高的安全卫生技术知识、热心劳动保护工作的职工担任。

（3）工会小组的劳动保护监督。工会小组劳动保护检查员，应从技术水平高、热心劳动保护工作、勇于坚持原则的工人中民主推选产生，在工会小组长领导下工作。劳动保护检查员在工作中，有权制止违章指挥、冒险作业并将情况向领导和有关部门报告；发现生产设备、作业环境危及安全的紧急情况，有权停止作业并组织工人立即撤离危险岗位；劳动保护检查员因进行正常的监督活动受到打击报复时，有权越级上告，要求严肃处理。

附 录

一、本章重点问题提示

如何做好劳动保障监察标准化管理工作？

劳动保障监察标准化的内容包括：查处每一种违法案件所采取的调查方式和调查内容；调查询问笔录的主要内容；必须调查获取的有关事实、证据、资料；依法下达责令改正的依据内容及范本；依法下达行政处罚、行政处理事先告知书（听证告知、听证通知）、决定书、申请法院强制执行书的依据内容及范本。以上内容在《劳动保障监察条例》中都有具体说明。

问题一：《劳动保障监察条例》在保护广大劳动者合法权益方面规定了哪些具体措施？

《条例》的宗旨是维护劳动者合法权益，因此有关这方面的内容在具体条文中体现得较为突出。主要规定了以下一些具体措施：

一是完善举报投诉制度。《条例》规定任何组织或者个人对违反劳动保障法律、法规或者规章的行为，有权向劳动保障行政部门举报，对举报有功人员还要给予奖励。

二是《条例》规定了实施劳动保障监察时有权采取的各项措施。要求劳动保障行政部门查处违反劳动保障法律、法规或者规章的行为时，要采取相应的有效措施，以便最大限度地保护劳动者的合法权益不受侵犯。

三是《条例》规定了对违反劳动保障法律、法规或者规章的行为的查处期限。要求劳动保障监察机构要高效快捷地查处违法行为，及时保护广大劳动者合法权益。

四是《条例》明确规定了违反劳动保障法律、法规或者规章行为的法律责任。要求劳动保障行政部门通过实施行政处罚，制止、惩罚和预防各类违反劳动保障法律、法规或者规章，侵害劳动者合法权益的违法行为。

问题二：从劳动监察领域谈谈对弱势群体进行保护的建议。

1. 建议加强法规体系建设，为全面贯彻《劳动法》提供保障。首先，应从战略高度充分认识劳动者权益保障的重要性、紧迫性和艰巨性，完善劳动法律、法规的制订和修改工作。其次，将劳动监察机构划入行政机关序列，其工作人员应是国家公务员，并保证有充足的人员、经费和必要的办公设备和条件。

2. 建议整合资源，全面构建劳动保障监察网络体系。一是通过建立劳动保障监察网络监控系统，实现劳动监察工作的高效、快捷和无缝隙监管，形成劳动监察"力量前置、重心下移"的工作局面。随着劳动保障工作重心向街道、社区的延伸，积极推进市、区县、街乡三级劳动保障监察网络建设。建立以市、区(县)二级监察队伍为主，街道劳动保障服务中心兼职监察员为辅，社区劳动协查员为依托的三级监管、四级责任的劳动监察体系。二是通过整合现有网络资源，搭建劳动保障执法监控信息平台，实现信息共享和信息互动，并在其基础上积极推行"劳动保障守法诚信制度"，实施动态预警和监控，指导劳动者规避就业风险。三是在劳动保障部门内部实现业务科室专项检查，监察机构统一执法的"节能型"检查模式，建立以劳动监察为主、业务科室为辅的综合执法机制。

3. 建议以高压态势应对欠薪现象，通过"三大机制""四项举措""二个规范"解决欠薪难题。解决欠薪问题，首先，要建立并完善"维权联动机制""工资保证金机制""企业欠薪预警机制"等三大机制，从源头上遏制欠薪行为。通过建立多方协调联动机制，加强同法院、工商、公安、妇联、工会、建设等部门的协调配合，齐抓共管，形成合力，加大综合治理力度。通过建立企业欠薪预警机制，对重点企业工资支付实施动态监控，实现预警、预报。通过建立工资保证金制度，促使建筑施工企业等按时足额支付工资，使欠薪问题得到解决。其次，针对重点难点问题，制定出台"四项举措"：一是建立"群众投诉网络通道和快速反应措施"，建立劳动、建设、新闻、“110”、互联网联动投诉平台，做到举报渠道畅通、案件受理及时便民；二是对严重欠薪的建筑企业实施“降低资质等级或清出建筑市场措施”；三是对特殊经营时期的企业，如破产、出兑、法人代表逃跑的企业应及时申请法院强制执行，实施“财产保全和先予执行措施”，将扣押、拍卖的财产优先用于清偿工人工资；四是对欠薪的“包工头”由工商行政部门按照《无照经营取缔办法》依法处理，或由法院采取“司法援助措施”实施法律援助。最后，大力开展“两个规范”。一是规范企业用工行为，对非法用工主体和非法用工行为要依法查处，积极推进劳动合同制度；二是规范企业工资支付行为，依法严格推行工资月支付制度，禁止拖欠工资、禁止克扣工资、禁止包工头代领代发工资，工资发放表要存档两年备查等。通过完善以上工作机制和长效措施，在早发现、早预防上下工夫，有效地解决欠薪难题。

4. 建议加大综合整治力度，实施主题监察，全面开展特殊群体的权益保障工作。采取强有力措施，以维权联动为依托，联合相关部门，针对特殊行业、特殊群体、特殊问题，抓住重点，有计划、有组织地开展女职工权益保护、非法使用童工、农民工工资支付、劳动合同签订、社会保险费缴纳等“维权主题监察”。在全面维护特殊群体权益的基础上，重点对改制后企业抓劳动合同制度的规范运行；对流通领域、学校、医院、银行重点抓厂家代理员、人事改革过渡期的从业人员社会保险费缴纳情况；对纺织、服务、商业重点抓女职工权益保障情况；对城郊结合部私营企业、餐饮、服装、纤维业重点抓非法使用童工情况；对建筑施工、装饰装修企业重点抓农民工工资支付情况等等。

二、复习思考题

1. 论劳动监察与一般劳动监督检查的联系和区别。
2. 论我国劳动监察的权限。
3. 论我国劳动监察应该遵循的原则。
4. 简析工会在劳动监督中所处的地位和作用。
5. 试提出对我国劳动监察制度的改革建议。

参考文献

1. 〔英〕凯瑟琳·贝纳德:《欧盟劳动法》,付欣译,中国法制出版社 2005 年版。
2. 〔美〕道格拉斯·L. 莱斯利:《劳动法概要》,张强译,中国社会科学出版社 1997 年版。
3. 〔美〕麦克尼尔:《新社会契约论》,雷喜宁、潘勤译,中国政法大学出版社 1994 年版。
4. 〔美〕萨尔·D. 霍夫曼:《劳动市场经济学》,崔伟、张志强译,上海三联书店 1989 年版。
5. 〔德〕W. 杜茨:《劳动法》,张国文译,法律出版社 2005 年版。
6. 〔法〕让—雅克·迪贝卢、爱克扎维埃·普列多:《社会保障法》,蒋将元译,法律出版社 2001 年版。
7. 〔日〕大须贺明:《生存权论》,林浩译,法律出版社 2001 年版。
8. 〔奥〕曼弗雷德、诺瓦克:《民权公约评注》,毕小青、孙世彦主译,生活·读书·新知三联书店 2003 年版。
9. 琳达·狄更斯编著:《英国劳资关系调整机构的变迁》,英中协会译,叶静漪审校,北京大学出版社 2007 年版。
9.《法国劳动法典》,罗结珍译,国际文化出版公司 1996 年版。
10. 林晓云等:《美国劳动雇佣法》,法律出版社 2007 年版。
11. 任扶善:《世界劳动立法》,中国劳动出版社 1991 年版。
12. 黄越钦:《劳动法新论》,中国政法大学出版社 2003 年版。
13. 史尚宽:《劳动法原论》,正大印书馆 1977 年重刊。
14. 王泽鉴:《民法学说与判例研究》,中国政法大学出版社 1998 年版。
15. 王全兴主编:《劳动法学》,人民法院出版社 2005 年版。
16. 贾俊玲:《劳动法学》,北京大学出版社 2003 年版。
17. 冯彦君:《劳动法学》,吉林大学出版社 1999 年版。
18. 许建宇:《劳动法新论》,杭州大学出版社 1996 年版。
29. 夏积智主编:《中国劳动法若干重要理论与政策问题研究》,中国劳动社会保障出版社 1999 年版。
20. 郭婕等主编:《劳动法学》,中国政法大学出版社 1999 年版。
21. 董保华:《劳动关系调整的法律机制》,上海交通大学出版社 2001 年版。
22. 周长征:《全球化与中国劳动法制问题研究》,南京大学出版社 2003 年版。
23. 郑尚元:《劳动争议处理程序法的现代化——中国劳动争议处理制度的反思与前瞻》,中国方正出版社 2003 年版。
24. 刘志鹏:《劳动法理论与判决研究》,元照出版公司 2002 年版。
25. 林嘉:《劳动法评论》(第 1 卷),中国人民大学出版社 2005 年版。
26. 左祥琦:《劳动关系管理》,中国发展出版社 2007 年版。
27. 王新建主编:《2006:深圳劳动关系发展报告》,社会科学文献出版社 2007 年版。

28. 董保华:《劳动合同法的软着陆——人力资源管理的影响与应对》,中国法制出版社 2007 年版。
29. 汪雯:《工资差别的形成机制——中国不同所有企业的实证分析》,中国经济出版社 2008 年版。
30. 关怀:《劳动法》(第 3 版),中国人民大学出版社 2008 年版。
31. 王桦宇:《劳动合同法实务操作与案例精解》,中国法制出版社 2008 年版。
32. 马培生主编:《劳动经济学》,中国劳动社会保障出版社 2002 年版。
33. 孙德强:《中国劳动争议处理制度研究》,中国法制出版社 2005 年版。
34. 范跃如:《劳动争议诉讼程序研究》,中国人民大学出版社 2006 年版。
35. 黎建飞:《劳动法和社会保障法》,中国人民大学出版社 2003 年版。
36. 李炳安:《劳动权论》,人民法院出版社 2006 年版。
37. 李惠斌:《企业劳动产权概论》,中央编译出版社 2006 年版。
38. 陈乃新:《经济法视角下的公司制度研究——以劳动能力权为内核》,中国检察出版社 2007 年版。
39. 常凯主编:《全球化下的劳资关系与劳工政策》,中国工人出版社 2003 年版。
40. 苏海南:《中国劳动标准体系研究》,中国劳动社会保障出版社 2003 年版。
41. 林燕玲:《国际劳工标准》,中国工人出版社 2002 年版。
42. 董保华:《劳动合同研究》,中国劳动社会保障出版社 2005 年版。
43. 董保华:《劳工神圣的卫士——劳动法》,上海人民出版社 1997 年版。
44. 王延中:《中国的劳动和社会保障问题》,经济管理出版社 2004 年版。
45. 王益英:《外国劳动法和社会保障法》,中国人民大学出版社 2001 年版。
46. 郑尚元:《劳动法学》,中国政法大学出版社 2004 年版。
47. 张彦定:《雇主组织在中国》,企业管理出版社 2002 年版。
48. 王竞:《劳动保障纠纷典型案例评析》,中国民主法制出版社 2005 年版。
49. 王先林、李坤刚编著:《劳动和社会保障仲裁和诉讼》,法律出版社 2002 年版。
50. 林嘉:《社会保障法的理念、实践与创新》,中国人民大学出版社 2002 年版。
51. 徐智华:《劳动者权益维护与法律适用》,武汉理工大学出版社 2003 年版。
52. 徐智华:《社会保障法》,中国财政经济出版社 2006 年版。
53. 韩桂君:《劳动法实验教程》,北京大学出版社 2008 年版。
54. 林嘉、张世诚:《社会保险立法研究》,中国劳动社会保障出版社 2011 年版。
55. 徐智华:《劳动合同法研究》,北京大学出版社 2011 年版。
56. 徐智华:《劳动法与社会保障法》,北京大学出版社 2012 年版。